Since 2008, 14번의 진화

경찰학

허경미 저

POLICE SCIENCE

박영사

제14판 머리말

2026년 한국 경찰은 과거와는 비교할 수 없는 거대한 전환점에 서 있습니다. AI 기반의 경찰장비가 치안 현장에 도입되고 기술의 진보가 눈부시게 이루어지고 있지만, 역설적으로 범죄의 양상은 더욱 교묘해지고 있으며, 정치·경제·사회·문화적인 치안 환경은 그 어느 때보다 복합적이고 다층적인 변화 속에 놓여 있습니다.

이러한 격변의 시기에 경찰학은 이론적 토대를 넘어 현장의 실무 지침서로서 그 중요성이 더욱 커지고 있습니다. 경찰이 공권력의 정당성을 확보하고 현장의 실효성을 높이는 일은 이제 선택이 아닌 생존의 문제입니다. 본 저서는 이러한 절박한 시대적 요구에 응답하기 위해, 이론적 토대를 넘어 현장에서 즉각 작동하는 가장 실천적인 지침을 담고자 하였습니다.

『경찰학』 제14개정판의 주요 특징과 보완 사항은 다음과 같습니다.

첫째, 2026년부터 시행되는 최신 개정 법령 및 경찰작용법의 법리적 해석을 완벽히 반영하였습니다. 최근 신설된 「경찰관 직무집행법」 제6조의2(위험한 행위의 제지 등)를 비롯한 최신 법령들을 촘촘히 엮어냈으며, 특히 물건의 수거·파기라는 강력한 대물적 즉시강제권의 명문화에 따른 현장의 법적 쟁점을 심도 있게 고찰하였습니다. 이는 치열한 경찰 현장에서 공무원 개개인이 직면하는 재량권 행사의 합리적 판단 기준을 제시함과 동시에, 채용시험의 고난도 변별력 확보는 물론 승진시험의 실무 법령 해석 역량을 비약적으로 높여주는 결정적인 가이드가 될 것입니다.

둘째, 글로벌 치안 패러다임의 변화를 통해 한국 경찰의 미래 지향적 모델을 탐색하였습니다. 영국의 국가범죄청(National Crime Agency)이 보유한 복합적 권한 체계는 물론, 프랑스, 미국, 독일 등 선진 경찰 기구가 추진 중인 조직 통합과 채용, 교육 및 승진 체계를 디테일하게 담아냈습니다. 이처럼 폭넓은 비교제도론적 고찰은 경찰 조직의 권한과 기능을 입체적으로 재구성하고, 변화하는 치안 환경에 대응할 전략적 통찰력을 배양하는 실천적 지표가 되어줄 것입니다.

셋째, 채용에서 전문교육, 그리고 승진에 이르기까지 경찰 인사행정의 전 과정에 걸친 최신 제도 변화를 세밀하게 분석하였습니다. 남녀 통합선발 및 순환식 체력검사제의 전면 도입 등 채용 패러다임의 혁신적 변화는 물론, 전문화 교육 및 위탁교육 제도의 대대적인 개편 내용을 충실히 담았습니다. 특히 현직 경찰관들의 초미의 관심사인 승진 체계의 획기적 변화를 세심하게 짚어냄으로써, 수험생과 현직자에게는 목표 달성을 위한 최적의 전략을, 연구자와 교수자에게는 경찰 인사행정의 최신 동향을 파악할 수 있게 하였습니다.

넷째, 역사적 정통성 위에 구축된 입체적인 실무 체계를 완성하였습니다. 대한민국 임시정부 경찰의 뿌리부터 최근의 대대적인 조직 재편에 이르기까지 한국 경찰의 역사적 변천사와 그 이면에 담긴 시대적 의미를 일목요연하게 정리하였습니다. 이를 통해 경찰공무원으로서의 정체성을 일깨움은 물론, 경찰 조직과 기능의 본질, 그리고 시민에게 봉사하는 경찰 서비스 본연의 가치를 심도 있게 고찰하였습니다.

모쪼록 지난 13차례의 개정을 거치며 학문적 깊이를 더해온 이 『경찰학 제14판』이 여러분의 합격과 승진이라는 값진 결실로 이어지기를 진심으로 기원합니다. 나아가 본서가 경찰학을 연구하고 강의하는 동료 연구자들과 교수님들께 가장 신뢰받는 전문 지침서이자 소중한 동반자로 자리매김하기를 바랍니다.

마지막으로, 독자 여러분과 애써주신 박영사 편집진, 그리고 묵묵히 저의 든든한 버팀목이 되어주는 가족에게 '아름다운 기적'의 의미를 담아 파란 장미(Blue Rose) 한 바구니를 마음으로 선사합니다.

계명대학교 쉐턱관에서
2026년 1월에
저자 허 경 미

초판 머리말

경찰학의 역사는 꽤 깊다고 할 수 있다. 어느 시점을 그 기준으로 하는 가에 따라 다르긴 하지만 프로이센의 관방학을 그 뿌리로 인정한다면 300여 년에 가깝다. 따라서 경찰학의 학문적 연원은 결코 짧지 않다. 많은 연구와 시행착오를 거쳐 상당한 연구성과가 축적되었고, 이는 각 국의 경찰행정에 반영되어 공공의 안녕과 질서유지, 그리고 시민에 대한 서비스제공이라는 경찰목적을 달성하는 데 기여하였다. 특히 우리나라의 경우 1960년대 초 동국대학교가 법정대학에 경찰행정학과를 개설한 이래 현재 전국적으로 100여 개가 넘는 대학에 관련 학과가 설치되어 경찰학을 전공한 인재들을 배출할 만큼 괄목할 만한 성장을 이루었다. 더욱이 경찰학 전공자들은 대다수 경찰직에 진출하여 충실히 그 소임을 다하고 있어 학문의 사회적 소명을 완수한다는 측면에서도 매우 바람직하다고 생각한다.

저자는 현재 계명대학교 경찰학부에서 경찰학개론을 비롯하여 경찰조직관리, 경찰인사관리, 범죄학, 현대사회와 범죄 등을 강의하고 있다. 그런데 학생들이 경찰학을 너무 어려운 학문이라고 인식하는 것을 보면서 안타까운 마음이 들어 그동안의 강의노트와 연구 등을 중심으로 경찰학개론서를 집필하게 되었다.

이 책의 특징은 다음과 같다. 첫째, 대학에서 경찰학을 공부하는 전공자와 경찰직에 진출하려는 수험생, 그리고 경찰조직 내에서 승진시험을 준비하는 경찰공무원 등이 강의교재 및 수험기본서로 활용할 수 있도록 그 영역과 수준을 고려하였다.

둘째, 경찰학, 경찰조직, 경찰공무원, 경찰제도, 경찰작용, 경찰행정법, 경찰실무 등을 체계적으로 편제함으로써 경찰학에 대한 기초학습 및 심화학습이 가능하도록 기술하였다.

셋째, 경찰작용과 관련한 대법원, 헌법재판소 등의 최근 확정판결 및 2008년 1월 말 현재까지 제·개정된 경찰관련법률, 경찰청 내부규칙 등을 가능한 빠

짐없이 수록함으로써 별도의 법령찾기나 판례찾기 등에 시간을 소모하지 않도록 하였다.

구체적으로 이 책은 경찰학총설, 경찰작용, 외국의 경찰, 경찰실무 등 모두 네 편으로 구성되어 있다. 제1편은 경찰학총설로 경찰학의 학문적 위상과 경찰역사, 경찰조직, 경찰공무원, 경찰공무원의 권리와 의무, 그리고 책임 등에 대하여 기술함으로써 경찰과 경찰공무원에 대한 기초적 이해를 돕고자 하였다.

제2편은 경찰작용으로 경찰목적을 달성하기 위한 작용, 즉 경찰권의 근거와 유형, 한계, 그리고 경찰의무의 불이행 및 위반에 대한 제재, 쟁송제도 등을 체계적으로 설명하였다.

제3편은 외국의 경찰로 대표적인 자치경찰제도인 영국과 미국의 경찰제도 및 대표적인 국가경찰제도인 독일과 프랑스의 경찰제도를 소개하는 한편 양 제도의 절충적 모델인 일본의 경찰제도를 설명하였다.

제4편은 경찰실무로 범죄예방 및 범죄수사와 관련된 생활안전경찰과 수사경찰, 그리고 교통관련 업무를 수행하는 교통경찰, 공공경비관련 업무를 수행하는 경비경찰, 치안정보생산 및 집회시위관련 업무를 수행하는 정보경찰, 방첩활동관련 업무를 수행하는 보안경찰, 외국인범죄관련 업무를 수행하는 외사경찰 등에 대하여 개괄하였다.

경찰학개론서를 출간하기로 오랫동안 마음에 두고 준비하였지만 아직 부족한 부분이 많아 앞으로 더욱 연구하여 보완할 것을 겸허하게 미리 다짐해본다.

이 책을 출간하도록 배려해 주신 박영사 여러분께 감사드리며, 집필하는 내내 많은 도움을 준 김용현 교수, 김무형 교수, 박영주 박사, 정승민 교수, 김종수 교수, 황영구 교수, 임운식 강사, 박선영 강사, 김정원 강사 등에게도 고마운 마음을 전한다. 또한 현직 경찰관으로 경찰정책에 대한 많은 아이디어를 제공한 최홍철, 명광준, 김태권, 차광년, 박종하 등 박사과정 및 석사과정 대학원생들께도 감사드린다.

햇볕이 따뜻한 계명대학교 쉐턱관 연구실에서
2008년 2월에
저자 허 경 미

차 례

제 3 편　경찰조직관리: 경찰기관과 권한

제 4 편 경찰인사관리: 경찰공무원

제1편

경찰학과 경찰

제 1 장

경찰학의 기초

제 1 절 경찰의 개념

Ⅰ. 대륙법계 국가의 경찰개념

경찰에 대한 개념정의는 시대 및 역사, 그리고 각국의 전통과 사상에 따라 다르지만 이를 대륙법계와 영미법계로 나누어 설명할 수 있다.

전통적 행정법학, 즉 대륙법계 국가에서는 경찰이란 공공의 안녕과 질서를 유지하기 위하여 국가의 일반통치권에 기하여 사람의 자연적 자유를 제한하는 권력적 작용으로 정의된다.

이와 같은 경찰개념은 역사와 시대를 거쳐 수세기 동안 형성되었다. 경찰이라는 용어는 고대 라틴어의 「politia」에서 유래하는 것으로, 도시국가(polis)에 관한 일체의 정치, 국헌(國憲)을 뜻하였다. 이는 중세 14세기에는 교회행정을 제외한 모든 국가행정을 의미하여 절대주의적 국가권력의 기초가 되었다. 14세기 이후에는 프랑스의 「policia」, 「police」, 「policité」라는 단어를 기초로 15세기 후반 프로이센에서는 「polizei」라는 용어가 생겨났다. 이는 교회행정을 제외한 입법과 재판을 포함한 모든 국가행정을 의미하는 것으로 1530년 신성로마제국의 「제국경찰법(帝國警察法)」의 배경이다.[1]

그런데 17세기부터 경찰개념은 축소되기 시작하였다. 즉, 경찰이라는 용어는 외정(外政) · 군정(軍政) · 재정(財政), 사법(司法)을 제외한 나머지 국가작용, 즉 내

1 Lockwood, T., & Samaras, T. (Eds.). Aristotle's Politics: A Critical Guide. Cambridge University Press. 2015.

무행정(內務行政)의 전반을 의미하는 것으로 사용되었다. 이 시대를 경찰국가(警察國家)시대라고도 하며, 소극적인 질서유지뿐만 아니라 적극적인 공공복지의 증진을 위해서도 경찰권을 행사하는 것으로 이해되었다. 학문적으로는 전기 관방학이 발달한 시기이다.

18세기 중엽에는 계몽철학의 등장으로 법치주의, 권력분립주의적 사조를 가져왔다. 이러한 계몽철학은 유스티의 「경찰학원리」에도 반영되었다. 한편 국가의 기능에 대한 인식도 변화되어 경찰은 "소극적인 질서유지 작용"으로 한정하였다. 즉, 경찰분야에 있어서도 적극적인 복지경찰 분야가 제외되면서, 경찰권의 발동은 소극적인 위험방지 분야로 축소된 것이다. 이 시대를 야경국가(夜警國家)시대라고도 한다. 소극적 의미의 경찰개념은 프로이센 일반란트법전(1794년)[2]과 1795년의 프랑스의 경범죄처벌법 및 1884년의 지방자치법에 반영되었다.[3] 학문적으로는 후기 관방학이 발달하면서 경찰학적 시대를 열어가는 시기이기도 하다.

이와 같은 소극적인 경찰개념은 이후 1931년 독일의 경찰행정법에도 반영되었는데 이 법 제14조는 "경찰행정청은 현행법의 범위 내에서 의무에 합당한 재량에 따라 공적 안전이나 질서를 위협하는 공공이나 개인에 대한 위험을 방지하기 위해 필요한 처분을 행하여야 한다. 그 밖에 경찰행정청은 법률로써 특별히

---

2 프로이센 일반란트법전의 내용은 민법 · 상법 · 행정법으로 구성되어 있다. 독일은 이 법전을 만들기 전에는 로마법을 적용하였으나, 자연법사상 및 합리적인 이성을 바탕으로 프로이센 대법전을 제정한 것이다. 이 법은 1900년 1월 1일 독일 전국에 걸쳐서 통일민법전(統一民法典)을 시행하기까지 그 효력을 발하였으며, 일부 조문의 경우 현재까지 그 효력이 유지되고 있다. 두산백과, 프로이센일반란트법전, http://terms.naver.com/entry.nhn?docId=1159486&cid=40942&categoryId=31720/

프로이센 일반란트법은 경찰에 관한 최초의 실정법적 규정을 담고 있다. 즉, 제2장 제7절 제10조에서 "경찰의 직무는 공적 평온, 안전 및 질서를 유지하고, 공공단체 또는 그 구성원에 발생하는 위험을 제거하기 위하여 필요한 조치를 하는 것"이라고 정의하였다.

이러한 경찰개념을 근거로 한 판결로 1882년 크로이쯔베르그 판결을 들 수 있다. 크로이쯔베르그 판결이란 프로이센 고등행정법원이 베를린 경찰당국이 크로이쯔베르그에 있는 전승기념탑의 전망을 위해 주변지역의 건축물의 고도제한을 가하는 명령을 내리자 "경찰권은 소극적인 위해방지를 위한 조치를 내릴 수 있을 뿐 적극적으로 공공복지를 위한 조치를 내릴 권한은 없다"고 판시한 것으로 경찰권의 영역을 소극적인 질서유지작용으로 한정하였다는 점에 그 의의가 있다.

3 프랑스의 지방자치법은 제97조에서 경찰은 "공공질서 및 안전, 위생의 확보를 그 임무로 한다"고 규정하였다. 프랑스는 소극적인 질서유지작용과 행정경찰적 작용인 위생확보임무를 행정경찰 영역으로, 그리고 사법경찰을 별도의 영역으로 구분한다.

자신에게 부여된 임무를 수행하여야 한다"고 규정함으로써 현대적 의미의 경찰개념을 확립시켰다.

그러나 독일은 제2차 세계대전을 거치면서 경찰개념을 공공복지행정까지 확대하였다.

독일의 패전으로 연합군의 비경찰화작업을 통해 경찰개념은 다시 소극적인 목적으로 한정되었고, 이를 반영한 법이 1977년의 「연방 및 각 주 통일 경찰법 모범초안」, 즉 일명 표준경찰법안이다. 이 법안의 제8조는 "경찰은 공공의 안녕, 질서에 대한 위험을 방지하기 위하여 필요한 조치를 취할 수 있다"라고 하여 경찰작용을 질서유지작용으로 제한하였다.

표 1-1 대륙법계 경찰개념

시대	용어	경찰개념	학문
고대	politia	도시국가에 관한 일체의 정치, 국헌	
14C ~ 16C	policia police policite' polizei	교회행정 제외 모든 국가행정 제국경찰법(1530) 반영	
17C ~ 18C 중엽	polizei	내무행정(외정, 군정, 재정, 사법 제외한 나머지 국가작용) → 경찰국가시대 : 적극적 공공복리 + 소극적 질서유지	전기 관방학
18C 중엽 ~ 20C 초	polizei police	유스티, 경찰학원리(1756) → 야경국가시대 : 소극적 질서유지 프로이센, 일반란트법전(1794), 프랑스, 경범죄처벌법(1795), 지방자치법(1884), 독일, 경찰행정법(1931)	후기 관방학 (경찰학과 재정학 분리) 경찰학
나치독일 1933~1945	polizei police	독일 제2차 세계대전 경찰 : 소극적 + 적극적	경찰학
1945. 5 패망 이후		독일 패망, 비경찰화 경찰 : 소극적 질서유지	경찰학
1977		연방 및 각주의 독일경찰법모범 초안 경찰 : 소극적 질서유지	경찰학

Ⅱ. 영미법계 국가의 경찰개념

자치주의가 발달한 영미법계 국가에서는 전통적으로 경찰이 시민을 통치하는 대상이 아니라, 지방자치단체사무로서의 경찰사무인 공공의 안녕과 질서유지라는 목적을 위하여 일반시민과 계약을 맺은 당사자로서 그 임무를 충실히 하여야 하는 조직으로 인식하였다.[4] 즉, 경찰이란 "시민을 위하여 법을 집행(law enforce- ment)하고 서비스(service)하는 기능 또는 역할을 수행하는 행정기관"이라는 의미가 강하였다.

Ⅲ. 한국의 경찰개념

우리나라에서의 경찰개념 역시 역사적인 변천과정을 거쳐 형성되었다. 삼국시대와 고려시대, 그리고 조선시대를 거치는 동안 경찰은 일반행정기관의 기능과 분리되지 않고, 통치권자가 공동체 질서를 유지하는 기능으로 이해될 수 있다. 고려시대의 금오군이나 순군만호부, 조선시대의 의금부, 포도청 등을 경찰기관으로 볼 수 있으나 일반행정 기능과 분리되지 않아 그 한계가 있다.

우리나라에서 근대적 의미의 경찰개념은 일본의 영향을 받아 형성되었다. 일본은 메이지유신 이후 대륙법계 국가의 법제를 계수하였는데, 경찰에 대한 개념은 프랑스의 행정경찰적 의미를 받아들였다. 이에 따라 경찰의 영역은 매우 광범위하게 인식되었다. 이는 일본의 행정경찰규칙(行政警察規則)(1875년)에 반영되었고, 우리나라의 1894년 갑오경장 이후 제정된 행정경찰장정(行政警察章程)[5]을 통하여 계수되었다.

한편 1919년 4월 11일 상해에서 수립된 임시정부는 1919년 4월 25일 정부의 조직과 체제에 대한 '대한민국 임시정부 장정(大韓民國 臨時政府 章程)'을 공포하였다. 임시정부는 국무총리를 수령으로 국무원 산하에 내무부, 외무부, 재무부, 군무부, 법무부, 교통부 등의 정부 부서를 두었다. 그리고 내무부 산하에 경무국을

4 Lowatcharin, G., & Stallmann, J. I. The differential effects of decentralization on police intensity, *The Social Science Journal*, 2019, 56(2), pp. 196-207.

5 行政警察章程, 1894.7.14.

두었고, 경무국은 행정경찰에 관한 사무, 고등경찰에 관한 사무, 도서출판 및 저작권에 관한 사무, 일체 위생에 관한 사무를 담당한다고 규정하였다.[6]

1945년 제2차 세계대전의 종전으로 일본은 연합군에 패하였다. 일본을 점령한 연합군측은 일본의 경찰 및 군사조직의 정비를 대대적으로 단행하였다. 이른바 비경찰화작업을 시작하여 경찰작용 중에서 건축경찰·보건경찰·영업경찰·도로경찰 등의 경찰사무를 일반 복지행정의 업무로 이관하였다. 따라서 경찰은 보안경찰로서의 기능만을 담당하게 한 것이다.

이러한 변화는 우리나라에도 영향을 미쳐 1953년에 제정한 경찰관 직무집행법은 경찰의 임무를 소극목적에 한정시키고 있다. 즉 제1조는 "이 법은 경찰관이 국민의 생명, 신체, 재산의 보호와 범죄의 예방, 공안의 유지, 기타 법령집행 등의 직무를 충실히 수행하기 위하여 필요한 조치를 규정함을 목적으로 한다"고 규정하고 있다.

경찰관 직무집행법은 제1조에서 '이 법은 국민의 자유와 권리 및 모든 개인이 가지는 불가침의 기본적 인권을 보호하고 사회공공의 질서를 유지하기 위한 경찰관의 직무 수행에 필요한 사항을 규정함을 목적으로 한다. 이 법에 규정된 경찰관의 직권은 그 직무수행에 필요한 최소한도 내에서 행사되어야 하며 이를 남용하여서는 아니 된다'고 규정하여, 경찰의 직무범위 및 그 권한행사의 한계를 명확히 하고 있다.[7]

제 2 절 경찰학의 의의와 연구방법

Ⅰ. 경찰학의 의의

경찰학(警察學, Police Science, Police Administration)이란 경찰행정과 경찰제도, 조직, 경찰인사, 경찰작용법, 경찰윤리 등에 대한 심층적인 연구로 관련 이론을

6 김광재 외, 대한민국 임시정부 경찰활동의 의의와 그 계승·발전에 관한 연구 – 임시정부 경찰의 성립과 활동을 중심으로 –, 경찰청, 2018. p. 14.

7 경찰관 직무집행법, 법률 제21304호, 2026. 1. 6., 일부개정, 2026. 7. 7. 시행.

정립하고 검증하며 발전방향을 모색해가는 사회과학의 한 학문영역이라고 정의할 수 있다.

좀 더 구체적으로는 경찰학은 행정학의 학문분류 중 일부로서 국가(정부)가 공공의 안녕과 평온한 일상을 보호하기 위하여 법률에 의하여 국민의 자유와 권리를 제한하는 소극적 질서유지 작용에 대하여 연구하는 학문분야라고 할 수 있다. 따라서 경찰학을 이해하기 위해서는 행정학의 발달과정에 대한 역사적 변화와 맥락을 살펴보는 것이 선행되어야 한다.

물론 학자에 따라서는 경찰학을 독자적인 사회과학의 한 영역으로 분류할 수도 있다. 그러나 현실적으로 경찰행정은 행정부 소관 업무의 일부이며, 거의 모든 국가에서 경찰행정(police administration) 조직이 별도로 존재하며, 소극적인 질서유지작용을 담당한다는 점 등을 고려할 때 경찰학을 행정학의 일부로서 간주하고, 그 명칭 역시 경찰학(police science), 경찰행정학(police administration)이라고 혼용하는 것 역시 타당한 고찰이라고 할 것이다.

이 책 역시 그러한 입장을 견지하며 경찰학의 발달 및 경찰의 개념 등을 기술한다.

경찰학의 출발은 학문적인 담론에서 출발했다기보다는 국가제도의 변화 및 행정제도적인 필요성에서 발전했다고 볼 수 있다. 따라서 경찰학의 학문적 출발과 발달과정은 대륙법계 국가에서의 역사적 발달과정과 영미법계 국가에서의 역사적 발달과정으로 구분하여 살펴보는 것이 바람직하다.[8]

1. 대륙법계 국가의 경찰학 발달

대륙법계 국가에서의 경찰학의 학문적 연원은 독일의 후기 관방학(官房學, cameralism)이라고 할 수 있다. 관방학은 군주국가시대, 즉 16세기 중엽부터 18세기 말까지 대륙법계 국가를 중심으로 발달하였다. 관방학이란 국가의 발전을 위해서 국가의 자원과 재정을 군주가 사용할 수 있어야 하며, 관료는 군주의 관방재정을 향상시키기 위한 다양한 역할을 수행하고, 이를 위해 필요한 지식과

8 Roché, S. Police Science: Science of the Police or Science for the Police–Conceptual Clarification and Taxonomy for Comparing Police Systems. *Special Issue 2 Eur. Police Sci. & Res. Bull.*, 2017, pp. 47–71.

기술을 연구하고 개발해야 한다는 입장을 견지한 종합학문을 말한다.[9]

관방학은 전기 관방학과 후기 관방학으로 구분된다.

전기 관방학적 시기에는 신학 및 왕권신수설을 바탕으로 군주를 중심으로 관료들이 봉건영주의 분권적 체제에서 벗어나 국가를 통일하며, 군주의 특권을 강화하고 중상주의를 통하여 부국강병 및 공공복지를 강화하려는 국가체제 및 통치철학을 특징으로 하고 있다. 이 시기를 경찰국가(警察國家, police state, Polizeistaat) 시대라고 할 수 있다. 전기 관방학은 경찰학과 재정학을 구분하지 않았지만, 재정학적 성격을 강하게 띠면서 군주의 관방을 튼튼히 하는 관료의 양성과 역할을 중요시 하였다.

후기관방학은 자연법사상 또는 계몽주의를 바탕으로 한다. 후기 관방학은 1727년에 프로이센의 프리드리히 빌헬름 1세(Friedrich Wilhelm I)가 할레대학교와 프랑크푸르트대학교에 최초로 관방학 강좌를 개설한 시점부터라고 할 수 있다.[10] 이 후기 관방학을 경찰학의 출발이라고 본다.

경찰학은 유스티(Johann Heinrich Gottlob von Justi)의 저서인 「경찰학원리」(Grundsätze der Polizeywissenschaft, 1756)에서 유래하였다. 유스티는 이 책에서 관방학을 경찰학과 재정학으로 분리하였다.

유스티는 경찰학이란 국가의 기관과 예산을 창설·유지하는 기능이며, 재정학이란 이것들을 효율적으로 사용하는 기능이라고 구분하였다. 그리고 경찰학은 국가복지를 위한 씨를 뿌리는 작용이고, 재정학은 그 씨를 거두어들이는 과정이라고 하였다. 이는 경찰을 행정의 개념으로 인식한 것으로 후에 경찰학의 학문적 형성배경이 되었다.[11]

또한 경찰권의 한계를 소극적으로 한정하는 야경국가시대가 도래하면서, 경찰

9 김정인, 「인간과 조직을 위한 행정학」, 박영사, 2020, pp. 32－33.

10 프리드리히 빌헬름 1세는 제2대 프로이센 국왕으로 프로이센의 재정과 군사제도를 개혁하는 등 프로이센을 부강한 국가로 만들기 위해 노력하였다. 그는 정부의 관리들을 임용하거나 승진시키는 실적제를 도입하였다. 그리고 제대로 훈련된 관료를 채용하기 위해서는 대학교에서 관료에게 필요한 학문과 기술을 가르쳐야 한다는 신념하에 할레대학교 및 프랑크푸르트대학교에 관방학 강좌를 개설토록 하였다. https://ko.wikipedia.org/

11 Wikipedia, Johann Heinrich Gottlob Justi, https://en.wikipedia.org/wiki/Johann_Heinrich_Gottlob_Justi/; 임도빈, 「행정학」 제3판, 박영사, 2025, pp. 13－15.

개념을 소극적으로 제한하는 경찰학이 뿌리를 내렸다. 이 시대 경찰은 내무행정의 일부로 소극적인 질서유지작용으로 이해되기 시작했으며, 이러한 작용을 연구하는 분야가 경찰학으로 인식된 것이다. 그리고 이를 반영하여 독일의 프로이센 일반란트법과 프랑스의 경범죄처벌법, 지방자치법 등이 제정되었다.

2. 영미법계 국가의 경찰학 발달

영미법계 국가에서의 경찰학의 연원은 영국과 미국의 공무원 인사제도의 변화와 관계가 있다.

영국의 관료 임용방식으로 굳어진 정실주의(情實主義: favoritism, cronyism)는 국왕의 은혜 또는 의회다수당의 유력정치가 등이 시혜 또는 보상적 차원에서 관직을 수여하는 인사정책으로 많은 폐해가 발생하였다. 결국 1855년에 제1차 추밀원령이 발표되었다. 제1차 추밀원령은 추밀원이 1853년에 발표된 노스코트 보고서 및 트레벨리언 보고서를 채택한다는 내용이 주요 골자이다.[12] 이 두 보고서는 공무원제도의 전면적인 개혁을 주장하였다. 추밀원은 1870년에 제2차 추밀원령을 발표하였다. 제2차 추밀원령은 실적주의(merit system) 도입을 주요 내용으로 하였다.

미국에서는 선거에서 승리한 정당이 공무원을 임명하는 이른바 엽관제(獵官制, spoil system)가 시행되었다. 엽관제는 전리품은 승자의 것(to the victor belong the spoils)이라는 구호 아래 가장 민주적인 인사제도로 인식되었고, 1828년 잭슨대통령 때 본격적으로 도입되었다. 그러나 이 역시 매관매직 등의 상당한 문제점이 노출되어 19세기 후반이 되자 실적주의(merit system)가 도입되기 시작하였다.[13]

이와 같이 영국과 미국의 공무원제도 변화는 당연히 경찰에도 영향을 미쳐 20세기에 들어 정치중립적인 경찰이념의 재정립과 경찰공무원의 선발과 교육, 승진시스템, 관련법규 등이 연구되기 시작하였으며, 나아가 경찰권한의 작용과 그

12 영국의 추밀원(Privy Council)은 국왕의 자문기관으로 1536년에 설치되었다. 추밀원은 국왕에 대해 의회소집, 해산, 선전포고, 법률재가, 대학·공공기관 규제, 도시 및 자치구역 승인 등에 관해 자문한다. https://privycouncil.independent.gov.uk/

13 The White House, History & Grounds, Andrew Jackson, https://obamawhitehouse.archives. gov/1600/presidents/andrewjackson/

한계, 경찰제도 등에 대한 다양한 관점의 연구들이 축적되었다.

이러한 연구성과들이 후속연구를 통하여 검증됨으로써 경찰학의 토대를 강화시켰고, 독립된 학문분야로 많은 대학교에 관련 학과가 개설되고 다양한 연구들이 발표되면서 21세기 현재 사회과학의 한 학문분야로 그 위상을 강화하고 있다.

3. 한국의 경찰학 발달

우리나라에 경찰학이 처음 도입된 것은 1960년대 초반으로 동국대학교에 경찰행정학과가 설치되면서부터라고 할 수 있다. 경찰행정학과가 개설되기 전에는 경찰행정에 대한 논의는 행정법의 특수 영역인 질서행정법, 즉 경찰작용법이 소개되는 정도에 그쳤지만, 경찰행정학과가 개설되면서 그 학문적 범주가 확대되고, 심층적인 연구가 진행되었다.

동국대학교의 초기 학부 커리큘럼은 형사학과 법학 위주로 채워졌고, 이는 1990년대까지 커다란 변화 없이 이어져 왔다. 1980년대 중반 대학원에 석박사과정이 개설되면서 경찰학(police science)과 범죄학(criminology)으로 구분하여 학문적 외연을 확장하였다. 이후 1990년대 중반부터 계명대, 관동대, 원광대 등에 경찰행정학과가 개설되었고 2023년 현재 전국 150여 개 대학에 관련 학과가 개설되어 학문적 발달을 이루고 있다.

여기에서 한 가지 의문점이 드는 것은 경찰학과 경찰행정학의 개념을 구분하여야 하는 것인지, 구분한다면 어느 개념이 상위의 개념이 되어야 하는 것인지 등이다. 그러나 경찰학은 후기 관방학에서 출발하여 경찰을 소극적인 질서유지 작용으로 제한하고 이것을 연구하는 학문으로 발전하였고, 경찰행정학은 행정학의 일부로서 경찰행정을 연구하는 학문으로 발전한 것일 뿐 그 본질적인 차이는 없다고 본다.

즉 규범학적인 측면을 근거로 제도, 조직 등의 연구영역을 부각한다면 경찰학이라는 표현을, 그리고 경찰기관의 업무(police work)적인 측면을 근거로 연구영역을 부각시킨다면 경찰행정학이라는 표현을 사용할 수 있을 것이다.

그러나 최근에 학제간 연구(interdisciplinary study)가 활발하게 이루어지고 있는 상황에서 구태여 이를 구분하는 것은 불필요하다. 오히려 경찰학이라는 대분류하에 경찰법규, 경찰제도, 작용, 경찰조직, 경찰인사, 경찰쟁송 등의 연구영역을 포함하는 것으로 이해함이 바람직하다. 따라서 일부에서 범죄학 또는 형사학을 경찰학에 포함해야 한다는 주장도 당연하다는 결론을 내릴 수 있다. 즉 경찰의 존재의의는 공공의 안녕과 질서유지에 있으며, 범죄란 그 질서를 깨뜨리는 행위로 경찰은 이 범죄행위를 최대한 예방하고, 범죄자를 체포하고, 범죄감소를 위해 가능한 정책과 법규를 시행하는 조직이다. 따라서 경찰학의 일부로 효과적인 범죄원인의 규명과 범죄예방, 통제방법, 범죄자처우 등에 대해서 연구하고, 그 결과를 제시하는 것은 당연한 학문적 소명이라고 할 수 있다.

이미 학계에서도 이러한 인식을 바탕으로 많은 연구성과가 축적되고 있고, 관련 학회도 다양하며, 각 학회는 학문적 독자성을 추구하기보다는 인접학문을 적극적으로 수용하는 추세이다.[14]

Ⅱ. 경찰학의 연구범위 및 방법

경찰학의 연구범위는 매우 광범위하다.[15]

첫째, 경찰학의 학문적 역사를 중심으로 연구할 수 있다. 경찰학의 발달과정을 종단적(vertical)으로 살펴 경찰의 개념과 제도, 법규, 임무영역, 경찰공무원의 채용 등의 변화를 확인할 수 있다.

둘째, 경찰제도를 비교해 그 특징을 찾아낼 수 있다. 즉 주로 국가경찰제도를 채택하는 대륙법계 국가와 자치경찰제도를 채택하는 영미법계 국가를 중심으로 각 관련 국가의 제도를 중심으로 연구하는 것이다. 이러한 연구는 개별국가의 종단적인 연구와 국가와 국가간의 횡단적(cross-sectional)인 비교연구가 가능한 거시적인 방법이라 할 수 있다.

셋째, 경찰법규를 중심으로 연구할 수 있다. 경찰법규는 각 국가마다 경찰에 대한 인식과 경찰권의 작용과 한계를 규정짓는 역할을 하고 있다. 따라서 경찰

14 우리나라 최초의 경찰학 분야의 학회는 한국공안행정학회이며, 1987년 11월 28일에 동국대학교 서재근 교수가 주축이 되어 창설하였다. 저자는 제11대 회장으로 이 학회를 운영하였다(2014~2016). 학회지로 「한국공안행정학회보」를 연간 4회 발간하며 활발한 학술활동을 이어가고 있다. 한국공안행정학회, www.ka-pc.or.kr.
그 외에도 한국경찰연구학회, 한국경찰학회, 한국범죄심리학회, 한국피해자학회 등의 관련 학술단체들이 있다.

15 Cordner, G. W. Police administration. Routledge. 2016.

법규에 대한 연구를 통하여 그 특성과 차이를 분석할 수 있으며, 국가간의 비교도 가능하다. 또한 민주주의의 근본인 법치주의의 정착과 이를 실현하려는 다양한 경찰정책도 살펴볼 수 있다.

넷째, 경찰행정에 대한 연구를 들 수 있다. 경찰행정은 특정 국가의 경찰조직에 의해 행해지는 구체적인 경찰업무를 중심으로 연구하거나 국가와 국가를 비교할 수도 있다. 또한 경찰업무를 행하는 경찰공무원의 채용과 교육, 승진 등 인사행정 전반에 대한 연구를 통하여 경찰을 이해할 수도 있다. 나아가 경찰조직 관리를 연구하여 경찰을 이해할 수도 있다.

다섯째, 사회의 범죄문제를 연구하여 이 문제에 대처하는 경찰관련 법규, 정책, 인사 등을 이해할 수도 있다. 즉 범죄문제에 대한 과학적인 진단과 효과적인 대응책의 제시는 당연한 경찰의 업무영역이므로 이러한 연구를 통하여 경찰학의 학문적 영역을 확장할 수 있다.[16]

경찰학의 연구방법은 사회과학에서 활용되고 있는 여러 가지 방법을 활용할 수 있다. 예를 들어 경찰조직문화에 대한 진단이나 범죄문제의 심각성 정도를 파악하기 위한 자기보고식조사방법이나 사례조사방법 등을 응용할 수 있다. 특정 사회의 범죄를 해결하기 위해 실험관찰방법도 응용될 수 있으며, 경찰공무원이나 범죄자의 행태변화를 파악하기 위한 관찰조사(참여조사)도 가능하다.[17] 나아가 공식통계조사방법을 통해 경찰의 업무영역, 인사제도, 업무효과성 등을 연구할 수 있다.

제 3 절 경찰의 목적과 분류

Ⅰ. 경찰의 목적

경찰의 목적은 시민의 일상생활의 평화를 유지토록 하는 것이라고 할 수 있

16 Moriarty, L. J. Criminal justice technology in the 21st century. Charles C Thomas Publisher. 2017.

17 허경미, 「범죄학」, 제8판, 박영사, 2023, pp. 9-18.

다. 이와 같은 목적을 달성하기 위하여 경찰은 범죄예방활동과 범죄발생시 수사를 행하며, 시위나 집회의 관리 및 교통관리 등의 직무를 행한다.

경찰관 직무집행법 제2조는 경찰의 직무를, 국가경찰과 자치경찰의 조직 및 운영에 관한 법률[18] 제3조는 경찰의 임무를 다음과 같이 규정하고 있다.

1. 국민의 생명·신체 및 재산의 보호
2. 범죄의 예방·진압 및 수사
3. 범죄피해자 보호
4. 경비·주요 인사 경호 및 대간첩·대테러 작전 수행
5. 공공안녕에 대한 위험의 예방과 대응을 위한 정보의 수집·작성 및 배포
6. 교통의 단속과 위해의 방지
7. 외국 정부기관 및 국제기구와의 국제협력
8. 그 밖에 공공의 안녕과 질서유지

최근에는 시민을 위한 서비스 영역으로 경찰의 직무영역이 확대되는 경향도 있지만, 경찰의 본질적 직무는 시민의 일상적 평온을 유지하는 것이다.

Ⅱ. 경찰의 분류

1. 형식적 의미의 경찰과 실질적 의미의 경찰

경찰조직 및 작용법을 기준으로 한 분류이다. 형식적 의미의 경찰이란 실정법상(정부조직법, 국가경찰과 자치경찰의 조직 및 운영에 관한 법률(이하에서는 경찰법이라 칭하거나 혼용한다) 등)에 규정된 보통경찰기관의 업무를 행하는 경찰활동을 의미한다. 제도적 의미의 경찰개념이라고도 한다. 따라서 그 범위는 입법자가 경찰에 부여한 모든 사무를 말하며, 국가에 따라 차이를 보일 수 있다.[19]

국가경찰과 자치경찰의 조직 및 운영에 관한 법률 제12조-제13조는 치안에 관한 사무를 관장하게 하기 위하여 행정안전부장관 소속으로 경찰청을 두고, 경

18 국가경찰과 자치경찰의 조직 및 운영에 관한 법률, 법률 제19023호, 2022. 11. 15., 일부개정, 2023. 2. 16. 시행. 경찰법이라 약칭할 수 있다.

19 홍정선, 「신행정법특강」, 박영사, 2020, pp. 951-952.

찰청의 사무를 지역적으로 분담하여 수행하게 하기 위하여 특별시 · 광역시 · 특별자치시 · 도 · 특별자치도에 시 · 도경찰청을 두고, 시 · 도경찰청장 소속으로 경찰서를 둔다고 규정하였다.

한편 제주특별자치도 설치 및 국제자유도시 조성을 위한 특별법[20] 제90조는 자치경찰의 임무를 "주민의 생활안전활동에 관한 사무, 지역교통활동에 관한 사무, 공공시설 및 지역행사장 등의 지역경비에 관한 사무, 기타 사법경찰관리의 직무를 수행할 자와 그 직무범위에 관한 법률에서 자치경찰공무원의 직무로 규정하고 있는 사법경찰관리의 직무, 「즉결심판에 관한 절차법」 등에 따라 「도로교통법」 또는 「경범죄 처벌법」 위반에 따른 통고처분 불이행자 등에 대한 즉결심판 청구 사무" 등으로 정의하고 있다.

실질적 의미의 경찰이란 사회공공의 안녕과 질서를 유지하기 위하여 일반통치권에 기하여 국민에게 명령 · 강제하는 권력적 작용으로서의 경찰작용을 말한다. 실질적 의미의 경찰은 학문적 의미의 경찰이라고도 하며 그 활동대상은 주로 소극적 · 제한적 영역에 그친다. 따라서 실질적 의미의 경찰은 일반경찰이 행하는 질서유지작용[21]과 일반행정기관이 행하는 협의의 행정경찰작용을 포함하는 개념으로 이해할 수 있다.

즉, 경찰의 질서유지작용 및 일반행정기관의 건축허가와 같은 건축경찰활동이나, 유흥주점의 허가와 같은 영업경찰활동, 세무당국의 조세부과 등의 협의의 경찰작용은 실질적 의미의 경찰이라고 할 수 있다.[22] 실질적 의미의 경찰은 공공의 안녕과 질서유지라는 소극목적 작용이라는 점에서 공공의 복리증진을 목적으로 하는 복리행정과 구분되며, 경찰목적을 달성하기 위하여 주로 명령 · 강제 등의 권력적 수단을 사용하지만, 행정지도나 범죄예방 등의 비권력적 작용도 함께

20 제주특별법, 법률 제35947호, 2025. 12. 30. 타법개정, 2026. 1. 2., 시행.

21 질서유지작용이란 공공의 안전을 보호(safety protection)한다는 의미로 일반적으로 경찰의 가장 기본적인 임무이다. 그런데 우리나라의 경우 형식적 의미의 경찰작용인 대간첩정보활동 및 간첩수사 등을 보안경찰(security police)이라고 칭하고 있다. 그리고 일상적으로 비밀을 보호한다는 의미인 용어로서도 보안(secret protection)을 사용하고 있어 보안을 한글로만 사용할 경우 혼동이 일어날 수 있다. 경찰은 2021년부터 이 보안경찰의 명칭을 안보수사로 변경하였다.

22 형사소송법 제245조의10(특별사법경찰관리), 법률 제21241호, 2025. 12. 30., 일부개정, 2026. 7. 1. 시행 .; 사법경찰관리의 직무를 수행할 자와 그 직무범위에 관한 법률 (사법경찰직무법 이라 약칭), 법률 제21066호, 2025. 10. 1., 일부개정, 2025. 10. 1. 시행.

한다. 실질적 의미의 경찰은 현행법상으로는 보통경찰작용 및 특별사법경찰작용이라고 할 수 있다. 일반적 근거법으로 경찰관 직무집행법, 형사소송법 및 사법경찰관의 직무를 수행할 자와 그 직무범위에 관한 법률 등이다. 따라서 형식적 의미의 경찰과 실질적 의미의 경찰은 반드시 일치하는 것은 아니다.

2. 국가경찰과 자치경찰

경찰의 권한과 책임의 주체를 기준으로 한 분류이다. 국가경찰과 자치경찰이라고도 한다. 국가경찰은 경찰의 권한과 책임을 국가가 부담하는 경우이며, 자치경찰은 경찰의 권한과 책임을 자치단체장이 부담하는 것이다.

최초의 자치경찰은 2006년 7월 1일자로 출범한 제주자치경찰이다. 자치경찰은 경찰의 권한과 책임을 지방자치단체가 부담하는 형태를 말한다.

한편 경찰법의 전면개정으로 한국은 2021년 7월 1일부터 자치경찰을 도입하였다.[23]

국가경찰과 자치경찰의 조직 및 운영에 관한 법률 제4조 제1항 제1호는 국가경찰사무를 다음과 같이 규정하였다.[24]

국가경찰사무

1. 국민의 생명·신체 및 재산의 보호
2. 범죄의 예방·진압 및 수사
3. 범죄피해자 보호
4. 경비·요인경호 및 대간첩·대테러 작전 수행
5. 공공안녕에 대한 위험의 예방과 대응을 위한 정보의 수집·작성 및 배포
6. 교통의 단속과 위해의 방지
7. 외국 정부기관 및 국제기구와의 국제협력
8. 그 밖에 공공의 안녕과 질서유지

한편 동법 제4조 제1항 제2호는 자치경찰사무를 다음과 같이 규정하였다.[25]

23 국가경찰과 자치경찰의 조직 및 운영에 관한 법률 부칙 제3조.
24 국가경찰과 자치경찰의 조직 및 운영에 관한 법률 제4조 제1항 제1호.
25 국가경찰과 자치경찰의 조직 및 운영에 관한 법률 제4조 제1항 제2호.

자치경찰사무: 관할 지역의 생활안전·교통·경비·수사 등에 관한 다음 각 목의 사무

가. 지역 내 주민의 생활안전 활동에 관한 사무

1) 생활안전을 위한 순찰 및 시설의 운영

2) 주민참여 방범활동의 지원 및 지도

3) 안전사고 및 재해·재난 시 긴급구조지원

4) 아동·청소년·노인·여성·장애인 등 사회적 보호가 필요한 사람에 대한 보호 업무 및 가정·학교·성폭력 등의 예방

5) 주민의 일상생활과 관련된 사회질서의 유지 및 그 위반행위의 지도·단속. 다만, 지방자치단체 등 다른 행정청의 사무는 제외한다.

6) 그 밖에 지역 주민의 생활안전에 관한 사무

나. 지역 내 교통 활동에 관한 사무

1) 교통법규 위반에 대한 지도·단속

2) 교통안전시설 및 무인 교통단속용 장비의 심의·설치·관리

3) 교통안전에 대한 교육 및 홍보

4) 주민참여 지역 교통활동의 지원 및 지도

5) 통행 허가, 어린이 통학버스의 신고, 긴급자동차의 지정 신청 등 각종 허가 및 신고에 관한 사무

6) 그 밖에 지역 내의 교통안전 및 소통에 관한 사무

다. 지역 내 다중운집 행사 관련 혼잡 교통 및 안전 관리

라. 다음의 어느 하나에 해당하는 수사사무

1) 학교폭력 등 소년범죄

2) 가정폭력, 아동학대 범죄

3) 교통사고 및 교통 관련 범죄

4) 「형법」 제245조에 따른 공연음란 및 「성폭력범죄의 처벌 등에 관한 특례법」 제12조에 따른 성적 목적을 위한 다중이용장소 침입행위에 관한 범죄

5) 경범죄 및 기초질서 관련 범죄

6) 가출인 및 「실종아동등의 보호 및 지원에 관한 법률」 제2조 제2호에 따른 실종아동등 관련 수색 및 범죄

3. 정복경찰과 사복경찰

정복경찰이란 경찰공무원으로서 ① 경찰제복을 착용하고, ② 형식적 의미의

경찰사무를 주로 수행하는가 여부로 구분한 것이다. 일정한 제복을 착용하고 경찰관련 업무를 수행하는 것을 말하며, 사복경찰이란 경찰공무원이지만 제복을 착용하지 않고 경찰관련 업무를 수행하는 것을 말한다.

현행 우리나라의 경찰을 중심으로 구분하면 정복경찰 작용은 경찰기획 · 경무, 범죄예방활동(범죄예방대응경찰, 생활안전교통경찰), 혼잡경비나 집회 및 시위 관리(경비경찰) 등이 대표적이다. 사복경찰 작용은 범죄수사(수사경찰), 치안정보의 수집활동(치안정보경찰, 안보수사경찰 등), 해외에서의 한국인 보호 및 국내 외국인 범죄 수사(외사경찰) 등으로 구분된다.

4. 예방경찰과 대응경찰

경찰권발동의 시점을 기준으로 한 분류이다. 예방경찰은 공공의 안녕과 질서를 해하는 위험한 상황의 발생을 예방하기 위한 권력적 작용으로 정신착란자에 대한 보호조치, 순찰, 교통소통지도 등의 활동을 말한다. 특히 순찰은 범죄예방경찰활동의 출발이라고 할 수 있다.[26]

대응경찰은 이미 공공의 안녕과 질서를 해하는 위험한 상황이 발생하였거나, 범죄가 발생한 경우 등에 행하는 경찰의 권력적 작용으로 불법시위자들에 대한 강제해산조치나 범죄수사, 교통사고현장에서의 긴급조치 등을 말한다. 진압경찰이라고도 한다.

여기에서 위험이란 일반적인 생활경험상 어떠한 행위나 상태가 더 진전될 경우 멀지 아니한 시점에 공공의 안녕과 질서유지를 해칠 충분한 개연성이 있는 상황을 말한다.

위험은 그 구체성 여부에 따라 구체적인 위험과 추상적인 위험으로 구분된다. 구체적 위험이란 경찰의 관점에서 판단할 때 특정한 상태가 그대로 진행될 경우 목전에 공공의 안녕과 질서유지를 해하는 상태가 발생할 충분한 가능성(개연성)이 있는 사실상태를 말한다. 경찰권의 발동은 구체적인 위험이 있을 때 가능하다. 추상적인 위험은 일반적 추상적 상태에서 위험의 발생이 예견되는 경우로 원칙적으

26 Greenberg, S. F. Frontline policing in the 21st century: mastery of police patrol. *Springer.* 2017.

로 경찰권 발동은 할 수 없으나 법률에 특별한 규정이 있는 경우에 가능하다.

위험은 판단기준에 따라 잠재적 위험, 추측성 위험, 외관상 위험으로 구분된다.[27] 잠재적 위험이란 현재에는 위험하지 않으나 향후 어떤 상황이 발생할시 위험한 상태로 이 경우 경찰권을 발동할 수 없다. 추측성 위험이란 충분한 객관적인 근거 없이 경찰관이 주관적으로 위험이 있다고 판단한 상태로 오상위험, 허구위험이라고도 한다. 이 경우 경찰권의 발동은 위법하며, 이에 대한 책임은 경찰에게 있다. 외관상 위험이란 실제로는 위험하지 않은데도 불구하고 경찰이 객관적으로 판단하여 위험이 존재한다고 믿어 경찰권을 발동한 경우를 말한다. 이 경우 위험이 없다고 판단되면 즉시 경찰권 발동을 취소 또는 철회하여야 하며, 합리적인 수준의 경찰권의 발동은 적법하지만 경찰권발동의 정도가 과잉인 경우 그에 대한 책임을 질 수 있다.

한편 경찰은 위험한 상황이라고 판단하여 경찰관이 물리력을 사용 시 준수하여야 할 기본원칙, 물리력 사용의 정도, 각 물리력 수단의 사용 한계 및 유의사항을 경찰 물리력 행사의 기준과 방법에 관한 규칙에 반영하고 있다.[28]

이 규칙은 경찰 물리력이란 범죄의 예방과 제지, 범인체포 또는 도주방지, 자신이나 다른 사람의 생명·신체 방어 및 보호, 공무집행에 대한 항거제지 등 경찰목적을 달성하기 위해 경찰권발동의 대상자에 대해 행해지는 일체의 신체적, 도구적 접촉(경찰관의 현장 임장, 언어적 통제 등 직접적인 신체 접촉 전 단계의 행위들도 포함)을 말한다고 정의하고 있다.

그리고 경찰 물리력 사용 3대 원칙을 규정하며, 이 원칙을 준수하도록 요구하였다.[29]

1. 객관적 합리성의 원칙

경찰관은 자신이 처해있는 사실과 상황에 비추어 합리적인 현장 경찰관의 관점에서 가장 적절한 물리력을 사용하여야 하며, 이를 위해 범죄의 종류, 피해의 경중, 위해의 급박성, 저항의 강약, 대상자와 경찰관의 수, 대상자가 소지한 무기의 종류 및 무기 사용의 태양,

27 박균성·김재광, 「경찰행정법」, 박영사, 2022, pp. 207－209.

28 경찰 물리력 행사의 기준과 방법에 관한 규칙, 경찰청예규 제547호, 2019. 7. 18. 제정, 2019. 11. 24. 시행.

29 경찰 물리력 행사의 기준과 방법에 관한 규칙 1.4.

> 대상자의 신체 및 건강 상태, 도주여부, 현장 주변의 상황 등을 종합적으로 고려하여야 한다.
> 2. 대상자 행위와 물리력 간 상응의 원칙
> 경찰관은 대상자의 행위에 따른 위해의 수준을 계속 평가·판단하여 필요최소한의 수준으로 물리력을 높이거나 낮추어서 사용하여야 한다.
> 3. 위해감소노력 우선의 원칙
> 경찰관은 현장상황이 안전하고 시간적 여유가 있는 경우에는 대상자가 야기하는 위해 수준을 떨어뜨려 보다 덜 위험한 물리력을 통해 상황을 종결시킬 수 있도록 노력하여야 한다. 다만, 이러한 노력이 오히려 상황을 악화시킬 가능성이 있거나 급박한 경우에는 이 원칙을 적용하지 않을 수 있다.

또한 비례의 원칙에 입각한 물리력 사용 한계에 대한 경찰관의 이해를 돕기 위해 대상자 행위에 대응한 경찰 물리력 수준을 [그림 1-1]과 같이 제시하였다.

그림 1-1 경찰 물리력 행사 연속체(대상자 행위에 대응한 경찰 물리력 수준)[30]

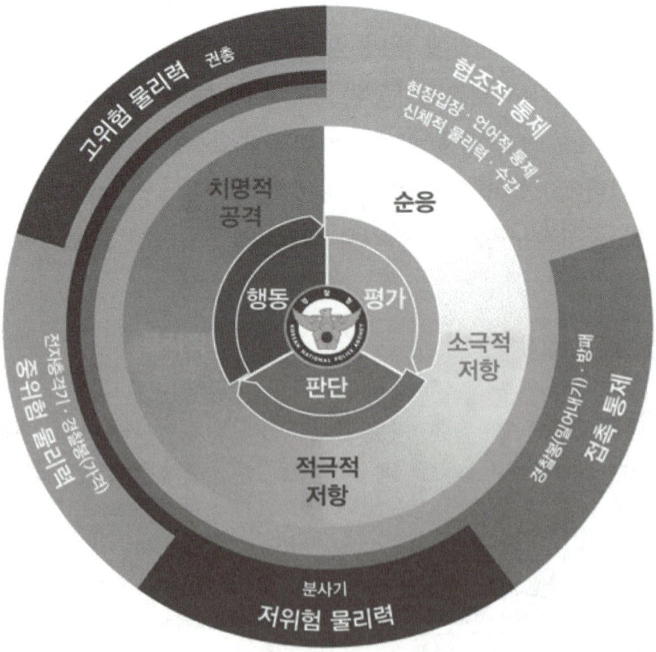

5. 행정경찰과 사법경찰

행정경찰과 사법경찰의 구분은 프랑스에서 확립되었다. 행정경찰(行政警察)은 사회공공의 질서유지를 위해 국가의 일반통치권에 의거한 권력작용으로 실질적 의미의 경찰작용을 말한다. 사법경찰(司法警察)은 범죄를 수사하고, 범인을 체포하는 형식적 의미의 경찰작용이다.

프랑스는 1790년 8월 16일-24일자 법률에서 행정재판과 사법재판을 분리하였고 이를 통해 경찰권과 사법권의 분리 및 행정경찰과 사법경찰의 분리가 진행되었다.[31]

프랑스의 행정경찰은 내무부 경찰총국, 파리경찰청, 자치경찰 등에 소속되어 공공의 안전과 평화 유지, 국민의 신체와 재산의 보호, 공공질서·공공안녕유지 및 범죄예방과 치안정보의 수집, 공공질서 및 시설, 국가의 이익과 주권을 침해하는 모든 위협의 탐색과 예방 등을 수행하는 경찰을 말한다.

사법경찰은 내무부 경찰총국의 사법경찰국 및 파리지방사법경찰국을 비롯한 지방사법경찰조직에 소속되어 범죄수사를 하는 경찰을 말한다. 사법경찰은 검사나 예심수사판사와 동등한 수사주체로서의 지위는 인정되지 않는다.[32] 사법경찰에 대한 통제는 검사의 지휘, 고등검사장의 감시, 고등법원 수사부의 통제에 의해 이루어진다.

우리나라의 보통경찰은 행정경찰과 사법경찰을 구분하지 않는다. 다만, 현행 경찰공무원법은 "경찰공무원은 그 직무의 종류에 따라 경과(警科)에 의하여 구분할 수 있다."고 규정하였다.[33]

6. 보통경찰과 협의의 행정경찰

경찰관 직무집행법상 경찰직무수행 여부를 기준으로 한 분류이다. 행정경찰은

---

30 경찰 물리력 행사의 기준과 방법에 관한 규칙 2.3.1.

31 Roach, J. (2023). The French Police (1). In *Police and public order in Europe* (pp. 107-142). Routledge.

32 프랑스 형사소송법 제12조~제13조, 제224조~제230조.

33 경찰공무원법 제4조, 법률 제20646호, 2025. 1. 7., 일부개정, 2025. 1. 7. 시행.

다시 보통경찰과 협의의 행정경찰로 구분된다. 보통경찰, 즉 일반경찰(一般警察)은 일반경찰기관의 소관사무로 독립적으로 공공안녕과 질서유지라는 경찰사무를 수행하며 경찰법상의 경찰을 말한다. 즉 범죄예방경찰 · 교통경찰 · 정보경찰 · 외사경찰, 범죄수사 등의 분야로 형식적 의미의 경찰작용이라고도 할 수 있다.

이에 대해 협의의 행정경찰은 특별사법경찰이라고도 한다. 다른 행정작용을 하는 과정의 일부로 발생하는 공공의 안녕과 질서유지에 반하는 위험을 제거하기 위한 경찰작용을 말한다. 경제 · 영업 · 위생 · 환경경찰 등이 있으며, 주무부처 기관장의 책임하에 수행되며, 실질적 의미의 경찰작용이라고 할 수 있다.[34]

7. 평시경찰과 비상경찰

일반경찰기관이 경찰관련법규에 의하여 공공의 안녕과 질서유지작용을 담당하는 것을 평시경찰(平時警察)이라고 한다. 대규모의 사회적 혼란이나 소요, 전쟁 등 국가적 비상사태하에서 군병력이 공공의 안녕과 질서유지작용을 담당하는 경우를 비상경찰(非常警察)이라고 한다.

비상계엄은 대통령이 전시 · 사변 또는 이에 준하는 국가비상사태 시 적과 교전(交戰) 상태에 있거나 사회질서가 극도로 교란(攪亂)되어 행정 및 사법(司法) 기능의 수행이 현저히 곤란한 경우에 군사상 필요에 따르거나 공공의 안녕질서를 유지하기 위하여 선포한다.[35]

경비계엄은 대통령이 전시 · 사변 또는 이에 준하는 국가비상사태 시 사회질서가 교란되어 일반 행정기관만으로는 치안을 확보할 수 없는 경우에 공공의 안녕질서를 유지하기 위하여 선포한다.

우리나라는 계엄법상 대통령이 군 장성급 이상의 군인을 계엄사령관으로 임명할 수 있으며, 비상계엄 혹은 경비계엄을 선포할 수 있다.[36]

34 사법경찰관리의 직무를 수행할 자와 그 직무범위에 관한 법률상 경찰작용을 말한다. 이 책 제3편 제1장에서 기술하였다.

35 헌법 제77조.

36 계엄법 제2조－제3조. 법률 제20993호, 2025. 7. 22. 일부개정, 2025. 7. 22. 시행.

그림 1-2 2024. 12. 3. 계엄선포 당시 비상경찰과 평시경찰

국회의사당에 진입하려는 군대

국회의사당 출입을 통제하는 경찰

자료: 조선일보, 2024년 12월 4일 자 보도. https://buly.kr/CWvRMiC/; 이데일리, 2024년 12월 4일 자 보도. https://buly.kr/DaPzFqC/

제 2 장

경찰행정의 기본이념 및 수단

제 1 절　경찰행정의 기본이념

경찰의 목적은 공공의 안녕과 질서의 유지 및 개인의 생명과 신체 및 재산의 보호라는 경찰상의 목적을 실현하는 것에 있다. 경찰행정의 기본이념이란 경찰상의 목적을 달성하기 위하여 경찰행정이 지향하는 가치와 정신 등을 말한다.[1]

Ⅰ. 민주주의

경찰조직은 민주주의적 이념을 다하여야 한다. 경찰은 본래 국민을 위하여 국민에 의해 그 권한을 부여받은 조직이며, 권한행사는 국민의 대표자가 결정하는 법률에 의해야 한다.[2]

경찰행정의 민주성에 관한 규정으로는 주권재민(主權在民)(헌법 제1조 제1항)과 국민전체에 대한 봉사성과 책임성(헌법 제7조 제1항), 경찰관청의 설치와 직무범위의 법률주의 채택(정부조직법 제2조, 국가경찰과 자치경찰의 조직 및 운영에 관한 법률 제1조－제3조), 국가공무원의 정치활동 금지(국가공무원법 제65조) 등이 있다. 국가경찰과 자치경찰의 조직 및 운영에 관한 법률 제7조의 경찰위원회의 설치도 경찰행정의 민주주의를 반영한 것이라 할 수 있다.

자치경찰제를 도입하여 중앙정부의 경찰권을 자치단체에 위임하는 정책도 민주주의 이념을 실천하는 것이다. 즉 경찰책임자를 주민들이 선출한 자치단체장이

1 김용철 외, 행정학원론, 박영사, 2022, p. 25.

2 허경미, 「경찰인사행정론」, 박영사, 2023, p. 5.

임명하거나, 지역주민이 직접 경찰책임자를 선출하는 방식으로 구현될 수 있다.

현행 국가경찰과 자치경찰의 조직 및 운영에 관한 법률 제18조는 자치경찰사무를 관장하게 하기 위하여 특별시장 · 광역시장 · 특별자치시장 · 도지사 · 특별자치도지사소속으로 시 · 도자치경찰위원회를 둔다고 규정하였다. 그리고 이 법 제20조는 시도경찰위원회 위원을 시도지사가 임명하도록 함으로써 민주주의 이념을 실천하고 있다.

또한 행정정보공개제도(공공기관의정보공개에관한법률)와 개인의 자기정보보호권(공공기관의개인정보보호에관한법률) 등도 민주주의 원리를 표현한 것이다.

이러한 민주주의는 경찰행정의 효율성 확보를 저해할 수도 있어 이 두 이념의 조화는 현대 경찰행정의 중요한 과제이다.

Ⅱ. 인권보호주의

경찰은 국민의 기본권을 보호하여야 하며, 이는 헌법상 원칙이다. 경찰법은 국가경찰은 그 직무를 수행할 때 헌법과 법률에 따라 국민의 자유와 권리를 존중하고, 국민 전체에 대한 봉사자로서 공정 · 중립을 지켜야 하며, 부여된 권한을 남용하여서는 아니 된다고 규정하고 있다.[3]

특히 경찰은 경찰목적을 달성하기 위하여 물리력을 행사하여 국민의 인권을 제한할 수 있어 다양한 법규정을 통하여 그 한계를 명시하고 있다.

대표적으로 국가경찰과 자치경찰의 조직 및 운영에 관한 법률 제5조는 경찰의 권한남용의 금지[4]를, 그리고 경찰 물리력 행사의 기준과 방법에 관한 규칙[5] 및 경찰관 인권행동강령 등을 제정하여 시행하고 있다. 특히 경찰관 인권행동강령은 인권보호를 경찰관의 최우선 사명으로 제시하면서 비례원칙 등 헌법상 기본원칙과 가혹행위금지 등을 포함한 금지사항, 범죄피해자 보호 등 보호사항을

3 헌법 제37조, 경찰법 제5조.

4 **국가경찰과 자치경찰의 조직 및 운영에 관한 법률(경찰법) 제5조(권한남용의 금지)** 국가경찰은 그 직무를 수행할 때 헌법과 법률에 따라 국민의 자유와 권리를 존중하고, 국민 전체에 대한 봉사자로서 공정 · 중립을 지켜야 하며, 부여된 권한을 남용하여서는 아니 된다.

5 경찰 물리력 행사의 기준과 방법에 관한 규칙, 경찰청예규 제550호, 2019. 7. 18., 일부개정., 시행 2019. 11. 24.

망라하여 총 10개 조항으로 구성되어 있다.[6]

그리고 경찰 인권보호 규칙을 통하여 경찰청장 및 시·도경찰청장의 자문기구로 인권위원회를 구성, 운영하고 있다.[7]

또한 2023년 경찰 수사에 관한 인권보호 규칙을 제정하여 경찰관이 수사 과정에서 국민의 인권을 존중하고 권리를 보장하기 위해 지켜야 할 사항 등을 제시하였다.[8]

경찰관 인권행동강령

제1조(인권보호 원칙) 경찰관은 국민이 국가의 주인임을 명심하고 모든 사람의 인권과 인간으로서의 존엄과 가치를 존중하고 보호할 책임이 있다.

제2조(적법절차 준수) 경찰관은 헌법과 법령에 의하여 적법절차에 따라 공정하고 객관적으로 직무를 수행하여야 하며, 권한을 남용하거나 그 권한의 범위를 넘어서는 아니 된다.

제3조(비례 원칙) 경찰권 행사는 그 목적을 달성하는 데 필요한 한도에 그쳐야 하며 이로 인한 사익의 침해가 경찰권 행사가 추구하는 공익보다 크지 아니하여야 한다. 특히 물리력 행사는 법령에 정하여진 엄격한 요건을 충족하는 경우에 한하여 필요 최소한의 범위 내에서 이루어져야 한다.

제4조(무죄추정 원칙 및 가혹행위 금지) 경찰관은 누구든지 유죄가 확정되기 전에는 유죄로 간주하는 언행이나 취급을 하여서는 아니 되고, 직무를 수행하는 과정에서 고문을 비롯한 비인도적인 신체적·정신적 가혹 행위를 하여서도 아니 되며, 이러한 행위들을 용인하여서도 아니 된다.

제5조(부당 지시 거부 및 불이익 금지) 경찰관은 인권을 침해하는 행위를 하도록 지시받거나 강요받았을 경우 이를 거부해야 하고, 법령에 정한 절차에 따라 이의를 제기할 수 있으며, 이를 이유로 불이익한 처우를 받지 아니한다.

제6조(차별 금지 및 약자·소수자 보호) 경찰관은 직무를 수행하는 과정에서 합리적인 이유 없이 성별, 종교, 장애, 병력(病歷), 나이, 사회적 신분, 국적, 민족, 인종, 정치적 견해 등을 이유로 누구도 차별하여서는 아니 되고, 신체적·정신적·경제적·문화적인

6 경찰관 인권행동강령, 경찰청훈령 제967호, 2020. 6. 10., 제정, 2020. 6. 10. 시행.
7 경찰 인권보호 규칙, 경찰청훈령 제1180호, 2025. 10. 30., 일부개정, 2025. 10. 30. 시행.
8 경찰청훈령 제1075호, 2023. 3. 30., 제정., 2023. 3. 30. 시행.

차이 등으로 특별한 보호가 필요한 사람의 인권을 보호하여야 한다.

제7조(개인 정보 및 사생활 보호) 경찰관은 직무를 수행하는 과정에서 취득한 개인 정보와 사생활의 비밀을 보호하고, 명예와 신용이 훼손되지 않도록 유의하여야 한다.

제8조(범죄피해자 보호) 경찰관은 범죄피해자의 명예와 사생활의 평온을 보호하고, 추가적인 피해 방지와 신체적·정신적·경제적 피해의 조속한 회복 및 권익증진을 위하여 노력하여야 한다.

제9조(위험 발생의 방지 및 조치) 경찰관은 사람의 생명·신체에 위해를 끼치거나 재산에 중대한 손해를 끼칠 우려가 있는 때에는 이를 방지하기 위한 필요한 조치를 하여야 한다. 특히 자신의 책임 및 보호하에 있는 사람의 건강 보호를 위해 노력하여야 하며, 필요한 경우 지체 없이 응급조치, 진료의뢰 등 보호받는 사람의 생명권 및 건강권을 보장하기 위한 조치를 하여야 한다.

제10조(인권교육) 경찰관은 인권 의식을 함양하고 인권 친화적인 경찰 활동을 할 수 있도록 인권교육을 이수하여야 하며, 경찰관서의 장은 정례적으로 소속 직원에게 인권교육을 하여야 한다.

Ⅲ. 법치주의

헌법은 기본적 인권은 공공복지에 반하지 않는 한 입법권으로도 침해할 수 없도록 하여 국민의 기본권을 보장하고 있다.[9] 이러한 헌법정신에 따라 경찰은 국민의 자유와 권리를 존중하여야 하며, 국민전체에 대한 봉사자로서 공정중립을 지켜야 하며, 부여된 권한을 남용하여서는 아니 된다(국가경찰과 자치경찰의 조직 및 운영에 관한 법률 제5조).

공공복지에 필요한 한도 내에서 국민의 기본권을 제한하는 경우에도 필요최소한도의 범위 내에서 이루어져야 한다. 또한 경찰권의 발동은 경찰권 발동 이외의 다른 대안이 없는 불가피한 경우에 행사되어야 하는 등 경찰비례의 원칙을 준수하여 국민의 자유와 권리 즉, 인권의 제한을 최소화하여야 한다.[10]

9 **헌법 제37조** ① 국민의 자유와 권리는 헌법에 열거되지 아니한 이유로 경시되지 아니한다.
② 국민의 모든 자유와 권리는 국가안전보장·질서유지 또는 공공복리를 위하여 필요한 경우에 한하여 법률로써 제한할 수 있으며, 제한하는 경우에도 자유와 권리의 본질적인 내용을 침해할 수 없다.

10 박균성·김재광, 「경찰행정법」, 박영사, 2022, pp. 11－15.

경찰관 직무집행법, 형사소송법 등은 범죄예방 및 범죄수사와 관련하여 경찰권 행사를 규정한 대표적인 근거법이라 할 수 있다.

Ⅳ. 정치적 중립주의

헌법 제7조는 공무원은 국민전체에 대한 봉사자로서 국민에 대하여 책임을 지며, 공무원의 신분과 정치적 중립성은 법률이 정하는 바에 의하여 보장된다고 규정함으로써 공무원의 정치적 중립성을 명시하고 있다. 따라서 경찰관은 국민전체에 대한 봉사자로서 성실하게 근무하여야 하며, 경찰조직 또한 정치적 중립성을 견지해야 한다.

국가공무원법 역시 공무원의 정치운동을 금지하고 있으며(제65조), 국가경찰과 자치경찰의 조직 및 운영에 관한 법률도 경찰위원회·시도경찰위원회 위원 및 경찰공무원에 대하여 정치적 중립성을 엄격하게 요구하고 있다.[11]

Ⅴ. 효율성주의

경찰은 국민의 자유와 권리를 보호하고 사회공공의 질서를 유지하기 위하여 설치된 행정기관으로서 효율적으로 직무를 수행할 수 있는 합리적인 조직이어야 한다.

경찰의 효율성을 강조하고 있는 대표적인 규정으로는 국가경찰과 자치경찰의 조직 및 운영에 관한 법률 및 경찰직무응원법상 시·도경찰청장 등의 응원경찰관 파견요청권 및 경찰청장 또는 해양경찰청장 등의 경찰기동대편성권을 들 수 있다.

경찰은 국가경찰과 자치경찰의 조직 및 운영에 관한 법률을 통해 경찰조직을 국가경찰과 자치경찰로 분류하고 그 임무 역시 분리하여 효율적으로 처리하도록 하였다.

또한 경찰청장은 다음의 경우에는 자치경찰사무를 수행하는 경찰공무원(제주특별자치도의 자치경찰공무원을 포함)을 직접 지휘·명령할 수 있다.

---

11 경찰공무원법 제8조, 제20조, 제23조.

1. 전시·사변, 천재지변, 그 밖에 이에 준하는 국가 비상사태, 대규모의 테러 또는 소요사태가 발생하였거나 발생할 우려가 있어 전국적인 치안유지를 위하여 긴급한 조치가 필요하다고 인정할 만한 충분한 사유가 있는 경우
2. 국민안전에 중대한 영향을 미치는 사안에 대하여 다수의 시·도에 동일하게 적용되는 치안정책을 시행할 필요가 있다고 인정할 만한 충분한 사유가 있는 경우
3. 자치경찰사무와 관련하여 해당 시·도의 경찰력으로는 국민의 생명·신체·재산의 보호 및 공공의 안녕과 질서유지가 어려워 경찰청장의 지원·조정이 필요하다고 인정할 만한 충분한 사유가 있는 경우

국가경찰과 자치경찰의 조직 및 운영에 관한 법률 제32조 제1항은 경찰청장은 전시 · 사변, 천재지변 그 밖에 이에 준하는 국가비상사태, 대규모의 테러 또는 소요사태가 발생하였거나 발생할 우려가 있어 전국적인 치안유지를 위하여 긴급한 조치가 필요하다고 인정할 만한 충분한 사유가 있는 경우에는 제주특별자치도의 자치경찰공무원을 직접 지휘 · 명령할 수 있다고 규정하고 있다.

경찰직무응원법 제1조 제1항은 시 · 도경찰청장 또는 지방해양경찰관서의 장은 돌발사태의 진압 또는 공공질서가 교란되었거나 교란될 우려가 현저한 지역의 경비에 있어서 그 소관 경찰력으로는 이를 감당하기 곤란하다고 인정할 때에는 응원을 받기 위하여 다른 시 · 도경찰청장 · 지방해양경찰관서의 장 또는 자치경찰단을 설치한 제주특별자치도지사에게 경찰관의 파견을 요구할 수 있다고 규정하고 있다.[12]

제2항에서는 경찰청장 또는 해양경찰청장은 돌발사태의 진압이나 특수지구의 경비에 있어서 긴급한 경우에는 시 · 도경찰청장, 소속 경찰기관의 장 또는 지방해양경찰관서의 장에 대하여 다른 시 · 도경찰청 또는 지방해양경찰관서의 경찰관을 응원하기 위하여 소속경찰관의 파견을 명할 수 있다고 규정하였다. 이러한 명에 의하여 파견된 경찰관은 파견받은 시 · 도경찰청 또는 지방해양경찰관서의 경찰관으로서 직무를 행한다.

또한 제4조는 경찰청장 또는 해양경찰청장은 돌발사태의 진압이나 특수지구

12 경찰직무응원법, 법률 제17689호, 2020. 12. 22., 타법개정, 2021. 1. 1. 시행.

의 경비를 위하여 필요한 때에는 경찰관으로서 경찰기동대를 편성하여 필요한 지역에 파견할 수 있다고 규정하였다. 파견된 경찰관과 기동대는 파견목적 이외의 직무를 행할 수 없다.

Ⅵ. 집권주의 및 분권주의

경찰은 업무의 효율성과 특히 비상시의 응급대처 능력을 강화하기 위한 집권성과 동시에 민주주의의 기본이념을 충족하고, 시민에게 봉사하는 조직으로서 분권성을 동시에 갖추어야 한다.

한국의 경찰조직은 그동안 중앙정부의 직접적인 통제하에 놓여 있는 중앙집권화된 체제로 국가경찰체제를 유지하였다. 그러나 경찰법의 전부개정으로 2021년 7월 1일부터 자치경찰제를 전국적으로 전면적으로 시행하고 있다.[13]

정부조직법상 경찰조직은 행정조직의 일부로서 대통령과 국무총리, 행정안전부장관의 관할 아래에 있다.

대통령은 행정부의 수반으로서 법령에 의하여 모든 중앙행정기관의 장을 지휘·감독하며(제11조), 국무총리는 대통령의 명을 받아 각 중앙행정기관의 장을 지휘·감독한다(제19조). 경찰청은 행정안전부 소속기관이다(제34조).[14]

국가경찰과 자치경찰의 조직 및 운영에 관한 법률은 제12조에서 치안에 관한 사무를 관장하게 하기 위하여 행정안전부장관 소속하에 경찰청을 둔다고 규정했다. 제13조에서는 경찰청의 사무를 지역적으로 분담, 수행하게 하기 위하여 시·도에 경찰청을 두고, 시·도경찰청장 소속하에 경찰서를 둔다고 규정하여 업무의 효율성 및 분권성을 보이고 있다.

한편 제주특별자치도 설치 및 국제자유도시 조성을 위한 특별법 제106조는 자치경찰사무를 위하여 자치경찰을 둔다고 규정하여 중앙집권적인 경찰권을 지방정부에 위임하고 있다. 자치경찰은 직무수행시 경찰관 직무집행법을 준용토록 함으로써 경찰행정의 통일성을 확보하고 있다.[15]

13 국가경찰과 자치경찰의 조직 및 운영에 관한 법률 제13조.

14 정부조직법 법률 제21065호. 2025. 10. 1. 일부개정, 2026. 10. 2. 시행.

15 제주특별법 제96조부터 제119조.

또한 국가경찰과 자치경찰은 치안행정의 연계성을 확보하고 지역특성에 맞는 치안서비스를 제공하기 위하여 자치경찰사무의 범위 안에서 필요한 정보와 기술을 제공하는 등 상호 협조하고, 필요한 범위 안에서 유·무선의 통신망과 시설물을 상호 이용할 수 있도록 함으로써 업무의 상호협조와 효율성을 꾀하고 있다.

제 2 절 경찰행정의 수단

Ⅰ. 일반경찰의 수단

1. 권력적 수단

경찰은 공공의 안녕과 질서유지 및 위험의 방지라는 경찰목적을 달성하기 위하여 국가의 일반통치권에 의하여 다양한 권력적 또는 비권력적 수단을 활용한다. 경찰행정의 권력적 수단이란 국민의 자유와 권리를 제한하는 경찰작용을 말한다.

경찰은 국가의 국민에 대한 일반통치권에 기초를 둔 작용이다. 따라서 경찰권의 발동은 법률적 근거를 요하며, 법률에 근거를 둔다하여도 헌법상 국민의 본질적인 자유와 권리까지를 제한할 수는 없다.

경찰은 위험을 방지하거나 경찰위반상태를 제거하기 위하여 일반통치권(一般統治權)에 근거하여 명령·강제함으로써 경찰에게 주어진 임무를 수행한다. 경찰권에 의한 명령·금지나 강제는 법령으로 직접 경찰의무를 발생시키는 경우를 제외하면 경찰처분에 의하며 개인의 자유를 제한하게 된다.

경찰명령은 작위(作爲), 부작위(不作爲), 수인(受忍), 급부(給付)를 통하여 이루어지며, 행위책임과 상태책임이라는 경찰의무를 발생시키고 이를 위반시 경찰강제의 대상이 된다. 경찰강제는 강제집행과 즉시강제를 통하여 행해지며 행정대집행법과 경찰관 직무집행법이 그 법적 근거가 된다. 경찰권의 발동은 직무수행에 필요한 최소한도 내에서 행사되어야 하며 헌법상 국민의 자유와 권리의 본질적인 부분을 침해해서는 안 된다.

경찰권의 대상은 특별한 규정이 없는 한 통치권에 복종하는 자, 즉 자연인, 법인, 외국인 모두가 대상이 되며, 특별히 외교사절의 경우에는 면책특권이 인정된다. 일반행정기관도 일반 사인(私人)과 같이 사법적(私法的) 활동을 하는 경우에는 경찰권 발동의 대상이 될 수 있다는 것이 통설이다.

2. 비권력적 수단

경찰행정의 비권력적 수단이란 개인의 자유와 권리를 제한하지 않고 법률의 구체적인 수권없이 가능한 경찰활동으로 경찰의 서비스지향적 활동을 말한다. 도보·차량순찰, 일상적인 교통의 관리, 정보의 제공, 지리안내, 권고 등의 행정지도(行政指導)와 범죄의 예방을 위한 각종 활동이 이에 속하며, 정보경찰의 정보수집활동은 이에 포함되나 일정한 제한이 따른다.

다양한 이익의 표출과 복지주의적 급부행정이 강조되고 있는 오늘날 경찰의 수단은 명령과 강제적 작용만으로는 그 한계가 있다. 이에 따라 점점 더 비권력적인 경찰수단에 의한 경찰영역이 확장되고 있다.

Ⅱ. 사법경찰의 수단

경찰의 범죄수사를 위한 수단은 헌법[16] 및 형사소송법[17]에 규정되어 있으며,

---

16 **헌법 제12조** ① 모든 국민은 신체의 자유를 가진다. 누구든지 법률에 의하지 아니하고는 체포·구속·압수·수색 또는 심문을 받지 아니하며, 법률과 적법한 절차에 의하지 아니하고는 처벌·보안처분 또는 강제노역을 받지 아니한다.
② 모든 국민은 고문을 받지 아니하며, 형사상 자기에게 불리한 진술을 강요당하지 아니한다.
③ 체포·구속·압수 또는 수색을 할 때에는 적법한 절차에 따라 검사의 신청에 의하여 법관이 발부한 영장을 제시하여야 한다. 다만, 현행범인인 경우와 장기 3년 이상의 형에 해당하는 죄를 범하고 도피 또는 증거인멸의 염려가 있을 때에는 사후에 영장을 청구할 수 있다.
④ 누구든지 체포 또는 구속을 당한 때에는 즉시 변호인의 조력을 받을 권리를 가진다. 다만, 형사피고인이 스스로 변호인을 구할 수 없을 때에는 법률이 정하는 바에 의하여 국가가 변호인을 붙인다.
⑤ 누구든지 체포 또는 구속의 이유와 변호인의 조력을 받을 권리가 있음을 고지받지 아니하고는 체포 또는 구속을 당하지 아니한다. 체포 또는 구속을 당한 자의 가족등 법률이 정하는 자에게는 그 이유와 일시·장소가 지체없이 통지되어야 한다.
⑥ 누구든지 체포 또는 구속을 당한 때에는 적부의 심사를 법원에 청구할 권리를 가진다.
⑦ 피고인의 자백이 고문·폭행·협박·구속의 부당한 장기화 또는 기망 기타의 방법에 의하여 자의로 진술된 것이 아니라고 인정될 때 또는 정식재판에 있어서 피고인의 자백이 그에게 불리한 유일한 증거일 때에는 이를 유죄의 증거로 삼거나 이를 이유로 처벌할 수 없다.

17 형사소송법 제195조부터 제245조의10.

임의수사(任意搜查)를 원칙으로 하고 강제수사(强制搜查)는 예외적으로 허용하고 있다.

형사소송법상 강제수단으로는 체포 · 구속 · 압수 · 수색 등의 영장집행이 대표적인 것으로, 각각에 대해서는 요건 · 기간 등이 엄격히 법정되어 있으며, 이를 위반할 경우에는 위법수사의 문제가 발생되고, 경찰관은 형법상 직권남용죄 등으로 처벌되거나, 국가배상법상 배상책임의 대상이 될 수 있다. 임의수사는 상대방의 동의나 임의의 협력을 얻어서 행해지는 활동, 예를 들어 피의자신문조서 작성, 임의제출물 등의 압수와 같은 것으로 이러한 경우에는 영장이 없어도 수사활동이 가능하다.

임의수단이든 강제수단이든 경찰관은 사법경찰관리(司法警察官吏)로서 피의자 또는 다른 사람의 인권을 존중할 의무가 있다.

경찰의 수사권은 자연인 모두에게 적용되며, 법인의 경우 일부 적용이 제한된다. 형사소송법은 사법경찰관의 수사개시권 및 검사와 상호협력해야 한다고 규정하였다.

그리고 외교관계에관한비엔나협약(1961년)에 의한 외교사절[18]이나 한미행정협정(SOFA)에 의해 주한미군의 경우 등에는 그 적용이 일부 제한된다. 헌법상 대통령[19]과 국회의원[20]인 경우에도 일정한 제한이 따른다.

18 외교관계에관한비엔나협약(1961년) 및 영사관계에관한비엔나협약(1963년).

19 외교관계에관한비엔나협약(1961년) 및 영사관계에관한비엔나협약(1963년).

20 헌법 제44조는 "① 국회의원은 현행범인인 경우를 제외하고는 회기중 국회의 동의없이 체포 또는 구금되지 아니한다. ② 국회의원이 회기전에 체포 또는 구금된 때에는 현행범인이 아닌 한 국회의 요구가 있으면 회기중 석방된다"고 하여 불체포특권을 규정하였고, 이어 제45조는 "국회의원은 국회에서 직무상 행한 발언과 표결에 관하여 국회 외에서 책임을 지지 아니한다"고 하여 면책특권을 규정하고 있다.

제2편

한국경찰의 역사와 제도 변화

제 1 장

갑오경장 이전의 경찰

제 1 절 부족국가시대 및 삼국시대의 경찰

Ⅰ. 부족국가시대의 경찰

부족국가시대는 아직 국가로서의 행정체제와 법률체제 등을 갖추지 못하였고 초기 공동체의 질서를 유지하는 정도의 행정체제와 규범이 존재한 것으로 전해진다. 따라서 오늘날과 같은 전문 경찰조직은 없었으며, 지배세력이나 행정업무를 수행하는 관리가 그 권한으로 질서를 유지하는 권한을 행사하였을 것으로 추정할 수 있다.[1]

삼국지위서동이전에 의하면 고조선시대에 팔조금법(八條禁法)이라는 형벌법이 있었으나 현재 전해 내려오는 조목은 3개 조목이다. 제1조목은 사람을 죽인 자는 바로 죽이고(相殺以當時償殺), 제2조목은 남에게 상해를 가한 자는 곡물로 배상하고(相傷以穀償), 제3조목은 남의 물건을 훔친 자는 남자인 경우 그 집의 노(奴)로, 여자인 경우 비(婢)로 되나, 스스로 속(贖)하려 하는 자는 오십만전을 내야 한다(相盜者男沒入爲其家奴 女子爲婢 欲自贖者 人五十萬)는 것이다.

이러한 조목이 전래되는 것으로 보아 살인, 상해, 절도 등의 공동질서를 해치는 행위를 범죄로 규정하고, 이를 수사하고, 처벌하는 등 일련의 형사사법제도, 즉 경찰작용이 존재한 것으로 추정할 수 있다.[2]

한(漢)은 기원전 108년에 고조선을 멸한 뒤 한사군, 즉 낙랑(樂浪), 진번(眞番),

1 유완빈, "한국의 전통적 관료제도와 현대적 행정에 관한 연구,"「한국행정사학회지」, 창간호, 1993, p. 12; 경찰대학, 「경찰학개론」, 2002, pp. 56－88.

2 김형중, 「한국고대경찰사」, 수사원, 1991, p. 42.

임둔(臨屯), 현도(玄) 등을 설치하였다. 이는 313년 낙랑이 마지막으로 멸망하기까지 지속되었다.

한사군은 군현경정리의 행정체제를 두었다. 그리고 각 행정단위에 순찰과 절도범을 검거하는 업무를 관장하게 하는 등의 관직을 두었다. 관리의 명칭은 위, 유요 및 정장이며, 이들은 현 · 경 · 정의 도적을 검거하는 일을 맡았다. 이들에게는 활 · 창 · 방패 · 검 · 갑옷 등의 장비가 지급되었다.

한편 삼국지위서동이전에 따르면 한사군의 이웃인 동북 지역 및 남쪽 지역에는 부여, 고구려, 옥저, 동예, 삼한 등의 부족국가가 위치하였다.

부여에는 살인자는 사형에 처하고 그 가족은 노비로 삼으며, 남의 물건을 훔친 자는 12배로 배상하는, 일책십이법이 있었다. 또한 남녀간에 간음을 범한 자와 부인이 투기(妬忌)하는 경우 모두 사형에 처하는 등 형벌이 엄하였다. 그리고 제천행사인 영고(迎鼓) 때에는 형옥(刑獄)을 중단하고 죄인들을 석방하였다.

그림 1-1 삼국지위서동이전에 기록된 부족국가의 지형도

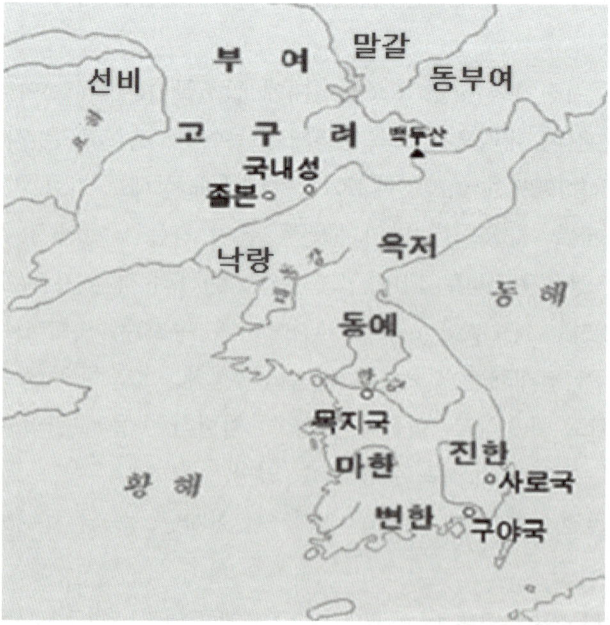

자료: https://blog.naver.com/bobost1503/221443304613/

고구려에도 일책십이법과 사형제가 존재하는 등 매우 엄한 공동체 규범을 유지했으며, 동예는 각 읍락마다 경계를 설정하고 이를 침범할 경우 노예나 우마로 배상하는 책화제도를 두었다.

한강 이남의 이른바 삼한, 즉 마한, 진한, 변한은 부족의 지배자인 신지 또는 읍차가 통치하였다. 그러나 소도라는 치외법권 지역에서는 신관(천관)이 제사를 주관했고, 범죄인이 소도로 도망할 경우 지배자인 신지의 권한이 미치지 못하였다.

Ⅱ. 삼국시대의 경찰

삼국시대는 왕권이 확립되고 행정조직이 정비되며, 율령이 반포되는 등 중앙집권적 국가체제의 면모를 갖추기 시작했다. 그러나 일반행정과 군사, 그리고 경찰의 기능이 분리되지는 않았다.[3]

이 시대에는 살인과 절도 등의 전통적 범죄 외에도 관인수재죄나 모반죄 등 국가적 법익을 침해하는 범죄행위를 처벌하는 등 질서를 유지하기 위한 법령과 이를 집행하는 행정기관 등이 정교해졌다.

고구려는 중앙은 수상인 대대로에서 선인에 이르는 14관등체계를 갖추어 통치를 했고, 지방은 5부로 나누어 욕살(褥薩)이라는 지방장관을 두어 행정을 수행하였다. 경찰권도 이들 지배세력에 의하여 행사되었다. 고구려는 모반죄, 전쟁에 임하여 패배하거나 항복한 죄, 살인죄, 절도죄, 가축살상죄, 불효죄 등을 가지고 있었다.

백제는 고이왕과 근초고왕을 거치면서 6좌평과 16관등제의 행정체계 및 율령을 반포하는 등 고대국가로서의 기틀을 잡은 데 이어 성왕 때는 수도에 5부를 두어 그 장을 달솔이라 하였고, 지방을 5방으로 나누어 그 장을 방령이라 하고 행정업무를 담당케 하였다. 따라서 이들에 의하여 행정과 군사, 그리고 경찰업무 등이 유지되었을 것으로 추정된다.

구당서 백제전에는 중앙의 조정좌평이란 공직이 형옥(刑獄)을 관장했으며, 형

3 윤백남, 「조선형정사」, 문예서림, 1948, pp. 7－37; 국립경찰전문학교, 「경찰제도사」, 1955. pp. 9－16; 김형중, 「한국고대경찰사」, 수사원, 1991, pp. 69－107.

률은 "반역자 연적기가(叛逆者 緣籍基家: 반역한 자는 죽이고, 그 가족을 노비로 삼는다), 살인자 윤노비 삼속죄(殺人者 輪奴婢 三贖罪: 살인한 자는 노비 3명으로써 속죄케 한다), 이수회급도삼배상 동종신(吏受賄及盜三賠償 錮終身: 관인이 뇌물을 받거나 도둑질을 한 경우 그 물건의 3배를 추징하고, 종신토록 금고에 처한다)"이 전해져 이 시대에 법규범과 이를 집행하는 공직이 존치하였다는 것을 짐작할 수 있다.[4]

신라는 엄격한 신분질서체계인 골품제가 유지되면서 이벌찬부터 조위에 이르는 17관등제의 관료제 그리고 지방의 군주가 행정업무와 군사업무 등을 수행하였다.

신라는 통일 이후 지방을 9주 5소경으로 나누고 주에 총관을, 소경에 사신을 두었다. 또한 9서당 10정의 군사조직을 두었는데 주의 총관과 소경의 사신 등이 군사업무, 일반행정 및 질서유지 기능을 함께 관장하였다. 이 시대에는 범죄유형이 좀 더 다양해져 부모살해의 오역죄, 역모죄, 공무원범죄 등이 등장하였다. 범죄에 대한 처벌도 다양해져 족형, 거열형(車裂刑), 사지해형(四肢解刑), 기시형(棄市刑), 참형(斬刑), 자진형(自盡刑), 유형(流刑), 장형(杖刑) 등이 있었다.[5]

제 2 절 고려시대 및 조선시대의 경찰

Ⅰ. 고려시대의 경찰

고려는 중앙행정관제를 3성 6부제, 즉 중서성·문하성·상서성 등의 3성과 이·병·호·형·예·공조 등의 6조, 그리고 중추원을 두어 왕명의 출납과 군기를, 어사대는 관리의 잘못을 사찰하였다. 이 가운데 경찰기능은 주로 법률과

4 구당서 권 199 백제전.

5 족형은 발을 자르는 형이며. 거열형은 팔과 다리를 각각 다른 수레에 매어 죄인을 찢어 죽이는 형벌이며, 사지해형은 팔다리를 칼로 절단하여 죽이는 형벌이며, 기시형은 일반인들에게 본보기를 위해 목과 사지가 떨어진 시신을 시장 바닥에 3일 혹은 6일간 내버려두는 형벌이며, 참형은 칼로 목을 치는 형벌이며, 자진형은 사약이나 칼로 스스로 죽게 하는 형벌이며, 유형은 유배형을, 장형은 곤장으로 죄인의 엉덩이나 허리 등을 치는 형벌을 말한다. 경향신문, 사형장의 살풍경, 2014년 12월 2일자 보도.

소송을 다루었던 형조와 관리의 비리를 다루는 어사대, 군사 등을 다룬 병조가 담당했을 것으로 보인다.

한편 수도인 개경에 2군 6위의 군대를 두었는데 이 가운데 금오위(金吾衛)가 순찰 및 도둑체포, 모반진압 등의 경찰사무를 관장하여 행정사무와 군대사무가 분리되지 않았음을 보여준다.

지방은 5도 양계제로 구분하여 도에는 안찰사(按察使)를 그리고 계에는 병마사(兵馬使)를 그 장으로 임명하였다. 이들에 의하여 관할 지역에서 행정, 사법, 군사, 경찰 등의 사무를 행하였을 것으로 볼 수 있다. 한편 국경지역의 지방기관인 위아를 현재의 경찰서, 그 장인 현위(縣尉)를 경찰서장이라고 평가하는 관점도 있다.

고려시대의 특수경찰기관으로 삼별초(三別抄), 순마소(巡馬所), 어사대(御史臺) 등을 들 수 있다.

삼별초(三別抄)는 야별초라고도 불렸으며, 몽고의 침입시 치안질서가 문란하자 최우가 사병부대를 두었고, 이들은 경찰, 전투 등의 공적인 업무도 함께 수행하였다.[6]

순마소(巡馬所)는 충렬왕 때 원의 지방 경찰기관을 모델로 고려에 설치되었다. 이것은 후에 순군만호부로 개편되었다. 순군만호부는 방도금란(防盜禁亂), 왕권보호 등과 관련된 첩보를 수집하는 등 정보경찰 기능을 행한 것으로 추정된다.[7] 이들을 역사적으로 최초의 정보경찰이라고도 한다.

어사대(御史臺)는 중앙정부의 3성 6부와 독립하여 공무원의 비위를 규탄하고

6 박범래, 「한국경찰사」, 경찰대학, 1988, p. 87.

7 초기에는 중군(中軍)·좌 군(左軍)·우군(右軍)의 3개 만호이었지만, 후에 개성의 순군만호를 비롯하여 합포(合浦)·전라(全羅)·탐라(耽羅)·서경(西京)의 만호, 기타 지방의 33개의 순포(巡鋪)를 두었고, 순군만호부는 이들을 총괄하는 기구가 되었다.

순군만호부는 조선시대에 더욱 강화되어 국왕의 측근에서 신왕조의 안전을 위협하고 사회 질서를 문란하게 하는 세력을 제거하고, 한성부의 치안을 유지하는 데 중추적 역할을 하였다. 1402년(태종 2) 순위부(巡衛府), 1403년 의용순금사(義勇巡禁司), 1414년 의금부로 개칭되었으나, 1453년(단종 1) 치안업무를 담당하던 의금부 관할의 도부외(都府外) 병력을 축소함으로써 의금부는 사실상 치안업무를 담당하지 못하게 되고, 대신 최고 사법기관으로서 왕의 교지를 받아 범인을 심문하는 기능을 담당하게 되었다. 두산백과, 순군만호부, http://terms.naver.com/entry.nhn?docId=1116124&cid=40942&categoryId=31667/

감찰, 탄핵 및 풍속경찰의 역할을 담당함으로써 오늘날의 감사원이나 경찰청 또는 대검찰청의 역할을 하였다고 볼 수 있다.[8]

고려시대에는 범죄가 더욱 분화되어 모반·대역죄, 살인죄, 절도죄 등 전통적 범죄 외에, 공무원 범죄, 문서훼손에 관한 범죄, 무고죄, 도주죄, 방화죄, 실화·연소죄, 강간죄 등의 성범죄, 도박죄, 유기죄, 인신매매에 관한 범죄, 장물죄 등이 등장하였다.

Ⅱ. 조선시대의 경찰

조선시대는 [그림 1-2]와 같이 중앙에 최고의 행정관청인 의정부와 그 산하에 이·호·예·병·형·공의 6조, 그리고 승정원, 의금부, 홍문관, 사헌부, 사간원, 한성부, 춘추관 및 성균관 등의 기관이 있었다. 지방은 8도로 나누어 각각 관찰사가 임명되었고, 그 밑에 부·목·군·현을 두고 각각 부윤·목사·군수·현령 등의 수령을 두었다.

경찰사무는 중앙의 경우 의금부, 사헌부, 한성부 등에 의해 행해졌다. 의금부는 금오(金吾)·왕부(王府)·금부(禁府)라고도 하였다. 의금부는 고려시대 순군만호부(巡軍萬戶府)라고 불리다가 태종 때에 개편되었으며, 왕명을 받들어 추국(推鞫)하는 일과 순작(巡綽)·포도(捕盜)·금란(禁亂) 등 경찰업무를 관장하였다. 사헌부는 관리의 비행을 감찰하는 기관이며, 한성부는 수도의 치안을 관장하였다.

지방의 경우에는 관찰사와 수령들이 지방행정과 함께 경찰기능도 함께 수행하였다.

그러나 조선시대에 경찰권은 일원화되지 못하고 각 관청이 소관사무와 관련하여 직권으로 범법자를 체포하여 구금하였는데, 이를 직수아문(直囚衙門)이라고

8 어사대는 신라 진흥왕 때인 544년에 처음 설치되었다. 고려의 어사대는 신라의 전통 위에 당나라·송나라의 영향을 받아 고려의 정치실정에 맞도록 재정비, 조직된 것이다.
고려사의 백관지(百官志)에는 어사대의 기능을 "시정을 논하고 풍속을 교정해 백관의 부정과 비위를 규찰하고, 탄핵하는 일"로 규정하였다. 어사대의 관원에게는 불체포·불가범(不加犯)·면계(面戒: 면전에서 충고함.) 등의 특권과 여러 은전이 부여되었다. 1369년(공민왕 18년)에 사헌부로 개칭되어 명칭과 기능이 조선으로 이어졌다. 한국학중앙연구원, 한국민족문화대백과, 어사대, http://terms.naver.com/entry.nhn?docId=580829&cid=46621&categoryId=46621/

그림 1-2 조선시대의 국정

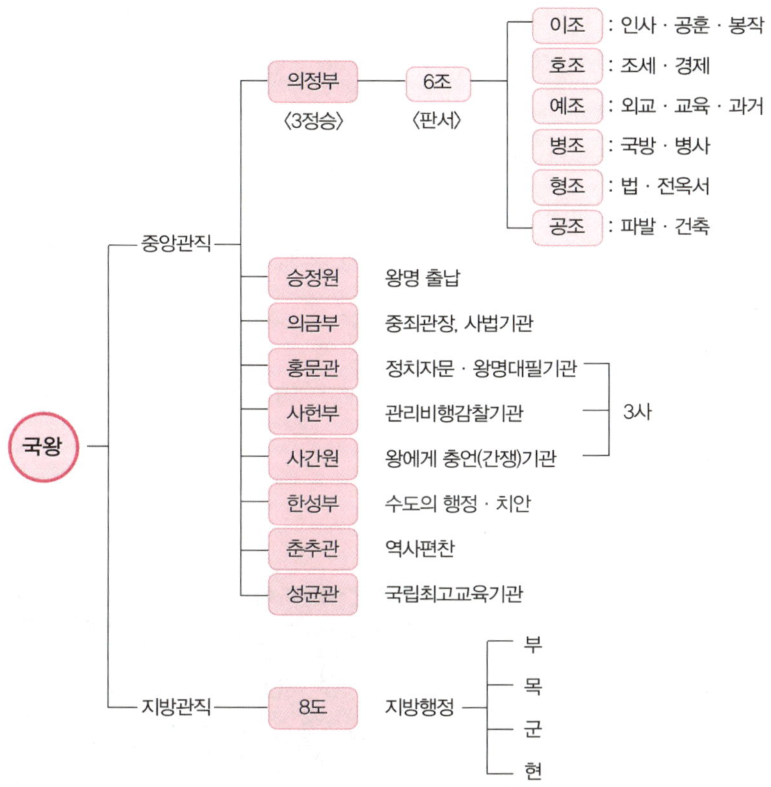

자료: 네이버 지식백과, https://terms.naver.com/

한다. 따라서 병조·형조·한성부·사헌부·승정원·관찰사·수령과 나중에 추가된 비변사·포도청 등도 경찰권의 일부를 행사하였다고 볼 수 있다.

성종 때에 전국적으로 들끓던 도적떼를 검거하기 위하여 포도장체를 설치하였으며, 중종 때에 이를 포도청이라고 개칭하였고, 그 대장을 포도대장이라고 하였다. 포도청은 좌포도청이 한양의 동·남·중부와 경기좌도를, 우포도청이 한양서·북부와 경기우도를 관할하면서, 도적을 잡고 야간순찰을 실시하는 등의 임무를 수행하였다. 포도청은 1894년 경무청관제직장의 제정으로 한성부에 경무청이 설치되면서 폐지되었다.[9]

이 밖에도 조선시대에 주목되는 경찰관련 정책으로 야금제, 분화도감제, 호패제 등이 있다. 야금제는 야간통행금지제도를 말한다. 밤 10시에 타종으로 통행을 금지시켜 이를 인정이라고 하였다. 그리고 새벽 4시에 타종으로 통행금지를 해제시켰고, 이를 바라라고 하였다. 또한 세종 때부터는 분화도감(焚火都監)을 두어 소방경찰을 운영하였다.

태종실록 및 속대전에 의하면 고려 말 공양왕 3년 1391년부터 시행되던 호패제를 지속적으로 정비하여 16세 이상의 모든 남자가 자신의 신분을 증빙하는 내용을 담은 패 혹은 문서를 소지토록 하였다. 이 호패는 본인이 사망한 후에 반납하여야 한다.

호패제는 오늘날의 주민등록제와 같은 것으로 호구파악, 노역조달, 신분질서 유지 등에 활용되었다. 신분에 따라 호패의 재료, 기재내용, 주관관서, 발급순서 등에 차이가 있다.[10]

그림 1-3 호패(號牌)

자료: 한국민족문화대백과사전, http://encykorea.aks.ac.kr/Contents/Index?contents_id=E0063880/

9 대한민국국회도서관, 「한말근대법령자료집 I」, 서경문화사, 1991, p. 19, 23, 79.

10 한국민족문화대백과사전, http://encykorea.aks.ac.kr/Contents/Index?contents_id=E0063880/

제 2 장

갑오경장부터 해방까지의 경찰

제 1 절 근대경찰의 출발

Ⅰ. 경무청 창설

1876년의 강화도조약으로 일본은 부산 등의 조차지(租借地)를 확보했고 아울러 치외법권을 설정하여 일본인 상인들에 대한 사법권(司法權)을 확보했다. 1884년의 갑신정변은 최초의 근대적인 개혁을 위한 혁명이었지만 실패로 돌아갔고, 결국 한일간의 한성조약이 체결되면서 점차 일본의 조선에 대한 침략을 가속화시키는 결과를 가져왔다.

갑신정변의 실패로 동학혁명이 발발하자 일본은 이를 빌미로 본격적으로 조선에 간섭하기 시작했고, 일본을 배경으로 한 개화파가 전통적인 봉건체제를 서양의 새로운 근대적 체제로 개혁할 것을 요구하였다. 고종은 이를 받아들였고, 조선은 이때부터 근대국가로서의 위상을 갖추어 나가기 시작했다.

일본은 1894년 6월에 조선에 경찰의 창설을 결정하였고, 김홍집내각은 같은 해 7월에 경무청관제직장과 행정경찰장정을 제정하였다.[1] 경무청관제직장은 경찰조직에 관한, 그리고 행정경찰장정은 경찰사무에 관한 최초의 근대법이다. 경무청관제직장은 일본의 경시청관제(1891년 제정)를 모델로 하였다.

경무청관제직장에 따라 당시까지 내려오던 좌우포도청을 통합하여 내무아문하의 한성부에 경무청을 설치하였다. 경무청의 장을 경무사라 하였고, 경찰사무

1 내무부치안국, 「한국경찰사」, 내무부치안국, 1972, pp. 316－320; 서기영, 「한국경찰사」, 법문사, 1976, pp. 312－314.

와 감옥사무를 총괄하였다. 경무청의 하부조직으로 경찰지서가 설치되었고, 경무관을 지서장으로 임명하였다.

경무청은 행정경찰장정을 근거로 영업·시장·회사에 관한 사무를 비롯하여, 전염병 예방·소독·검역·종두·식물·음수·의약·가축 등 위생에 관한 일체의 사무와, 결사·집회·신문잡지·도서에 관한 사무와 소방까지도 담당하는 등 매우 광범위한 사무를 담당하였다.

따라서 경무청관제직장과 행정경찰장정은 우리나라 최초의 근대적 경찰조직 및 경찰작용에 관한 근거법이라고 할 수 있다.

이어 일본의 지방경찰제도를 모방하여 1895년에는 한성부 이외 지방경찰조직의 근거법인 지방관제가 제정되었다. 1896년에는 그 작용법인 지방경찰규칙이 제정되어 지방경찰조직이 정비되었다.

그림 2-1 초기 1894년~1910년 시대의 경찰체제

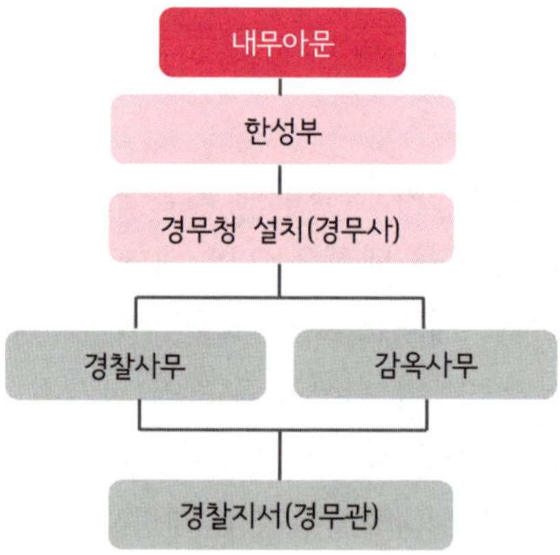

Ⅱ. 경찰사무의 강탈과 일본헌병의 주둔

일본은 1896년부터 한성과 부산 사이의 군용전신선의 보호를 명분으로 조선에 헌병대를 주둔시키기 시작했다. 헌병은 행정경찰과 사법경찰 업무를 함께 행함으로써 사실상 경찰작용을 행하였다. 또한 헌병은 조선의 민심과 독립운동가

들의 동태를 살피는 등의 정보경찰 역할도 담당하였다.

일본은 1904년 러일전쟁의 승리 이후 조선의 식민지화를 적극적으로 추진하여 1904년 2월의 한일의정서, 1904년 8월의 한일외국인고문 용빙에 관한 협정서, 1905년 11월의 을사보호조약, 1907년의 한일협약 등을 잇달아 체결함으로써 대한황제의 폐위 및 한국군대의 해산, 사법권 및 경찰권 등을 무력화시켰으며, 1910년 8월 22일 마침내 한일합방조약을 선포하였다.

한국은 1908년에 재한국 일본인에 대한 경찰사무의 지휘감독권을 위양하였고, 1909년 3월에는 재한국 외국인에 대한 경찰사무의 지휘감독권을 위양한 데 이어, 7월에는 한국사법 및 감옥사무 위탁에 관한 각서를 체결하여 사법경찰권과 감옥사무를 위양하였다.

1910년에는 그동안의 임시헌병대가 한국주차헌병대로 개칭되었으며, 헌병대는 본격적으로 군사경찰업무 이외에도 사회단체의 단속, 의병의 토벌, 항일인사의 체포, 일본관민과 친일파 보호 등의 고등경찰, 즉 정보경찰활동 및 보통경찰활동 등을 수행했다.

그림 2-2 일본의 경찰사무 강탈과정

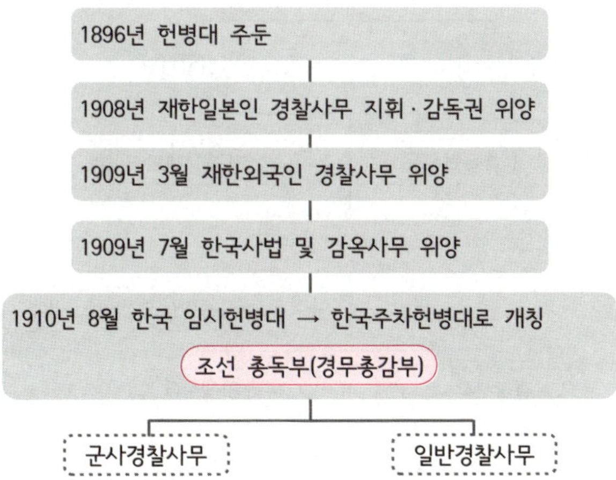

제 2 절 일제 문관경찰시대의 경찰

Ⅰ. 보통경찰로의 전환

일본 강점기 시대의 경찰은 1919년 3·1 독립운동 만세사건을 기준으로 3·1운동 이전의 헌병경찰이 주로 경찰권을 행사하던 이른바 헌병경찰제도 시기와 3·1운동 이후의 일반경찰이 경찰력을 행사하는 보통경찰제도 시기로 구분된다.

일본은 식민지 통치를 강화하는 수단으로 헌병경찰을 적극적으로 활용하여 한국인들의 반발과 저항을 야기하였다. 일본은 이것이 도화선이 되어 독립운동을 가속화시키는 빌미가 되었다고 판단하여 1919년 8월에 총독부 직속의 경무총감부를 폐지하고, 경무국(警務局)을 설치하여 전국의 경찰사무와 위생사무를 감독하였다. 지방 역시 각 도에 경무부를 두어 경찰사무와 위생사무를 관장하였다.

그림 2-3 일본 강점기 시대의 경찰

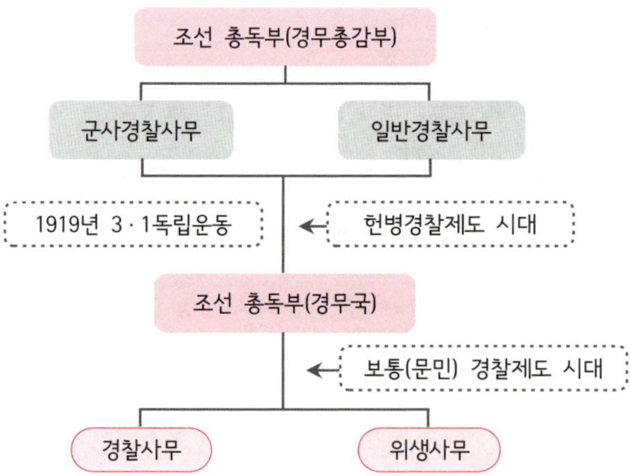

Ⅱ. 일반경찰 및 협의의 행정경찰의 비분리

헌병경찰에서 보통경찰로 경찰체제가 변화되었다고는 하나 경찰의 시민들에 대한 사찰과 신문잡지 검열 등 시민들의 자유와 권리를 더욱 철저히 압박하는 활동은 강화되었다. 즉 여전히 경찰이 식민지를 유지하기 위한 수단으로 활용된 것이다.

일제는 치안에 관한 다양한 법령, 즉 정치범처벌법, 예비검속법, 치안유지법, 출판법, 정치범보호관찰령, 신사법 등을 제정하여 국민들을 압박하였다. 또한 경찰은 여전히 방역, 종두 등 위생사무를 관장하였다. 즉 경찰은 일반경찰 작용부터 행정경찰 작용을 함께 관장함으로써 식민지를 통치하는 실질적인 수단이었다.

제 3 장

임시정부시대의 경찰

그림 3-1 임시정부 시대 경찰조직의 변화

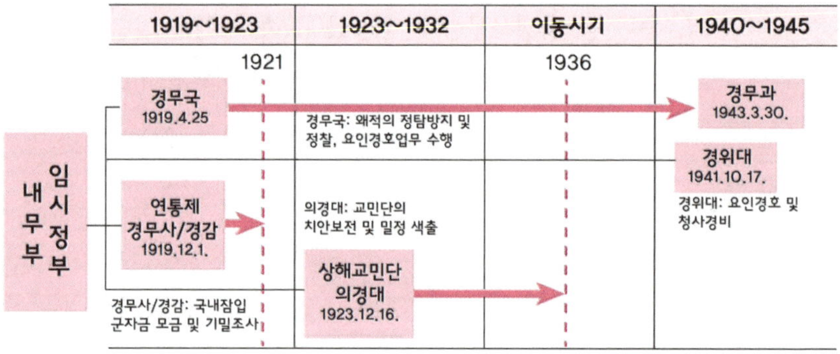

자료: 경찰청, 대한민국 임시정부 경찰조직, 2020, p. 14. 재구성.

제 1 절 1919년 4월 11일 상해 임시정부시대의 경찰

Ⅰ. 경무국 창설

1919년 4월 11일 상해에서 수립된 임시정부는 헌법인 「대한민국 임시헌장」을 발표하였다. 임시정부는 "대한민국은 민주공화제라고 천명하였다.[1] 임시정부는 1919년 4월 25일 정부의 조직과 체제에 대한 '대한민국 임시정부 장정(大韓民國臨時政府 章程)'을 공포하였다. 국무총리를 수령으로 국무원 산하에 외무부, 내무

1 김광재 외, 대한민국 임시정부 경찰활동의 의의와 그 계승·발전에 관한 연구 – 임시정부 경찰의 성립과 활동을 중심으로 –, 경찰청, 2018. pp. 14–16.

그림 3-2 상해 임시정부: 대한민국 임시헌정시대의 경찰

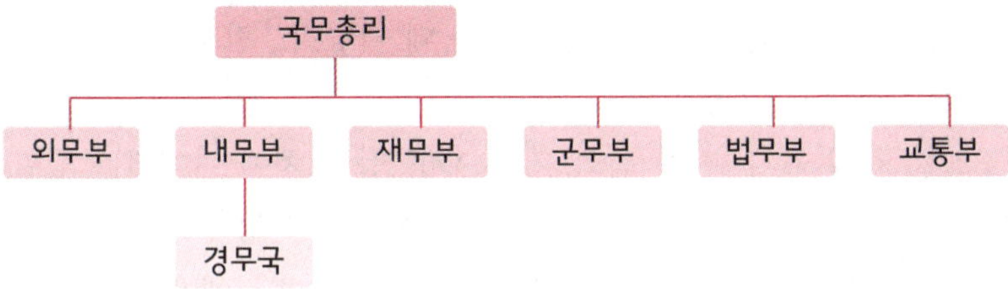

자료: 대한민국 임시정부 장정(1919. 4. 25.) 제44조.

부, 재무부, 군무부, 법무부, 교통부 등의 정부 부서를 두었다.[2]

경찰기관인 경무국은 내무부 산하에 두었다. 내무총장은 "헌정주비(憲政籌備)·의원선거·경찰·위생·농상공무(農商工務)와 종교자선에 관한 일체사무를 통할함"이라 하여, 내무부를 경찰에 관한 최고 관청으로 규정하고 있다.

Ⅱ. 경무국의 사무

대한민국 임시정부 장정은 경무국 조직에 대한 사항을 규정하였다. 경무국의 사무는 다음과 같이 규정하였다.[3]

1. 행정경찰에 관한 사무
2. 고등경찰에 관한 사무
3. 도서출판 및 저작권에 관한 사무
4. 일체 위생에 관한 사무

행정경찰에 관한 사무에 대하여 행정경찰의 업무는 민(民)의 재해를 방지함으

2 이하 임시정부시대의 경찰 내용은 김광재 외, 대한민국 임시정부 경찰활동의 의의와 그 계승·발전에 관한 연구 – 임시정부 경찰의 성립과 활동을 중심으로 –, 경찰청, 2018.를 중심으로 기술되었다. 이 보고서는 경찰청의 용역연구사업으로 김광재 외 연구진이 열정적으로 연구를 진행하여 발간되었다. 연구책임자인 김광재 님의 양해를 얻어 그 내용을 발췌하여 이 책에 일부 게재하였다. 김광재 님을 포함한 연구진께 깊은 감사를 드린다.

3 대한민국 임시정부 장정(1919.4.25.). 제44조.

로써 평온하게 하는 데 있다고 규정하였다. 이어 행정경찰의 사찰이 충분하지 않아 만약 법률에 위배되어 수색과 체포에 이르게 되면 사법경찰의 직무에 해당하므로 행정경찰은 이러한 업무를 수행하는 데 마땅히 「검사장정 및 사법경무규칙」에 따라야 한다고 규정하였다.

고등경찰은 비밀 결사, 정치 집회, 사상 활동 등 정치에 관계되는 행위를 단속하는 경찰에 속한다. 행정·고등경찰의 구체적인 업무분장이 명확하지는 않지만, 여러 자료를 살펴볼 때, 행정경찰은 공공질서유지 및 범죄예방을, 고등경찰은 범인동태 감시·조사 등 오늘날 정보·보안·외사업무를 관장하였다.[4]

도서출판 및 저작권에 관한 사무란 일제에 의해 간행된 출판물, 일제에 이로운 서적 등을 검열하고 처리하는 것을 말한다.

일체 위생에 관한 사무는 일반적인 전염병 예방 업무 외에 주기적인 호구조사·출입통제를 통해 외부로부터 위해를 방지하는 치안통치 수단이다.

이와 같이 임시정부 경찰은 일반적인 범죄예방뿐만 아니라 거주민 관리 등 국가운영을 위한 총체적 역할을 해왔다고 이 보고서는 평가하고 있다.[5]

제 2 절 1919년 9월 통합 임시정부시대의 경찰

Ⅰ. 경무국

1. 조 직

1) 1919년 경무국

1919년 9월 통합 임시정부는 대통령제를 채택하게 되고, 이에 따라 상해 임시정부의 대한민국 임시정부 장정은 1919년 11월 5일 「대한민국 임시관제(大韓民國 臨時官制)」로 대체되었다. 경무국은 여전히 내무부에 속하며, 업무 역시 변동

4 업무영역의 해석은 전적으로 위 김광재 외의 보고서의 내용을 그대로 참고하였음을 밝힌다.

5 한편 경무국이 사법경찰 사항이 없는 이유는 당시 임시정부 소재지는 프랑스 영사관 소관이고 다른 지역은 중국 정부 관할에 있으며, 국제법상 당시 한인은 일본 국적이었고, 일본영사 재판권이 적용되었기 때문인 것으로 이 보고서는 기술하고 있다.

그림 3-3 통합 임시정부시대의 경찰

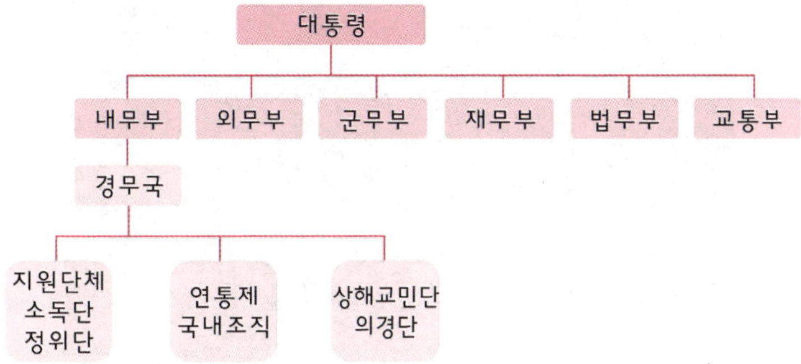

자료: 대한민국 임시관제(1919. 11. 5.) 제5조; 대한민국 임시정부부서규정(1926. 9. 27.) 제11조.

사항이 없다.[6]

2) 1926년 경무국

임시정부 조직이 개편되면서 1926년 9월 27일 「임시정부 부서조직 규정(臨時政府 部署組織 規定)」을 시행하게 되었다. 경무국은 여전히 내무부에 속하게 된다. 즉 동규정 제4조는 내무총장은 광복운동자 결속, 치리조사, 교육, 생계, 노동, 사회, 교통, 경찰 및 기타 민정에 관한 사무를 주관한다고 규정하였다.[7]

이어 제11조는 "임시정부에는 경무국을 설치하고 경무주임 일인, 경무원 약간인을 치하야 내무총장의 관할 하에서 정부 소재지의 행정, 사법 일절 경찰사무에 종사케 한다"고 규정하였다.

2. 경무국장 및 경호원

1) 경무국장

1919년 4월 11일 상해 임시정부가 수립되고, 같은 날 내무총장에 안창호, 차장에 신익희가 선임되었다. 같은 해 4월 25일 공포된 「대한민국 임시정부 장정」

6 대한민국 임시관제(1919.11.5.), 제2절 제5조.

7 대한민국임시정부 공보 제44호, 1926년 10월 14일(국사편찬위원회 편, 대한민국임시정부자료집 1 헌법·공보, 2005).

그림 3-4 해방 후 경찰관들과 함께 경순왕릉을 참관한 김구

자료: 경찰대학 김구도서관.

에 의거해 내무부 산하에 경무국이 설치되었지만, 직원들은 임명되지 않았다. 임시정부는 4월 22일 차장제를 폐지하고 위원제로 전환했고, 내무부에 위원 10명이 선임되었다.[8]

또한 김구는 4월 21일부터 열린 제2회 임시의정원 회의에서 의정원 위원으로도 선출되었다. 따라서 김구는 초대 내무총장 안창호 휘하에서 내무부 위원으로서 임시정부를 수호하고 상해 교민사회의 치안을 유지하는 경찰업무를 관장했을 것으로 보인다.

1919년 8월 5일 위원제는 폐지되고 다시 차장제로 개정되었다. 내무총장 안창호는 내무부에 내무차장, 지방국장, 경무국장, 비서국장 등 4명을 8월 12일자로 임명하였다. 김구는 이때 경무국장으로 임명되었다. 따라서 경무국은 1919년 8월 12일 김구가 국장으로 임명되면서 그 구성이 시작되었다고 할 수 있다.

경무국장의 경호원들은 김희준, 전재순이 1919년 9월 3일자로, 9월 9일에는 차균창과 장원택이 경호원으로 임명되었다.[9]

8 위원 10인은 신익희, 윤현진, 서병호, 한위건, 조동진, 배형식, 김구, 김대지, 임승업, 최근우 등이다. 김광재 외, 대한민국 임시정부 경찰활동의 의의와 그 계승·발전에 관한 연구 – 임시정부 경찰의 성립과 활동을 중심으로 –, 경찰청, 2018. p. 17.

9 대한민국임시정부 공보 제1호, 1919년 9월 3일, 제3호(국사편찬위원회 편, 대한민국임시정부 자료집 1 헌법·공보, 2005).

초대 경무국장인 김구는 경무국장직을 1919년 8월 12일부터 1921년 5월까지 역임하였다. 김구는 임시정부 경찰의 기틀을 정립, 일제의 공세로부터 임시정부를 수호하고 임시정부가 초기에 성공적으로 정착하는 데 기여하였다. 나아가 임시정부 기간 내내 사실상 경찰 활동을 실질적으로 계속 지휘하여 지속적인 항일무장투쟁을 이끌어 갔다.[10]

경무국 청사는 하비로 321호 임시정부 청사 내였고, 초기 경무국 직원은 약 20명에 달했던 것으로 추정된다. 경호원들은 경무국장 김구로부터 훈련을 받았다.

김구는 1919년 8월 12일 경무국장에 임명된 후 1921년 5월까지 재직하였고, 이후 경무국장은 김용원, 민충식, 손두환, 나창헌 등이 임명되어 활동하였다.[11]

2) 경무국의 경호원

경무국 직원들은 다양한 경로로 충원되었는데, 상해에 온 독립운동가들 가운데 주로 20~30대의 청년들이 주로 포함되었다. 임시정부는 '신수비(薪水費)'라는 '임시생활보조비지급규정'(1920.11. 18.)을 제정하여 부교령(付敎令) 제12호로 발포하였다. 즉, '신수비'는 오늘날 월급, 봉급에 해당하는 것으로 이를 근거로 경무국 직원들은 매월 급여를 받았다.

임시정부 경찰은 비교적 안정적인 정착 시기인 상해 초기 및 중경시기에 가장 활발하였던 것으로 보인다. 경무국(과) 33명, 경무사 3명, 경감 17명, 의경대 37명, 경위대 18명 등 총 109명(중복 인물 제외)의 명단이 확인된다.[12]

3. 경무국의 사무

1) 주요활동

경무국은 기본적으로 임시정부를 수호하고 교민사회의 치안유지 임무를 수행

10 이 부분은 전적으로 위 김광재 외의 보고서 내용을 원문 그대로 요약, 인용하였다.

11 김광재 외, 대한민국 임시정부 경찰활동의 의의와 그 계승·발전에 관한 연구 – 임시정부 경찰의 성립과 활동을 중심으로 –, 경찰청, 2018. p. 23.

12 경무국은 상해 중 후기(1926~1932)부터 일제의 공세를 피해 이동하던 시기(1932~1940) 사이의 인사기록이 발견되지 않고 있다. 또 당시 경찰 보직은 직업적 성격보다 독립운동 수단이었으므로 동일인이 복수의 보직을 겸직하거나 여타 단체 등에서 중복 활동한 사례가 많았다. 게다가 대부분이 가명으로 활동하는 등 다양한 변수로 인해 엄격한 인사관리는 어려웠던 것으로 보인다. 위 보고서, pp. 24–28.

하였다.[13] 백범일지에서 김구는 경무국의 임무는 "기성국가에서 하는 보통 경찰 행정이 아니요 왜의 정탐의 활동을 방지하고 독립운동가가 왜에게 투항하는 것을 감시하며 왜의 마수가 어느 방면으로 들어오는가를 감시하는데 있다"라고 정의 하였다. 즉, "상해의 왜영사관과 대립하여 암투"하는 것이 경무국의 임무임을 명확히 한 것이다.

따라서 경무국은 일제 밀정을 방비하였으며 프랑스 조계(프랑스인 집단거주지역)에 침투한 많은 밀정을 찾아내고 처단하였다. 또한 경무국은 상해 교민사회의 질서 및 치안을 유지하는 임무를 맡았다. 1919년 8월부터 초대 경무국장 김구는 정복과 사복 경호원 20여 명을 지휘하며, 공식적으로 업무를 시작하였다.[14]

경무국은 프랑스 조계당국과 긴밀한 관계를 가졌다. 프랑스 조계당국은 식민지 피압박민족의 망명가들에게 비교적 관대한 입장을 지녔다.

2) 경무국의 주변 지원 단체

경무국은 각지에 분국(分局)을 설치하고자 노력했고, 교통의 요충지이며, 한인의 밀집 지역인 천진이 그 대상이었다. 그러나 명확한 자료는 찾기 어렵다.[15]

1919년 천진에서 불변단이 조직되어 임시정부를 지원했고, 이는 3.1운동 등으로 단원들이 체포되면서 해산되었다. 이어 한혈단이 조직되었고, 이는 같은 해 7월에 한민회로 이름을 변경하였다. 한민회는 이전의 불변단처럼 임시정부를 후원하였다.

또한 경무국 산하에는 소독단(消毒團, 혹은 소독반(消毒班))이라고도 하는 지원단체가 있었다. 사회의 부정자를 소독한다라는 단체목적을 지닌 비밀단체이었다.

또 다른 단체로 1925년 6월 13일에 조직된 정위단(正衛團)이 있다. 정위단은 상해 교민의 "생명·재산을 침해하고 사회질서를 문란케 하는 불량분자의 활약을 근본적으로 소소(掃消)(제거)하는 것을 목적"으로 하고 임시정부의 양해 없이 '독립'을 표방하며 동포들의 금품을 강탈하는 자를 엄벌하기 위해 만들어졌다.

---

13 김광재 외, 대한민국 임시정부 경찰활동의 의의와 그 계승·발전에 관한 연구 – 임시정부 경찰의 성립과 활동을 중심으로 –, 경찰청, 2018. pp. 24–28.

14 위 보고서, pp. 28–33.

15 위 보고서, pp. 34–38.

단장은 경무국장에 재직 중이던 나창헌이었다. 나창헌은 1925년 4월 14일에 임시정부 내무차장 겸 경무국장에 임명되었으며, 정위단을 조직하였다. 그리고 정위단의 일부 조직원이 경무국 직원이기도 하였다.

1926년에 조직된 임시정부의 외곽단체인 병인의용대는 의열투쟁단체이나 임시정부 수호와 치안 유지의 임무를 일부 수행하였다. 병인의용대는 경찰기관은 아니었지만 경무국 지원단체였던 정위단을 모태로 하여 결성되었고 경무국 등과 인적 구성에서 중복되는 측면이 있었다. 또 일부 경찰 기능을 수행하였다.

Ⅱ. 지방 경찰조직: 임시연통제

임시정부는 1919년 4월 국내에 배포한 임시정부령 등을 통하여 지방행정제를 실시하도록 하였다. 그리고 상해 임시정부와 국내의 교류를 위하여 임시교통국을, 그리고 내무부 관할 아래 국내와 해외 동포를 대상으로 연통제와 임시교민단제를 실시했다.

연통제는 1919년 7월 10일 대통령 이승만과 내무총장 안창호의 이름으로 발표된 임시정부 국무원령 제1호 「임시연통제」가 공포되면서 시작되었다. 도·군·면에 따른 임시연통제의 직제는 안창호가 국치 이전 국내에서 비밀결사로 조직한 신민회의 조직원리를 계승한 것이다. 이 임시연통제에는 경찰 조직과 관련된 내용이 보이지 않는다.

1919년 12월 1일 개정 교령 제2호로 「임시지방연통제」가 공포되었다. 이어 내무부 제209호 통첩 '도 및 부군면의 청사명칭에 관한 건', 내무부령 제1호 '도의 위치·관할구역부군의 명칭·위치·관할구역 및 면의 명칭 구역의 건', 그리고 내무부령 제2호 '도사무분장규정'과 제3호 '부군처무규정' 등이 공포되어 지방행정조직이 완비되었다. 이에 따라 연통제 각 부의 활동과 기능이 구체적으로 규정되었다. 그리고 경찰 조직에 대하여도 그 규정을 두었다.

임시지방연통제는 지방행정단위를 도·부·군·면으로 통일적으로 완비하였다. 각 도 청사의 명칭을 독판부, 부 청사는 부서(府署), 군 청사는 군청, 면 청사는 면소(面所)로 하였다. 임시정부는 전국을 총 13도 12부 215군으로 나누었다. 그러나 실제로 연통제는 1920년대 말을 기준으로 9개 도, 1개 부, 45개 군에서 시행되었다.

각 도의 독판부에는 비서실과 내무사, 재무사, 교통사, 경무사 등 4개의 사(司)(오늘날 局에 상당)를 설치하고 도참사가 사장(司長)을 맡도록 하였다. 각 도에 독판 1인을 두고 그 아래에 참사 4인, 장서 약간인, 경감 2인, 기수와 통역 약간인, 통신원과 경호원 약간 인을 두도록 하였다. 도사무분장규정은 경무사에 기밀과와 경호과 등 2개 과를 설치하였다. 기밀과의 사무는 다음과 같다.[16]

1. 경호원의 복무 및 규율에 관한 사항
2. 범죄수색 및 검거에 관한 사항
3. 적의 신시설에 관한 사항
4. 적의 경찰 및 계엄에 관한 사항
5. 적의 용하는 유혹방법 조사에 관한 사항
6. 기타 적정정찰에 관한 사항

경호과의 사무는 다음과 같다.

1. 경호구역 및 배치에 관한 사항
2. 인구 기타 조사에 관한 사항
3. 신문잡지 기타 인쇄물에 관한 사항
4. 집회 및 결사에 관한 사항
5. 부중 경호에 관한 사항
6. 적의 행위를 방조하는 불량자 조사에 관한 사항
7. 적에 의세하는 재산가 조사에 관한 사항

독판부 아래의 부서(부)와 군청(군)에는 부장(府長) 혹은 군감 1인, 참사 1인, 장서 약간 인, 경감 1인 등의 직원을 두도록 하였다. 부장 혹은 군감은 독판의 지휘감독을 받아 관내 행정사무를 집행하며, 휘하 관리들을 지휘감독하는 소임을 맡고 있었다. 그리고 말단의 면소에서는 면감 1인과 조사(助事) 약간 인을 두도록 하였으며, 경감은 군감의 지휘감독을 받도록 하였다. '부군처무규정'에 따

16 내무부령 제2호: 도사무분장규정(1919.12.5.) 제6조. 김광재 외, 대한민국 임시정부 경찰활동의 의의와 그 계승·발전에 관한 연구 – 임시정부 경찰의 성립과 활동을 중심으로 –, 경찰청, 2018. pp. 41–48.

르면, 각 부군에는 서무과와 재무과, 그리고 경무과의 3개 과를 두었다. 부군에서는 경무과 1개만 두었다. 경무과의 사무는 다음과 같다.

1. 범죄수색 및 검거에 관한 사항
2. 적의 신 시설에 관한 사항
3. 적의 경찰 및 계엄에 관한 사항
4. 적정정찰에 관한 일절의 사항
5. 적의 용하는 유혹방법에 관한 사항
6. 적의 행위를 방조하는 불량자 조사에 관한 사항
7. 적에 의세코져 하는 재산가 사찰에 관한 사항
8. 인구 기타 조사에 관한 사항
9. 신문잡지 기타 인쇄물에 관한 사항
10. 집회 및 결사에 관한 사항
11. 서·청 중 경호에 관한 사항

독판과 부장, 군감은 경찰관청에 해당된다. 독판은 내무총장에 예속하며, 각부(部)의 주관업무에 관하여는 각부 총장의 지휘감독을 받아서 법령을 집행하고 관내의 행정사무를 관리하며 소속 관리를 지휘감독토록 하였다(제3조). 부장 또는 군감은 독판의 지휘감독을 받아서 법령을 집행하고 관내 행정사무를 관장하며 부하를 지휘감독토록 하였다(제15조). 독판과 부장 군감 밑에 경감과 그 하급직으로 경호원을 두어 경찰·위생사무를 보좌, 집행하도록 하였다. 도의 경무사를 포함한 각사의 사무분장규정은 내무총장이 이를 정하도록 규정하였다.[17]

Ⅲ. 해외 경찰조직

1. 임시교민단제

임시정부는 1919년 7월 10일 임시연통제 제1조에서 연통부를 국내와 외국거류지에 둔다고 하여 국외 동포들까지 그 대상으로 삼았다. 이후 12월 1일 개정

17 내무부 치안국, 한국경찰사, 1972.; 김광재 외, 대한민국 임시정부 경찰활동의 의의와 그 계승·발전에 관한 연구 – 임시정부 경찰의 성립과 활동을 중심으로 –, 경찰청, 2018. p. 46.

된 임시지방연통제는 그 대상 지역을 국내에 한정하고, 국외는 제외하였다가 1920년 3월 16일 임시거류민단제 도입을 발표하였다.

임시거류민단제는 1920년 10월에 '임시교민단제'로 변경되었다. 임시정부는 외국에 대한 임시교민단을 관리하기 위하여 중요한 각지에 임시총판부를 설치하고, 그 아래에 총판 1인, 부총판 1인, 참사 약간 인, 장서 약간 인, 지방정황에 의하여 경감 2인, 경호원 약간 인을 두었다.[18] 경감은 경무사장의 명을 받아 경찰 및 위생사무에 종사하고, 경호원은 상관의 명을 받아 각기 담임사무에 종사한다고 규정하였다.[19] 그러나 이 임시교민단제는 임시정부 소재지인 상해에서는 운영되었으나 여타 지역에서는 예산 등 여러 가지 이유로 시행되지 못하였다.

한편 임시총판부사무분장규정[20]은 총판부에 비서실, 내무사, 서무사 및 경무사를 둔다고 규정하였다. 경무사의 사무는 다음과 같다.[21]

제5조 경무사에서는 좌의 사무를 장함

1. 경호원의 복무 및 규율에 관한 사항
2. 범죄수색 및 검거에 관한 사항
3. 적정정찰에 관한 사항
4. 경호구역 및 배치에 관한 사항
5. 인구조사에 관한 사항
6. 신문잡지 기타 인쇄물에 관한 사항
7. 집합 및 결사에 관한 사항
8. 부중 경호에 관한 사항

2. 의경대: 상해 경찰조직

상해에 교민이 증가하면서 여러 문제가 발생하여 교민의 안녕과 질서를 확보할 필요성이 늘어났다. 이에 1923년 김구가 내무총장으로 취임하면서 임시교민단은 1923년 말에 자치권을 가진 민단의 사업 차원에서 의경대를 조직하였다.

18 임시교민단감독제, 1920.10.13., 第3조.

19 임시교민단감독제 第14조 – 第15조.

20 임시총판부사무분장규정(1920.10.14.) 第1조.

21 임시총판부사무분장규정 第5조.

의경대는 '의경(義警)', '의경단(義警團)' 등으로도 칭하였다.[22]

의경대는 조직 후 대원들을 모집하고 임명하였다. 의경대는 상해 교민사회의 경찰 역할을 담당하였다. 의경대의 기본적인 업무는 질서유지 및 반역자 교정, 호구조사, 민단세 징수, 풍기단속 등이었다. 교민사회에 침투한 일제 밀정을 색출하거나 친일파를 처단하는 것이 주임무였다. 의경대는 프랑스 조계 치안유지에도 협조하였고, 프랑스 조계당국으로부터 감사장을 받기도 하였다는 기록이 있다. 의경대는 조직 후 활동이 지속적이진 못하다가 1930년에 조례를 개정하여 다시 조직되었고, 그 기간 동안 1926년에 조직된 병인의용대가 교민사회의 경찰 역할을 담당한 것으로 추정된다.

제 3 절 중경 임시정부시대의 경찰

Ⅰ. 경무과

1940년 9월 대한민국 임시정부는 중국 국민정부의 임시수도인 중경으로 이동하였다. 1940년 10월 9일 「대한민국 임시약헌(大韓民國 臨時約憲)」의 개정이 이루어진 이후 1944년 4월 22일 제36회 임시의정원 회의에서 대한민국 임시헌장(大韓民國 臨時憲章)이 공포되었다. 임시정부의 헌법 개정은 지금의 정부조직법에 해당하는 「잠행관제」의 제정과 개정으로 이어졌다.[23] 잠행관제에서 내무부 소관 사무는 "헌정주비(憲政籌備), 의원선거, 지방자치, 경찰위생, 농상공무, 종교, 자선, 민중단체 등에 관한 일체 사무"로 규정되었다. 내무부에는 총무, 경무, 사회 3개 과가 설치되었다. 경무과의 사무는 다음과 같다.[24]

---

22 김광재 외, 대한민국 임시정부 경찰활동의 의의와 그 계승·발전에 관한 연구 – 임시정부 경찰의 성립과 활동을 중심으로 –, 경찰청, 2018. pp. 65–74.

23 대한민국 잠행관제(大韓民國 暫行官制, 1943. 3. 30). 김광재 외, 대한민국 임시정부 경찰활동의 의의와 그 계승·발전에 관한 연구 – 임시정부 경찰의 성립과 활동을 중심으로 –, 경찰청, 2018. pp. 76–79.

24 대한민국 집행관제 제5장 제2절 제1조.

제1조 ① 헌정주비, 국회의원 선거 및 지방자치에 관한 사항
② 국적 및 인구조사에 관한 사항
③ 징병과 징발에 관한 사항
④ 행정경찰에 관한 사항
⑤ 고등경찰에 관한 사항
⑥ 도서출판, 저작권 및 집회, 결사에 관한 사항

1944년 4월 22일 제5차 헌법 개정으로 임시헌장이 공포됨에 따라 「잠행관제」 개정도 추진되었다. 이에 따라 1944년 5월 「잠행중앙관제」에 의해 민정과가 설치되어 기존 경무과의 업무였던 헌정주비, 선거 등의 업무는 민정과에 이관되고 경찰 본연의 사무에 집중하게 되었다.

제53조 경무과는 아래 사무를 장리(掌理)함
① 일체 경찰에 관한 사항
② 질서 기율에 관한 사항
③ 국무 및 인구조사에 관한 사항
④ 징병 및 징발에 관한 사항
⑤ 국내정보 및 적정(敵情) 수집에 관한 사항

그림 3-5 중경 임시정부시대의 경찰

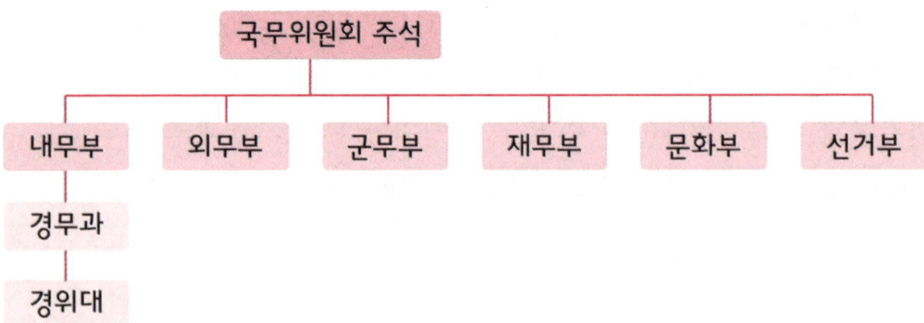

자료: 대한민국 잠행관제(1943. 3. 30.), 잠행중앙관제(1944. 5. 25.) 제53조, 임시정부경위대규정(1941. 10. 7.) 제1조－제5조.

Ⅱ. 경위대

1941년 조직된 경위대는 1943년 「대한민국 잠행관제」에서 조직이 공인되었으며, 1944년 '대한민국 임시정부 잠행중앙관제는 총무, 민정, 경무와 함께 공식적으로 내무부 직속기구로 편성하였다. 경위대장은 경무과장이 겸임하여 경무과의 지휘를 받는 하위 경찰조직이라고 할 수 있다.[25]

임시정부가 중경에서 경위대를 창설한 것은 1941년 10월 7일 국무회의에서였다. 임시정부는 「임시정부경위대규정(臨時政府警衛隊規程)」을 제정하여 경위대 조직의 법적 근거를 마련한 후, 경위대 대장으로 김관오를 임명하였다. 부대장[隊副]에는 유평파가 임명되었다. 경위대는 내무부 산하 조직으로서 일체의 경위 사무를 담당하는 임무를 맡았다.

25 대한민국임시정부 잠항중앙관제추인안 제출의 건 – 추인안 제1호(1945.4.11.).

제 4 장

경찰 창설부터 2025년까지의 경찰

그림 4-1 대한민국 경찰 조직의 변천사

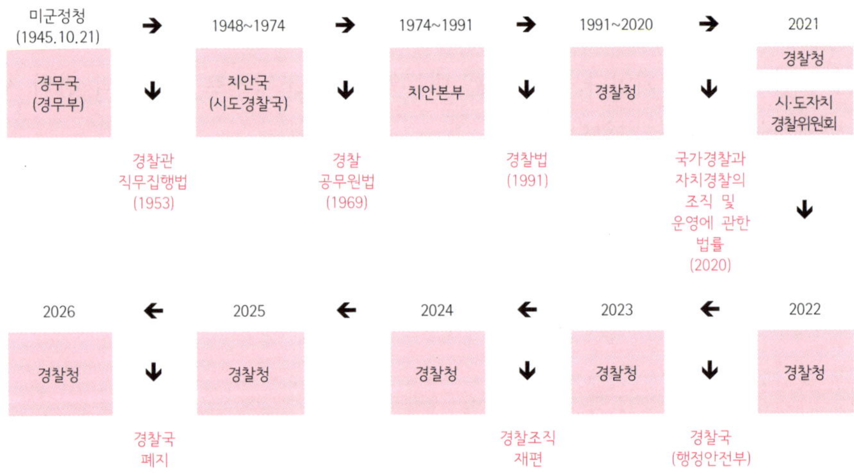

제 1 절 경찰법 제정 이전의 경찰

Ⅰ. 미 군정기의 경찰

1945년 8월 15일 일본의 패망은 한국의 독립을 가져왔지만 조선총독부가 미 군정청으로 개칭되고, 미 군정청이 다시 한국을 통치하는 체제로 전환되었다. 또한 태평양미군총사령부포고 1호를 통하여 군정의 실시와 기존 공무원의 현직유지가 공표되었다. 이로 인해 과거 국민의 원성을 샀던 일제경찰이 그대로 신분을 유지하게 되었으며, 이는 오랫동안 경찰이 국민의 신뢰와 애정을 받지 못하는 요인으로 작용하게 되었다.

미 군정청은 중앙경찰과 지방경찰을 분리하여 1945년 10월 21일 군정청에 경무국을, 지방에 경무부를 설치하였다. 이 10월 21일이 현재 국립경찰창설일로 기념된다. 중앙에 6인으로 구성된 경찰위원회를 설치하는 등 민주주의적인 경찰제도를 도입하였다. 그리고 일제시대의 치안입법을 모두 폐지하고, 위생경찰사무를 보건위생국에 이관하는 등 이른바 일반경찰과 협의의 행정경찰사무를 분리하는 비경찰화 작업을 진행하였다.

또한 경찰교육기관을 정비하여 국립경찰학교와 지방경찰학교를 구분하였으며, 1947년부터 간부후보생제도를 도입하였다.

Ⅱ. 치안국 및 치안본부 시대의 경찰

1948년 11월 정부조직법에 의해 내무부장관 산하에 치안국이 설치되었고, 이 명칭은 1974년 12월까지 지속되었다. 치안국에는 경무, 보안, 경제, 사찰, 수사지도, 감식, 통신, 소방, 여자경찰 등의 부서를 운영하였다. 각 시도에도 시도경찰국이 설치되었다.

1953년 12월 「경찰관 직무집행법」을 처음으로 제정하여 경찰관의 직무집행에 관한 기본법을 마련하는 등 경찰관련 법령의 정비가 이루어졌으며, 국민의 생명, 신체, 재산의 보호(제1조)라는 영미법적인 사고가 이 법에 반영되었다.

한편 경찰의 1960년 3 · 15부정선거 개입은 4 · 19혁명의 기폭제가 되었으며, 결국 이승만정권이 무너지는 원인이 되면서 경찰의 정치적 중립화를 요구받는 시발점이 되었다. 또한 군사정권에 반발한 시위문화 확산과 이를 저지하는 경찰 간의 끊임없는 긴장관계가 조성되었다.

한편 1969년 1월 7일 경찰공무원법(警察公務員法)을 제정하여 경찰공무원의 채용 · 교육 · 승진 · 징계 등 인사행정의 근거법으로 삼게 되었다.

1974년 12월 정부조직법의 개정으로 치안국이 내무부 산하 치안본부로 개칭되었다. 치안본부는 1991년 5월까지 유지되었다.

1986년의 권인숙 양 성고문사건, 1987년의 서울대생 박종철 군 고문치사사건 등 일련의 사건으로 경찰에 대한 시민의 불신이 극도로 치솟으면서 정치권은 경찰의 정치적 중립화와 민주주의를 담보하기 위한 경찰법의 제정을 서둘렀다. 결국 1991년 5월 31일에 법률 제4369호로 경찰법이 제정되면서 치안본부가 경찰청으로 개칭되었고, 내무부의 독립된 관청으로서의 경찰청시대를 열게 되었다.

제 2 절 경찰청 시대의 경찰

Ⅰ. 경찰법의 제정

1991년 제정된 경찰법은 5개장 24개 조문으로 구성되어 있으며, 제1조에서 경찰의 민주적인 관리·운영과 효율적인 임무수행을 위하여 경찰의 기본조직 및 직무범위 기타 필요한 사항을 규정함을 목적으로 한다고 선언함으로써 입법취지를 분명히 하고 있다.

이 법은 경찰청을 내무부의 외청으로 독립, 승격하여 정치적 중립과 기관의 위상을 강화하는 한편 시도경찰청장의 관청으로서의 지위를 보장하고, 경찰위원회제 도입 및 권한남용의 금지 등의 규정을 두어 경찰행정의 민주화를 강력하게 요구하고 있다.

이후 경찰법은 25차례 개정되었다. 2020년 12월 22일에 자치경찰제의 도입을 반영하여 법명을 국가경찰과 자치경찰의 조직 및 운영에 관한 법률로 변경되었고, 경찰법으로 약칭된다. 현행법은 법률 제19023호로 2022년 11월 15일자로 일부개정되어 2023년 2월 16일부터 시행되어, 2025년 1월 현재에 이르고 있다. 모두 8개장 36개 조문으로 구성되었다.

Ⅱ. 경찰청의 출범~2019년

1991년 5월 경찰청은 1차장 4관 7국 5심의관 9담당관 11과로, 그리고 해양경찰청은 4부 1창, 1담당관 11과로 서울지방경찰청은 1차장 7부 2담당관 17과 7직할대로, 직할시 및 도 지방경찰청에 차장제가 신설되었다. 부산 및 경기에는 2인, 그 밖의 대구, 충남, 경남, 전남에는 각 1인이 배치되었고, 공보 및 감사담당관제가 신설되었다. 그리고 기존의 보안과를 방범과로, 대공과를 보안과로 명칭을 변경하였다.

1996년에 정부조직의 개편으로 해양경찰청이 해양수산부로 이관되어 해상경비, 해난구조 및 해양오염 방지업무를 담당하게 되었다. 1999년에는 각급 경찰기관별로 청문관제가 도입되어 경찰기강을 강화하고, 민원인 불평처리를 신속히 하는 체제로 전환하였다. 2000년에는 경찰청에 사이버테러대응센터를 발족하여 사이버범죄에 대응하게 되었다. 2003년도부터는 기존의 파출소를 통폐합하여 이른바 지역경찰제를 도입하였다. 2005년부터는 수사경과제를 시행하면서 수사기능의 전문화를 꾀하였다. 또한 다면평가제와 직위공모제 및 여경채용목표제 등을 시행하는 등 투명하고 공개적이며 적극적인 인사행정시스템을 도입하였다.

2006년도에 제주특별자치도설치및국제자유도시조성을위한특별법(이하: 제주특별법으로 칭한다)의 시행으로 제주지방경찰청이 제주특별자치도지방경찰청으로 변경되었다. 그리고 제주도지사 하에 제주자치경찰단이 창설되었다. 국가경찰청장이 비상사태시 자치경찰을 지휘감독하기 위한 법적 근거를 확보하기 위해 경찰법을 개정하였다.

2014년 4월 16일 청해진 해운소속의 세월호 침몰사건으로 탑승인원 476명 중 295명이 사망하고, 9명이 실종된 사건이 발생하였다. 박근혜 대통령은 해경의 구조소홀 책임을 물어 2014년 5월 19일 해경을 해체하겠다고 밝혔고, 결국 해경은 2014년 11월 19일 국민안전처 산하로 이관되었다.

2014년 11월에 해양경찰청이 국민안전처의 해양경비안전본부로 이관되면서 기존 해양경찰기능 중 해양정보 및 수사기능을 담당하던 해양경찰 200여 명과 함께 경찰청으로 이관되었다.

그러나 문재인정부의 조직개편으로 2017년 7월 26일자로 해양경찰청은 해양수산부 외청으로 독립하였다. 경찰청에 전입된 200여 명 중 125명은 다시 해양경찰청으로 복귀하였고, 관련 사무도 환원되었다. 해양경찰은 해양경찰법에 의거, 해양경찰사무를 담당한다.[1]

현재는 경찰공무원법과 경찰관직무집행법만을 공유하며, 그 외 조직 · 인사 ·

1 해양경찰법, 법률 제17904호, 2021. 1. 13., 일부개정, 2021. 1. 14. 시행.

세부 업무 등은 별도의 법령을 적용받는다.

Ⅲ. 수사권 조정~2020년의 경찰

2020년 2월 4일자 검 · 경 수사권 조정 관련 형사소송법 개정으로 경찰과 검찰의 수사권 갈등 국면이 전환점을 맞이했다.[2] 이 법은 2021년 1월 1일부터 시행되었다. 그동안 검찰이 독점해오던 사건종결권을 경찰과 나누고, 수사지휘권도 폐지하게 되었다. 또 영장심의위원회 설치로 경찰이 이의를 제기해 신청할 경우 영장 청구 여부를 심의하며, 재판에서 검사의 피의자신문조서의 증거능력이 제한된다.

이에 따라 경찰은 범죄사건의 1차 종결권을 가지며, 기존에는 경찰이 기소 또는 불기소 의견을 달아 모든 사건을 검찰에 넘겨야 했지만, 불기소 의견 사건은 자체적으로 종결할 수 있게 되었다. 즉 사법경찰관이 고소 · 고발 사건을 포함해 범죄를 수사한 때에, 범죄의 혐의가 인정되는 경우에는 검사에게 사건을 송치한다. 다만 고소 · 고발인 등 사건 관계자가 이 같은 통지를 받고 이의를 신청할 수 있는데, 이때 검사에게 관련 서류와 증거물 등 사건을 송치해야 한다.[3]

경찰은 개정된 형사소송법을 경찰조직과 직무에 반영하기 위하여 대대적인 경찰조직개편과 수사경찰 인력 전문화 등의 후속적인 작업을 진행하였다.

제 3 절 국가경찰과 자치경찰시대의 경찰

Ⅰ. 2021년의 경찰

1. 국가경찰

2020년 12월 9일 국회에서 경찰법, 경찰공무원법 및 경찰관 직무집행법의 개정

2 형사소송법, 법률 제18862호, 2022. 5. 9., 일부개정, 2022. 9. 10. 시행.

3 자세한 것은 제8편 제2장 수사경찰에서 기술하였다.

안이 통과되었다. 이로써 경찰은 2021년 1월 1일부터 6월 30일까지 자치경찰을 시범 운영 후 2021년 7월 1일부터 본격적으로 자치경찰제를 도입하였다.

경찰법의 전면개정으로 법명이 국가경찰과 자치경찰의 조직 및 운영에 관한 법률로 변경되었고, 동법은 국가경찰이 자치경찰 사무를 위탁수행하는 방식의 일원형 자치경찰제를 채택하여 2025년 1월 현재까지 운영되고 있다.

2026년 1월 현재, 경찰청은 본청의 경우 청장을 중심으로 1차장 1본부 8국 12관 54과 3팀으로 구성되었다. 담당분야는 다음과 같다.

민생치안 분야: 범죄예방대응국·생활안전교통국
사회질서유지 분야: 경비국·치안정보국, 국제협력국
수사분야: 국가수사본부·안보수사국
행정지원 분야: 감사관·대변인·기획조정관·경무인사기획관·미래치안정책국

경찰청의 부속기관은 교육기관과 책임운영기관으로 나뉜다.

교육기관: 경찰대학·경찰인재개발원·중앙경찰학교·경찰수사연수원
책임운영기관: 경찰병원

치안사무를 지역적으로 분담 수행하기 위하여 시·도경찰청 및 경찰서 등을 두었다.

18개 시·도경찰청: 특별시·광역시·도에 설치
261개 경찰서: 시·도경찰청장 소속하에 설치(지구대·파출소 2,047개)

2. 자치경찰

자치경찰 사무는 각 시·도마다 구성되는 시·도자치경찰위원회가 담당하며, 자치경찰 소속 경찰관의 신분은 국가경찰공무원이다.

시·도자치경찰위원회는 7명으로 구성되며, 시도의회 추천 2명, 시도지사 지명 1명, 국가경찰위원회 추천 1명, 해당 시도교육감 추천 1명, 시·도자치경찰위원회 추천위원회 2명 등이다.

다만, 제주도는 일원화 자치경찰제를 시행하는 타시·도와 달리 2006년부터 시행되고 있는 제주특별자치도 설치 및 국제자유도시 조성을 위한 특별법상 설치 운영되고 있는 제주자치경찰단과 현행 경찰법상 제주특별자치도자치경찰위원회가 자치경찰사무를 처리하는 등 2개의 기관이 운영되고 있다. 즉 제주도지사 하에 자치경찰단과 자치경찰위원회가 설치되어 있다.

이에 대해 제주도는 제주특별법이 표방하는 경찰권 이양을 전제로 한 실질적 경찰자치수준에는 상당히 미흡한 제도라며, 제주특별자치도 위상을 현저하게 훼손하는 조치라고 공식적으로 기록하고 있다.[4]

그림 4-2 국가경찰과 자치경찰의 조직 및 관계

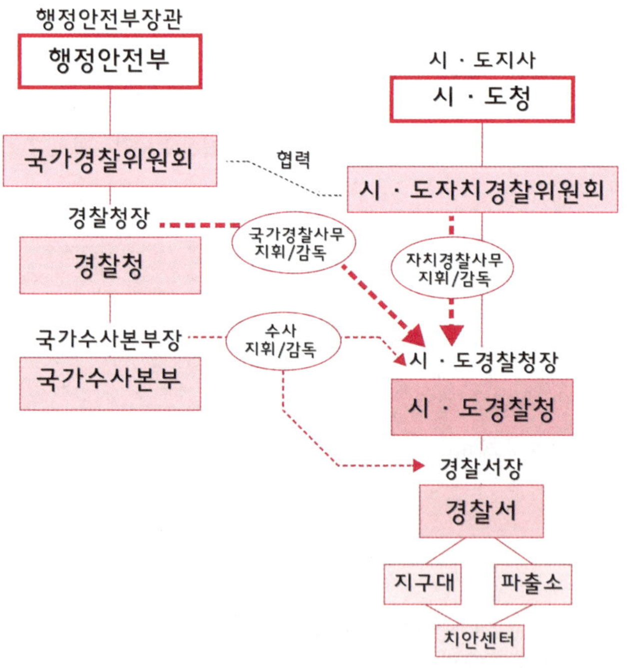

자료: 나무위키, 자치경찰제, https://namu.wiki/

4 제주자치경찰단, 2021년 자치경찰단 업무계획, 2021, p. 8.

Ⅱ. 2022-2025년의 경찰

정부는 2022년 8월 2일자로 행정안전부와 그 소속기관 직제의 개정을 통하여 행정안전부의 하부조직의 하나로 경찰국을 신설하였다. 이 경찰국은 2025년 8월 26일자로 해체되었다.

2023년 7월 이후 서울 신림동과 분당 서현역 칼부림 사건을 비롯하여 전국에서 우후죽순으로 발생한 흉기사건을 계기로 시민들의 불안감이 높아지면서 경찰의 효과적인 대응을 요구하는 목소리가 높아졌다. 이에 따라 경찰은 2023년 10월 30일 자로 대대적으로 조직을 재편하여 지구대와 파출소의 범죄예방 도보순찰을 늘리는 한편 경찰서, 시도경찰청, 경찰청 등의 기획인력을 현장으로 재배치하였다.[5]

국가정보원법의 개정에 따라 2024년 1월 1일부터 대공수사권이 국가정보원으로부터 경찰청으로 이관되었다.[6] 경찰의 전체 안보수사 인력은 2023년 724명에서 2024년에는 1,127명으로 약 56% 증원하였고, 안보수사 정예 인력을 양성하기 위한 전문기관으로 안보수사 연구·교육센터를 2023년 10월에 개소하였다.

한편 2024년 12월 3일 자 윤석열 대통령의 계엄령에 따라 경찰력을 국회 등에 투입시킨 혐의로 경찰청장과 서울경찰청장이 12월 4일 새벽에 구속되기도 하였다.[7]

2025년 12월 30일 경찰관직무집행법 개정법이 통과되었다. 주요 내용은 이 법 제6조의2(위험한 행위의 제지 등) 규정을 신설한 것이다. 이는 접경지역 주민의 생명·신체에 위험을 끼칠 우려가 있는 경우, 경찰관이 대북 전단 살포 등 위해 가능성이 있는 행위를 직접 제지하거나 현장을 해산시킬 수 있도록 한 것이다.[8]

---

5 경찰청과 그 소속기관 직제, 대통령령 제34970호, 2024. 10. 29., 일부개정, 2024. 10. 29. 시행. 경찰청과 그 소속기관 직제 시행규칙, 행정안전부령 제521호, 2024. 10. 29., 일부개정, 2024. 10. 29. 시행.

6 국가정보원법 법률 제21065호, 2025. 10. 1., 타법개정, 2026. 1. 2. 시행. 제4조.

7 동아일보, 조지호 경찰청장–김봉식 서울청장 구속, 2024. 12. 3. https://www.donga.com/news/Society/article/all/20241214/130640674/2/

8 경찰관직무집행법 제6조의2 법률 제21245호, 2025. 12. 30., 일부개정, 2026. 7. 1. 시행.

이에 대해 기존의 위헌 판결을 받은 대북전단금지법을 우회적으로 부활한 것이라며 경찰권을 남용한다며 논란이 일었다.[9]

또한 경찰은 2025년 12월 30일 자로 경찰청과 그 소속기관 직제를 개정하여 기존의 국제협력관제를 폐지하고 국제치안협력국을 개설하였다.[10] 그리고 한시 조직으로 2027년 12월 31일까지 존속하는 여성안전학교폭력대책관 및 2차가해범죄수사과, 2028년 12월 31일까지 존속하는 전기통신금융사기 통합대응단을 개설하였다.[11]

2026년 경찰청 조직 개편 방향

1. 국제치안협력국 신설 및 확대

치안분야 국제 공조·협력 강화를 위해 경찰청 국제협력관(경무관급)을 국제치안협력국(치안감급)으로 개편

2. 사회적 약자 보호 및 2차 가해 방지

피해자 보호 및 학교폭력 근절을 위해 여성안전학교폭력대책관을 개설하고, 디지털 성범죄 등 수사 과정에서의 피해 확산 방지를 위하여 2차가해범죄수사과를 신설

3. 민생 경제범죄 근절을 위한 통합 대응

지능화되는 보이스피싱 등 범죄에 대응하기 위해 전기통신금융사기 통합대응단을 개설

4. 미래 치안 및 AI 정책 강화

미래치안정책국 내에 치안분야 인공지능(AI) 정책의 총괄·조정을 위한 전담 인력을 증원하고, 데이터 기반의 과학적 치안 서비스를 구현하기 위한 조직 체계를 보강

자료: 국가법령정보센터, 경찰청과 그 소속기관 직제, 제정 · 개정이유, https://buly.kr/BpGPPCI/

9 조선비즈, 경찰직무집행법 개정안 본회의 통과… 3박 4일 필버 종료, 2025. 12. 14., https://buly.kr/Alll8ti/

10 경찰청과 그 소속기관 직제 제15조. 대통령령 제35970호, 2025. 12. 30., 일부개정, 2025. 12. 31. 시행.

11 경찰청과 그 소속기관 직제 제67조–제70조.

제3편

경찰조직관리: 경찰기관과 권한

제 1 장

경찰기관

제 1 절 보통경찰기관

보통경찰기관(普通警察機關), 즉 일반경찰기관은 그 기능에 따라 경찰의결기관(警察議決機關), 경찰관청(警察官廳) 및 경찰집행기관(警察執行機關)으로 구분한다.[1]

정부조직법 제34조는 치안에 관한 사무를 관장하기 위하여 행정안전부장관 소속으로 경찰청을 두고, 경찰청의 조직·직무범위 그 밖에 필요한 사항은 따로 법률로 정한다고 규정하고 있다.

이를 바탕으로 국가경찰과 자치경찰의 조직 및 운영에 관한 법률은 경찰관청에 대하여 규정하고 있다. 동 법률 제2조는 국가와 지방자치단체는 국민의 생명·신체 및 재산을 보호하고 공공의 안녕과 질서유지에 필요한 시책을 수립·시행하여야 한다고 규정하여 국가경찰과 자치경찰을 구분하였다.

Ⅰ. 국가경찰: 의결기관: 국가경찰위원회

1. 설 치

경찰행정을 심의·의결하기 위하여 행정안전부에 국가경찰위원회를 둔다.[2] 국가경찰위원회는 의결기관으로 의사결정권한만을 가질 뿐 외부에 표시권한을 갖지 못한다.[3]

1 허경미, 「경찰행정법」, 법문사, 2003, pp. 33−39; 홍정선, 「행정법」, 박영사, 2018, pp. 417−418.

2 국가경찰과 자치경찰의 조직 및 운영에 관한 법률 제7조.

3 행정기관 소속 위원회의 설치·운영에 관한 법률 제2조. 법률 제19407호, 2023. 5. 16., 일부개정, 2023. 11. 17. 시행.; 「홍정선」, 기본행정법 제10판, 2022, 박영사, p. 467.

위원회는 위원장 1인을 포함한 7인의 위원으로 구성하되, 위원장 및 5인의 위원은 비상임, 1인의 위원은 상임으로 한다. 상임위원은 정무직으로 한다.

국가경찰위원회의 사무는 경찰청에서 수행한다.[4]

2. 위원회 운영

1) 심의·의결사항

다음의 사항은 경찰위원회의 심의·의결을 거쳐야 한다.[5] 위원회의 회의는 재적위원 과반수의 출석과 출석위원 과반수의 찬성으로 의결한다.

1. 국가경찰사무에 관한 인사, 예산, 장비, 통신 등에 관한 주요정책 및 경찰 업무 발전에 관한 사항[6]
2. 국가경찰사무에 관한 인권보호와 관련되는 경찰의 운영·개선에 관한 사항[7]
3. 국가경찰사무 담당 공무원의 부패 방지와 청렴도 향상에 관한 주요 정책사항
4. 국가경찰사무 외에 다른 국가기관으로부터의 업무협조 요청에 관한 사항
5. 제주특별자치도의 자치경찰에 대한 경찰의 지원·협조 및 협약체결의 조정 등에 관한 주요 정책사항
6. 시·도자치경찰위원회 위원 추천, 자치경찰사무에 대한 주요 법령·정책 등에 관한 사항, 제25조제4항에 따른 시·도자치경찰위원회 의결에 대한 재의 요구에 관한 사항
7. 국가와 지방자치단체의 경찰 시책 수립에 관한 사항
8. 비상사태 등 전국적 치안유지를 위한 경찰청장의 지휘·명령에 관한 사항
9. 그 밖에 행정안전부장관 및 경찰청장이 중요하다고 인정하여 국가경찰위원회의 회의에 부친 사항

---

4 국가경찰과 자치경찰의 조직 및 운영에 관한 법률 제11조.

5 국가경찰과 자치경찰의 조직 및 운영에 관한 법률 제10조.

6 **국가경찰위원회 규정 제5조(심의 · 의결사항의 구체적 범위)** ① 법 제10조 제1항 제1호의 범위는 다음과 같다.
1. 경찰청 소관 법령과 행정규칙의 제정 · 개정 및 폐지에 관한 사항
2. 경찰공무원의 채용 · 승진 등 인사운영 기준에 관한 사항
3. 경찰공무원에 대한 교육 및 복지 증진에 관한 사항
4. 경찰복제 및 경찰장비에 관한 사항
5. 경찰정보통신 개발 및 운영에 관한 사항
6. 경찰조직 및 예산 편성 등에 관한 사항
7. 경찰 중 · 장기 발전계획에 관한 사항

2) 재의요구

행정안전부장관은 심의·의결된 내용이 적정하지 아니하다고 판단할 때에는 재의(再議)를 요구할 수 있다. 행정안전부장관이 재의를 요구하는 경우에는 의결한 날부터 10일 이내에 재의요구서를 위원회에 제출하여야 한다.

위원장은 재의요구가 있는 경우에는 그 요구를 받은 날부터 7일 이내에 회의를 소집하여 다시 의결하여야 한다.[8]

3) 회 의

위원회의 회의는 정기회의와 임시회의로 구분한다.[9]

정기회의는 특별한 사유가 있는 경우를 제외하고는 매월 2회 위원장이 소집한다. 위원장은 필요한 경우 임시회의를 소집할 수 있으며, 위원 3인 이상과 행정안전부장관 또는 경찰청장은 위원장에게 임시회의의 소집을 요구할 수 있다. 임시회의소집 요구가 있는 경우에는 위원장은 특별한 사유가 없는 한 회의를 소집하여야 한다.

4) 간 사

위원회에 간사 1인을 두되, 간사는 경찰청 기획조정담당관이 된다. 간사는 위원장의 명을 받아 다음 사항을 처리한다.

1. 의안의 작성
2. 회의진행에 필요한 준비
3. 회의록 작성과 보관
4. 기타 위원회의 사무

---

8. 그 밖에 위원회가 경찰 주요정책 및 경찰 업무 발전에 필요하다고 인정하는 사항

7 **국가경찰위원회 규정 제5조** 대통령령 제33415호, 2023. 4. 18., 일부개정, 2023. 4. 18. 시행. ② 법 제10조 제1항 제2호의 범위는 다음 각호와 같다.
1. 국민의 권리·의무와 직접 관계되는 경찰행정 및 수사절차
2. 경찰행정과 관련되는 과태료·범칙금 기타 벌칙에 관한 사항
3. 경찰행정과 관련되는 국민의 부담에 관한 사항

8 국가경찰과 자치경찰의 조직 및 운영에 관한 법률 제10조; 국가경찰위원회 규정 제6조.

9 국가경찰위원회 규정 제7조－제8조.

3. 위 원

1) 위원의 임명 및 결격사유

위원은 행정안전부장관의 제청으로 국무총리를 거쳐 대통령이 임명한다. 행정안전부장관은 위원을 제청함에 있어서 국가경찰의 정치적 중립이 보장되도록 하여야 한다. 위원 중 2인은 법관의 자격이 있는 자이어야 한다. 위원은 특정 성(性)이 10분의 6을 초과하지 아니하도록 노력하여야 한다.

위원 중 1명은 상임위원으로 하며, 정무직으로 한다. 위원장은 비상임위원 중에서 호선한다. 위원장은 위원회를 대표하며, 위원회의 사무를 총괄한다. 위원장이 사고가 있을 때에는 상임위원, 위원 중 연장자순으로 위원장의 직무를 대리한다.[10]

다음에 해당하는 자는 위원이 될 수 없다. 또한 다음에 해당하는 경우 당연퇴직한다.

1. 정당의 당원이거나 당적을 이탈한 날부터 3년이 경과되지 아니한 자
2. 선거에 의하여 취임하는 공직에서 퇴직한 날부터 3년이 경과되지 아니한 자
3. 경찰·검찰·국가정보원직원 또는 군인의 직에서 퇴직한 날부터 3년이 경과되지 아니한 자
4. 국가공무원법 제33조의 공무원의 결격사유에 해당하는 자[11]

---

10 국가경찰위원회 규정 제2조－제3조.

11 **제33조(결격사유)** 다음 각 호의 어느 하나에 해당하는 자는 공무원으로 임용될 수 없다.

1. 피성년후견인
2. 파산선고를 받고 복권되지 아니한 자
3. 금고 이상의 실형을 선고받고 그 집행이 종료되거나 집행을 받지 아니하기로 확정된 후 5년이 지나지 아니한 자
4. 금고 이상의 형을 선고받고 그 집행유예 기간이 끝난 날부터 2년이 지나지 아니한 자
5. 금고 이상의 형의 선고유예를 받은 경우에 그 선고유예 기간 중에 있는 자
6. 법원의 판결 또는 다른 법률에 따라 자격이 상실되거나 정지된 자

6의2. 공무원으로 재직기간 중 직무와 관련하여 「형법」 제355조 및 제356조에 규정된 죄를 범한 자로서 300만원 이상의 벌금형을 선고받고 그 형이 확정된 후 2년이 지나지 아니한 자

6의3. 「성폭력범죄의 처벌 등에 관한 특례법」 제2조에 규정된 죄를 범한 사람으로서 100만원 이상의 벌금형을 선고받고 그 형이 확정된 후 3년이 지나지 아니한 사람

6의4. 미성년자에 대한 다음 각 목의 어느 하나에 해당하는 죄를 저질러 파면·해임되거나 형

2) 위원의 임기 및 신분보장

위원의 임기는 3년으로 하며, 연임할 수 없다. 보궐위원의 임기는 전임자의 잔임기간으로 한다.

위원은 중대한 심신상의 장애로 직무를 수행할 수 없게 된 경우를 제외하고는 그 의사에 반하여 면직되지 아니한다. 위원이 중대한 심신상의 장애로 직무를 수행할 수 없게 되어 면직하는 경우에는 위원회의 의결이 있어야 하며, 의결요구는 위원장 또는 행정안전부장관이 한다.[12] 위원에 대하여는 국가공무원법상 비밀엄수 의무 및 정치운동금지 의무의 규정을 준용한다.[13]

Ⅱ. 국가경찰: 경찰관청

경찰관청(警察官廳)이란 경찰사무에 관한 국가의 의사를 결정·표시하는 권한을 가진 경찰행정기관을 말한다.

경찰법상 국가경찰기관으로 경찰청, 시·도경찰청 18개, 부속기관 5개, 경찰서 259개를 두고 있다.[14] 즉 경찰은 청장을 중심으로 1차장 1본부 및 8국 12관·54과 3팀으로 구성되어 있다. 경찰청 부속기관으로 경찰대학·경찰인재개발원·중앙경찰학교·경찰수사연수원 등 4개의 교육기관과 책임운영기관인 경찰병원이 있다. 또한 치안사무를 지역적으로 분담 수행하기 위하여 전국 18개 시·도경찰청을 두며, 시·도경찰청장 하에 259개 경찰서와 지구대 630개 및 파출소 1,415개소를 운영하고 있다.

또는 치료감호를 선고받아 그 형 또는 치료감호가 확정된 사람(집행유예를 선고받은 후 그 집행유예기간이 경과한 사람을 포함한다)

가. 「성폭력범죄의 처벌 등에 관한 특례법」 제2조에 따른 성폭력범죄

나. 「아동·청소년의 성보호에 관한 법률」 제2조제2호에 따른 아동·청소년대상 성범죄

7. 징계로 파면처분을 받은 때부터 5년이 지나지 아니한 자
8. 징계로 해임처분을 받은 때부터 3년이 지나지 아니한 자

12 국가경찰위원회 규정 제4조.

13 국가경찰과 자치경찰의 조직 및 운영에 관한 법률 제9조.

14 경찰청, https://han.gl/HpeOq/

1. 경찰청

국가경찰과 자치경찰의 조직 및 운영에 관한 법률 제12조는 치안에 관한 사무를 관장하기 위하여 행정안전부장관 소속으로 경찰청을 둔다고 규정하였다.

1) 경찰청장

(1) 임 용

경찰청에 경찰청장(警察廳長)을 두며 경찰청장은 치안총감으로 보하며, 경찰에 관한 사무를 통할하고 경찰청장은 경찰위원회의 동의를 얻어 행정안전부장관의 제청으로 국무총리를 거쳐 대통령이 임명한다. 이 경우 국회의 인사청문을 거쳐야 한다.[15]

경찰청장의 임기는 2년으로 하고, 중임할 수 없다. 경찰청장이 그 직무집행에 있어서 헌법이나 법률을 위배한 때에는 국회는 탄핵의 소추를 의결할 수 있다.

(2) 사 무

① 일반적 사무

경찰청장은 국가경찰사무를 총괄하고 경찰청 업무를 관장하며 소속 공무원 및 각급 경찰기관의 장을 지휘·감독한다.

② 수사 사무

경찰청장은 경찰의 수사에 관한 사무의 경우에는 개별 사건의 수사에 대하여 구체적으로 지휘·감독할 수 없다. 다만, 국민의 생명·신체·재산 또는 공공의 안전 등에 중대한 위험을 초래하는 긴급하고 중요한 사건의 수사에 있어서 경찰의 자원을 대규모로 동원하는 등 통합적으로 현장 대응할 필요가 있다고 판단할 만한 상당한 이유가 있는 때에는 국가수사본부장을 통하여 개별 사건의 수사에 대하여 구체적으로 지휘·감독할 수 있다.

경찰청장은 개별 사건의 수사에 대한 구체적 지휘·감독을 개시한 때에는 이를 국가경찰위원회에 보고하여야 한다.

경찰청장은 개별 사건의 수사지휘 사유가 해소된 경우에는 개별 사건의 수사에

---

15 국가경찰과 자치경찰의 조직 및 운영에 관한 법률 제14조.

대한 구체적 지휘·감독을 중단하여야 한다. 경찰청장은 국가수사본부장이 수사지휘 사유가 해소되었다고 판단하여 개별 사건의 수사에 대한 구체적 지휘·감독의 중단을 건의하는 경우 특별한 이유가 없는 한 이를 승인하여야 한다.

③ 비상사태시 사무

경찰청장은 다음의 경우에는 자치경찰사무를 수행하는 경찰공무원(제주특별자치도의 자치경찰공무원을 포함)을 직접 지휘·명령할 수 있다.[16]

> 1. 전시·사변, 천재지변, 그 밖에 이에 준하는 국가 비상사태, 대규모의 테러 또는 소요사태가 발생하였거나 발생할 우려가 있어 전국적인 치안유지를 위하여 긴급한 조치가 필요하다고 인정할 만한 충분한 사유가 있는 경우
> 2. 국민안전에 중대한 영향을 미치는 사안에 대하여 다수의 시·도에 동일하게 적용되는 치안정책을 시행할 필요가 있다고 인정할 만한 충분한 사유가 있는 경우
> 3. 자치경찰사무와 관련하여 해당 시·도의 경찰력으로는 국민의 생명·신체·재산의 보호 및 공공의 안녕과 질서유지가 어려워 경찰청장의 지원·조정이 필요하다고 인정할 만한 충분한 사유가 있는 경우

경찰청장은 이 조치가 필요한 경우에는 시·도자치경찰위원회에 자치경찰사무를 담당하는 경찰공무원을 직접 지휘명령하려는 사유 및 내용 등을 구체적으로 제시하여 통보하여야 한다.

통보를 받은 시·도자치경찰위원회는 정당한 사유가 없으면 즉시 자치경찰사무를 담당하는 경찰공무원에게 경찰청장의 지휘·명령을 받을 것을 명해야 한다.

다만, 규정된 사유에 해당하지 아니한다고 인정하면 시·도자치경찰위원회의 의결을 거쳐 경찰청장에게 그 지휘·명령의 중단을 요청할 수 있다.

경찰청장이 규정에 따라 지휘·명령을 하는 경우에는 국가경찰위원회에 즉시 보고하여야 한다. 다만, 제3호의 경우에는 미리 국가경찰위원회의 의결을 거쳐야 하며 긴급한 경우에는 우선 조치 후 지체없이 국가경찰위원회의 의결을 거쳐야 한다.

보고를 받은 국가경찰위원회는 규정된 사유에 해당하지 아니한다고 인정하면

16 국가경찰과 자치경찰의 조직 및 운영에 관한 법률 제32조.

그림 1-1 경찰청 조직도

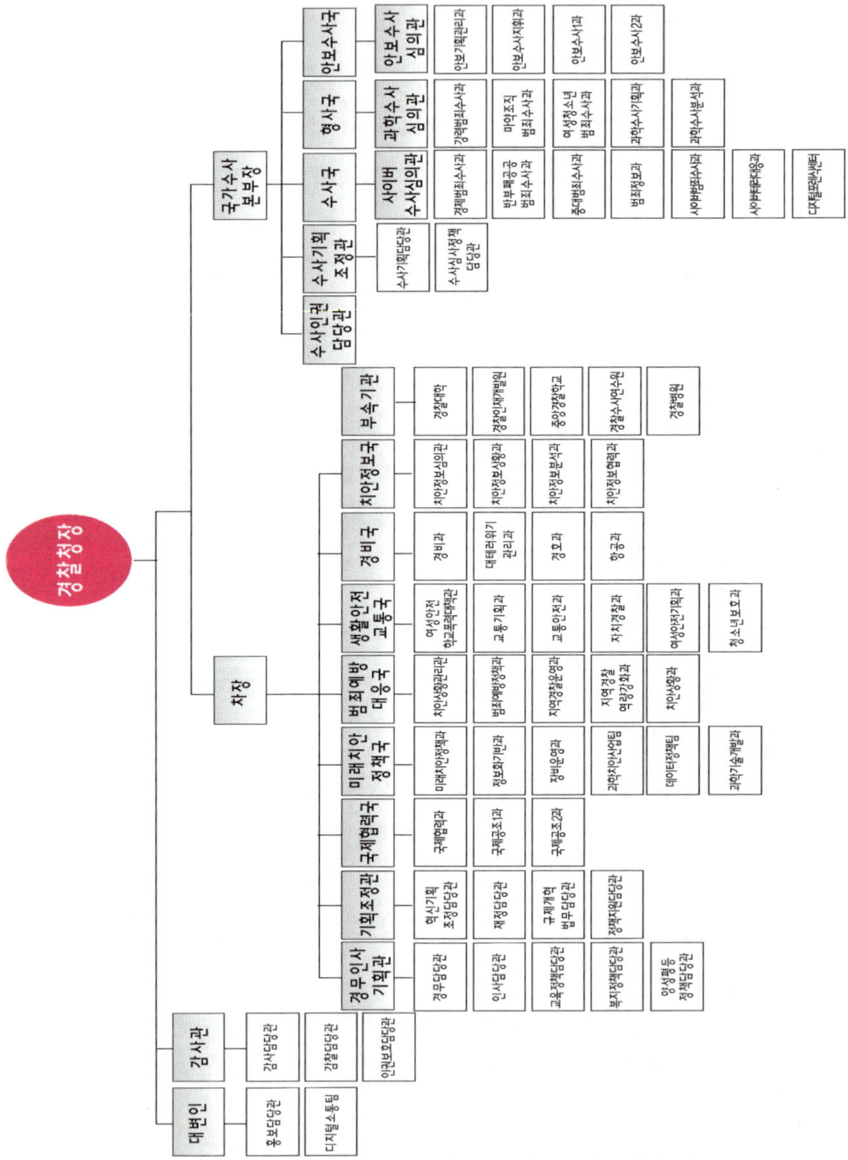

자료: 경찰청, https://www.police.go.kr/www/agency/orginfo/orginfo01.jsp

그 지휘·명령을 중단할 것을 의결하여 경찰청장에게 통보할 수 있다.

경찰청장은 지휘·명령할 수 있는 사유가 해소된 때에는 경찰공무원에 대한 지휘·명령을 즉시 중단하여야 한다.

시·도자치경찰위원회는 제3호에 해당하는 경우 의결로 지원·조정의 범위·기간 등을 정하여 경찰청장에게 지원·조정을 요청할 수 있다.

경찰청장은 제주특별자치도경찰청의 관할구역에서 비상사태시 지휘·명령권을 제주특별자치도경찰청장에게 위임할 수 있다.

2) 경찰청의 보좌 및 보조기관

(1) 경찰청 차장

경찰청에 차장을 두며, 차장은 치안정감(治安正監)으로 보한다. 차장은 경찰청장을 보좌하며, 경찰청장이 부득이한 사유로 직무를 수행할 수 없을 때에는 그 직무를 대행한다.[17]

(2) 국가수사본부장

경찰청에 국가수사본부를 두며, 국가수사본부장은 치안정감(治安正監)으로 보한다.[18]

국가수사본부장은 형사소송법에 따른 경찰의 수사에 관하여 각 시·도경찰청장과 경찰서장 및 수사부서 소속 공무원을 지휘·감독한다. 국가수사본부장의 임기는 2년으로 하며, 중임(重任)할 수 없다. 국가수사본부장은 임기가 끝나면 당연히 퇴직한다. 국가수사본부장이 직무를 집행하면서 헌법이나 법률을 위배하였을 때에는 국회는 탄핵 소추를 의결할 수 있다.

국가수사본부장을 경찰청 외부를 대상으로 모집하여 임용할 필요가 있는 때에는 다음의 자격을 갖춘 사람 중에서 임용한다.[19]

---

17 국가경찰과 자치경찰의 조직 및 운영에 관한 법률 제15조.

18 국가경찰과 자치경찰의 조직 및 운영에 관한 법률 제16조 제1항－제5항.

19 국가경찰과 자치경찰의 조직 및 운영에 관한 법률 제16조 제6항.

1. 10년 이상 수사업무에 종사한 사람 중에서 「국가공무원법」 제2조의2에 따른 고위공무원단에 속하는 공무원, 3급 이상 공무원 또는 총경 이상 경찰공무원으로 재직한 경력이 있는 사람
2. 판사·검사 또는 변호사의 직에 10년 이상 있었던 사람
3. 변호사 자격이 있는 사람으로서 국가기관, 지방자치단체, 「공공기관의 운영에 관한 법률」 제4조에 따른 공공기관(이하 "국가기관등"이라 한다)에서 법률에 관한 사무에 10년 이상 종사한 경력이 있는 사람
4. 대학이나 공인된 연구기관에서 법률학·경찰학 분야에서 조교수 이상의 직이나 이에 상당하는 직에 10년 이상 있었던 사람
5. 제1호부터 제4호까지의 경력 기간의 합산이 15년 이상인 사람

국가수사본부장을 경찰청 외부를 대상으로 모집하여 임용하는 경우 다음에 해당하는 사람은 국가수사본부장이 될 수 없다.[20]

1. 경찰공무원법 제8조 제2항 각 호의 결격사유에 해당하는 사람
2. 정당의 당원이거나 당적을 이탈한 날부터 3년이 지나지 아니한 사람
3. 선거에 의하여 취임하는 공직에 있거나 그 공직에서 퇴직한 날부터 3년이 지나지 아니한 사람
4. 제6항 제1호에 해당하는 공무원 또는 제6항 제2호의 판사·검사의 직에서 퇴직한 날로부터 1년이 지나지 아니한 사람
5. 제6항 제3호에 해당하는 사람으로서 국가기관등에서 퇴직한 날로부터 1년이 지나지 아니한 사람

(3) 국 · 담당관 · 과 등

경찰청의 하부조직은 본부 · 국 · 부 또는 과로 한다.[21] 경찰청장 · 차장 · 국가수사본부장 · 국장 또는 부장 밑에 정책의 기획이나 계획의 입안 및 연구 · 조사를 통하여 그를 직접 보좌하는 담당관을 둘 수 있다.

경찰청에 미래치안정책국 · 범죄예방대응국 · 생활안전교통국 · 경비국 · 치안정보국 및 국가수사본부를 둔다. 경찰청장 밑에 대변인 및 감사관 각 1명을 두고,

20 국가경찰과 자치경찰의 조직 및 운영에 관한 법률 제16조 제7항.

21 국가경찰과 자치경찰의 조직 및 운영에 관한 법률 제17조.

경찰청 차장 밑에 기획조정관·경무인사기획관 및 국제협력관 각 1명을 둔다.[22]

2. 시·도경찰청

경찰의 사무를 지역적으로 분담하여 수행하게 하기 위하여 특별시·광역시·특별자치시·도·특별자치도에 시·도경찰청을 두며, 현재 18개이다.[23]

1) 시·도경찰청장

(1) 임　용

시·도경찰청장은 치안정감(治安正監)·치안감(治安監) 또는 경무관(警務官)으로 보한다. 시·도경찰청장은 경찰청장이 시·도자치경찰위원회와 협의하여 추천한 사람 중에서 행정안전부장관의 제청으로 국무총리를 거쳐 대통령이 임용한다.

서울특별시·부산광역시·인천광역시 및 경기도남부의 시·도경찰청장은 치안정감으로, 그 밖의 시·도경찰청장은 치안감 또는 경무관으로 보한다.[24]

22 경찰청과 그 소속기관 직제 제4조.

23 국가경찰과 자치경찰의 조직 및 운영에 관한 법률 제28조.

24 경찰청과 그 소속기관 직제 제39조.

그림 1-2 서울경찰청 조직도

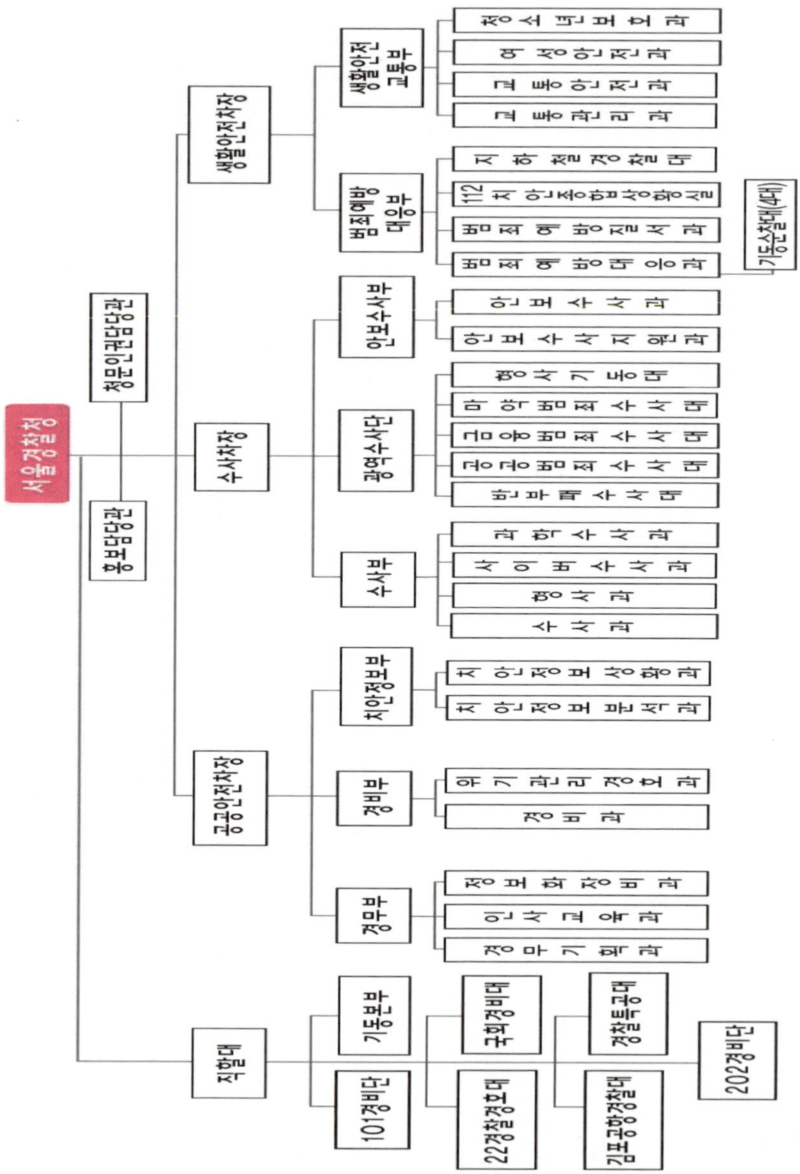

자료: 서울경찰청, https://www.smpa.go.kr/

(2) 사 무

시 · 도경찰청장은 국가경찰사무에 대해서는 경찰청장의 지휘 · 감독을, 수사에 관한 사무에 대해서는 국가수사본부장의 지휘 · 감독을, 자치경찰사무에 대해서는 시 · 도자치경찰위원회의 지휘 · 감독을 받아 관할구역의 소관 사무를 관장하고 소속 공무원 및 소속 경찰기관의 장을 지휘 · 감독한다.

시 · 도자치경찰위원회는 자치경찰사무에 대해 심의 · 의결을 통하여 시 · 도경찰청장을 지휘 · 감독한다. 다만, 시 · 도자치경찰위원회가 심의 · 의결할 시간적 여유가 없거나 심의 · 의결이 곤란한 경우 대통령령으로 정하는 바에 따라 시 · 도자치경찰위원회의 지휘 · 감독권을 시 · 도경찰청장에게 위임한 것으로 본다.

2) 시 · 도경찰청 차장

시 · 도경찰청장을 보조하기 위하여 서울특별시경찰청에 차장 3명을, 제주특별자치도경찰청에 차장 1명을 둔다. 서울특별시경찰청 차장은 치안감으로, 제주특별자치도경찰청 차장은 경무관으로 보한다.[25]

3) 하부 조직

서울특별시경찰청에 경무부 · 경비부 · 치안정보부 · 수사부 · 광역수사단 · 안보수사부 · 범죄예방대응부 및 생활안전교통부를 둔다.[26] 경기도남부경찰청에 경무부 · 공공안전부 · 수사부 · 광역수사단 및 생활안전부를 둔다.[27] 그 밖의 시도경찰청에 공공안전부 · 수사부 · 생활안전부를 각각 둔다.[28] 각 부장은 경무관으로 보한다.

3. 경찰서

시 · 도경찰청의 지역적 사무를 분장하기 위하여 시 · 도경찰청장 소속으로 259개 경찰서를 둔다.[29]

---

25 국가경찰과 자치경찰의 조직 및 운영에 관한 법률 제29조; 경찰청과 그 소속기관 직제 제40조.

26 경찰청과 그 소속기관 직제 제44조.

27 경찰청과 그 소속기관 직제 제53조.

28 경찰청과 그 소속기관 직제 제58조.

29 국가경찰과 자치경찰의 조직 및 운영에 관한 법률 제30조; 경찰청과 그 소속기관 직제 제42조.

1) 경찰서장

경찰서에 경찰서장을 두며, 경찰서장은 경무관(警務官), 총경(總警) 또는 경정(警正)으로 보한다.[30] 경찰서장은 시 · 도경찰청장의 지휘 · 감독을 받아 관할구역의 소관 사무를 관장하고 소속 공무원을 지휘 · 감독한다.

표 1-1 경찰서장을 경무관으로 보하는 경찰서(15개 서)

시 · 도경찰청	경찰서 명칭
서울특별시경찰청	서울송파경찰서, 서울강서경찰서, 서울관악경찰서, 서울영등포경찰서
부산광역시경찰청	부산해운대경찰서
대구광역시경찰청	대구수성경찰서
인천광역시경찰청	인천남동경찰서
광주광역시경찰청	광주광산경찰서
경기도남부경찰청	수원영통경찰서, 분당경찰서, 부천원미경찰서, 화성동탄경찰서
강원특별자치도경찰청	원주경찰서
충청북도경찰청	청주흥덕경찰서
충청남도경찰청	천안서북경찰서
전북특별자치도경찰청	전주완산경찰서
경상북도경찰청	구미경찰서
경상남도경찰청	창원중부경찰서

2) 하부조직

경찰서의 사무를 분장하기 위하여 경찰서에 청문감사인권관 · 경무과 · 범죄예방대응과 · 여성청소년과 · 수사과 · 형사과 · 경비안보과 · 교통과 등을 둔다.[31]

경찰서의 등급별로 소속 부서의 차이를 둘 수 있다. 경찰서의 등급은 1급지 · 2급지 및 3급지로 구분한다.

1급지 경찰서의 과장 · 청문감사인권관은 총경 또는 경정으로 보하고, 2급지 및 3급지 경찰서의 과장 및 청문감사인권관은 경정 또는 경감으로 보한다.[32]

---

30 경찰청과 그 소속기관 직제 제42조.

31 경찰청과 그 소속기관 직제 시행규칙 제74조. 별표 3의2. 행정안전부령 제596호, 2025. 12. 30., 일부개정, 2025. 12. 31. 시행.

32 경찰청과 그 소속기관 직제 시행규칙 제75조.

시 · 도자치경찰위원회는 정기적으로 경찰서장의 자치경찰사무 수행에 관한 평가결과를 경찰청장에게 통보하여야 하며 경찰청장은 이를 반영하여야 한다.

표 1-2 전국 경찰서 하부조직(일부)[33]

시 · 도경찰청	경찰서 명칭	하부조직
서울특별시경찰청	서울강남경찰서	청문감사인권관 · 경무과 · 범죄예방대응과 · 여성청소년과 · 수사1과 · 수사2과 · 형사1과 · 형사2과 · 경비과 · 교통과 · 안보과 · 치안정보과
경기도남부경찰청	평택경찰서	
서울특별시경찰청	서울강서 · 서울노원경찰서	청문감사인권관 · 경무과 · 범죄예방대응과 · 여성청소년과 · 수사1과 · 수사2과 · 형사1과 · 형사2과 · 경비교통과 · 치안정보안보과
경기도남부경찰청	안산단원경찰서	
서울특별시경찰청	서울영등포 · 서울송파 · 서울동대문 · 서울마포 · 서울광진경찰서	청문감사인권관 · 경무과 · 범죄예방대응과 · 여성청소년과 · 수사1과 · 수사2과 · 형사1과 · 형사2과 · 경비과 · 교통과 · 치안정보과
부산광역시경찰청	부산진경찰서	
경기도남부경찰청	부천원미 · 시흥경찰서	청문감사인권관 · 경무과 · 범죄예방대응과 · 여성청소년과 · 수사1과 · 수사2과 · 형사1과 · 형사2과 · 경비과 · 교통과 · 치안정보안보과
대구광역시경찰청	대구서부 · 대구남부 · 대구북부 · 대구달서 · 대구성서 · 대구달성 · 대구강북경찰서	청문감사인권관 · 경무과 · 범죄예방대응과 · 여성청소년과 · 수사과 · 형사과 · 경비과 · 교통과

경찰서장 소속으로 지구대 또는 파출소를 두고, 그 설치기준은 치안수요 · 교통 · 지리 등 관할구역의 특성을 고려하여 행정안전부령으로 정한다. 다만, 필요한 경우에는 출장소를 둘 수 있다.

33 경찰청과 그 소속기관 직제 시행규칙 제74조 제1항. 별표 3.

4. 교육기관

경찰청장의 관장사무(교육사무)를 지원하기 위하여 경찰청장 소속으로 경찰대학·경찰인재개발원·중앙경찰학교 및 경찰수사연수원을 둔다.[34]

5. 책임운영기관

경찰청장의 관장사무를 지원하기 위하여 「책임운영기관의 설치·운영에 관한 법률」에 따라 경찰청장 소속의 책임운영기관으로 경찰병원을 둔다.[35]

Ⅲ. 자치경찰: 경찰관청: 시·도자치경찰위원회

1. 설　치

시·도자치경찰위원회는 합의제 행정기관으로서 자치경찰사무를 관장하게 하기 위하여 시·도지사 소속으로 설치한다. 시·도자치경찰위원회는 그 권한에 속하는 업무를 독립적으로 수행한다.[36]

2. 위원 및 위원장

위원회는 위원장 1명을 포함한 7명의 위원으로 구성하되, 위원장과 1명의 위원은 상임으로 하고, 5명의 위원은 비상임으로 한다.[37] 위원은 특정 성(性)이 10분의 6을 초과하지 아니하도록 노력하여야 한다. 위원 중 1명은 인권문제에 관하여 전문적인 지식과 경험이 있는 사람이 임명될 수 있도록 노력하여야 한다.

1) 임명권자 및 추천자

위원은 다음의 사람을 시·도지사가 임명한다.

---

34 경찰청과 그 소속기관 직제 제2조 제1항, 제24조－제33조.
35 경찰청과 그 소속기관 직제 제2조 제2항. 제34조－제36조.
36 국가경찰과 자치경찰의 조직 및 운영에 관한 법률 제18조.
37 국가경찰과 자치경찰의 조직 및 운영에 관한 법률 제19조.

1. 시·도의회가 추천하는 2명
2. 국가경찰위원회가 추천하는 1명
3. 해당 시·도 교육감이 추천하는 1명
4. 시·도자치경찰위원회 위원추천위원회가 추천하는 2명
5. 시·도지사가 지명하는 1명

① 시 · 도자치경찰위원회 위원추천위원회

시 · 도자치경찰위원회 위원 추천을 위하여 시 · 도지사 소속으로 시 · 도자치경찰위원회 위원추천위원회를 둔다.[38]

② 위원추천위원회의 구성

추천위원회는 시 · 도자치경찰위원회 위원을 추천할 때마다 위원장 1명을 포함하여 5명의 위원으로 구성한다.[39]

③ 추천위원 구성

시 · 도지사가 다음에 해당하는 사람을 임명하거나 위촉하며, 추천위원회 위원장은 추천위원 중에서 호선한다.

1. 시·군·자치구의회의 의장 전부가 참가하는 지역협의체가 추천하는 1명
2. 시장·군수·자치구의 구청장 전부가 참가하는 지역협의체가 추천하는 1명
3. 재직 중인 경찰공무원이 아닌 사람 중에서 경찰청장이 추천하는 1명
4. 시·도경찰청의 소재지를 관할하는 지방법원장이 추천하는 1명
5. 시·도 본청 소속 기획 담당 실장(경기도북부자치경찰위원회의 경우에는 행정(2)부지사 밑에 두는 기획 담당 실장)
6. 제1호 및 제2호에도 불구하고 세종특별자치시와 제주특별자치도는 해당 시·도 의회 및 해당 시·도 교육감이 각각 1명씩 추천

④ 추천위원의 제척 및 회피

추천위원은 자기 또는 자기의 친족이 심사대상자가 되거나 그 밖에 해당 안건

38 경찰법 제21조 제1항.

39 자치경찰사무와 시 · 도자치경찰위원회의 조직 및 운영 등에 관한 규정 제5조－제12조. 대통령령 제35150호, 2024. 12. 30., 일부개정, 2024. 12. 31. 시행.

의 심사·의결에 공정을 기할 수 없는 현저한 사유가 있는 경우에는 그 심사·의결에 관여할 수 없다.

추천위원회는 추천위원에게 제1항의 사유가 있다고 인정하는 경우에는 의결로 해당 추천위원의 제척(除斥) 결정을 해야 한다.

추천위원은 제척사유가 있는 경우 추천위원회 위원장의 허가를 받아 추천위원회 심사 참여를 회피할 수 있다.

⑤ 추천위원회 위원장

추천위원회 위원장은 추천위원회를 대표하고, 추천위원회의 업무를 총괄한다. 위원장이 부득이한 사유로 직무를 수행할 수 없을 때에는 시·도지사가 지명하는 추천위원이 그 직무를 대행한다.

⑥ 추천위원회의 회의

위원장은 시·도지사 또는 추천위원 3분의 1 이상이 요청하거나 추천위원회 위원장이 필요하다고 인정하는 경우 추천위원회의 회의를 소집하고 그 의장이 된다.

추천위원회 회의는 공개하지 않으며, 의결은 재적위원 과반수의 찬성으로 의결한다.

위원장은 회의를 소집하려면 개최 3일 전까지 회의의 일시·장소 및 안건 등을 각 추천위원에게 알려야 한다. 다만, 긴급한 사정이나 그 밖의 부득이한 사유가 있는 경우에는 그렇지 않다.

⑦ 추천위원회의 추천 절차

시·도자치경찰위원회 위원 추천위원회의 운영 및 추천 절차는 다음과 같다.

표 1-3 추천위원회의 추천 절차

구분	주요 내용
1. 대상자 제시	추천위원이 적합한 인물을 심사대상자로 제시(인원수는 의결로 결정)
2. 심사 및 검증	자격요건 충족 여부 및 결격사유 유무 심사(필요시 자료 제출 요구)
3. 최종 추천	가장 적합한 인물을 시·**도지사에게 서면 추천**(성별 균형 고려 노력)
4. 결과 통보	추천 결과를 시·**도자치경찰위원회에 즉시 통보**
5. 위원회 해산	추천과 통보가 모두 완료되면 추천위원회는 **자동 해산**

⑧ 비밀엄수의 의무 등

추천위원 또는 추천위원이었던 사람은 직무상 알게 된 비밀을 누설하거나 심사와 관련된 개인 의견을 외부에 공표해서는 안 된다.

추천위원회가 해산되는 경우에는 지체 없이 심사대상자의 개인정보 등 신상자료를 폐기해야 한다.

⑨ 추천위원회 운영 세칙

법령에 정해진 외의 추천위원회의 운영 등에 필요한 사항은 추천위원회의 의결로 정한다.

2) 위원의 자격과 의무 및 위원장 임명

위원은 다음의 어느 하나에 해당하는 자격을 갖추어야 한다.

1. 판사·검사·변호사 또는 경찰의 직에 5년 이상 있었던 사람
2. 변호사 자격이 있는 사람으로서 국가기관등에서 법률에 관한 사무에 5년 이상 종사한 경력이 있는 사람
3. 대학이나 공인된 연구기관에서 법률학·행정학 또는 경찰학 분야의 조교수 이상의 직이나 이에 상당하는 직에 5년 이상 있었던 사람
4. 그 밖에 관할 지역주민 중에서 지방자치행정 또는 경찰행정 등의 분야에 경험이 풍부하고 학식과 덕망을 갖춘 사람

위원장은 위원 중에서 시 · 도지사가 임명하고, 상임위원은 위원회의 의결을 거쳐 위원 중에서 위원장의 제청으로 시 · 도지사가 임명한다. 이 경우 위원장과 상임위원은 지방자치단체의 공무원으로 한다.

위원은 정치적 중립을 지켜야 하며, 권한을 남용하여서는 아니 된다. 공무원이 아닌 위원에 대하여는 「지방공무원법」 제52조(비밀엄수의 의무), 제57조(정치운동의 금지)를 준용한다.

공무원이 아닌 위원은 그 소관사무와 관련하여 형법이나 그 밖의 법률에 따른 벌칙을 적용할 때에는 공무원으로 본다.

3) 위원의 결격사유

다음에 해당하는 사람은 위원이 될 수 없다. 위원이 다음의 어느 하나에 해당

하는 경우에는 당연퇴직한다.

1. 정당의 당원이거나 당적을 이탈한 날부터 3년이 지나지 아니한 사람
2. 선거에 의하여 취임하는 공직에 있거나 그 공직에서 퇴직한 날부터 3년이 지나지 아니한 사람
3. 경찰, 검찰, 국가정보원 직원 또는 군인의 직에 있거나 그 직에서 퇴직한 날부터 3년이 지나지 아니한 사람
4. 국가 및 지방자치단체의 공무원(국립 또는 공립대학의 조교수 이상의 직에 있는 사람)이거나 공무원이었던 사람으로서 퇴직한 날부터 3년이 지나지 아니한 사람. 다만, 위원장과 상임위원이 지방자치단체의 공무원이 된 경우에는 당연퇴직하지 아니한다.
5. 「지방공무원법」상 지방공무원 볕격사유에 해당하는 사람

4) 위원장의 직무

시·도자치경찰위원회 위원장은 위원회를 대표하고 회의를 주재하며, 자치경찰위원회의 의결을 거쳐 업무를 수행한다. 위원장이 부득이한 사유로 직무를 수행할 수 없을 때에는 상임위원, 위원 중 연장자순으로 그 직무를 대행한다.[40]

5) 위원의 임기 및 신분보장

위원장과 위원의 임기는 3년으로 하며, 연임(連任)할 수 없다. 보궐위원의 임기는 전임자 임기의 남은 기간으로 하되, 전임자의 남은 임기가 1년 미만인 경우 그 보궐위원은 1회에 한하여 연임할 수 있다.[41]

위원은 중대한 신체상 또는 정신상의 장애로 직무를 수행할 수 없게 된 경우를 제외하고는 그 의사에 반하여 면직되지 아니한다.

3. 위원회의 소관 사무

시·도자치경찰위원회의 소관 사무는 다음 각 호로 한다.[42] 위원회의 업무와 관련하여 시·도지사는 정치적 목적이나 개인적 이익을 위해 관여하여서는 아니

40 국가경찰과 자치경찰의 조직 및 운영에 관한 법률 제22조.

41 국가경찰과 자치경찰의 조직 및 운영에 관한 법률 제23조.

42 국가경찰과 자치경찰의 조직 및 운영에 관한 법률 제24조.

된다.

1. 자치경찰사무에 관한 목표의 수립 및 평가
2. 자치경찰사무에 관한 인사, 예산, 장비, 통신 등에 관한 주요정책 및 그 운영지원
3. 자치경찰사무 담당 공무원의 임용, 평가 및 인사위원회 운영
4. 자치경찰사무 담당 공무원의 부패 방지와 청렴도 향상에 관한 주요 정책 및 인권침해 또는 권한남용 소지가 있는 규칙, 제도, 정책, 관행 등의 개선
5. 제2조에 따른 시책 수립
6. 제28조 제2항에 따른 시·도경찰청장의 임용과 관련한 경찰청장과의 협의, 제30조 제4항에 따른 평가 및 결과 통보
7. 자치경찰사무 감사 및 감사의뢰
8. 자치경찰사무 담당 공무원의 주요 비위사건에 대한 감찰요구
9. 자치경찰사무 담당 공무원에 대한 징계요구
10. 자치경찰사무 담당 공무원의 고충심사 및 사기진작
11. 자치경찰사무와 관련된 중요사건·사고 및 현안의 점검
12. 자치경찰사무에 관한 규칙의 제정·개정 또는 폐지
13. 지방행정과 치안행정의 업무조정과 그 밖에 필요한 협의·조정
14. 제32조에 따른 비상사태 등 전국적 치안유지를 위한 경찰청장의 지휘·명령에 관한 사무
15. 국가경찰사무·자치경찰사무의 협력·조정과 관련하여 경찰청장과 협의
16. 국가경찰위원회에 대한 심의·조정 요청
17. 그 밖에 시·도지사, 시·도경찰청장이 중요하다고 인정하여 시·도자치경찰위원회의 회의에 부친 사항에 대한 심의·의결

시 · 도자치경찰위원회는 자치경찰사무에 대한 지휘 · 감독이 실시간으로 이루어질 수 있도록 미리 경찰청장과 협의하여 시 · 도경찰청장에게 위임되는 자치경찰사무 지휘 · 감독권의 범위 및 위임 절차 등을 시 · 도자치경찰위원회의 의결을 거쳐 정해야 한다.[43]

43 자치경찰사무와 시·도자치경찰위원회의 조직 및 운영 등에 관한 규정 제19조.

4. 시 · 도자치경찰위원회의 운영 등

1) 사무기구

시 · 도자치경찰위원회의 사무를 처리하기 위하여 시 · 도자치경찰위원회에 필요한 사무기구를 둔다. 사무기구에는 국가 경찰공무원을 두어야 한다.[44]

사무기구의 장은 시 · 도자치경찰위원회 위원장의 명을 받아 소관 사무를 처리하고 소속 직원을 지휘 · 감독한다.

2) 회의 진행

시 · 도자치경찰위원회의 회의는 정기적으로 개최하여야 한다.[45] 다만 위원장이 필요하다고 인정하는 경우, 위원 2인 이상이 요구하는 경우 및 시 · 도지사가 필요하다고 인정하는 경우에는 임시회의를 개최할 수 있다.

시 · 도자치경찰위원회는 회의 안건과 관련된 이해관계인이 있는 경우 그 의견을 듣거나 회의에 참석하게 할 수 있다. 위원회의 위원 중 공무원이 아닌 위원에게는 예산의 범위 안에서 직무활동에 필요한 비용 등을 지급할 수 있다.

시 · 도자치경찰위원회의 사무를 처리하기 위하여 위원회에 필요한 사무기구를 둔다. 사무기구에는 경찰공무원을 두어야 한다. 제주특별자치도 역시 같다.[46]

3) 심의 · 의결 절차

시 · 도자치경찰위원회는 그 사무에 대하여 심의 · 의결한다.[47] 위원회의 회의는 재적위원 과반수의 출석과 출석위원 과반수의 찬성으로 의결한다. 시 · 도지사는 의결이 적정하지 아니하다고 판단할 때에는 재의를 요구할 수 있다.

행정안전부장관은 위원회의 의결이 법령에 위반되거나 공익을 현저히 해친다고 판단되면 미리 경찰청장의 의견을 들어 국가경찰위원회를 거쳐 시 · 도지사에게 재의를 요구하게 할 수 있고, 경찰청장은 국가경찰위원회와 행정안전부장관을 거쳐 시 · 도지사에게 재의를 요구하게 할 수 있다.

---

44 국가경찰과 자치경찰의 조직 및 운영에 관한 법률 제27조.
45 국가경찰과 자치경찰의 조직 및 운영에 관한 법률 제26조.
46 국가경찰과 자치경찰의 조직 및 운영에 관한 법률 제27조.
47 국가경찰과 자치경찰의 조직 및 운영에 관한 법률 제25조.

위원회의 위원장은 재의요구를 받은 날부터 7일 이내에 회의를 소집하여 재의결하여야 한다. 이 경우 재적위원 과반수의 출석과 출석위원 3분의 2 이상의 찬성으로 이전과 같은 의결을 하면 그 의결사항은 확정된다.

5. 자치경찰정책협의체

국가경찰사무·자치경찰사무의 협력·조정 등과 관련하여 경찰청과 시·도자치경찰위원회 간의 효율적인 정책 협의를 위하여 자치경찰정책협의체를 둔다.[48]

정책협의체는 경찰청장과 각 시·도자치경찰위원회 위원장으로 구성하고, 다음의 사람이 공동으로 의장이 된다.

1. 경찰청장
2. 위원장협의회에서 정한 시·도자치경찰위원회 위원장

정책협의체의 회의는 정례회의와 수시회의로 구분하고, 정례회의는 반기별 1회 개최하는 것을 원칙으로 하며, 수시회의는 의장이 필요하다고 인정하는 경우 개최할 수 있다.

Ⅳ. 보통경찰집행기관

보통경찰집행기관은 국가경찰과 자치경찰의 조직 및 운영에 관한 법률 및 경찰관 직무집행법을 근거로 법집행을 행하는 경찰공무원을 말한다.

보통경찰집행기관은 경찰이 결정한 의사를 구체적으로 실현하는 기관으로서 공권력 행사 등 다양한 수단을 동원하여 경찰의사를 실현하는 경찰공무원을 말한다. 경찰공무원법 제3조는 경찰공무원은 순경, 경장, 경사, 경위, 경감, 경정, 총경, 경무관, 치안감, 치안정감, 치안총감 순의 계층제를 이룬다고 규정하였다.[49] 경찰집행기관인 경찰공무원은 제복을 착용하고, 무기를 휴대·사용할 수 있다.

형사소송법 제197조는 경무관, 총경, 경정, 경감, 경위는 사법경찰관으로서 범

---

48 자치경찰사무와 시·도자치경찰위원회의 조직 및 운영 등에 관한 규정 제21조.

49 경찰공무원법 제3조.

죄의 혐의가 있다고 사료하는 때에는 범인, 범죄사실과 증거를 수사하며, 경사, 경장, 순경은 사법경찰리로서 수사의 보조를 하여야 한다고 규정하고 있다.

검사와 사법경찰관은 수사, 공소제기 및 공소유지에 관하여 서로 협력하여야 한다.[50]

표 1-4 경찰청 공무원 정원표(경찰청과 그 소속기관 직제 시행규칙 제77조 제1항)

총계	1,999
경찰공무원계	1,222
치안총감	1
치안정감	2
치 안 감	11
경 무 관	6
총 경	57
경 정	157
경 감	391
경 위	379
경 사	178
경 장	32
순 경	12
일 반 직 계	665
소방공무원	4

표 1-5 경찰청 소속기관 공무원 정원표(경찰청과 그 소속기관 직제 시행규칙 제78조 제1항)

총계	134,390
경찰공무원 계	129,932
치안정감	5
치안감	19
경무관	77
총경	630
경정	3,081
경감	10,603
경위	17,052
경사	28,541
경장	31,332
순경	38,513
교육공무원 계	22
경찰대학 교수·부교수 또는 조교수	22
일반직 계	4,354
소방공무원	72

50 형사소송법 제195조.

제 2 절 특별경찰기관

Ⅰ. 특별경찰행정관청

특별경찰행정관청은 국가경찰과 자치경찰의 조직 및 운영에 관한 법률 상에서 그 조직과 임무를 부여한 것이 아니고 해양경찰법, 사법경찰관리의 직무를 수행할 자와 그 직무범위에 관한 법률 등 특별법에 의하여 각 주무부처장관이나 외청의 장, 특별행정기관의 장 등, 지방자치단체의 장이 경찰권을 행사하는 경우를 말한다.[51] 관련법령에 따라 국가의 주무부처장관의 경찰권이 자치단체의 장에게 위임될 수도 있다. 이 경우 위임한 범위 안에서 중앙부처의 장은 자치단체에 대한 지휘감독권을 행사할 수 있다.

특별행정관청에는 해양경찰작용의 해양경찰청장, 산림경찰작용의 산림청장, 보건경찰작용의 보건복지부장관, 영업경찰작용의 산업통상부장관, 식품의약품안전경찰의 식품의약품안전처장, 환경안전경찰작용의 환경부장관, 내국세경찰작용의 국세청장, 관세경찰작용의 관세청장, 여성가족부경찰작용의 여성가족부장관, 군사경찰에 관한 국방부장관 등 다양하다.

Ⅱ. 특별경찰집행기관

1. 해양경찰공무원

해양에서의 사람의 생명·신체 및 그 재산을 보호하고, 해양사고에 효율적으로 대응하기 위하여 해양수산부장관 소속으로 해양경찰청을 둔다.[52]

해양경찰청에 청장 1명과 차장 1명을 두되, 청장 및 차장은 경찰공무원으로 보한다. 청장은 치안총감으로, 차장은 치안정감으로 보한다. 모두 13,000여 명이 근무한다. 소속기관으로 지방해양경찰청(5), 해양경찰서(20), 서해5도특별경비단

51 홍정선, 「행정법원론(하)」, 박영사, 2018, p. 419.

52 정부조직법 제47조; 해양경찰법 제2조. 해양경찰청과 그 소속기관 직제 제1조－제38조. 대통령령 제36011호, 2025. 12. 31., 일부개정, 2026. 3. 31. 시행.

(1), 해양경찰교육원(1), 중앙해양특수구조단(1), 해양경찰정비창(1) 등이 있다. 소관법률로는 해양경찰법, 수상에서의 수색·구조 등에 관한 법률, 수상레저안전법, 해양경비법, 연안사고 예방에 관한 법 등이 있다.

표 1-6 해양경찰청 소속기관 공무원 정원표(해양경찰청과 그 소속기관 직제 제36조 제1항)

총계	13,145
경찰공무원 계	11,880
치안총감	1
치안정감	2
치안감	6
경무관	10
총경 이하	11,861
일반직 등 계	1,281

2. 군사경찰

군사경찰이란 군대의 군사경찰과, 즉 수사 및 교정업무 등을 주로 담당하는 병과에 소속된 장교·준사관·부사관·병(兵), 군사경찰부대에 소속되어 군사에 관한 경찰의 직무를 수행하는 군무원을 말한다.[53]

국방부장관은 군사경찰 직무의 최고 지휘자·감독자로서 군사경찰에 관한 정책을 총괄하기 위하여 국방부 소속으로 조사본부를 둔다.[54] 각 군 참모총장은 각 군 군사경찰 직무의 지휘자·감독자로서 각 군 소속 부대의 군사경찰 직무를 총괄하기 위하여 군사경찰실이나 군사경찰단을 둔다. 군사경찰부대가 설치되어 있는 부대의 장은 소관 군사경찰 직무를 관장하고 소속 군사경찰을 지휘·감독한다. 군사경찰인 병은 소속 군사경찰부대 간부(장교·준사관·부사관 및 군무원 등)의 지시를 받아 군사에 관한 경찰의 직무를 보조한다.

군사경찰의 사무는 구체적으로 다음과 같다.[55]

53 군사경찰의 직무수행에 관한 법률, 법률 제20641호, 2025. 1. 7., 일부개정, 2026. 1. 8. 시행.
54 군사경찰의 직무수행에 관한 법률 제5조 제2항－제5항.
55 군사경찰의 직무수행에 관한 법률 제5조.

1. 군사상 주요 인사(人士)와 시설에 대한 경호·경비 및 테러 대응
2. 군사상 교통·운항·항행 질서의 유지 및 위해의 방지
3. 군인 및 군무원의 범죄의 정보수집·예방·제지 및 수사
4. 「군에서의 형의 집행 및 군수용자의 처우에 관한 법률」에 따른 군수용자 관리
5. 군 범죄 피해자 보호
6. 경찰, 검찰과 상호 협력
7. 주한미군 및 외국군 군사경찰과 국제 협력
8. 그 밖에 군 기강 확립·질서 유지를 위한 활동

군사법경찰관은 다음에 해당하는 사람이다.[56]

1. 군사경찰과[57]의 장교, 준사관 및 부사관과 법령에 따라 범죄수사업무를 관장하는 부대에 소속된 군무원 중 국방부장관 또는 각 군 참모총장이 군사법경찰관으로 임명하는 사람
2. 군사안보지원부대[58]에 소속된 장교, 준사관 및 부사관과 군무원 중 국방부장관이 군사법경찰관으로 임명하는 사람
3. 검찰수사관

군사경찰의 직무는 원칙적으로 「군인사법」 및 「군무원인사법」의 적용을 받는 군인, 군무원에 대하여 적용한다. 그리고 일정한 경우 즉, 군사지역에 거주하거나 일시적으로 방문하는 민간인(외국인을 포함)에게 직무질문 및 동행요구[59] 및 범죄의 예방과 제지권[60]을 행사한다. 또한 간첩죄 등 특정한 범죄를 행한 내국인·외국인에게도 적용한다.

3. 소방공무원

소방공무원은 행정안전부 산하의 소방청 소속으로 소방기본법에 의해 화재를

56 군사법원법 제43조. 법률 제20736호, 2025. 8. 1., 일부개정, 2025. 8. 1. 시행.

57 군인사법 제5조 제2항에 따른 기본병과 중 수사 및 교정업무 등을 주로 담당하는 병과

58 국군조직법 제2조 제3항에 따라 설치된 부대 중 군사보안 업무 등을 수행하는 부대로서 국군조직 관련 법령으로 정하는 부대

59 군사경찰법 제7조.

60 군사경찰법 제8조.

예방·경계하거나 진압하고 화재, 재난·재해 그 밖의 위급한 상황에서의 구조·구급활동 등을 통하여 국민의 생명·신체 및 재산을 보호함으로써 공공의 안녕질서 유지와 복리증진에 이바지함을 목적으로 하는 공무원이다.[61]

소방공무원은 소방총감, 소방정감, 소방감, 소방정, 소방령, 소방경, 소방위, 소방장, 소방교, 소방사가 있다.[62]

소방공무원은 소방활동, 소방지원활동, 생활안전활동 등의 직무를 수행한다.

소방활동이란 화재진압과 인명구조·구급 등 소방에 필요한 활동을 말한다. 누구든지 정당한 사유 없이 출동한 소방대의 소방활동을 방해하여서는 아니 된다.[63]

소방공무원은 공공의 안녕질서 유지 또는 복리증진을 위하여 필요한 경우 소방지원활동을 할 수 있다.[64] 소방지원활동은 소방활동 수행에 지장을 주지 아니하는 범위에서 할 수 있다. 요청에 따른 소방지원활동인 경우 필요한 비용은 요청기관 등과 협의하여 청구할 수 있다.

1. 산불에 대한 예방·진압 등 지원활동
2. 자연재해에 따른 급수·배수 및 제설 등 지원활동
3. 집회·공연 등 각종 행사 시 사고에 대비한 근접대기 등 지원활동
4. 화재, 재난·재해로 인한 피해복구 지원활동
5. 그 밖에 행정안전부령으로 정하는 활동

소방공무원은 신고가 접수된 생활안전 및 위험제거 활동을 하여야 한다.[65] 누구든지 정당한 사유 없이 출동하는 소방대의 생활안전활동을 방해하여서는 아니 된다.

---

61 소방공무원법 제1조, 법률 제20411호, 2024. 3. 26., 일부개정, 2024. 8. 14. 시행.

62 소방기본법 제1조. 법률 제20650호, 2025. 1. 7., 일부개정, 2026. 1. 1. 시행 및 소방공무원법 제3조. 정부조직법 제37조.

63 소방기본법 제16조.

64 소방기본법 제16조의2.

65 소방기본법 제16조의3.

1. 붕괴, 낙하 등이 우려되는 고드름, 나무, 위험 구조물 등의 제거활동
2. 위해동물, 벌 등의 포획 및 퇴치 활동
3. 끼임, 고립 등에 따른 위험제거 및 구출 활동
4. 단전사고 시 비상전원 또는 조명의 공급
5. 그 밖에 방치하면 급박해질 우려가 있는 위험을 예방하기 위한 활동

4. 청원경찰

청원경찰이란 청원경찰법에 의해 국가기관 또는 공공단체와 그 관리하에 있는 중요시설 또는 사업장, 국내주재 외국기관, 기타 행정안전부령으로 정하는 중요시설·사업장 또는 장소에서 기관·시설 또는 사업장 등의 경비를 담당하기 위하여 배치하는 경찰을 말한다.[66]

청원경찰은 관할 경찰서장의 감독을 받아 그 경비구역 내에서 경찰관 직무집행법에 의한 경찰관의 직무를 행한다. 청원경찰은 형법 및 기타 법령에 의한 벌칙의 적용에 있어서는 공무원으로 본다.[67]

청원경찰을 배치받으려는 자는 관할 경찰서장에게 청원경찰 배치를 신청하여야 한다. 또한 경찰서장은 청원경찰 배치가 필요하다고 인정하는 기관의 장 또는 시설·사업장의 경영자에게 청원경찰을 배치할 것을 요청할 수 있다.[68]

청원경찰은 청원주가 임용하되, 임용을 할 때에는 미리 경찰서장의 승인을 받아야 한다.

청원경찰 사무는 경찰청 경비국장의 업무영역에 속한다.[69]

5. 경비원

경비원이란 경비업자가 채용한 자로서 경비업무를 수행하는 자를 말한다.[70]

---

66 청원경찰법 제2조－제5조, 제10조의3, 청원경찰법 시행령 제20조.

67 청원경찰법 제10조. 법률 제19033호, 2022. 11. 15., 타법개정, 2022. 11. 15. 시행.

68 청원경찰법 제4조, 청원경찰법 시행령 제20조. 대통령령 제35458호, 2025. 4. 22., 일부개정, 2025. 4. 22. 시행.

69 경찰청과 그 소속기관 직제 제13조.

70 경비업법 제2조, 법률 제20645호, 2025. 1. 7., 일부개정, 2026. 1. 8. 시행.

경비법인은 경비업법에 의해 경비업무를 특정하여 그 법인 주사무소의 소재지를 관할하는 지방경찰청장의 허가를 받아 시설경비,[71] 호송경비업무,[72] 신변보호업무,[73] 기계경비업무,[74] 특수경비업무,[75] 혼잡·교통유도경비업무[76] 등을 행할 수 있다.

경비업 관련 사무는 경찰청 범죄예방대응국장의 업무영역에 속한다.[77]

Ⅲ. 특별사법경찰집행기관

특별사법경찰은 형사소송법 및 사법경찰관리의 직무를 수행할 자와 그 직무범위에 관한 법률에 근거하여 다양한 행정부서에 설치된다. 협의의 행정경찰이라고 할 수 있다.[78]

형사소송법 제245조의10은 "삼림, 해사, 전매, 세무, 군수사기관 기타 특별한 사항에 관하여 사법경찰관리의 직무를 행할 자와 그 직무의 범위는 법률로써 정한다"고 함으로써 특별사법경찰관리의 임용근거를 제시하였다.[79] 이를 바탕으로

---

71 경비를 필요로 하는 시설 및 장소(경비대상시설)에서의 도난·화재 그 밖의 혼잡 등으로 인한 위험발생을 방지하는 업무

72 운반중에 있는 현금·유가증권·귀금속·상품 그 밖의 물건에 대하여 도난·화재 등 위험발생을 방지하는 업무

73 사람의 생명이나 신체에 대한 위해의 발생을 방지하고 그 신변을 보호하는 업무

74 경비대상시설에 설치한 기기에 의하여 감지·송신된 정보를 그 경비대상시설외의 장소에 설치한 관제시설의 기기로 수신하여 도난·화재 등 위험발생을 방지하는 업무

75 공항(항공기 포함) 등 대통령령이 정하는 국가중요시설의 경비 및 도난·화재 그 밖의 위험발생을 방지하는 업무

76 도로에 접속한 공사현장 및 사람과 차량의 통행에 위험이 있는 장소 또는 도로를 점유하는 행사장 등에서 교통사고나 그 밖의 혼잡 등으로 인한 위험발생을 방지하는 업무

77 경찰청과 그 소속기관 직제 제10조의3.

78 사법경찰관리의 직무를 수행할 자와 그 직무범위에 관한 법률(약칭: 사법경찰직무법), 법률 제21066호, 2025. 10. 1., 일부개정, 2025. 10. 1. 시행.

79 **형사소송법 제245조의10**(특별사법경찰관리) ① 삼림, 해사, 전매, 세무, 군수사기관 기타 특별한 사항에 관하여 사법경찰관리의 직무를 행할 특별사법경찰관리와 그 직무의 범위는 법률로 정한다.
② 특별사법경찰관은 모든 수사에 관하여 검사의 지휘를 받는다.
③ 특별사법경찰관은 범죄의 혐의가 있다고 인식하는 때에는 범인, 범죄사실과 증거에 관하여 수사를 개시·진행하여야 한다.
④ 특별사법경찰관리는 검사의 지휘가 있는 때에는 이에 따라야 한다. 검사의 지휘에 관한 구체

사법경찰관리의 직무를 수행할 자와 그 직무범위에 관한 법률 제3조부터 제5조에서 산림청, 교도소 등 53개 행정부서에 근무하는 공무원 중 일부를 사법경찰관리로 지정하여 사법경찰권을 행사할 수 있도록 규정하였다.

표 1-7 사법경찰법상 사법경찰관(리)

1. 교도소·소년교도소·구치소 또는 그 지소(支所)의 장
2. 소년원 또는 그 분원(分院)의 장이나 소년분류심사원 또는 그 지원(支院)의 장
3. 보호감호소·치료감호시설 또는 그 지소의 장
4. 교정시설 순회점검 업무에 종사하는 국가공무원: 4급부터 7급 국가공무원(사법경찰관), 8급, 9급 국가공무원(사법경찰리)
5. 출입국관리 업무에 종사하는 국가공무원: 4급부터 7급 국가공무원(사법경찰관), 8급, 9급 국가공무원(사법경찰리)
6. 보호관찰소 또는 그 지소의 장
7. 근로감독관
8. 선장과 해원 등
9. 항공기장과 승무원
10. 제주자치경찰공무원

표 1-8 사법경찰법상 소속기관장등 추천, 관할 지방검찰청 검사장이 지명하는 사법경찰관(리)

1. 산림 보호에 종사하는 공무원: 소속 기관장 추천
2. 국립공원공단 임직원: 국립공단 이사장 추천
3. 금융감독원 직원: 금융위원회위원장 추천

표 1-9 사법경찰법상 관할 지방검찰청 검사장이 지명하는 사법경찰관(리)

1. 교도소·소년교도소·구치소 또는 그 지소의 장이 아닌 4~9급까지의 국가공무원
2. 지방교정청에 근무하는 4~9급까지의 국가공무원
3. 소년원 또는 그 분원의 장이나 소년분류심사원 또는 그 지원의 장이 아닌 4~9급까지의 국가공무원
4. 보호감호소·치료감호시설 또는 그 지소의 장이 아닌 4~9급까지의 국가공무원
5. 산림청과 그 소속 기관(산림항공관리소는 제외에 근무하며 산림 보호·경영 사무 및 목재제품 규격·품질 단속사무에 종사하는 4~9급까지의 국가공무원

적 사항은 법무부령으로 정한다.
⑤ 특별사법경찰관은 범죄를 수사한 때에는 지체 없이 검사에게 사건을 송치하고, 관계 서류와 증거물을 송부하여야 한다.
⑥ 특별사법경찰관리에 대하여는 제197조의2부터 제197조의4까지, 제221조의5, 제245조의5부터 제245조의8까지의 규정을 적용하지 아니한다.

6. 특별시 · 광역시 · 도에 근무하며 산림 보호와 국유림 경영 사무 및 목재제품 규격 · 품질 단속사무에 종사하는 4~9급까지의 국가공무원 또는 지방공무원
7. 시 · 군 · 구 또는 읍 · 면에 근무하며 산림 보호 사무 및 목재제품 규격 · 품질 단속사무에 종사하는 6급부터 9급까지의 국가공무원 및 4~9급까지의 지방공무원
8. 식품의약품안전처, 자치단체에서 식품 단속사무에 종사하는 4~9급까지의 국가, 지방공무원
9. 식품의약품안전처와 그 소속 기관, 자치단체의 의약품 · 화장품 의료기기 단속사무에 종사하는 4급까지의 국가, 지방공무원
10. 등대에서 근무하며 등대 사무에 종사하는 6급부터 9급까지의 국가공무원
11. 국토교통부와 그 소속 기관의 철도공안 사무에 종사하는 4~9급까지의 국가공무원
12. 소방준감이나 지방소방준감 이하의 소방공무원
13. 국립학교에 근무하며 그 학교의 실습림 및 관리림의 보호 사무에 종사하는 6급부터 9급까지의 국가공무원
14. 국가유산청과 그 사무소 · 지구관리사무소와 출장소 · 현충사관리소 · 칠백의총(七百義塚)관리소 · 세종대왕유적관리소 또는 자치단체에서 문화재의 보호 사무에 종사하는 4~9급까지의 국가, 지방공무원
15. 「계량에 관한 법률」에 따른 계량검사공무원
16. 「자연공원법」 제34조에 따라 공원관리청의 공원관리 업무에 종사하는 4~9급까지의 국가, 지방공무원
17. 「관세법」에 따라 관세범(關稅犯)의 조사 업무에 종사하는 세관공무원
18. 「수산업법」에 따른 어업감독 공무원
19. 「광산안전법」에 따른 광산안전관
20. 국가보훈처와 그 소속 기관의 공무원
21. 보건복지부와 그 소속 기관, 특별시 · 광역시 · 도 및 시 · 군 · 구에 근무하며 다음 각 목에 규정된 사무에 종사하는 4급부터 9급까지의 국가공무원 및 지방공무원
    가. 「공중위생관리법」에 규정된 공중위생에 관한 단속 사무
    나. 「의료법」에 규정된 의료에 관한 단속 사무
    다. 「정신건강증진 및 정신질환자 복지서비스 지원에 관한 법률」에 규정된 정신건강증진시설 입 · 퇴원 또는 입 · 퇴소, 시설 내 인권침해 및 시설운영에 관한 단속 사무
    라. 「사회복지사업법」에 규정된 사회복지법인, 사회복지시설 및 보조금에 관한 단속 사무
22. 「검역법」에 따른 검역공무원 또는 「감염병의 예방 및 관리에 관한 법률」에 따른 방역관 또는 역학조사관
23. 기후에너지부, 자치단체의 환경 관계 단속사무에 종사하는 4~9급까지의 국가, 지방공무원
24. 과학기술정보통신부와 그 소속 기관 및 방송미디어통신위원회에 근무하며 무선설비 · 전자파장해기기 · 전기통신설비 · 전기통신기자재 · 감청설비 및 영리목적의 광고성 정보에 관한 단속사무에 종사하는 4~9급까지의 국가공무원
25. 지방국토관리청 · 국도관리사무소, 특별시 · 광역시 · 도 및 그 산하 건설사업소 또는 도로관리사업소 및 시 · 군 · 구에 근무하며 차량운행제한 단속사무 및 도로시설 관리 사무에 종사하는 4~9급까지의 국가, 지방공무원
26. 문화체육관광부, 자치단체에서 관광지도 업무에 종사하는 4~9급까지의 국가, 지방공무원
27. 문화체육관광부, 자치단체의 저작권침해 단속사무에 종사하는 4~9급까지의 국가, 지방공무원
28. 성평등가족부, 자치단체에서 청소년보호 업무에 종사하는 4~9급까지의 국가, 지방공무원
29. 농림축산식품부와 그 소속 기관, 해양수산부와 그 소속기관, 식품의약품안전처, 자치단체에서 다음

각 목에 규정된 사무에 종사하는 4~9급까지의 국가, 지방공무원

가. 「농수산물의 원산지 표시 등에 관한 법률」에 규정된 원산지 표시 등에 관한 단속사무

나. 「농수산물 품질관리법」에 규정된 농수산물에 관한 단속사무

다. 「친환경농어업 육성 및 유기식품 등의 관리 · 지원에 관한 법률」에 규정된 친환경농산물에 관한 단속사무

라. 「축산물위생관리법」에 규정된 축산물에 관한 단속사무

마. 「인삼산업법」에 규정된 인삼에 관한 단속사무

바. 「양곡관리법」에 규정된 양곡에 관한 단속사무

30. 산업통상자원부, 자치단체에서 「대외무역법」상 원산지표시에 관한 단속사무에 종사하는 4~9급까지의 국가, 지방공무원

31. 산업통상자원부, 특별시 · 광역시 · 도에 근무하며 외화 획득용 원료 · 기재의 수입 및 사용목적 변경 승인 업무에 종사하는 4~9급까지의 국가, 지방공무원

32. 농촌진흥청, 농업과학기술원, 자치단체에서 농약 및 비료 단속사무에 종사하는 4~9급까지의 국가, 지방공무원

33. 국토교통부, 자치단체에서 하천 감시 사무에 종사하는 4~9급까지의 국가, 지방공무원

34. 국토교통부, 자치단체에서 개발제한구역 단속사무에 종사하는 4~9급까지의 국가, 지방공무원

35. 농림축산식품부, 국립수의과학검역원과 그 지원, 자치단체에서 「가축전염병예방법」에 따라 가축방역관이나 검역관으로 임명된 4~9급까지의 국가, 지방공무원

36. 자치단체에서 무등록자동차정비업, 자동차 소유권 이전등록 미신청, 자동차 무단방치 및 의무보험 미가입 자동차 운행에 관한 단속사무에 종사하는 5급부터 9급까지의 지방공무원

37. 해양수산부와 그 소속 기관, 광역시 · 도 및 시 · 군 · 구에 근무하며 해양환경 관련 단속사무에 종사하는 4~9급까지의 국가, 지방공무원

38. 특허청, 자치단체에서 부정경쟁행위, 상표권 · 전용사용권 침해에 관한 단속사무에 종사하는 4~9급까지의 국가, 지방공무원

38의2. 특허청에 근무하며 특허권 · 전용실시권 침해, 부정경쟁행위, 영업비밀의 취득 · 사용 · 누설 및 디자인권 · 전용실시권 침해에 관한 단속 사무에 종사하는 4급부터 9급까지의 국가공무원

39. 자치단체에서 여객자동차 운수사업 및 화물자동차 운수사업의 단속사무에 종사하는 4~9급까지의 지방공무원

40. 「도시공원 및 녹지 등에 관한 법률」 제20조에 따른 공원관리청의 도시공원 관리업무에 종사하는 4~9급까지의 지방공무원

41. 병무청과 그 소속 기관에 근무하며 「병역법」에 규정된 병역 기피 · 감면 목적의 신체손상이나 속임수를 쓴 행위에 관한 단속사무와 징병검사 또는 신체검사 사무에 종사하는 4~9급까지의 국가공무원

42. 농림축산식품부와 그 소속 기관, 산림청, 자치단체에서 「종자산업법」 및 「식물신품종 보호법」에 규정된 품종보호권 침해행위의 조사 사무 및 종자의 유통 조사 등에 관한 사무에 종사하는 4~9급까지의 국가, 지방공무원

42의2. 「동물보호법」 제40조 제1항에 따른 동물보호감시원

43. 행정안전부와 그 소속 기관, 자치단체에서 「재난 및 안전관리 기본법」 제30조에 따른 긴급안전점검 업무에 종사하는 4~9급까지의 국가, 지방공무원

44. 산업통상자원부, 자치단체의 석유, 석유대체연료 관련 검사 · 단속 등에 관한 사무에 종사하는 4~9급까지의 국가, 지방공무원

45. 자치단체에서 대부업 및 대부중개업의 검사·단속 등에 관한 사무에 종사하는 4~9급까지의 지방공무원
46. 자치단체에서 방문판매, 전화권유판매, 다단계판매, 후원방문판매, 계속거래 및 사업권유거래 관련 조사·단속 등에 관한 사무에 종사하는 4~9급까지의 지방공무원
47. 자치단체에서 선불식 할부거래업의 조사·단속 등에 관한 사무에 종사하는 4~9급까지의 지방공무원
48. 「수산생물질병 관리법」상 수산생물방역관 및 수산생물검역관
49. 금융위원회에 근무하며 자본시장 불공정거래 조사·단속 등에 관한 사무에 종사하는 4~9급까지의 국가공무원
50. 원자력안전위원회와 그 소속기관에 근무하며 원자력안전관리와 관련된 조사·단속 등에 관한 사무에 종사하는 4급부터 9급까지의 국가공무원
51. 고용노동부와 그 소속 기관에 근무하며 「고용보험법」에 따른 실업급여, 육아휴직 급여, 출산전후휴가 급여등의 부정수급에 관한 사무에 종사하거나 「근로자직업능력 개발법」에 따른 직업능력개발 훈련비용·훈련수당 등의 부정수급에 관한 사무에 종사하는 4급부터 9급까지의 국가공무원
52. 국토교통부와 그 소속 기관, 특별시·광역시·도 및 시·군·구에 근무하며 「시설물의 안전 및 유지관리에 관한 특별법」 제13조에 따른 긴급안전점검 업무에 종사하는 4급부터 9급까지의 국가공무원 및 지방공무원
53. 국토교통부, 특별시·광역시·도 및 시·군·구에 근무하며 부동산 관련 불법행위 조사·단속 등에 관한 사무에 종사하는 4급부터 9급까지의 국가공무원 및 지방공무원

제 3 절 비상경찰기관

전국 또는 일부 지역에 비상사태가 발생하여 보통경찰기관으로는 공공의 안녕과 질서를 유지할 수 없다고 인정되는 경우에 병력으로써 이를 대체하게 된다. 계엄법은 계엄 관련 세부 사항을 규정하고 있다.[80]

헌법 제77조는 대통령은 전시·사변 또는 이에 준하는 국가비상사태에 있어서 병력으로써 군사상의 필요에 응하거나 공공의 안녕과 질서를 유지할 필요가 있을 때에는 계엄을 선포할 수 있다고 규정하였다. 계엄은 비상계엄과 경비계엄으로 구분한다.

비상계엄은 전시·사변 또는 이에 준하는 비상사태에 있어서 적과 교전상태에 있거나 질서가 극도로 교란되어 행정·사법기능의 수행이 곤란한 경우에 군사상의 필요에 응하거나 공공의 안녕·질서를 유지하기 위해 선포한다.[81] 비상

80 계엄법 법률 제20993호, 2025. 7. 22., 일부개정, 2025. 7. 22. 시행.

81 계엄법 제2조 제2항.

계엄의 선포와 동시에 계엄사령관은 계엄지역 내의 모든 행정사무와 사법사무를 관장한다.[82]

대통령은 계엄의 종류, 시행지역 또는 계엄사령관을 변경할 수 있다.

대통령이 계엄을 선포하거나 변경하고자 할 때에는 국무회의의 심의를 거쳐야 한다. 이 경우 국무회의의 일시·장소, 출석자의 수 및 성명, 발언 내용 등을 기록한 회의록을 즉시 작성하여야 한다.[83]

경비계엄은 대통령이 전시·사변 또는 이에 준하는 비상사태에 있어서 질서가 교란되어 일반행정기관만으로는 치안을 확보할 수 없는 지역에서 선포한다.[84] 경비계엄의 선포와 동시에 계엄사령관은 계엄지역 내의 군사에 관한 행정사무와 사법사무를 관장한다.[85]

대통령이 계엄을 선포하였을 때에는 지체없이 국회에 통고하여야 한다. 통고할 때에는 국무회의시 작성된 회의록을 국회에 제출하여야 한다.[86]

누구든지 계엄 선포 이후 국회의원 및 국회 소속 공무원의 국회 경내(국회 청사 외곽 경계의 안쪽) 출입 및 회의를 방해하여서는 아니 된다.[87]

계엄 시행 중 국회의원은 현행범인인 경우를 제외하고는 체포 또는 구금되지 아니한다.[88]

국회가 계엄 해제를 요구하기 위하여 본회의를 개의하는 경우 현행범인 국회의원을 체포 또는 구금하고 있는 행정기관 등은 국회의원이 해당 안건을 심의하기 위한 본회의에 출석할 수 있도록 조치하여야 한다.[89]

계엄 시행 중에 국회의 권한 행사를 보장하기 위하여 계엄사령관의 지휘·감독을 받는 군인, 경찰 및 정보·보안기관 직원 등은 국회 경내에 출입할 수 없다. 다만, 국회의장이 요청하거나 허가한 경우에는 그러하지 아니하다.[90]

82 계엄법 제7조 제1항.
83 계엄법 제2조 제4항–제5항.
84 계엄법 제2조 제3항.
85 계엄법 제7조 제2항.
86 계엄법 제4조 제1항.
87 계엄법 제11조의2.
88 계엄법 제13조.
89 계엄법 제13조 제2항.

계엄사령관은 현역 장관급(將官級) 장교 중에서 국방부장관이 추천한 사람을 국무회의의 심의를 거쳐 대통령이 임명한다.

계엄사령관의 계엄업무를 시행하기 위하여 계엄사령부를 둔다. 이 경우 계엄사령관은 계엄사령부의 장이 된다. 계엄의 시행에 관하여 계엄사령관은 국방부장관의 지휘·감독을 받지만, 전국을 계엄지역으로 하는 경우와 대통령이 직접 지휘·감독을 할 필요가 있는 경우에는 대통령의 지휘·감독을 받는다.

계엄지역의 행정기관(정보 및 보안 업무를 관장하는 기관을 포함) 및 사법기관은 지체없이 계엄사령관의 지휘·감독을 받아야 한다.[91]

비상계엄지역에서 계엄사령관은 군사상 필요할 때에는 체포·구금(拘禁)·압수·수색·언론·출판·집회·결사 또는 단체행동에 대하여 특별한 조치를 할 수 있다. 이 경우 계엄사령관은 그 조치내용을 미리 공고하여야 한다.[92]

비상계엄지역에서 계엄사령관은 법률에서 정하는 바에 따라 동원(動員) 또는 징발을 할 수 있으며, 필요한 경우에는 군수(軍需)로 제공할 물품의 조사·등록과 반출금지를 명할 수 있다.

비상계엄지역에서 계엄사령관은 작전상 부득이한 경우에는 국민의 재산을 파괴 또는 소각(燒却)할 수 있다. 계엄사령관이 국민의 재산을 파괴 또는 소각하려는 경우에는 미리 그 사유, 지역, 대상 등 필요한 사항을 그 재산의 소재지를 관할하는 행정기관과 그 재산의 소유자, 점유자 또는 관리자에게 통보하거나 공고하여야 한다. 이때 발생한 손실에 대하여는 정당한 보상을 하여야 한다. 다만, 그 손실이 교전 상태에서 발생한 경우에는 그러하지 아니하다.

90 계엄법 제13조의2.

91 계엄법 제8조–제9조의3.

92 계엄법 제9조.

제 2 장

경찰기관의 권한

제 1 절 경찰기관의 권한

경찰의 권한이란 경찰권이 미치는 영역을 말하며 그 대상에 따라 사물권한과 인적권한, 그리고 지역권한으로 분류된다.[1] 경찰의 권한은 경찰의 관할이라고도 한다.

Ⅰ. 사물권한

경찰의 사물권한이란 경찰의 사무내용의 범위를 말하며, 경찰법과 경찰관 직무집행법상 경찰의 임무 또는 직무를 말한다. 경찰의 업무관할이라고도 한다. 즉 국민의 생명·신체 및 재산의 보호, 범죄의 예방·진압 및 수사, 범죄피해자 보호, 경비·요인경호 및 대간첩·대테러 작전 수행, 치안정보의 수집·작성 및 배포, 교통의 단속과 위해의 방지, 외국 정부기관 및 국제기구와의 국제협력, 그 밖의 공공의 안녕과 질서유지 등이 경찰의 사물권한이다.[2] 사물권한을 벗어난 경찰권의 행사는 위법이다.

특히 형사소송법 및 사법경찰관리의 직무를 수행할 자와 그 직무범위에 관한 법률의 규정에 의거, 국가정보원직원·군사경찰·교도소장·근로감독관·산림보호종사원·선장 등도 관할구역 내에서 사법경찰권을 가지고 있으므로 이들과의 공조도 유지되어야 한다.

1 홍정선, 「신행정법특강」, 박영사, 2020, pp. 766－767, 박균성·김재광, 「경찰행정법」, 박영사, 2022, pp. 137－138.

2 경찰법 제3조, 경찰관직무집행법 제2조.

경찰의 임무는 궁극적으로 공공의 안녕과 질서유지에 귀결되며, 이를 위한 권력적 작용 및 서비스작용을 모두 포함한다.

Ⅱ. 인적권한

경찰권의 인적 적용대상을 말하며 경찰권은 원칙적으로 모든 사람에게 적용된다. 헌법상 대통령과 국회의원에 대해, 그리고 국제법적으로는 외교사절과 주한 미군에 대해서는 일정한 제한이 있다.

헌법 제84조는 대통령에 대한 형사소추 면책특권을 규정하고 있다. 즉 "대통령은 내란 또는 외환의 죄를 범한 경우를 제외하고는 재직중 형사상의 소추를 받지 아니한다"고 규정함으로써 경찰권 작용을 배제하고 있다.

또한 헌법 제44조는 국회의원에 대한 회기중 불체포특권을 규정하고 있다. 즉 "① 국회의원은 현행범인인 경우를 제외하고는 회기중 국회의 동의없이 체포 또는 구금되지 아니한다. ② 국회의원이 회기전에 체포 또는 구금된 때에는 현행범인이 아닌 한 국회의 요구가 있으면 회기중 석방된다"고 하여 국회의원에 대한 경찰작용을 제한하고 있다. 이어 제45조는 국회의원의 면책특권을 규정하고 있다. 즉, "국회의원은 국회에서 직무상 행한 발언과 표결에 관하여 국회 외에서 책임을 지지 아니한다"고 하여 국회의원의 면책특권을 인정하고 있다.

외교관계에 관한 비엔나 협약[3]에 의하여 외교관 등에 대한 경찰권 행사가 제한된다.

외교관계에 관한 비엔나 협약 제31조

1. 외교관은 접수국의 형사재판 관할권으로부터의 면제를 향유한다. 외교관은 또한, 접수국의 민사 및 행정재판 관할권으로부터의 면제를 향유한다.
   다만, 접수국의 영역내에 있는 개인부동산, 개인상속 및 접수국에서 공적직무 이외로 행한 직업적 또는 상업적 활동에 관한 소송은 제외한다.

---

3 외교관계에 관한 비엔나 협약(Vienna Convention on Diplomatic Relations. Vienna, 18 April 1961)

2. 외교관은 증인으로서 증언을 행할 의무를 지지 아니한다.
3. 본조 제1항 예외사유에 해당되는 경우를 제외하고는, 외교관에 대하여 여하한 강제 집행조치도 취할 수 없다. 전기의 강제 집행조치는 외교관의 신체나 주거의 불가침을 침해하지 않는 경우에 취할 수 있다.
4. 접수국의 재판관할권으로부터 외교관을 면제하는 것은 파견국의 재판관할권으로부터 외교관을 면제하는 것은 아니다.

또한 주한미군지위협정(SOFA)[4]에 준해 주한 미군의 구성원, 군속 및 그 사람들의 가족에 대하여 경찰권 행사가 제한된다.

Ⅲ. 지역권한

1. 의 의

경찰권이 발동될 수 있는 지역적 범위를 지역권한이라고 한다. 경찰의 지역관할이라고도 한다. 경찰권은 대한민국의 영역 내에 모두 적용됨이 원칙이다. 그러나 이 경우에도 다른 행정관청이나 기관 또는 국제법적 근거에 의거 일정한 한계가 있다.

2. 예 외

1) 해 양

원칙적으로 경찰은 육상에서의 경찰사무를 관할하며, 해양에서의 경찰사무는 해양수산부 소속의 해양경찰청이 그 관할권을 가진다.[5]

4 대한민국과 아메리카 합중국 간의 상호방위조약 제4조에 의한 시설과 구역 및 대한민국에서의 아메리카 합중국 군대의 지위에 관한 협정(大韓民國과 아메리카 合衆國間의 相互防衛條約 第4條에 依한 施設과 區域 및 大韓民國에서의 아메리카 合衆國 軍隊의 地位에 關한 協定; Agreement under Article 4 of the Mutual Defence Treaty between the Republic of Korea and the United States of America, Regarding Facilities and Areas and the Status of United States Armed Forces in the Republic of Korea) 또는 약칭으로 한미 SOFA(Status of Forces Agreement).

5 해양경찰법 제14조.

1. 해양에서의 수색·구조·연안안전관리 및 선박교통관제와 경호·경비·대테러작전에 관한 직무를 수행
2. 해양에서 공공의 안녕과 질서유지를 위하여 해양관련 범죄의 예방·진압·수사와 치안정보의 수집·작성·배포에 관한 직무를 수행한다.
3. 해양오염 방제 및 예방활동에 관한 직무를 수행한다.
4. 직무와 관련된 외국 정부기관 및 국제기구와 협력하여야 한다.

2) 국유철도, 광역철도

정부조직법[6] 및 국토교통부와 그 소속기관 직제에 의하여 철도특별사법경찰대가 다음의 경찰업무를 수행한다.[7]

1. 철도역 구내 및 열차 내부의 치안유지
2. 철도범죄의 수사, 사건 송치 등 사법경찰관리의 직무 수행
3. 즉결심판 청구 및 피의자 호송과 대기실 관리
4. 경찰청 및 철도공사와의 업무협정 체결·운용
5. 범죄에 대한 정보수집과 다른 기관과의 수사협조
6. 지방철도경찰대 및 철도경찰대센터에 대한 지도·감독
7. 철도특별사법경찰관의 대테러 예방업무에 관한 사항

국가철도공단 소유의 국유철도, 광역철도는 철도특별사법경찰대에서 담당하며, 서울 및 부산, 인천, 대구, 광주 등 도시철도 구간은 각 시·도경찰청(지하철경찰대)의 관할이다.

6 정부조직법 제42조(국토교통부) 국토교통부장관은 국토종합계획의 수립·조정, 국토의 보전·이용 및 개발, 도시·도로 및 주택의 건설, 해안 및 간척, 육운·철도 및 항공에 관한 사무를 관장한다.

7 국토교통부와 그 소속기관 직제 제2조, 제38조, 대통령령 제35959호, 2025. 12. 30., 일부개정, 2025. 12. 30. 시행.; 사법경찰관리의 직무를 수행할 자와 그 직무범위에 관한 법률 제5조 제11호.

그림 2-1 철도특별사법경찰대 조직도

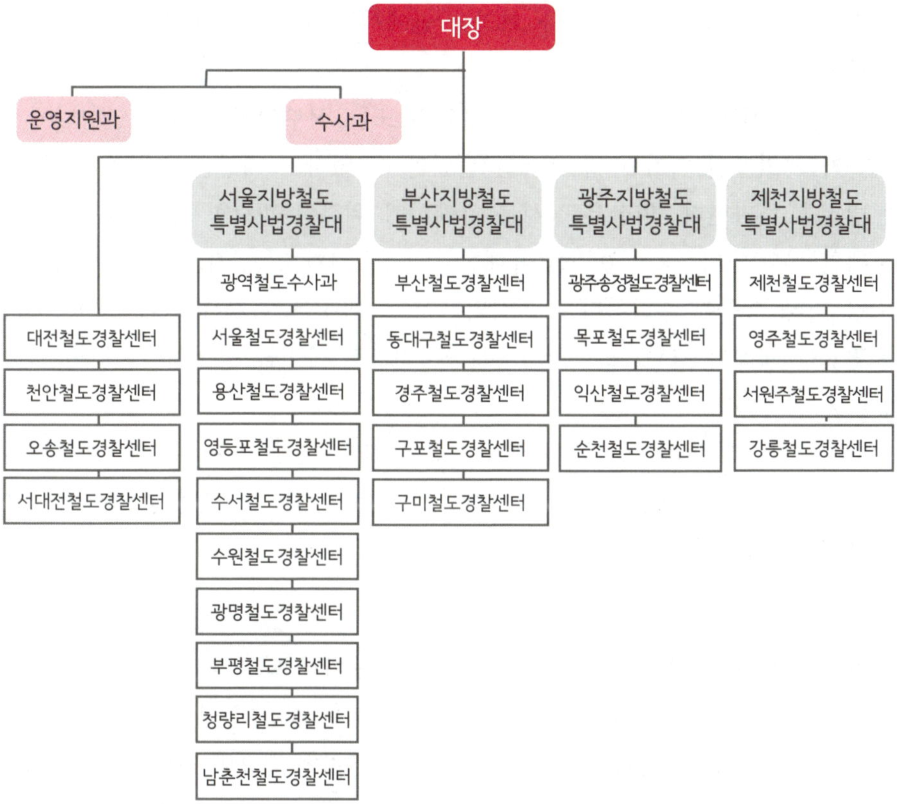

자료: 철도특별사법경찰대, http://police.molit.go.kr/

3) 국 회

국회법에 따라 국회의장은 회기 중 국회의 질서를 유지하기 위하여 국회 안에서 경호권을 행사한다.[8] 국회의 경호를 위하여 국회에 경위를 둔다. 의장은 국회의 경호를 위하여 필요한 때에는 국회운영위원회의 동의를 얻어 일정한 기간을 정하여 정부에 대하여 필요한 경찰공무원의 파견을 요구할 수 있다. 경위와 파견된 경찰공무원은 의장의 지휘를 받아 경위는 회의장 건물 안에서, 경찰공무원

8 국회법 제143조－제144조, 법률 제21067호, 2025. 10. 1., 일부개정, 2026. 1. 2. 시행.

은 회의장 건물 밖에서 경호한다.[9]

경위나 경찰공무원은 국회 안에 현행범인이 있을 때에는 체포한 후 국회의장의 지시를 받아야 한다. 그러나 회의장 안에서는 국회의장의 명령없이 의원을 체포할 수 없다.[10]

회의장 안에는 의원·국무총리·국무위원 또는 정부위원 기타 의안심의에 필요한 자와 의장이 허가한 자 외에는 출입할 수 없다.[11] 의장은 방청권을 발행하여 방청을 허가한다. 의장은 질서를 유지하기 위하여 필요한 때에는 방청인 수를 제한할 수 있다. 또한 흉기를 휴대한 자, 음주기가 있는 자, 정신에 이상이 있는 자 기타 행동이 수상하다고 인정되는 자는 방청을 허가하지 아니한다. 의장은 필요한 때에는 경위 또는 국가경찰공무원으로 하여금 방청인의 신체를 검사하게 할 수 있다.

의장은 회의장 안의 질서를 방해하는 방청인의 퇴장을 명할 수 있으며 필요한 때에는 국가경찰관서에 인도할 수 있다. 의장은 방청석이 소란할 때에는 모든 방청인을 퇴장시킬 수 있다.

4) 법 정

법원조직법에 따라 법정의 질서유지는 재판장이 담당한다.[12]

재판장은 법정의 존엄과 질서를 해칠 우려가 있는 사람의 입정(入廷) 금지 또는 퇴정(退廷)을 명할 수 있고, 그 밖에 법정의 질서유지에 필요한 명령을 할 수 있다.

누구든지 법정 안에서는 재판장의 허가 없이 녹화, 촬영, 중계방송 등의 행위를 하지 못한다.

재판장은 법정에서의 질서유지를 위하여 필요하다고 인정할 때에는 개정 전후에 상관없이 관할 경찰서장에게 경찰공무원의 파견을 요구할 수 있다.

파견된 경찰공무원은 법정 내외의 질서유지에 관하여 재판장의 지휘를 받아야 한다.

9 국회법 제143조－제144조.

10 국회법 제150조.

11 국회법 제151조－제154조.

12 법원조직법 제58조－제60조, 법률 제21065호, 2025. 10. 1., 타법개정, 2025. 10. 1. 시행.

5) 외교공관 등

경찰관은 외교관계에 관한 비엔나 협약에 의하여 외교공관과 외교관의 개인 주택은 국제법상 치외법권(治外法權) 지역이므로 경찰권을 행사할 수 없다. 따라서 외교사절의 요구나 동의가 없는 한 경찰은 당해 지역에 진입할 수 없다. 외교관사에 대한 불가침에 준하여 외교사절의 승용차, 보트, 비행기 등의 교통수단에 대해서도 경찰권이 미치지 아니한다. 그러나 화재나 전염병의 발생 등과 같이 긴급을 요하는 경우에는 외교사절의 동의 없이도 공관에 들어갈 수 있는데 이는 국제적 관습으로 인정되고 있다.

영사관계에 관한 비엔나 협약에 의하여 영사의 경우에도 외교관에 준하여 경찰권 행사의 제한이 있다. 따라서 영사관 등에서 경찰권 행사가 제한된다.

외교관계에 관한 비엔나 협약 제22조

1. 공관지역은 불가침이다. 접수국의 관헌은 공관장의 동의없이는 공관지역에 들어가지 못한다.
2. 접수국은 어떠한 침입이나 손해에 대하여도 공관지역을 보호하며, 공관의 안녕을 교란시키거나 품위의 손상을 방지하기 위하여 모든 적절한 조치를 취할 특별한 의무를 가진다.
3. 공관지역과 동 지역내에 있는 비품류 및 기타 재산과 공관의 수송수단은 수색, 징발, 차압 또는 강제집행으로부터 면제된다.

제30조 1. 외교관의 개인주거는 공관지역과 동일한 불가침과 보호를 향유한다.

2. 외교관의 서류, 통신문 그리고 제31조제3항에 규정된 경우를 제외한 그의 재산도 동일하게 불가침권을 향유한다.

6) 주한미군의 영내

한미행정협정(SOFA)은 대한민국 영토 내에서 미국 군대의 규율과 질서를 유지해야 하는 특수성을 반영하여 미군 당국이 영내에서 자체적으로 경찰권을 행사함으로써 질서와 안전을 유지하도록 규정하고 있다.

미군 영내에서의 경찰권에 관한 구체적인 내용은 다음과 같다.[13]

13 한미행정협정(SOFA) 제22조 제10항에 관한 합의의사록.

① 시설 및 구역 내부 경찰권

미군 당국은 그 시설 및 구역 내에서 경찰권을 가지며 미군 당국이 동의한 경우와 중대한 죄를 범하고 도주하는 현행범인을 추적하는 때에는 대한민국 경찰도 시설 및 구역 내에서 범인을 체포할 수 있다. 한미행정협정 대상이 아닌 자가 미군의 시설 및 구역 내에 있을 때에는 대한민국 경찰이 요청하는 경우에 미군 당국은 그 자를 체포하여 즉시 인도하여야 한다.

② 사람이나 재산에 관한 압수·수색·검증

대한민국 당국은 미군 당국이 동의하는 경우가 아니면 시설 또는 구역 내에서 사람이나 재산에 관하여 또는 시설 및 구역 내외를 불문하고 미국 재산에 관하여 압수·수색 또는 검증을 할 수 없다. 그러나 이에 관한 대한민국 당국의 요청이 있을 때에는 미군 당국은 필요한 조치를 취하여야 한다.

제 2 절 경찰기관 상호간 권한행사 유형

Ⅰ. 권한의 감독

상급기관이 하급기관의 권한행사를 감독하여 국가의사를 통일적으로 실현하고, 하급기관의 권한행사의 적법성과 합목적성을 확보하기 위하여 행하는 상급기관의 지휘감독 작용을 말한다.

감독권에 관한 개별적·구체적인 법적 근거는 요하지 않으나, 일반적·추상적인 법령의 근거는 필요하다(정부조직법, 경찰법, 공공감사에 관한 법률 등).

1. 감사권

감사권이란 상급기관이 하급기관의 권한 행사 상황을 알기 위하여 보고를 받거나(보고징수), 서류장부를 검사하거나, 사무감사 등을 행하는 권한을 말한다. 감사권은 다른 감독권 행사의 전제 또는 준비수단으로서의 기능을 한다.

감사권의 발동에는 개별적인 법적 근거를 요하지 않으나 대통령령인 행정감사규정에 의해 일정한 제한이 있다.

2. 행정명령권

1) 의 의

행정명령이란 상급기관이 하급기관 또는 보조기관의 권한행사를 지휘하는 권한을 말한다. 행정규칙이라고도 한다.

행정명령은 하급기관에 대한 지시나 명령의 성질을 가지며, 하급기관은 이에 구속된다. 하급기관이 이에 위반할 경우 징계의 대상이 된다.[14]

행정명령은 행정기관에 대한 명령으로 공무원 개인에 대한 명령인 직무명령과 구분된다. 행정명령은 일반국민에 대한 기속력(羈束力)이 없다. 또한 수명기관(受命機關)이 이에 위반하더라도 위법이 아니며, 행위의 효력도 유효하다. 위반한 경찰공무원은 징계의 대상이 된다.

행정명령은 상급 경찰기관의 당연한 감독권한으로 개별적인 근거규정을 필요로 하지 않는다.

2) 행정명령의 요건

행정명령은 형식적 요건과 실질적 요건을 갖춰야 그 효과가 있다. 형식적 요건이란 ① 정당한 권한을 가진 상급기관이, ② 하급기관의 권한 내의 사항에 관하여, ③ 그 하급기관의 직무상 독립성이 보장되어 있지 않는 사항에 대하여 행사할 수 있는 것을 말한다.

실질적 요건이란 ① 행정명령이 법규에 저촉되지 않아야 하며, ② 공익에 반하지 않아야 하며, 실현가능하고 명백해야 함을 말한다.

3) 행정명령의 종류

행정 효율과 협업 촉진에 관한 규정 제4조는 행정명령, 즉 지시문서의 유형을 다음과 같이 제시하고 있다.[15]

---

14 박균성·김재광, 「경찰행정법」, 박영사, 2022, pp. 153－156.; 행정 효율과 협업 촉진에 관한 규정 제4조.

15 행정안전부, 행정업무운영편람, 2021. p. 25.

표 2-1 행정명령의 유형

훈 령	상급기관이 하급기관에 대하여 장기간에 걸쳐 그 권한의 행사를 일반적으로 지시하기 위하여 발하는 명령 조문 또는 시행문 형식, 누년 일련번호 사용(예: 훈령 제00호)[16]
지 시	상급기관이 직권 또는 하급기관의 문의에 의하여 하급기관에 개별적·구체적으로 발하는 명령 시행문 형식, 연도표시 일련번호 사용(예: 지시 제2023-00호)
예 규	행정업무의 통일을 기하기 위하여 반복적인 행정업무의 처리기준을 제시하는 문서로서 법규문서를 제외한 문서 조문 또는 시행문 형식, 누년 일련번호 사용(예: 예규 제00호)[17]
일일명령	당직·출장·시간외근무·휴가 등 일일업무에 관한 명령 시행문 또는 회보 형식, 연도별 일련번호 사용(예 : 일일명령 제00호)

4) 하급기관의 행정명령에 대한 심사권

하급기관은 상급기관의 행정명령에 대한 실질적 요건에 관한 심사권은 없고 복종하여야 한다. 다만, 행정명령이 범죄를 구성하거나 당연무효라고 인정되는 경우에는 복종을 거부해야 하며, 이에 복종하면 하급기관도 책임을 부담한다.

행정명령이 경합하는 경우에는 상급기관이 서로 상하 관계에 있을 때에는 직근 상급기관의 훈령에 따라야 하며, 대등한 상급기관들간의 행정명령이 경합된 경우에는 주관 상급기관의 행정명령에 따라야 한다는 것이 통설이다.

행정명령은 법규가 아니므로 위반하여도 위법이 아니며, 위반행위의 효력에도 영향이 없다. 다만, 상급기관은 하급기관의 구성자를 징계할 수 있을 뿐이다.

3. 주관쟁의 결정권

상급기관이 소속 하급기관 상호간에 주관쟁의(主管爭議)가 있는 경우 이를 결정하는 권한이다.

경찰기관 간에 권한의 다툼이 있는 경우, 공통의 상급기관이 있는 경우에는 그의 조정에 따르며, 공통의 상급기관이 없는 경우에는 각각의 상급기관의 협의

16 예를 들어 범죄수사규칙, 경찰청훈령 제1194호, 2026. 1. 6., 일부개정, 2026. 1. 6. 시행.

17 예를 들어 경찰공무원 인사운영 규칙, 경찰청예규 제641호, 2025. 7. 21., 일부개정, 2025. 7. 21. 시행.

에 의해 결정되고, 협의가 이루어지지 않을 때는 국무회의의 심의를 거쳐 대통령이 결정하게 된다(헌법 제89조 10호).

4. 인가권

하급기관이 그 권한행사에 앞서 상급기관의 동의를 받는 것으로 법령에서 정하고 있는 경우 상급기관의 인가는 하급기관의 권한행사의 유효조건이 된다. 이를 승인권이라고도 한다.

5. 취소 · 정지권

상급기관이 직권 또는 당사자의 신청에 의해 하급기관의 위법, 부당한 권한행사를 취소하거나 정지시키는 권한으로 사후교정적인 감독방법이라고 할 수 있다.

법령에 근거가 있는 경우에는 당연한 감독권의 행사이나, 근거규정이 없는 경우에 대하여는 의견이 대립한다. 상급기관의 하급기관의 위법 · 부당한 행위에 대한 취소 · 정지권 행사는 당연한 감독권의 일부라고 본다.[18]

Ⅱ. 권한의 대행

행정기관이 다른 행정기관의 권한을 대리하거나 권한을 위임받아 행사하는 경우를 말한다.

1. 권한대리

1) 의 의

행정기관의 권한대리란 행정기관의 권한의 전부 또는 일부를 수권(授權) 또는 법령의 규정에 의하여 타 행정기관이 피대리기관(被代理官廳)을 위한 것임을 표시하고(현명주의)[19] 자기의 명의로 대행하여 그 행위가 피대리기관의 행위로서

18 홍정선, 「신행정법특강」, 박영사, 2020, pp. 779－780.

19 현명의 방법은 피대리관청의 직무대리 또는 사무대리 등으로 표현한다.

법률상 효과가 발생하는 것을 말한다. 권한의 대행(代行) 또는 직무대행이라고도 한다.

권한대리는 그 발생원인에 따라 임의대리(任意代理)와 법정대리(法定代理)로 구분된다.[20]

권한대리는 주로 방대한 행정사무를 신속하게 처리하지 못하는 사유가 발생하거나 경찰기관 구성원이 사고(병가·출장·궐위 등)로 스스로 그 권한을 행사할 수 없는 경우 등에 활용된다.

대리권한이 없는 자가 대리자로서 행한 행위는 무권한행위이므로 원칙적으로 무효이다. 다만 상대방이 행위자가 대리권이 있다고 믿을 만한 상당한 이유가 있을 때에는 표현대리가 성립되어 해당 행정행위가 유효하다.[21]

2) 성 질

권한대리는 ① 피대리기관의 권한이전이 아니므로 권한의 일부를 실질적으로 타 행정기관에 주는 권한의 위임(委任)과 구별되며, ② 권한대리는 피대리기관을 위한 것임을 표시하고 자기의 이름으로 행사한다는 점에서 사실상 행정기관의 권한을 행사하게 하는 내부위임·위임전결·대결 등과 구분된다. ③ 경찰기관의 권한대리가 행정법률주의의 원칙에 입각하여 행정기관 이외의 다른 행정기관으로 하여금 예외적으로 행사시키는 것인 데 비해, 사법상 대리는 사적 자치원칙을 배경으로 하면서 사법적 자치의 확장을 목적으로 한다는 점에서 사법상 대리와 구분된다.

3) 유 형

(1) 임의대리

임의대리란 피대리기관의 수권에 의해 대리관계가 성립하는 것을 말한다. 수권대리 또는 위임대리라고도 한다. 수권은 대리기관의 동의를 요하지 않는다.

임의대리는 반드시 법적 근거를 요하지 않는다는 것이 다수설이나 법령의 근거를 필요로 한다는 반대설도 있다. 피대리기관을 위한 것임을 표시하고 자기의

20 홍정선, 「신행정법특강」, 박영사, 2020, pp. 768－769.

21 박균성, 「행정법 입문」, 박영사, 2022, p. 76. 대법원 1963. 12. 5. 선고 63다519 판결.

명의로 권한을 행사한다. 행정기관이 수권행위를 할 때는 대리기관에 대한 의사전달을 필요로 하나, 수권행사를 외부에 알릴 필요는 없다.

임의대리의 범위는 피대리기관의 수권의 범위 내가 원칙이다. 수권의 범위는 피대리기관의 고유권한은 배제되며, 일반적·포괄적 권한에 대해서만 가능하다. 일반적·포괄적 권한에 대한 것도 그 전부를 할 수는 없고, 일부에 대해서만 수권이 가능하다.

피대리기관은 대리자의 권한행사를 지휘감독할 수 있으며, 대리자의 행위에 관하여 감독책임을 지게 된다. 대리기관의 행위는 피대리기관이 행한 것과 동일한 효과를 발한다. 통상 행정청과 그 보조기관의 관계에서 이루어진다.

(2) 법정대리

① 의 의

법정대리(法定代理)는 수권에 의해서가 아니라 일정한 법정(法定)사항이 발생하면 직접 법령의 규정에 의해 성립되는 대리이다.

법정대리의 근거는 정부조직법 및 경찰법 등 개별법령 외에 직무대리규정이 있다. 법정대리는 피대리기관을 위한 것임을 표시하고 대리기관의 명의로 행한다.

② 유 형

법정대리는 협의의 법정대리와 지정대리로 구분된다. 협의의 법정대리란 일정한 법률사실이 발생할 경우 법률상 당연히 대리권이 발생한다. 대통령 유고시 국무총리 직무대행(헌법 제71조), 국무총리 유고시 부총리의 대리(정부조직법 제22조)나 경찰청장 유고시 차장의 대행(경찰법 제12조) 등이 있다.

지정대리란 일정한 법정사실이 발생하면 일정한 자가 대리자를 지정(指定)함으로써 성립하는 대리이다(정부조직법 제22조). 국무총리와 부총리가 동시에 유고시 대통령이 지명하는 국무위원이 국무총리를 대신하는 경우를 예로 들 수 있다.[22]

---

22 피대리기관의 구성원이 궐위(사망·면직 등)된 때에는 임시로 그 대리자를 지정하는 경우가 있다. 이를 서리(署理)라고 한다. 서리는 피대리기관의 구성원이 궐위되어 있다는 점이 다를 뿐이고, 행정기관의 권한의 전부를 행사하고, 서리의 행위가 직접 행정기관의 행위가 되며, 서리의 책임으로 권한을 행사한다는 점 등이 지정대리와 동일하다. 박균성, 「행정법 입문」, 박영사, 2022, pp. 76－77.

③ 대리권의 범위 및 감독책임

법정대리권은 피대리기관의 전부에 미친다. 따라서 그 효과는 피대리기관의 행위의 효과와 동일하다.

법정대리는 대리자가 그 책임하에 권한을 행사하는 것이므로 피대리기관은 대리자의 권한행사를 지휘감독할 수 없다. 그러나 구성원의 사고로 인한 경우 중 실제로 사무처리가 가능한 경우에는 지휘감독권이 있다.

4) 복대리의 문제

복대리(複代理)란 대리자가 대리권의 행사를 다시 타인에게 대리행사토록 하는 것을 말한다. 이를 이중대리라고도 한다. 임의대리는 일부대리이며, 신뢰관계에 의해 수권을 행한 것이므로 원칙적으로 복대리가 허용되지 않는다. 그러나 법정대리는 일정한 법정사실의 발생으로 당연히 성립되며 그 권한은 전부에 걸치는 것이므로 대리권 일부에 대한 복대리가 가능하다. 이때의 복대리는 임의대리이다.

5) 대리권의 소멸

임의대리의 경우는 피대리기관의 수권행위의 철회, 기한의 도래, 조건의 성취 등으로 소멸하며, 법정대리는 대리권을 발생하게 하는 법정사실이 소멸함으로써 종료된다. 지정대리는 지정행위의 철회나 종기의 도래 또는 해제조건의 성취에 의해 대리관계가 종료한다.

6) 권한대리처분에 대한 쟁송

대리기관이 행한 대리관계를 밝히고 행한 처분은 피대리관청이 처분청으로서 책임을 부담하며 행정쟁송의 피청구인 또는 피고가 된다.

대리기관이 대리관계를 밝히지 않고 자신의 명의로 행한 처분은 처분청인 대리기관 행정청이 행정쟁송의 피청구인 또는 피고가 된다. 그러나 대리기관이 대리관계를 밝히지 않더라도 처분청이 피대리관청의 소속기관이고, 처분의 상대방이 대리권한을 행사하는 것이라는 사실을 알고 있었다면, 피대리관청이 행정쟁송의 피청구인 또는 피고가 된다.[23]

---

23 박균성, 「행정법 입문」, 박영사, 2022, pp. 76−77.

2. 권한위임

1) 의 의

권한의 위임이란 행정기관이 법령상 자기권한의 일부를 다른 행정기관 또는 민간에 이전하여 수임기관(受任官廳)의 명의와 권한으로 이를 행사케 하는 것을 말한다.[24] 지휘감독관계에 있는 경우와 대등관계에 있는 경우를 구분하여, 전자는 위임이라고 하고, 후자는 위탁이라고 나누어 부르기도 한다. 그러나 양자간 성질상 차이는 없다. 수임기관은 위임받은 권한을 자신의 권한으로써 자신의 명의와 책임하에서 행사한다. 따라서 위임기관은 수임기관의 행위에 대하여 책임을 지지 않는다.

위임 및 위탁기관은 수임 및 수탁기관에 대하여 사전승인을 받거나 협의를 할 것을 요구할 수 없다.[25] 다만 수임기관이 위임기관의 보조기관인 경우 위임받은 사항에 관해 보조기관은 행정청의 지위를 갖는다.[26]

2) 성 질

① 권한의 법적 귀속 변경이라는 점에서 내부적 사무처리를 도모키 위해 대외적으로 위임자의 명의로 권한을 행사케 하는 내부위임과 다르다. ② 수권기관의 권한으로 된다는 점에서 행정기관의 의사결정을 보조기관에 위임하고 대외적 권한행사는 행정기관의 명의로 하는 전결과 구분된다. ③ 권한자체를 법률상 이전

24 **정부조직법 제6조(권한의 위임 또는 위탁)** ① 행정기관은 법령이 정하는 바에 의하여 그 소관사무의 일부를 보조기관 또는 하급행정기관에 위임하거나 다른 행정기관·지방자치단체 또는 그 기관에 위탁 또는 위임할 수 있다. 이 경우 위임 또는 위탁을 받은 기관은 특히 필요한 때에는 법령이 정하는 바에 의하여 위임 또는 위탁을 받은 사무의 일부를 보조기관 또는 하급행정기관에 재위임할 수 있다.
② 보조기관은 제1항의 규정에 의하여 위임받은 사항에 대하여는 그 범위 안에서 행정기관으로서 그 사무를 수행한다.
③ 행정기관은 법령이 정하는 바에 의하여 그 소관사무중 조사·검사·검정·관리업무 등 국민의 권리·의무와 직접 관계되지 아니하는 사무를 지방자치단체가 아닌 법인·단체 또는 그 기관이나 개인에게 위탁할 수 있다.

25 행정권한의 위임 및 위탁에 관한 규정 제7조. 대통령령 제36012호, 2026. 1. 2., 타법개정., 2026. 1. 2. 시행.

26 정부조직법 제6조 제2항.

한다는 점에서, 권한자체를 대행함에 불과한 권한의 대리와 구별된다. ④ 사법상의 위임은 사법상의 계약이나, 권한의 위임은 공법관계로서 위임기관의 일방적 행위나 법률에 근거하여 성립된다는 점에서 사법상의 위임과 구분된다(대법원 1992. 4. 24. 선고 91누5792).

3) 근거와 한계

권한의 위임은 행정기관의 권한을 이전하는 것으로 행정조직 법정주의에 따라 법적 근거를 필요로 한다. 그 근거는 일반법(정부조직법, 지방자치법, 행정권한의 위임및위탁에관한규정)과 개별법으로 구분된다. 법원도 권한위임의 법적 근거를 필요로 한다고 명시하고 있다.[27]

권한의 위임은 위임기관의 권한의 일부에 한하며, 법령상 명문의 규정이 없는 때에도 일부 위임으로 해석한다. 권한의 전부 위임은 위임기관의 존속이유를 상실시키기 때문이다.

수임기관은 법령이 정하는 바에 의하여 수임권한의 일부를 수임기관의 보조기관 또는 하급기관에 재위임할 수 있다.

4) 권한위임의 형태

(1) 보조기관, 하급경찰기관에 대한 위임

행정기관의 장은 허가·인가·등록 등 민원에 관한 사무, 정책의 구체화에 따른 집행사무 및 일상적으로 반복되는 사무로서 그가 직접 시행하여야 할 사무를 제외한 일부 권한(행정권한)을 그 보조기관 또는 하급행정기관의 장, 다른 행정기관의 장, 지방자치단체의 장에게 위임 및 위탁한다.[28]

행정기관의 장은 행정권한을 위임 및 위탁할 때에는 위임 및 위탁하기 전에 단순한 사무인 경우를 제외하고는 수임 및 수탁기관에 대하여 수임 및 수탁사무 처리에 필요한 교육을 하여야 하며, 수임 및 수탁사무의 처리지침을 통보하여야 한다.

경찰의 경우 청원경찰법 시행령 제20조에서 시·도경찰청장이 청원경찰 배치의 결정 및 요청에 관한 권한, 청원경찰의 임용 승인에 관한 권한, 청원경찰에 대한

27 홍정선, 「신행정법특강」, 박영사, 2020, pp. 776-777.

28 행정권한의 위임 및 위탁에 관한 규정 제3조.

지도·감독 및 명령의 권한 등을 경찰서장에게 위임한 경우 등을 예로 들 수 있다.

(2) 대등 경찰기관에 대한 위임

수임기관의 동의가 필요하고 또 지휘권을 가지지 아니하고 서로 권한의 존중이 필요하다.

(3) 자치단체나 그 기관에 대한 위임

자치단체장은 그 권한의 일부를 다른 지방단체나 공공단체 또는 그 기관에 위임할 수 있다(지방자치법 제95조). 자치단체장이 위임 또는 위탁받은 사무의 일부를 다시 위임 또는 위탁(재위임)하는 경우에는 미리 당해 사무를 위임 또는 위탁한 기관의 장의 승인을 얻어야 한다(동법 제95조 제4항).

(4) 민간기관에의 위탁

행정기관(경찰기관)은 법령으로 정하는 바에 따라 소관 사무 중 조사·검사·검정·관리 사무 등 국민의 권리·의무와 직접 관계되지 아니하는 다음의 사무를 민간위탁할 수 있다.[29]

경찰의 경우 시·도경찰청장의 교통안전교육의 자동차운전학원에의 위탁, 대학 등의 평생교육시설 등에의 위탁,[30] 자동차운전 전문학원의 지정,[31] 경비지도사 시험 및 교육[32]의 위탁 등이 이에 속한다.

5) 비용 및 재위임

위임기관이 그 권한의 위임에 따르는 인력과 비용을 수임관청에 지원하는 것을 원칙으로 한다. 행정기관의 장은 행정권한을 위임 및 위탁할 때에는 위임 및 위탁하기 전에 수임기관의 수임능력 여부를 점검하고, 필요한 인력 및 예산을

29 행정권한의 위임 및 위탁에 관한 규정 제11조.

30 도로교통법 제76조.

31 도로교통법 제104조, 제147조.

32 **경비업법 시행령 제31조(권한의 위임 및 위탁)** ① 경찰청장은 법 제27조 제1항의 규정에 의하여 다음 각호의 권한을 시도경찰청장에게 위임한다.

1. 법 제20조의 규정에 의한 경비지도사의 자격의 취소 및 정지에 관한 권한
2. 법 제21조 제2호의 규정에 의한 경비지도사 자격의 취소 및 정지에 관한 청문의 권한

② 경찰청장 또는 경찰관서장은 법 제27조 제2항의 규정에 의하여 법 제11조 제1항의 규정에 의한 경비지도사시험의 관리와 경비지도사의 교육에 관한 업무를 경비업무에 관한 인력과 전문성을 갖춘 기관으로서 경찰청장이 지정하여 고시하는 기관 또는 단체에 위탁한다.

이관하여야 한다.

국가가 스스로 행하여야 할 사무를 자치단체 또는 그 기관에 위임하여 수행하는 경우에, 그 소요되는 경비는 국가가 전부를 자치단체에 교부하여야 한다.[33]

또한 개별법이 정하는 범위 내에서 수임된 권한을 재위임할 수 있다.

6) 위임의 효과

위임으로 권한의 귀속이 이전되었으므로 수임기관은 자기의 명의와 책임하에서 권한을 행사하고 쟁송시 소송의 당사자가 된다. 위임기관 및 위탁기관은 수임기관 및 수탁기관의 사무처리에 관하여 지휘·감독하고 그 처리가 위법·부당하다고 인정되는 때에는 이를 취소하거나 정지시킬 수 있다. 그리고 이에 대한 감독책임을 부담한다.[34]

7) 위임의 종료

권한위임이 법령에 의거한 위임기관의 의사표시에 의한 것일 때에는 위임해제의 의사표시에 의해 종료되거나, 종기의 도래 또는 해제조건이 성취된 경우 종료된다. 또한 권한의 위임이 직접 법령의 규정에 의한 경우에는 해당 근거법령이 소멸하면 위임도 종료된다. 권한위임이 종료되면 그 권한은 위임기관의 권한으로 환원된다.

8) 권한위임처분에 대한 쟁송

수임기관의 행위로 손해를 본 경우 수임기관을 대상으로 행정소송을 제기할 수 있으며, 이 경우 수임기관은 피청구인 또는 피고의 지위에 선다. 다만, 손해의 원인이 위탁기관의 감독소홀로 인한 경우 위임기관도 피정구인 또는 피고의 지위에 선다. 판례는 협의의 위임인 경우 수임기관을 일차적 배상책임자로 간주한다.[35]

---

33 지방재정법 제21조. 법률 제21065호, 2025. 10. 1., 타법개정, 2026. 1. 2. 시행.

34 행정권한의 위임 및 위탁에 관한 규정 제6조–제9조.

35 박균성, 「행정법 입문」, 박영사, 2022, pp. 85–86; 대법원 2010. 1. 28. 선고. 2007다82950, 82967 판결.

제 3 절 대등기관간 권한행사

Ⅰ. 상호존중관계

대등기관 상호간에는 서로 상대 행정기관의 권한을 존중하고 이를 침범하지 못한다. 경찰기관이 그 권한 내에서 행한 행위는 그것이 무효가 아닌 한 다른 행정기관도 이에 구속된다. 즉, 공정력이 인정된다.

대등기관 상호간에 주관쟁의가 있는 경우에는 쌍방기관의 공동 상급기관이 결정하고, 상급기관이 다른 경우 상급기관 상호간의 협의에 의하고, 최종적으로 국무회의의 심의를 거쳐 대통령이 결정한다.

Ⅱ. 상호협력관계

서로 다른 행정주체 소속의 행정관청 간의 관계는 감독관계에 있지 않고, 협력관계에 있다. 이들에 대한 최종적인 감독권은 국가에 있다. 국가는 법인격으로서의 행정주체인 지방자치단체나 기타의 공법상 법인이다.[36]

1. 협 의

하나의 사안이 둘 이상의 대등 행정기관 권한에 관련되는 사항은 상호협의에 의하여 결정, 처리한다.

2. 사무위탁

대등기관 사이에 한 기관의 직무상 필요한 사무가 타 기관의 관할에 속한 경우 타 기관에 사무처리를 위탁(촉탁)할 수 있다.

36 홍정선, 「신행정법특강」, 박영사, 2020. p. 781.

3. 행정응원

행정응원이란 대등한 경찰기관의 일방이 타방의 요청에 의해 또는 자발적으로 타 기관의 권한행사에 협력하는 것을 말한다.

행정응원은 특히 법에 규정이 있는 경우 응원을 요구받은 관청은 이를 거부하지 못한다.[37] 소방응원,[38] 재난응원,[39] 경찰응원 등이 이에 속한다.

한편 행정절차법은 다른 행정청에 행정응원의 요청 사유 및 요청받은 행정청의 응원의무 및 거부의 한계 등을 규정하고 있다.[40]

---

37 **경찰직무 응원법 제1조(응원경찰의 파견)** ① 시·도경찰청장 또는 지방해양경찰관서의 장은 돌발사태를 진압하거나 공공질서가 교란(攪亂)되었거나 교란될 우려가 현저한 지역(이하 "특수지구"라 한다)을 경비할 때 그 소관 경찰력으로는 이를 감당하기 곤란하다고 인정할 때에는 응원(應援)을 받기 위하여 다른 시·도경찰청장이나 지방해양경찰관서의 장 또는 자치경찰단을 설치한 제주특별자치도지사에게 경찰관 파견을 요구할 수 있다.
② 경찰청장이나 해양경찰청장은 돌발사태를 진압하거나 특수지구를 경비할 때 긴급한 경우 지방경찰청장, 소속 경찰기관의 장 또는 지방해양경찰관서의 장에게 다른 시·도경찰청 또는 지방해양경찰관서의 경찰관을 응원하도록 소속 경찰관의 파견을 명할 수 있다.

38 **소방기본법 제11조(소방업무의 응원)** ① 소방본부장 또는 소방서장은 소방상 긴급한 때에는 화재현장에 이웃한 소방본부장 또는 소방서장에게 응원을 요청할 수 있다.
② 제1항의 규정에 의하여 응원을 요청받은 소방본부장 또는 소방서장은 정당한 사유없이 이를 거절하여서는 아니 된다.

39 **재난 및 안전관리 기본법 제44조(응원)** ① 시장·군수·구청장은 응급조치를 하기 위하여 필요하면 다른 시·군·구나 관할 구역에 있는 군부대 및 관계 행정기관의 장, 그 밖의 민간기관·단체의 장에게 재난관리자원의 지원 등 필요한 응원(應援)을 요청할 수 있다. 이 경우 응원을 요청받은 군부대의 장과 관계 행정기관의 장은 특별한 사유가 없으면 요청에 따라야 한다.
② 제1항에 따라 응원에 종사하는 사람은 그 응원을 요청한 시장·군수·구청장의 지휘에 따라 응급조치에 종사하여야 한다.

40 **행정절차법 제8조(행정응원)** ① 행정청은 다음 각 호의 어느 하나에 해당하는 경우에는 다른 행정청에 행정응원(行政應援)을 요청할 수 있다.
1. 법령등의 이유로 독자적인 직무 수행이 어려운 경우
2. 인원·장비의 부족 등 사실상의 이유로 독자적인 직무 수행이 어려운 경우
3. 다른 행정에 소속되어 있는 전문기관의 협조가 필요한 경우
4. 다른 행정청이 관리하고 있는 문서(전자문서를 포함한다. 이하 같다)·통계 등 행정자료가 직무 수행을 위하여 필요한 경우
5. 다른 행정청의 응원을 받아 처리하는 것이 보다 능률적이고 경제적인 경우

② 제1항에 따라 행정응원을 요청받은 행정청은 다음 각 호의 어느 하나에 해당하는 경우에는 응원을 거부할 수 있다.
1. 다른 행정청이 보다 능률적이거나 경제적으로 응원할 수 있는 명백한 이유가 있는 경우
2. 행정응원으로 인하여 고유의 직무 수행이 현저히 지장받을 것으로 인정되는 명백한 이유가

행정응원은 해당 직무를 직접 응원할 수 있는 행정청에 요청하여야 한다. 행정응원을 요청받은 행정청은 응원을 거부하는 경우 그 사유를 응원을 요청한 행정청에 통지하여야 한다.

행정응원을 위하여 파견된 직원은 응원을 요청한 행정청의 지휘·감독을 받는다. 다만, 해당 직원의 복무에 관하여 다른 법령등에 특별한 규정이 있는 경우에는 그에 따른다.

행정응원에 드는 비용은 응원을 요청한 행정청이 부담하며, 그 부담금액 및 부담방법은 응원을 요청한 행정청과 응원을 하는 행정청이 협의하여 결정한다.

있는 경우

제4편

경찰인사관리: 경찰공무원

제 1 장

경찰공무원의 분류와 임용

제 1 절 경찰공무원의 분류

경찰공무원은 국가공무원법상 경력직 공무원 중 특정직 공무원으로 경찰관 직무집행법 제2조의 경찰직무를 수행하는 국가공무원이다.[1]

경력직 공무원이란 실적과 자격에 따라 임용되고 그 신분이 보장되며 평생토록 공무원으로 근무할 것이 예정되는 공무원을 말한다. 특정직 공무원이란 법관, 검사, 외무공무원, 경찰공무원, 소방공무원, 교육공무원, 군인, 군무원, 헌법재판소 헌법연구관, 국가정보원의 직원과 특수 분야의 업무를 담당하는 공무원으로서 다른 법률에서 특정직 공무원으로 지정하는 공무원을 말한다. 경찰공무원의 임용 · 교육훈련 · 신분보장 · 복무규율 등은 경찰공무원법에 규정되어 있으며, 규정이 없는 경우 국가공무원 인사행정 기본법인 국가공무원법의 적용을 받는다.[2]

경찰공무원은 계급과 경과 등으로 구분된다. 그런데 계급은 경찰관 특성에 우선순위를 두는 것이고, 경과는 경찰직무에 우선순위를 두는 것이다.[3]

1 국가공무원법 제2조에 따라 경력직 공무원은 일반직공무원과 특정직공무원이, 그리고 특수경력직 공무원은 정무직공무원과 별정직공무원으로 구분된다. 법률 제20627호, 2024. 12. 31. 일부개정, 2025. 7. 1. 시행.

2 제주특별법에 의하여 제주도지사가 임용한 자치경무관, 자치총경, 자치경정, 자치경감, 자치경위, 자치경사, 자치경장, 자치순경은 지방공무원법을 적용받는 지방공무원이며, 경찰관직무집행법 및 경찰공무원법 등을 일부 준용한다. 자치경찰공무원은 국가경찰공무원과 기관간 협의 하에 인사교류를 할 수 있다. 제주특별법, 제106조－제119조.

3 김정인, 「인간과 조직을 위한 행정학」, 2024, p. 342.

Ⅰ. 계급제

계급제(rank in person system)는 공무원이 가지는 개인의 특성, 즉 학력, 경력, 자격을 기준으로 하여 유사한 개인적 특성을 가진 공무원을 여러 범주와 집단으로 구분하여 계층을 구분하는 것을 말한다.

경찰공무원은 순경(Policeman), 경장(Senior Policeman), 경사(Assistant Inspector), 경위(Inspector), 경감(Senior Inspector), 경정(Superintendent), 총경(Senior Super-intendent), 경무관(Superintendent General), 치안감(Senior Superintendent General), 치안정감(Chief Superintendent General), 치안총감(Commissioner General) 등 11개 계급으로 분류된다.

계급에 따라 직무수행의 곤란도 및 책임도가 다르며, 그에 따른 보수도 차이가 있다.

Ⅱ. 직위분류제

경찰공무원에게는 직위분류제(position classification system)적 원리를 바탕으로 경과가 부여된다.

총경 이하의 경찰공무원은 그 직무의 종류에 따라 경과(警科)에 의해 구분할 수 있다. 경과는 일반경과와 안보수사경과, 수사경과 및 특수경과로 대별되고, 특수경과는 항공경과, 정보통신경과로 구분된다.[4]

수사경과와 안보수사경과는 경정 이하 경찰공무원에게만 부여한다.

경찰공무원을 신규채용할 때에는 경과를 부여하되, 일반요원으로 채용된 자에 대하여는 일반경과를, 수사요원으로 채용된 자에 대하여는 수사경과를, 안보수사요원으로 채용된 자에 대하여는 안보수사경과를, 특수기술요원으로 채용된 자에 대하여는 해당특수경과를 부여한다.[5]

경찰공무원은 경과에 따라 다음과 같이 그 업무가 구분된다.[6]

---

4 경찰공무원법 제3조-제4조. 법률 제20646호, 2025. 1. 7., 일부개정, 2025. 1. 7. 시행.

5 경찰공무원 임용령 시행규칙 제22조. 행정안전부령 제510호, 2024. 8. 14., 일부개정, 2025. 1. 1. 시행.

1. 일반경과: 기획·감사·경무·생활안전·교통·경비·작전·정보·외사 기타의 직무로서 수사경과·안보수사경과 및 특수경과에 속하지 아니하는 직무 담당
2. 수사경과: 범죄수사에 관한 직무 담당
3. 안보수사경과: 보안경찰에 관한 직무 담당
4. 특수경과
   - 항공경과: 경찰항공기의 운영·관리에 관한 직무 담당
   - 정보통신경과: 경찰정보통신의 운영·관리에 관한 직무 담당

수사경과 해제처분 취소는 정당 ‖ 서울행법 2013.5.10. 선고 2012구합30790 판결

경찰관 甲, 乙이 상습절도혐의로 체포영장이 발부된 피의자의 주거지에서 압수수색영장을 집행하는 과정에서 피의자가 아파트 7층에서 투신하여 사망한 사고와 관련하여 체포영장을 집행하지 않고 감시를 소홀히 하여 피의자가 자살하는 결과가 발생하였다는 이유로 지방경찰청장이 甲, 乙에 대하여 수사경과를 해제하고 일반경과로 변경하는 처분을 한 사안에서, 수사경과제도의 도입 취지에 비추어 수사경찰 인사운영규칙 제7조 제1항 제4호의 '수사업무능력부족이 현저한 자'를 해석 및 평가할 때에는 범죄의 진상을 밝히고 범죄자를 검거하는 등의 업무능력도 중요하지만 이에 못지않게 수사과정에서 발생할 수 있는 인권침해의 요소나 기타 다양한 돌발적인 상황의 발생을 사전에 인식하고 이를 방지하려는 자세나 능력 또한 중요한 점 등 제반 사정을 종합해 보면, 위 처분이 재량권의 범위를 일탈·남용하였다고 보기 어렵다고 한 사례.

제 2 절 경찰공무원의 임용

Ⅰ. 임용의 의의 및 임용권자

1. 의 의

임용(任用, appointment)이란 행정기관에서 사람을 선발하여 활용하는 일체의 작용을 말한다.[7] 따라서 경찰공무원의 임용에는 신규채용, 승진·전보·파견·휴

6 경찰공무원 임용령 시행규칙 제19조.

7 경찰공무원법 제2조.

직 · 직위해제 · 정직 · 강등 · 복직 · 면직 · 해임 및 파면 등의 인사행정이 포함된다.

이를 다시 경찰공무원관계의 형성(신규채용), 변경(승진 · 전보 · 파견 · 강임 · 휴직 · 직위해제 · 정직), 소멸(면직 · 해임 · 파면)로 나눌 수 있다.

경찰공무원은 신체 및 사상이 건전하고 품행이 방정(方正)한 사람 중에서 임용한다. 경찰공무원법은 경찰공무원의 임용결격사유를 다음과 같이 규정하였다.[8]

1. 대한민국 국적을 가지지 아니한 사람
2. 복수국적자[9]
3. 피성년후견인 또는 피한정후견인
4. 파산선고를 받고 복권되지 아니한 사람
5. 자격정지 이상의 형(刑)을 선고받은 사람
6. 자격정지 이상의 형의 선고유예를 선고받고 그 유예기간 중에 있는 사람
7. 공무원으로 재직기간 중 직무와 관련하여 횡령·배임, 업무상 횡령·배임으로 300만원 이상의 벌금형을 선고받고 그 형이 확정된 후 2년이 지나지 아니한 사람
8. 다음에 해당하는 죄를 범한 사람으로서 100만원 이상의 벌금형을 선고받고 그 형이 확정된 후 3년이 지나지 아니한 사람
   가. 성폭력범죄
   나. 음란물 유포 및 전시[10], 불안감 유발 콘텐츠 반복 도달[11]
   다. 스토킹범죄
9. 미성년자에 대한 다음 각 목의 어느 하나에 해당하는 죄를 저질러 형 또는 치료감호가 확정된 사람(집행유예를 선고받은 후 그 집행유예기간이 경과한 사람을 포함한다)
   가. 「성폭력범죄의 처벌 등에 관한 특례법」 제2조에 따른 성폭력범죄
   나. 「아동·청소년의 성보호에 관한 법률」 제2조제2호에 따른 아동·청소년대상 성범죄
10. 징계에 의하여 파면 또는 해임처분을 받은 사람

8 경찰공무원법 제8조.

9 **국적법 제11조의2(복수국적자의 법적 지위 등)** ① 출생이나 그 밖에 이 법에 따라 대한민국 국적과 외국 국적을 함께 가지게 된 사람으로서 대통령령으로 정하는 사람[이하 "복수국적자"(複數國籍者)라 한다]는 대한민국의 법령 적용에서 대한민국 국민으로만 처우한다.
② 복수국적자가 관계 법령에 따라 외국 국적을 보유한 상태에서 직무를 수행할 수 없는 분야에 종사하려는 경우에는 외국 국적을 포기하여야 한다.
③ 중앙행정기관의 장이 복수국적자를 외국인과 동일하게 처우하는 내용으로 법령을 제정 또는 개정하려는 경우에는 미리 법무부장관과 협의하여야 한다.

10 정보통신망법 제44조의7제1항제1호를 위반하여 음란한 부호·문언·음향·화상 또는 영상을 배

경찰공무원의 임용시기는 임용장 또는 임용통지서에 기재된 일자에 임용된 것으로 본다. 소급임명은 원칙적으로 금지된다. 다만 다음에 해당하는 경우에는 예외로 한다.[12]

1. 전사하거나 순직한 사람을 다음 하나에 해당하는 날을 임용일자로 하여 특별승진임용하는 경우
   - 재직 중 사망한 경우: 사망일의 전날
   - 퇴직 후 사망한 경우: 퇴직일의 전날
2. 고위공무원단으로서 근무성적 불량으로 직권으로 면직시키는 경우: 휴직기간의 만료일 또는 휴직사유의 소멸일
3. 경찰간부후보생, 경찰대학설치법상 경찰대학의 학생 또는 시보임용예정자가 경찰공무원의 직무수행과 관련된 실무수습 중 사망한 경우: 사망일의 전날

2. 경찰공무원의 임용권자

1) 대통령

총경 이상 경찰공무원은 경찰청장 또는 해양경찰청장의 추천을 받아 행정안전부장관 또는 해양수산부장관의 제청으로 국무총리를 거쳐 대통령이 임용한다.[13] 경찰청장에 대한 임용권도 대통령이 행사한다. 경정으로의 신규채용, 승진임용 및 면직은 경찰청장 또는 해양경찰청장의 제청으로 국무총리를 거쳐 대통령이 한다.[14]

2) 경찰청장

총경의 전보, 휴직, 직위해제, 강등, 정직 및 복직은 경찰청장이 한다. 경정 이하의 경찰공무원은 경찰청장이 임용한다.

경찰청장은 시·도지사에게 해당 시·도의 자치경찰사무를 담당하는 경찰공무

포·판매·임대하거나 공공연하게 전시한 자

11 정보통신망법 제44조의7제1항제3호를 위반하여 공포심이나 불안감을 유발하는 부호·문언·음향·화상 또는 영상을 반복적으로 상대방에게 도달하게 한 자

12 경찰공무원 임용령 제6조. 대통령령 제35236호, 2025. 1. 31. 일부개정, 2025. 1. 31. 시행.

13 경찰공무원법 제7조.

14 국가경찰과 자치경찰의 조직 및 운영에 관한 법률 제14조.

원[15] 중 경정의 전보·파견·휴직·직위해제 및 복직에 관한 권한과 경감 이하의 임용권(신규채용 및 면직에 관한 권한은 제외)을 위임한다.

경찰청장은 제반 임용권 위임에도 불구하고, 경찰공무원의 정원 조정, 승진임용, 인사교류 또는 파견을 위하여 필요한 경우에는 임용권을 행사할 수 있다.

3) 시·도지사, 자치경찰위원회

임용권을 위임받은 시·도지사는 경위 또는 경감으로의 승진임용에 관한 권한을 제외한 임용권을 시·도자치경찰위원회에 다시 위임한다.[16] 시·도자치경찰위원회가 임용권을 행사하는 경우에는 시·도경찰청장의 추천을 받아야 한다.

임용권을 위임받은 시·도자치경찰위원회는 시·도지사와 시·도경찰청장의 의견을 들어 그 권한의 일부를 시·도경찰청장에게 다시 위임할 수 있다.

4) 경찰청 소속기관의 장

경찰청장은 경찰대학·경찰인재개발원·중앙경찰학교·경찰수사연수원·경찰병원 및 시·도경찰청장에게 그 소속 경찰공무원 중 경정의 전보·파견·휴직·직위해제 및 복직에 관한 권한과 경감 이하의 임용권을 위임한다.

소속기관등의 장은 경감 또는 경위를 신규채용하거나 경위 또는 경사를 승진시키려면 미리 경찰청장의 승인을 받아야 한다.

시·도경찰청장은 소속 경감 이하 경찰공무원에 대한 해당 경찰서 안에서의 전보권을 경찰서장에게 다시 위임할 수 있다.

시·도경찰청장 및 경찰서장은 지구대장 및 파출소장을 보직하는 경우에는 시·도자치경찰위원회의 의견을 사전에 들어야 한다.

5) 국가수사본부장

경찰청장은 국가수사본부장에게 국가수사본부 안에서의 경정 이하에 대한 전보권을 위임한다.경찰청장은 수사부서에서 총경을 보직하는 경우에는 국가수사본부장의 추천을 받아야 한다.

15 시·도자치경찰위원회, 시·도경찰청 및 경찰서(지구대 및 파출소는 제외)에서 근무하는 경찰공무원.
16 경찰공무원 임용령 제4조.

Ⅱ. 경찰공무원관계의 형성

1. 신규채용

1) 의 의

신규채용(新規採用)이란 경찰공무원 임용의 첫 번째 단계로서 특정인에게 공무원으로서의 신분을 부여하며 공법상의 근무관계를 설정하는 행위를 말한다.

경찰공무원의 신규채용은 공개채용과 경력경쟁채용으로 나눌 수 있다.

2) 신규채용의 종류

(1) 공개채용

공개채용이란 경찰공무원법에 규정된 경찰공무원이 될 수 있는 자격을 갖춘 사람에게 균등한 기회를 제공하며, 동일한 조건 아래서 공정한 경쟁과정을 거쳐 경찰공무원으로 임용될 수 있게 하는 제도이다. 공개채용의 종류에는 경정 및 순경의 공개경쟁채용시험과 경위의 신규채용은 경찰대학을 졸업한 사람 및 경위공개채용시험에 합격 후 교육훈련을 마치고 정하여진 시험에 합격한 사람 중에서 한다.[17]

경찰공무원의 채용시험 방법은 경찰업무의 특성을 고려하여 일반공무원과는 달리 신체검사 · 체력검사 · 필기시험 · 종합적성검사 · 면접시험 또는 실기시험과 서류전형 등 다양한 방식으로 진행된다.

(2) 경력경쟁채용

경력경쟁채용이란 경찰공무원의 공개채용이 부적합하거나, 특별한 자격을 가지고 있는 사람을 채용할 경우 별도의 선발절차를 거쳐 임용후보자를 결정하는 것을 말한다. 다음에 해당하는 경우에는 경력경쟁채용에 의하여 채용될 수 있다.[18]

17 경찰공무원법 제10조 제1항－제2항.

18 경찰공무원법 제10조 제3항.

1. 직제와 정원의 개폐 또는 예산의 감소 등에 따라 폐직(廢職) 또는 과원(過員)이 되어 퇴직하거나, 신체 · 정신상의 장애로 장기 요양이 필요하여 휴직한 기간의 만료로 퇴직한 경찰공무원을 퇴직한 날부터 3년(「공무원재해보상법」에 따른 공무상 질병 또는 부상으로 인한 휴직의 경우에는 5년) 이내에 퇴직 시에 재직한 계급의 경찰공무원으로 재임용하는 경우
2. 공개경쟁시험으로 임용하는 것이 부적당한 경우에 임용예정 직무에 관련된 자격증 소지자를 임용하는 경우
3. 임용예정직에 상응하는 근무경력 또는 연구경력이 있거나 전문지식을 가진 사람을 임용하는 경우
4. 「국가공무원법」에 따른 5급 공무원의 공개경쟁채용시험이나 「사법시험법」에 따른 사법시험에 합격한 사람을 경정 이하의 경찰공무원으로 임용하는 경우
5. 섬, 외딴곳 등 특수지역에서 근무할 사람을 임용하는 경우
6. 외국어에 능통한 사람을 임용하는 경우
7. 제주특별자치도의 자치경찰공무원을 그 계급에 상응하는 경찰공무원으로 임용하는 경우
8. 「국가경찰과 자치경찰의 조직 및 운영에 관한 법률」 제16조에 따라 경찰청 외부를 대상으로 모집하여 국가수사본부장을 임용하는 경우

3) 채용시험

경찰공무원의 채용시험은 계급별로 실시한다. 다만, 필요한 경우 직무분야별(예: 안보수사, 외사, 수사 분야 등) · 근무예정지역 또는 근무예정기관별로 구분하여 실시할 수 있다.

① 시험실시권자

경찰청장은 신규채용 권한을 시 · 도경찰청장, 경찰대학의 장 또는 중앙경찰학교의 장에게 위임한다. 경찰청장은 시험출제 수준의 균형을 유지하기 위하여 특히 필요하다고 인정하는 경우에는 시험출제 업무를 직접 할 수 있다.[19]

---

19 경찰공무원 임용령 제33조.

1. 경위 이상 신규채용시험의 실시권: 경찰대학의 장
** 다만, 국가수사본부장 경력경쟁채용시험은 제외
2. 경사 이하 신규채용시험의 실시권: 시 · 도 경찰청장.
** 다만, 시험 공고, 시험출제 및 실기시험에 관한 업무: 중앙경찰학교의 장

② 공개경쟁채용시험의 공고

시험실시권자는 임용예정계급, 응시자격, 선발예정인원, 시험의 방법 · 시기 · 장소, 시험과목 및 배점에 관한 사항을 시험실시 20일 전까지 공고하여야 한다. 다만, 시험일정 등 미리 공고할 필요가 있는 사항은 시험실시 90일 전까지 공고하여야 한다. 공고내용을 변경하고자 할 때에는 시험실시 7일 전까지 그 변경내용을 공고하여야 한다.[20]

③ 시험방법

채용시험은 신체검사 · 체력검사 · 필기시험 · 종합적성검사 · 면접시험 또는 실기시험과 서류전형에 의한다. 다만, 업무내용의 특수성, 기타 사유로 필요하다고 인정하는 경우에는 체력검사를 실시하지 아니 할 수 있다.[21]

경찰공무원 신규채용시험방법

신체검사: 직무수행에 필요한 신체조건 및 건강상태를 검정하는 것으로 한다.
체력검사: 직무수행에 필요한 민첩성 · 지구력 등 체력을 검정하는 것으로 한다.
필기시험: 교양부문과 전문부문으로 구분하되, 교양부문은 일반교양정도를, 전문부문은 직무수행에 필요한 지식과 그 응용능력을 검정하는 것으로 한다.
종합적성검사: 직무수행에 필요한 적성과 자질을 종합검정하는 것으로 한다.
면접시험: 직무수행에 필요한 능력, 발전성 및 적격성을 검정하는 것으로 한다.
실기시험: 직무수행에 필요한 지식 및 기술을 실습 또는 실기의 방법에 의하여 검정하는 것으로 한다.
서류전형: 직무수행에 관련되는 자격 및 경력 등을 서면에 의하여 심사하는 것으로 한다.

20 경찰공무원 임용령 제34조.

21 경찰공무원 임용령 제35조 – 제37조.

④ 시험구분

❶ 공개경쟁채용시험

공개경쟁채용시험은 [그림 1－1]의 단계를 순차적으로 실시하되, 필요하다고 인정될 때에는 그 순서를 변경하여 실시할 수 있다. 전단계의 시험에 합격하지 아니하면 다음 단계의 시험에 응시할 수 없다. 다만, 필요하다고 인정할 때에는 전 단계 시험의 합격결정 전에 다음 단계의 시험을 실시할 수 있으며, 이 경우 전 단계의 시험에 합격되지 아니한 자의 다음 단계 시험은 이를 무효로 한다.

❷ 경력경쟁채용시험

경력경쟁채용시험은 신체검사 및 체력검사와 [그림 1－1]의 구분에 의한 방법에 의한다.[22] 다만, 경무관 이상의 경찰공무원을 경력경쟁채용시는 서류전형으로만 하며(국가수사본부장 채용은 제외), 총경 이하의 경찰공무원을 경력경쟁채용하는 경우 체력검사를 실시하지 아니할 수 있다. 또한 필기시험 또는 실기시험을 병과할 수 있다. 신체검사는 경찰청장이 지정하는 기관에서 발부하는 신체검사서에 의한다. 필기시험은 선택형으로 하되, 기입형 또는 논문형을 가미할 수 있다. 경력경쟁채용시험의 공고는 일반공채시험절차를 준용한다. 다만, 그 시험의 공고는 시험실시 10일 전까지 하여야 한다.

그림 1-1 채용시험단계

제1차 시험	제2차 시험	제3차 시험	제4차 시험	제5차 시험	제6차 시험
신체검사	체력검사	선택형 필기시험	논문형 필기시험	종합 적성검사	면접시험
❶	❷	❸	❹	❺	❻

✤ 순경의 공개경쟁채용시험에는 제4차시험을 실시하지 아니한다.
✤ 제3차시험의 선택형 필기시험에 기입형을 가미할 수 있다.
✤ 제4차시험의 논문형 필기시험에 과목별로 기입형을 가미할 수 있다.
✤ 제6차시험의 면접시험에 실기시험을 병과할 수 있다.

22 경찰공무원 임용령 제38조.

❸ 국가수사본부장의 경력경쟁채용시험

국가수사본부장의 임용을 위한 경력경쟁채용시험등을 실시하는 경우에는 시험의 방법 · 시기 · 장소 등에 관한 사항을 시험실시 10일 전까지 공고해야 한다.[23]

국가수사본부장 경력경쟁채용시험등은 경찰청장이 하며, 이를 위해 경찰청에 서류심사위원회 및 국가수사본부장 임용후보자 종합심사위원회를 둔다. 위원의 임명은 경찰청장이 한다.

국가수사본부장의 채용은 다음의 구분에 따른 방법으로 실시한다.

1. 서류심사: 국가경찰과 자치경찰의 조직 및 운영에 관한 법률 제16조제6항 각 호에 따른 응시자격[24]을 서면으로 심사하고 응시자격을 갖춘 사람은 모두 합격 처리하되, 응시인원이 8명 이상인 경우에는 합격자를 7명으로 제한하여 결정한다.
2. 신체검사: 약물검사 및 「공무원 채용 신체검사 규정」에 따른 신체검사서의 결과로 합격 여부를 결정한다.
3. 종합심사: 직무수행능력, 적격성 및 공직관 등을 종합적으로 심사하여 2명 또는 3명의 임용후보자를 결정한다.

---

23 경찰공무원 임용령 제38조의2.

24 ⑥ 국가수사본부장을 경찰청 외부를 대상으로 모집하여 임용할 필요가 있는 때에는 다음 각 호의 자격을 갖춘 사람 중에서 임용한다.

1. 10년 이상 수사업무에 종사한 사람 중에서 「국가공무원법」 제2조의2에 따른 고위공무원단에 속하는 공무원, 3급 이상 공무원 또는 총경 이상 경찰공무원으로 재직한 경력이 있는 사람
2. 판사·검사 또는 변호사의 직에 10년 이상 있었던 사람
3. 변호사 자격이 있는 사람으로서 국가기관, 지방자치단체, 「공공기관의 운영에 관한 법률」 제4조에 따른 공공기관(이하 "국가기관등"이라 한다)에서 법률에 관한 사무에 10년 이상 종사한 경력이 있는 사람
4. 대학이나 공인된 연구기관에서 법률학·경찰학 분야에서 조교수 이상의 직이나 이에 상당하는 직에 10년 이상 있었던 사람
5. 제1호부터 제4호까지의 경력 기간의 합산이 15년 이상인 사람

⑤ 응시연령

표 1-1 경찰공무원 채용시험 응시연령[25]

계급별	공개경쟁채용시험	경력경쟁채용시험등
경정 이상	25세 이상 40세 이하	27세 이상 40세 이하
경감		23세 이상 40세 이하(정보통신 및 항공 분야는 23세 이상 45세 이하)
경위	21세 이상 40세 이하	
경사·경장		20세 이상 40세 이하
순경	18세 이상 40세 이하	20세 이상 40세 이하(함정요원은 18세 이상 40세 이하, 의무경찰로 임용되어 정해진 복무를 마친 것을 요건으로 경력경쟁채용등을 하는 경우에는 21세 이상 30세 이하)

⑥ 신체조건

신체조건은 다음과 같다.[26]

표 1-2 경찰공무원 채용시험 신체검사 기준

구분	내용 및 기준
체격	국립·공립병원 또는 종합병원에서 실시한 경찰공무원 채용시험 신체검사 및 약물검사의 결과 건강상태가 양호하고, 직무에 적합한 신체를 가져야 한다.
시력	시력(교정시력을 포함)은 양쪽 눈이 각각 0.8 이상
색각(色覺)	색맹 또는 적색약(赤色弱, 약도는 제외)이 아니어야 한다. 다만, 감식 부분에 근무할 사람에 대한 신규채용시험, 경찰특공대에 근무할 사람에 대한 신규채용시험 응시하는 사람은 색맹 또는 색약(色弱, 약도는 제외)이 아니어야 한다.
청력	청력이 정상(좌우 각각 40dB 이하의 소리를 들을 수 있어야 함)
혈압	고혈압, 저혈압이 아닌 자(확장기 90-60mmHg, 수축기 145-90mmHg)
사시(斜視)	복시(複視: 겹보임)가 없어야 한다. 다만, 안과전문의가 직무수행에 지장이 없다고 진단한 경우에는 가능
문신	내용 및 노출 여부에 따라 경찰공무원의 명예를 훼손할 수 있다고 판단되는 문신이 없어야 한다.

비고: 위 "체격" 항목 중 "직무에 적합한 신체"와 "문신"에 대한 구체적인 기준은 경찰청장이 정한다.

25 경찰공무원 임용령 제39조 제1항. 별표 1의3.

26 경찰공무원 임용령 시행규칙 제34조의2 별표 5.

표 1-3 경찰채용 신체검사 세부기준[27]

평가항목	내 용		신체검사기준(불합격 판정기준)
직무에 적합한 신체	팔다리와 손·발가락		팔다리와 손·발가락이 강직, 절단 또는 변형된 기형으로 정형외과 전문의로부터 경찰 장비 및 장구 사용 등 직무수행에 적합하다는 진단을 받지 못한 사람
	척추만곡증 (허리휘는 증상)		X-RAY촬영 결과 20도 이상 허리가 기울어져 있는 자로 정형외과 전문의로부터 정상판정을 받지 못한 사람
	상지관절의 정상 여부		상지 3대 관절(손목·팔꿈치·어깨관절)을 앞과 위 아래로 이동시 자연스럽지 않은 사람 중 상지의 3대 관절이 불완전하거나 관절의 기능손실이 15퍼센트 이상이거나 3대 관절의 손실 합이 15퍼센트 이상으로 정형외과 전문의로부터 정상판정을 받지 못한 사람
	하지관절의 정상 여부		하지 3대 관절(발목·무릎·고관절)을 좌우로 돌리는 것이 자연스럽지 않은 사람 중 하지의 3대 관절이 불안전하거나 관절의 기능 손실이 15퍼센트 이상이거나 3대 관절의 손실 합이 15퍼센트 이상으로 정형외과 전문의로부터 정상판정을 받지 못한 사람
약물검사	약물(마약류) 종류		필로폰(MA), 대마(THC), 케타민(Ketamine), 엑스터시(MDMA), 코카인(COC), 아편(OPI)의 검출
문신	내용	혐오성	사회 일반인의 기준으로 판단하여 폭력적·공격적이거나 공포감을 조성할 수 있는 내용
		음란성	사회 일반인의 기준으로 판단하여 성적 수치심을 야기할 수 있는 내용
		차별성	특정 인종·종교·성별·국적·정치적 신념 등에 대한 차별적 내용
		기 타	범죄단체 상징 및 범죄를 야기·도발할 수 있거나 공직자로서의 직업윤리에 어긋나 경찰관의 이미지를 손상시킬 수 있는 내용
	노출 여부		모든 종류의 경찰 제복(성하복 포함)을 착용하였을 경우 외부에 노출되어 경찰공무원의 명예를 훼손할 수 있다고 판단되는 문신(얼굴, 목, 팔, 다리 등 포함)

비고: 위 신체검사기준(불합격 판정기준) 중에서 하나 이상 해당되는 경우에는 신체검사에 불합격한 것으로 본다.

27 경찰공무원 채용시험에 관한 규칙 제10조, 경찰청예규 제648호, 2025. 11. 13., 일부개정, 2026. 1. 1. 시행.

⑦ 영어 과목을 대체하는 영어능력검정시험

표 1-4 영어 과목을 대체하는 영어능력검정시험의 종류 및 기준점수[28]

<table>
<tr><th colspan="2" rowspan="2">시험의 종류</th><th colspan="3">기준 점수</th></tr>
<tr><th>총경 · 경정</th><th>경감 · 경위
(간부후보생)</th><th>경사 · 경장
· 순경</th></tr>
<tr><td rowspan="2">토플
(TOFEL)</td><td rowspan="2">아메리카합중국 이.티.에스.(ETS: Education Testing Service)에서 시행하는 시험(Test of English as a Foreign Language)으로서 그 실시방식에 따라 피.비.티.(PBT: Paper Based Test) 및 아이.비.티.(IBT: Internet Based Test)로 구분한다.</td><td>PBT
530점 이상</td><td>PBT
490점 이상</td><td>PBT
470점 이상</td></tr>
<tr><td>IBT
71점 이상</td><td>IBT
58점 이상</td><td>IBT
52점 이상</td></tr>
<tr><td>토익
(TOEIC)</td><td>아메리카합중국 이.티.에스.(ETS: Education Testing Service)에서 시행하는 시험(Test of English for International Communication)을 말한다.</td><td>700점 이상</td><td>625점 이상</td><td>550점 이상</td></tr>
<tr><td>텝스
(TEPS)</td><td>서울대학교 영어능력검정시험(Test of English Proficiency developed by Seoul National University)을 말한다.</td><td>340점 이상</td><td>280점 이상</td><td>241점 이상</td></tr>
<tr><td>지텔프
(GTELP)</td><td>미국 국제테스트연구원(International Testing Services Center)에서 주관하는 시험(General Test of English Language Proficiency)을 말한다.</td><td>Level 2의
65점 이상</td><td>Level 2의
50점 이상</td><td>Level 2의
43점 이상</td></tr>
<tr><td>플렉스
(FLEX)</td><td>한국외국어대학교 어학능력검정시험(Foreign Language Examination)을 말한다.</td><td>625점 이상</td><td>520점 이상</td><td>457점 이상</td></tr>
<tr><td>토셀
(TOSEL)</td><td>한국교육방송공사에서 주관하는 시험(Test of the Skills in the English Language)을 말한다.</td><td>Advanced
690점 이상</td><td>Advanced
550점 이상</td><td>Advanced
510점 이상</td></tr>
</table>

비고: 위 표에서 정한 시험은 해당 채용시험의 최종시험 시행예정일부터 거꾸로 계산하여 3년이 되는 해의 1월 1일 이후에 실시된 시험으로서 해당 채용시험의 필기시험 시행예정일 전날까지 점수(등급)가 발표된 시험으로 한정하며, 기준점수가 확인된 시험만 인정한다. 이 경우 그 소명방법은 시험실시권자가 정하여 고시한다.

28 경찰공무원 임용령 제41조 제1항 제1호 별표 5.

⑧ 한국사 과목을 대체하는 한국사능력검정시험

표 1-5 한국사 과목을 대체하는 한국사능력검정시험의 종류 및 기준등급[29]

시험의 종류		기준등급	
		총경 · 경정 · 경감 · 경위	경사 · 경장 · 순경
한국사능력검정시험	국사편찬위원회에서 주관하여 시행하는 시험 (한국사능력검정시험)을 말한다.	2급 이상	3급 이상

비고: 위 표에서 정한 시험은 해당 채용시험의 최종시험 시행예정일부터 거꾸로 계산하여 4년이 되는 해의 1월 1일 이후에 실시된 시험으로서 해당 채용시험의 필기시험 시행예정일 전날까지 등급이 발표된 시험으로 한정하며, 기준등급이 확인된 시험만 인정한다. 이 경우 그 소명방법은 시험실시권자가 정하여 고시한다.

⑨ 종합적성검사

종합적성검사는 인성검사와 정밀신원조회로 구분하여 실시한다.[30]

인성검사는 성격 · 인재상 · 경찰윤리성을 측정하는 280개 문항으로 60분이 주어진다. 검사결과는 면접위원에게 참고자료로 전달된다.

⑩ 면접시험

면접은 1단계면접(집단면접)과 2단계면접(개별면접) 방식으로 진행된다.[31]

면접위원은 각 단계별로 5명 이내로 성별을 고려하여 구성하되, 외부위원과 채용예정 계급보다 상위계급의 경찰공무원과 중에서 선발한다. 이 경우 성비를 고려하여 구성하되, 위원의 2분의 1 이상을 외부전문가인 다른 행정기관 소속 공무원 또는 민간인으로 한다. 기본적인 요건은 다음과 같다.[32]

1. 해당 직무분야에 관한 전문적인 학식 또는 능력이 있는 사람
2. 임용 예정직무에 관한 실무에 정통한 사람

내부위원은 다음에 해당하는 사람 중에서 선발한다.

1단계 면접시험 내부위원의 자격은 다음과 같다.

29 경찰공무원 임용령 제41조 제1항 제2호 별표 7.

30 경찰공무원 임용령 시행규칙 제35조.

31 경찰공무원 채용시험에 관한 규칙 제22조–제23조.

32 경찰공무원 채용시험에 관한 규칙 제23조 제1항–제2항.

1. 모범공무원 또는 자랑스런 경찰관으로 선발된 경력이 있는 사람
2. 전년도 근무성적이 해당계급의 상위 10퍼센트 내인 사람
3. 전년도 매분기 외근성적이 시·도경찰청 순위 5위 이내인 사람
4. 경찰서소속 경찰공무원 중 경찰서장이 면접위원으로 추천한 사람
5. 경찰청장 또는 시·도경찰청장이 면접위원으로 적합하다고 인정하는 사람

2단계 면접시험 내부위원의 자격은 다음과 같다.

1. 모범공무원 또는 자랑스런 경찰관으로 선발된 경력이 있는 사람
2. 경찰청장 또는 시·도경찰청장이 면접위원으로 적합하다고 인정하는 사람

면접시험은 50점 만점으로 하되, 경찰공무원으로서의 적성검사 결과는 다른 평가요소의 판단자료로 활용한다.[33] 평가요소와 배점은 [표 1−6]과 같다.

면접시험의 합격자는 각 면접위원의 평가 점수를 합산한 총점의 40% 이상을 득점한 사람으로 한다. 다만, 면접위원의 과반수가 평가요소 중 어느 하나를 2점 이하로 평가한 경우에는 불합격으로 한다.

표 1–6 면접시험 채점표[34]

응시분야	응시지구	응시번호	성 명

평 가 항 목	배 점	득 점
1. 상황판단 · 문제해결 능력	10	
2. 의사소통 능력	10	
3. 경찰윤리의식(공정, 사명감, 청렴성)	10	
4. 성실성 · 책임감	10	
5. 협업 역량	10	
득 점 계	50	
면 접 위 원	계 급	성 명
		(인)

비고: 제1호부터 제5호까지의 평가요소 평점은 1점부터 10점까지 정수로 표시한다.

33 경찰공무원 임용령 시행규칙 제36조.

34 경찰공무원 채용시험에 관한 규칙 제10조 제6항.

2. 경위공개경쟁채용

경위공개경쟁채용은 경찰대학에서 관장하며, 이하의 내용은 경찰공무원 임용령, 경찰공무원 임용령 시행규칙, 경찰대학의 경위공개채용계획 등을 참고하였다.

경위공개경쟁채용 분야는 일반전형 40명, 세무·회계 5명, 사이버 5명 등 모두 50명이며, 성별 구분 없이 선발한다.

① 채용단계

표 1-7 경위공개채용단계

구분	내용	배점
1차(필기시험)	5과목	50점
2차(신체, 체력, 적성)	국공립병원 신체검사서, 신체검사기준표, 신체검사세부기준, 순환식체력검사, 성격 · 인재상 · 경찰윤리검사(450문항, 130분)	25점
3차(면접)	집단면접, 개별면접, 가산점	25점

자료: 경찰대학, 2025년 제74기 경위공개경쟁채용시험공고, 재구성.

② 응시자격

경위신규채용시험의 응시자격은 다음과 같다.[35]

표 1-8 경위신규채용시험 응시자격

구분	응시 자격요건
응시결격 사유	경찰공무원법 제8조 제2항 각호의 임용결격사유에 해당하는 경우 경찰공무원 임용령 제46조 시험부정행위로 다른 법령에 의해 응시자격이 정지당한 경우, 자격정지 이상 형 선고받았으나 사면, 복권된 경우 증빙자료제출
연령	▸ 21세 이상 40세 이하인 사람
병역 · 학력	▸ 제한 없음
운전면허	▸ 1종 대형면허 또는 보통면허 소지 (원서접수일부터 면접시험 최종일까지 유효하여야 함)

35 경찰공무원 임용령 제39조.

③ 필기시험 과목

필기시험의 출제수준은 경찰행정의 기획 및 관리에 필요한 능력 · 지식을 검정할 수 있는 정도로 한다.[37]

표 1-9 경위공개경쟁채용시험의 필기시험 과목 및 배점(400점 만점)[36]

구분	일반		세무 · 회계		사이버	
	과목	배점(점)	과목	배점(점)	과목	배점(점)
공통 (2)	형사법	120	형사법	120	형사법	120
	헌법	60	헌법	60	헌법	60
필수 (2)	경찰학	120	세법개론	80	정보보호론	80
	범죄학	60	회계학	80	시스템 · 네트워크 보안	80
선택 (택1)	행정법	40	상법총칙	60	데이터베이스론	60
	행정학	40	경제학	60	통신이론	60
	민법총칙	40	통계학	60	소프트웨어공학	60
			재정학	60		
검정제	한국사 · 영어					

비고

시험 범위 등은 다음과 같다.

1. 경찰학: 경찰행정법 35% 내외, 경찰학의 기초이론 30% 내외, 경찰행정학 15% 내외, 분야별 경찰활동 15% 내외, 한국경찰의 역사와 비교경찰 5% 내외
2. 형사법: 형법총론 35% 내외, 형법각론 35% 내외, 형사소송법 30% 내외(수사 · 증거 각 15% 내외)
3. 헌법: 기본권 총론 · 각론 80% 내외, 헌법총론 · 한국 헌법의 기본질서 20% 내외
4. 범죄학: 범죄원인론 50% 내외, 범죄대책론 30% 내외, 범죄유형론 10% 내외, 범죄학 일반 10% 내외
5. 위 4과목을 제외한 모든 과목은 전 범위에서 출제

** 한국사능력검정시험 성적표 및 영어능력검정시험 성적표를 기일 내 제출하지 않은 경우 필기시험을 불합격처리한다.

36 경찰공무원 임용령 제41조 제1항 별표 3.

37 경찰공무원 임용령 제31조 제1항.

④ 체력검사

경위공개경쟁채용시험의 체력검사 평가기준은 다음과 같다.[38]

표 1-10 경위공개경쟁채용시험의 체력검사 기준[39]

순환식 체력검사의 평가기준 및 방법

1. 평가종목

순환식 체력검사는 경찰공무원의 직무수행 중에 발생하는 상황을 반영하여 4.2킬로그램의 조끼를 착용하고 다음 각 목의 종목을 연이어 수행한 후 그 완주시간을 측정하는 검사를 말한다(그림 참조).

가. “장애물코스 달리기”는 매트(1.5미터 길이) 넘기, 허들(0.6미터 높이) 넘기, 계단 오르내리기(5단 계단), 장벽(1.5미터 높이) 넘기(2회 순환 시에만 수행)로 구성된 코스를 6회 반복하여 총 340미터를 달리는 종목

나. “장대 허들 넘기”는 엎드린 상태에서 일어나 장대 허들(0.9미터 높이)에 손을 짚고 넘은 후 뒤로 눕기를 3회 반복하는 종목

다. “당기기·밀기”는 신체저항성 기구(32킬로그램)를 각각 당긴 상태와 민 상태로 반원을 그리면서 이동하기를 각각 3회 수행하는 종목

라. “구조하기”는 모형인형(72킬로그램)을 잡고 당겨서 10.7미터 거리를 이동시키는 종목

마. “방아쇠당기기”는 원형으로 구멍(지름 23센티미터)이 뚫려있는 전방 구조물의 원안에 총구를 넣고 주로 사용하는 손은 16회, 반대쪽 손은 15회씩 방아쇠를 당기는 종목

2. 평가기준

제1호 각 목에 따른 종목의 완주시간을 기준으로 평가한 등급은 다음 각 목의 구분에 따른다. 이 경우 완주시간은 측정된 수치 중 소수점 첫째자리 이하는 버리고 1초 단위로 측정하여 기록한다.

가. 완주시간이 4분 40초 이하인 경우: 우수 등급

나. 완주시간이 4분 40초를 초과하고 5분 10초 이하인 경우: 보통 등급

다. 완주시간이 5분 10초를 초과한 경우: 미흡 등급

3. 평가방법

가. 제2호 각 목의 평가등급에 따른 합격 여부는 다음 1)과 2)의 구분에 따른다. 다만, 영 제43조의3에 따라 어느 한 성(性)을 초과하여 합격시키는 경우에는 보통 등급에 속하는 해당 성의 응시자 중 완주시간에 따른 선순위자를 우수 등급을 받은 인원과 합산한 후 해당 성의 선발 예정 인원을 고려하여 합격자를 결정한다.

1) 우수 등급을 받은 사람: 합격

2) 보통 또는 미흡 등급을 받은 사람: 불합격

나. 그 밖에 체력검사의 구체적인 측정방법은 경찰청장이 정한다.

4. 성적 계산 방식

※ 이 부분은 2025.7.1.부터 적용한다. (행정안전부령 제352호, 2022.9.20. 일부개정. 2025.1.1. 시행)

가. 체력검사 성적은 50점을 만점으로 하되, 제3호에 따라 합격 시 48점을 부여하고 무도 분야 자격증 2·3단을 보유한 경우 1점을, 4단 이상을 보유한 경우 2점을 더하여 계산한다.

나. 체력검사 성적 계산 시 인정되는 무도 분야 자격증의 종류는 경찰청장이 정한다.

---

38 경찰공무원 임용령 시행규칙 제34조의2 제2항 제2호 별표 5의3.

그림 1–2 순환식 체력검사 수행 동선

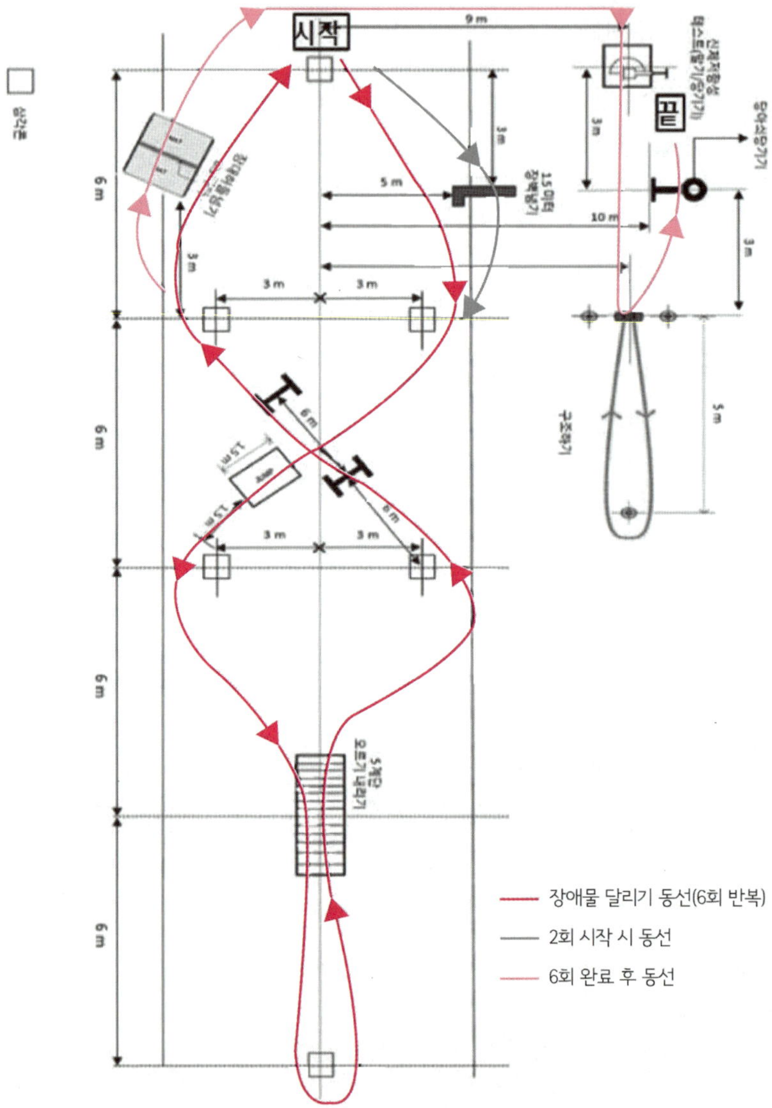

---

39 경찰공무원 임용령 시행규칙 제34조의2제2항 별표 5의3.

⑤ 면접시험

앞의 1. 신규채용 3) 채용시험 ⑩ 면접시험 부분을 참고한다.

그림 1-3 순환식 체력검사 시연도

장애물 코스 달리기(계단)	장애물 코스 달리기(장벽)	장대허들 넘기

밀기-당기기	피해자 구조하기	방아쇠 당기기

⑥ 합격자결정

합격자는 영어능력검정시험 및 한국사능력검정시험에서 각각 기준점수 및 기준등급 이상을 취득할 것, 각 과목 만점의 40% 이상, 전 과목 총점의 60% 이상을 득점할 것, 순환식 체력검사에서 우수 등급을 받은 사람 등 중에서 총점이 높은 사람부터 차례로 합격자를 결정한다.[40]

최종적으로 필기시험 50%, 체력검사 25%, 면접시험 25%(자격증 5%)의 비율로

40 경찰공무원 임용령 제43조.

합산하여 고득점자 순으로 결정한다.

경위공개경쟁채용시험으로 임용된 사람은 그 교육기간에 해당하는 기간 동안 경찰공무원으로 복무해야 한다.[41]

⑦ **양성평등채용목표제 적용**

양성평등채용목표제에 따른 합격자 결정은 다음과 같이 정한다.[42]

1. 체력검사에서 어느 한 성의 합격자가 목표인원에 미달하는 경우 "보통" 등급에 속하는 해당 성 응시자 중 빠른 시간 순으로 "우수"등급을 받은 인원수와 합산하여 목표미달인원 만큼 당초 합격예정인원을 초과하여 합격자를 결정한다.
2. 필기시험에서 어느 한 성의 합격자가 목표인원에 미달하는 경우 영어와 한국사 과목을 제외한 나머지 과목에서 각 과목 만점의 40% 이상, 전 과목 총점의 60% 이상을 득점하고, 총득점에서 합격선의 −3% 점수 이상인 해당 성의 응시자 중에서 점수가 높은 사람부터 차례로 목표미달인원 만큼 당초 합격예정인원을 초과하여 합격자를 결정한다.
3. 면접시험에서 어느 한 성의 합격자가 목표인원에 미달하는 경우 각 면접위원이 평가한 점수를 합산하여 총점의 40% 이상(면접위원 과반수가 어느 하나의 평가요소에 대하여 2점 이하로 평가한 경우는 불합격)을 득점하고 해당 성의 응시자 중에서 총점수가 높은 사람부터 차례로 목표미달인원 만큼 당초 합격예정인원을 초과하여 합격자로 결정한다.
4. 최종 합격자 중 어느 한 성의 합격자가 목표인원에 미달하는 경우 산정한 성적 순으로 해당 성의 응시자 중에서 점수가 높은 사람부터 목표인원에 달할 때까지 선발예정인원을 초과하여 최종 합격자를 결정한다.
5. 시험단계별 합격예정인원을 초과하여 어느 한 성을 추가 선발하였더라도 합격선에 든 다른 성의 합격자를 탈락시켜서는 안 된다.
6. 시험단계별 추가합격선에 해당하는 자가 2인 이상일 경우는 모두 합격자로 한다.

⑧ **부정행위자 제재**

경찰공무원의 채용시험에서 부정행위를 한 응시자에 대하여는 당해 시험을 정지 또는 무효로 하고, 그로부터 5년간 이 경찰공무원 임용령에 의한 시험에 응시할 수 없게 한다.[43]

---

41 경찰공무원 교육훈련규정 제25조.

42 경찰공무원 임용령 제43조의3; 경찰공무원 채용시험에 관한 규칙 제24조의2.

1. 다른 수험생의 답안지를 보거나 본인의 답안지를 보여주는 행위
2. 대리 시험을 의뢰하거나 대리로 시험에 응시하는 행위
3. 통신기기, 그 밖의 신호 등을 이용하여 해당 시험 내용에 관하여 다른 사람과 의사소통하는 행위
4. 부정한 자료를 가지고 있거나 이용하는 행위
5. 병역, 가점 등 시험에 관한 증명서류에 거짓 사실을 적거나 그 서류를 위조·변조하여 시험결과에 부당한 영향을 주는 행위
6. 체력검사나 실기시험에 영향을 미칠 목적으로 인사혁신처장이 정하여 고시하는 금지약물을 복용하거나 금지방법을 사용하는 행위
7. 그 밖에 부정한 수단으로 본인 또는 다른 사람의 시험결과에 영향을 미치는 행위

경찰공무원의 신규채용시험에서 다음에 해당하는 행위를 한 사람에 대해서는 그 시험을 정지하거나 무효로 한다.[44]

1. 시험 시작 전에 시험문제를 열람하는 행위
2. 시험 시작 전 또는 종료 후에 답안을 작성하는 행위
3. 허용되지 아니한 통신기기 또는 전자계산기를 가지고 있는 행위
4. 그 밖에 시험의 공정한 관리에 영향을 미치는 행위로서 시험실시기관의 장이 시험의 정지 또는 무효 처리기준으로 정하여 공고한 행위

다른 법령에 의한 국가공무원 또는 지방공무원의 임용시험에서 부정행위를 하여 당해 시험에의 응시자격이 정지 중에 있는 자는 그 기간 중 경찰공무원 시험에 응시할 수 없다.

부정행위를 한 응시자가 공무원일 경우에는 시험실시권자는 관할징계위원회에 징계의결을 요구하거나 그 공무원이 소속하고 있는 기관의 장에게 이를 요구하여야 한다.

시험실시권자는 부정행위를 한 응시자의 명단을 관보에 게재하여야 한다.

⑨ **교육 및 배치**

경위채용시험합격자는 경찰대학에서 교육을 받게 되며, 1년간 교육수당을 매

43 경찰공무원 임용령 제46조 제1항.

44 경찰공무원 임용령 제46조 제2항.

월 지급받고, 졸업 후 경위로 임용된다. 임용 후 필수적으로 지구대 또는 파출소에서 6개월을 근무하여야 한다. 다만 일반분야 대상자는 경찰서 수사부서 경제팀에 3년, 세무회계분야 대상자는 수사·재정·감사부서에서 3년간, 사이버분야 대상자는 수사·정보통신 관련 부서에서 3년간 근무하여야 한다.[45]

3. 순경공개경쟁채용

순경의 채용은 각 시·도경찰청에서 관장하며, 이하의 내용은 경찰공무원 임용령, 경찰공무원 임용령 시행규칙 등을 참고하였다.

① 채용절차

표 1-11 순경 채용절차

단계	내용	배점
제1차 시험	필기시험	50%
제2차 시험	신체검사, 체력검사, 적성검사	25%
제3차 시험	응시자격 등 심사	-
제4차 시험	면접	25%

② 응시자격

순경의 응시자격은 다음과 같다.[46]

표 1-12 순경 응시자격

구분	응시 자격요건
연령	▸ 18세 이상 40세 이하인 사람 ※ 「경찰공무원 임용령」 제39조 제2항 - 제대군인은 군복무*기간 1년 미만은 1세, 1년 이상 2년 미만은 2세, 2년 이상은 3세씩 상한 응시연령 연장 * 군 복무 : 제대군인, 사회복무요원, 공중보건의사, 병역판정검사전담의사, 국제협력의사, 공익법무관, 공중방역수의사, 전문연구요원, 산업기능요원
학력	▸ 학력 제한 없음
병역	▸ 남자는 병역을 필하였거나 면제된 사람(면접 전까지 전역 예정인 사람 포함)

45 경찰공무원 인사운영 규칙, 제32조−제35조. 경찰청예규 제641호, 2025. 7. 21. 일부개정, 2025. 7. 21. 시행.

46 경찰공무원 임용령 제39조.

	※ 만기전역한 사람 외에 가사사정으로 인한 전역, 직권면직된 사람중 공상으로 전역한 사람에게도 응시자격 인정
운전면허	▶ 1종 대형면허 또는 보통면허를 소지한 사람* * 「도로교통법」 제80조 제2항 제1호에 따른 제1종 보통 운전면허 이상을 소지하여야 함(원서접수일부터 면접시험 최종일까지 유효하여야 함)

③ 필기시험 과목

필기시험의 출제수준은 경찰업무수행에 필요한 기본적 능력·지식을 검정할 수 있는 정도로 한다.

표 1-13 순경 · 경정 공개경쟁채용시험의 필기시험 과목 및 배점[47]

경과별 / 분야별 / 시험별		일반		항공		정보통신	
		일반(보안)		항공		전산 · 정보통신	
순경공개경쟁 채용시험 **과목별 40% 이상 득점 자 중 고득점자순	필수	한국사	자격검정	한국사	-	한국사	-
		영어	자격검정			영어	-
		형사법	40문제: 100점	항공영어	100	컴퓨터일반	100
		헌법	25문제: 50점	항공법규	100	통신이론	100
		경찰학	40문제: 100점	비행이론	100	정보관리론	100

비고

1. 순경 공개경쟁채용시험 제3차시험의 필수과목 중 헌법, 형사법, 경찰학의 시험 범위 및 출제 비율은 다음 각 목과 같다.
   가. 형사법: 형법총론 35% 내외, 형법각론 35% 내외, 형사소송법 30% 내외(수사·증거 각 15% 내외)
   나. 헌법: 기본권 총론·각론 80% 내외, 헌법총론·한국 헌법의 기본질서 20% 내외
   다. 경찰학: 경찰행정법 35% 내외, 경찰학의 기초이론 30% 내외, 경찰행정학 15% 내외, 분야별 경찰활동 15% 내외, 한국경찰의 역사와 비교경찰 5% 내외
2. 항공분야 경찰공무원 공개경쟁채용시험의 필기시험 필수과목 중 항공법규의 범위는 다음 각 목과 같다.
   가. 「공항시설법」과 같은 법 시행령 및 시행규칙
   나. 「항공사업법」과 같은 법 시행령 및 시행규칙
   다. 「항공안전법」과 같은 법 시행령 및 시행규칙

표 1–14 순경–총경 경력경쟁채용시험등의 필기시험과목[48]

계급	분야	일반(보안)	전투	외사	경찰특공대	교통공학	항공	전산·정보통신	법학	세무회계	사이버수사	사이버보안수사
경과		일반					항공	정보통신	수사			보안
총경·경정	필수	행정법, 형법, 형사소송법	행정법, 형사법, 군사학	행정법, 형법, 국제법, 영어			행정법, 항공법규, 비행이론	행정법, 형법, 전기통론				
총경·경정	선택			프랑스어, 독일어, 일본어, 중국어, 스페인어, 러시아어, 아랍어 중 1과목			항공역학, 항공기상학 중 1과목	전산학개론, 유선공학, 무선공학 중 1과목				
경감·경위	필수	행정법, 형법, 형사소송법	행정법, 형사법, 군사학	형법, 국제법, 영어			행정법, 항공법규, 비행이론	행정법, 형법, 전기통론				
경감·경위	선택			프랑스어, 독일어, 일본어, 중국어, 스페인어, 러시아어, 아랍어 중 1과목			항공역학, 항공기상학 중 1과목	전산학개론, 유선공학, 무선공학 중 1과목				
경사·경장·순경	필수	한국사, 영어, 형법, 형사소송법, 경찰학	한국사, 영어, 형법, 형사소송법, 군사학	한국사, 형법, 형사소송법	형법, 형사소송법, 경찰학	경찰교통론, 교통공학원론	한국사, 항공영어, 항공법규, 비행이론	한국사, 영어, 컴퓨터일반	형법, 형사소송법, 민법, 헌법, 경찰학	형법, 형사소송법	정보보호론, 시스템네트워크보안	정보보호론, 시스템네트워크보안
경사·경장·순경	선택			영어, 프랑스어, 독일어, 일본어, 중국어, 스페인어, 러시아어, 아랍어 중 1과목				통신이론, 정보관리론 중 1과목			데이터베이스론, 정보보안관리 및 법규, 디지털포렌식개론 중 1과목	데이터베이스론, 정보보안관리 및 법규, 디지털포렌식개론 중 1과목

1. 각 과목의 배점은 100점으로 한다. 다만, 필수과목 중 영어 및 한국사는 배점이 없고, 경찰행정분야 경사·경장·순경 경력경쟁채용시험등의 필수과목 중 범죄학의 배점은 50점으로 한다.
2. 형사법, 헌법, 경찰학, 범죄학의 시험 범위 및 출제 비율은 다음 각 목과 같다.
   가. 형사법: 형법총론 35% 내외, 형법각론 35% 내외, 형사소송법 30% 내외(수사·증거 각 15% 내외)
   나. 헌법: 기본권 총론·각론 80% 내외, 헌법총론·한국 헌법의 기본질서 20% 내외
   다. 경찰학: 경찰행정법 35% 내외, 경찰학의 기초이론 30% 내외, 경찰행정학 15% 내외, 분야별 경찰활동 15% 내외, 한국경찰의 역사와 비교경찰 5% 내외
   라. 범죄학: 범죄원인론 50% 내외, 범죄대책론 30% 내외, 범죄유형론 10% 내외, 범죄학 일반 10% 내외
3. 항공분야 경찰공무원 경력경쟁채용시험등의 필기시험 필수과목 중 항공법규의 범위는 다음 각 목과 같다.
   가. 「공항시설법」과 같은 법 시행령 및 시행규칙
   나. 「항공사업법」과 같은 법 시행령 및 시행규칙
   다. 「항공안전법」과 같은 법 시행령 및 시행규칙
4. 경찰청장은 외사분야의 경찰공무원 경력경쟁채용시험등의 필기시험 선택과목이 아닌 외국어에 대해 특별한 수요가 있는 경우에는 해당 외국어를 선택과목에 추가할 수 있다.
5. 외사분야의 경찰공무원 경력경쟁채용시험등의 필기시험 선택과목 중 외국어과목(영어는 제외한다)은 경찰청장이 지정하는 국내외 외국어 시험전문기관에서 실시하는 외국어 시험으로 대체할 수 있다.

---

47 경찰공무원 임용령 제41조 제1항 별표 2.

48 경찰공무원 임용령 제41조 제1항 별표 4.

④ **체력검사**

경위신규공개채용시험의 체력검사 기준과 동일하다.

⑤ **면접시험**

경위신규공개채용시험의 내용 및 절차에 준한다.

⑥ **교육 및 배치**

신임교육 전 ① 병역복무, ② 학업의 계속, ③ 6개월 이상 장기요양 질병, ④ 임신·출산, ⑤ 그 밖에 부득이하다고 인정되는 경우 임용유예가 가능하다.

최종 합격자는 52주 이내 신임교육 후 결원 범위 내에서 교육성적 순위에 의해 임용된다.[49] 인력수급에 따라 임용 대기가 발생할 수도 있다.

신임교육기간 중 적정 보수를 지급하고, 최초 임용된 시·도경찰청에서 다른 시·도경찰청으로는 10년간 전보를 제한한다. 경사 이하로 신규채용된 경찰공무원은 지구대, 파출소, 기동순찰대, 경찰기동대나 그 밖에 경비업무를 수행하는 부서에 보직하여야 한다.[50]

4. 채용후보자의 명부 등재 및 임용순서

1) 등 재

경찰청장 및 임용권자 등은 신규채용시험에 합격한 사람(경찰대학을 졸업한 사람과 경위신규채용 포함)을 성적 순위에 따라 채용후보자 명부에 등재하여야 한다.

채용후보자 명부의 유효기간은 최대 2년이다. 다만, 경찰청장은 필요에 따라 1년의 범위에서 그 기간을 연장할 수 있다.[51]

다음에 해당하는 기간은 이 기간에 넣어 계산하지 아니한다.[52]

1. 신규채용시험에 합격한 사람이 채용후보자 명부에 등재된 이후 그 유효기간 내에 「병역법」에 따른 병역 복무를 위하여 군에 입대한 경우(대학생 군사훈련 과정 이수

49 경찰공무원법 제12조 제2항, 경찰공무원 교육훈련규칙 별표.

50 경찰공무원 임용령 제23조; 경찰공무원 인사운영 규칙, 제12조. 경찰청예규 제641호, 2025. 7. 21., 일부개정, 2025. 7. 21. 시행.

51 경찰공무원법 제12조, 경찰공무원 임용령 제18조.

52 경찰공무원법 제12조 제3항; 경찰공무원 임용령 제18조 제4항.

자를 포함)의 의무복무 기간

2. 병역법」에 따른 병역의무 이행을 위하여 징집 또는 소집되어 복무 중인 사람이 신규 채용시험에 합격하여 채용후보자 명부에 등재된 경우 그 등재일부터 의무복무 만료일까지의 기간

채용후보자는 채용후보자 등록원서 등을 지정된 기한내에 임용권자 또는 임용제청권자에게 등록하여야 한다. 임용권자 또는 임용제청권자는 임용적격자에 한하여 채용후보자명부에 등재하고, 등록필증을 본인에게 송부한다. 다만, 교육훈련통지서로 등록필증에 갈음할 수 있다.

채용후보자가 공무원 결격사유에 해당되는 때 또는 경력경쟁채용 결격사유[53]에 해당하는 때에는 등록을 하지 아니하거나 이를 취소하고 지체없이 그 사유를 본인에게 통지하여야 한다.

2) 임용 순서

경찰공무원의 신규채용은 채용후보자 명부의 등재 순위에 따른다. 다만, 채용후보자가 경찰교육기관에서 신임교육을 받은 경우에는 그 교육성적 순위에 따른다.[54]

임용권자는 경찰공무원의 결원을 보충할 때 채용후보자 명부 또는 승진후보자 명부에 등재된 후보자 수가 결원 수보다 적고, 인사행정 운영상 특히 필요하다고 인정할 때에는 그 결원된 계급에 관하여 다른 임용권자가 작성한 자치경찰공무원의 신규임용후보자 명부 또는 승진후보자 명부를 해당 기관의 채용후보자 명부 또는 승진후보자 명부로 보아 해당 자치경찰공무원을 임용할 수 있다. 이 경우 임용권자는 그 자치경찰공무원의 임용권자와 협의하여야 한다.

3) 채용후보자의 자격상실

채용후보자가 다음에 해당하는 경우에는 채용후보자로서의 자격을 상실한다.[55]

53 경찰공무원 임용령 제16조에 의거, 종전의 재직기관에서 감봉 이상의 징계처분을 받은 자 및 계급정년에 해당되어 정년퇴직한 자 등이 이에 해당한다.

54 경찰공무원법 제12조.

55 경찰공무원 임용령 제19조.

1. 채용후보자가 임용 또는 임용제청에 응하지 않은 때
2. 채용후보자로서 받아야 할 교육훈련에 응하지 않은 경우
3. 채용후보자로서 받은 교육훈련과정의 수료요건 또는 졸업요건을 갖추지 못한 경우
4. 채용후보자로서 교육훈련 중 질병, 병역 복무 또는 그 밖에 교육훈련을 계속할 수 없는 불가피한 사정 외의 사유로 퇴교처분을 받은 경우
5. 채용후보자로서 품위를 크게 손상하는 행위를 함으로써 경찰공무원으로서의 직무를 수행하기 곤란하다고 인정되는 경우
6. 법 또는 법에 따른 명령을 위반하여 파면, 해임, 강등, 정직 등 중징계 사유에 해당하는 비위를 저지른 경우
7. 법 또는 법에 따른 명령을 위반하여 감봉, 견책 등 경징계 사유에 해당하는 비위를 2회 이상 저지른 경우

5. 시보임용

1) 의 의

시보임용(試補任用, probation)이란 경정 이하 경찰공무원을 신규채용하는 경우 경찰관으로서 적합한지 여부를 확인하기 위하여 시보로 임용하는 것을 말한다. 시보제도는 공무원을 선발함에 있어 채용시험이나 면접시험을 통하여 공무원으로서의 적격성을 모두 검토할 수 없으므로 그 미비점을 보완하는 목적과 함께 후보자에게 기초적응훈련을 시킨다는 목적을 가지고 있다.[56]

그러나 다음의 경우에는 시보임용의 규정을 적용하지 않는다.[57]

① 경찰대학을 졸업한 자 또는 경위공개경쟁채용시험합격자로서 소정의 교육을 마친 자를 경위로 임용하는 경우
② 경찰공무원으로서 상위계급에의 승진에 필요한 자격요건을 갖추고 임용예정계급에 상응한 공개경쟁채용시험에 합격한 자를 당해 계급의 경찰공무원으로 임용하는 경우
③ 퇴직한 경찰공무원으로서 퇴직시에 재직한 계급의 채용시험에 합격한 자를 재임용하는 경우
④ 자치경찰공무원을 그 계급에 상응하는 경찰공무원으로 임용하는 경우

56 국가공무원법 제29조. 국가공무원의 경우 5급은 1년, 6급 이하는 6개월간 시보임용한다.
57 경찰공무원법 제13조.

2) 기간 및 교육훈련

경찰공무원의 시보임용기간은 1년이며, 시보임용기간이 만료된 다음날 정규 경찰공무원으로 임용한다. 그러나 휴직기간·직위해제기간 및 징계에 의한 정직 또는 감봉처분을 받은 기간은 시보임용기간에 산입하지 않는다.

임용권자 또는 임용제청권자는 시보임용경찰공무원 또는 시보임용예정자에 대하여 일정한 기간 교육훈련을 시킬 수 있다. 교육훈련을 받는 기간 동안 임용예정 계급의 1호봉에 해당하는 봉급의 80%에 상당하는 금액 등을 지급할 수 있다.[58]

3) 시보임용경찰공무원의 정규임용심사위원회

임용권자 또는 임용제청권자는 시보임용경찰공무원을 정규 경찰공무원으로 임용 또는 임용 제청하거나 면직 또는 면직 제청하려는 경우에는 임용심사위원회의 의결을 거쳐야 한다.[59]

임용심사위원회는 시보임용경찰공무원을 정규 경찰공무원으로 임용 또는 임용 제청하기 위한 의결을 하려는 경우에는 해당 공무원의 근무성적, 교육훈련성적, 근무태도, 공직관 등에 대한 평가를 실시해야 한다.

위원회는 위원장 1명을 포함하여 5명 이상 7명 이하의 위원으로 구성한다. 위원장은 위원 중 가장 계급이 높은 경찰공무원이 된다. 위원은 소속 경감 이상 경찰공무원 중에서 임용심사위원회가 설치된 기관의 장이 임명하되, 심사대상자보다 상위 계급자로 한다.[60]

위원회는 재적위원 3분의 2 이상 출석과 출석위원 과반수 찬성으로 의결한다.

위원회는 다음의 구분에 따라 회의를 개최할 수 있다.

1. 채용후보자 자격상실 여부를 결정하기 위한 회의: 채용후보자 명부에 등재된 날부터 시보임용 전까지
2. 시보임용경찰공무원을 정규 경찰공무원으로 임용 또는 임용 제청하기 위한 회의: 시보임용경찰공무원의 시보임용 기간 종료일 1개월 전부터
3. 시보임용경찰공무원을 면직 또는 면직 제청하기 위한 회의: 시보임용경찰공무원의 시보임용 기간 중

58 경찰공무원 임용령 제21조.

59 경찰공무원 임용령 제20조의2.

60 경찰공무원 임용령 시행규칙 제10조.

4) 시보임용경찰공무원의 정규임용 배제

임용권자 또는 임용제청권자는 시보임용경찰공무원이 다음에 해당하여 정규경찰공무원으로 임용함이 부적당하다고 인정되는 경우에는 임용권자 산하의 정규임용심사위원회의 심사를 거쳐 당해 시보임용 경찰공무원을 면직시키거나 면직을 제청할 수 있다.[61]

1. 징계사유에 해당할 때
2. 교육훈련 중 질병, 병역 복무 또는 그 밖에 교육훈련을 계속할 수 없는 불가피한 사정 외의 사유로 퇴교처분을 받은 경우
3. 신임 교육훈련성적이 만점의 60% 미만이거나 생활기록이 극히 불량할 때
4. 근무평정 중 지휘관의 평정 즉, 제2평정요소에 대한 근무성적평정점이 만점의 50% 미만일 때

Ⅲ. 경찰공무원관계의 변경

1. 전보 · 전과 · 파견근무

1) 전 보

전보(轉補)란 경찰공무원의 동일 직위 및 자격 내에서 근무기관이나 부서를 달리하는 임용행위이다.[62] 임용권자 또는 임용제청권자는 경찰공무원의 동일직위에서의 장기근무로 인한 직무수행의 침체현상을 방지하여 창의적이며 활력 있는 직무성과의 증진을 위하여 정기적으로 전보를 실시하여야 한다.

임용권자등은 소속 경찰공무원이 해당 직위에 임용된 날부터 1년 이내(감사업무를 담당하는 경찰공무원의 경우에는 2년 이내)에 다른 직위에 전보할 수 없다.

다만, 직제상 최저단위인 보조기관 또는 보좌기관 내에서 전보하는 경우 등 일정한 사유가 있는 경우에는 예외로 한다.

61 경찰공무원 임용령 제20조.

62 경찰공무원 임용령 제26조부터 제27조.

2) 전 과

전과(轉科)란 경과의 변경을 말한다.[63] 전과를 원하는 경찰공무원은 전과시험에 합격하여야 하며, 경과별 정원 및 인원을 고려하여 임용권자가 전과발령을 행하는 것이 원칙이다.

3) 파견근무

파견근무란 국가의 각급 기관장이 국가적 업무의 수행 또는 그와 관련된 행정지원이나 연수, 기타 능력개발 등을 위하여 필요한 때에는 소속 공무원을 다른 국가기관·공공단체·정부투자기관·국내외의 교육기관·연구기관 등에 일정기간 근무하게 하는 것을 말한다.[64]

2. 휴직과 직위해제 및 복직

1) 휴 직

휴직(休職)이란 일정한 사유로 인하여 경찰공무원으로서의 신분은 보유하면서 일정기간 동안 직무에 종사하지 못하는 것을 말한다.

휴직에는 임용권자의 직권에 의한 직권휴직과 경찰공무원 본인의 의사에 의하여 임용권자가 행하는 의원휴직이 있다.

직권휴직 사유가 발생한 경우 임용권자는 본인의 의사에 불구하고 휴직을 명하여야 한다.[65]

① 신체정신상의 장애로 장기요양을 요할 때: 1년 이내(1년 이내 연장 가능), 공무상 질명, 부상 3년(2년 연장 가능)
② 병역복무를 필하기 위하여 징집 또는 소집되었을 때: 기간 종료 때까지
③ 천재·지변 또는 전시·사변이나 기타의 사유로 인하여 생사 또는 소재가 불명하게 되었을 때: 3개월 이내
④ 기타 법률의 규정에 의한 의무를 수행하기 위하여 직무를 이탈하게 되었을 때: 기간 종료 때까지

63 경찰공무원 임용령 제2조.
64 경찰공무원 임용령 제30조.
65 국가공무원법 제71조 제1항.

⑤ 공무원의 노동조합 설립 및 운영 등에 관한 법률상 노동조합 전임자로 종사하게 된 때: 전임 기간 내

경찰공무원이 다음에 해당하는 사유로 휴직을 요청하는 경우에는 임용권자는 휴직을 명할 수 있다.[66]

① 국제기구, 외국기관, 국내외의 대학·연구기관, 다른 국가기관 또는 대통령령이 정하는 민간기업 그 밖의 기관에 임시로 채용될 때: 채용기간, 민간기업 등 3년 이내
② 해외유학을 하게 된 때: 3년 이내, 2년 연장 가능
③ 중앙인사관장기관의 장이 지정하는 연구기관이나 교육기관 등에서 연수하게 된 때
④ 만 8세 이하 또는 초등학교 2학년 이하 자녀양육, 여자공무원이 임신 또는 출산하게 된 때(대통령령[67]으로 정하는 특별한 사유가 없으면 휴직을 명해야 한다). 이 경우 임용권자는 휴직을 이유로 인사에 불리한 처우를 하여서는 아니 된다.[68]: 자녀 1명에 대해 3년 이내
⑤ 조부모, 부모(배우자의 부모를 포함), 배우자, 자녀 또는 손자녀를 부양하거나 돌보기 위하여 필요한 경우. 다만, 조부모나 손자녀의 돌봄을 위하여 휴직할 수 있는 경우는 본인 외에 돌볼 사람이 없는 등 대통령령등으로 정하는 요건을 갖춘 경우로 한정: 1년 이내, 재직기간 중 총 3년 이내
⑥ 외국에서 근무·유학 또는 연수하게 되는 배우자를 동반하게 된 때: 3년 이내, 2년 연장 가능
⑦ 일정기간 이상 재직 공무원이 직무 관련 또는 자기개발을 위한 학습·연구 등을 하게 된 때: 1년 이내

휴직기간 중에 휴직사유가 소멸되었을 때에는 30일 이내에 임용권자 또는 임용제청권자에게 신고해야 하며, 임용권자는 지체없이 복직을 명하여야 한다.

---

66 국가공무원법 제71조 제2항.

67 공무원임용령 제57조의2(육아휴직) ①육아휴직 명령은 그 공무원이 원할 때에는 이를 분할하여 할 수 있다.
② 법 제71조제2항 각 호 외의 부분 단서에서 "대통령령으로 정하는 특별한 사정"이란 이 영에 따른 공무원과는 다른 법률의 적용을 받는 공무원이 이 영에 따른 공무원이 된 경우 종전의 신분에서 사용한 육아휴직 기간과 법 제71조제2항제4호에 따라 사용하는 육아휴직 기간을 합한 기간이 자녀 1명에 대하여 3년 이상인 경우를 말한다.

68 국가공무원법 제71조 제4항.

2) 직위해제

임용권자는 다음에 해당하는 자에 대하여는 직위를 부여하지 아니할 수 있다. 이를 직위해제(職位解除)라고 한다.[69]

1. 직무수행 능력이 부족하거나 근무성적이 극히 나빠 직위해제된 사람 : 봉급의 80%
2. 고위공무원단에 속하는 일반직공무원으로서 근무성적 불량 등으로 적격심사를 요구받은 자로 직위해제된 사람 : 봉급의 70%. 다만, 직위해제일부터 3개월이 지나도 직위를 부여받지 못한 경우에는 그 3개월이 지난 후의 기간 중에는 봉급의 40%를 지급
3. 파면·해임·강등 또는 정직에 해당하는 징계 의결이 요구 중인 자, 형사 사건으로 기소된 자(약식명령이 청구된 자는 제외), 금품비위, 성범죄 등으로 감사원 및 검찰·경찰 등 수사기관에서 조사나 수사 중인 자로서 비위의 정도가 중대하고 이로 인하여 정상적인 업무수행을 기대하기 현저히 어려운 자 : 봉급의 50%. 다만, 직위해제일부터 3개월이 지나도 직위를 부여받지 못한 경우에는 그 3개월이 지난 후의 기간 중에는 봉급의 30%를 지급

임용권자는 소속 공무원을 직위해제한 경우 그 사유가 소멸된 때에는 지체없이 직위를 부여하여야 한다.

3) 복 직

복직(復職)이란 휴직·직위해제 또는 정직, 강등으로 인한 정직중에 있는 경찰공무원을 직위에 복귀시키는 것을 말한다. 휴직중인 경찰공무원은 휴직기간중 그 사유가 소멸되면 30일 이내에 이를 임용권자 또는 임용제청권자에게 신고하여야 하며 임용권자는 지체없이 복직을 명하여야 한다.

3. 승 진

1) 의 의

경찰공무원의 승진은 바로 하위계급에 있는 경찰공무원 중에서 근무성적·경력평정 기타 능력의 실증(實證)에 의한다. 경무관 및 총경계급으로의 승진은 심사승진에 의한다. 경정 이하 계급에의 승진은 심사승진과 시험승진을 병행한다.[70]

---

69 국가공무원법 제73조의3; 공무원보수규정 제29조, 대통령령 제35838호 2025. 11. 4. 타법개정, 2025. 11. 4. 시행.

2) 요 건

경찰공무원이 승진하기 위해서는 당해계급에서 일정기간 재직하여야 한다.[71]

승진소요최저근무연수

1. 총경: 3년 이상
2. 경정 및 경감: 2년 이상
3. 경위, 경사, 경장, 순경: 1년 이상

다음의 기간은 원칙적으로 승진소요 최저근무연수에 포함되지 않는다.[72]

1. 휴직 기간 2.직위해제 기간 3. 징계처분 기간 4. 승진임용 제한기간
5. 경찰대학 졸업 후 경위 임용자가 의무경찰대원으로 복무한 기간

다음의 기간은 원칙적으로 승진소요 최저근무연수에 포함된다.

표 1-15 승진소요 최저근무연수 산출

구분	포함기간	상세 내용
공무상 질병/부상 휴직	전부	공무상 질병/부상으로 인한 휴직 기간
기타 휴직	전부	병역, 천재지변, 해외 입양 자녀 양육, 대통령령으로 정하는 연구 또는 교육을 위한 휴직 기간
유학 휴직 등	50%	자기 개발을 위한 학습, 연구, 연수 등을 위한 휴직 기간의 50%
육아휴직	전부	육아휴직 기간 (단, 자녀 1명당 총 3년 초과 불가)
직위해제 후 복직/무죄 확정 등	전부	직위해제 사유가 무죄 확정, 징계 의결 요구 기각, 징계 무효/취소 확정, 비위행위 불인정 등 특정 조건에 해당하여 확정된 경우의 직위해제 기간
5급 이상 공무원 경력	20%	채용 전 5급 이상 공무원으로 5년 이상 근무한 기간의 20% (채용 당시 계급에서 근무한 것으로 간주)
사법연수생 수습 기간	전부	경정 이하 승진소요 최저근무연수에 포함
강등 직전 계급 재직	전부	강등되었다가 직전 계급으로 승진한 경우 또는 강등된 경우, 강등 직전 계급에서 재직한 기간

70 경찰공무원법 제15조.

71 경찰공무원 승진임용 규정 제6조. 대통령령 제33986호, 2023. 12. 19., 일부개정, 2026. 7. 1. 시행.

72 경찰공무원 교육훈련규정.

시간선택제전환 경찰공무원의 경우 근무 기간 산정 기준은 다음과 같다.

표 1-16 시간선택제전환 근무기간

구분	포함되는 기간
1년 이하의 기간	해당 기간 전부
1년을 초과하는 기간	근무 시간에 비례한 기간
육아휴직 대체 근무 기간	대상 자녀별 3년의 범위에서 전부

3) 승진임용의 제한

다음의 어느 하나에 해당하는 경찰공무원은 승진임용될 수 없다.[73]

1. 징계의결 요구, 징계처분, 직위해제, 휴직(공무상 질병 또는 부상으로 인한 휴직자를 특별유공 또는 간첩 등 검거 등으로 특별승진임용하는 경우는 제외), 시보임용 기간 중에 있는 사람
2. 징계처분의 집행이 끝난 날부터 다음의 구분에 따른 기간

강등·정직: 18개월, 감봉: 12개월, 견책: 6개월

다만, 위 기간에 공무상 배임, 횡령, 소극행정, 음주운전(음주측정에 응하지 않은 경우), 성폭력, 성희롱 및 성매매 등 징계처분시: 각각 6개월을 더한다.

3. 경찰과 다른 공무원으로 재직하다가 경찰공무원으로 임용된 사람으로서, 종전의 신분에서 징계처분을 받고 그 징계처분의 집행이 끝난 날부터 다음의 구분에 따른 기간이 지나지 아니한 사람

강등: 18개월, 근신·영창 또는 그 밖에 이와 유사한 징계처분: 6개월

4. 계급정년이 연장된 사람[74]

경찰공무원이 징계처분을 받은 후 해당 계급에서 다음의 포상을 받은 경우에는 위 승진임용 제한기간의 2분의 1을 단축할 수 있다.

73 경찰공무원 승진임용 규정 제6조.

74 경찰공무원법 제30조(정년) ③ 수사, 정보, 외사, 보안, 자치경찰사무 등 특수 부문에 근무하는 경찰공무원으로서 대통령령으로 정하는 바에 따라 지정을 받은 사람은 총경 및 경정의 경우에는 4년의 범위에서 대통령령으로 정하는 바에 따라 제1항제2호에 따른 계급정년을 연장할 수 있다.

1. 훈장
2. 포장
3. 모범공무원 포상
4. 대통령표창 또는 국무총리표창
5. 제안이 채택·시행되어 받은 포상

4) 승진대상자 명부 작성

승진대상자명부작성자는 필요한 경우 승진대상자 명부를 경과별 또는 특수분야별로 작성할 수 있다.[75] 승진대상자 명부는 매년 1월 1일을 기준으로 작성한다. 다만, 경무관 및 총경으로의 승진대상자 명부는 매년 11월 1일을 기준으로 작성한다.

총경 이하 경찰공무원에 대한 승진대상자 명부는 경찰기관의 장(승진대상자명부작성자)이 계급별로 근무성적 평정점 65%, 경력 평정점 35% 비율을 반영하여 작성한다. 자격증 소지자, 국어 또는 외국어 능력이 우수한 사람, 재직 중 학사·석사 또는 박사 학위를 취득한 사람에게 가산점을 줄 수 있다.[76]

1. 경정 이상 경찰공무원과 경찰청 소속 경위 이상 경찰공무원: 경찰청장
2. 경감 이하 경찰공무원(경찰서 소속 경사 이하 제외): 경찰대학·경찰인재개발원·중앙경찰학교·경찰수사연수원·경찰병원 및 시·도경찰청의 장
3. 경찰청 소속 경사 이하 경찰공무원: 경찰청의 각 국(局) 단위급 부서별 국장급 부서장
4. 경찰서 소속 경사 이하 경찰공무원: 경찰서장

다만 경찰청장은 위 3호의 승진대상자 명부를, 시·도경찰청장은 위 4호의 승진대상자 명부를 계급별로 통합하여 작성하되, 통합된 명부에 기록하는 순서는 각 명부의 총평정점 순위에 따른다.[77]

75 경찰공무원 승진임용 규정 제11조.

76 경찰공무원 승진임용 규정 시행규칙 제15조, 행정안전부령 제456호, 2024. 1. 19., 일부개정, 2026. 7. 1. 시행. 2026. 6. 30.자로 자격증, 학위가점 제도는 폐지된다.

77 경찰공무원 승진임용 규정 제11조 제4항.

5) 승진의 유형

경찰공무원의 승진방법에는 심사승진, 근속승진, 시험승진, 특별승진이 있다.

승진예정인원은 경무관으로는 정원의 25%, 총경으로는 20%를 초과할 수 없다. 특별승진 비중은 경정승진은 전체 경정 승진 예정인원의 3% 이내, 경감 이하 승진은 해당계급의 승진 예정인원의 30% 이내로 한다. 심사승진은 특별승진 인원 비중을 제외한 나머지의 70%를, 시험승진은 30%로 한다.[78]

(1) 심사승진

심사승진이란 경무관 이하의 계급에의 승진에 있어서 사용되는 방법이다.

승진심사는 연 1회 1월 2일부터 3월 31일 사이에 실시한다. 총경 이하 심사승진은 승진예정인원의 5배수까지 승진대상자명부를 작성해야 한다. 승진대상자명부는 근무평정 65%, 경력평정 35%로 한다.[79]

심사승진을 위하여 승진심사위원회를 두는데 이에는 중앙승진심사위원회와 보통승진심사위원회가 있다.[80]

다만, 경찰청장은 승진예정 인원 등을 고려하여 부득이할 때에는 경찰서의 보통승진심사위원회에서 실시할 경위 이하 계급으로의 승진심사를 시 · 도경찰청의 보통승진심사위원회에서 하게 할 수 있다.[81]

승진심사위원회의 관할

1. 총경, 경무관으로의 승진심사: 경찰청 중앙승진심사위원회
2. 경정 이하 계급으로의 승진심사: 해당 경찰관이 소속한 경찰기관의 보통승진심사위원회
3. 경찰서 소속 경감 이상 계급으로의 승진심사: 시·도경찰청 보통승진심사위원회

(2) 근속승진

근속승진이란 해당계급에서 일정기간 재직한 자에 대하여 경장 · 경사 · 경위 ·

78 경찰공무원 승진임용 규정 제4조.

79 경찰공무원 승진임용 규정 제11조.

80 경찰공무원법 제17조; 경찰공무원 승진임용 규정 제17조 – 제18조.

81 경찰공무원 승진임용 규정 제17조.

경감으로 각 승진임용하는 것을 말한다.[82] 경감 이하로 근속승진을 하려면 다음과 같이 일정연도 근무해야 한다. 경위 이하 근속승진 임용대상자는 매월 1일을 기준으로, 경감 근속승진 임용대상자는 매년 1월 1일을 기준으로 한다.[83] 경감의 근속승진은 연 2회 할 수 있고, 근속승진 대상자의 50% 이상을 초과하여 근속승진 임용할 수 없다.[84]

순경 4년 / 경장 5년 / 경사 6년 6개월 / 경위 8년

다만, 인사교류 경력이 있거나 주요 업무의 추진 실적이 우수한 공무원 등 경찰행정 발전에 기여한 공이 크다고 인정되는 경우에는 그 기간을 단축할 수 있다. 근속승진기간을 단축하는 경찰공무원의 인원수는 인사혁신처장이 제한할 수 있다.

1. 「공무원임용령」 제48조 제1항 제1호[85]에 따른 인사교류 경력이 있는 경찰공무원: 인사교류 기간의 2분의 1에 해당하는 기간
2. 국정과제 등 주요 업무의 추진실적이 우수한 경찰공무원 또는 적극행정 수행 태도가 돋보인 경찰공무원: 1년

(3) 시험승진

시험승진이란 시험성적에 의해 승진임용하는 것을 말한다. 경정 이하의 경찰공무원의 승진은 시험과 심사를 병행하며, 계급별로 실시한다.[86]

승진시험은 매년 1회 실시하며, 시험실시기관은 경찰청장이 이를 관장 실시하는 것이 원칙이지만, 경정 이하의 승진시험은 소속기관 등의 장에게 그 권한을

---

82 경찰공무원법 제16조.

83 경찰공무원 근속승진 운영규칙, 경찰청훈령 제1072호, 2023. 1. 1., 일부개정, 2023. 1. 1. 시행.

84 경찰공무원 승진임용 규정 제26조.

85 **공무원 임용령 제48조(행정기관 상호간의 인사교류)** ① 인사혁신처장은 법 제32조의2에 따라 다음 각 호에 해당하는 경우에는 행정기관 상호간의 인사교류계획(이하 "인사교류계획"이라 한다)을 수립하여 실시할 수 있다. 이 경우 인사혁신처장은 제2항 후단에 따른 직렬별 인사교류계획을 인사교류계획에 반영하여야 한다.
1. 인력의 균형 있는 배치와 효율적인 활용, 행정기관 상호간의 협조체제 증진, 국가정책 수립과 집행의 연계성 확보 및 공무원의 종합적 능력발전 기회 부여 등을 위하여 필요한 경우

86 경찰공무원 승진임용 규정 제27조－제31조.

위임할 수 있다. 시험일정은 시험실시 15일 전까지 공고해야 한다.

승진시험은 매년 1회 계급별로 실시한다. 다만, 경찰청장이 필요하다고 인정할 때에는 경과별·직무분야별로 실시할 수 있다. 이 경우에는 승진임용 후 2년 이상 5년 이하의 범위에서 경찰청장이 지정하는 직무부서에서 근무할 것을 조건으로 할 수 있다.

다음의 경우에 승진시험에 응시할 수 있다.

① 시험을 실시하는 해의 1월 1일 현재 승진소요최저근무연수에 달할 것
② 기본교육을 받은 자로서 당해 교육성적이 만점의 60% 이상일 것
③ 징계의결요구·징계처분·직위해제·휴직 또는 시보임용기간중이 아닐 것, 징계처분의 집행이 종료된 날로부터 강등·정직 18월, 감봉 12월, 견책 6월이 경과된 자(금품 및 향응 수수, 공금의 횡령·유용에 따른 징계처분, 소극행정, 음주운전(음주측정에 응하지 않은 경우 포함), 성폭력, 성희롱 및 성매매로 징계처분시 6개월을 더함)
④ 교육훈련이수시간을 충족할 것

승진시험의 합격자 결정은 다음에 의한다.[87]

① 제1차 및 제2차 시험: 각 과목 만점의 40% 이상 득점자 중 고득점자순
② 제3차시험: 합격·불합격만을 결정한다.
③ 최종합격자: 제3차시험에 합격자(제3차시험을 미실시 시, 제2차시험 합격자) 중에서 다음의 비율로 합산한 성적의 고득점자순으로 결정
  1. 제1차시험성적 36%(경비경찰의 경우에는 30%)
  2. 제2차시험성적 24%(경비경찰의 경우에는 30%)
  3. 해당 계급에서의 근무성적 40%

* 해당 계급에서의 근무성적은 경장 이하 경찰공무원의 경우에는 시험 실시연도 기준일부터 최근 1년 이내에 그 계급에서 평정한 평정점으로 산정하며, 경사 이상 경찰공무원의 경우에는 시험 실시연도 기준일부터 최근 2년 이내에 그 계급에서 평정한 평정점으로 다음의 계산방식으로 산정한다.
(최근 1년 이내에 평정한 평정점 × 60 / 100) + (최근 1년 전 2년 이내에 평정한 평정점 × 40 / 100)

87 경찰공무원 승진임용 규정 제33조.

(4) 특별승진

특별승진은 경찰공무원으로서 전사 또는 순직한 자, 직무수행에 남달리 뛰어난 공적이 있는 자가 심사승진에 의하지 않고 1계급 승진하는 것을 말한다.[88] 다만, 경위 이하의 경찰공무원으로서 모든 경찰공무원의 귀감이 되는 공을 세우고 전사하거나 순직한 사람에 대하여는 2계급 특별승진시킬 수 있다.[89] 경찰공무원의 특별승진은 경찰청장이 특히 필요하다고 인정하는 경우에 수시로 이를 실시할 수 있다.

표 1-17 특별승진

구분	심사 기관	특례/예외 조치
일반 원칙	**중앙승진심사위원회**의 심사	경위 이하의 특정 사유 특별승진은 **보통승진심사위원회로 대체 가능**
순직자 특례	**심사 생략**(즉시 임용)	경찰청장은 임용 후 법정 기간 내 **중앙승진심사위원회의 사후 추인**을 받아야 하며, 유족에게 **취소 가능성**을 고지해야 함
교육 의무	**교육 수료 후 심사**가 원칙	**순직, 전사, 공무 중 부상 사망, 국가적 공헌** 등 특정한 경우 면제

다만 다음의 경우에는 신임교육이나 기본교육 등의 이수를 요구하지 아니한다.[90]

1. 명예퇴직에 따른 승진
2. 헌신적인 노력으로 간첩 또는 무장공비를 사살하거나 검거한 사람
3. 국가안전을 해치는 중한 범죄의 주모자를 검거한 사람
4. 전시·사변 또는 이에 준하는 비상사태에서 위험을 무릅쓰고 헌신·분투하여 사태 진압에 특별한 공을 세운 사람
5. 살인·강도·조직폭력 등 중한 범죄의 범인 검거에 헌신·분투하여 그 공이 특별히 현저한 사람
6. 천재지변이나 그 밖의 재난 발생 시 위험을 무릅쓰고 인명을 구조하거나 재산을 보호한 공이 특별히 현저한 사람

88 경찰공무원법 제14조, 국가공무원법 제40조, 경찰공무원 승진임용 규정 제37조부터 제38조.

89 경찰공무원법 제19조.

90 경찰공무원 승진임용 규정 제41조.

특별승진의 대상자 및 계급은 다음과 같다.[91]

1. 인사혁신처장의 포상을 받은 사람: 경정 이하
2. 행정 능률을 향상시키고 예산을 절감하는 등 직무수행능력이 탁월하여 경찰행정발전에 기여한 공이 매우 크다고 소속기관등의 장이 인정하는 사람: 경감 이하
3. 「공무원제안규정」에 따른 창안등급 동상 이상을 받은 사람으로서 경찰행정 발전에 기여한 실적이 뚜렷한 사람: 경감 이하
4. 20년 이상 근속하고 정년 1년 전까지의 기간 중 자진하여 퇴직하는 사람으로서 재직 중 특별한 공적이 있다고 인정되는 사람: 치안정감 이하
5. 전투, 대(對)간첩작전, 그 밖에 이에 준하는 업무수행 중 현저한 공을 세우고 사망하였거나 부상을 입어 사망한 사람 또는 직무수행 중 다른 사람의 모범이 되는 공을 세우고 사망하였거나 부상을 입어 사망한 사람: 치안정감 이하
6. 헌신적인 노력으로 간첩 또는 무장공비를 사살하거나 검거한 사람: 경정 이하
7. 국가안전을 해치는 중한 범죄의 주모자를 검거한 사람: 경정 이하
8. 전시·사변 또는 이에 준하는 비상사태에서 위험을 무릅쓰고 헌신·분투하여 사태 진압에 특별한 공을 세운 사람: 경정 이하
9. 살인·강도·조직폭력 등 중한 범죄의 범인 검거에 헌신·분투하여 그 공이 특별히 현저한 사람: 경정 이하
10. 천재지변이나 그 밖의 재난 발생 시 위험을 무릅쓰고 인명을 구조하거나 재산을 보호한 공이 특별히 현저한 사람: 경정 이하
11. 특별경비부서에서 헌신적으로 직무를 수행한 공이 있고, 상위직의 직무수행능력이 있다고 인정되는 사람: 경위 이하

다음에 해당하는 경우에는 특별승진에 해당하지 아니한다.[92]

1. 금전, 물품, 부동산, 향응 또는 그 밖에 대통령령으로 정하는 재산상 이익을 취득하거나 제공한 경우
2. 국가재산, 자치단체 재산 등의 횡령, 배임, 절도, 사기 또는 유용한 경우
3. 성폭력 4. 성매매
5. 성희롱 6. 음주운전 7. 음주측정불응

91 경찰공무원 승진임용 규정 제37조－제38조.

92 경찰공무원 승진임용 규정 제40조의2.

명예퇴직으로 특별승진임용된 사람이 재직 중 다음과 같은 사유로 명예퇴직 수당을 환수하는 경우에는 특별승진임용을 취소해야 한다. 이 경우 특별승진임용이 취소된 사람은 그 특별승진임용 전의 계급으로 퇴직한 것으로 본다.[93]

1. 재직 중의 사유로 금고 이상의 형을 받은 경우
2. 수뢰죄로 금고 이상의 형의 선고유예를 받은 경우
3. 횡령, 배임, 업무상횡령 및 배임 등으로 300만원 이상의 벌금형 확정 또는 금고 이상의 형의 선고유예를 받은 경우

Ⅳ. 경찰공무원관계의 소멸

1. 파면과 해임

파면(罷免)과 해임(解任)은 징계처분에 의하여 경찰공무원 신분을 박탈시키는 임용행위를 말한다.[94] 파면과 해임은 중징계로 반드시 징계위원회의 의결을 거쳐야 한다.

2. 퇴 직

1) 정년퇴직

정년퇴직이란 경찰공무원이 경찰공무원법상 정년에 도달한 때에 경찰공무원관계가 소멸하는 것을 말한다. 정년에는 연령정년과 계급정년이 있다.[95] 연령정년은 60세까지이다. 계급정년은 아래와 같다.

계급정년: 치안감 4년, 경무관 6년, 총경 11년, 경정 14년

징계로 인하여 강등된 경찰공무원의 계급정년은 강등되기 전 계급 중 가장 높은 계급의 계급정년으로 한다.

---

93 경찰공무원 승진임용 규정 제40조의2.

94 경찰공무원법 제32조.

95 경찰공무원법 제30조.

경찰청장은 수사, 정보, 외사, 안보, 자치경찰사무 등 특수 부문에 근무하는 경찰공무원으로서 정년 연장 대상 공무원으로 지정된 총경 및 경정의 경우에는 4년의 범위에서 계급정년을 연장할 수 있다.[96]

경찰청장은 전시·사변 기타 이에 준하는 비상사태하에서는 2년의 범위 안에서 계급정년을 연장할 수 있다. 이 경우 경무관 이상은 행정안전부장관과 국무총리를 거쳐 대통령의 승인을 얻어야 하고, 총경·경정의 경찰공무원에 대하여는 국무총리를 거쳐 대통령의 승인을 얻어야 한다.

경찰공무원의 정년이 1월에서 6월 사이에 있는 경우에는 6월 30일에, 7월에서 12월 사이에 있는 경우에는 12월 31일에 각각 당연퇴직된다.

2) 당연퇴직

경찰공무원이 다음의 어느 하나에 해당하는 경우에는 당연퇴직에 해당한다.[97]

1. 대한민국 국적을 가지지 아니한 사람
2. 복수국적자
3. 피성년후견인 또는 피한정후견인
4. 파산선고를 받고 복권되지 아니한 사람[98]
5. 자격정지 이상의 형(刑)을 선고받은 사람
6. 자격정지 이상의 형의 선고유예를 선고받고 그 유예기간 중에 있는 사람[99]
7. 징계에 의하여 파면 또는 해임처분을 받은 사람
8. 공무원으로 재직기간 중 직무와 관련하여 업무상횡령배임으로 300만원 이상의 벌금형을 선고받고 그 형이 확정된 후 2년이 지나지 아니한 사람
9. 특정성범죄, 정보통신, 스토킹범죄로 100만원 이상의 벌금형을 선고받고 그 형이 확정된 후 3년이 지나지 아니한 사람
10. 미성년자에 대한 성폭력범죄, 아동·청소년대상 성범죄로 형 또는 치료감호가 확정된 사람(집행유예를 선고받은 후 그 집행유예기간이 경과한 사람을 포함)

96 경찰공무원 임용령 제49조.

97 경찰공무원법 제8조, 제27조.

98 파산선고를 받은 사람으로서 「채무자 회생 및 파산에 관한 법률」에 따라 신청기한 내에 면책신청을 하지 아니하였거나 면책불허가 결정 또는 면책 취소가 확정된 경우만 해당

99 수뢰, 뇌물수수, 제3자뇌물제공, 수뢰후부정처사, 알선수뢰, 성폭력, 아동청소년대상성범죄 또는

해임처분된 자의 당연퇴직은 합헌 ‖ 헌법재판소 2010.9.30. 선고 2009헌바122 전원재판부 결정

국민의 생명·신체와 재산에 대한 보호, 범죄의 예방과 수사를 주된 임무로 하는 경찰공무원은 그 직무의 성격상 고도의 직업적 윤리성이 요청되는바, 이러한 경찰공무원직의 특수성과 중요성을 고려할 때 이 사건 법률조항이 징계에 의하여 해임처분을 받은 공무원에 대해 경찰공무원으로의 임용을 영구히 금지하고 있다고 하여 과잉금지원칙에 위배되어 공무담임권에 대한 과도한 제한이라고 할 수는 없다.

경찰공무원과 일반직 공무원, 검사, 군인은 각기 해당 법령에 의해 부여된 고유의 업무를 행하며, 해당 법령들은 그러한 업무와 조직의 특성을 고려하여 임용결격사유와 임용결격기간을 달리 규정하고 있는 것이므로, 이 사건 법률조항은 평등원칙에 위배된다고 할 수 없다.

3) 명예퇴직

20년 이상 근속한 공무원이 연령정년 또는 계급정년 중 최소한 1년 전에 자진퇴직하는 경우 예산의 범위 안에서 명예퇴직 수당을 지급할 수 있다.[100]

명예퇴직 수당을 지급한 국가기관의 장은 명예퇴직 수당을 지급받은 자가 다음에 해당하는 경우에는 그 명예퇴직 환수고지서를 발급하고, 고지서를 받은 날로부터 30일 내에 납부하지 않으면 국세강제징수의 예에 의하여 이를 징수할 수 있다.

① 재직중의 사유로 인하여 금고 이상의 형을 받은 경우
② 공무원으로 재임용되는 경우
③ 명예퇴직수당을 초과하여 지급받거나 그 밖에 명예퇴직수당의 지급대상이 아닌 자가 지급받은 경우

환수금을 기한까지 내지 않으면 고지된 환수금에 이자를 가산하며, 이자를 계산할 때에는 납부기한의 다음 날부터 납부일까지 「소송촉진 등에 관한 특례법」상 법정이율을 적용한다.[101]

직무와 관련하여 횡령, 업무상 횡령 등으로 자격정지 이상의 형의 선고유예를 받은 경우만 해당한다.

100 국가공무원 명예퇴직수당 등 지급 규정 제3조; 대통령령 제35589호, 2025. 6. 2., 일부개정, 2025. 6. 2. 시행.

101 국가공무원 명예퇴직수당 등 지급 규정 제9조의4.

3. 면 직

면직(免職)이란 경찰공무원의 신분을 상실시키는 임용행위로서, 의원면직(依願免職)과 직권면직(職權免職)이 있다.[102]

의원면직은 경찰공무원 본인의 사의표시에 의하여 공무원의 신분관계를 소멸시키는 행위를 말한다.

직권면직은 임용권자의 권한으로 다음의 경찰공무원을 면직시키는 것을 말한다.

면직대상

1. 국가공무원법 제70조 제1항 제3호부터 제5호[103]까지의 규정 중 어느 하나에 해당될 때: 징계위원회 동의 필요
2. 경찰공무원으로는 부적합할 정도로 직무수행능력이나 성실성이 현저하게 결여된 사람으로서 지능 저하 또는 판단력 부족으로 경찰업무를 감당할 수 없는 경우, 책임감의 결여로 직무수행에 성의가 없고 위험한 직무를 고의로 기피하거나 포기하는 경우[104] 징계위원회 동의 필요
3. 직무를 수행하는 데에 위험을 일으킬 우려가 있을 정도의 성격적 또는 도덕적 결함이 있는 사람으로서 대통령령[105]으로 정하는 사유에 해당된다고 인정될 때: 징계위원회 동의 필요
4. 해당 경과에서 직무를 수행하는 데 필요한 자격증의 효력이 상실되거나 면허가 취소되어 담당 직무를 수행할 수 없게 되었을 때

---

102 경찰공무원법 제28조 및 경찰공무원 임용령 제47조.

103 **국가공무원법 제70조(직권 면직)** ① 임용권자는 공무원이 다음 각 호의 어느 하나에 해당하면 직권으로 면직시킬 수 있다.

1. 삭제 <1991.5.31.>
2. 삭제 <1991.5.31.>
3. 직제와 정원의 개폐 또는 예산의 감소 등에 따라 폐직(廢職) 또는 과원(過員)이 되었을 때
4. 휴직 기간이 끝나거나 휴직 사유가 소멸된 후에도 직무에 복귀하지 아니하거나 직무를 감당할 수 없을 때
5. 제73조의3 제3항에 따라 대기 명령을 받은 자가 그 기간에 능력 또는 근무성적의 향상을 기대하기 어렵다고 인정된 때
6. 전직시험에서 세 번 이상 불합격한 자로서 직무수행 능력이 부족하다고 인정된 때
7. 병역판정검사·입영 또는 소집의 명령을 받고 정당한 사유 없이 이를 기피하거나 군복무를 위하여 휴직 중에 있는 자가 군복무 중 군무(軍務)를 이탈하였을 때

Ⅴ. 경찰공무원의 교육

1. 교육의 목적

경찰공무원에 대한 교육은 경찰공무원으로서의 소양과 윤리를 강화하고, 직무수행에 적합한 능력을 배양시키기 위한 것으로 경찰공무원법 및 경찰공무원 교육훈련규정 등에 근거를 두고 있다. 총경 이하의 경찰공무원의 승진임용에는 특별한 경우를 제외하고 교육훈련이수시간을 반영하는 것이 원칙이다.[106]

총경 이하 경찰공무원은 연간 100시간 이상 교육훈련을 이수해야 하며, 업무여건에 따라 100시간 미만으로 조정할 수 있다. 산출기준일은 10월 31일이다. 기본교육은 연간 100시간에 포함된다.

경찰교육의 목적은 첫째, 경찰공무원의 직무수행을 개선하고 조직의 문제해결을 통하여 생산성 향상을 가져오게 하는 데 있다. 둘째, 훈련을 잘 받은 경찰공무원은 규범과 협동, 그리고 조정능력이 향상된다. 셋째, 경찰공무원의 미래의 경력발전과 직무만족을 높일 수 있다. 넷째, 교육훈련은 전문지식과 기술 등을 향상시킴으로써 생산성을 확대시킨다. 다섯째, 경찰공무원으로서 필요한 고도의 윤리의식과 소명감을 갖게 하는 등의 효과 등을 들 수 있다.[107]

2. 교육계획, 교육대상, 승진 반영 등

1) 교육계획 수립

경찰청장은 다음 내용이 포함된 경찰공무원 교육훈련에 관한 기본계획을 수

---

8. 해당 직급·직위에서 직무를 수행하는데 필요한 자격증의 효력이 없어지거나 면허가 취소되어 담당 직무를 수행할 수 없게 된 때
9. 고위공무원단에 속하는 공무원이 제70조의2에 따른 적격심사 결과 부적격 결정을 받은 때

104 경찰공무원 임용령 제47조 제1항.

105 경찰공무원 임용령 제47조 제2항, 인격장애, 알코올·약물중독 그 밖의 정신장애로 인하여 경찰업무를 감당할 수 없는 경우, 사행행위 또는 재산의 낭비로 인한 채무과다, 부정한 이성관계 등 도덕적 결함이 현저하여 타인의 비난을 받는 경우

106 경찰공무원 교육훈령규정 제4조 별표 1, 제6조의2. 대통령령 제35051호, 2024. 12. 10., 전부개정, 2025. 3. 11. 시행.

107 허경미, 「경찰인사행정론」 제4판, 박영사, 2023, p. 221.

립하여 매년 12월 10일까지 시·도경찰청장 및 교육훈련기관의 장에게 통보해야 한다.[108]

1. 교육훈련의 목표
2. 교육훈련기관에서의 교육훈련, 직장훈련, 위탁교육훈련에 관한 사항
3. 기본교육훈련, 전문교육훈련, 기타교육훈련 및 자기개발 학습에 관한 사항
4. 교육훈련 과정별 대상 및 인원
5. 그 밖에 교육훈련에 필요한 사항

2) 교육대상

교육훈련의 대상자는 다음과 같다.

표 1–18 교육훈련의 구분 · 대상 · 방법[109]

<table>
<tr><th colspan="3">구분</th><th>대상</th><th>방법</th></tr>
<tr><td rowspan="6">기본교육훈련</td><td rowspan="3">신임교육훈련</td><td>신규채용</td><td>시보임용이 예정된 사람
시보임용되었으나 시보임용 전 신임교육훈련을 받지 않은 사람</td><td rowspan="6">교육훈련기관 실시
경찰청장이 인정하는 직장훈련이나 위탁교육훈련으로 대체 가능</td></tr>
<tr><td>「경찰대학 설치법」 제4조 제1항에 따른 학사학위과정</td><td>경찰대학에 입학 · 편입학한 사람</td></tr>
<tr><td>경위신규채용</td><td>경위공개경쟁채용시험합격자</td></tr>
<tr><td rowspan="3">관리자 기본교육훈련</td><td rowspan="3">경감 · 경정 · 총경으로 승진임용된 사람</td><td>경감
(승진후보자 포함)</td></tr>
<tr><td>경정
(승진후보자 포함)</td></tr>
<tr><td>총경
(승진후보자 포함)</td></tr>
<tr><td colspan="2">전문교육훈련</td><td>담당하고 있거나 담당할 직무 분야에 필요한 전문성을 강화하기 위한 교육훈련</td><td>총경 이하</td><td>교육훈련기관 실시
직장훈련이나 위탁교육훈련으로 대체 가능</td></tr>
<tr><td colspan="2">기타교육훈련</td><td>소속 경찰기관의 장의 명에 따른 교육훈련</td><td>모든 계급</td><td></td></tr>
<tr><td colspan="2">자기개발학습</td><td>경찰공무원이 공직의 전문성과 미래지향적 역량을 갖추기 위하여 스스로 하는 학습 · 연구활동</td><td>모든 계급</td><td></td></tr>
</table>

108 경찰공무원 교육훈련규정 제5조.

3) 승진 반영

총경 이하 경찰공무원에 대해서는 교육훈련이수시간(연간 최대 100시간)을 승진 임용에 반영해야 한다.[110] 승진임용에 필요한 교육훈련시간을 채우지 못한 경찰공무원은 승진심사 대상, 승진시험 응시 대상 및 근속승진 대상에서 제외한다.

다만 다음의 경우에는 교육훈련이수시간을 승진임용에 반영하지 않는다.

1. 직무수행상 특별한 사유로 승진임용에 필요한 교육훈련시간을 충족하지 못한 경찰공무원에 대하여 경찰청장이 필요하다고 인정하는 경우
2. 특별승진임용하는 경우

3. 교육훈련기관 교육

1) 교육훈련기관의 교육훈련계획

교육훈련기관에서의 교육훈련의 과정과 그 대상·기간·방법 등은 경찰청장이 정한다.[111]

교육훈련기관의 장은 기본계획에 따라 다음의 사항이 포함된 세부 교육훈련 계획을 수립해야 한다. 교육훈련기관의 장은 매년 12월 31일까지 다음 연도의 교육훈련계획을 경찰청장에게 제출해야 한다.

1. 교육훈련의 기본방향
2. 교육훈련 과정별 목표, 과목, 기간, 대상 및 인원
3. 교육훈련 대상자의 선발계획
4. 교재편찬 및 교재심의 계획
5. 교육훈련성적의 평가방법
6. 그 밖에 교육훈련기관의 장이 필요하다고 인정하는 사항

109 경찰공무원 교육훈련규정 제4조 제2항 별표 1.

110 경찰공무원 교육훈련규정 제6조.

111 경찰공무원 교육훈련규정 제10조－제11조.

2) 교육훈련 대상자의 선발 등

경찰기관의 장은 교육훈련계획에 따라 계급, 담당 직무, 경력 및 건강 상태 등을 고려하여 교육훈련 과정별 설치 목적에 적합한 사람을 교육훈련 대상자로 선발하여 교육훈련 시작 10일 전까지 해당 교육훈련기관의 장에게 통보해야 한다.[112]

교육훈련기관의 장은 통보받은 교육훈련 대상자가 교육훈련 과정별 설치 목적에 적합하지 않다고 인정되는 경우에는 해당 경찰기관의 장에게 교육훈련 대상자를 교체하여 줄 것을 요청할 수 있다. 이 경우 해당 경찰기관의 장은 지체없이 교육훈련 대상자를 다시 선발하여 통보해야 한다.

교육훈련 대상자로 선발된 사람은 교육훈련이 시작되기 전까지 해당 교육훈련기관에 등록해야 하며, 교육훈련기간 중 해당 교육훈련기관의 장의 지시에 따라야 한다.

3) 교육훈련성적의 평가 및 수료

(1) 평가

교육훈련기관의 장은 객관적이고 공정한 평가기준과 평가방법을 수립하여 교육훈련성적을 평가해야 한다.[113]

교육훈련기관의 장은 교육훈련이 시작되기 전에 교육훈련 대상자에게 과제를 부여하고 그 결과를 교육훈련성적에 반영할 수 있다.

교육훈련기관의 장은 교육훈련 이수자의 교육훈련성적을 교육훈련 수료 또는 졸업 후 10일 이내에 해당 교육훈련 이수자가 소속된 경찰기관의 장에게 통보해야 한다.

(2) 수료 및 졸업

각 교육훈련 과정은 100점 만점에 60점 이상의 성적을 받으면 수료요건을 갖춘 것으로 한다.[114]

---

112 경찰공무원 교육훈련규정 제12조.

113 경찰공무원 교육훈련규정 제13조.

114 경찰공무원 교육훈련규정 제14조.

다만, 신임교육훈련 과정은 교육훈련기관의 장이 정하는 별도의 요건을 갖추고 졸업사정 절차를 통과하면 졸업요건을 갖춘 것으로 한다.

교육훈련기관의 장은 졸업사정을 실시할 때 교육훈련 대상자의 생활기록 등을 종합적으로 고려하여 졸업 적격 여부를 심사해야 하며, 졸업사정 결과 경찰공무원으로서의 직무수행에 적합하지 않다고 인정되는 사람은 졸업시키지 않을 수 있다.

(3) 수료 또는 졸업요건을 갖추지 못한 사람에 대한 조치

경찰기관의 장은 수료요건 또는 졸업요건을 갖추지 못한 사람에 대해서는 한 차례에 한정하여 다시 해당 교육훈련을 받게 할 수 있다.

임용제청권자 또는 임용추천권자는 다시 교육훈련을 받은 사람이 거듭 수료요건 또는 졸업요건을 갖추지 못한 경우로서 직권면직 사유에 해당된다고 인정되는 경우에는 관할 징계위원회에 직권면직 동의를 요구할 수 있다.

경찰기관의 장은 직권면직 처리 여부를 해당 교육훈련기관의 장에게 통보해야 한다.

(4) 퇴교처분

교육훈련기관의 장은 교육훈련 대상자가 다음에 해당하는 경우에는 퇴교처분을 하고, 해당 교육훈련 대상자가 소속된 경찰기관의 장에게 그 사실을 통보해야 한다.

1. 다른 사람으로 하여금 대리로 교육훈련을 받게 한 경우
2. 정당한 사유 없이 결석한 경우
3. 수업을 매우 게을리한 경우
4. 생활기록 성적이 매우 불량한 경우
5. 시험 중 부정행위를 한 경우
6. 교육훈련기관의 장의 교육훈련에 관한 지시에 따르지 않은 경우
7. 질병이나 그 밖에 교육훈련 대상자의 부득이한 사정으로 인하여 교육훈련을 계속 받을 수 없게 된 경우

경찰기관의 장은 제1호부터 제6호까지의 사유로 퇴교처분을 받은 사람 또는 정당한 사유 없이 교육등록을 하지 않은 사람이 징계사유에 해당된다고 인정할 때에는 관할 징계위원회에 징계의결을 요구하거나 징계의결의 요구를 신청하고,

그 사실을 교육훈련기관의 장에게 통보해야 한다.

4) 복무의무

경위공개경쟁채용시험합격자로서 경찰공무원으로 임용된 사람은 그 교육기간에 해당하는 기간 동안 경찰공무원으로 복무해야 한다.[115]

임용권자는 위 사람이 다음에 해당하게 된 경우에는 그 대상자의 교육훈련에 든 경비(학비, 기숙사비, 수당, 지급 물품비, 급식비, 그 밖에 해당 경찰공무원의 교육에 소요된 모든 비용)의 전부 또는 일부를 본인이나 그의 보증인(「보험업법」에 따라 보증보험증권을 발행한 보험회사 포함)으로 하여금 반납하게 해야 한다. 이 경우 교육훈련에 든 경비의 산정 방법 및 금액 등에 관한 세부 사항은 경찰청장이 정한다.

1. 정당한 이유 없이 제25조에 따른 복무의무를 이행하지 않은 경우
2. 파면 또는 해임처분을 받은 경우

또한 위 사람이 의무복무기간 중에 퇴직하기를 원하는 경우에는 면직 결정 전에 소요경비를 반납받기 위한 조치를 해야 한다. 이 경우 교육훈련비 지급기관과 면직 결정기관이 서로 다를 때에는 면직 결정기관의 장은 면직 결정 전에 교육훈련비 지급기관의 장과 면직 결정 여부 및 시기 등을 협의해야 한다.

4. 직장훈련

직장훈련이란 경찰기관의 장이 그 소속 경찰공무원의 직무 수행에 필요한 전문지식·기술·체력 등 기본역량의 향상 및 유지를 위하여 정기 또는 수시로 시행하는 교육을 말한다.

1) 직장훈련계획

경찰기관의 장은 매년 12월 31일까지 기본계획에 따라 다음의 사항이 포함된 직장훈련계획을 수립해야 한다.[116]

115 경찰공무원 교육훈련규정 제25조－제26조.

116 경찰공무원 교육훈련규정 제27조－제28조.

1. 공직가치 확립 및 정부 시책에 대한 교육에 관한 사항
2. 신규 채용자 및 보직 변경자에 대한 교육훈련에 관한 사항
3. 사격술 향상을 위한 훈련에 관한 사항
4. 체력 향상을 위한 훈련에 관한 사항
5. 그 밖에 부서별·직무 분야별 전문성 강화를 위한 전문교육훈련에 관한 사항

2) 직장훈련담당관

경찰공무원의 직장훈련에 관한 사항을 담당하기 위하여 경찰기관에 직장훈련담당관을 둔다. 직장훈련담당관은 해당 경찰기관 소속 경찰공무원 중에서 경찰청장이 지정한다. 직장훈련담당관은 해당 경찰기관의 장의 지휘·감독하에 다음의 직무를 수행한다.[117]

1. 직장훈련계획의 수립 및 지도·감독
2. 직장훈련 결과에 대한 평가 및 확인
3. 직장훈련 실시를 위한 시설·교재 등의 준비
4. 그 밖에 직장훈련 실시에 필요한 사항

5. 위탁교육훈련

위탁교육훈련이란 경찰공무원을 국내외 기관에 위탁하여 실시하는 교육훈련을 말한다.[118] 경찰청장은 매년 12월 31일까지 기본계획에 따라 위탁교육훈련계획을 수립해야 한다.

1) 대상자

경찰청장은 다음의 요건을 갖춘 사람 중에서 위탁교육훈련 대상자를 선발해야 한다. 다만, 휴직 중이거나 징계처분을 받고 그 처분이 끝난 날부터 1년이 지나지 않은 사람은 위탁교육훈련 대상자로 선발될 수 없다.

117 경찰공무원 교육훈련규정 제29조.

118 경찰공무원 교육훈련규정 제32조－제33조.

1. 국가관과 직무에 대한 사명감이 투철한 사람
2. 근무성적이 우수한 사람
3. 필요한 학력·경력 등을 갖춘 사람
4. 위탁교육훈련 종료 후 위탁교육훈련과 관련된 직무 분야에 상당 기간 근무할 수 있는 사람
5. 필요한 외국어능력을 갖춘 사람
6. 그 밖에 위탁교육훈련 분야별로 경찰청장이 정하는 기준에 해당하는 사람

2) 지도 · 감독

경찰청장은 위탁교육훈련의 목적을 달성하기 위하여 위탁교육훈련 대상자의 교육훈련 상황을 정기 또는 수시로 파악하여 훈련 및 복무에 필요한 지도·감독을 해야 한다.[119]

위탁교육훈련 대상자는 다음의 사항을 준수해야 한다.

1. 위탁교육훈련 이수 후 지체 없이 직무에 복귀할 것
2. 위탁교육훈련기간 중 경찰공무원으로서의 품위를 유지할 것
3. 위탁교육훈련기관의 학칙 등 훈련을 받는 경찰공무원으로서의 의무를 이행할 것
4. 그 밖에 위탁교육훈련의 목적을 달성하기 위하여 경찰청장이 지시하는 사항을 준수할 것

위탁교육훈련 대상자는 위탁교육훈련기간 중 다음 어느 하나에 해당하게 된 경우에는 경찰청장에게 즉시 보고하고 그 지시에 따라야 한다.

1. 훈련기관·훈련기간 등 훈련계획을 변경하려는 경우
2. 위탁교육훈련에 지장이 있을 정도의 질병·사고 등 신상의 변화가 생긴 경우
3. 국가 또는 지방자치단체에서 지급하는 교육훈련비 외의 장학금·기부금 또는 찬조금 등을 받으려는 경우

3) 복귀명령

경찰청장은 위탁교육훈련 대상자가 다음에 해당하는 경우에는 그 위탁교육훈

---

119 경찰공무원 교육훈련규정 제34조.

련 대상자에게 지체 없이 복귀를 명해야 한다.[120] 이때 대상자에게 복귀명령서를 송부하고, 위탁교육훈련기관의 장에게 그 사실을 알려야 한다. 복귀명령서를 받은 사람은 지정된 날까지 복귀해야 한다.

1. 의무나 지시를 위반하여 훈련목적을 현저히 벗어난 경우
2. 질병 또는 그 밖의 사고 등 부득이한 사유로 훈련을 계속할 수 없게 된 경우

4) 복무의무

경찰청장은 6개월 이상 위탁교육훈련을 받은 사람(위탁교육훈련 중에 복귀한 사람으로서 위탁교육훈련을 받은 기간이 6개월 이상인 사람을 포함)에 대하여 다음의 구분에 따른 기간 동안 교육훈련 분야와 관련된 직무 분야에 복무하도록 해야 한다.[121]

1. 주간에 실시하는 국내 위탁교육훈련 대상자: 위탁교육훈련기간
2. 야간 또는 휴일에 실시하는 국내 위탁교육훈련 대상자: 위탁교육훈련기간의 50%에 해당하는 기간
3. 국외 위탁교육훈련 대상자: 위탁교육훈련기간의 2배에 해당하는 기간

5) 소요경비 반납조치

(1) 의무위반시

경찰청장은 위탁교육훈련 대상자가 다음에 해당하게 된 경우에는 위탁교육훈련에 든 교육훈련비(여비는 포함하고 보수는 제외)의 전부 또는 일부를 본인이나 그의 보증인(「보험업법」에 따라 보증보험증권을 발행한 보험회사를 포함)으로 하여금 반납하게 해야 한다.

1. 훈련 중 면직된 경우(질병 · 사고 등 부득이한 사유로 면직된 경우는 제외)
2. 의무나 지시사항을 위반하여 중도에 복귀되었거나 특별한 사유 없이 위탁교육훈련을 중도에 포기하거나 탈락한 경우
3. 복귀명령을 받고 정당한 사유 없이 지정된 날까지 복귀하지 않거나 복귀 후 위탁교육훈련 중 발생한 사유로 면직된 경우
4. 복무의무를 이행하지 않은 경우

---

120 경찰공무원 교육훈련규정 제35조.

121 경찰공무원 교육훈련규정 제36조.

(2) 퇴직희망시

경찰청장은 의무복무기간 중 퇴직하기를 원하는 경우에는 면직 결정 전에 소요경비를 반납받기 위한 조치를 해야 한다. 이 경우 교육훈련비 지급기관과 면직 결정기관이 서로 다를 때에는 면직 결정기관의 장은 면직 결정 전에 교육훈련비 지급기관의 장과 면직 결정 여부 및 시기 등을 협의해야 한다.

(3) 성과부진시

경찰청장은 위탁교육훈련 대상자가 다음에 해당하여 교육훈련 성과가 부진한 경우에는 그 대상자의 위탁교육훈련 소요경비를 20% 범위에서 반납하게 할 수 있다.

1. 당초 계획한 학위취득 또는 교육훈련과정 이수 등 교육훈련 목표를 달성하지 못한 경우
2. 교육훈련 결과보고서의 내용이 부여된 훈련과제와 관련이 없거나 다른 연구보고서·논문 등을 표절한 것으로 밝혀진 경우

6. 교육기관

1) 경찰대학

국가치안부문에 종사할 경찰간부가 될 자에게 학술을 연마하고 심신을 단련시키기 위하여 경찰청장 소속하에 경기도 용인시에 경찰대학을 설치하였다. 경찰대학은 1981년부터 경찰대학생을 모집하기 시작하였으며, 1979년에 제정된 경찰대학설치법에 근거를 두고 있다. 경찰대학은 2016년 2월에 아산시로 이전하였다. 2017년 5월 30일부터는 치안대학원을 둘 수 있도록 경찰대학설치법이 개정되었다.[122]

경찰대학의 교육과정은 대학과정, 경위신규공개채용과정, 직무과정, 치안대학원과정으로 구분된다.

122 경찰대학 설치법 제1조; 법률 제17689호, 2020. 12. 22, 타법개정, 2021. 1. 1. 시행.

그림 1-4 **경찰대학 조직도**

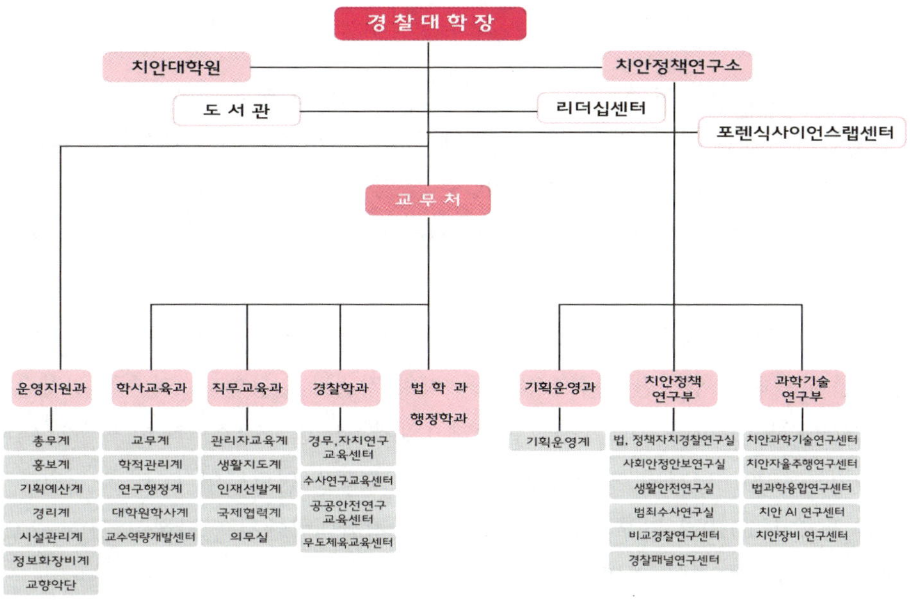

자료: 경찰대학, https://www.police.ac.kr/

(1) 대학과정

2021년부터 남녀통합선발방식으로 법학과 25명, 행정학과 25명을 모집한다. 경찰대학생들을 대상으로 한 교육과정은 법학사·행정학사로서, 또한 경찰간부로서 필요한 지식과 기술을 4년 동안 총 152학점을 취득한다. 졸업 후 경위로 임용되며, 6년간 경찰에 복무하여야 한다. 의무복무기간 중 다음에 해당할 때에는 학비와 그 밖의 경비를 상환(償還)하여야 한다. 경찰청장은 상환의무자가 경비를 상환하지 아니하면 국세 체납처분의 예에 따라 징수할 수 있다.[123]

123 경찰대학 설치법 제10조, 경찰대학의 학사운영에 관한 규정 대통령령 제33112호, 2022. 12. 20., 타법개정, 2022. 12. 20. 시행. 제23조–제24조. 경찰대학, https://police.ac.kr/

1. 직무를 감당할 수 없는 신체적 또는 정신적 장애(본인의 고의 또는 중과실로 발생한 신체적·정신적 장애는 제외) 외의 사유로 의무복무를 이행하지 아니하였을 때
2. 파면 또는 해임 처분을 받았을 때

한편 경찰대학은 2023년부터 다양한 경험과 역량을 갖춘 우수한 인재를 선발하기 위해 편입학제도를 도입했다. 일반대학생 25명과 3년 이상 재직한 경찰관 25명을 3학년 편입생으로 모집하며, 이들은 졸업 후 경위로 임용된다. 일반대학생 필기시험 과목은 영어와 언어논리, 재직경찰관은 형사법을 시험 과목으로 한다.

(2) 경위공개채용과정

경위공개채용과정은 채용시험으로 선발하여 52주간 경위로서 필요한 소양과 직무를 교육하고 일정한 시험과정 등을 거쳐 경위로 임용한다. 기존의 경찰간부후보생과정을 말한다. 이는 1947년 9월 1일에 제1기 93명을 최초 모집한 이후 제67기, 즉 2018년까지 경찰인재개발원에서 교육을 담당하였다. 이후 경찰조직 개편 등으로 2019년 간부후보생의 교육부터 경찰대학에서 담당하고 있다. 2023년까지 4,800여 명의 경위가 배출되었다.

2021년도 제70기 과정부터 남·녀통합으로 50명을 선발하고 있다. 2026년에 제75기가 선발되어 경찰대학에서 교육을 받고 있다. 일반 40명, 세무회계 5명, 사이버 5명으로 선발한다.

교과체계는 모두 42과목 1,820시간이며, 직무교과목이 15과목 336시간, 소양과목 등이 21과목 1,187시간, 기타과목 6과목 297시간으로 편성되어 있다. 경위로 신규채용되어 경찰대학에서 교육을 마치고 경찰공무원으로 임용된 자는 수업연한에 해당하는 기간만큼 경찰공무원으로 복무할 의무가 있다.[124] 의무복무기간중 다음에 해당할 때에는 기숙사비·식비·수당 기타의 학비를 상환하게 하여야 한다.

1. 정당한 이유없이 복무의무를 이행하지 아니한 때
2. 파면 또는 해임처분을 받은 때

124 경찰공무원 교육훈련규정 제15조－제16조.

(3) 직무과정

경찰대학의 직무과정은 치안정책과정, 경력직특채과정, 전문화과정으로 구분된다.

치안정책과정은 총경 및 승진후보자, 일반부처 서기관, 군 대령, 공공기관 1급 이상을 대상으로 하며, 교육기간은 24주이다. 교육목표는 변화와 혁신을 주도할 수 있는 전략적 사고 함양, 국민과 더불어 조직 내 소통을 촉진하는 공감형 리더 양성, 기관 간 융합행정의 기반이 되는 협업 역량 강화 등을 내세우고 있다. 주요 교육과목은 공직가치, 전략적 사고, 직무역량, 변화관리 리더십, 인문소양, 글로벌역량 등의 영역에 총 115개 과목 848시간으로 구성되어 있다.[125]

경력직특채과정은 변호사경력직채용시험합격자, 항공경력직채용시험합격자 등을 대상으로 각각 12주에 걸쳐, 소양 및 직무과목등, 420시간으로 구성되어 있다.

전문화과정은 청와대 경호처 신입채용자의 수탁과정으로 3일간 진행된다.[126]

(4) 치안대학원

치안대학원은 치안 부문에 관한 학술 연구·발전 및 교육과 치안 부문에 종사할 전문인력의 양성을 위하여 2017년 5월에 개원하였다. 수사학과, 범죄학과, 공공안전학과, 미래치안과학융합학과 등이 있다.[127]

2) 경찰인재개발원

경찰인재개발원은 경찰공무원에 대한 교육훈련을 관장한다. 경찰인재개발원은 1945년 9월 13일 미대사관에 설치된 경찰관교습소가 그 전신이다. 이 교습소는 1945년 10월 15일 조선경찰학교로 개칭되었으며, 이 날을 개교기념일로 기념한다. 조선경찰학교는 1946년 국립경찰전문학교로 개명하였고, 1947년부터 간부후보생제도가 시행되어 본격적인 초급관리자 교육기관으로 자리잡게 되었다.[128] 경찰교육원은 기존의 경찰종합학교를 아산지역으로 이전하면서 기관명을 변경한

---

125 경찰대학, 치안정책과정, https://police.ac.kr/

126 경찰대학, 전문화과정, https://police.ac.kr/

127 경찰대학 설치법 제1조; 경찰대학의 학사운영에 관한 규정 제13조, 경찰대학, 2025학년도 학제 개편(안) 공지, 2023. 10. 30.자.

128 경찰청, 「사료를 통해 경찰을 다시 보다」, 경찰청, 2015, p. 25.

그림 1-5 경찰인재개발원 조직도

자료: 경찰인재개발원, http://www.phrdi.go.kr/

것이며, 2009년 11월 25일에 개원하였다. 2018년 3월 30일에 그 명칭을 경찰인재개발원으로 바꾸었다.

경찰인재개발원은 원칙적으로 경정 이하 직무과정에 대한 교육과정 개설을 원칙으로 하며, 교육시간은 교육과정에 따라 다양하다. 경사 및 경위 기본교육 기간은 30시간이며, 경찰인재개발원의 사이버교육으로 이수한다. 경감 및 경정 기본교육 기간은 2주 이상 8주 이하이며, 경찰인재개발원에서 진행한다.[129]

3) 중앙경찰학교

중앙경찰학교는 1987년 충주시 수안보면에 설립되어 신임경찰관 교육 및 전·의경 교육 등을 담당하고 있다. 신임교육은 일반공개채용자와 101경비단·경찰행

129 경찰공무원 교육훈련규칙, 경찰청훈령 제1082호, 2023. 6. 16., 일부개정, 2023. 6. 16. 시행. 별표.

정학과 특별채용자, 의무경찰 등을 대상으로 실시하고 있다.

신규채용 대상자들은 신규교육과정을 통하여 경찰정신, 공직자로서의 윤리의식 및 경찰업무에 필요한 실무·전문지식 등을 습득하게 되며 교육 수료 후에는 일선 경찰기관에 배치되어 업무를 수행하게 된다.

그림 1-6 중앙경찰학교 조직도

자료: 중앙경찰학교, https://www.cpa.go.kr/

일반순경과정은 1987년에 최초로 24주 과정으로 입교한 이래 2011년까지 지속되었지만, 2011년부터는 34주로 연장되어 2024년 현재까지 지속되고 있다. 원칙적으로 신규채용되는 모든 경찰공무원에 대한 신임교육이 이곳에서 이루어진다. 그리고 101경비단과정, 경찰행정학과과정, 정보통신과정, 특공대과정, 사이버과정, 외사과정, 범죄분석과정, 피해자심리과정 등이다. 이 밖에도 제주자치경찰 출범과 관련 신규채용된 자치경찰교육으로 자치경찰과정이 있다.

4) 경찰수사연수원

경찰수사연수원은 경찰의 수사역량 강화를 위해 2007년 3월 30일 경찰대학 부설로 있던 경찰수사보안연수소를 경찰청 소속으로 옮겨 경찰수사연수원으로

그림 1-7 경찰수사연수원 조직도

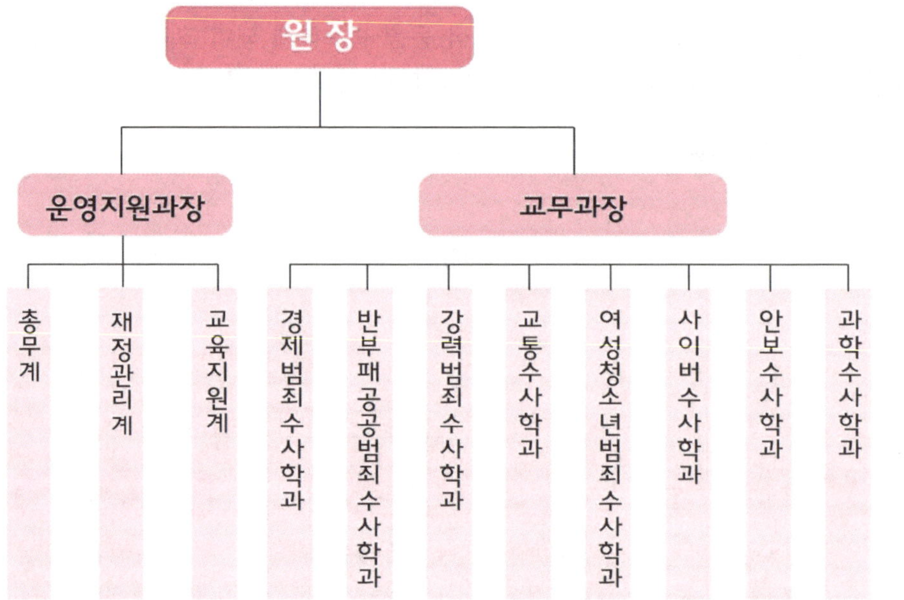

자료: 경찰수사연수원, https://kpia.go.kr/

개편한 것이다. 2013년 9월에 충남 아산시로 이전하였다. 경찰수사연수원은 수사경찰의 직무교육을 담당하고 있으며, 정부 부처 다른 기관의 수사관을 대상으로 전문수사교육을 실시하는 한편, 외국경찰을 대상으로 수사교육프로그램을 운영하고 있다.

경찰수사연수원의 교육과정은 매우 다양하여 2024년의 경우 모두 84개 과정이 개설되었다.[130] 교육기간은 1주부터 12주까지 다양하며 교육인원은 6,095명에 달한다.

5) 경찰교육센터

경찰은 경정 이하 경찰교육의 질적·양적 영역을 확대하고 각 시·도경찰청별 지역특성에 맞는 현장 중심의 전문 직무교육을 강화하기 위하여 18개 시·도경찰청에 경찰교육센터를 운영하고 있다. 시·도경찰청의 경무부장(공공안전부장)을

130 경찰수사연수원, 교육과정, https://www.kpia.go.kr/

센터장으로 하여 각 경찰직무의 기능향상을 목적으로 직무교육과정을 운영하고 있다.

경무과장은 교육센터장을 보좌하여 교육센터의 운영을 관리, 감독한다. 경찰교육센터의 교육기관은 1일에서 5일 이내로 한다. 교육과정은 이수만점제를 채택하며, 전체 수업시간의 90% 이상을 이수하면 수료를 인정한다. 교육시간은 직장교육 및 상시학습시간에 반영한다.

표 1-19 경찰교육센터 공통과정~내근직장교육(24개 과정)

담당기능	과정명	기간(일)	교육대상
	계	2일	
공통과정 - (경찰관 내근직장교육)			
청문	청문감사실무과정	2일	경찰서내근근무자 (계, 팀장포함)
경무 (4)	고객만족기초과정	2일	〃
	경리실무과정	2일	〃
	경찰홍보실무과정	2일	〃
	송무실무기초과정	2일	〃
정보화	정보화장비기초과정	2일	〃
정보	정보실무과정	2일	〃
보안 (2)	보안수사첩보전문화과정	2일	〃
	합동정보조사전문화과정	2일	〃
외사	외사실무과정	2일	〃
생활 안전 (4)	총포화약실무과정	2일	〃
	풍속실무과정	2일	〃
	유실물실무과정	2일	〃
	범죄예방진단과정	2일	〃
여청 (2)	가정폭력및아동학대대응실무과정	2일	〃
	학교폭력대응및소년수사기초과정	2일	〃
수사 (4)	지능범죄수사실무과정	2일	〃
	사이버수사네트워크기초과정	2일	〃
	재산범죄수사실무과정	2일	〃
	유치장관리업무과정	2일	〃
경비 (2)	작전전문화과정	2일	〃
	경비실무과정	2일	〃
교통 (2)	교통조사관기초과정	2일	〃
	교통행정기초과정	2일	〃

표 1-20 경찰교육센터 공통과정~전문교육(25개 과정)

담당기능	과정명	기간(일)	교육대상
	계	1~5일	
공통과정 - (경찰관 내근직장교육)			
공통	중간관리자리더십과정	2일	경찰서 신임 과·계·팀장
청문	인권감수성향상과정	2일	해당기능 근무자
경무 (6)	사격술향상과정	1일	정례사격 70점 미만자
	행정관역량향상실무과정	3일	일반직
	기록물관리과정	1일	담당자, 희망자
	민원응대전문화과정	1일	민원접점 부서
	경찰관마음돌봄과정	1일	복지담당자, 희망자
	고객만족실무과정	2일	민원접점 부서
보안 (2)	사이버보안전문화과정	2일	해당기능 근무자
	북한이탈주민신변보호전문화과정	2일	〃
생활안전 (2)	112종합상황실요원실무과정	3일	〃
	전자충격기실사훈련과정	2일	지역경찰, 교통외근, 형사
여청 (2)	여청수사기초실무과정	2일	해당기능 근무자
	실종수사기초실무과정	2일	〃
수사 (9)	신임수사관수사실무과정	5일	〃
	강력범죄수사실무과정	2일	〃
	수사자료분석실무과정	2일	〃
	발달장애인전담조사과정	2일	〃
	디지털포렌식기초과정	1일	〃
	과학수사이해과정	2일	〃
	마약류범죄수사실무과정	1일	〃
	신임수사팀장과정	2일	〃
	현장감식입문과정	2일	담당자, 희망자
경비(2)	화생방테러대응과정	3일	해당기능 근무자
	현장경찰관위기협상초급과정	3일	지역경찰, 형사

제 2 장

경찰공무원의 권리 및 의무

제 1 절 경찰공무원의 권리

경찰공무원은 일반국민에게 인정되지 않는 특별한 의무와 책임을 부담하는 동시에 여러 가지 권리를 함께 가진다. 이는 개인적 공권의 일종으로 사권(私權)과는 다른 특수성이 있다.

Ⅰ. 신분상 권리

1. 신분 및 직위보유권

신분 및 직위보유권이란 공무원은 형의 선고, 징계처분 또는 법령에 정한 사유와 절차에 의하지 않고는 의사에 반하여 휴직·강임 또는 면직을 당하지 아니하는 것을 말한다. 이는 직업공무원 제도의 근간인 신분보장 및 책임성을 담보한다. 다만, 1급 공무원과 국가공무원법에 따라 배정된 직무등급이 가장 높은 등급의 직위에 임용된 고위공무원단에 속하는 공무원은 그러하지 아니하다.[1]

2. 직무집행권 및 직명사용권

경찰공무원은 고유의 권한으로 직무를 수행할 수 있다. 따라서 정당한 이유 없이 경찰공무원의 직무집행을 방해한 자는 공무집행방해죄로 처벌될 수 있다. 또한 경찰공무원은 자신의 직위명을 사용할 수 있다.

---

1 국가공무원법 제68조.

3. 무기휴대 및 경찰장비사용권

경찰공무원은 직무수행을 위하여 필요하면 무기를 휴대할 수 있다.[2] 또한 경찰관은 직무수행 중 경찰장비를 사용할 수 있다. 다만, 사람의 생명이나 신체에 위해를 끼칠 수 있는 경찰장비를 사용할 때에는 필요한 안전교육과 안전검사를 받은 후 사용하여야 한다.[3] 경찰장비란 무기, 경찰장구(警察裝具), 최루제(催淚劑)와 그 발사장치, 살수차, 감식기구(鑑識機具), 해안 감시기구, 통신기기, 차량·선박·항공기 등 경찰이 직무를 수행할 때 필요한 장치와 기구를 말한다.

4. 고충심사청구권

경찰공무원은 근무조건·신분·인사나 신상문제 등의 고충에 대하여 고충심사를 청구할 수 있다. 경찰공무원의 인사상담 및 고충을 심사하기 위하여 경찰청·시·도자치경찰위원회·시·도경찰청·경찰대학·경찰인재개발원·경찰서·경찰기동대·경비함정 기타 경감 이상의 경찰공무원을 장으로 하는 기관에 '경찰공무원고충심사위원회'를 둔다.[4]

경찰공무원고충심사위원회는 위원장 1인을 포함한 7인 이상 15인 이내의 공무원위원과 민간위원으로 구성한다. 이 경우 민간위원의 수는 위원장을 제외한 위원 수의 2분의 1 이상이어야 한다.

위원장은 설치기관 소속 공무원 중에서 인사 또는 감사 업무를 담당하는 과장 또는 이에 상당하는 직위를 가진 사람이 된다.

위원회의 공무원위원은 청구인보다 상위 계급 또는 이에 상당하는 소속 공무원 중에서 설치기관의 장이 임명한다.

민간위원은 다음의 사람 중에서 설치기관의 장이 위촉한다.

---

2 경찰공무원법 제26조 제2항.

3 경찰관 직무집행법 제10조－제10조의4.

4 경찰공무원법 제31조. 공무원고충처리규정 제3조의 2, 대통령령 제35110호, 2024. 12. 24., 일부개정, 2024. 12. 24. 시행.

1. 경찰공무원으로 20년 이상 근무하고 퇴직한 사람
2. 대학에서 법학·행정학·심리학·정신건강의학 또는 경찰학을 담당하는 사람으로서 조교수 이상으로 재직 중인 사람
3. 변호사 또는 공인노무사로 5년 이상 근무한 사람
4. 「의료법」에 따른 의료인

민간위원의 임기는 2년으로 하며, 한 번만 연임할 수 있다. 회의는 위원장과 위원장이 회의마다 지정하는 5명 이상 7명 이내의 위원으로 성별을 고려하여 구성한다. 이 경우 민간위원이 3분의 1 이상 포함되어야 한다.

고충위원회 설치기관의 장은 민간위원이 다음의 어느 하나에 해당하는 경우에는 해당 위원을 해촉할 수 있다.

1. 심신장애로 직무를 수행할 수 없게 된 경우
2. 직무와 관련된 비위사실이 있는 경우
3. 직무태만, 품위손상이나 그 밖의 사유로 위원으로 적합하지 않다고 인정되는 경우
4. 위원 스스로 직무를 수행하는 것이 곤란하다고 의사를 밝히는 경우

경찰공무원고충심사위원회의 심사를 거친 재심청구와 경정 이상의 경찰공무원의 인사상담 및 고충심사는 인사혁신처의 소청심사위원회에서 심사한다.[5]

경찰공무원은 고충심사를 이유로 불이익한 처분이나 대우를 받지 아니한다. 고충처리제도는 경찰공무원이 가지는 불만이나 어려움을 해소함으로써 근무의욕을 높이고 직무에 보다 충실을 기하게 하려는 취지를 담고 있다.[6] 이는 헌법상 행복추구권을 반영한 것이라고 할 수 있다.

5 국가공무원법 제76조의2; 경찰공무원법 제31조; 소청심사위원회, https://sochung.mpm.go.kr/home/page/index.do/

6 하명호, 「행정법」, 박영사, 2024, p. 880.

그림 2-1 고충심사 처리절차

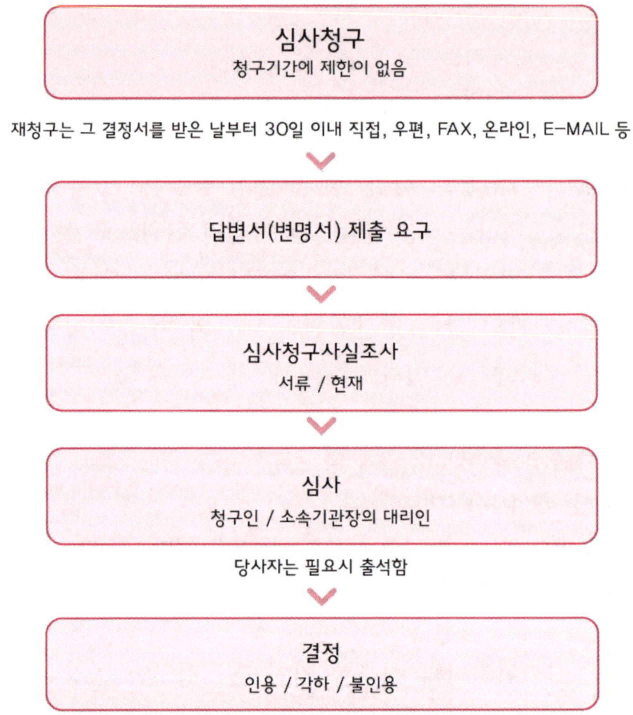

자료: 인사혁신처, 소청심사위원회, https://sochung.mpm.go.kr/

5. 소청심사청구권

경찰공무원은 징계처분 그 밖에 그 의사에 반하는 불리한 처분이나 부작위에 대하여 인사혁신처 소청심사위원회에 소청을 제기할 수 있다.[7] 소청은 행정심판 제도의 일종이다. 소청제도는 위법, 인사상 불이익 처분에 대한 구제라는 사법 보완적 기능, 즉 소청전치주의를 통하여 직접적으로 공무원의 신분보장과 직업 공무원 제도를 확립하고, 간접적으로는 행정의 자기통제효과를 가진다.[8]

7 국가공무원법 제9조－제14조.

8 국가공무원법 제16조.

그림 2-2 소청심사 처리절차

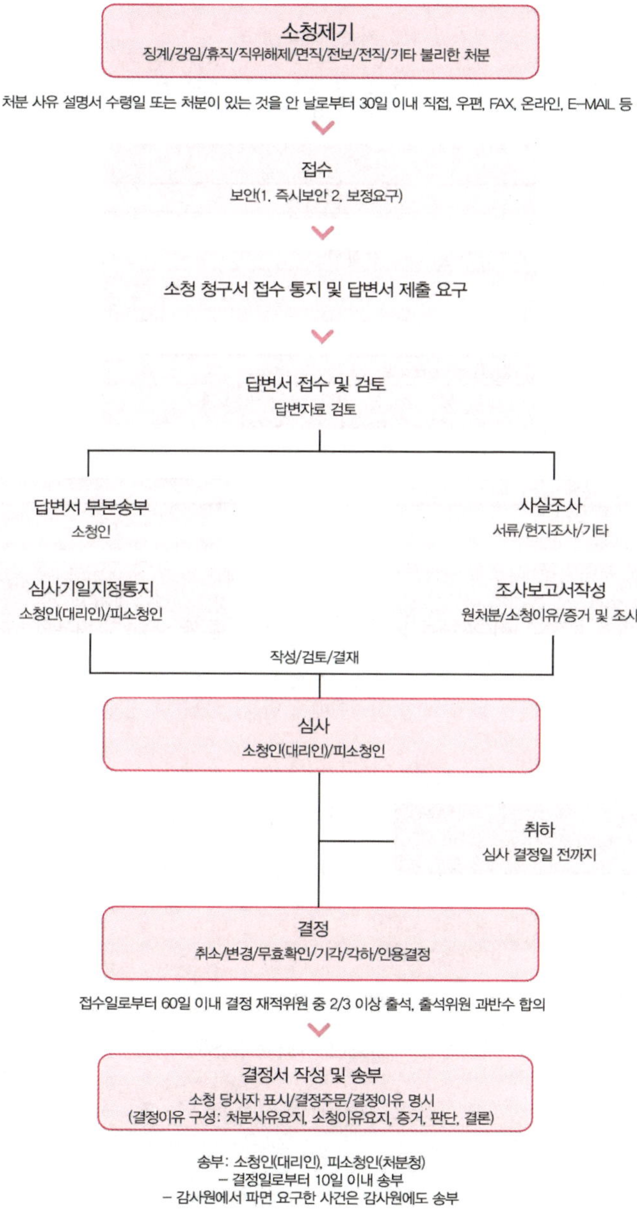

자료: 인사혁신처, 소청심사위원회, https://sochung.mpm.go.kr/

소청심사청구서

1. 사건명 : 감봉1월 처분 취소 청구,
   감봉1월 및 징계부가금 1배 처분 취소 청구
   ※ 사건명은 ○○ 처분 취소, 감경, 취소 또는 감경, 무효확인 중 선택
   예시) 감봉1월 처분 취소 또는 감경 청구, 견책 처분 감경 청구,
   ○○ 처분 취소 청구, ○○ 처분 무효확인 청구,
   ○○ 및 징계부가금 ○배 처분 취소 청구
2. 소청인

성 명	홍 길 동 (한자 : 洪吉童)
주민등록번호	850101 - 1234567 (37 세)
소 속	○○경찰청 ○○경찰서
직(계)급	경 위
주 소	○○시 ○구 ○○로 0, 101동 101호(○동, ○○아파트) (우편번호 : 12345)
전자우편(e-mail)	abcdefg@korea.kr
전화번호	- 자택 또는 직장 : 02-123-1234 - 휴대전화 : 010-1234-5678 ※ 휴대전화 문자메시지(SMS)수신 동의 여부 : 동의함( ), 동의안함( )
대리인(선임시 기재)	변호사 홍길순

3. 피소청인 :
   ※ 처분사유설명서의 처분권자(대통령인 경우 제청권자)
   예시) ○○장관, ○○처장, ○○청장, ○○지방경찰청장, ○○경찰서장 등
4. 소청의 취지 : 피소청인이 2024년 12월 20일 소청인에게 한 감봉1월 처분의 취소 또는 감경 을(를) 구함.
   ※ 징계부가금 처분도 함께 소청심사을 청구 경우
   예시) 피소청인이 2024년 12월 20일 소청인에게 한 감봉1월 및 징계부가금 1배 처분의 취소 또는 감경 을(를) 구함.
5. 처분사유설명서 수령일 : 년 월 일
6. 희망 심사시기 : 빨리( ), 늦게*( ), 의견 없음( )
   * '늦게'로 표기한 경우 구체적인 희망시기와 사유 기재(법원명 사건번호, 희망시기, 사유)
7. 소청이유 : 별지로 작성
8. 입증자료 :
   가. 인사발령통지서
   나. 처분사유설명서(징계의결서 포함)
   다. 소청 이유에 대한 입증서류(있을 경우)

위와 같이 청구합니다.

2026년 1월 10일

위 청구인 홍 길 동 (서명 또는 인)

인사혁신처 소청심사위원회 위원장 귀하

자료: 소청심사위원회, https://sochung.mpm.go.kr/

소청심사위원회는 준사법적 합의제 의결기관으로 위원장 1인을 포함한 5명 이상 7명 이내의 상임위원과 상임위원 수의 2분의 1 이상인 비상임위원으로 구성된다.[9]

소청심사위원회는 소청을 접수하면 지체없이 심사하며, 필요하면 검증(檢證)·감정(鑑定), 그 밖의 사실조사를 하거나 증인을 소환하여 질문하거나 관계 서류를 제출하도록 명할 수 있다. 소청 사건을 심사하기 위하여 징계 요구 기관이나 관계 기관의 소속 공무원을 증인으로 소환하면 해당 기관의 장은 이에 따라야 한다. 소청 사건을 심사할 때에는 소청인 또는 그 대리인에게 진술 기회를 주어야 하며, 진술 기회를 주지 아니한 결정은 무효로 한다.

소청심사위원회의 결정례 ❙ **인사혁신처 소청심사위원회, 소청결정사례집, 2022. 94.**

사건번호: 2025-112 원처분: 강등 비위유형: 기타

결정유형: 기각 결정일자 2025 5. 29.

1. 징계 처분 사유(원처분: 강등)

소청인은 아래와 같은 사유로 '국가공무원법 제63조(품위 유지의 의무)'를 위반하여 **'강등'** 처분을 받았음.

음주운전 재범: 최근 10년 내에 음주운전으로 징계(감봉 2월)를 받은 전력이 있음에도 다시 음주운전을 함.

만취 상태 운전: 혈중알코올농도 0.238%의 매우 높은 수치(만취 상태)로 약 1.4km를 운전함.

2. 위원회 판단(결론)

위원회는 소청인의 주장을 받아들이지 않고, **원 처분(강등)이 타당하다**고 판단함.

반복된 비위: 과거에도 혈중알코올농도 0.162%로 벌금 400만 원 처분을 받은 전력이 있음에도 또다시 음주운전을 함.

높은 알코올 농도: 이번 적발 수치(0.238%)가 매우 높음.

참작 사유 미인정: 대리운전 호출을 시도했다는 사실만으로는 음주운전을 피하기 위한 충분한 노력을 했다고 인정하기 어려움.

---

9 소청위원은 국가공무원의 임명조건을 충족해야 하며, 당원이 아니어야 하고, 공직선거 입후보자가 아니어야 한다. 만약 이에 해당한 때에는 당연퇴직 사유가 된다.

소청심사위원회의 결정례 ‖ 인사혁신처 소청심사위원회, 소청결정사례집, 2022. 46.

사건번호: 2025-190 원처분: 정직 3월 비위유형: 복종위반

결정유형: 기각 결정일자 2025 6. 10.

1. 징계 처분 사유(소청인의 비위 사실)

소청인은 아래와 같은 비위 행위로 인해 **'정직 3월'** 처분을 받았다.

지시 불이행(50회): 퇴근 시 지문인식을 해야 함에도 이를 이행하지 않고 퇴근함.

직무 태만 및 내부결속 저해(총 5회):

신고 출동 후 현장에 가지 않거나 순찰차에서 내리지 않고 동료에게 처리를 맡김.

동료의 의사와 관계없이 독단적으로 행동하거나, 본인의 업무를 후배에게 전가함.

수당 부당 수령: 대기 근무 중 조기 퇴근했음에도 초과근무수당 **374,820원**을 부당하게 수령함.

2. 소청심사위원회 판단(결론)

위원회는 **원 처분**(정직 3월)이 **적절하다**고 판단하여 소청을 기각함.

사실 관계: 기록상 모든 징계 사유가 사실로 인정됨.

양형의 적정성:

비위의 정도가 약하거나 단순 과실로 보기 어려움.

규칙 적용: 「경찰공무원 징계령 세부시행규칙」상 '직무태만'은 최소 '정직' 이상, '수당 부당 수령'도 금액과 상관없이 '정직' 처분이 가능함.

가중 처벌: 하나의 행위가 아닌 여러 의무 위반이 겹쳐 징계 단계를 높일 수 있음(승진 임용 제한 기간 가산 등).

감경 불가: 직무태만과 수당 부당 수령은 포상 공적에 따른 감경(상훈 감경) 제외 대상임.

고의성: 지문인식 미이행 등에 고의성이 있다고 보임.

사건번호 2025-112	**원처분** 강등	**비위유형** 기타
결정유형 기각	**결정일자** 20250529	

6. 행정소송권

경찰공무원은 징계처분, 휴직처분, 면직처분, 그 밖에 본인의 의사에 반한 불리한 처분이나 부작위(不作爲)에 관하여 대하여 경찰청장을 대상으로 행정소송을 제기할 수 있다. 다만, 임용권을 위임한 경우에는 그 위임을 받은 자를 피고로 한다.[10]

Ⅱ. 재산상 권리

1. 보수청구권

경찰공무원은 국가에 대하여 보수를 청구할 권리를 가진다. 보수란 봉급과 기타 각종 수당을 합산한 금액을 말한다. 보수의 청구 시효는 3년이며, 임의포기는 금지된다.[11]

보수는 일반의 표준생계비, 민간의 임금, 기타 사정을 고려하여 결정한다. 경찰공무원의 보수는 직업공무원의 생계 및 품위유지를 위한 기본적인 요건이며, 종합사회보장제도로서의 성격을 갖는다. 국세징수법 제33조는 급여 총액의 1/2 미만에 한해 체납처분 대상으로 허용한다.

보수를 거짓이나 그 밖의 부정한 방법으로 수령한 경우에는 수령한 금액의 2배의 범위에서 가산하여 징수할 수 있다.

2. 연금청구권

경찰공무원은 퇴직 또는 사망과 공무로 인한 부상·질병·폐질에 대하여 적절한 급여를 받을 수 있으며 공무원 자신 및 유족의 생활안정과 복리향상을 위하여 연금을 지급받을 수 있다.[12]

연금은 경찰공무원의 퇴직 후 생활보장 수단으로 재직기간중 근무능률의 향상과 이직률을 낮춰 직업공무원제도를 정착시킴으로써 경찰행정의 일관성을 확

10 경찰공무원법 제34조.

11 국가공무원법 제46조, 공무원 보수규정 제4조, 대법원 1976. 2. 24. 선고 75누800 판결.

12 공무원연금법 제1조－제2조. 법률 제21066호, 2025. 10. 1., 타법개정, 2026. 1. 2. 시행.

보할 수 있고, 동시에 생산성을 높이는 역할을 한다.[13]

우리나라는 1960년부터 공무원연금제도를 도입하고 있으며, 기금제와 기여제를 채택하고 있다. 즉, 경찰공무원 본인이 납부하는 기여금 및 국가가 부담하는 연금부담금으로 기금을 만들어 공무상 질병, 부상 등의 재해급여, 퇴직급여, 유족급여, 퇴직수당 등을 지급하고 있다.[14]

연금의 성질에 대해 봉급연불설, 사회보장설, 은혜설 등 견해가 다양하다. 봉급연불설은 연금을 지급이 지연된 봉급으로 생각하며, 사회보장설은 연금을 퇴직공무원 또는 공무원의 유족에 대한 사회보장을 위한 급여로 본다. 은혜설은 국가로부터 은혜적으로 지급되는 금품으로 연금을 이해한다. 현행 연금제도는 공무원 봉급에서 일정액과 국가가 일정액을 공동분담하여 공무원이 퇴직 후에 지급하는 것이므로 봉급연불설과 사회보장설의 성질을 모두 가진다.[15]

공무원의 퇴직급여는 사회보장 ▎헌법재판소 1998.12.24. 선고 96헌바73 전원재판부 결정

공무원연금제도는 공무원이 퇴직하거나 사망한 때에 공무원 또는 그 유족의 생활안정과 복리향상에 기여하기 위한 사회보험으로서 법상 퇴직급여나 유족급여는 후불임금의 성격만 갖는 것이 아니라 기본적으로 사회보장의 성격을 함께 가진다.

3. 실비변상 · 실물급대여 청구권

경찰공무원은 보수를 받는 외에 직무수행에 소요되는 실비변상을 받을 수 있다. 실비에는 국내여비규정이나 국외여비규정에 의한 여비는 운임 · 일비 · 숙박비 · 식비 · 이전비 · 가족여비 및 준비금 등을 말한다.[16] 또한 경찰공무원은 특수한 경찰직무수행을 위하여 급여품과 대여품을 지급받을 수 있다.[17]

13 공무원연금공단, http://www.geps.or.kr/g_business/pension/html/introduce_01.jsp/

14 허경미, 「경찰인사행정론」, 제4판, 박영사, 2023, pp. 307－308.

15 인사혁신처, 연금제도의 의의, https://www.mpm.go.kr/mpm/

16 공무원 여비 규정 제2조.

17 국가공무원법 제48조; 경찰공무원 지급품에 관한 규칙 제1조.

제 2 절 경찰공무원의 의무

경찰공무원은 국민전체에 대한 봉사자로서 성실하게 그 직무를 수행할 의무를 부담하는 한편 특별권력관계의 상대방으로서 일정한 신분상 의무를 부담한다.

특별권력관계의 상대방으로서 경찰공무원의 권리를 제한할 때도 반드시 법률에 근거를 두어야 하며, 필요한 최소한도에서만 허용된다. 즉 특별권력관계의 내부질서를 유지하려는 목적과 이를 위한 경찰공무원의 기본권 제한 간에는 일정한 비례관계가 형성되어야 한다.

Ⅰ. 신분상 의무

1. 선서의 의무

경찰공무원은 취임시 소속기관장 앞에서 국가와 국민에게 성실하게 근무할 것을 맹세하는 선서를 할 의무를 지고 있다. 불가피한 경우에는 취임 후에 선서를 할 수 있다.[18]

2. 제복착용의 의무

경찰공무원은 경찰공무원의 복식을 착용하여야 하며, 의무경찰은 의무경찰 복식을 착용하여야 한다. 경찰공무원 및 의무경찰은 복장과 용모를 단정히 하고, 항상 품위를 유지하여야 한다.[19]

3. 비밀엄수의 의무

경찰공무원은 재직중은 물론 퇴직 후에도 업무상 지득한 비밀을 엄수해야 한다.[20] 비밀의 범주에 대하여는 다툼이 있다.[21] 법원은 "국가공무원법상 직무상

18 국가공무원법 제55조.

19 경찰공무원법 제26조; 경찰복제에 관한 규칙 제2조. 행정안전부령 제298호, 2021. 12. 31. 타법개정, 2021. 12. 31. 시행.

20 국가공무원법 제60조.

비밀이라 함은 국가 공무의 민주적, 능률적 운영을 확보하여야 한다는 이념에 비추어 볼 때 당해 사실이 일반에 알려질 경우 그러한 행정의 목적을 해할 우려가 있는지 여부를 기준으로 판단하여야 하며, 구체적으로는 행정기관이 비밀이라고 형식적으로 정한 것에 따를 것이 아니라 실질적으로 비밀로서 보호할 가치가 있는지, 즉 그것이 통상의 지식과 경험을 가진 다수인에게 알려지지 아니한 비밀성을 가졌는지, 또한 정부나 국민의 이익 또는 행정목적 달성을 위하여 비밀로서 보호할 필요성이 있는지 등이 객관적으로 검토되어야 한다"고 판시하였다.[22]

경찰공무원은 국회의 증언 및 서류제출 요구에 응할 의무가 있다.[23]

표 2-1 공무원의 국회에서의 증언 의무

구분	주요 내용	기한 및 조건
1. 원칙	공무원은 직무상 비밀을 이유로 증언/제출을 **거부할 수 없음**	-
2. 예외(거부)	군사·외교·대북 관계 등 **국가 안위에 중대한 영향**을 미치는 기밀일 경우	주무부장관이 요구받은 날부터 **5일 이내** 소명
3. 국회 대응	장관의 소명을 수락하지 않을 경우, **국무총리의 성명(聲明)** 요구 의결	본회의 또는 해당 위원회 의결
4. 최종 의무	국무총리가 성명 요구에 응하지 않을 경우, **무조건 증언/제출**	성명 요구받은 날부터 **7일 이내** 미발표 시

비밀엄수의 의무를 위반한 때에는 징계사유가 되며, 형사상 피의사실 공표죄(형법 제126조)나 공무상 비밀누설죄(형법 제127조)의 처벌 대상이 된다.

---

21 홍정선, 「신행정법특강」, 박영사, 2020, pp. 931－932, 하명호, 「행정법」, 박영사, 2024, p. 884.

22 대법원 1996. 10. 11. 선고 94누7171 판결.

23 국회에서의 증언·감정 등에 관한 법률 [시행 2025. 10. 1.] [법률 제21068호, 2025. 10. 1., 일부개정] 제4조.

공무상 비밀의 성격 ‖ 대법원 2012.3.15. 선고 2010도14734 판결

형법 제127조는 공무원 또는 공무원이었던 자가 법령에 의한 직무상 비밀을 누설하는 것을 구성요건으로 하고, 같은 조에서 '법령에 의한 직무상 비밀'이란 반드시 법령에 의하여 비밀로 규정되었거나 비밀로 분류 명시된 사항에 한하지 아니하고, 정치, 군사, 외교, 경제, 사회적 필요에 따라 비밀로 된 사항은 물론 정부나 공무소 또는 국민이 객관적, 일반적인 입장에서 외부에 알려지지 않는 것에 상당한 이익이 있는 사항도 포함하나, 실질적으로 그것을 비밀로서 보호할 가치가 있다고 인정할 수 있는 것이어야 하고, 본죄는 비밀 그 자체를 보호하는 것이 아니라 공무원의 비밀엄수의무의 침해에 의하여 위험하게 되는 이익, 즉 비밀 누설에 의하여 위협받는 국가의 기능을 보호하기 위한 것이다.

4. 청렴의 의무

1) 사례 · 증여 · 향응의 금지

경찰공무원은 직무와 관련하여 직접 또는 간접을 불문하고 사례 · 증여, 향응을 수수할 수 없다. 또한 직무상 관계여하를 불문하고 그 소속상관에게 증여하거나 소속공무원으로부터 증여를 받아서는 아니 된다.[24]

한편 부정청탁 및 금품등 수수의 금지에 관한 법률(약칭: 청탁금지법)이 2016년에 제정되었다. 이 법은 공직자 등에 대한 부정청탁 및 공직자 등의 금품 등의 수수(收受)를 금지함으로써 공직자 등의 공정한 직무수행을 보장하고 공공기관에 대한 국민의 신뢰를 확보하는 것을 목적으로 하고 있다. 일명 김영란법이라고도 칭한다. 이 법 제4조는 공직자등은 사적 이해관계에 영향을 받지 아니하고 직무를 공정하고 청렴하게 수행하여야 하며(제1항), 공평무사하게 처신하고 직무관련자를 우대하거나 차별해서는 아니 된다(제2항)고 규정하고 있다.[25]

사례나 증여, 향응의 한계에 대해서는 다음의 판례를 참고할 필요가 있다.

24 국가공무원법 제61조.

25 부정청탁 및 금품등 수수의 금지에 관한 법률 제4조, 법률 제20712호, 2025. 1. 21., 타법개정, 2025. 1. 21. 시행.

성적 향응도 뇌물 ‖ 대법원 2014.1.29. 선고 2013도13937 판결;
대법원 2018.5.15. 선고 2017도19499 판결

뇌물죄에서 뇌물의 내용인 이익이라 함은 금전, 물품 기타의 재산적 이익뿐만 아니라 사람의 수요·욕망을 충족시키기에 족한 일체의 유형·무형의 이익을 포함하며, 제공된 것이 성적 욕구의 충족인 경우도 뇌물에 해당한다.

또한 뇌물죄는 공무원의 직무집행의 공정과 이에 대한 사회의 신뢰 및 직무행위의 불가매수성을 그 보호법익으로 하고 있고, 직무에 관한 청탁이나 부정한 행위를 필요로 하는 것은 아니어서 수수된 금품의 뇌물성을 인정하는 데 특별한 청탁이 있어야만 하는 것은 아니다.

또한 금품이 직무에 관하여 수수된 것으로 족하고 개개의 직무행위와 대가적 관계에 있을 필요는 없고, 공무원이 그 직무의 대상이 되는 사람으로부터 금품 기타 이익을 받은 때에는 사회상규에 비추어 볼 때에 의례상의 대가에 불과한 것이라고 여겨지거나 개인적인 친분관계가 있어서 교분상의 필요에 의한 것이라고 명백하게 인정할 수 있는 경우 등 특별한 사정이 없는 한 직무와의 관련성이 있다고 볼 수 있으며, 공무원이 직무와 관련하여 금품을 수수하였다면 비록 사교적 의례의 형식을 빌어 금품을 주고 받았다 하더라도 그 수수한 금품은 뇌물이 된다.

동료에게 떡 한 상자는 청탁의 댓가, 부정청탁및금품등수수의금지에관한법률위반 ‖
춘천지법 2016.12.6. 선고 2016과20 판결(확정)

…중략… 경찰서에 고소장을 제출한 甲이 경찰서에 출석하여 조사받기 하루 전에 직원을 통하여 담당 경찰관 乙에게 45,000원 상당의 떡 1상자를 제공하였는데 경찰관 乙이 이를 반환한 다음 소속기관장에게 신고한 사안에서, 甲의 행위를 직무관련성 있는 공직자등에게 수수 금지 금품등을 제공한 행위로 인정하고 甲이 제공한 금품등이 원활한 직무수행, 사교·의례 또는 부조의 목적으로 제공되거나 사회상규에 따라 허용되는 것으로 볼 수 없다고 판단한 후, 제공된 금품등 가액의 2배에 해당하는 과태료를 부과한 사례

청탁금지법상 상급 공직자등의 의미 ‖ 대법원 2018.10.25. 선고 2018도7041 판결

부정청탁 및 금품등 수수의 금지에 관한 법률 제8조 제3항 제1호에서 정한 '상급 공직자등'의 의미 및 금품등 제공자와 그 상대방이 직무상 명령·복종이나 지휘·감독관계에 있어야만 이에 해당하는지 여부(소극)

경찰부패를 설명하는 이론: 개인적 일탈론 및 조직적 일탈론

부패를 일부 개인적 차원의 일탈로 규정하려는 입장과 조직적 차원의 일탈로 규정하려는 입장으로 구별할 수 있다.[26]

1. 썩은 사과이론(Rotten Apple Theory):

"한두 알의 썩은 사과가 통 안의 모든 사과를 망친다"는 것으로 부패한 일부 구성원이 경찰조직 전체에 부패문화를 확산시킬 수 있다는 설명이다.[27] 즉, 부패한 한두 명의 경찰관이 조직에 비리 문화를 퍼뜨리고 주변에 악영향을 미쳐 조직 전체를 망친다는 것이다. 썩은 사과이론은 경찰조직의 부패 문제가 소수의 불량 구성원 즉, 나쁜 사과에 국한된 것임을 시사하거나 암시하는 경향이 있다.[28] 따라서 해결책 역시 이 문제경찰관만을 조직에서 배제하면 더 이상의 부패는 일어나지 않을 것이라 진단한다.

2. 죄수의 딜레마 이론(Prisoner's Dilemma Theory):

두 사람의 협력적인 선택이 최선의 합리적인 선택임에도 불구하고 자신의 이익만을 고려한 선택으로 결국 둘 다 최악의 결과를 맞는 현상을 말한다.[29] 죄수의 딜레마이론은 비제로섬 게임(Non Zero-Sum Game)의 일종으로 모두가 선택한 결론이 최적의 상태가 아닌 경우를 말한다. 공무원 조직에서 구성원들은 나만 손해를 볼 수 없으니 다른 공무원처럼 부패를 통해 이익을 취하고 손해를 보지 않으려고 하는 경향을 설명할 수 있다. 예를 들어 관행적으로 부서 경찰관들이 모두 뇌물을 수수하거나, 동료의 불법행위를 함께 묵인하는 등을 들 수 있다.

3. 더러운 해리 이론(Dirty Harry Theory):

경찰조직이 선한 목적 혹은 경찰목적 즉 고결한 정의(Noble Justice)를 달성하기 위하여 법을 위반하거나, 경찰이 혹은 경찰조직이 판단하기에 더 큰 정의로움을 지키기 위하여 법이나 규정을 위반하거나 특정인의 인권을 침해하는 경우로 자신들의 부패를 합리화하는 것을 말한다.[30] 경찰이 범인체포를 위하여 특정한 인종이나 전과자들에 대하여 편향적으로 폭력을 사용하거나 영장 없이 압수수색을 하거나, 저항하지 않는데도 총격을 가하는 등 다양한 형태의 불법과 인권침해 양상을 조직구성원들이 묵인하고 동조하는, 이른바 푸른 벽(Blue Wall) 혹은 침묵의 코드(Code of Silence)를 지키며, 시민들의 비난에 대하여 조직 차원에서 대응하거나 방어를 하는 등의 양상으로 나타날 수 있다.[31]

4. 썩은 통 이론(Rotten Barrel Theory):

썩은 통 이론은 경찰관 개인의 자질 문제가 아니라, **경찰 조직 자체의 구조적 모순, 잘**

못된 관행, 비뚤어진 조직 문화가 부패의 근본 원인이라는 이론이다. 상자(통) 즉 조직 자체가 오염되어 있기 때문에, "아무리 싱싱하고 깨끗한 사과(신임 경찰관)를 그 안에 넣더라도 시간이 지나면 결국 다 썩어버리게 된다"는 논리이다. 신임 경찰관이 선배들로부터 업무를 배우는 과정에서, 불법적인 관행이나 뇌물 수수 요령 등을 자연스럽게 습득하게 되며, 이를 거부하면 조직 내에서 따돌림(왕따)을 당하거나 업무 협조를 받지 못하게 된다. 또한 침묵의 규범이 형성되어 동료의 잘못을 눈감아주는 것이 '의리'로 포장되고, 내부 고발자를 '배신자'로 낙인찍는 조직 문화가 부패를 키우는 온상이 된다. 지휘관이나 관리자가 부패를 알고도 조직의 명예가 실추될까 봐 덮거나, 관리 감독 시스템 자체가 마비되기도 한다.

26 허경미. (2023). 미국의 부패경찰관 규제시스템에 관한 연구. 부패방지법연구, 6(2), 185-211.

27 이는 1340년 영국의 속담(A rotten apple quickly infects its neighbor)에서 유래하였다. Speake, Jennifer, ed. (2015). The Oxford Dictionary of Proverbs. Oxford University Press. p. 271. ISBN 978-0-19-179944-0.

28 Ouellet, M., Hashimi, S., Gravel, J., & Papachristos, A. V. (2019). Network exposure and excessive use of force: Investigating the social transmission of police misconduct. Criminology & Public Policy, 18(3), 675-704.

29 이는 1950년 Merrill Flood와 Melvin Dresher에 의해 고안되었으며, 죄수의 딜레마이론이라고 이름 지은 학자는 Albert Tucker에 의해 만들어졌다. Poundstone, W. (1993). Prisoner's dilemma: John von Neumann, game theory, and the puzzle of the bomb. Anchor.

30 이는 Dirty Harry 영화 Dirty Harry (1971), Magnum Force (1973), The Enforcer (1976), Sudden Impact (1983), and The Dead Pool (1988)에 등장하는 주인공 캐릭터의 별명이다. 더티 해리 역의 영화 속의 캐릭터는 Harold Francis Callahan로 이 역할은 영화배우 Clint Eastwood가 맡았다.
모든 Dirty Harry 영화에는 Callahan이 주로 총격전에서 범죄자를 죽이는 장면이 등장한다. Sausdal, D. (2020). Police bullshit: Taking brutal police talk less seriously. Journal of Extreme Anthropology, 4(1), 94-115.

31 Klockars, C. B. (1980). The dirty Harry problem. The Annals of the American Academy of Political and Social Science, 452(1), 33-47.; Fridell, L. A., Maskaly, J., & Donner, C. M. (2021). The relationship between organisational justice and police officer attitudes toward misconduct. Policing and society, 31(9), 1081-1099.

표 2-2 부패이론의 비교

구분	이론명	핵심 주장 (Key Concept)	부패의 원인	추구하는 이익	해결 방안
개인적 일탈론	**썩은 사과 이론** (Rotten Apple Theory)	"조직은 건전한데 일부 미꾸라지가 물을 흐린다."	**개인의 도덕적 결함** (자질 부족, 성격적 문제)	**사익** (개인의 금전적 이익 등)	• 부패 경찰관 파면 • 채용 단계 검증 강화 • 징계 및 처벌 강화
조직적 일탈론	**썩은 통 이론** (Rotten Barrel Theory)	"상자(조직)가 썩었기에 멀쩡한 사과도 썩는다."	**조직의 구조적 모순** (부패한 하위문화, 잘못된 관행)	**사익 + 집단 이익** (조직 내 생존 및 관행적 떡고물)	• **조직 문화 개혁** • 외부 감시(시민통제) • 구조적 모순 제거
	죄수의 딜레마 (Prisoner's Dilemma Theory)	"침묵하지 않으면 나만 손해를 본다."	**잘못된 동료애(의리)** (배신자 낙인 공포, 침묵의 규범)	**집단 보호 + 안전** (내부고발로 인한 보복 회피)	• **내부고발자 보호** • 불합리한 침묵의 카르텔 파괴
	더러운 해리 (Dirty Harry Theory)	"정의(목적)를 위해 불법(수단)을 감수한다."	**도덕적 영웅심리** (목적지상주의, 성과 압박)	**공익** (범인 검거, 치안 유지, 조직의 목표 달성)	• **적법절차 교육 강화** • 성과 위주 평가 지양 • 인권 감수성 제고

2) 재산등록·공개 등의 의무

공직자윤리법은 각 공무원의 청렴의 의무를 제도적으로 강화하기 위하여 공직자의 재산등록·공개, 선물신고·퇴직공직자의 취업제한 등을 규정하고 있다.[32]

공직자윤리법상 경찰공무원의 경우 총경 이상의 경찰공무원은 재산등록의 대상이며, 치안감 이상의 경찰공무원 및 특별시·광역시·특별자치시·도·특별자치도의 경찰청장은 재산공개의 대상이 된다.[33] 또한 공직자윤리법 시행령은 경정, 경감, 경위, 경사와 자치경찰공무원 중 자치경정, 자치경감, 자치경위, 자치경사도 재산등록 의무대상자로 규정하고 있다.[34] 시·도 자치경찰위원회장과 상

32 공직자윤리법 제1조, 법률 제21065호, 2025. 10. 11., 일부개정, 2026. 1. 2. 시행.

33 공직자윤리법 제3조 및 제10조.

임위원도 등록 및 공개대상이다.

재산등록 기간은 등록대상 공무원이 된 이후 기본적으로 2개월 이내이며, 전년도의 재산변동 등록은 매년 2월 말일까지 한다.

재산등록 등의 범위는 본인·배우자 및 직계존비속이 보유한 재산(부동산·동산, 가상자산 등)이며, 독립생계가 가능하여 본인의 부양을 받지 않는 직계존비속은 고지를 거부할 수 있다.

공직자의 재산등록 및 공개 그리고 퇴임 후 재취업 등에 관한 사무는 인사혁신처의 정부공직자윤리위원회가 담당하며, 재산등록 및 공개는 관보 및 인터넷 사이트를 통하여 이루어진다.[35]

이행하지 않는 경우 징계책임(공직자윤리법 제22조), 재산등록거부의 죄(동법 제24조), 거짓자료제출등의 죄(동법 제25조), 출석거부죄(동법 제26조), 취업제한위반죄(동법 제29조)의 징역 또는 벌금의 형사책임을 진다.

3) 퇴직 후 취업제한의무

재산등록의무자는 정부의 공직자윤리위원회의 승인을 받지 않고서는 퇴직일부터 3년간에는 퇴직 전 5년 동안 소속하였던 부서 또는 기관의 업무와 밀접한 관련성이 있는 취업제한기관에 취업할 수 없다. 경찰은 국가경찰공무원 및 자치경찰공무원 중 경사 이상을 말한다.[36]

5. 영예 등의 금지

경찰공무원이 외국정부로부터 영예 또는 증여를 받을 경우에는 대통령의 허

---

34 공직자윤리법 제3조 제1항 제13호, 공직자윤리법 시행령 제3조 제4항 제6호, 대통령령 제35947호, 2025. 12. 30., 타법개정, 2026. 1. 2. 시행.

35 공직윤리시스템, https://www.peti.go.kr/index_ssl.html/

36 공직자윤리법 제3조 제1항 제9호; 공직자윤리법 시행령 제31조 제1항 제8호. 공직자윤리법 제17조에 의해 공직자윤리위원회는 퇴직 전 5년간 소속부서와 업무관련성이 없다고 판단되면 취업을 인정하지만 그렇지 않을 경우 취업을 금지시킨다. 위반할 경우 최고 1,000만원의 과태료가 부과될 수 있다.
공무원의 대표적인 취업제한 기관은 법무·세무·회계 법인, 유관기관인 도로교통공단 및 총포화약안전기술협회, 시장형공기업인 한국공항공사, 한국수자원공사 등이며 사립대학과 종합병원, 100억원 이상 사회복지법인 등도 포함된다.

가를 얻어야 한다.[37]

6. 품위유지의 의무

경찰공무원은 직무의 내외를 불문하고 품위를 손상하는 행위를 하여서는 안 된다.[38] 품위란 공적 업무처리 및 사적 생활에서 주권자인 국민의 수임자로서의 직책을 맡아 수행해 나가기에 손색이 없는 인품을 말한다.[39] 즉 국가의 권위·위신·체면에 해가 되는 공무원의 공적 또는 사적인 행위라고 할 수 있다.

7. 정치운동의 금지

공무원의 정치적 중립성을 보장하기 위하여 공무원에게는 일정한 내용의 정치운동이 금지된다(헌법 제7조 제2항). 경찰공무원은 정당이나 정치단체에 가입하거나 정치활동에 관여하는 행위를 하여서는 아니 된다.[40]

정치활동에 관여하는 행위란 다음에 해당하는 행위를 말한다.

1. 정당이나 정치단체의 결성 또는 가입을 지원하거나 방해하는 행위
2. 그 직위를 이용하여 특정 정당이나 특정 정치인에 대하여 지지 또는 반대 의견을 유포하거나, 그러한 여론을 조성할 목적으로 특정 정당이나 특정 정치인에 대하여 찬양하거나 비방하는 내용의 의견 또는 사실을 유포하는 행위
3. 특정 정당이나 특정 정치인을 위하여 기부금 모집을 지원하거나 방해하는 행위 또는 국가·지방자치단체 및 「공공기관의 운영에 관한 법률」에 따른 공공기관의 자금을 이용하거나 이용하게 하는 행위
4. 특정 정당이나 특정인의 선거운동을 하거나 선거 관련 대책회의에 관여하는 행위
5. 「정보통신망 이용촉진 및 정보보호 등에 관한 법률」에 따른 정보통신망을 이용한 제1호부터 제4호까지의 규정에 해당하는 행위
6. 소속 직원이나 다른 공무원에 대하여 제1호부터 제5호까지의 행위를 하도록 요구하거나 그 행위와 관련한 보상 또는 보복으로서 이익 또는 불이익을 주거나 이를 약속 또는 고지(告知)하는 행위

---

37 국가공무원법 제62조.

38 국가공무원법 제63조, 제78조, 경찰공무원 복무규정 제7조

39 대법원 1998. 2. 27. 선고 97누18172 판결.

40 경찰공무원법 제23조.

다만, 경찰공무원이 공직선거 등의 예비후보자·후보자의 배우자이거나 후보자의 직계존비속인 경우에는 선거운동기간 동안 선거운동을 할 수 있다.[41] 선거운동이란 특정인이 당선되거나 되게 하거나 되지 못하게 하기 위한 행위를 말한다.

8. 집단행동의 금지

1) 노동조합 결성권 등 배제

경찰공무원은 노동운동 기타 공무 이외의 일을 위한 집단적 행위를 하여서는 아니 된다.[42]

공무원의 노동조합 설립 및 운영 등에 관한 법률 제6조는 노동조합에 가입할 수 있는 국가공무원의 범주를 규정하고 있다. 노동조합과 그 조합원은 정치활동을 하여서는 아니 된다.[43] 공무원은 임용권자의 동의를 받아 노동조합의 업무에만 종사할 수 있다.[44]

노동조합에 가입할 수 있는 공무원의 범위는 다음과 같다.[45]

1. 일반직공무원
2. 특정직공무원 중 외무영사직렬·외교정보기술직렬 외무공무원, 소방공무원 및 교육공무원(다만, 교원은 제외)
3. 별정직공무원
4. 제1호부터 제3호까지의 어느 하나에 해당하는 공무원이었던 사람으로서 노동조합 규약으로 정하는 사람

그러나 위에도 불구하고 다음에 해당하는 공무원은 노동조합에 가입할 수 없다.[46]

41 공직선거법 제60조 제1항 제4호.

42 국가공무원법 제66조.

43 공무원의 노동조합 설립 및 운영 등에 관한 법률 제4조; 법률 제18922호, 2022. 6. 10., 일부개정, 2023. 12. 11. 시행.

44 공무원의 노동조합 설립 및 운영 등에 관한 법률 제7조.

45 공무원의 노동조합 설립 및 운영 등에 관한 법률 제6조 제1항.

46 공무원의 노동조합 설립 및 운영 등에 관한 법률 제6조 제2항.

1. 업무의 주된 내용이 다른 공무원에 대하여 지휘·감독권을 행사하거나 다른 공무원의 업무를 총괄하는 업무에 종사하는 공무원
2. 업무의 주된 내용이 인사·보수에 관한 업무를 수행하는 공무원 등 노동조합과의 관계에서 행정기관의 입장에서 업무를 수행하는 공무원
3. 교정·수사 또는 그 밖에 이와 유사한 업무에 종사하는 공무원

2) 공무원 직장협의회 설립

공무원의 근무환경 개선, 업무능률 향상 및 고충처리 등을 위하여 직장협의회를 설립하여 운영할 수 있다.[47] 경찰공무원도 직장협의회의를 설립, 가입, 운영할 수 있다. 다만 다음의 경우는 가입이 금지된다.[48]

1. 지휘·감독권을 행사하거나 다른 공무원의 업무를 총괄하는 업무에 종사하는 공무원(직무대리자 포함)
2. 인사 업무에 종사하는 공무원(자료 정리 및 문서 편집 등 단순 업무를 보조하는 사람은 제외)
3. 예산·경리·물품출납 업무에 종사하는 공무원(자료 정리 및 문서 편집 등 단순 업무를 보조하는 사람은 제외)
4. 비서 업무를 주된 업무로 수행하는 공무원
5. 외교·군사·감사·조사·수사·검찰사무·출입국관리·유선교환 등 기밀 업무를 주된 업무로 수행하는 공무원
6. 보안·경비 업무에 종사하는 공무원

: 청사관리를 관장하는 기관이나 부서, 교정시설 또는 보호시설 등에서 공공안전의 목적을 위해 특정인이나 특정시설에 대한 보안 · 경비 업무를 주된 업무로 수행하는 공무원

7. 그 밖에 제2호부터 제6호까지의 업무와 유사한 업무에 종사하는 공무원

(협의회에 관한 업무를 주된 업무로 수행하는 공무원)

47 공무원직장협의회의 설립 · 운영에 관한 법률 제1조. 법률 제18844호, 2022. 4. 26., 일부개정, 시행 2022. 10. 27. 시행.

48 공무원직장협의회의 설립 · 운영에 관한 법률 시행령 제3조, 대통령령 제32958호, 2022. 10. 25., 일부개정, 2022. 10. 27. 시행.

협의회는 기관 단위로 하나의 협의회만을 설립할 수 있고, 연합협의회를 결성할 수도 있다. 기관장은 해당 기관의 직책 또는 업무 중 협의회에의 가입이 금지되는 직책 또는 업무를 협의회와 협의하여 지정하고 이를 공고하여야 한다.

협의회 및 연합협의회와 기관장 등은 다음의 사항을 협의한다. 기관장 등은 협의에 성실히 응하고, 최대한 이행하려고 노력하여야 한다.[49]

1. 해당 기관 고유의 근무환경 개선에 관한 사항
2. 업무능률 향상에 관한 사항
3. 소속 공무원의 공무와 관련된 일반적 고충에 관한 사항
4. 소속 공무원의 모성보호 및 일과 가정생활의 양립을 지원하기 위한 사항
5. 기관 내 성희롱, 괴롭힘 예방 등에 관한 사항
6. 그 밖에 기관의 발전에 관한 사항

Ⅱ. 직무상 의무

1. 법령준수 및 성실의 의무

경찰공무원은 법령을 준수하여 직무를 수행해야 한다. 이는 법치행정의 원칙에 의해 요구되는 의무이다. 법령에는 입법부가 제정한 법률 및 행정입법도 포함된다.

경찰공무원은 성실히 직무를 수행할 의무를 진다.[50] 성실의무는 공무원의 기본적 의무로 최대한 공공의 이익을 도모하고 그 불이익을 방지해야 한다는 점에서 사인간의 단순한 고용관계에서의 근로의무와 구별된다.

2. 복종의무

1) 의 의

경찰공무원은 직무를 수행함에 있어서 소속상관의 직무명령에 복종하여야 한다.[51]

---

49 공무원직장협의회의 설립·운영에 관한 법률 제5조–제6조.

50 국가공무원법 제56조.

51 국가공무원법 제57조.

2) 소속상관

소속상관이란 당해 공무원의 직무에 관하여 지휘감독권을 가진 자를 말한다. 관청인 상관과 보조기관인 상관을 모두 포함한다.

3) 직무명령

상관이 하관의 직무범위 내에 속하는 사항에 대하여 발하는 명령으로 특별한 규정이 없는 한 문서나 구술 등 형식에 제한을 받지 않는다.

4) 직무명령과 행정명령과의 구별

직무명령은 상관이 하관에게 발하는 명령(자연인과 자연인)이라는 점에서 상급기관이 하급기관에 발하는 명령(기관과 기관)인 행정명령과 구분된다. 그리고 직무명령은 상관이 변동하면 그 효력을 상실하나, 행정명령은 그러하지 아니하다. 또한 행정명령은 직무명령의 성질을 가지나, 직무명령은 행정명령의 성질을 가지지 못한다.

인권옹호직무명령불준수 · 직무유기 ▎ 대법원 2010.10.28. 선고 2008도11999 판결

… 중략 … [2] 검사가 구속영장 청구 전 대면조사를 위하여 사법경찰관리에게 긴급체포된 피의자의 인치를 명하는 것이 적법한 수사지휘에 해당하는지 여부(한정 적극)

… 중략 … [4] 검사가 긴급체포 등 강제처분의 적법성에 의문을 갖고 대면조사를 위한 피의자 인치를 2회에 걸쳐 명하였으나 이를 이행하지 않은 사법경찰관에게 인권옹호직무명령불준수죄와 직무유기죄를 모두 인정하고 두 죄를 상상적 경합관계로 처리한 원심판단을 수긍한 사례

직무명령의 형식적 요건은 ① 권한 있는 상관이 발한 것, ② 하관의 직무범위 내의 사항일 것, ③ 하관의 직무상 독립이 보장된 것이 아닐 것, ④ 법정의 형식이나 절차가 있으면 이를 갖출 것 등이다.

실질적 요건은 그 내용이 ① 법령과 공익에 적합할 것, ② 실현가능성이 있을 것 등이다.[52]

52 허경미, 「경찰인사행정론」, 제4판, 박영사, 2023, pp. 179－181.

5) 복종의 한계

직무명령이 형식적 요건을 결했을 때에는 하관은 복종을 거부할 수 있으나 실질적 요건을 결한 경우에 대하여는 의견이 다양하다. 그러나 위법성이 중대하고 명백한 경우나 그 명령이 범죄를 구성하는 경우 등은 복종할 의무가 없으며, 명령을 거부하는 것이 경찰공무원의 법령준수의무나 성실의 의무에 합치한다고 볼 것이다.

이러한 내용의 직무명령에 복종한 경우에는 민·형사상 책임 및 징계책임을 지게 된다. 그러나 직무명령 내용상의 하자 정도가 법령해석상의 견해차이에 불과하거나 부당하다고 인정되는 데 그치는 정도인 경우에는 복종을 거부할 수 없으며, 단지 상관에게 자신의 의견을 진술할 수 있다.[53]

고문수사명령은 복종대상 될 수 없어 ┃ 대법원 1988.2.23. 선고 87도2358 판결

특정범죄가중처벌등에관한법률위반공무원이 그 직무를 수행함에 있어 상관은 하관에 대하여 범죄행위 등 위법한 행위를 하도록 명령할 직권이 없는 것이고 하관은 소속상관의 적법한 명령에 복종할 의무는 있으나 그 명령이 참고인으로 소환된 사람에게 가혹행위를 가하라는 등과 같이 명백한 위법 내지 불법한 명령인 때에는 이는 벌써 직무상의 지시명령이라 할 수 없으므로 이에 따라야 할 의무는 없다.

6) 명령의 경합(競合)

둘 이상의 상관으로부터 모순된 직무명령을 받았을 때는 계층제의 원리 및 업무의 관련성에 비추어 직속상관의 직무명령에 복종하여야 한다.

7) 의무위반

직무명령이 형식적 및 실질적 요건을 모두 갖춘 경우 이를 위반한 하관은 위법은 아니나 징계사유가 된다. 그러나 요건을 갖추지 못한 직무명령에 대한 복종은 그 결과에 대하여 징계책임 및 민·형사상 책임의 대상이 될 수 있다.

3. 직무전념의 의무

경찰공무원은 전력을 다하여 직무를 성실히 수행해야 하며, 이는 직장이탈금

53 하명호, 「행정법」, 박영사, 2024, p. 884.

지 및 영리업무금지의 의무를 포함한다. 경찰공무원이 직무전념의 의무를 위반한 경우 징계책임 외에도 형법상 직무유기죄가 성립될 수 있다.[54]

1) 직장이탈금지의 의무

경찰공무원은 소속상관의 허가 또는 정당한 이유없이 직장을 이탈하지 못한다. 그리고 경찰공무원은 상사의 허가를 받거나 그 명령에 의한 경우를 제외하고는 직무와 관계없는 장소에서 직무수행을 하여서는 아니 된다.[55]

기관장의 승인 없는 사직원, 연가는 무단이탈 ‖ 대법원 1971.3.23. 선고 71누7 판결; 대법원 1985.6.25. 선고 85누52 판결

공무원이 사직원을 제출하였더라도 사직원이 수리되어 면직되기 전에 무단결근한 경우와 법정연가일수의 범위 내에서 연가신청을 하였더라도 행정기관장의 허가가 있기 전에 근무지를 이탈하는 경우도 직장 이탈 금지 의무에 위반되는 행위로 징계사유가 된다.

몰래 검찰 자진출두는 무단이탈 ‖ 대법원 1990.10.12. 선고 90누3737 판결

수사회피 목적으로 공무원이 직장을 이탈한 후 검찰에 자진 출두하여 무혐의 결정을 받았더라도 이는 직장 이탈 금지 의무의 위반으로 징계사유가 된다.

직위해제 처분 대상자의 출근의무 ‖ 대법원 2003.5.16. 선고 2002두8138 판결; 대법원 2003.10.10. 선고 2003두5945 판결; 대법원 2014.10.30. 선고 2012두25552 판결

직위해제 처분을 받은 공무원은 단순히 그 보직이 해제된 것에 불과하고, 공무원관계가 종료된 것은 아니어서 출근의무가 당연히 면제된다고 볼 수 없음. 다만, 직위해제 사유와 목적 등을 종합적으로 고려하여 필요한 경우 임용권자는 자택대기를 명할 수도 있을 것이다.

---

54 국가공무원 복무규정 제25조－제26조. 대통령령 제35893호, 2025. 12. 4., 일부개정, 2025. 12. 4. 시행.

55 국가공무원법 제58조. 인사혁신처, 징계업무편람, 2022, pp. 21－22.

2) 영리업무금지의 의무

경찰공무원은 공무 이외에 영리를 목적으로 하는 업무에 종사하지 못한다(국가공무원법 제64조). 이는 경찰공무원이 직무에 전념하지 못하고, 공무원의 직무상의 능률의 저해, 공무에 대한 부당한 영향, 국가의 이익과 상반되는 이익의 취득 또는 정부에 대한 불명예스러운 영향을 초래할 우려가 있기 때문이다.[56]

4. 친절 · 공정의 의무

경찰공무원은 국민전체의 봉사자로서 공사를 분별하고 인권을 존중하며 친절·공정하고 신속·정확하게 업무를 처리하여야 한다. 친절·공정의 의무는 법적 의무로서, 위반시 징계사유가 된다.[57]

5. 종교중립의 의무

공무원은 종교에 따른 차별없이 직무를 수행해야 하며, 소속상관이 이 의무를 위반한 직무명령을 한 경우에는 따르지 아니할 수 있다.[58]

6. 거짓 보고 등의 금지

경찰공무원은 직무에 관해 허위의 보고나 통보를 하여서는 안 되며, 직무를 태만히 하거나 유기하여서는 안 된다.[59]

---

56 국가공무원 복무규정 제25조는 구체적으로 영리업무를 다음과 같이 규정하고 있다.
① 공무원이 상업·공업·금융업 기타 영리적인 업무를 스스로 경영하여 영리를 추구함이 현저한 업무, ② 공무원이 상업·공업·금융업 기타 영리를 목적으로 하는 사기업체의 이사·감사업무를 집행하는 무한책임사원·지배인·발기인 기타의 임원이 되는 것, ③ 그의 직무와 관련이 있는 타인의 기업에 투자하는 행위, ④ 기타 계속적으로 재산상의 이득을 목적으로 하는 업무를 행하는 것 등.

57 국가공무원법 제59조, 국가공무원 복무규정 제4조.

58 국가공무원법 제59조의2.

59 경찰공무원법 제24조.

군대의 허위보고 ‖ **대법원 2006.8.25. 선고 2006도620 판결**

군인 사이에 구타로 인하여 상해가 발생하였음에도 불구하고 그 상해의 원인이 물건에 부딪혀 일어난 것이라고 허위로 보고한 것은 병력에 결원이 발생한 원인을 허위로 보고하고 군인 사이에 발생한 구타사고를 은폐함으로써 지휘관의 징계권 및 군사법권의 행사를 비롯하여 구타 사고에 대한 재발방지를 위한 조치 등 병력에 대한 관리 작용에 해당하는 군행정절차를 방해하는 결과를 초래한 것으로서 군 본연의 임무수행에 중대한 장애가 초래되거나 이를 예견할 수 있는 사안에 관한 것이므로, 군형법 제38조의 '군사에 관한' 허위의 보고에 해당한다.

7. 지휘권 남용 등의 금지

전시·사변 기타 이에 준하는 비상사태에 처하거나, 작전수행중인 경우 또는 많은 인명손상이나 국가재산손실의 우려가 있는 위급한 사태가 발생한 경우에 경찰공무원을 지휘·감독하는 자는 정당한 사유 없이 그 직무수행을 거부 또는 유기하거나, 경찰공무원을 지정된 근무지에서 진출·퇴각 또는 이탈하게 하여서는 아니 된다.[60]

60 경찰공무원법 제25조.

제 3 장

경찰공무원의 통제

제 1 절　징계책임

Ⅰ. 의　　의

징계책임이란 경찰공무원이 그 의무를 위반한 경우에 특별권력관계의 질서유지를 위하여 신분상 불이익 처분을 부담하는 것을 말한다. 경찰공무원의 징계에는 법률의 수권을 필요로 하며 징계사유가 발생하는 한 징계권자는 반드시 징계를 요구해야 하는 기속행위이며 그 양정은 재량성이 인정된다.[1]

Ⅱ. 징계벌과 형벌의 구별

첫째, 징계벌은 직접적으로 공무원관계에 입각한 특별권력에 근거를 두지만, 형벌은 국가의 일반통치권에 의하여 과해진다. 둘째, 징계벌은 공무원관계 내부의 질서유지를 목적으로 하나 형벌은 일반사회의 질서유지를 목적으로 한다. 셋째, 징계벌은 공무원의 신분상 불이익을 내용으로 하나 형벌은 신체적 자유와 재산상 불이익을 내용으로 한다.

넷째, 징계벌은 국가공무원법상의 의무위반을 대상으로, 형벌은 형사범을 대상으로 한다. 징계벌의 경우는 형벌의 경우보다 고의·과실의 유무와 같은 주관적 요인이 완화된다. 다섯째, 징계벌과 형벌은 대상·목적 등을 달리하기 때문에 동일한 행위에 대하여 양자를 병과할 수 있으며, 병과하더라도 일사부재리의

1 박균성·김재광, 「경찰행정법」, 박영사, 2024, p. 204.

원칙에 저촉되지 아니한다.

Ⅲ. 징계사유

징계사유는 국가공무원법 및 동법에 의한 명령위반, 직무상 의무위반, 품위, 위신 손상행위 등이다. 이와 같은 징계원인은 과실이 있음으로 충분하고 행위자 뿐만 아니라 감독자도 감독의무 태만의 책임을 부담한다.

수뢰죄 공무원, 당연퇴직은 헌법에 반하지 않은 징계처분

헌법재판소 2013.7.25. 선고 2012헌바409 결정

… 공무원 직무수행에 대한 국민의 신뢰 및 직무의 정상적 운영의 확보, 공무원범죄의 예방, 공직사회의 질서 유지를 위한 것으로서 목적이 정당하고, 형법 제129조 제1항의 수뢰죄를 범하여 금고 이상 형의 선고유예를 받은 국가공무원을 공직에서 배제하는 것은 적절한 수단에 해당한다.

수뢰죄는 수수액의 다과에 관계없이 공무원 직무의 불가매수성과 염결성을 치명적으로 손상시키고, 직무의 공정성을 해치며 국민의 불신을 초래하므로 일반 형법상 범죄와 달리 엄격하게 취급할 필요가 있다. 수뢰죄를 범하더라도 자격정지형의 선고유예를 받은 경우 당연퇴직하지 않을 수 있으며, 당연퇴직의 사유가 직무 관련 범죄로 한정되므로 심판대상조항은 침해의 최소성원칙에 위반되지 않고, 이로써 달성되는 공익이 공무원 개인이 입는 불이익보다 훨씬 크므로 법익균형성원칙에도 반하지 아니한다. 따라서 심판대상조항은 과잉금지원칙에 반하여 청구인의 공무담임권을 침해하지 아니한다.

Ⅳ. 징계의 종류 및 효력

징계의 종류는 파면, 해임, 강등, 정직, 감봉, 견책 등이 있다. 파면과 해임, 강등, 정직은 중징계이며, 감봉, 견책 등은 경징계에 해당한다.[2]

2 국가공무원법 제79조－제80조; 경찰공무원 징계령 제2조. 대통령령 제32534호, 2022. 3. 15. 타법개정 2022. 3. 15. 시행.; 공무원연금법 제65조, 동법 시행령 제61조.

표 3-1 징계의 효력

구분	효력
파면	▸ 공무원관계로부터 배제, 5년간 공직재임용 제한 ▸ 퇴직급여액의 1/4(재직기간이 5년 미만인 자)~1/2(재직기간이 5년 이상인 자) 감액 ▸ 퇴직수당 1/2 감액
해임	▸ 공무원관계로부터 배제, 3년간 공직재임용 제한 *금품 및 향응수수, 공금의 횡령·유용으로 징계 해임된 경우 • 퇴직급여액의 1/8(재직기간이 5년 미만인 자)~1/4(재직기간이 5년 이상인 자) 감액 • 퇴직수당 1/4 감액
강등	▸ 1계급 아래로 직급을 내림 ▸ 공무원 신분은 보유하나, 3개월간 직무에 종사하지 못함(3개월간 보수 비지급) ▸ 승진소요연수: 처분기간(3개월)+18개월간 제한, 승진임용, 특별승진임용, 승급 제한 *금품·향응수수, 공금 횡령·유용, 성폭력, 성희롱 및 성매매, 소극행정, 갑질행위, 음주운전(음주측정거부포함) 징계처분건은 6개월 가산
정직 (1~3월)	▸ 보수: 처분 기간 중 보수 비지급 ▸ 승진소요연수: 처분기간+18개월간 제한, 승진임용, 특별승진임용, 승급 제한 *금품·향응수수, 공금 횡령·유용, 성폭력, 성희롱 및 성매매, 소극행정, 갑질행위, 음주운전(음주측정거부포함) 징계처분건은 6개월 가산
감봉 (1~3월)	▸ 보수: 처분 기간 중 1/3 감액 ▸ 승진소요연수: 처분기간 + 12개월간 제한, 승진임용, 특별승진임용, 승급 제한 *금품·향응수수, 공금 횡령·유용, 성폭력, 성희롱 및 성매매, 소극행정, 갑질행위, 음주운전(음주측정거부포함) 징계처분건은 6개월 가산
견책	▸ 승진소요연수: 6개월간 제한, 승진임용, 특별승진임용 제한 *금품·향응수수, 공금 횡령·유용, 성폭력, 성희롱 및 성매매, 소극행정, 갑질행위, 음주운전(음주측정거부포함) 징계처분건은 6개월 가산

* 금품, 향응수수, 공금의 횡령·유용·배임·절도·사기 등의 경우 그에 상응하는 5배 이내의 징계부가금 부과

자료: 국가공무원법 제78조, 제78조의2, 제80조, 공무원연금법 제65조, 동 시행령 제61조, 공무원보수규정 제14조. 경찰공무원 승진임용 규정 제40조의2.

Ⅴ. 징계권자

징계권은 원칙적으로 임용권자가 갖지만 특정 법률에서 징계권을 임용권에서 분리하는 경우도 있다. 경찰공무원의 징계권은 징계위원회의 의결을 거쳐 징계위원회가 설치된 소속기관의 장이 행사한다.

Ⅵ. 징계위원회

1. 종 류

경찰공무원 징계위원회는 경찰공무원 중앙징계위원회(중앙징계위원회)와 경찰공무원 보통징계위원회(보통징계위원회)로 구분한다.[3]

중앙징계위원회는 국무총리실 및 경찰청에 두고, 보통징계위원회는 경찰청, 시도경찰청, 경찰대학, 경찰인재개발원, 중앙경찰학교, 경찰수사연수원, 경찰병원, 경찰서, 경찰기동대, 전투경찰대 및 경찰청장이 지정하는 경감 이상의 경찰공무원을 장으로 하는 경찰기관에 설치한다.[4]

2. 관 할

1) 관할의 구분

징계위원회의 관할은 다음과 같다.[5]

그림 3-1 징계위원회의 관할

국무총리소속 징계위원회	경찰청 중앙징계위원회	보통징계위원회
• 경무관 이상	• 총경 • 경정	• 경정 이상 장의 경찰관서: 경위 이하 • 경감 이상 장의 경찰관서: 경사 이하 • 경찰청, 부속기관, 시·도경찰청: 경감 이하

2) 관련 사건의 병합 등

① 상급기관(상위계급) + 하급기관(하위계급) → 상급기관 징계위원회

*징계사유가 상급자의 감독책임인 경우 → 각각 소속기관 징계위원회에서 처리

3 경찰공무원 징계령 제3조 – 제8조.

4 국가공무원법 제81조, 공무원징계령 제3조, 경찰공무원법 제26조.

5 경찰공무원법 제32조; 경찰공무원 징계령 제4조.

② 소속이 다른 2명 이상의 사건 → 공동 상급기관 징계위원회

*분리심의 · 의결타당 → 각각 소속기관 징계위원회

③ 전시사변, 기타 비상사태에 거짓보고 등의 금지의무, 지휘권남용 등의 금지의무, 경찰청 · 시 · 도경찰청의 보통징계위원회[6]

3. 징계위원회의 구성

1) 위 원

모든 징계위원회는 위원장 1명을 포함하여 각각 11명 이상 51명 이하의 공무원위원과 민간위원으로 구성한다.

징계위원회의 위원장은 위원 중 최상위 계급에 있거나 최상위 계급에 먼저 승진임용된 경찰공무원이 된다.

(1) 내부위원

공무원 위원은 징계등 심의 대상자보다 상위 계급인 경위 이상의 소속 경찰공무원 또는 상위 직급에 있는 6급 이상의 소속 공무원 중에서 해당 경찰기관의 장이 임명한다. 보통징계위원회의 경우 징계등 심의 대상자보다 상위 계급인 경위 이상의 소속 경찰공무원 또는 상위 직급에 있는 6급 이상의 소속 공무원의 수가 민간위원을 제외한 위원 수에 미달되는 등의 사유로 보통징계위원회를 구성하는 것이 곤란한 경우에는 징계등 심의 대상자보다 상위 계급인 경사 이하의 소속 경찰공무원 또는 상위 직급에 있는 7급 이하의 소속 공무원 중에서 임명할 수 있으며, 이 경우에는 3개월 이하의 감봉 또는 견책에 해당하는 징계등 사건만을 심의 · 의결한다.[7]

(2) 외부위원

경찰기관의 장은 위원수의 2분의 1 이상을 외부민간위원으로 위촉한다. 이때 성별을 고려하여야 한다.[8] 민간위원의 임기는 2년으로 하며, 1회만 연임할 수 있다.

---

6 경찰공무원 징계령 제5조.

7 경찰공무원 징계령 제7조.

8 경찰공무원 징계령 제6조.

① 중앙징계위원회의 민간위원 자격

1. 법관·검사 또는 변호사로 10년 이상 근무한 사람
2. 대학에서 경찰 관련 학문을 담당하는 정교수 이상으로 재직 중인 사람
3. 총경 또는 4급 이상의 공무원으로 근무하고 퇴직한 사람[퇴직 전 5년부터 퇴직할 때까지 근무했던 적이 있는 경찰기관(해당 경찰기관이 소속된 중앙행정기관 및 그 중앙행정기관의 다른 소속기관에서 근무했던 경우를 포함)의 경우에는 퇴직일부터 3년이 경과한 사람]
4. 민간부문에서 인사·감사 업무를 담당하는 임원급 또는 이에 상응하는 직위에 근무한 경력이 있는 사람

② 보통징계위원회의 민간위원 자격

1. 법관·검사 또는 변호사로 5년 이상 근무한 사람
2. 대학에서 경찰 관련 학문을 담당하는 부교수 이상으로 재직 중인 사람
3. 공무원으로 20년 이상 근속하고 퇴직한 사람[퇴직 전 5년부터 퇴직할 때까지 근무했던 적이 있는 경찰기관(해당 경찰기관이 소속된 중앙행정기관 및 그 중앙행정기관의 다른 소속기관에서 근무했던 경우를 포함한다)의 경우에는 퇴직일부터 3년이 경과한 사람]
4. 민간부문에서 인사·감사 업무를 담당하는 임원급 또는 이에 상응하는 직위에 근무한 경력이 있는 사람

2) 회 의

징계위원회의 회의는 위원장과 징계위원회가 설치된 경찰기관의 장이 회의마다 지정하는 4명 이상 6명 이하의 위원으로 성별을 고려하여 구성하되, 민간위원의 수는 위원장을 포함한 위원 수의 2분의 1 이상이어야 한다.[9]

다만, 징계사유가 다음에 해당하는 경우에는 피해자와 같은 성별의 위원이 위원장을 제외한 위원 수의 3분의 1 이상 포함되어야 한다.

1. 「성폭력범죄의 처벌 등에 관한 특례법」에 따른 성폭력범죄
2. 「양성평등기본법」에 따른 성희롱

9 경찰공무원 징계령 제7조.

위원장은 표결권을 가지며, 위원회의 사무를 총괄하고 위원회를 대표한다. 징계위원회의 회의는 위원장이 소집한다. 위원장이 부득이한 사유로 직무를 수행할 수 없거나 위원장이 필요하다고 인정하는 경우에는 출석한 위원 중 최상위 계급 또는 이에 상응하는 직급에 있거나, 이상 계급에 먼저 승진임용된 공무원이 위원장이 된다.

3) 간 사

간사는 감찰사무를 담당하는 소속 경찰공무원 중에서 해당 경찰기관의 장이 임명한다. 간사는 위원장의 명을 받아 징계등 사건에 관한 기록과 그 밖의 서류를 작성하고 보관한다.[10]

Ⅶ. 징계절차

1. 징계의결의 요구

경찰기관장은 소속 경찰공무원이 징계사유에 해당하거나, 하급 경찰기관장으로부터 소속직원에 대한 징계의결을 요구받은 경우 지체없이 징계위원회를 구성하여 징계의결을 요구한다.[11] 징계등 의결 요구 또는 그 신청은 중징계 또는 경징계로 구분하여 서면으로 요구하거나 신청하여야 한다. 이때 징계등 의결 요구서 사본을 대상자에게 보내야 하며, 수령을 거부하는 경우에는 그러하지 아니한다.

감사원의 조사사건인 경우 징계절차를 진행하지 못한다. 수사기관의 조사사건은 징계 절차를 진행하지 않을 수 있다. 감사원과 수사기관은 조사나 수사개시 및 종료 후 10일 이내에 소속기관에 통보해야 한다.

징계의결등의 요구는 징계 등의 사유가 발생한 날부터 3년(금품 및 향응 수수, 공금의 횡령·유용의 경우에는 5년)이 지나면 하지 못한다. 감사원이나 수사기관으로부터 통보받은 경우 1개월 이내에 징계의결을 요구해야 한다.

징계위원회의 구성·징계의결등, 그 밖에 절차상의 흠이나 징계양정 및 징계

10 경찰공무원 징계령 제8조.

11 경찰공무원 징계령 제9조.

부가금의 과다(過多)를 이유로 소청심사위원회 또는 법원에서 징계처분등의 무효 또는 취소의 결정이나 판결을 한 경우에는 징계의결요구기간이 지나거나 그 남은 기간이 3개월 미만인 경우에도 그 결정 또는 판결이 확정된 날부터 3개월 이내에는 다시 징계의결등을 요구할 수 있다.

2. 출식통지

징계위원회는 징계등 심의 대상자에게 출석통지서로 출석을 요구해야 한다. 징계위원회 개최일 5일 전까지 서면으로 하여야 한다. 대상자는 출석을 원하지 않을 경우 출석진술권 포기서를 제출하며, 서면심사로 징계등 의결을 할 수 있다.

2회 이상 출석통지에도 대상자가 정당한 사유없이 출석하지 아니하였을 때에는 서면심사로 징계등 의결을 할 수 있다.[12] 또한 대상자가 도피하였거나 출석통지서의 수령을 거부하여 직접 출석통지서를 전달하는 것이 곤란하다고 인정될 때에는 징계등 심의 대상자가 소속된 기관의 장에게 출석통지서를 보내 전달하게 하고, 전달이 불가능하거나 수령을 거부할 때에는 그 사실을 증명하는 서류를 첨부하여 보고하게 한 후 기록에 분명히 적고 서면심사로 징계등 의결을 할 수 있다.

대상자가 국외 체류 또는 국외 여행중이거나 그 밖의 부득이한 사유로 징계등 의결요구서를 받은 날부터 상당한 기간 내에 출석할 수 없다고 인정될 때에는 적당한 기간을 정하여 서면으로 진술하게 하여 징계등 의결을 할 수 있다. 이 경우 그 기간 내에 서면으로 진술하지 아니할 때에는 그 진술 없이 징계등 의결을 할 수 있다.

3. 의결 및 심문

징계위원회는 그 요구서를 받은 날부터 30일 이내에 의결을 하여야 하나, 부득이한 사유가 있을 때에는 의결을 요구한 경찰기관의 장의 승인을 받아 30일 이내의 범위에서 그 기간을 연장할 수 있다. 징계등 사건을 의결할 때에는 징계등 심의 대상자의 평소 행실, 근무성적, 공적(功績), 뉘우치는 정도와 징계등 의

12 경찰공무원 징계령 제9조–제15조.

결을 요구한 자의 의견을 고려하여야 한다. 위원회의 회의에 참석한 사람은 직무상 알게 된 비밀을 누설해서는 아니 된다.

징계위원회는 대상자를 심문하고, 필요하다고 인정될 때에는 관계인을 출석하게 하여 심문할 수 있다. 위원회는 대상자에게 진술할 수 있는 기회를 충분히 주어야 하며, 대상자는 서면 또는 구두로 자기에게 이익이 되는 사실을 진술하거나 증거를 제출할 수 있으며 증인의 심문을 신청할 수 있다.

징계등 심의 대상자는 징계위원회의 위원장 또는 위원이 다음의 어느 하나에 해당하는 경우에는 징계위원회에 그 사실을 서면으로 밝히고 해당 위원장 또는 위원의 기피를 신청할 수 있다.

1. 징계등 심의 대상자의 친족 또는 직근 상급자(징계 사유가 발생한 기간 동안 직근 상급자였던 사람을 포함)인 경우
2. 그 징계 사유와 관계가 있는 경우
3. 징계양정 및 징계부가금이 과다(過多)를 이유로 다시 징계등 사건의 심의·의결을 할 때 해당 징계등 사건의 조사나 심의·의결에 관여한 경우
4. 불공정한 의결을 할 우려가 있다고 의심할 만한 타당한 사유가 있는 경우

③ 징계위원회는 기피 신청을 받은 때에는 해당 징계등 사건을 심의하기 전에 의결로써 해당 위원장 또는 위원의 기피 여부를 결정해야 한다. 이 경우 기피 신청을 받은 위원장 또는 위원은 그 의결에 참여하지 못한다.

④ 징계위원회의 위원장 또는 징계위원회는 해당 위원의 기피 여부를 결정하여야 한다. 위원장 또는 위원은 기피사유나 대상자와 친족관계, 혹은 징계사유와 관계가 있는 경우 스스로 해당 징계등 사건의 심의·의결을 회피할 수 있다.

4. 의결통지와 집행

징계의결을 요구한 자는 위원회로부터 경징계 의결을 통지받았을 때에는 통지받은 날부터 15일 이내에 징계등을 집행하여야 하며, 징계등처분사유설명서를 첨부하여 대상자에게 보내야 한다.[13]

13 경찰공무원 징계령 제17조–제19조.

징계의결을 요구한 자는 위원회로부터 중징계의 징계등 의결을 통지받았을 때에는 지체없이 징계등처분대상자의 임용권자에게 의결서 정본을 보내어 해당 징계등 처분을 제청하여야 한다. 다만, 경무관 이상의 강등 및 정직, 경정 이상의 파면 및 해임 처분의 제청, 총경 및 경정의 강등 및 정직의 집행은 경찰청장이 한다.

중징계 처분의 제청을 받은 임용권자는 15일 이내에 의결서 사본에 징계등 처분 사유 설명서를 첨부하여 대상자에게 보내야 한다.

그림 3-2 경찰공무원 징계 등 처분 결과 통보

■ 경찰공무원 징계령 [별지 제3호서식] <개정 2022. 3. 15>

징계 또는 징계부가금 의결서

1. 징계등 심의 대상자 인적사항	소속	직위(직급)	성명
2. 의결 주문	징계 종류, 징계부가금 대상금액 및 부과 배수 등을 기재		
3. 이유	징계등의 원인이 된 사실, 증거에 대한 판단, 관계 법령 및 징계등 면제 사유 해당 여부, 징계부가금 조정(감면) 사유 등을 기재		

「경찰공무원 징계령」 제14조에 따라 위와 같이 의결합니다.

년 월 일

징계위원회 청인

210mm×297mm[백상지 80g/㎡]

자료: 경찰공무원 징계령 제14조 별지 제3호.

Ⅷ. 징계에 대한 구제

징계처분사유서를 교부받은 날로부터 30일 이내에 소청심사위원회에 소청심사를 청구할 수 있으며, 그 결과에 불복하는 경우 법원에 행정소송을 제기할 수 있다. 행정소송은 행정심판전치주의를 적용한다.

징계처분이나 휴직·면직처분 기타 의사에 반한 불리한 처분에 대한 행정소송에 있어서는 경찰청장을 피고로 한다. 다만, 임용권을 위임한 경우에는 그 위임을 받은 자를 피고로 한다.[14]

제 2 절 배상책임

배상책임이란 경찰공무원이 국가에 대하여 재산상 손해를 발생케 한 경우에 국가에 대하여 지는 책임을 말한다. 여기에는 국가배상법에 의한 배상책임과 「회계관계직원 등의 책임에 관한 법률」에 의한 배상책임이 있다. 이를 변상책임이라고도 한다.

Ⅰ. 국가배상법상 배상책임

1. 고의 또는 중대한 과실인 경우

국가 또는 지방자치단체는 공무원이 그 직무를 집행함에 있어 고의 또는 과실로 법령에 위반하여 타인에게 손해를 가하거나 자동차손해배상보장법의 규정에 의하여 손해배상의 책임이 있는 때에는 이 법에 의하여 그 손해를 배상하여야 한다. 다만, 군인·군무원·경찰공무원 또는 향토예비군대원이 전투·훈련 등 직무집행과 관련하여 전사·순직 또는 공상을 입은 경우에 본인 또는 그 유족이 다른 법령의 규정에 의하여 재해보상금·유족연금·상이연금 등의 보상을 지급받을 수 있을 때에는 이 법 및 민법의 규정에 의한 손해배상을 청구할 수 없다.[15]

14 경찰공무원법 제28조.

이 경우 공무원이 고의 또는 중대한 과실이 있는 때에는 국가 또는 지방자치단체는 그 공무원에게 구상권을 행사할 수 있으며, 해당 경찰공무원은 변상할 책임을 부담한다. 이는 경찰공무원의 국가에 대한 구상책임(민사책임)이다.

전사하거나 순직한 군인·군무원·경찰공무원 또는 예비군대원의 유족은 자신의 정신적 고통에 대한 위자료를 청구할 수 있다.[16]

경찰관의 직무상 권한 불행사는 직무상의 의무 위반, 국가배상책임 인정

대법원 2022.7.14. 선고 2017다290538 판결

다수의 성폭력범죄로 여러 차례 처벌을 받은 뒤 위치추적 전자장치를 부착하고 보호관찰을 받고 있던 甲이 乙을 강간하였고(이하 '직전 범행'이라고 한다), 그로부터 13일 후 丙을 강간하려다 살해하였는데, 丙의 유족들이 경찰관과 보호관찰관의 위법한 직무수행을 이유로 국가를 상대로 손해배상을 구한 사안에서, 직전 범행의 수사를 담당하던 경찰관이 직전 범행의 특수성과 위험성을 고려하지 않은 채 통상적인 조치만 하였을 뿐 전자장치 위치정보를 수사에 활용하지 않은 것과 보호관찰관이 甲의 높은 재범의 위험성과 반사회성을 인식하였음에도 적극적 대면조치 등 이를 억제할 실질적인 조치를 하지 않은 것은 범죄를 예방하고 재범을 억지하여 사회를 방위하기 위해서 이들에게 부여된 권한과 직무를 목적과 취지에 맞게 수행하지 않았거나 소홀히 수행하였던 것이고, 이는 국민의 생명·신체에 관하여 절박하고 중대한 위험상태가 발생할 우려가 있어 그 위험 배제에 나서지 않으면 이를 보호할 수 없는 상황에서 그러한 위험을 배제할 공무원의 작위의무를 위반한 것으로 인정될 여지가 있으며, 위와 같은 경찰관과 보호관찰관의 직무상 의무 위반은 丙의 사망 사이에서 상당인과관계를 인정할 여지가 크다. 즉, 경찰관이 권한을 행사하여 필요한 조치를 하지 아니하는 것이 현저하게 불합리하다고 인정되는 경우 그러한 권한의 불행사는 직무상의 의무를 위반한 것으로 위법하다. 따라서 국가배상책임이 인정된다. …중략…

---

15 국가배상법 제2조. 법률 제20635호, 2025. 1. 7. 일부개정, 2025. 1. 7. 시행.

16 국가배상법 제2조 제3항.

불합리한 경찰권 불행사, 국가배상책임 인정

대법원 2017.11.9. 선고 2017다228083 판결

판결요지 [1] 경찰은 범죄의 예방, 진압 및 수사와 함께 국민의 생명, 신체 및 재산의 보호 기타 공공의 안녕과 질서유지를 직무로 하고 있고, 직무의 원활한 수행을 위하여 경찰관 직무집행법, 형사소송법 등 관계 법령에 의하여 여러 가지 권한이 부여되어 있으므로, 구체적인 직무를 수행하는 경찰관으로서는 제반 상황에 대응하여 자신에게 부여된 여러 가지 권한을 적절하게 행사하여 필요한 조치를 취할 수 있는 것이고, 그러한 권한은 일반적으로 경찰관의 전문적 판단에 기한 합리적인 재량에 위임되어 있는 것이나, 경찰관에게 권한을 부여한 취지와 목적에 비추어 볼 때 구체적인 사정에 따라 경찰관이 권한을 행사하여 필요한 조치를 취하지 아니하는 것이 현저하게 불합리하다고 인정되는 경우에는 그러한 권한의 불행사는 직무상의 의무를 위반한 것이 되어 위법하게 된다.

[2] 공무원에게 부과된 직무상 의무의 내용이 단순히 공공 일반의 이익을 위한 것이거나 행정기관 내부의 질서를 규율하기 위한 것이 아니고 전적으로 또는 부수적으로 사회구성원 개인의 안전과 이익을 보호하기 위하여 설정된 것이라면, 공무원이 그와 같은 직무상 의무를 위반함으로 인하여 피해자가 입은 손해에 대하여는 상당인과관계가 인정되는 범위 내에서 국가가 배상책임을 진다. 상당인과관계의 유무를 판단할 때에는 일반적인 결과 발생의 개연성은 물론 직무상 의무를 부과하는 법령 기타 행동규범의 목적이나 가해행위의 태양 및 피해의 정도 등을 종합적으로 고려하여야 한다.

[3] 국가가 소속 경찰관의 직무집행상의 과실로 말미암아 피해자에게 손해를 배상할 책임이 있는 경우에 손해배상의 범위를 정함에 있어서는, 당해 직무집행에서 요구되는 경찰관의 주의의무의 내용과 성격, 당해 경찰관의 주의의무 위반의 경위 및 주의의무 위반행위의 태양, 피해자의 손해 발생 및 확대에 관여된 객관적인 사정이나 정도 등 제반 사정을 참작하여 손해분담의 공평이라는 손해배상제도의 이념에 비추어 손해배상액을 제한할 수 있다. 나아가 책임감경사유에 관한 사실인정이나 비율을 정하는 것은 그것이 형평의 원칙에 비추어 현저히 불합리하다고 인정되지 않는 한 사실심의 전권사항에 속한다.

[4] 불법행위로 입은 정신적 고통에 대한 위자료 액수에 관하여는 사실심 법원이 제반 사정을 참작하여 직권에 속하는 재량에 의하여 이를 확정할 수 있다......중략...

2. 공공의 영조물의 설치 및 관리상 하자의 경우

국가 또는 지방자치단체는 도로·하천 기타 공공의 영조물의 설치 또는 관리

에 하자가 있기 때문에 타인에게 손해를 발생하게 하였을 때에는 그 손해를 배상하여야 한다. 이 경우 손해의 원인에 대하여 책임을 질 자가 따로 있을 때에는 국가 또는 지방자치단체는 그 자에 대하여 구상할 수 있다.[17]

도로시설물로 인한 시각장애인의 보행방해사고, 자치단체 배상책임

대구고법 2019.3.21. 선고 2018나23163 판결

1급 시각장애인 甲이 지하철역 출구 부근 인도에서 남동생 乙의 안내를 받으며 보행하던 중 지방자치단체가 설치·관리하는 '자동차 진입억제용 말뚝'에 걸려 넘어지는 사고로 상해를 입은 사안에서, 위 말뚝은 교통약자의 이동편의 증진법 및 그 시행규칙의 규정을 위반하여 설치되는 등 그 설치 및 관리에 하자가 존재하므로 지방자치단체는 국가배상법 제5조 제1항에 따라 위 사고로 甲이 입은 손해를 배상할 책임이 있다고 판단한 다음, 사고 발생에 전방을 잘 살피지 않고 甲을 제대로 도와주지 못한 乙의 잘못도 상당 부분 기여한 점 등을 고려하여 위 책임을 60%로 제한한 사례

영조물 관리는 사회통념상 요구되는 정도, 국가배상책임 기각

대법원 2022.7.28. 선고 2022다225910 판결

판결요지 [1] 국가배상법 제5조 제1항에 규정된 '영조물 설치·관리상의 하자'는 공공의 목적에 공여된 영조물이 그 용도에 따라 통상 갖추어야 할 안전성을 갖추지 못한 상태에 있음을 말한다. 그리고 위와 같은 안전성의 구비 여부는 영조물의 설치자 또는 관리자가 그 영조물의 위험성에 비례하여 사회통념상 일반적으로 요구되는 정도의 방호조치의무를 다하였는지를 기준으로 판단하여야 하고, 아울러 그 설치자 또는 관리자의 재정적·인적·물적 제약 등도 고려하여야 한다. 따라서 영조물이 그 설치 및 관리에 있어 완전무결한 상태를 유지할 정도의 고도의 안전성을 갖추지 아니하였다고 하여 하자가 있다고 단정할 수는 없고, 영조물 이용자의 상식적이고 질서 있는 이용 방법을 기대한 상대적인 안전성을 갖추는 것으로 족하다.

[2] 甲 등이 원동기장치자전거를 운전하던 중 'ㅏ' 형태의 교차로에서 유턴하기 위해 신호를 기다리게 되었고, 위 교차로 신호등에는 유턴 지시표지 및 그에 관한 보조표지로서 '좌회전 시, 보행신호 시 / 소형 승용, 이륜에 한함'이라는 표지가 설치되어 있었으나, 실제 좌회전 신호 및 좌회전할 수 있는 길은 없었는데, 甲이 위 신호등이 녹색에서 적색

17 국가배상법 제5조.

으로 변경되어 유턴을 하다가 맞은편 도로에서 직진 및 좌회전 신호에 따라 직진 중이던 차량과 충돌하는 사고가 발생하자, 甲 등이 위 교차로의 도로관리청이자 보조표지의 설치·관리주체인 지방자치단체를 상대로 손해배상을 구한 사안에서, 위 표지에 위 신호등의 신호체계 및 위 교차로의 도로구조와 맞지 않는 부분이 있더라도 거기에 통상 갖추어야 할 안전성이 결여된 설치·관리상의 하자가 있다고 보기 어렵다.

Ⅱ. 회계관계직원 등의 책임에 관한 법률상 배상책임

회계관계직원은 고의 또는 중대한 과실로 법령 그 밖의 관계규정과 예산에 정하여진 바에 위반하여 국가·지방자치단체 그 밖에 감사원의 감사를 받는 단체 등의 재산에 대하여 손해를 끼친 때에는 배상책임이 있다.

현금 또는 물품을 출납·보관하는 회계직원은 선량한 관리자로서의 주의를 게을리하여 그가 보관하는 현금 또는 물품이 망실되거나 훼손된 때에는 변상의 책임이 있다. 이 경우 회계관계직원은 스스로 사무를 집행하지 아니한 것을 이유로 그 책임을 면할 수 없다.

재산에 대한 손해가 2인 이상의 회계관계직원의 행위로 인하여 발생한 때에는 각자의 행위가 손해발생에 미친 정도에 따라 각각 변상의 책임을 진다. 이 경우 손해발생에 미친 정도가 분명하지 아니한 때에는 그 정도가 동일한 것으로 본다.[18]

회계공무원의 중대한 책임, 국가배상책임 | **대법원 2016.11.10. 선고 2013다23617 판결**

…중략… 계약담당공무원이 회계예규를 준수하지 아니하고 표준품셈이 정한 기준에서 예측 가능한 합리적 조정의 범위를 벗어난 방식으로 기초예비가격을 산정하였음에도 그 사정을 입찰공고에 전혀 표시하지 아니하였고, 낙찰자가 그러한 사정을 알았더라면 입찰에 참가할지를 결정하는 데 중요하게 고려하였을 것임이 경험칙상 명백한 경우에는, 국가는 신의성실의 원칙상 입찰공고 등을 통하여 입찰참가자들에게 미리 그와 같은 사정을

18 회계관계직원 등의 책임에 관한 법률 제4조. 이하 법률 제21065호, 2025. 10. 1. 타법개정, 2026. 1. 2. 시행

고지할 의무가 있다.

그럼에도 국가가 그러한 고지의무를 위반한 채로 계약조건을 제시하여 이를 통상의 경우와 다르지 않을 것으로 오인한 나머지 제시 조건대로 공사계약을 체결한 낙찰자가 불가피하게 계약금액을 초과하는 공사비를 지출하는 등으로 손해를 입었다면, 계약상대방이 그러한 사정을 인식하고 그 위험을 인수하여 계약을 체결하였다는 등의 특별한 사정이 없는 한, 국가는 고지의무 위반과 상당인과관계 있는 손해를 배상할 책임이 있다. …중략…

제 3 절 형사상 책임

형사상 책임이란 공무원의 행위가 개인의 법익 등을 침해하는 경우 형사상 불이익을 받아야 하는 것을 말한다. 형법상 공무원관련 범죄는 직무범(職務犯)과 준직무범(準職務犯)으로 구분할 수 있다.

직무범은 직무유기죄, 타인의 권리행사방해죄, 불법체포감금죄, 폭행가혹행위죄 등 형법상 공무원의 직무에 관한 죄라고 규정된 것을 위반한 경우에 받게 되는 책임을 말한다.

준직무범은 수뢰죄, 일선수뢰죄, 제3자뇌물제공죄 등과 같이 신분범이거나 공무원의 직무와 관련이 있어 형사상 범죄를 구성하는 경우에 부담하는 책임을 말한다.[19]

이 밖에 성폭력범죄의 처벌 등에 관한 특례법 및 아동·청소년의 성보호에 관한 법률 등의 특별법에서 경찰공무원의 업무상 주의의무를 위반한 경우 별도의 처벌을 규정하고 있는 경우 당해 법률에 따라 책임을 부담해야 한다. 예를 들어 성폭력범죄의 처벌 등에 관한 특례법 제24조는 성폭력범죄의 수사 또는 재판을 담당하거나 이에 관여하는 공무원은 피해자의 주소, 성명, 나이, 직업, 용모, 그 밖에 피해자를 특정하여 파악할 수 있게 하는 인적사항과 사진 등을 공개하거나 다른 사람에게 누설하여서는 아니 된다고 규정하고 있다. 이어 동법 제50조는 이를 위반한 경우 2년 이하의 징역 또는 500만원 이하의 벌금에 처한다고 규정

19 허경미, 「경찰인사행정론」, 제4판, 박영사, 2023, p. 199.; 홍정선, 「행정법특강」, 박영사, 2015, p. 1087.

하고 있다.

인천 층간소음 흉기난동 사건 부실대응 경찰, 해임, 징역 1년 집행유예 3년 등

2021년 발생한 '인천 층간소음 흉기 난동' 사건 관련 부실 대응으로 해임된 전직 경찰관들이 불복해 소송을 냈지만 대법원에서 패소했다.

대법원 1부(주심 서경환 대법관)는 지난 10일 A(50) 전 경위가 인천경찰청장을 상대로 "해임 처분을 취소하라"며 낸 행정소송 상고심에서 원고 패소 판결한 원심을 심리불속행 기각으로 확정했다. 이에 따라 이들의 해임은 확정됐다.... 인천 논현경찰서 소속 한 지구대에서 근무하던 A씨와 B(26) 전 순경은 2021년 11월 15일 오후 인천 남동구 한 빌라에서 4층에 살던 50대 남성이 아래층 거주자인 40대 여성에게 흉기를 휘두르는 데도 범행 제지나 피해자 구호 등 조치 없이 현장을 이탈했다. 피해자는 범인이 휘두른 흉기에 목을 찔려 의식을 잃었고 뇌수술을 받았다. 피해자의 남편과 딸도 얼굴과 손 등을 다쳐 전치 3~5주의 병원 진단을 받았다.

경찰은 이들 경찰관에게 성실의무 위반 등으로 각각 해임 처분을 내렸다.....

두 사람은 해임 징계에 불복해 각각 행정소송을 제기했다. A씨 사건의 2심 재판부는 "A씨와 B씨는 권총과 테이저건 등을 갖고 있었고 수적으로도 우세해 가해자를 충분히 제압할 수 있었다"며 원고 패소 판결했다. A씨가 상고했지만 대법원은 본안 심리 없이 2심 판결을 확정한 것이다. B씨 역시 지난 3월 대법원에서 패소가 확정됐다.

한편 두 사람은 직무유기 혐의로 기소돼 항소심에서 각각 징역 1년에 집행유예 3년을 선고받았다. A씨는 항소심 판결에 불복해 상고했고, B씨는 상고하지 않아 원심이 확정됐다.

흉기 난동 사건의 주범 C씨는 살인미수 혐의로 기소돼 대법원에서 징역 22년의 판결을 확정받았다.

조선일보, 2024년 10월 12일자 보도.

제 4 절 민사상 책임

민사상 책임이란 경찰공무원이 직무상 불법행위로 인해 개인에게 손해를 입힌 경우 경찰공무원이 직접 피해자에게 배상책임을 부담하는 것을 말한다.

판례는 공무원이 직무수행중 불법행위로 타인에게 손해를 입힌 경우에 국가 등이 국가배상책임을 부담하는 외에 공무원 개인도 고의 또는 중과실이 있는 경우에는 불법행위로 인한 손해배상책임을 진다고 할 것이지만, 공무원에게 경과실뿐인 경우에는 공무원 개인은 손해배상책임을 부담하지 아니한다고 해석하는 것이 헌법 제29조 제1항 본문과 단서 및 국가배상법 제2조의 입법취지에 부합된다. 이러한 관점이 법원 및 다수설의 입장이다.[20]

고소장 접수를 하지 않은 경찰관 갑,을, 국가에게 손해배상책임 인정

대법원 2021.4.29. 선고 2019다296790 판결

경찰관 갑은 민원인 甲이 제출하는 고소장을 접수한 후 심사하여 이를 처리할 의무가 있음에도, 고의 또는 중과실로 기본적인 고소장 접수절차를 밟지 아니하고 이를 거부함으로써 경찰공무원으로서의 직무상 의무를 위반하는 위법행위를 저질렀고, 이로 인하여 원고가 정신적 고통을 당하였음은 경험칙상 인정되므로, 그에 대하여 원고가 입은 손해를 배상할 책임이 있고, 피고 대한민국 또한 그 소속 공무원의 직무상 불법행위로 인하여 발생한 위 손해를 배상할 책임이 있다.

경찰관 을은 원고가 제출하려는 민원서류를 접수한 후 심사하여 이를 처리할 의무가 있음에도, 고의 또는 중과실로 그 처리를 지연 또는 거부함으로써 경찰공무원으로서의 직무상 의무를 위반하는 위법행위를 저질렀고, 이로 인하여 원고가 정신적 고통을 당하였음은 경험칙상 인정되므로, 그에 대하여 원고가 입은 손해를 배상할 책임이 있고, 피고 대한민국 또한 그 소속 공무원의 직무상 불법행위로 인하여 발생한 위 손해를 배상할 책임이 있다.

20 대법원 1996.2.15. 선고 95다38677 판결.

경찰무기사용이 형사상 범죄가 아니어도 민사상 불법행위 책임 부과 가능

대법원 2008.2.1. 선고 2006다6713 판결

… 중략 … 불법행위에 따른 형사책임은 사회의 법질서를 위반한 행위에 대한 책임을 묻는 것으로서 행위자에 대한 공적인 제재(형벌)를 그 내용으로 함에 비하여, 민사책임은 타인의 법익을 침해한 데 대하여 행위자의 개인적 책임을 묻는 것으로서 피해자에게 발생한 손해의 전보를 그 내용으로 하는 것이고, 손해배상제도는 손해의 공평·타당한 부담을 그 지도원리로 하는 것이므로, 형사상 범죄를 구성하지 아니하는 침해행위라고 하더라도 그것이 민사상 불법행위를 구성하는지 여부는 형사책임과 별개의 관점에서 검토하여야 한다.

....경찰관이 범인을 제압하는 과정에서 총기를 사용하여 범인을 사망에 이르게 한 사안에서, 경찰관이 총기사용에 이르게 된 동기나 목적, 경위 등을 고려하여 형사사건에서 무죄판결이 확정되었더라도 당해 경찰관의 과실의 내용과 그로 인하여 발생한 결과의 중대함에 비추어 민사상 불법행위책임을 인정한 사례....

제5편

경찰행정법

제 1 장

경찰행정법의 법원 및 일반원칙

제 1 절 성문법원

경찰행정법의 법원(法源)이란 경찰행정에 관한 법의 존재형식을 말한다. 법원은 성문법원(成文法源)과 불문법원(不文法源)으로 나눌 수 있다. 경찰행정은 성문법주의를 원칙으로 한다. 성문법주의를 채택하는 이유는 경찰권은 기본적으로 국민의 자유와 권리를 제한하는 국가작용이므로 미래 예측성과 법적 안정성의 보장을 필요로 하며, 나아가 개인의 권리를 침해당한 경우 그 구제를 돕기 위한 것이라 할 수 있다.[1]

이는 헌법 제37조 제2항의 "국민의 모든 자유와 권리는 국가안전보장·질서유지 또는 공공복리를 위하여 필요한 경우에 한하여 법률로써 제한할 수 있으며, 제한하는 경우에도 자유와 권리의 본질적인 내용을 침해할 수 없다"의 규정 및 제96조의 "행정각부의 설치·조직과 직무범위는 법률로 정한다"고 규정하고 있는 것에서 알 수 있다.

한편 경찰행정은 그 영역이 다양하고 복잡하여 모든 것을 성문화할 수 없으므로 예외적으로 헌법재판소의 판결이나 법원 판결 등을 참고할 수 있다.

Ⅰ. 헌 법

헌법은 국가의 기본적인 통치구조를 정한 기본법으로서, 행정의 조직이나 작용의 기본원칙을 정한 부분은 그 한도 내에서 경찰행정법의 법원이 된다. 예를

1 하명호, 「행정법」, 박영사, 2024, p. 18.; 박균성·김재광, 「경찰행정법」, 박영사, 2024, p. 9.

들어 신체구속의 영장주의·무죄추정의 원칙(제12조), 행정조직 법정주의(제96조), 국가안전보장·질서유지를 위한 국민의 자유와 권리 제한의 법정주의(제37조), 대통령의 형사소추면제(제84조), 국회의원의 회기 중 불체포(제44조) 등이 대표적이다.

Ⅱ. 법 률

경찰관청은 법률의 수권 없이 국민에 대하여 명령·강제할 수 없다(법률유보의 원칙). 법률은 경찰행정상의 법률관계에 있어 가장 중심적인 법원이며(법률우위의 원칙), 경찰행정의 조직이나 작용에 관한 기본적 사항은 모두 법률에 의하여 정해진다.[2]

헌법 제37조 제2항은 국민의 모든 자유와 권리를 국가안전보장·질서유지를 위하여 필요한 경우에 한하여 법률로써 제한할 수 있도록 규정하고 있고, 제77조 제3항에서 비상계엄이 선포된 경우에 법률이 정하는 바에 의하여 영장제도·언론·출판·집회·결사의 자유에 관하여 특별한 조치를 취할 수 있도록 한 것 등을 볼 때 경찰상 필요한 경우에 관련 법률을 제정할 수 있다.

경찰행정법이란 공공의 안녕과 질서유지를 위한 국가작용의 내용, 범위 및 형식에 관한 성문법체계를 의미한다.

경찰행정법은 일반경찰행정법과 특별경찰행정법으로 나눌 수 있다. 일반경찰행정법은 본래의 행정목적 자체가 위험방지 및 질서유지를 내용으로 하는 경찰작용에 관한 법으로서 경찰관 직무집행법을 말한다.

개별법으로 범죄예방대응경찰 작용이나 생활안전경찰작용에 관계된 것으로는 사격및사격장단속법, 총포도검화약류등단속법, 신용정보의이용및보호에관한법률, 사행행위등규제법, 청소년보호법, 아동·청소년의 성보호에 관한 법률, 경범죄처벌법, 경비업법 등을 들 수 있다.

교통경찰 작용에 관한 법으로는 도로교통법, 교통사고처리특례법, 도로법 등이 있으며, 경비경찰작용에 관한 것으로는 경찰직무응원법, 재난 및 안전관리 기본법,

2 하명호, 「행정법」, 박영사, 2024, p. 903.

청원경찰법 등이 제정·시행되고 있다.

집회및시위에관한법률, 국가보안법, 공직선거및선거부정방지법 등이 치안정보경찰 및 안보수사경찰 작용에 관한 근거법이라고 할 수 있다. 이 밖에도 다양한 경찰작용 관련법규가 있으며 앞으로도 필요에 따라 다양한 법률들이 제정될 것으로 보인다.

협의의 행정경찰작용, 즉 특별경찰을 위한 실질적 경찰 관련법으로 건축법상의 경찰규정, 영업법상의 경찰규정, 보건위생법상의 경찰규정, 환경행정법상의 경찰규정 등을 들 수 있다. 따라서 이 경우에는 원래의 행정목적은 경찰작용이 아니며, 당해 행정의 수행에 수반되는 위해방지의 필요성에 의해서 인정되는 법규범을 말한다. 즉 협의의 행정경찰작용에 관한 법을 의미하는 것이며, 일반적으로 특별사법경찰작용에 해당한다.

법률이 충돌할 때는 신법우선의 원칙, 특별법우선의 원칙이 적용된다.[3]

Ⅲ. 조약·국제법규

헌법에 의하여 체결·공포된 조약과 일반적으로 승인된 국제법규는 국내법과 같은 효력을 가진다. 따라서 그 내용이 경찰행정에 관하여 구체적인 규정을 포함하고 있다면, 그것은 경찰활동을 위한 법원이 된다.

표 1-1 경찰행정관련 체결된 조약·국제법규

조약명	경찰행정 관련 주요 내용	대한민국 비준/발효 연도
외교관계에 관한 비엔나 협약	외교관 및 그 가족의 특권과 면제(불가침) 규정. 경찰의 수사 및 공권력 집행의 제한 근거 제공.	1971년
영사관계에 관한 비엔나 협약	영사관 및 영사 직원의 특권과 면제 규정. 경찰의 공권력 집행의 제한 근거 제공.	1977년
한미범죄인인도조약	특정 범죄를 저지른 범죄인의 인도 청구 및 집행에 관한 절차 및 요건 규정. 국제 공조 수사의 핵심 근거.	1999년
국제연합의 특권과 면제에 관한 협약	UN 및 그 직원에게 부여되는 특권과 면제 규정. 경찰 활동의 제한 근거 제공.	1992년

3 행정기본법 제14조 제1항 법률 제20824호, 2025. 3. 18., 일부개정, 2025. 9. 19. 시행.

마약 및 향정신성물질의 불법거래방지에 관한 국제연합협약	마약 불법 거래의 예방, 수사 및 처벌에 대한 국제 협력 및 수사 공조 근거 제공.	1990년
국제연합 초국가적 조직범죄 방지협약(팔레르모 협약)	초국가적 조직범죄의 예방 및 퇴치를 위한 국제 협력 증진, 수사 및 사법공조 근거 제공.	2015년
대한민국과 미합중국 간의 형사사법공조조약(등 양자조약)	수색 및 압수 요청의 집행, 증언/진술의 취득 등 형사사법공조에 관한 구체적 절차 규정.	1997년
고문 및 그 밖의 잔혹한 · 비인도적인 또는 굴욕적인 대우나 처벌의 방지에 관한 협약	고문 행위의 수사 및 처벌 의무, 국가 공권력(경찰 포함)의 인권 침해 방지 의무 명시.	1995년
시민적 및 정치적 권리에 관한 국제규약(자유권 규약)	자의적 체포/구금 금지, 적법 절차 준수 등 경찰의 인권보호 및 공권력 행사의 한계 제시.	1990년

Ⅳ. 행정입법

행정입법(行政立法)이란 행정기관이 제정하는 법을 말한다. 행정기관의 명령제정은 법률의 개별적 · 구체적 위임에 근거해서 법률의 내용을 보충하고 구체화하는 위임명령(委任命令)과 법률을 집행하기 위하여 필요한 부수적 · 세부적 규정을 정하는 집행명령(執行命令)이 있다. 구체적으로 대통령령, 총리령, 부령 등이 있다. 일반적으로 대통령령은 시행령으로, 총리령 또는 부령은 시행규칙으로 불린다.

Ⅴ. 자치법규

자치법규에는 조례(條例)와 규칙(規則)이 있다. 조례란 지방자치단체의 의회가 법령의 범위 안에서 지방자치권에 의거하여 제정하는 법규를 말하며, 규칙이란 지방자치단체의 장이 법령 또는 조례가 위임한 범위 안에서 그 권한에 속하는 사무에 관하여 제정하는 법규를 말한다. 다만, 조례로 주민의 권리제한 또는 의무부과에 관한 사항이나 벌칙을 정할 때에는 법률의 위임이 있어야 한다.

국가경찰과 자치경찰의 조직 및 운영에 관한 법률은 자치경찰사무에 관한 구체적인 사항 및 범위 등은 대통령령으로 정하는 기준에 따라 시 · 도조례로 정한

다고 규정하고 있다.[4]

제 2 절 불문법원

Ⅰ. 관습법

관습법(慣習法)이란 사람과 사람 사이에 다년에 걸쳐 행해진 관행이 법적 확신을 얻어 법적 규범으로 인식되는 것을 말한다. 경찰행정은 법치행정주의 원칙을 우선으로 하므로 경찰행정법 관계에서는 관습법이 성립할 여지는 많지 않다.

관습법의 성립에 관행과 법적 확신의 결합 이외에 또 다른 요건이 필요한가에 대해서 법적 확신 이외에는 불필요하다는 법적 확신설과 국가가 법으로 승인할 것이 요구된다는 국가승인설이 대립한다. 관습법은 생성된 것이지, 의도된 것은 아니므로 국가의 승인은 요구되지 않는다는 법적 확신설이 통설이다.[5]

한편 행정절차법 제4조 제2항은 "행정청은 법령 등의 해석 또는 행정청의 관행이 일반적으로 국민들에게 받아들여진 때에는 공익 또는 제3자의 정당한 이익을 현저히 해할 우려가 있는 경우를 제외하고는 새로운 해석 또는 관행에 의하여 소급하여 불리하게 처리하여서는 아니 된다"고 규정하여 관습법을 부분적으로 인정하는 태도를 취하고 있다.

관습법의 정의와 법적 효력 ▌ **대법원 2005.7.21. 선고 2002다13850 전원합의체 판결**

[1] 관습법이란 사회의 거듭된 관행으로 생성한 사회생활규범이 사회의 법적 확신과 인식에 의하여 법적 규범으로 승인·강행되기에 이른 것을 말하고, 그러한 관습법은 법원(法源)으로서 법령에 저촉되지 아니하는 한 법칙으로서의 효력이 있는 것이고, 또 사회의

4 국가경찰과 자치경찰의 조직 및 운영에 관한 법률 제4조 제2항. 서울특별시 자치경찰사무 및 자치경찰위원회의 조직·운영 등에 관한 조례, 대구광역시 자치경찰사무와 자치경찰위원회 조직 및 운영 등에 관한 조례 등 18개 시·도는 관련 조례를 두고 있다. 국가법령정보센터, https://www.law.go.kr/

5 대법원 1983. 6. 14. 선고 80다3231 판결; 대법원 2003. 7. 24. 선고 2001다48781 전원합의체 판결.

거듭된 관행으로 생성한 어떤 사회생활규범이 법적 규범으로 승인되기에 이르렀다고 하기 위하여는 헌법을 최상위 규범으로 하는 전체 법질서에 반하지 아니하는 것으로서 정당성과 합리성이 있다고 인정될 수 있는 것이어야 하고, 그렇지 아니한 사회생활규범은 비록 그것이 사회의 거듭된 관행으로 생성된 것이라고 할지라도 이를 법적 규범으로 삼아 관습법으로서의 효력을 인정할 수 없다.

[2] 사회의 거듭된 관행으로 생성된 사회생활규범이 관습법으로 승인되었다고 하더라도 사회 구성원들이 그러한 관행의 법적 구속력에 대하여 확신을 갖지 않게 되었다거나, 사회를 지배하는 기본적 이념이나 사회질서의 변화로 인하여 그러한 관습법을 적용하여야 할 시점에 있어서의 전체 법질서에 부합하지 않게 되었다면 그러한 관습법은 법적 규범으로서의 효력이 부정될 수밖에 없다.

Ⅱ. 판례법

판례법(判例法)이란 행정소송에 관한 법원의 심리과정에 행정법규의 내용이 구체화되어 행정법규의 해석이나 운용의 기준으로 작용하고, 이것이 대법원에 의하여 지지됨으로써 하나의 법규범과 같이 다른 행정사건의 해결기준으로서 작용하는 것을 말한다.

국회의사당의 경계지점 100미터 이내의 장소 옥외집회시 처벌은 위헌
헌법재판소 2018.5.31. 선고 2013헌바322 헌법불합치

…중략… 물론 국회의사당 인근에서 폭력적이고 불법적인 대규모 집회가 행하여지는 경우 국회의 헌법적 기능이 훼손될 가능성이 커지는 것은 사실이다. 그러나 '집회 및 시위에 관한 법률'은 이러한 상황에 대처할 수 있도록 다양한 규제수단들을 규정하고 있고, 집회 과정에서의 폭력행위나 업무방해행위 등은 형사법상의 범죄행위로서 처벌된다.

이처럼, 심판대상조항은 입법목적을 달성하는 데 필요한 최소한도의 범위를 넘어, 규제가 불필요하거나 또는 예외적으로 허용하는 것이 가능한 집회까지도 이를 일률적·전면적으로 금지하고 있으므로 침해의 최소성 원칙에 위배된다.

심판대상조항은 국회의 헌법적 기능을 무력화시키거나 저해할 우려가 있는 집회를 금지하는 데 머무르지 않고, 그 밖의 평화적이고 정당한 집회까지 전면적으로 제한함으로써 구체적인 상황을 고려하여 상충하는 법익간의 조화를 이루려는 노력을 전혀 기울이지 않고 있다. 심판대상조항으로 달성하려는 공익이 제한되는 집회의 자유 정도보다 크다고 단정할 수는 없다고 할 것이므로 심판대상조항은 법익의 균형성 원칙에도 위배된다.

심판대상조항은 과잉금지원칙을 위반하여 집회의 자유를 침해한다.
심판대상조항이 국회의사당 인근에서의 옥외집회를 금지하는 것에는 위헌적인 부분과 합헌적인 부분이 공존하고 있다. 따라서 심판대상조항에 대하여 헌법불합치결정을 선고하되, 입법자는 2019. 12. 31.까지 개선입법을 하여야 한다.

우리나라에서는 실정법상으로는 대법원 판례의 법원성을 인정하지 않고 있다. 그러나 행정기관이 법률의 해석과 적용에 있어 대법원 판례를 따라야 하고, 대법원에서 판시한 헌법·법률·명령·규칙의 해석적용에 관하여 의견을 변경할 필요가 있음을 인정하는 경우 대법원 합의체에서 심판해야 하는 점(법원조직법 제7조 제1항 제3호) 등을 볼 때 대법원 판례의 법원성을 인정할 수 있다.[6]

경찰행정법 관계에서는 법규의 불비·결함·모순 등으로 인해 관련사건에 대한 판례가 등장하면 이후 유사한 법률관계를 규율하는 법원으로 간주되는 경우가 있다. 또한 헌법재판소에서 특정법률이나 법조문에 대하여 위헌결정이 내려질 경우에도 이후의 경찰작용에 영향을 미친다.

도로교통법 제148조의2 벌칙은 비례성 위반으로 위헌

헌법재판소 2021.11.25. 선고 2019헌바446 헌법불합치

음주운전을 2회 이상 위반한 사람은 2년 이상 5년 이하의 징역이나 1천만원 이상 2천만원 이하의 벌금에 처한다. …일명 윤창호법…
위 심판대상조항은 음주운전 금지규정을 반복하여 위반하는 사람에 대한 처벌을 강화하기 위한 규정인데, 가중요건이 되는 과거 위반행위와 처벌대상이 되는 재범 음주운전행위 사이에 아무런 시간적 제한을 두지 않고 있다. 그런데 과거 위반행위가 예컨대 10년 이상 전에 발생한 것이라면 처벌대상이 되는 재범 음주운전이 준법정신이 현저히 부족한 상태에서 이루어진 행위라거나 교통안전 등을 '반복적으로' 위협하는 행위라고 평가하기 어려워 이를 일반적 음주운전 금지규정 위반행위와 구별하여 가중처벌할 필요가 있다고 보기 어렵다. 범죄 전력이 있음에도 다시 범행한 경우 가중된 행위책임을 인정할 수 있다고 하더라도, 전범을 이유로 아무런 시간적 제한 없이 무제한 후범을 가중처벌하는 예는 찾기 어렵고, 공소시효나 형의 실효를 인정하는 취지에도 부합하지 않는다.

6 김재형. (2024). 판례의 형성과 전개. *비교사법*, 31(1), 1-30.

> 또한 심판대상조항은 과거 위반 전력, 혈중알코올농도 수준 등에 비추어, 보호법익에 미치는 위험 정도가 비교적 낮은 유형의 재범 음주운전행위도 일률적으로 그 법정형의 하한인 2년 이상의 징역 또는 1천만 원 이상의 벌금을 기준으로 처벌하도록 하고 있어 책임과 형벌 사이의 비례성을 인정하기 어렵다. 따라서 심판대상조항은 책임과 형벌 간의 비례원칙에 위반된다. …중략…

Ⅲ. 조 리

조리(條理)란 공동체사회에서 준수해야 하는 당연한 윤리적 약속 또는 정의나 일반원칙(보편적 약속)을 말한다. 따라서 모든 법률에는 이 조리의 정신이 다양한 형태로 구현되고 있다.

우리나라 민법 제1조는 조리가 법원임을 명시적으로 규정하고 있다. 민법 제1조(법원)는 민사에 관하여 법률에 규정이 없으면 관습법에 의하고 관습법이 없으면 조리에 의한다고 규정하였다. 이는 성문법과 관습법만으로는 해결할 수 없는 법적 공백(흠결)이 발생했을 때, 법관이 재판을 거부할 수 없으므로(재판 거부 금지의 원칙), 조리라는 보편적 정의와 이치에 따라 사건을 해결하도록 함으로써 법질서의 완전성을 보장하는 기능을 한다.

제 3 절 경찰행정법 작용의 일반원칙

Ⅰ. 경찰소극목적의 원칙

경찰소극목적(警察消極目的)의 원칙이란 경찰권은 공공의 안녕과 질서유지라는 소극목적을 위해서만 발동될 수 있으며, 적극적으로 복지증진을 위해서는 발동할 수 없는 것을 말한다. 그러나 복지행정주의의 발달로 점차 경찰의 복지영역에의 확대가 이루어지며, 국가에 따라서는 일부 복지행정의 영역까지 확대하는 경향도 보인다.

경찰관 직무집행법 제1조는 경찰관의 직무를 소극적으로 제한하고 있다.

Ⅱ. 경찰공공의 원칙

경찰공공(警察公共)의 원칙이란 경찰권은 공공의 안녕과 질서의 유지에 관계없는 사적(私的) 관계에 발동되어서는 안 된다는 원칙이다.[7] 이는 다음과 같이 구분된다.

1. 사생활불간섭의 원칙

사생활불간섭의 원칙이란 경찰은 공공의 안녕과 질서에 직접적인 관계가 없는 개인의 사생활, 즉 프라이버시에 대하여는 간섭할 수 없다는 것을 말한다. 그러나 개인의 생활이 동시에 공공사회에 영향을 미치는 경우에는 이에 개입할 수 있다.

경찰관 직무집행법상 전염병환자의 격리나 주취자의 보호조치, 가출인에 대한 귀가조치 등을 예로 들 수 있다.

2. 사주소불가침의 원칙

사주소불가침의 원칙이란 경찰은 일반사회와 직접적인 접촉이 없는 사주소 내의 활동에 대하여는 개입할 수 없는 것을 말한다. 사주소란 개인의 주거공간이나 사무실, 생산시설 등 개인의 생활영역 등을 말한다.

그러나 사주소 내의 행동이라도 그것이 공공질서를 해하는 경우, 즉 예를 들어 가정 내 부부싸움으로 주변에 피해를 주는 경우 가정폭력범죄의 처벌 등에 관한 특례법에 의해 응급조치(가해자, 피해자 격리, 가해자 퇴거, 접근금지 등)나 긴급임시조치를 행하는 등의 경찰권을 발동할 수 있다.[8] 또한 사무실에서의 도박행위 역시 사회의 건전한 풍속을 해하는 행위이므로 경찰권을 발동할 수 있다.

3. 민사관계불간섭의 원칙

민사관계불간섭의 원칙은 사경제자유의 원칙이라고도 하며, 개인의 재산권 행사, 계약관계 등 민사관계의 영역에 대하여는 경찰권이 개입할 수 없다. 다만 민

7 Saxer, S. R. (2025). Forfeiture Takings, Police Power, and Necessity Destruction. *University of Miami Law Review*, 80(1), 147–200.

8 가정폭력범죄의 처벌 등에 관한 특례법 제5조.

사관계가 공공의 질서를 해하는 경우(마약류의 판매 및 매수행위, 청소년에 대한 술·담배 판매행위 등)에는 경찰권을 발동할 수 있다.[9]

Ⅲ. 경찰책임의 원칙

1. 의 의

경찰책임이란 원칙적으로 경찰권은 경찰위반 상태에 대하여 책임이 있는 자, 즉 공공의 안녕과 질서유지를 방해한 사람에게만 발동되는 것을 말한다. 예외적으로 경찰긴급사태에 대하여는 비책임자에 대하여도 경찰책임이 인정된다.

2. 성 질

경찰위반의 상태는 행위 혹은 상태의 특별한 위법성을 요구하지 않으며, 행위자의 의사, 행위능력, 불법행위능력, 형사책임능력과는 관련이 없다. 또한 경찰책임은 경찰책임자에게 고의·과실이 있는지의 여부와도 무관하다. 이는 경찰책임에 있어서는 위법한 행위에 대한 처벌이 문제가 되는 것이 아니라, 단지 공공의 안녕 혹은 질서에 대한 위험이나 장애를 신속하고 효과적으로 제거하는 것이 중요하기 때문이다.

3. 책임의 주체

모든 자연인은 경찰책임자가 될 수 있으며 그의 행위능력 유무, 국적 여부는 문제되지 않는다. 행위무능력자의 경우 자신 외에도 법정대리인이 책임을 부담한다. 고용인의 경찰책임에 대하여 고용주도 책임을 부담한다.

또한 사법상(私法上)의 법인뿐만 아니라 사법상 권리능력 없는 법인도 경찰책임을 진다.

그리고 국가 등의 공권력 주체도 공공의 안녕 혹은 질서에 대한 위험이나 장해를 발생하지 않도록 활동할 책임, 즉 실질적 경찰책임을 부담한다.[10]

---

9 청소년보호법 제28조(청소년유해약물등의 판매·대여 등의 금지), 법률 제21065호, 2025. 10. 1., 타법개정, 2025. 10. 1. 시행.

10 하명호, 「행정법」, 박영사, 2024, p. 911.

4. 경찰책임의 유형

1) 행위책임

행위책임(行爲責任)이란 자신의 행위로 공공의 안녕 또는 질서에 대한 위험이 인간의 행위에 의하여 발생한 경우 이를 제거할 책임을 가지는 것을 말한다. 고용주가 고용인 등의 경찰위반의 상태에 대하여 책임을 지는 경우 이는 대위책임이 아니라 자기의 지배권의 범위 내에서 공공의 안녕·질서에 대한 위험을 발생케 한 것에 대한 자기책임이며, 행위자와 병행하는 책임이다.[11]

예를 들어 교통사고를 야기한 경우(작위), 종업원인 청소년이 주민등록증 확인 없이 미성년자에게 담배를 팔아 청소년보호법 위반으로 입건된 경우 편의점 주인은 자기행위책임의 당사자이다.

경찰상 책임을 발생시키는 행위에는 작위(作爲)뿐만 아니라 부작위(不作爲)도 포함하며, 이에 대해 고의 또는 과실을 묻지 않는다.

행위책임은 위험의 야기와 개인의 행위와의 인과관계가 존재해야 한다. 당해 행위가 경찰상 위해나 장애를 야기한 직접적인 원인이 된 경우에 한하여 경찰책임자가 된다고 본다.

2) 상태책임

상태책임(狀態責任)이란 물건의 상태로부터 공공의 안녕·질서에 대한 위해가 발생한 경우 그를 방지 또는 제거할 책임을 말한다. 물건이란 유체물 및 전기, 기타 관리할 수 있는 자연력, 동물 등을 말한다. 물건의 상태란 물건 자체와 물건이 놓여 있는 상태를 모두 포함한다.

상태책임의 주체는 상태책임의 원인과 고의·과실의 여부와 관계없다. 물건의 소유자나 관리자, 사실상의 점유자가 상태책임자가 된다. 물건의 양수자도 경우에 따라서는 상태책임자가 될 수 있다.

다만, 물건이 도난당한 경우와 같이 사실상의 지배자가 소유자의 의사와 관계없이 지배력을 행사하고 있는 경우에는 소유자는 그 상태책임을 부담하지 않는다.[12]

---

11 민법 제755조(감독자의 책임) – 제756조(사용자의 배상책임); 대법원 2005. 2. 25. 선고 2004다58277 판결.

12 하명호, 「행정법」, 박영사, 2024, p. 912.

물건의 상태와 경찰상 위해간에는 인과관계가 존재하여야 한다. 상태책임의 범위는 물건으로부터 발생하는 손해에 대하여 원인 여하를 불문하고 언제나 완전한 책임을 진다.

5. 책임의 경합

1) 의 의

책임의 경합이란 경찰상의 장애가 행위책임과 상태책임이 결합하여 발생하였거나, 다수인의 행위 또는 다수인이 지배하는 물건의 상태로 인하여 발생한 경우에 누구에게 경찰책임을 부담지울 것인가에 대한 문제이다.

2) 책임의 결정

경찰상 장애가 행위책임과 상태책임이 결합하여 야기된 경우에는 행위자에게 우선적으로 책임을 부담시킨다. 경찰상 장애가 다수인의 행위 또는 물건의 상태가 혼합되어 야기된 경우에 누구에게 경찰권을 발동할 것인가는 경찰의 재량영역이다. 다만 재량권의 판단은 경찰장애를 제거하는 데 "누가 가장 신속히, 그리고 효과적으로 할 것인가"와 경찰비례의 원칙을 고려해야 한다.[13]

3) 비용상환

경찰로부터 경찰책임자로 지정되어 그 명령을 이행한 경우 그 책임의 이행에 사용된 비용을 경찰권이 발동되지 않은 다른 경찰책임자에게 청구할 수 있는가에 대하여는 견해가 대립한다.

경찰의 경찰책임자 선정에 대한 재량권 행사가 타당하지 않거나 적정하지 않은 경우 부분적으로 청구할 수 있다고 본다.

6. 경찰책임의 법적 승계

경찰책임자가 사망하거나 물건을 양도하면 경찰책임이 상속인이나 양수인에게 승계되는가가 문제가 될 수 있다.

행위책임은 일신전속적(一身專屬的) 의무로 인정되어 법적 규정이 없는 한 법

13 민법 제760조(공동불법행위자의 책임).

적 승계가 되지 않는다. 상태책임의 경우는 경찰상 장애상태가 존재하는 한 당사자의 법적 승계인에게 승계된다.

7. 경찰긴급권

1) 의 의

경찰긴급권(警察緊扱權)이란 경찰권은 경찰책임자에게만 발동하는 것이 원칙이나 경찰이 경찰책임이 없는 자, 즉 비책임자(非責任者)에게 경찰권을 발동하는 것을 말한다. 경찰권의 내용은 작위 또는 부작위, 수인 등의 하명(下命)이다. 경찰긴급권을 제3자에 대한 경찰책임이라고도 한다.[14]

2) 법적 근거

경찰긴급권은 예외적인 것으로 목전에 급박한 위해를 제거하는 경우에 한하여 반드시 법령에 근거하여 행해져야 한다. 경찰긴급권에 관한 일반규정은 없고, 개별법으로 소방기본법,[15] 경범죄처벌법,[16] 경찰관 직무집행법,[17] 수상구조법[18] 등이 있다.

---

14 하명호, 「행정법」, 박영사, 2024, p. 917.

15 **소방기본법 제24조(소방활동 종사 명령) 제1항** 소방본부장, 소방서장 또는 소방대장은 화재, 재난·재해, 그 밖의 위급한 상황이 발생한 현장에서 소방활동을 위하여 필요할 때에는 그 관할구역에 사는 사람 또는 그 현장에 있는 사람으로 하여금 사람을 구출하는 일 또는 불을 끄거나 불이 번지지 아니하도록 하는 일을 하게 할 수 있다. 이 경우 소방본부장, 소방서장 또는 소방대장은 소방활동에 필요한 보호장구를 지급하는 등 안전을 위한 조치를 하여야 한다.

16 **경범죄 처벌법 제3조 제1항 제29호(공무원 원조불응)** 눈·비·바람·해일·지진 등으로 인한 재해, 화재·교통사고·범죄, 그 밖의 급작스러운 사고가 발생하였을 때에 현장에 있으면서도 정당한 이유 없이 관계 공무원 또는 이를 돕는 사람의 현장출입에 관한 지시에 따르지 아니하거나 공무원이 도움을 요청하여도 도움을 주지 아니한 사람

17 **경찰관 직무집행법 제5조 제1항 제3호(위험 발생의 방지 등)** 그 장소에 있는 자, 사물의 관리자 기타 관계인에게 위해 방지상 필요하다고 인정되는 조치를 하게 하거나 스스로 그 조치를 하는 것.

18 **수상에서의 수색·구조 등에 관한 법률 제29조 제1항(수난구호를 위한 종사명령 등)** ① 구조본부의 장 및 소방관서의 장은 수난구호를 위하여 부득이하다고 인정할 때에는 필요한 범위에서 사람 또는 단체를 수난구호업무에 종사하게 하거나 선박, 자동차, 항공기, 다른 사람의 토지·건물 또는 그 밖의 물건 등을 일시적으로 사용할 수 있다. 다만, 노약자, 정신적 장애인, 신체장애인, 그 밖에 대통령령으로 정하는 사람에 대하여는 제외한다.

3) 요 건

경찰책임자 이외의 비책임자에 대한 경찰권의 발동은 다음과 같은 요건하에서만 가능하다.[19]

① 경찰위반의 상태가 현존하고 급박한 경우이어야 한다.

② 직접적인 원인행위를 한 제1차적 경찰책임자에 대한 경찰권 발동으로는 위해의 제거를 기대할 수 없는 경우이어야 한다.

③ 경찰 자신의 고유 수단을 사용하여서는 장해 혹은 위험에 대처할 수 없을 경우이어야 한다.

④ 비책임자의 생명이나 건강을 해치지 않아야 한다.

⑤ 비책임자의 본래의 급박한 업무를 방해하는 것이 아니어야 한다.

⑥ 그 외에도 일시적·임시적 방편이어야 하며, 경찰권 발동의 대상이 된 비책임자가 입은 손실에 대한 보상이 행해져야 한다.

4) 처 분

경찰비책임자에 대한 경찰권 발동은 그 요건이 갖추어진 경우 행정행위에 의해서만 가능하다. 그러나 특별한 경우 경찰상 법규명령을 발동할 수도 있다. 비책임자가 다수인 경우에는 위험방지의 효율성과 비례의 원칙을 고려하여 결정한다.

5) 결과제거와 손실보상

경찰기관은 경찰권 발동을 위한 요건이 더 이상 존재하지 않게 된 때에는 당해 처분을 중지하여야 한다. 이를 중지하지 않는 경우 당사자는 결과제거청구권을 행사할 수 있으며, 원상회복이 불가능한 경우에는 금전으로 손실보상을 청구할 수 있다.

예를 들어, 경찰기동대가 집회나 시위를 진압하기 위하여 누군가의 토지를 장기간 집결지나 훈련장으로 사용하고 있다가 그 집회나 시위상황이 종료되었는데도 불구하고 자리를 비켜주지 않아 토지에 대한 재산권행사를 하지 못하게 된 경우 토지소유주는 경찰기관에 대하여 기동대의 철수를 요청할 수 있고, 토지를

19 홍정선, 「신행정법특강」, 박영사, 2020, pp. 976－977.

훼손한 경우 원상복귀를 요구할 수 있다. 또한 이를 거부시 손실보상을 청구할 수 있다.[20]

Ⅳ. 경찰평등의 원칙

평등원칙이란 경찰작용에 있어 정당한 사유가 없는 한, 다른 사람에 대한 처분보다 특정인에게 불리한 처분을 하여서는 아니 된다는 원칙을 말한다. 평등원칙은 재량권행사의 한계원리로서 중요한 의미를 가진다.[21]

평등원칙은 헌법 제11조, 제31조, 제32조 제4항 등에 근거를 둔 인권으로 모든 국민은 법 앞에 평등하며, 누구든지 성별 · 종교 또는 사회적 신분으로 인하여 차별을 받지 아니한다. 위반시 위헌 · 위법한 행정작용이 된다. 평등원칙은 구체적으로는 행정의 자기구속원칙으로 나타난다. 이는 행정기관이 행정결정에 있어 동일사안에 대해 이전에 제3자에게 행한 결정과 동일한 결정을 상대방에게 하도록 스스로를 구속하는 원칙을 말한다. 즉, 합리적 이유 없이 동일한 사항을 다르게 취급하는 것은 평등원칙에 위반된다.

그러나 평등원칙은 종전 행정관행의 내용이 위법적인 경우에는 위법인 수익적 내용의 평등한 계속적인 적용을 요구하는 청구권, 즉 위법의 평등적용 주장은 인정되지 않는다. 또한 행정의 자기구속의 전제가 되는 행정관행이 존재하지 않는 경우에는 인정되지 않는다.[22]

Ⅴ. 경찰비례의 원칙

경찰비례의 원칙이란 경찰권은 공공의 안녕과 질서유지에 필요한 정도에 맞게 발동되어야 한다는 법원칙을 말한다.[23] 이에는 경찰목적의 원칙, 적합성의 원칙, 최소침해의 원칙, 상당성의 원칙, 보충성의 원칙 등으로 구분된다.

20 경찰관 직무집행법 제11조의2.

21 박균성 · 김재광, 「경찰행정법」, 박영사, 2024, pp. 29－31.

22 박균성 · 김재광, 「경찰행정법」, 박영사, 2024, pp. 29－31.

23 박균성 · 김재광, 「경찰행정법」, 박영사, 2024, pp. 32－36.

1. 경찰목적의 원칙

경찰목적의 원칙이란 경찰권의 발동은 공공의 안녕과 사회질서를 해하는 위험 또는 경찰상 장애가 발생한 경우에 이를 제거하기 위한 목적으로만 발동하여야 한다는 것을 말한다. 이는 경찰권은 본래 국민의 자유와 권리를 제한하는 성격을 지니므로 경찰상 장애시에만 발동을 원칙으로 하는 것이다.

2. 적합성의 원칙

적합성의 원칙이란 경찰상 장애를 제거하거나 위험방지에 사용하는 수단 및 조치는 경찰목적을 달성하는 데 적합하여야 한다는 것을 말한다. 즉, 경찰목적 달성을 위하여 적합한 수단을 사용하여야 하며, 이를 위반시 위법 또는 재량권 남용 행위가 될 수 있다.

청소년들이 말싸움을 하는 현장에 출동한 경찰이 테이저건을 발사하는 것은 적합성의 원칙과 배치된다. 반대로 칼을 휘두르는 집단폭력현장에 출동한 경찰이 호루라기만을 불며 계속 해산을 명령하는 것 역시 적합성의 원칙에 부합하지 않는다. 이 경우 호루라기를 불며 해산명령을 하고, 불응시 테이저건이나 공포탄 권총을 발사하는 등의 조치가 적합성의 원칙에 따른 경찰권 행사이다.

3. 최소침해의 원칙

최소침해의 원칙이란 경찰목적을 달성하기 위하여 경찰권을 발동하는 경우에도 경찰기관은 관계자에게 가장 적은 부담을 주는 수단을 선택하여야 함을 말한다. 경찰서장이 도로점용허가를 내주면서 질서유지나 교통관리를 위하여 필요최소한의 인력을 확보하도록 하거나, 위험물 수송차량 허가시 안전확보에 필요한 최소한의 조치를 요구하는 것 등을 예로 들 수 있다.

경찰관 직무집행법 제1조 제2항은 경찰관의 직권은 그 직무수행에 필요한 최소한도에서 행사되어야 하며, 남용되어서는 아니 된다고 규정하고 있다. 또한 같은 법 제10조(경찰장비의 사용 등) 제4항은 위해성 경찰장비는 필요한 최소한도에서 사용하여야 한다고 규정하고 있다.

살수차와 물포는 필요한 최소한의 범위에서만 사용

대법원 2019.1.17. 선고 2015다236196 판결

위해성 경찰장비인 살수차와 물포는 필요한 최소한의 범위에서만 사용되어야 하고, 특히 인명 또는 신체에 위해를 가할 가능성이 더욱 커지는 직사살수는 타인의 법익이나 공공의 안녕질서에 직접적이고 명백한 위험이 현존하는 경우에 한해서만 사용이 가능하다고 보아야 한다.

또한 위해성 경찰장비인 살수차와 물포는 집회나 시위 참가자들을 해산하기 위한 목적의 경찰장비이고 경찰관이 직사살수의 방법으로 집회나 시위 참가자들을 해산시키는 것은 집회의 자유나 신체의 자유를 침해할 우려가 있으므로 적법절차의 원칙을 준수하여야 한다. 따라서 경찰관이 직사살수의 방법으로 집회나 시위 참가자들을 해산시키려면, 먼저 집회 및 시위에 관한 법률 제20조 제1항 각호에서 정한 해산 사유를 구체적으로 고지하는 적법한 절차에 따른 해산명령을 시행한 후에 직사살수의 방법을 사용할 수 있다고 보아야 한다. …중략…

4. 상당성의 원칙

상당성의 원칙이란 경찰권의 발동은 경찰권을 발동함으로 인하여 얻는 이익이 경찰권을 발동하지 않았을 때의 불이익보다 큰 경우에 이루어져야 한다는 것을 말한다. 상당성의 원칙은 경찰관 직무집행법 제10조의4 즉, “경찰관은 범인의 체포·도주의 방지, 자기 또는 타인의 생명, 신체에 대한 방호, 공무집행에 대한 항거의 억제를 위하여 상당한 이유가 있을 때에는 필요한 한도 내에서 무기를 사용할 수 있다”고 무기사용의 한계를 규정한 것에서 잘 나타나 있다.[24]

상당성의 원칙을 이익형량의 원칙 또는 협의의 비례원칙이라고도 한다.

5. 보충성의 원칙

보충성의 원칙이란 경찰기관이 경찰권을 발동할 때는 경찰권 발동 이외에는 다른 수단이 없는 경우에 행하여야 한다는 것을 말한다. 즉 다른 행정관청의 권한행사를 통하여 목적을 달성할 수 있거나, 경찰권 발동 이외의 다른 수단이 있

24 하명호, 「행정법」, 박영사, 2024, p. 921.

는 경우, 경찰관련 이외의 법령으로 해결할 수 있는 경우 등에는 경찰권을 발동할 수 없다.

특수공무집행방해 성립 ‖ 대법원 2018.12.13. 선고 2016도19417 판결

…중략… 피고인은 평소 집에서 심한 고성과 욕설, 시끄러운 음악 소리 등으로 이웃 주민들로부터 수회에 걸쳐 112신고가 있어 왔던 사람인데, 피고인의 집이 소란스럽다는 112신고를 받고 출동한 경찰관 甲, 乙이 인터폰으로 문을 열어달라고 하였으나 욕설을 하였고, 경찰관들이 피고인을 만나기 위해 전기차단기를 내리자 화가 나 식칼(전체 길이 약 37cm, 칼날 길이 약 24cm)을 들고 나와 욕설을 하면서 경찰관들을 향해 찌를 듯이 협박함으로써 甲, 乙의 112신고 업무 처리에 관한 직무집행을 방해하였다고 하여 특수공무집행방해로 기소된 사안에서,

피고인이 자정에 가까운 한밤중에 음악을 크게 켜놓거나 소리를 지른 것은 경범죄 처벌법 제3조 제1항 제21호에서 금지하는 인근소란행위에 해당하고, 그로 인하여 인근 주민들이 잠을 이루지 못하게 될 수 있으며, 甲과 乙이 112신고를 받고 출동하여 눈앞에서 벌어지고 있는 범죄행위를 막고 주민들의 피해를 예방하기 위해 피고인을 만나려 하였으나 피고인은 문조차 열어주지 않고 소란행위를 멈추지 않았던 상황이라면 피고인의 행위를 제지하고 수사하는 것은 경찰관의 직무상 권한이자 의무라고 볼 수 있으므로, 위와 같은 상황에서 甲과 乙이 피고인의 집으로 통하는 전기를 일시적으로 차단한 것은 피고인을 집 밖으로 나오도록 유도한 것으로서, 피고인의 범죄행위를 진압·예방하고 수사하기 위해 필요하고도 적절한 조치로 보이고, 경찰관 직무집행법 제1조의 목적에 맞게 제2조의 직무 범위 내에서 제6조에서 정한 즉시강제의 요건을 충족한 적법한 직무집행으로 볼 여지가 있다. …중략…

Ⅵ. 신뢰보호의 원칙

신뢰보호원칙이란 행정기관의 일정한 언행(명시적·묵시적)의 정당성 또는 존속성에 대한 개인의 보호가치 있는 신뢰에 대해 행정기관이 책임을 부담하는 것을 말한다. 신뢰보호원칙은 행정행위의 취소나 철회, 행정계획의 변경, 확약, 실천 등에 적용된다. 신뢰보호원칙의 일반법적 근거로는 행정절차법상의 신의성실 및 신뢰보호 관련규정과 개별법으로는 국세기본법상의 세법해석의 기준, 소급과세

의 금지 등이 있다.[25]

신뢰보호원칙이 적용되기 위한 요건으로는 ① 행정청이 개인에 대하여 신뢰의 대상이 되는 공적인 견해표명을 하여야 하고, ② 행정청의 견해표명이 정당하다고 신뢰한 데 대하여 그 개인에게 귀책사유가 없어야 하고, ③ 그 개인이 그 견해표명을 신뢰하고 이에 따라 어떠한 행위를 하였어야 하며, ④ 행정청이 위 견해표명에 반하는 처분을 함으로써 그 견해표명을 신뢰한 개인의 이익이 침해되는 결과가 초래되어야 한다.[26]

이러한 요건을 충족할 때에는 행정청의 처분은 신뢰보호의 원칙에 반하는 행위로서 위법하다고 볼 것이다. 이 경우 원칙적으로는 취소사유가 될 것이나 예외적으로 무효가 되는 경우도 인정될 수 있다.

신뢰보호원칙의 정도 ❙ 대법원 2007.10.29. 선고 2005두4649 전원합의체 판결

법령의 개정에서 신뢰보호원칙이 적용되어야 하는 이유는, 어떤 법령이 장래에도 그대로 존속할 것이라는 합리적이고 정당한 신뢰를 바탕으로 국민이 그 법령에 상응하는 구체적 행위로 나아가 일정한 법적 지위나 생활관계를 형성하여 왔음에도 국가가 이를 전혀 보호하지 않는다면 법질서에 대한 국민의 신뢰는 무너지고 현재의 행위에 대한 장래의 법적 효과를 예견할 수 없게 되어 법적 안정성이 크게 저해되기 때문이다.

이러한 신뢰보호는 절대적이거나 어느 생활영역에서나 균일한 것은 아니고 개개의 사안마다 관련된 자유나 권리, 이익 등에 따라 보호의 정도와 방법이 다를 수 있으며, 새로운 법령을 통하여 실현하고자 하는 공익적 목적이 우월한 때에는 이를 고려하여 제한될 수 있으므로, 이 경우 신뢰보호원칙의 위배 여부를 판단하기 위해서는 한편으로는 침해된 이익의 보호가치, 침해의 중한 정도, 신뢰가 손상된 정도, 신뢰침해의 방법 등과 다른 한편으로는 새 법령을 통해 실현하고자 하는 공익적 목적을 종합적으로 비교·형량하여야 한다.

Ⅶ. 부당결부금지의 원칙

부당결부금지(不當結付禁止)의 원칙이란 행정기관이 공권력적 조치를 취함에

---

25 석종현 · 송동수, 「일반행정법총론」, 박영사, 2020, p. 53.

26 김남철, 「행정법강론」, 박영사, 2015, p. 7.; 박균성 · 김재광, 「경찰행정법」, 박영사, 2024, p. 35.

있어 그것과 실질적인 관련이 없는 반대급부와 결부시켜서는 안 된다는 것을 의미한다. 이는 행정기관의 권한행사와 상대방의 반대급부 사이에 실질적인 관련성이 있어야 한다는 의미로서 행정행위의 부관인 부담의 한계 및 행정의 실효성 확보를 위한 공급거부 등과 관련하여 논의되고 있다.[27]

부당결부금지의 원칙은 헌법상 법치국가원리와 자의금지의 원칙에 근거를 둔 것으로서 법원도 이를 지지하는 입장을 보이고 있다.

부당결부행정행위는 무효 ‖ 대법원 2009.12.10. 선고 2007다6399 판결

지방자치단체가 골프장사업승인계획과 관련하여 사업자로부터 기부금을 증여받기로 한 증여계약은, 공무수행과 결부된 금전적 대가로서 그 조건이나 동기가 사회질서에 반하므로 민법 제103조에 의해 무효이다.

인가조건 부담부과는 적법 ‖ 대법원 2014.2.21. 선고 2012다78818 판결

정비사업의 시행으로 정비구역 밖에 설치하는 정비기반시설이라 하더라도 사업시행 인가관청이 사업시행인가처분을 하면서 인가조건으로 시설을 설치하도록 하는 부담을 부과하고 사업시행자가 부담의 이행으로써 이를 설치한 때에는, 부관이 다른 법률의 규정에 위반되거나 부당결부금지의 원칙이나 비례의 원칙에 반하여 위법하다고 볼 특별한 사정이 없는 한, 인가조건의 내용에 따라 당해 정비기반시설은 무상으로 또는 정산을 거쳐 시설을 관리할 국가 또는 지방자치단체에 귀속될 수 있다.

Ⅷ. 경찰재량의 영으로의 수축 원칙

1. 의 의

경찰권의 행사여부는 원칙적으로 편의주의적 재량행위로 인정되고 있으나, 예외적인 경우에 반드시 경찰권을 발동해야만 하는 경우를 경찰재량의 영(零)으로의 수축이라고 한다.[28]

---

27 대법원 2017. 11. 23. 선고 2014두1628 판결.

28 길준규. (2025). 독일 행정강제법체제와 법체계에 대한 고찰, *공법연구*, 54(1), 651－677.

경찰재량이 영으로 수축되는 경우는

① 사람의 생명, 신체, 재산 등 중요한 법익에 급박하고 현저한 위험이 존재하며

② 그 위험이 경찰권의 발동으로 제거될 수 있다고 판단되며

③ 피해자의 개인적 노력으로는 권익침해 방지가 충분하게 이루어질 수 없다고 인정되는 경우

경찰재량이 영으로 수축할 경우, 상대방은 적극적으로 경찰권의 행사를 청구할 수 있다.

2. 경찰개입청구권과의 관계

경찰개입청구권(警察介入請求權)이란 당사자가 자기 또는 타인에 대하여 경찰권의 발동을 요구할 수 있는 공권(公權)을 말한다.[29] 경찰개입청구권은 경찰권을 적극적으로 발동할 것을 요구한다는 점에서 경찰권의 적극적 한계라고도 한다.[30]

경찰개입청구권은 행정심판으로서의 의무이행심판과 행정소송으로서 부작위위법확인소송을 통하여 구제될 수 있다. 또한 경찰기관이 경찰권을 발동하지 않아 손해가 발생한 경우에 행정상 손해배상을 청구할 수 있다.

지구대 경찰관 실종아동 신고장소 제대로 확인안 것은 직무유기

서울중앙지법 2019.5.23. 선고 2018가합512445 판결

甲이 자신의 딸인 乙에게 乙의 친구인 丙을 집으로 데려와 사전에 준비한 수면제를 탄 음료수 등을 먹이도록 한 다음, 丙이 의식을 잃고 계속 잠들어 있는 상태가 되자, 丙을 추행하다가 다음 날 12:30경 추행 중 잠에서 깬 丙을 살해하였는데, 丙의 유족인 아버지 丁과 어머니 戊 등이, 戊가 丙이 사망하기 약 13시간 전 경찰에 실종 사실을 신고한 뒤 지구대의 경찰관 앞에서 최종석종현 · 송동수, 「일반행정법총론」, 박영사, 2020, pp. 180-181. 목격자로 보였던 乙과 통화까지 하였는데도 지구대의 경찰관들이 최종목격지 및 목격자를 파악하는 노력을 하지 않아 핵심 단서인 乙을 확인할 기회를 놓치

29 하명호, 「행정법」, 박영사, 2024, p. 122.

30 박균성 · 김재광, 「경찰행정법」, 박영사, 2024, p. 231.

는 등 관할경찰서 소속 경찰관들의 위법행위 때문에 丙이 사망하였다며 국가를 상대로 손해배상을 구한 사안에서, 경찰관들의 행위가 '112종합상황실 운영 및 신고처리 규칙' 및 '실종아동 등 가출인 업무처리 규칙'의 관련 규정을 명백하게 위반하는 등 현저하게 불합리하여 위법한 행위에 해당하고, 경찰관들의 직무상 의무 위반행위와 丙의 사망 사이에 상당인과관계도 인정되므로, 국가는 丙과 그 유족인 丁, 戊 등에게 손해를 배상할 책임이 있다고 한 사례

법원은 다양한 사례를 통하여 경찰관이 그 권한을 행사하지 않아 국민이 손해를 입은 경우에 대하여 국가배상책임을 인정하는 추세를 보이고 있다.

직무상 의무를 위법한 경찰권 불행사는 위법 ▎ 대법원 2010.8.26. 선고 2010다37479 판결

경찰관이 폭행사고 현장에 도착한 후 가해자를 피해자와 완전히 격리하고, 흉기의 소지 여부를 확인하는 등 적절한 다른 조치를 하지 않은 것이 피해자에게 발생한 피해의 심각성 및 절박한 정도 등에 비추어 현저하게 불합리하여 위법하므로, 국가는 위 경찰관의 직무상 과실로 말미암아 발생한 후속 살인사고로 인하여 피해자 및 그 유족들이 입은 손해를 배상할 책임이 있다고 한 원심의 판단이 정당하다고 한 사례.

현행법상 국민의 경찰개입청구권 및 경찰재량 영으로의 수축을 명문화한 경우도 있다. 주로 성폭력피해사건, 가정폭력피해사건,[31] 아동학대피해사건,[32] 성매매피해사건,[33] 스토킹피해사건[34]의 처리와 관련한 특별법들이 이에 해당한다.

---

31 가정폭력범죄의 처벌 등에 관한 특례법 제5조(가정폭력범죄에 대한 응급조치), 가정폭력방지 및 피해자보호 등에 관한 법률 제9조의4(사법경찰관리의 현장출동 등)

32 아동학대범죄의 처벌 등에 관한 특례법 제11조(현장출동).

33 성매매방지 및 피해자보호 등에 관한 법률 제21조(수사기관의 협조).

34 스토킹범죄의 처벌 등에 관한 법률 제3조(스토킹행위 신고 등에 대한 응급조치).

성폭력방지 및 피해자보호 등에 관한 법률 제31조(경찰관서의 협조) 상담소, 보호시설 또는 통합지원센터의 장은 피해자등을 긴급히 구조할 필요가 있을 때에는 경찰관서(지구대·파출소 및 출장소를 포함한다)의 장에게 그 소속 직원의 동행을 요청할 수 있으며, 요청을 받은 경찰관서의 장은 특별한 사유가 없으면 이에 따라야 한다.

제31조의2(사법경찰관리의 현장출동 등) ① 사법경찰관리는 성폭력 신고가 접수된 때에는 지체 없이 신고된 현장에 출동하여야 한다.

Ⅸ. 한계일탈의 효과와 구제

1. 효 과

경찰권이 법률상 한계를 일탈한 경우에는 당연한 위법행위로 무효 또는 취소사유가 되며, 조리상의 한계를 일탈한 경우에는 그것이 중대하고 명백할 경우 무효, 기타의 경우에는 취소사유가 된다.

2. 구 제

한계를 일탈한 경찰권의 행사로 권리를 침해당한 자는 행정소송 또는 직권에 의한 취소정지, 행정상 손해배상청구, 정당방위, 당해 공무원의 형사책임 및 징계책임 등을 통하여 구제를 받을 수 있다.

제 2 장

경찰행정의 형태

제 1 절 경찰하명

Ⅰ. 의 의

경찰하명이란 국가의 일반통치권에 기하여 경찰상의 목적, 즉 사회공공의 안녕과 질서유지를 위하여 국민에게 작위·부작위·수인·급부 등의 의무를 명하는 경찰작용을 말한다.

경찰하명은 개인의 자유와 권리를 제한하는 권력적 작용이므로 반드시 법적 근거를 두어야 한다.

경찰하명은 공공의 안녕·질서유지를 목적으로 한다는 점에서 국가 또는 지방자치단체의 수입확보를 목적으로 하는 재정하명(財政下命)과 다르며, 일반통치권에 의거하고 있다는 점에서 특별권력관계에 의한 하명과 구분된다.[1]

Ⅱ. 경찰하명의 형식

1. 법규하명

법규하명(法規下命)이란 별도의 행정행위를 요하지 아니하고 법령에 의해 직접 일정한 경찰의무를 발생케 하는 경우의 경찰하명을 말한다.[2] 법령의 제정 후 공포(公布)에 의하여 그 효력이 발생한다.

1 하명호, 「행정법」, 박영사, 2024, pp. 129－131.

2 도로교통법상 음주운전금지, 청소년보호법에 의한 술·담배류판매금지, 성매매금지 등.

2. 경찰처분

경찰처분(警察處分)이란 법령에 의거하여 경찰이 특정한 의무를 명하는 경우에 발생하는 구체적 행정행위를 말한다.[3] 이는 법령의 수권범위 내에서 경찰권 한계에 관한 원칙의 구속을 받는다. 구두 또는 문서에 의하여 상대방에게 고지되어야 효과가 발생한다.

경찰처분은 개별적으로 행하여지는 것이 원칙이나, 불특정 다수인에게 일반적으로 행하여지는 경우도 있다.

Ⅲ. 경찰하명의 종류

경찰하명은 그 내용에 따라 작위(作爲), 부작위(不作爲), 수인(受忍) 및 급부(給付)로 구분된다. 작위란 일정한 행위를 적극적으로 행할 의무를 명하는 경찰하명을 말한다.[4] 부작위란 일정한 행위를 하지 아니할 의무를 명하는 경찰하명으로 경찰금지라고도 한다.[5]

수인이란 경찰이 개인의 신체·재산·가택 등에 대해 행하는 강제적 작용에 항거하지 않고 수인할 의무를 말한다.[6] 급부란 경찰대상자에게 금전, 기타 물품 등을 일정한 기간 내에 급부할 의무를 부과하는 것[7]을 말한다.[8]

3 유흥업소에 대한 영업정지, 전염병발생지역의 통행금지 등.

4 교통법규준수, 위험물표시 등.

5 무면허운전금지, 통행금지, 건축금지 등.

6 경찰조사, 즉시강제 등.

7 수수료, 통행료 등의 납부의무 등.

8 경찰하명의 대상자가 불특정 다수인인가, 특정인인가에 따라 일반하명과 개별하명으로 구분되기도 하며, 하명의 대상에 따라 대인적(對人的)·대물적(對物的)·혼합적(混合的) 하명으로 구분된다. 사람의 행위에 중점을 둔 경우는 대인적 하명, 물적 상태에 중점을 둔 경우는 대물적 하명, 인적·물적 요소가 혼합된 경우는 혼합적 하명이라고 한다.

Ⅳ. 경찰하명의 효과 및 범위

1. 경찰의무의 발생

경찰하명의 효과는 경찰의무의 발생으로 수명자(受命者)는 작위·부작위·수인·급부의 의무를 이행해야 하는 의무가 발생한다. 의무를 불이행 또는 위반할 경우 경찰강제 또는 경찰벌의 대상이 된다.[9]

2. 경찰하명의 효과의 범위

법규하명의 경우 그 성질상 불특정 다수인에게 미친다. 그러나 개별적 행정행위인 경찰하명의 효과는 그 내용에 따라 다르다.

경찰하명은 원칙적으로 그 하명을 행한 당해 경찰관청의 관할 구역 내에 국한된다. 다만, 법령의 규정이나 당해명령의 성질상 관할 구역 외에 미치는 경우도 있다.[10]

Ⅴ. 경찰하명 위반에 대한 제재

경찰하명에 대한 위반시 경찰의무를 불이행한 경우에는 강제집행 대상이 되며,[11] 경찰의무의 위반이 있는 경우 경찰벌 부과 대상이 된다.

Ⅵ. 경찰하명의 하자 및 구제

1. 적법한 경찰하명

경찰기관의 적법한 경찰하명에 의한 손실은 보상하지 않는 것이 원칙이다. 그러나 경찰하명으로 인해 수인할 수 없는 정도의 특별한 손실이 발생한 경우에는 손실보상청구가 인정된다.

---

9 하명호, 「행정법」, 박영사, 2024, pp. 131－132.

10 도로교통법상 운전면허정지 및 취소 처분 등.

11 행정대집행법에 따른 대집행, 국세징수법에 의한 강제징수 등

2. 하자있는 경찰하명

경찰하명의 하자가 중대하고도 명백한 법령 위반인 경우 무효의 대상이 된다. 또한 경찰하명의 하자가 단순한 위법사실이거나 경찰권의 한계를 일탈한 경우 등에는 취소사유에 해당한다.

3. 경찰하명에 대한 구제

위법 또는 부당한 경찰하명에 대한 구제는 행정상 구제[12]와 민사상 구제[13] 및 형사상 구제[14] 등의 방법이 있다.

제 2 절 경찰허가

Ⅰ. 의 의

경찰허가(警察許可)란 경찰목적을 위하여 상대적으로 제한하였던 국민의 자연적 자유를 일정한 경우 회복시켜 그 행위를 적법하게 행할 수 있도록 하는 경찰작용이라고 할 수 있다. 즉, 경찰허가란 법령상 일반적·상대적 금지를 특정한 경우 해제함으로써 일정한 행위를 적법하게 행할 수 있게 하는 경찰처분을 말한다.[15] 경찰허가는 면허(免許)·특허(特許)·인가(認可)·승인(承認) 등의 용어로도 사용된다.

경찰허가는 명령적 행위이며, 동시에 기속재량행위적 성격을 가진다.

경찰허가는 일반적·상대적으로 금지된 행위를 해제하여 적법하게 행위할 수 있도록 하는 명령적 행위로서 새로운 권리·능력을 설정하는 형성적 행위와 구분

---

12 당해 경찰기관 또는 상급기관에 의한 직권취소·정지, 해당 공무원에 대한 징계, 행정쟁송 제기, 헌법소원 및 청원제도 등.

13 국가배상법에 따라 행정상 손해배상을 청구 등

14 당해 경찰관에 대한 정당방위, 고소·고발 등.

15 음식점 영업허가, 운전면허, 특수경비업허가 등.

된다.[16]

Ⅱ. 경찰허가의 형식 및 요건

1. 형 식

경찰허가는 언제나 구체적인 경찰처분의 형식으로 행해진다.

2. 요 건

경찰허가는 원칙적으로 당사자의 신청을 요하는 쌍방적 행정행위이다. 즉, 일정한 시험에 합격하거나 물품이나 시설 등의 검사에 합격한 경우 경찰허가를 부여한다.[17]

경찰기관이 경찰허가 행위시 허가에 필요한 일정한 수수료를 허가대상자에게 납부케 하거나,[18] 일정한 세금을 납부토록 하는 경우가 있다.[19]

경찰허가는 일정한 형식에 의한 공증행위를 허가의 효력발생요건으로 하는 경우도 있다.[20]

또한 경찰허가시 다른 행정기관의 사전동의나 협의, 인근주민의 동의를 요구할 수도 있으며, 이를 충족치 못할 경우 관할 경찰관청은 허가를 내줄 수 없다.

Ⅲ. 경찰허가의 종류

경찰허가는 그 대상에 따라 대인적 허가와 대물적 허가, 그리고 혼합적 허가로 구분할 수 있다.

대인적 허가란 경찰허가의 요건이 개인의 능력이나 기술 등의 주관적 요건을 갖춘 경우, 즉 일신전속적 성격을 가진다. 따라서 그 이전성(移轉性)이 제한된

16 하명호, 「행정법」, 박영사, 2024, pp. 132－133.

17 운전면허, 허가대상시설 · 물품검사인가증 발급 등.

18 운전면허증 발급시, 개인택시 면허증 발급시 수수료 등.

19 의사면허세 등.

20 시험합격증 · 운전면허증 · 감찰증의 교부나, 장부기재, 영업허가증의 교부 등.

다.[21] 대물적 허가란 경찰허가의 요건이 물건의 사정을 기준으로 한 것으로 물건의 승계자나 매수자에게 그 효력이 이전된다.[22] 혼합적 허가란 경찰허가의 요건이 인적 사정과 물적 사정을 모두 고려하여 행해지는 경우로 원칙적으로 그 이전성이 제한된다.[23]

Ⅳ. 경찰허가의 효과 및 한계

경찰허가는 특정법령상 일반적·상대적 금지를 해제하여 자연적 자유를 회복시켜준다. 경찰허가는 특정법령상 금지를 해제하는 것이므로 다른 법령에 의한 금지까지 해제하는 것은 아니다.

무허가행위는 경찰벌이나 경찰강제의 대상이 되나 사법상 행위의 효력은 유효하다.[24]

Ⅴ. 경찰허가의 하자 및 소멸

경찰허가가 중대하고도 명백한 하자가 있는 경우 그 허가는 당연무효이다.

법령상 경찰허가에 일정한 취소사유가 있는 경우에는 경찰관청은 반드시 그 허가를 취소하여야 한다. 재량취소의 경우에는 경찰목적 및 경찰비례의 원칙에 따른다.[25]

경찰허가는 허가대상자의 사망이나 물적 사정의 변동, 해제조건의 성취, 종기의 도래 등으로 그 효력이 상실된다.

---

21 자동차운전면허, 의사면허, 약사면허, 위험물취급면허 등.

22 차량검사합격처분, 건축물승인 등.

23 총포·도검·화약류 등 제조영업소허가, 특수경비업허가 등.

24 예를 들어 무허가식당에서 음식을 사먹은 손님이 식당이 무허가임을 이유로 음식대금의 지불을 거부할 수는 없다.

25 박균성·김재광, 「경찰행정법」, 박영사, 2024, p. 316.

제 3 절 경찰상 사실행위

Ⅰ. 의 의

경찰상 사실행위(事實行爲)란 경찰기관의 행위 가운데 사실상 효과의 발생만을 목적으로 하는 일체의 행위형식을 말한다. 경찰상 사실행위는 행정관청의 의사표시(정신작용)의 유무 또는 그 내용과 관계없이 단지 객관적으로 행위가 행하여진 사실 또는 그 결과에 대하여 법적 효과가 부여될 뿐이다.[26]

Ⅱ. 경찰상 사실행위의 종류

1. 내부적 사실행위와 외부적 사실행위

내부적 사실행위란 경찰조직 내부에서 행하는 사무처리를,[27] 외부적 사실행위란 대외적으로 경찰목적 실현을 위해 경찰기관과 국민과의 관계에서 이루어지는 행위를 말한다.[28]

2. 집행적 사실행위와 독립적 사실행위

집행적 사실행위란 일정한 법령 또는 경찰상의 행정행위 등을 집행하기 위한 사실행위를,[29] 독립적 사실행위는 독자적인 의미를 가지는 사실행위를 말한다.[30]

3. 권력적 사실행위와 비권력적 사실행위

권력적 사실행위는 경찰목적을 위해 국민의 신체·재산 등에 실력을 가하여 경찰상 필요한 상태를 실현하는 권력적 행위이다.[31] 비권력적 사실행위는 공권

26 박균성·김재광, 「경찰행정법」, 박영사, 2024, p. 408.

27 문서작성·금전처리·사무감사 기타 행정사무집행행위 등.

28 교통안전시설의 설치·관리, 불법주정차차량의 견인, 도로상 방치물의 제거 등.

29 경찰관의 무기·최루탄 등의 사용, 전염병환자의 강제격리, 무허가건물의 철거 등.

30 행정지도, 관용차운전, 강의나 연설, 도로의 보수공사, 방범순찰 등.

력 행사를 요소로 하지 않는 사실행위이다.[32]

4. 정신적 사실행위와 물리적 사실행위

정신적 사실행위는 일정한 의식의 표시가 내포된 지식표시행위이다[33] 물리적 사실행위는 사실상의 결과 발생만을 의도하는 행위이다.[34]

Ⅲ. 경찰상 사실행위의 법적 근거 및 한계

당해 사실행위를 행할 수 있는 권한이 조직규범에 의하여 수권(授權)되어야 한다. 또한 개인의 기본권을 제한하는 작용인 경우 별도의 근거법령이 있어야 한다(법치주의). 또한 경찰목적을 위하여 필요한 최소한의 범위 내에서 행하여져야 한다.

Ⅳ. 권리구제

경찰상 사실행위 중 단순한 사실행위는 행정쟁송(취소쟁송)을 할 수 없다. 그러나 권력적 사실행위로 인한 침해 발생시 취소쟁송을 할 수 있다. 또한 위법한 경찰상 사실행위 때문에 손해를 입은 자는 손해배상을 청구할 수 있으며, 적법한 경찰상 사실행위로 인하여 묵과할 수 없는 특별한 희생이 발생한 경우에는 손실보상을 청구할 수 있다. 경찰상 사실행위로 인한 위법상태가 야기된 경우에는 적법한 상태로의 원상회복과 관련하여 결과제거청구권을 갖는다.

---

31 강제집행, 즉시강제, 보호조치, 강제격리 등.

32 금전출납, 쓰레기 수거, 환자치료, 행정지도 등.

33 고지 · 통지 · 보고 · 축사 · 표창 등.

34 무허가 건물의 철거 · 재산압류 등 경찰상 강제집행행위, 교통안전시설 · 통신시설 · 학교 등 공기업 또는 공물의 설치공사 및 유지관리행위 등.

제 4 절 경찰행정의 자동기계결정과 전자문서행위

Ⅰ. 자동기계결정행위

1. 의 의

컴퓨터나 카메라 등의 기계 또는 기기를 이용하여 경찰행정업무를 자동화하여 처리하는 것을 경찰행정의 자동기계결정(自動機械決定)이라고 한다.[35]

경찰행정의 자동기계결정은 공무원이 작성한 프로그램에 따라 기계가 작동하여 자동적으로 어떠한 결정이 행하여지는 것이므로 공무행위로 인정된다.[36]

2. 자동기계결정의 요건 및 특례

자동기계결정도 행정행위이므로 행정행위로서의 일정한 성립요건, 즉 일정한 주체·내용·절차·형식에 관한 요건을 갖추어야 한다. 또한 그 내용이 효력을 발하기 위해서는 그 내용을 상대방에게 통지하여야 한다.

그러나 자동기계결정은 자동기계에 의하여 대량으로 행하여진다는 점에서, 행정청이 개개인을 직접 상대로 하여 개별적으로 행하는 보통의 행정행위와는 다른 특례가 인정된다.

현행 행정절차법은 행정처분이 단순·반복적인 처분 또는 경미한 처분으로서 당사자가 그 이유를 명백히 알 수 있는 경우 또는 긴급을 요하는 경우에는 '이유의 제시가 생략'될 수 있으며(제23조), 행정처분의 문서주의 원칙의 예외를 인정하여 컴퓨터나 모사전송에 의한 대량적인 행정처분을 인정하고 있다(제24조).

35 전자신호시스템에 의한 교통신호, 무인교통단속장비에 의한 교통법규위반자 단속, 컴퓨터에 의한 교통단속결과의 처리 및 운전면허 행정처분, 객관식 시험의 채점과 합격자 결정, 전과 및 지문 등 각종 경찰정보와 기록의 보존 및 관리 등.

36 허경미. (2025). 경찰행정의 인공지능 활용: 제도적 일탈과 전략적 대응. *부패방지법연구*, 8(2), 143–168.

3. 자동기계결정의 하자와 배상책임

자동기계결정의 위법·부당, 즉 하자가 발생할 경우 그 하자가 중대하고 명백한 경우에는 무효로 되고, 그 밖의 하자가 있는 경우에는 취소할 수 있다.

경찰상 자동장치의 하자에 따라 손해가 발생한 경우 그 하자가 공무원의 고의 또는 과실에 의한 경우는 국가배상법 제2조에 의해 손해배상을 청구할 수 있다. 그리고 자동기계의 설치·관리의 하자로 인한 경우에는 국가배상법 제5조에 의해 손해배상청구를 할 수 있다.

Ⅱ. 전자문서행위

1. 의 의

전자문서행위란 전자정부법상 경찰이 전자정부를 통하여 다른 행정기관 및 국민, 기업 등에 제공하는 행정서비스를 말한다. 전자정부법은 행정업무의 전자적 처리를 위한 기본원칙, 절차 및 추진방법 등을 규정함으로써 전자정부를 효율적으로 구현하고, 행정의 생산성, 투명성 및 민주성을 높여 국민의 삶의 질을 향상시키는 것을 목적으로 한다.[37]

경찰의 전자문서행위는 전자문서 및 전자화문서에 의하여 이루어진다.[38]

전자정부법은 전자문서란 컴퓨터 등 정보처리능력을 지닌 장치에 의하여 전자적인 형태로 작성되어 송수신되거나 저장되는 표준화된 정보를 말한다고 규정하였다. 전자화문서란 종이문서와 그 밖에 전자적 형태로 작성되지 아니한 문서를 정보시스템이 처리할 수 있는 형태로 변환한 문서를 말한다.

2. 전자문서행위의 요건 및 효력

행정기관등의 문서는 전자문서를 기본으로 하여 작성, 발송, 접수, 보관, 보존 및 활용되어야 한다. 다만, 업무의 성격상 또는 그 밖의 특별한 사정이 있는 경

37 전자정부법 제1조－제2조, 법률 제20654호, 2025. 1. 7., 일부개정. 2025. 7. 8. 시행

38 행정절차법 제2조, 법률 제18748호, 2022. 1. 11., 일부개정, 2023. 3. 24. 시행.

우에는 그러하지 아니하다.[39]

행정기관등이 작성하는 전자문서는 그 문서에 대하여 전자정부법상 결재를 받음으로써 성립한다. 행정기관등의 보조기관 또는 보좌기관이 위임전결하거나 대결(代決)한 전자문서는 그 보조기관 또는 보좌기관에 따른 행정전자서명으로 발송할 수 있다.

전자정부법에 따른 전자문서 및 전자화문서는 다른 법률에 특별한 규정이 있는 경우를 제외하고는 종이문서와 동일한 효력을 갖는다.[40] 행정기관등이 송신한 전자문서는 수신자가 지정한 정보시스템 등에 입력된 때에 그 수신자에게 도달된 것으로 본다. 다만, 지정한 정보시스템 등이 없는 경우에는 수신자가 관리하는 정보시스템 등에 입력된 때에 그 수신자에게 도달된 것으로 본다.[41]

행정절차법은 당사자의 동의를 전제로 행정청이 교부한 전자문서는 상대방과의 쌍방적 의사소통으로 일반적인 형태의 문서 교부와 동일한 효과를 가진다고 규정하였다.[42]

3. 권리구제

경찰의 전자문서에 의한 행정행위는 일반 행정행위와 동일한 효력을 가지므로 그에 준하여 권리구제행위를 할 수 있다.

39 전자정부법 제25조.

40 전자정부법 제26조, 전자정부법 제42조.

41 전자정부법 제28조.

42 행정절차법 제14조－제15조.

제 3 장

경찰행정상 의무이행확보수단

제 1 절 경찰행정상 강제집행

Ⅰ. 경찰행정상 강제집행의 의의

경찰행정상 강제집행(强制執行)이란 경찰 의무자가 그 의무를 불이행한 것을 전제로 하여 의무자의 재산이나 신체에 실력을 가함으로써 장래를 향하여 그 의무를 이행시키거나 이행이 있는 것과 동일한 상태를 실현하는 경찰작용을 말한다.[1]

Ⅱ. 경찰행정상 강제집행의 성질

1. 경찰행정상 즉시강제와의 구별

경찰행정상 강제집행은 경찰상 의무불이행(義務不履行)을 반드시 전제로 하는 것이나, 경찰행정상 즉시강제(卽時强制)는 구체적인 의무의 불이행이 전제되지 않거나, 구체적인 의무의 불이행이 있어도 일정한 행정절차 없이 이루어지는 실력적 작용이다.

2. 경찰벌과의 구별

경찰행정상 강제집행은 불이행의무를 장내에 실현시키는 것을 목적으로 가하여지나, 경찰벌은 과거의 의무위반에 대한 제재이다.

1 하명호, 「행정법」, 박영사, 2024, pp. 399－400.

3. 경찰조사와의 구별

경찰행정상 강제집행은 경찰상 의무의 이행을 목적으로 하지만, 경찰조사는 경찰작용에 필요한 자료수집을 목적으로 한다.

Ⅲ. 경찰행정상 강제집행의 근거

경찰행정상 강제집행의 근거가 되는 법은 대집행의 경우 행정대집행법이, 그리고 강제징수의 경우 국세징수법이 있다. 그 외에 개별법으로는 출입국관리법, 공익사업을 위한 토지 등의 취득 및 보상에 관한 법률, 군사기지 및 군사시설 보호법, 방어해면법 등 다양한 개별법이 있다.

Ⅳ. 경찰행정상 강제집행의 수단

1. 대집행

경찰행정상 대집행(代執行)이란 경찰법상 대체적 작위의무(代替的 作爲義務)를 진 자가 그 의무를 이행하지 아니한 경우에, 경찰관청이 스스로 또는 제3자로 하여금 의무행위를 대신하게 함으로써 의무이행이 있는 것과 동일한 상태를 실현시킨 후, 해당 비용을 의무자로부터 징수하는 강제집행을 말한다. 행정대집행법이 근거법이다.

2. 이행강제금

이행강제금은 비대체적 작위의무(非代替的 作爲義務)·부작위의무(不作爲 義務)를 이행하지 아니한 경우에 그 의무를 장래에 이행시키기 위하여 과하는 금전적 부담(금전벌 과태료, 과료)을 말한다. 따라서 이행강제금은 의무자에게 심리적 압박을 가하는 간접적·심리적 강제이다.[2]

이행강제금은 의무이행을 위한 강제집행이라는 점에서 의무위반에 대한 제재

2 박균성·김재광, 「경찰행정법」, 박영사, 2024, pp. 509－512.

로써 과하는 경찰벌과 구별된다. 따라서 이행강제금은 경찰벌과 병과해서 부과할 수 있으며 의무를 이행할 때까지 계속 부과할 수 있다.

단일 근거법은 없으나 건축법, 부동산 실권리자명의 등기에 관한 법률, 교통약자의 이동편의 증진법[3] 등 개별법에서 규정하고 있다.

3. 직접강제

1) 의 의

직접강제(直接强制)란 행정상 의무를 불이행한 경우 행정기관이 직접 의무자의 신체 또는 재산에 실력을 가하여 의무가 이행된 것과 같은 상태를 실현하는 경찰행정상의 강제집행을 말한다. 직접강제는 대체적 작위의무뿐만 아니라 비대체적 작위의무 · 부작위의무 · 수인의무 등 모든 의무의 불이행에 대하여 활용될 수 있다.[4]

2) 성 질

직접강제는 의무의 불이행을 전제로 한다는 점에서 경찰행정상 즉시강제와 구별되며, 의무자의 신체 및 재산에 직접적인 실력을 가하여 의무이행의 상태를 실현한다는 점에서 경찰행정상 대집행과 구분된다.

3) 근 거

직접강제의 근거로서 일반법은 없고, 개별법에 규정하고 있다. 출입국 관리법(강제퇴거), 도로교통법(위험방지조치), 식품위생법(폐쇄조치), 공중위생관리법(폐쇄조치), 군사기지 및 군사시설 보호법(강제퇴거) 등이 있다.

4. 강제징수

강제징수(强制徵收)란 경찰행정상 금전급부의무 불이행의 경우에 경찰관청이

---

3 **제29조의2(이행강제금)** ① 교통행정기관은 제29조에 따라 시정명령을 받은 후 시정기간 이내에 이행하지 아니한 자에게는 이동편의시설의 설치 비용을 고려하여 3천만원 이하의 이행강제금을 부과한다.
② 제1항에 따라 이행강제금을 부과하는 위반행위의 종류, 위반 정도에 따른 금액 및 그 밖에 필요한 사항은 대통령령으로 정한다.

4 박균성 · 김재광, 「경찰행정법」, 박영사, 2024, p. 514.

의무자의 재산에 실력을 가하여 의무가 이행된 것과 동일한 상태를 실현하는 작용이다. 근거법으로 국세징수법이 있다.

국세징수법상 강제징수는 독촉, 체납처분으로 분류되며, 체납처분은 재산압류, 압류재산의 매각, 청산의 과정을 거쳐 행하여진다.[5]

제 2 절 경찰행정상 즉시강제

Ⅰ. 경찰행정상 즉시강제의 의의

경찰행정상 즉시강제(警察上 卽時强制)란 경찰상 장애가 목전에 급박하여 미리 의무를 명(命)할 시간적 여유가 없거나 의무를 명해서는 성질상 그 목적을 달성하기 곤란할 경우 행정기관이 직접 대상자의 신체 또는 재산에 실력을 가해 경찰상 필요한 상태를 실현시키는 권력적 작용을 말한다.[6]

Ⅱ. 경찰행정상 즉시강제의 성질

경찰행정상 즉시강제는 경찰상 의무를 요하지 않으며, 또한 그 의무의 불이행을 전제로 하지 않는다는 점에서 경찰상 강제집행과 구별된다. 즉시강제는 경찰상 필요한 상태를 실현하기 위한 것이라는 점에서 경찰상 필요한 정보나 자료의 수집을 목적으로 하는 경찰조사(調査)와 구별된다.

Ⅲ. 경찰행정상 즉시강제의 근거

경찰행정상 즉시강제는 개인의 자유와 권리를 제한하는 권력적 작용이므로 반드시 엄격한 법적 근거가 필요하다. 일반법으로 경찰관 직무집행법이 있고, 개

5 국세징수법 제24조, 제61조. 법률 제21213호, 2025. 12. 23., 일부개정, 2026. 10. 1. 시행.
6 박균성·김재광, 「경찰행정법」, 박영사, 2024, p. 519.

별법으로 소방기본법, 식품위생법, 재해구호법, 감염병의 예방 및 관리에 관한 법률 등이 있다.

Ⅳ. 경찰행정상 즉시강제의 종류

1. 대인적 강제

대인적 강제(對人的 强制)란 사람의 신체에 실력을 가하여 경찰상 필요한 상태를 실현시키는 경찰작용을 말한다. 경찰관 직무집행법상의 불심검문, 보호조치, 위험발생 방지조치, 범죄의 예방과 제지, 무기사용, 감염병예방법상의 강제격리·교통차단·강제진료, 소방기본법상의 원조강제, 출입국관리법상의 보호명령·강제퇴거 등이 있다.[7]

2. 대물적 강제

대물적 강제(對物的 强制)란 재산에 대한 소유권 또는 관리권 등을 실력으로 침해함으로써 경찰상 필요한 상태를 실현시키는 경찰작용을 말한다. 경찰관 직무집행법상 임시영치, 위험발생 방지조치, 식품위생법상 물건의 수거·폐기, 소방기본법상 소방대상물의 파괴, 도로교통법상 교통장애물의 제거 등이 있다.

3. 대가택적 강제

대가택적 강제(對家宅的 强制)란 타인의 가택이나 영업소 등에 실력을 가하여 경찰상 필요한 상태를 실현하는 권력적 작용을 말한다. 주로 출입 또는 수색, 검문, 조사 등의 형태로 나타난다. 경찰관 직무집행법상 가택출입, 대간첩작전을 위한 수색, 식품위생법이나 총포·도검·화약류 등 단속법상 검문·검사 및 수색, 가정폭력범죄의 처벌 등에 관한 특례법상 긴급출입 등이 있다.

---

7 하명호, 「행정법」, 박영사, 2024, pp. 928－929.

Ⅴ. 경찰행정상 즉시강제의 한계

1. 실체법상 한계

경찰행정상 즉시강제는 법치국가에서는 극히 예외적인 권력작용이므로 그 발동에 있어서는 엄격한 법령의 근거가 있어야 하고, 그 범위 내에서도 일정한 급박성, 보충성, 소극성 및 비례성 등의 조리상 한계가 지켜져야 한다.

2. 절차법상 한계

절차법상 한계란 경찰행정상 즉시강제에 헌법상의 영장제도가 적용되는가에 관한 것으로 영장불요설·영장필요설·절충설이 대립되어 있다. 절충설이 통설과 판례의 입장이다.

즉, 경찰행정상 즉시강제는 국민의 자유와 권리를 제한하는 것임으로 원칙적으로 영장이 필요하다. 그러나 경찰행정상 즉시강제는 그 성격상 경찰목적 달성을 위하여 불가피한 경우 예외적으로 영장주의의 적용이 배제될 수 있다.[8]

Ⅵ. 경찰행정상 즉시강제에 대한 구제

1. 적법한 즉시강제에 대한 구제

경찰의 적법한 즉시강제로 인해 수인(受忍)의 정도를 넘는 특별한 손실을 받은 경우에는 국가에 대하여 손실보상을 청구할 수 있다.

경찰관 직무집행법 제11조의2는 손실보상에 대하여 규정하였다.

2. 위법한 즉시강제에 대한 구제

경찰의 위법한 즉시강제에 대해여 피해자는 그 행위의 취소·정지를 청구할 수 있으며, 행정쟁송, 손해배상을 청구할 수 있다. 또한 해당공무원은 징계책임 및 형사책임의 대상이 될 수 있다.

---

8 하명호, 「행정법」, 박영사, 2024, pp. 928－929.

제 3 절 경찰벌

Ⅰ. 경찰벌의 의의

경찰벌(警察罰)이란 경찰법상 의무위반에 대한 제재로서 일반통치권에 의거하여 사후적으로 부과하는 벌을 말한다. 행정벌이라고도 한다. 경찰벌의 대상을 행정범이라 한다. 경찰벌은 경찰법상 의무위반에 대하여 부과하는 것이 원칙이나, 오늘 날에는 의무불이행에 대해서도 경찰벌을 부과하여 간접적으로 의무이행을 확보하고 있다.

Ⅱ. 경찰벌의 성질

첫째, 징계벌과 구별된다. 징계벌은 특별권력관계의 내부질서를 유지하기 위한 제재이나, 경찰벌은 일반권력관계에서의 의무위반자에 과하는 제재이다.

둘째, 집행벌과 구별된다. 집행벌은 경찰법상 의무불이행이 있을 경우에 그 이행을 강제하기 위한 경찰상 강제집행의 일종으로 미래지향적 성질을 가지나, 경찰벌은 과거지향적인 성질을 갖는다.

셋째, 형사벌과 구별된다. 형사벌이란 형법상의 범죄에 대한 제재이나, 경찰벌은 행정법상 의무위반 또는 불이행에 대한 제재이다. 형사벌과 경찰벌의 구분은 상대적이며, 구별의 실익은 경찰벌은 죄형법정주의에 반하지 않는 범위 내에서 형법총칙의 적용을 배제할 수 있고, 하나의 행위가 형사법과 경찰법규를 동시에 위반한 경우 상상적 경합이 아닌 법조경합으로 볼 수 있다는 점이다.[9]

9 홍정선, 「신행정법특강」, 박영사, 2020, pp. 981－982.

Ⅲ. 경찰벌의 근거

1. 법　　률

경찰벌은 헌법상 죄형법정주의 원칙에 따라 반드시 법률의 근거가 있어야 한다. 다만 경찰벌에 관한 일반법은 없고, 개별법에서 특칙을 규정하고 있다.

2. 법규명령

법률은 구체적으로 범위를 정하여 경찰벌의 벌칙을 위임할 수 있다.

3. 조　　례

지방자치단체는 법령의 범위에서 그 사무에 관하여 조례를 제정할 수 있다. 다만, 주민의 권리 제한 또는 의무 부과에 관한 사항이나 벌칙을 정할 때에는 법률의 위임이 있어야 한다.[10]

지방자치단체는 조례를 위반한 행위에 대하여 조례로써 1천만원 이하의 과태료를 정할 수 있다.[11]

Ⅳ. 경찰벌의 종류

경찰벌은 위반의무의 종류에 따라 질서법, 공기업벌, 경제행정벌, 재정벌, 군정벌 등으로 구분할 수 있다. 그리고 처벌내용을 기준으로 경찰형벌과 경찰질서벌로 구분한다.[12]

1. 경찰형벌

경찰형벌(警察刑罰)이란 형법에 형명(刑名)(사형·징역·금고·자격상실·자격정지·벌금·구류·과료)이 있는 형벌이 과하여지는 경찰벌을 말한다. 경찰벌의 대부분은

10 지방자치법 제28조. 법률 제21065호, 2025. 10. 1., 일부개정, 2026. 1. 2. 시행.

11 지방자치법 제34조.

12 박균성·김재광, 「경찰행정법」, 박영사, 2024, p. 527－534.

이에 속한다. 이러한 경찰형벌에는 특별한 규정이 있는 경우를 제외하고는 형법총칙과 형사소송법이 적용된다.

2. 경찰질서벌

경찰질서벌(警察秩序罰)이란 형법에 형명이 없는 과태료가 과하여지는 경찰벌을 말한다. 이는 각종 등록이나 신고의무 불이행 등으로 행정질서에 장애를 줄 우려가 있는 경우에 부과되는 제재이다. 형법총칙이 적용되지 않고 그 과벌절차는 특별한 규정이 없는 한 비송사건절차법이 정하는 바에 의한다.

Ⅴ. 형법총칙의 적용 여부

1. 경찰형벌

경찰형벌에도 형법총칙이 원칙적으로 적용되나 경찰형벌에 관하여 그 특수성을 인정한 특별한 규정이 있을 때에는 예외가 인정된다.

경찰형벌의 특수성과 관련하여 형법총칙의 적용이 문제되는 경우는 다음과 같다.

1) 고의성

형사범은 원칙적으로 고의범을 처벌하고 처벌규정이 있는 경우에 한하여 과실범을 처벌한다. 경찰범(警察犯) 역시 고의범을 원칙적으로 처벌하고, 근거 규정이 있는 경우에 한하여 과실범을 처벌하는 것이 원칙이나 예외적인 경우도 있다.

2) 법인의 책임

형법상 법인은 범죄능력을 가지지 않으므로 법인에 대하여 형벌을 과하는 경우는 없지만 경찰벌의 경우 법인과 행위자에 대한 양벌주의(兩罰主義)를 취하는 경우가 있다. 다만 법인의 처벌은 그것을 인정하는 특별한 규정이 있는 경우에 한하여 가능하다.

3) 타인의 행위에 대한 책임

형사범은 현실의 범죄행위자를 처벌하는 데 대하여 경찰범은 반드시 현실의 행위자가 아니라 경찰법상 의무를 지는 자가 책임을 지는 경우가 많다. 예컨대 미성년자, 금치산자의 위법행위에 대하여 법정대리인을 처벌하거나, 양벌규정을 두어 행위자 이외에 사업주도 처벌하는 경우가 있다.

4) 책임능력

형사범의 경우에 책임무능력자에 대한 처벌은 그 예외를 인정하고 있으나, 경찰범의 경우는 책임무능력자에 대하여도 책임능력자와 동일하게 처벌한다는 규정을 두는 경우가 많다.

5) 공 범

경찰법상 의무의 다양성으로 인하여 형법상 공동정범(共同正犯)·교사범(教唆犯)·종범(從犯)에 관한 처벌규정이 그대로 적용되지 않는 경우가 있다.

6) 경합범·누범 및 작량감경

형법상 경합범(競合犯), 누범(累犯), 작량감경(酌量減輕)의 적용규정이 경찰범의 경우 그 적용이 배제되는 경우가 있다.

2. 경찰질서벌

경찰질서벌은 형벌이 아니므로 기본적으로 형법총칙이 적용되지 않으며, 특별한 규정이 없는 한 고의·과실을 요하지 않는다. 경찰질서벌의 적용은 개개의 법률 규정에 따르며, 금전채권에 관한 소멸시효가 적용되지 아니 한다.

3. 경찰형벌과 경찰질서벌의 병과

양 벌은 모두 경찰벌이므로 동일 경찰범에 대하여 병과할 수 없다. 그러나 위반행위가 다른 경우 경찰질서벌, 즉 과태료 처분 후에 행정형벌을 부과하여도 일사부재리 원칙에 반하는 것은 아니다.[13]

---

13 하명호, 「행정법」, 박영사, 2024, p. 440.

Ⅵ. 경찰벌의 과벌절차

1. 경찰형벌의 과벌절차

경찰형벌은 형사소송법이 정하는 절차에 의하여 법원에서 과한다. 그러나 간이 특별절차로서 통고처분과 즉결심판 등이 있다.

1) 통고처분

통고처분이란 경찰기관이 일정한 벌금 또는 과료에 상당하는 금액의 납부를 명하는 행정처분을 말한다. 통고처분은 주로 도로교통범, 관세범, 출입국관리사범 등에 대하여 인정된다.

통고처분의 내용을 이행하는 경우 일사부재리의 원칙이 적용되며, 통고처분의 내용을 이행하지 않을 경우 당해 기관장의 고발로 형사소송절차에 따라 처벌된다.

통고처분에 불복하면 정식 재판을 청구하여야 한다. 통고처분을 일정한 기간 내에 이행하지 않을 경우에는 당해 통고처분의 효력이 상실되므로 통고처분은 취소소송의 대상이 될 수 없다.

2) 즉결심판

즉결심판에 관한 절차법에 의해 20만원 이하의 벌금, 구류, 과료의 행정형벌은 경찰서장의 청구에 의하여 즉결심판절차에 따른다. 즉결심판에 불복하는 자는 법원처분의 고지를 받은 날로부터 7일 이내에 정식재판을 청구할 수 있다.[14]

2. 경찰질서벌

국가의 법령에 근거한 과태료의 경우에는 과태료에 처할 자의 주소지의 지방법원이 결정으로 비송사건절차법에 따라 과한다.

조례에 의한 과태료는 지방자치단체의 장이 징수한다(지방자치법 제27조 제2항).

---

14 법원조직법 제34조－제35조.

Ⅶ. 실효성 강화수단

경찰기관은 과태료를 체납하는 경우 가산금을 부과하고, 관허사업을 제한하며, 신용정보기관에 해당 정보를 제공하거나 고액·상습체납자에 대해서는 재판을 통해 최대 30일간 감치 등의 조치를 취할 수 있다.[15]

Ⅷ. 경찰벌과 구제

첫째, 구류·과료를 제외한 경찰형벌은 항소·상고 등의 불복방법에 의하여 구제받을 수 있다. 약식기소나 즉결심판절차의 경우에는 정식재판을 청구할 수 있다. 그리고 이러한 형사소송 절차상 잘못으로 인하여 손해를 입은 경우에는 형사보상청구권이 인정된다.

둘째, 비송사건절차법에 의하여 과태료처분을 받은 자는 항고할 수 있다.

제 4 절 경찰조사

Ⅰ. 경찰조사의 의의

경찰조사(警察調査)란 경찰기관이 적정하고 효과적인 업무수행을 위하여 필요한 정보나 자료를 수집하는 일체의 작용을 의미한다. 경찰조사는 성격에 따라 권력적 작용일 수도 있고, 비권력적 작용일 경우도 있다. 경찰조사를 권력적 작용으로 보는 경우는 경찰조사를 경찰행정의 실효성 확보수단으로만 설명하는 데 비해, 비권력적 작용으로 보는 경우는 경찰조사를 독립된 행정행위로 설명하고 있다.[16]

---

15 질서위반행위규제법 제54조. 법률 제17758호, 2020. 12. 29., 타법개정, 2021. 1. 1. 시행.

16 박균성·김재광, 「경찰행정법」, 박영사, 2024, pp. 427－430.

Ⅱ. 경찰조사의 성질

경찰조사는 행정기관에 의한 조사활동이라는 점에서 입법상 조사나 사법상 조사와 다르다. 또한 경찰조사는 반드시 물리력을 수반하지 않는다는 점에서 물리력 작용인 경찰상 강제집행이나 즉시강제와 다르며, 행정행위를 하기 위한 예비적·보조적 행위라는 점에서 법률행위인 행정행위와 다르다.

Ⅲ. 경찰조사의 근거

임의적 경찰조사(任意的 警察調査)의 경우에는 반드시 구체적인 법적 근거를 요하지 않고, 조직법에서 수권(授權)한다고 본다. 그러나 권력적 경찰조사의 경우에는 반드시 법적 근거를 요한다. 일반법으로는 행정조사기본법이 있다. 개별법으로 경찰관 직무집행법, 총포도검화약류등단속법, 식품위생법, 질서위반행위규제법 등이 있다. 특히 공공기관의 개인정보 보호에 관한 법률은 사상·신조 등 개인의 기본적 인권을 침해할 우려가 있는 개인정보 수집의 제한에 관한 규정을 명시하고 있다.

Ⅳ. 경찰조사의 종류

경찰조사는 그 기준에 따라 여러 가지로 구분할 수 있다.

1. 대인적·대물적·대가택적 조사

조사대상에 따른 분류이다. 조사대상이 사람에 관한 것인 경우는 대인적 조사라 한다. 불심검문·질문·신체검색, 사실의 확인 등이 해당한다. 조사대상이 물건에 관한 경우는 대물적 조사라고 한다. 장부·서류의 열람, 시설검사, 물품의 검사, 수거 등이 이에 해당한다. 조사대상이 개인의 주거·창고·영업소 등에 대한 출입·검사 등인 경우를 대가택적 조사라고 한다. 대물적 조사와 병행되는 경우가 많다.

2. 권력적·비권력적 조사

물리력 행사여부에 따른 구분으로 권력적 조사와 비권력적 조사가 있다. 권력적 조사는 직접적으로 개인의 신체 또는 재산에 실력을 가하여 필요한 정보·자료 등을 수집하는 조사이다. 비권력적 조사는 상대방의 임의적인 협력에 의하여 행하거나 경찰기관 단독으로 행하는 조사를 말한다.

Ⅴ. 경찰조사의 한계

1. 실체법상 한계

경찰조사는 조직법적 또는 개별법의 수권범위 내에서, 그리고 필요한 목적을 위해서만 할 수 있다. 또한 경찰행정법상 일반원칙, 즉 비례성의 원칙, 평등의 원칙, 신뢰보호의 원칙 등의 범위 내에서만 할 수 있다.

2. 절차법상 한계

1) 권력적 조사

(1) 영장주의

경찰조사에 대한 영장주의 적용여부는 경찰상 즉시강제의 경우와 같다고 할 수 있다. 경찰조사가 개인의 신체나 재산에 관해 실력을 행사하거나 형사상의 소추목적을 동시에 추구하는 경우에는 영장주의가 적용된다. 다만, 긴급을 요하는 경우 그 예외를 인정한다고 본다.

(2) 증표의 제시

권력적 조사는 관계법령에 의해 상대방에게 작위 또는 수인의무를 부담지우거나 사생활을 제한하는 강제작용이므로 조사를 하는 공무원이 조사권한을 가졌는가를 명확히 할 필요가 있다. 따라서 개별법은 공무원은 그 권한을 증명하는 증표를 관계자에게 제시하도록 규정하고 있다(국세징수법 제25조, 식품위생법 제17조).

(3) 실력행사

경찰상 조사과정에서 상대방이 이에 불응하는 경우 경찰기관이 실력을 행사

하여 이를 저지할 수 있는가가 문제되는데 명시적인 법적 규정이 없는 경우 실력행사를 할 수 없다.[17]

2) 비권력적 조사

절차적 한계는 권력적 조사인 경우와 관련이 있다. 비권력적 조사의 경우 상대방의 동의나 협력을 전제로 하기 때문에 영장을 요하지는 않는다. 그러나 비권력적 조사가 언제나 상대방의 동의를 필요로 하는 것은 아니다.

비권력적 조사라 할지라도 상대방의 이해와 협력을 구하기 위해서 당해 공무원의 신분증을 제시하는 것은 필요하다.

Ⅵ. 경찰조사에 대한 구제

경찰조사로 인하여 본인의 귀책사유 없이 특별한 손실을 입은 경우 그에 대한 손실보상을 청구할 수 있다. 권력적 조사의 경우에는 행정쟁송을 통하여 구제받을 수 있으며, 행정상 손해배상의 청구, 정당방위, 청원 등을 청구할 수 있다.

Ⅶ. 경찰조사와 개인정보권

행정조사에 의한 정보로 개인의 사생활의 비밀이 침해될 우려가 있으므로 행정기관이 보관·관리하는 개인에 관한 정보의 공개는 원칙적으로 금지되어야 한다. 또한 개인은 자신에 관한 정보의 열람 및 정보의 시정청구권을 가진다. 근거법으로 공공기관의 개인정보 보호에 관한 법률이 있다.

행정조사에 의하여 얻어진 정보는 국민의 알권리 충족을 위하여 그 공개를 청구할 수 있다. 이는 또한 국민의 행정에의 참여 및 민주주의의 실현이기도 하다. 근거법으로 공공기관의 행정정보 공개청구법이 있다.

17 이호중. (2024). 경찰의 개인정보 수집· 이용에 대한 법치국가적 통제의 필요성-수사 목적의 개인정보 처리를 중심으로-. 서강법률논총, 13(1), 47–87.

제 5 절 의무이행의 새로운 확보수단

대집행, 집행벌 등과 같은 전통적인 의무이행 확보수단들은 그 한계가 있어 새로운 행정현실에 상응하는 탄력적 의무이행 확보수단이 대두되고 있다. 즉 가산금·가산세 등의 금전적 제재, 행정상 재화나 서비스의 공급거부, 의무위반자의 공표 등이 적극적으로 실무에서 활용되고 있다.

이 밖에도 행정법상 의무이행확보수단으로는 행정법규 위반에 사용된 차량 등의 사용금지, 영업허가나 인가 철회나 정지, 업소의 폐쇄조치, 국외여행 제한, 취업제한 등이 있다.

Ⅰ. 금전적 제재

1. 가산세

가산세(加算稅)는 세법상 의무위반자에 대해서 과해지는 제재로서 조세의 일종이다. 조세법상 법정신고기간 내에 신고하여 납부하여야 할 의무가 있는 경우에 신고하지 아니하였거나, 오류신고를 하였을 경우에는 일정비율의 납부불성실 또는 신고불성실가산세 등을 과하는 것을 말한다.[18]

2. 과징금

과징금(過徵金)이란 행정법령상 의무위반자에 대해서 그 의무위반으로 인해 취득한 불법적 이익을 박탈하려고 과하는 금전상 부담을 말한다. 이는 독점규제 및 공정거래에 관한 법률에 의하여 도입된 것으로 실무상으로는 부과금으로 불리기도 한다.

과징금은 법령위반행위에 따른 부당이익의 환수 또는 행정제재적 성격을 갖는 부과(독점규제 및 공정거래에 관한 법률 제6조, 청소년보호법 제54조, 대기환경보전법 제37조 등)와 사업의 취소·정지를 대신하는 경우(관광진흥법 제37조, 여객자동차운수사업법 제88조, 물환경보전법 제43조) 등으로 나눌 수 있다.

18 국세기본법 제2조 제4호. 법률 제21212호, 2025. 12. 23., 타법개정, 2026. 1. 2. 시행.

Ⅱ. 비금전적 제재

1. 공급거부

행정법상 의무위반자나 불이행자에 대하여 일정한 행정상 사무나 재화의 공급을 거부함으로써 의무이행을 확보하는 수단이다. 이는 행정상 제재의 비례원칙과 부당결부금지 원칙, 생활권적 기본권 침해라는 입장에서 문제가 될 수 있으므로 제한적으로 허용되며, 법규에 근거를 두어야 한다. 현행법상 건축법에 의한 수도의 설치·공급금지가 있다. 공급거부는 국민의 기초적 생활에 영향을 줄 수 있으므로, 당해 법률의 목적 이외에 다른 목적으로 사용될 수 없다.[19]

2. 관허사업의 제한

관허사업(官許事業)의 제한이란 경찰행정법상 의무 위반이 있는 경우 각종의 허가를 하지 아니하거나, 허가를 취소·정지함으로써 간접적으로 경찰행정법상 의무이행을 확보하는 것을 말한다. 이러한 내용은 법규 또는 행정행위의 부관(附款)에 규정된다.

건축법을 위반하여 지은 건축물에 대한 영업행위의 허가제한, 국세체납시 세무서장의 행정관청에 대한 인허가 및 등록과 갱신거부요구 등이 그 예이다.

이러한 요구를 받은 행정의 장은 정당한 사유가 없는 한 요구받은 인허가 등을 거부·정지·취소·철회해야 한다.

3. 공　표

공표(公表)란 경찰행정법상 의무위반 또는 의무불이행이 있는 경우 그의 성명·위반사실 등을 불특정다수인이 주지할 수 있게 하여 사회적 비난과 명예 또는 신용의 침해를 위협함으로써 그 시정을 구하는 행정작용을 말한다.

공표는 국민의 알권리를 충족시키는 측면도 있으나 개인의 프라이버시권을 제한하는 측면도 있으므로 반드시 법적 근거를 요한다. 독점규제 및 공정거래에

---

19 홍정선, 「신행정법특강」, 박영사, 2020, pp. 435－439.

관한 법률, 공직자윤리법, 소비자보호법, 식품위생법, 하도급 거래 공정화에 관한 법률, 건축법, 아동·청소년의 성보호에 관한 법률 등에 규정되어 있다.

공표는 현실적으로 제재 내지 의무이행확보수단으로서 중요한 기능을 수행한다. 그러나 상대방의 인격권·프라이버시권 등의 기본권을 침해한다는 점에서 신중하게 운영되어야 한다.

성범죄자의 신상정보 공개대상 정보(아동·청소년의 성보호에 관한 법률 제49조에 의거)

1. 성명
2. 나이
3. 주소 및 실제거주지(「도로명주소법」 건물번호까지)
4. 신체정보(키와 몸무게)
5. 사진
6. 등록대상 성범죄 요지(판결일자, 죄명, 선고형량을 포함한다)
7. 성폭력범죄 전과사실(죄명 및 횟수)
8. 「전자장치 부착 등에 관한 법률」에 따른 전자장치 부착 여부

4. 취업제한

병역법은 제76조에 의해 병역의무 불이행자에 대한 제재로 국가기관, 지방자치단체의 장 또는 고용주는 다음의 어느 하나에 해당하는 사람을 공무원이나 임직원으로 임용하거나 채용할 수 없으며, 재직 중인 경우에는 해직하여야 한다고 규정하고 있다.

1. 병역판정검사, 재병역판정검사 또는 확인신체검사를 기피하고 있는 사람
2. 징집·소집을 기피하고 있는 사람
3. 군복무 및 사회복무요원 또는 대체복무요원 복무를 이탈하고 있는 사람

한편 법원은 아동·청소년의 성보호에 관한 법률 제56조에 의거, 아동·청소년대상 성범죄 또는 성인대상 성범죄로 형 또는 치료감호를 선고하는 경우에는 판결로 그 형 또는 치료감호의 전부 또는 일부의 집행을 종료하거나 집행이 유

예 · 면제된 날(벌금형을 선고받은 경우에는 그 형이 확정된 날)부터 일정기간 동안 아동 · 청소년 관련기관등을 운영하거나 아동 · 청소년 관련기관등에 취업 또는 사실상 노무를 제공할 수 없도록 하는 명령(취업제한 명령)을 성범죄 사건의 판결과 동시에 선고(약식명령의 경우에는 고지)하여야 한다. 다만, 재범의 위험성이 현저히 낮은 경우, 그 밖에 취업을 제한하여서는 아니 되는 특별한 사정이 있다고 판단하는 경우에는 그러하지 아니한다. 이 경우 취업제한 기간은 최대 10년이다.

표 3-1 취업제한명령 위반 적발 대상

기관 유형	적발인원
총 계	127
사교육시설(학원, 교습소, 개인과외교습자 등)	42
체육시설(체육도장, 수영장, 당구장, 종합체육시설 등)	35
학교(초 · 중 · 고, 대학)	15
의료기관(의료인, 의료기사, 간호조무사 한정)	11
경비업 법인(경비업무에 직접 종사하는 사람에 한정)	9
PC방, 멀티방	5
청소년활동시설(평생교육시설, 영화상영관 등)	5
대중문화기획업소	2
게임제공업(오락실 등)	2
공동주택관리사무소(경비업무에 직접 종사하는 사람에 한정)	1

자료: 성평등가족부, (2025.3.28.). 성범죄자 취업제한 대상 아동 · 청소년 관련기관(57만개소, 390만명) 전수 점검 실시 보도자료. https://buly.kr/1xzyTr7/

5. 시정명령

시정명령이란 행정법규 위반시 행정기관이 그 위법상태를 제거하도록 요구하는 행정행위로서 행정상 하명에 해당한다. 따라서 시정명령을 받은 경우 그 의무를 이행할 부담이 있고, 이를 행하지 않을 시 행정강제의 대상이 될 수 있다. 나아가 시정명령 위반시 행정벌이 부과될 수 있다. 한편 법원은 시정명령의 내용은 과거의 위반행위에 대한 중지는 물론 가까운 장래에 반복될 우려가 있는 동일한 유형의 행위의 반복금지까지 포함된다고 본다.[20]

20 대법원 2003. 2. 20. 선고 2001두5347 전원합의체 판결; 대법원 2021. 9. 15. 선고 2018두41822 판결. 박균성 · 김재광, 「경찰행정법」, 박영사, 2024, pp. 551－552.

표 3-2 시정명령 위반시 제재 유형

구분	행정벌(Administrative Penalty)	행정강제(Administrative Enforcement)
핵심 목적	**과거**의 의무 위반에 대한 **제재(응징)**	**장래**의 의무 이행 **강제(실현)**
수단	형벌(징역, 벌금) 또는 과태료 부과	대집행, 이행강제금, 직접강제, 즉시강제
반복성	원칙적으로 1회 부과 (일사부재리)	의무 이행 시까지 **반복 부과 가능** (이행강제금 등)
특징	잘못에 대한 '벌'을 주는 것이 핵심	상태를 정상으로 '되돌리는 것'이 핵심

제 4 장

경찰관 직무집행법

제 1 절 경찰관 직무집행법의 제정배경 및 성질

Ⅰ. 제정배경

경찰은 공공의 안녕과 질서유지 및 개인의 생명과 신체·재산의 보호를 실현하기 위하여 국민에게 명령·강제하는 전형적인 권력작용이다. 따라서 국민의 자유, 권리의 제한을 필연적으로 수반하므로 경찰작용은 반드시 법령의 엄격한 근거를 요한다.

그럼에도 불구하고 경찰관의 직무수행을 위하여 일반적 근거법을 제정하였고, 이것이 경찰관 직무집행법이다. 그 외에도 다양한 개별법을 근거로 경찰업무를 수행한다.

경찰관 직무집행법[1]은 1894년 갑오개혁 이후 제정된 행정경찰장정(行政警察章程)이 그 모태라고 할 수 있다. 행정경찰장정은 일본의 행정규칙을 모방한 것이다. 이후 1953년 12월 14일 법률 제299호로 경찰관직무집행법이 제정되어, 2026년 1월 현재까지 모두 29차례 개정되었다.

경찰관 직무집행법은 29차례의 개정을 거치는 동안 경찰권의 발동의 한계 및 절차를 명확히 하려는 노력을 보였다. 특히 경찰관이 직무수행으로 인하여 민·형사상 책임과 관련된 소송을 수행할 경우 경찰청장이 소송수행에 필요한 지원을 할 수 있도록 법적 근거를 마련하였다. 그리고 경찰관이 업무 중 사람의 생명과 신체를 보호하고 구조하다가 타인에게 피해를 준 경우 그 직무수행이 불가피

1 경찰관 직무집행법, 법률 제21304호, 2026. 1. 6., 일부개정, 2026. 7. 7. 시행.

하고 경찰관에게 고의 또는 중대한 과실이 없으면 형사책임을 경감하거나 면제할 수 있도록 했다.

2025년 12월 30일 자로 개정된 법률 제21245호에 제6조의2(접경지역에서의 범죄의 예방과 제지) 규정을 신설하였고, 2026년 1월 6일 자로 개정된 법률 제21304호에 제8조의4(개인정보의 국외 이전) 규정을 신설하였다.

Ⅱ. 경찰권의 수권 분류

1. 개별적 · 구체적 수권

경찰관직무집행법은 경찰권을 발동할 수 있는 직무의 범위를 제2조(직무의범위) 제1부터 제7호에 이르기까지 규정하고 있다. 그리고 제1호부터 제6호까지는 매우 구체적으로 그리고 개별적으로 경찰직무를 정의하고 있다. 이와 같이 개별적으로 명확하게 경찰권을 수권하는 규정을 개별적 수권 또는 구체적 수권이라고 한다.

1. 국민의 생명·신체 및 재산의 보호
2. 범죄의 예방·진압 및 수사

2의2. 범죄피해자 보호

3. 경비, 주요 인사(人士) 경호 및 대간첩·대테러 작전 수행
4. 공공안녕에 대한 위험의 예방과 대응을 위한 정보의 수집·작성 및 배포
5. 교통 단속과 교통 위해(危害)의 방지
6. 외국 정부기관 및 국제기구와의 국제협력
7. 그 밖에 공공의 안녕과 질서 유지

2. 일반적 · 포괄적 수권

경찰관 직무집행법을 비롯하여 특별법에 경찰권의 발동권한을 포괄적으로 수권하는 규정을 일반적 수권 또는 포괄적 수권이라고 한다.[2]

2 홍정선, 「신행정법특강」, 박영사, 2020, p. 956.

일반적 수권조항의 예로 독일의 표준경찰법안 제8조 제1항 "경찰은 공공의 안녕, 질서에 대한 위험을 방지하기 위하여 필요한 조치를 취할 수 있다"를 들 수 있다. 현행 경찰관 직무집행법 제2조는 제7호, 즉 "그 밖에 공공의 안녕과 질서유지"는 일반적 수권의 여지를 두고 있다.[3]

그런데 이에 대하여는 견해의 대립이 있다. 즉 긍정설의 경우는 경찰권의 성질상 모든 경찰권의 발동상태를 예상하여 법률에 규정하는 것은 불가능하므로 일반적 수권조항을 인정해야 한다는 견해이다. 부정설은 헌법상 국민의 자유와 권리의 제한은 법률로써만 할 수 있다고 규정(헌법 제37조 제2항)하고 있으므로 경찰권의 발동은 반드시 개별적 수권규정에 근거를 두어야 한다는 것으로 경찰관 직무집행법 제2조 제7호를 일반조항으로 인정할 수 없다는 주장이다. 판례는 경찰관 직무집행법 제2조 제7호를 일반조항으로 인정한다고 볼 수 있다.[4]

현행 경찰관 직무집행법 제2조 제7호의 규정을 일반적 수권조항으로 인정한다 하여도 동 규정은 지나치게 포괄적이고 추상적이어서 헌법 제37조 제2항이 추구하는 법률유보의 원칙과 합치하지 않을 수 있다고 본다. 그러나 다양한 경찰작용을 모두 유형화하여 수권조항을 두기는 곤란할 것이므로 일반조항을 인정하되, 일반조항은 개별적 수권조항이 없는 경우에 한해 보충적·제2차적 수권조항으로 인정되어야 할 것이다.

경찰관의 권한 불행사가 직무상 의무를 위반하여 위법하게 되는 경우

대법원 2016.4.15. 선고 2013다20427 판결

구체적인 직무를 수행하는 경찰관으로서는 제반 상황에 대응하여 자신에게 부여된 여러 가지 권한을 적절하게 행사하여 필요한 조치를 할 수 있고, 그러한 권한은 일반적으로 경찰관의 전문적 판단에 기한 합리적인 재량에 위임되어 있으나, 경찰관에게 권한을 부여한 취지와 목적에 비추어 볼 때 구체적인 사정에 따라 경찰관이 권한을 행사하여 필요한 조치를 하지 아니하는 것이 현저하게 불합리하다고 인정되는 경우에는 권한의 불행사는 직무상 의무를 위반한 것이 되어 위법하게 된다.

3 하명호, 「행정법」, 박영사, 2024, pp. 904－908.

4 대판 1986. 1. 28. 85도2448, 홍정선, 「신행정법특강」, 박영사, 2020, pp. 965－966.

Ⅲ. 표준처분 및 영장주의의 예외

경찰권 발동은 상대방에게 작위, 부작위, 수인 등의 의무를 갖게 하는 행정행위적 성격과 사실행위적 성격을 동시에 갖는다. 예를 들어 경찰은 보호조치 대상자에게 강제권을 발동할 수 있으며, 이 경우 상대방은 이에 따라야 하는 작위의무가 있다. 그리고 경찰은 경찰관서에 강제보호하거나 의료기관에 구호조치하는 등의 사실상 행위를 수행한다. 따라서 표준처분은 대부분 행정행위와 사실행위의 이중성을 가진다고 할 수 있다.

또한 경찰관이 행하는 표준처분은 영장이 필요하지 않아 영장주의의 예외가 적용된다.[5]

경찰관 직무집행법상 표준처분의 종류에는 불심검문, 보호조치, 위험발생방지, 범죄의 예방과 제지, 위험방지를 위한 출입, 사실의 확인 및 국제협력, 유치장 인치, 경찰장비사용, 무기사용 등이 있다.

Ⅳ. 시민의 손해 또는 손실 구제

경찰관 직무집행법상 위법한 표준처분으로 인하여 상대방에게 불이익이 발생할 경우 이에 대해 상대방은 경찰을 상대로 결과제거청구 및 손해배상을 청구할 수 있다. 또한 적법한 표준처분이라 할지라도 수인하기 어려운 정도의 희생이 있다면 손실보상청구권을 행사할 수 있다.

경찰관 직무집행법 제11조의2는 국가는 경찰관의 적법한 직무집행으로 인하여 다음 각 호의 어느 하나에 해당하는 손실을 입은 자에 대하여 정당한 보상을 하여야 한다고 규정하고 있다.

> 1. 손실발생의 원인에 대하여 책임이 없는 자가 재산상의 손실을 입은 경우(손실발생의 원인에 대하여 책임이 없는 자가 경찰관의 직무집행에 자발적으로 협조하거나 물건을 제공하여 재산상의 손실을 입은 경우를 포함)

5 홍정선, 「신행정법특강」, 박영사, 2020, p. 958.; 정형근, 「행정법」, 피앤씨미디어, 2019, pp. 858－859.

2. 손실발생의 원인에 대하여 책임이 있는 자가 자신의 책임에 상응하는 정도를 초과하는 재산상의 손실을 입은 경우

보상을 청구할 수 있는 권리는 손실이 있음을 안 날부터 3년, 손실이 발생한 날부터 5년간 행사하지 아니하면 시효의 완성으로 소멸한다.

손실보상신청 사건을 심의하기 위하여 경찰청, 시·도경찰청에 손실보상심의위원회를 두어 이 심의·의결에 따라 보상금을 지급하고, 거짓 또는 부정한 방법으로 보상금을 받은 사람에 대하여는 해당 보상금을 환수하여야 한다.

Ⅴ. 경찰관의 직무 관련 소송지원

경찰청장은 경찰관이 경찰직무의 수행으로 인하여 민·형사상 책임과 관련된 소송을 수행할 경우 변호인 선임 등 소송수행에 필요한 지원을 할 수 있다.[6]

Ⅵ. 경찰관의 직무수행으로 인한 형의 감면

경찰관이 살인과 폭행, 강간 등 강력범죄나 가정폭력, 아동학대가 행해지려고 하거나 행해지고 있어 타인의 생명과 신체에 대한 위해 발생의 우려가 명백하고 긴급한 상황에서 사람의 생명과 신체를 보호하고 구조하다가 타인에게 피해를 준 경우 그 직무수행이 불가피하고 경찰관에게 고의 또는 중대한 과실이 없으면 형사책임을 경감하거나 면제할 수 있다.[7]

Ⅶ. 범인검거 등 공로자 보상

1. 보상금 지급

경찰청장, 시·도경찰청장 또는 경찰서장은 다음의 어느 하나에 해당하는 사람에게 보상금을 지급할 수 있다.[8]

---

6 경찰관 직무집행법 제11조의4.

7 경찰관 직무집행법 제11조의5.

8 경찰관 직무집행법 제11조의3.

1. 범인 또는 범인의 소재를 신고하여 검거하게 한 사람
2. 범인을 검거하여 경찰공무원에게 인도한 사람
3. 테러범죄의 예방활동에 현저한 공로가 있는 사람
4. 그 밖에 제1호부터 제3호까지의 규정에 준하는 사람으로서 대통령령으로 정하는 사람

2. 보상금심사위원회

경찰청장, 시·도경찰청장 및 경찰서장은 보상금 지급의 심사를 위하여 각각 보상금심사위원회를 설치·운영하여야 한다. 위원회는 위원장 1명을 포함한 5명 이내의 위원으로 구성한다.

위원은 소속 경찰공무원 중에서 경찰청장, 시·도경찰청장 또는 경찰서장이 임명한다.

3. 보상금 지급 및 환수

경찰청장, 시·도경찰청장 또는 경찰서장은 보상금심사위원회의 심사·의결에 따라 보상금을 지급하고, 거짓 또는 부정한 방법으로 보상금을 받은 사람에 대해 해당 보상금을 환수한다.

보상금을 반환하여야 할 사람이 대통령령으로 정한 기한까지 그 금액을 납부하지 아니한 때에는 국세 체납처분의 예에 따라 징수할 수 있다.

제 2 절 불심검문

Ⅰ. 불심검문의 의의

불심검문(不審檢問, Stop and Question)이란 경찰관이 범죄의 예방이나 범인검거를 목적으로 거동이 수상한 자를 정지시켜 질문하여 필요한 내용을 조사하는 권력적 작용을 말한다.[9]

9 경찰관 직무집행법 제3조.

불심검문은 범죄예방과 범인검거 및 수사를 위한 기초적인 경찰활동으로 불심검문을 통하여 범행의 예비 및 실행 단계에서 이를 포기 또는 저지시키거나 장물발견 등으로 범죄수사의 단서를 확보하기 위하여 행한다.

Ⅱ. 불심검문의 근거 및 성질

불심검문은 개인의 자유와 권리를 제한하는 권력적 작용이므로 반드시 법적 근거를 필요로 한다.

근거법으로는 경찰관 직무집행법(제3조), 형사소송법(제200조), 주민등록법(제26조) 등이 있다.[10] 불심검문은 대인적 즉시강제의 성격을 지닌다.

Ⅲ. 불심검문의 대상자

경찰직무를 행하는 경찰관의 객관적인 태도 및 경찰관으로서의 전문지식·사전에 얻은 정보·경험칙 등을 기초로 합리적으로 판단하여 다음과 같은 경우라고 판단되는 자가 그 대상이 된다.

불심검문 대상자 ‖ 대법원 2014.2.27. 선고 2011도13999 판결

경찰관 직무집행법의 목적, 내용 및 체계 등을 종합하면, 경찰관이 불심검문 대상자의 해당 여부를 판단할 때에는 불심검문 당시의 구체적 상황은 물론 사전에 얻은 정보나 전문적 지식 등에 기초하여 불심검문 대상자인지를 객관적·합리적인 기준에 따라 판단하

10 **형사소송법 제200조(피의자의 출석요구)** 검사 또는 사법경찰관은 수사에 필요한 때에는 피의자의 출석을 요구하여 진술을 들을 수 있다.
주민등록법 제26조(주민등록증의 제시요구) ① 사법경찰관리가 범인을 체포하는 등 그 직무를 수행할 때에 17세 이상인 주민의 신원이나 거주 관계를 확인할 필요가 있으면 주민등록증의 제시를 요구할 수 있다. 이 경우 사법경찰관리는 주민등록증을 제시하지 아니하는 자로서 신원을 증명하는 증표나 그 밖의 방법에 따라 신원이나 거주 관계가 확인되지 아니하는 자에게는 범죄의 혐의가 있다고 인정되는 상당한 이유가 있을 때에 한정하여 인근 관계 관서에서 신원이나 거주 관계를 밝힐 것을 요구할 수 있다.
② 사법경찰관리는 제1항에 따라 신원 등을 확인할 때 친절과 예의를 지켜야 하며, 정복근무 중인 경우 외에는 미리 신원을 표시하는 증표를 지니고 이를 관계인에게 내보여야 한다.

여야 하나, 반드시 불심검문 대상자에게 형사소송법상 체포나 구속에 이를 정도의 혐의가 있을 것을 요한다고 할 수는 없다.

그리고 경찰관은 불심검문 대상자에게 질문을 하기 위하여 범행의 경중, 범행과의 관련성, 상황의 긴박성, 혐의의 정도, 질문의 필요성 등에 비추어 목적 달성에 필요한 최소한의 범위 내에서 사회통념상 용인될 수 있는 상당한 방법으로 대상자를 정지시킬 수 있고 질문에 수반하여 흉기의 소지 여부도 조사할 수 있다.

1. 거동이 수상한 자

주의의 사정을 합리적으로 판단할 때 비정상적이고 자연스럽지 못한 경우를 말한다. 주위의 사정에는 사람들의 움직임이나 태도, 한밤중이거나 폭우 또는 폭설 등 자연스럽지 못한 시간대, 위험한 물건의 소지여부, 번화가 또는 후미진 곳 등 정상적이지 못한 주변상황을 말한다.

불심검문 거부 및 경찰에 침뱉기는 공무집행방해 ▌울산지법 2019.6.13. 선고 2018노1309 판결

피고인이 도로에서 차량을 향해 개(犬) 한 마리를 던지거나 차량을 정차시키고 거수경례를 하는 등의 행동을 반복하다가, '차량 진행을 방해하고 개를 차량 유리창에 던지는 사람이 있다'는 내용의 112 신고를 받고 출동한 경찰관들이 신고자 중 1인의 지목에 따라 현장 근처에서 피고인을 발견하고 신원 및 현장 상황을 확인하려 하자 도주하였고, 자신을 추적하여 따라온 경찰관에게 옷자락을 붙잡히자 그를 밀쳐 넘어뜨리며 폭행하고 그 후 체포되어 이동 중에 경찰관의 얼굴에 침을 뱉는 등으로 112 신고처리 업무 및 현행범 체포에 관한 경찰공무원의 직무집행을 방해하였다는 내용으로 기소된 사안에서, 피고인에게 무죄를 선고한 제1심판결에 사실오인 내지 법리오해의 위법이 있다고 한 사례.

2. 피의자 및 참고인적 지위에 있는 자

어떤 죄를 범하였거나 범하려 하고 있다고 의심할 만한 상당한 이유가 있는 자, 참고인적 지위에 있는 자, 이미 행하여진 범죄 혹은 행하여지려고 하는 범죄에 관하여 그 사실을 안다고 인정되는 자 등을 말한다.

Ⅳ. 불심검문의 절차

1. 정지와 질문

불심검문의 절차는 정지와 질문, 그리고 임의동행으로 정리할 수 있다. 경찰관은 거동이 수상한 자를 정지시켜 질문을 할 수 있다. 정지란 보행자를 불러 세우거나, 가로막는 경우, 차량을 정차시키거나, 차량에서 하차시키는 행위 등을 말한다. 질문이란 경찰관은 상대방에게 자신의 신분을 표시하는 증표를 제시하고, 정지 및 질문의 목적과 이유를 설명하고 필요한 것을 물어보는 행위이다. 경찰관은 질문에 대한 답변을 강요할 수 없다. 또한 질문에 수반하여 흉기의 소지 여부도 조사할 수 있다.[11]

2. 임의동행

임의동행이란 경찰관이 불심검문의 장소에서 질문을 하는 것이 상대방에게 불리하거나 교통에 방해가 된다고 인정되는 경우 상대방의 동의를 얻어 인근의 경찰서, 지구대, 파출소·치안센터 등으로 동행하는 것을 말한다. 이 경우 동행을 요구받은 사람은 그 요구를 거절할 수 있다.

상대방의 동의를 얻지 못한 동행은 위법이며, 판례도 경찰의 강제연행에 항거하여 경찰관을 폭행한 것에 대하여 공무집행방해죄를 인정하지 않고 있다. 또한 임의동행 후 사무실 밖으로 자유롭게 나가지 못하게 한 경우 불법체포감금죄가 적용된다. 임의동행 후 장소를 이탈하여도 도주죄가 성립되지 않는다.

임의동행의 적법성이 인정되는 경우 ‖ **대법원 2020.5.14. 선고 2020도398 판결**

[1] 임의동행은 경찰관 직무집행법 제3조 제2항에 따른 행정경찰 목적의 경찰활동으로 행하여지는 것 외에도 형사소송법 제199조 제1항에 따라 범죄 수사를 위하여 수사관이 동행에 앞서 피의자에게 동행을 거부할 수 있음을 알려 주었거나 동행한 피의자가 언제든지 자유로이 동행과정에서 이탈 또는 동행장소로부터 퇴거할 수 있었음이 인정되는

11 대판 2012. 9. 13. 2010도6203. 홍정선, 「신행정법특강」, 박영사, 2020, p. 958.

등 오로지 피의자의 자발적인 의사에 의하여 이루어진 경우에도 가능하다.

[2] 피고인이 메트암페타민(일명 필로폰) 투약 혐의로 임의동행 형식으로 경찰서에 간 후 자신의 소변과 모발을 경찰관에게 제출하여 마약류 관리에 관한 법률 위반(향정)으로 기소된 사안에서, 경찰관은 당시 피고인의 정신 상태, 신체에 있는 주사바늘 자국, 알콜솜 휴대, 전과 등을 근거로 피고인의 마약류 투약 혐의가 상당하다고 판단하여 경찰서로 임의동행을 요구하였고, 동행장소인 경찰서에서 피고인에게 마약류 투약 혐의를 밝힐 수 있는 소변과 모발의 임의제출을 요구하였으므로 피고인에 대한 임의동행은 마약류 투약 혐의에 대한 수사를 위한 것이어서 형사소송법 제199조 제1항에 따른 임의동행에 해당한다는 이유로, 피고인에 대한 임의동행은 경찰관 직무집행법 제3조 제2항에 의한 것인데 같은 조 제6항을 위반하여 불법구금 상태에서 제출된 피고인의 소변과 모발은 위법하게 수집된 증거라고 본 원심판단에 임의동행에 관한 법리를 오해한 잘못이 있다고 한 사례.

3. 소지품조사

경찰관은 흉기의 소지 여부를 확인하기 위해 상대방의 옷이나 휴대품을 조사할 수 있다. 이때의 조사는 흉기의 소지 여부를 조사하는 데 그쳐야 하며, 외부적 관찰과 제시요구, 외표검사(外表檢査) 등이다.

경찰관이 상대방의 승낙 없이 상대방의 의복 호주머니 속에 손을 넣거나 가방이나 핸드백 등을 직접 열어 본다든지 더 나아가서 상대방의 소지품을 끄집어내는 등의 행위는 일정한 요건을 갖추지 않는 한 위법이다.

4. 자동차검문

자동차를 검문하는 경우 자동차를 정지시킨 후 운전면허증의 제시를 요구하거나, 운전자 또는 동승자에 대하여 필요한 질문을 할 수 있다. 또한 자동차의 외부를 조사할 수 있다. 그러나 자동차 트렁크 내부나 자동차 내부 등을 조사할 경우에는 상대방의 동의가 있어야 한다.

V. 사후조치

1. 보호조치 및 현행범 체포

불심검문의 결과 상대방이 경찰관 직무집행법상 보호조치에 해당하는 사람인 경우 보호조치를 취해야 한다. 또한 범죄의 예방과 제지가 필요한 경우 경고·제지 등을 할 수 있다. 현행범인이라고 인정되거나, 범죄의 혐의가 있다고 생각될 경우 형사소송법에 의해 상대방을 체포할 수 있다.

2. 임의동행한 경우

임의동행을 한 경우 경찰관은 상대방의 가족 또는 친지 등에게 동행한 경찰관의 신분, 동행장소, 동행목적 및 이유를 알려야 한다. 또한 본인에게도 연락할 수 있는 기회를 부여해야 한다. 또한 상대방에게 변호인의 조력을 받을 권리가 있음을 고지해 주어야 한다. 질문을 받거나 동행을 요구받은 사람은 형사소송에 관한 법률에 따르지 아니하고는 신체를 구속당하지 아니하며, 그 의사에 반하여 답변을 강요당하지 아니한다. 경찰관은 동행한 사람을 6시간을 초과하여 경찰관서에 머물게 할 수 없다

3. 동행검문보고

경찰관은 피검문자를 경찰관서에 동행하여 검문한 때에는 24시간 이내에 동행검문결과보고서를 작성하여 소속 경찰관서의 장에게 보고하여야 한다. 다만, 검문한 결과 형사소송법에 의하여 처리한 경우에는 그러하지 아니한다.[12]

---

12 경찰관 직무집행법에 의한 직무집행시의 보고절차 규칙 제2조. 경찰청훈령 제956호, 2019. 11. 24., 일부개정, 2019. 11. 24. 시행.

제 3 절 보호조치

Ⅰ. 보호조치의 의의

보호조치(保護措置, Protective Measures)란 경찰관이 수상한 거동, 기타 주위의 사정을 합리적으로 판단하여 응급의 구호를 요한다고 믿을 만한 상당한 이유가 있는 자를 발견한 때에는 보건의료기관 또는 공공구호기관에 긴급구호를 요청하거나 경찰관서에 보호하는 등의 조치를 할 수 있는 경찰작용을 말한다.[13]

보호조치는 임의적인 경우 비권력적 사실행위이나, 강제적인 경우는 대인적 즉시강제의 성격을 지닌다. 따라서 보호조치는 제한적으로 이루어져야 한다.[14]

경찰관은 경찰수사를 위한 목적으로 보호조치를 활용할 수 없다.

Ⅱ. 보호조치의 대상자

1. 강제보호 대상자

경찰관은 정신착란 또는 술에 취한 상태로 인하여 자기 또는 타인의 생명·신체와 재산에 위해를 미칠 우려가 있는 자와 자살을 기도하는 자는 본인의 의사와 관계없이 강제보호할 수 있다.

주취자 보호조치의 한계 ‖ **대법원 2012.12.13. 선고 2012도11162 판결**

경찰관 직무집행법 제4조 제1항 제1호에서 규정하는 술에 취한 상태로 인하여 자기 또는 타인의 생명·신체와 재산에 위해를 미칠 우려가 있는 피구호자에 대한 보호조치는 경찰행정상 즉시강제에 해당하므로, 그 조치가 불가피한 최소한도 내에서만 행사되도록 발동·행사 요건을 신중하고 엄격하게 해석하여야 한다. 따라서 이 사건 조항의 '술에 취한 상태'란 피구호자가 술에 만취하여 정상적인 판단능력이나 의사능력을 상실할 정도에 이른 것을 말하고, 이 사건 조항에 따른 보호조치를 필요로 하는 피구호자에 해당하는지

13 경찰관 직무집행법 제4조.

14 박균성·김재광, 「경찰행정법」, 박영사, 2024, p. 437.

는 구체적인 상황을 고려하여 경찰관 평균인을 기준으로 판단하되, 그 판단은 보호조치의 취지와 목적에 비추어 현저하게 불합리하여서는 아니 되며, 피구호자의 가족 등에게 피구호자를 인계할 수 있다면 특별한 사정이 없는 한 경찰관서에서 피구호자를 보호하는 것은 허용되지 않는다.

경찰관 직무집행법 제4조 제1항 제1호의 보호조치 요건이 갖추어지지 않았음에도, 경찰관이 실제로는 범죄수사를 목적으로 피의자에 해당하는 사람을 이 사건 조항의 피구호자로 삼아 그의 의사에 반하여 경찰관서에 데려간 행위는, 달리 현행범체포나 임의동행 등의 적법 요건을 갖추었다고 볼 사정이 없다면, 위법한 체포에 해당한다고 보아야 한다.

2. 임의보호 대상자

임의보호의 대상자는 미아, 병자, 부상자, 기아 등으로서 적당한 보호자가 없으며 응급의 구호를 요한다고 인정되는 자이다. 다만, 당해인이 이를 거절하는 경우에는 보호조치할 수 없다.

미아란 보호자의 보호범위를 벗어나 스스로 안전을 구할 수 없는 아동을 말하며, 병자 또는 부상자란 병을 앓거나, 부상을 입은 사람으로서 자력으로 병원을 찾아가거나, 귀가할 수 없는 정도에 이른 사람을 말한다. 기타 미아, 기아상태에 있는 자, 조난자, 고통받는 임산부 등도 임의보호의 대상자가 된다. 그러나 가출자는 자구능력이 없는 자에 포함되지 않는다.

적당한 보호자란 부모 · 법정대리인 · 형제 · 교사 · 의사 · 책임 있는 동행자로서 경찰관보다 일차적 보호책임이 있는 경우이다.

Ⅲ. 보호조치의 방법

1. 경찰관서에서의 일시보호

보호대상자를 보호자나 관계기관에 인계할 때까지 일시보호하거나, 보호조치 사유가 해제될 때까지 일시보호하는 것을 말한다. 경찰관서에서의 보호는 24시간을 초과할 수 없다. 따라서 24시간 내에 병원이나 구호기관 등에 인계하거나 귀가시켜야 한다. 경찰서 유치장에 보호조치를 할 수는 없으며, 난동이 심한 주취자, 마약사용자 등의 경우 경찰관 직무집행법 제10조의2의 규정에 따라 합리적으로 판단하여 적당한 경찰장구를 사용할 수 있다.[15]

주취자에 대한 음주측정은 적법 ▎ 대법원 2012.3.29. 선고 2011도10012 판결

경찰공무원은 교통의 안전과 위험방지를 위하여 필요하다고 인정하거나 운전자가 술에 취한 상태에서 자동차 등을 운전하였다고 인정할 만한 상당한 이유가 있고 운전자의 음주운전 여부를 확인하기 위하여 필요한 경우에는 사후의 음주측정에 의하여 음주운전 여부를 확인할 수 없음이 명백하지 않는 한 당해 운전자에 대하여 구 도로교통법 제44조 제2항에 의하여 음주측정을 요구할 수 있고, 당해 운전자가 이에 불응한 경우에는 음주측정불응죄가 성립한다.

이와 같은 법리는 당해 운전자가 경찰관 직무집행법 제4조에 따라 보호조치된 사람이라고 하여 달리 볼 것이 아니므로, 경찰공무원이 보호조치된 운전자에 대하여 음주측정을 요구하였다는 이유만으로 그 음주측정 요구가 위법하다거나 보호조치가 당연히 종료된다고 볼 수는 없다.

2. 긴급구호의 요청 및 거부금지

경찰관이 긴급구호를 요하는 사람을 발견한 때에는 보건의료기관이나 공공구호기관에 긴급구호를 요청할 수 있다. 경찰관의 긴급구호요청을 받은 보건의료기관이나 공공구호기관은 정당한 이유 없이 긴급구호를 거부할 수 없다.

3. 위험한 물건의 임시영치 및 기간

보호조치의 경우 피구호자가 휴대하고 있는 무기·흉기 등 위험을 야기할 수 있는 것으로 인정되는 물건은 경찰관서에 임시영치할 수 있다. 이는 경찰상 대물적 즉시강제에 속한다. 임시영치는 10일을 초과할 수 없으며, 무기나 흉기, 마약 등의 금제품(禁制品)이 아닌 한 10일 이내에 본인에게 반환해야 한다.

15 박균성·김재광, 「경찰행정법」, 박영사, 2024, p. 439.

구호대상자 인계서[16]

<table>
<tr><td colspan="5">○○경찰서
분류기호 및
문서번호
시행일 . . .
수신 발 신 (인)
제목피구호자 인계서 송부</td></tr>
<tr><td rowspan="4">피구호자</td><td>①성명</td><td></td><td>②생년월일</td><td>. . .</td></tr>
<tr><td>③직업</td><td></td><td>④주민등록번호</td><td>~</td></tr>
<tr><td>⑤주소</td><td colspan="3"></td></tr>
<tr><td>⑥인상착의</td><td colspan="3"></td></tr>
<tr><td rowspan="2">발견</td><td>⑦일시</td><td>. . .</td><td rowspan="2">⑨당시개황</td><td></td></tr>
<tr><td>⑧장소</td><td></td><td></td></tr>
<tr><td colspan="2">⑩인계일시</td><td>. . .</td><td>⑪인계장소</td><td></td></tr>
<tr><td colspan="2">⑫인계인</td><td>소속</td><td>계급</td><td>성명</td></tr>
<tr><td colspan="2">⑬인수인</td><td>소속</td><td>직위</td><td>성명</td></tr>
<tr><td colspan="5">경찰관 직무집행법 제4조제6항의 규정에 의하여 피구호자인계서를 위와 같이 송부합니다.</td></tr>
</table>

2106－32D 190mm×268mm
81.5.2 승인 (인쇄용지(2급) 60g/㎡)

※기입요령 : ⑥피구호자의 인적사항이 확인되지 아니한 때에는 성별·신장·체격·착의등 피보호자를 특정할 수 있는 사항을 기입

Ⅳ. 사후조치

1. 가족 등에의 통보

경찰관이 긴급구호를 요하는 자를 발견하여 타 기관에 긴급구호를 요청하거나 경찰관서에 보호하는 등의 조치를 했을 때는 지체없이 이를 피구호자의 가족이나 친지, 기타의 연고자에게 그 사실을 통지하여야 한다.

16 경찰관 직무집행법 시행령 제3조. 별지 제2호.

2. 공공구호기관에의 인계

연고자가 발견되지 아니할 때에는 피구호자를 적당한 공중보건의료기관이나 공공구호기관에 즉시 인계하여야 한다.

3. 소속관서장에의 보고

경찰관은 보호대상자를 공중보건의료기관 또는 공공구호기관에 인계한 때에는 즉시 그 사실을 소속 경찰서장에 보고하여야 한다.[17] 보호조치사실을 보고받은 소속경찰서장은 다시 이를 당해 공중보건의료기관이나 공공구호기관의 장 및 그 감독청에 통보해야 한다.

4. 임시영치의 보고

경찰관은 무기·흉기 등 위험을 야기할 수 있는 물건을 임시영치한 때에는 24시간 이내에 임시영치보고서를 작성하여 소속 경찰관서의 장에게 보고하여야 한다. 이를 반환한 때에도 또한 같다. 임시영치한 물건에는 임시영치한 연월일, 휴대자의 주소, 성명 및 임시영치번호를 기입한 표찰을 달아 적당한 장소에 보관하여야 한다.[18]

제 4 절 위험발생의 방지

Ⅰ. 위험발생방지의 의의

위험발생방지(Prevention of Occurrence of Danger)란 경찰관이 사람의 생명 또는 신체에 위해를 미치거나 재산에 중대한 손해를 끼칠 우려가 있는 천재, 사변, 인공구조물의 파손이나 교통사고, 위험물의 폭발, 위험한 동물 등의 출현, 극도

---

17 경찰관 직무집행법에 의한 직무집행시의 보고절차 규칙 제3조.

18 경찰관 직무집행법에 의한 직무집행시의 보고절차 규칙 제4조.

의 혼잡, 기타 위험한 사태가 있을 때에는 경고, 억류, 피난, 통행금지 등의 경찰권을 발동할 수 있는 권한을 말한다.[19]

이는 경찰의 대인적 · 대가택적 즉시강제 작용이라고 할 수 있다. 경찰관의 위험발생방지조치는 재량적 행위이며, 따라서 재량권 발동에는 일정한 한계가 따른다.[20]

Ⅱ. 일반적 위험방지

1. 요　건

1) 위험한 사태의 발생

위험한 사태란 사람의 생명 · 신체에 위해를 미치거나 재산상 중대한 손해를 끼칠 우려가 있는 위험이 절박한 경우로 천재 · 사변 · 공작물의 손괴 · 교통사고 · 위험물의 폭발 · 광견, 멧돼지, 말 등 일상적이지 않은 동물 출현 · 극도의 혼잡 · 기타 위험한 사태를 말한다. 사변이란 전쟁이나 소요 · 폭동 · 대형화재 · 항공기추락 등의 상황을 말하며, 공작물이란 건물 · 교각 · 터널 · 철도 · 고속도로 · 제방 등을 포함하는 개념이다.

2) 위험한 사태의 우려

사람의 생명 · 신체에 위해를 끼치거나 재산에 중대한 손해를 가할 위험이 발생하려는 경우를 말한다. 경찰관은 주위의 사정을 합리적으로 판단하여 위험한 사태의 발생여부를 결정한다.

2. 수　단

1) 경　고

경찰관은 위험한 장소에 집합한 자, 사물의 관리자, 기타 관계인에게 필요한 경고를 발할 수 있다.

---

19 경찰관 직무집행법 제5조.

20 박균성 · 김재광, 「경찰행정법」, 박영사, 2024, p. 444.

경고란 그 장소에 집합한 자, 사물의 관리자, 기타 관계자에 대하여 위험으로부터의 피난 또는 위험의 방지에 관하여 필요한 조치를 취할 것을 알리는 것을 말한다. 예를 들어 호우나 폭설시 대피경고나, 제방이나 건물 등의 붕괴징후를 관리자나 소유자에게 알리고 이를 보수하거나 수리를 권고하는 행위 등이다. 이때 상대방이 이에 따르지 않을 경우 강제조치를 취할 수 있다. 경고는 억류나 피난 등을 행하기 위한 사전적 조치라고도 볼 수 있다.

2) 억류 또는 피난

경찰관은 특히 긴급을 요할 때에는 위해를 받을 우려가 있는 자에 대하여 필요한 한도에서 이를 억류하거나 피난시킬 수 있다. 특히 긴급을 요할 때란 위험한 사태 중에서도 현실적으로 그 위험이 한층 절박한 경우를 말한다.

억류란 위험한 장소에 들어가지 못하도록 저지하는 것이며, 피난이란 위험한 장소에서 벗어나도록 하는 것을 말한다. 경찰관의 억류 또는 피난조치를 수인하지 않을 경우 강제력을 발동할 수 있다. 홍수나 화재발생 현장에 뛰어들려는 사람을 강제적으로 저지하거나 안전장소에 대피시키는 행위, 전염병 발생지역에서의 주민의 퇴거조치, 가정폭력사건에서 가해자를 퇴거시키는 행위 등이 이에 해당된다.

3) 위험방지의 조치

경찰관은 위험사태의 발생장소에 있는 자, 사물의 관리자, 기타 관계자에 대하여 위험방지상 필요하다고 인정되는 조치를 취하게 하거나, 또는 스스로 그 조치를 취할 수 있다. 화재진압이나 유실된 제방의 수리, 붕괴위험이 있는 건물 또는 교각의 수리나 폭파 등을 관계자가 행하도록 하거나, 경찰관이 스스로 행할 수 있다. 위험방지의 조치를 취할 때는 필요최소한도의 범위 내에서 상당한 절차와 방법으로 행하여야 한다.

Ⅲ. 통행제한 및 출입금지

1. 요 건

경찰관서의 장은 대간첩작전수행 또는 소요사태의 진압을 위하여 필요하다고 인정되는 상당한 이유가 있을 때에는 대간첩작전지역 또는 경찰관서·무기고 등 국가중요시설에 대한 접근 또는 통행을 제한하거나 금지할 수 있다.[21]

2. 고 지

경찰관서의 장은 보안상 부득이한 경우를 제외하고는 지체없이 그 기간·장소, 기타 필요한 사항을 방송·벽보·경고판·전단배포 등 적당한 방법으로 일반인에게 널리 알려야 한다. 이를 해제한 때에도 또한 같다.

Ⅳ. 사후조치

경찰관이 위험발생방지조치를 취했을 때는 소속경찰서의 장에게 보고하여야 한다. 또한 경찰관서의 장은 대간첩작전수행 또는 소요사태 진압을 위하여 접근 또는 통행의 제한·금지조치를 하거나, 위험발생 방지조치에 대한 보고를 받은 경우에는 관계기관의 협조를 구하는 등 적당한 조치를 하여야 한다.

경찰권 불행사는 직무위반 ▌ **대법원 2016.4.15. 선고 2013다20427 판결**

… 경찰은 범죄의 예방, 진압 및 수사와 함께 국민의 생명, 신체 및 재산의 보호 기타 공공의 안녕과 질서유지를 직무로 하고 있고, 직무의 원활한 수행을 위하여 경찰관 직무집행법, 형사소송법 등 관계 법령에 의하여 여러 가지 권한이 부여되어 있으므로, 구체적인 직무를 수행하는 경찰관으로서는 제반 상황에 대응하여 자신에게 부여된 여러 가지 권한을 적절하게 행사하여 필요한 조치를 할 수 있고, 그러한 권한은 일반적으로 경찰관의 전문적 판단에 기한 합리적인 재량에 위임되어 있으나, 경찰관에게 권한을 부여한 취지와 목적에 비추어 볼 때 구체적인 사정에 따라 경찰관이 권한을 행사하여 필요한 조치를 하지 아니하는 것이 현저하게 불합리하다고 인정되는 경우에는 권한의 불행사는 직무상 의무를 위반한 것이 되어 위법하게 된다. …

21 경찰관 직무집행법 제5조 제2항.

제 5 절 범죄의 예방과 제지

Ⅰ. 범죄예방의 의의

범죄예방(Prevention and Control of Crimes)이란 경찰관이 범죄행위가 목전에 행하여지려 하고 있다고 인정될 때 이를 예방하기 위하여 관계인에게 필요한 경고를 하고, 그 행위로 인하여 사람의 생명·신체에 위해를 미치거나 재산에 중대한 손해를 끼칠 우려가 있어 긴급을 요할 때 그 행위를 제지할 수 있는 권한을 말한다.[22] 범죄예방은 경찰의 대인적 즉시강제 작용에 해당한다.

경찰관의 제지조치 적법성 판단 기준 ▌ **대법원 2018.12.13. 선고 2016도19417 판결**

피고인은 평소 집에서 심한 고성과 욕설, 시끄러운 음악 소리 등으로 이웃 주민들로부터 수회에 걸쳐 112신고가 있어 왔던 사람인데, 피고인의 집이 소란스럽다는 112신고를 받고 출동한 경찰관 甲, 乙이 인터폰으로 문을 열어달라고 하였으나 욕설을 하였고, 경찰관들이 피고인을 만나기 위해 전기차단기를 내리자 화가 나 식칼(전체 길이 약 37cm, 칼날 길이 약 24cm)을 들고 나와 욕설을 하면서 경찰관들을 향해 찌를 듯이 협박함으로써 甲, 乙의 112신고 업무 처리에 관한 직무집행을 방해하였다고 하여 특수공무집행방해로 기소된 사안에서, 피고인이 자정에 가까운 한밤중에 음악을 크게 켜놓거나 소리를 지른 것은 경범죄 처벌법 제3조 제1항 제21호에서 금지하는 인근소란행위에 해당하고, 그로 인하여 인근 주민들이 잠을 이루지 못하게 될 수 있으며, 甲과 乙이 112신고를 받고 출동하여 눈앞에서 벌어지고 있는 범죄행위를 막고 주민들의 피해를 예방하기 위해 피고인을 만나려 하였으나 피고인은 문조차 열어주지 않고 소란행위를 멈추지 않았던 상황이라면 피고인의 행위를 제지하고 수사하는 것은 경찰관의 직무상 권한이자 의무라고 볼 수 있으므로, 위와 같은 상황에서 甲과 乙이 피고인의 집으로 통하는 전기를 일시적으로 차단한 것은 피고인을 집 밖으로 나오도록 유도한 것으로서, 피고인의 범죄행위를 진압·예방하고 수사하기 위해 필요하고도 적절한 조치로 보이고, 경찰관 직무집행법 제1조의 목적에 맞게 제2조의 직무 범위 내에서 제6조에서 정한 즉시강제의 요건을 충족한

---

22 경찰관 직무집행법 제6조.

적법한 직무집행으로 볼 여지가 있다는 이유로, 이와 달리 보아 공소사실을 무죄로 판단한 원심판결에 필요한 심리를 다하지 않은 채 논리와 경험의 법칙에 반하여 자유심증주의의 한계를 벗어나거나 경찰관 직무집행법의 해석과 적용, 공무집행의 적법성 등에 관한 법리를 오해한 잘못이 있다고 한 사례.

범죄예방은 적법한 공무집행 ‖ **대법원 2021.9.30. 선고 2014도17900 판결**

[1] 공무집행방해죄의 전제인 '공무집행의 적법성'의 요건과 판단 기준

[2] 구 경찰관 직무집행법 제6조 제1항에 따른 경찰관의 제지 조치가 범죄의 예방을 위한 경찰 행정상 즉시강제에 해당하는지 여부(적극)

[3] 피고인을 포함한 '甲 주식회사 희생자 추모와 해고자 복직을 위한 범국민대책위원회'(약칭 '대책위') 측 사람들이 덕수궁 대한문 앞 화단 주변('농성 장소')을 불법적으로 점거한 뒤 천막·분향소 등을 설치하고 농성을 계속하다가 관할 구청이 행정대집행으로 농성 장소에 있던 적치물들을 철거하였음에도 이에 대한 항의의 일환으로 같은 장소에서 기자회견 명목의 집회를 개최하려고 하자, 출동한 경찰 병력이 농성 장소를 둘러싼 채 진입을 제지하는 과정에서 피고인 등이 경찰관들을 밀치는 등으로 공무집행을 방해하였다는 내용으로 기소된 사안에서, 경찰 병력이 농성 장소를 사전에 둘러싼 뒤 기자회견 명목의 집회 개최를 불허하면서 소극적으로 제지만 한 것은 구 경찰관 직무집행법 제6조 제1항의 범죄행위 예방을 위한 경찰 행정상 즉시강제로서 적법한 공무집행에 해당한다고 한 사례

Ⅱ. 범죄예방의 요건

경찰관은 범죄행위가 목전에 행하여지려 하고 있다고 인정될 때 및 그 범죄행위로 인하여 인명·신체에 위해를 미치거나, 재산에 중대한 손해를 끼칠 우려가 있어 긴급을 요할 때 등에는 필요한 예방조치를 행할 수 있다.

범죄행위란 실정법상 범죄로 구성된 모든 행위를 말하며, 구성요건 해당성 및 위법성만을 갖추면 된다. 책임성 여부는 묻지 않는다. 목전에 행하여지려고 한다는 것은 어떤 행위가 범죄구성요건에 해당되는 직전이거나 또는 그 범죄행위의 예비·음모를 포함하는 개념이다.

Ⅲ. 범죄예방의 대상

범죄예방의 경고대상은 관계인이다. 관계인이란 실행되려고 하는 범죄행위와 관련이 있는 사람을 총칭하는 의미이다. 따라서 범인 및 범죄대상자, 재산의 소유자 및 관리자, 점유자, 범죄장소 주변에 있는 모든 자를 포함한다. 제지(制止)는 범죄를 행하려고 하는 자 및 범죄자에 대하여 행하게 된다.

Ⅳ. 범죄예방의 수단

1. 경 고

경고(警告)란 범죄행위로 나아가려고 하는 것을 중지하도록 상대방에게 고지하는 것을 말한다. 경고의 방법에는 구두신호, 문서, 확성기, 경적 등 상황에 따라 경찰관이 적당한 방법을 사용할 수 있다. 경고에는 경고를 무시할 경우 강제적인 조치가 따를 것임을 예고하는 측면도 있다.

2. 제 지

제지(制止)란 범죄행위를 경찰관이 강제적으로 중지시키거나 또는 범인이 스스로 중지하도록 실력을 행사하는 것을 말한다. 제지는 대인적 즉시강제의 전형적인 수단이나 경찰비례의 원칙이 적용되어야 한다.

경찰의 제지 적법성 ‖ **대법원 2013.9.26. 선고 2013도643 판결**

경찰관 직무집행법 제6조 제1항은 '경찰관은 범죄행위가 목전에 행하여지려고 하고 있다고 인정될 때에는 이를 예방하기 위하여 관계인에게 필요한 경고를 발하고, 그 행위로 인하여 인명·신체에 위해를 미치거나 재산에 중대한 손해를 끼칠 우려가 있어 긴급을 요하는 경우에는 그 행위를 제지할 수 있다'고 규정하고 있다. 여기에 규정된 경찰관의 경고나 제지는 그 문언과 같이 범죄의 예방을 위하여 범죄행위에 관한 실행의 착수 전에 행하여질 수 있을 뿐만 아니라, 이후 범죄행위가 계속되는 중에 그 진압을 위하여도 당연히 행하여질 수 있다고 보아야 한다.

이와 같은 법리에 비추어, 공사현장 출입구 앞 도로 한복판을 점거하고 공사차량의 출입을 방해하던 피고인의 팔과 다리를 잡고 도로 밖으로 옮기려고 한 경찰관의 행위를 적법한 공무집행으로 보고 경찰관의 팔을 물어뜯은 피고인에 대한 공무집행방해 및 상해의 공소사실을 모두 유죄로 인정한 원심의 판단은 정당하다.

1인 시위자에 대한 제지의 한계 ‖ 서울지법 2003.5.21. 선고 2002나60701 판결(확정)

청와대 앞 일반인의 통행이 허용되는 지역에서 1인 시위를 하는 자에 대하여 관할 경찰관들이 현행범 체포, 긴급구속, 구속영장에 의한 구속 등 법률에 정한 절차를 거치지 아니한 채 막연히 대통령 경호 경비시 위해요소를 사전 예방한다는 명목 하에 1인 시위자를 승합차에 강제로 태워 인근 파출소로 연행하고, 1인 시위를 원천봉쇄하는 형식으로 제지한 행위는 특별한 사정이 없는 한 1인 시위자의 신체의 자유 및 표현의 자유를 침해하는 행위로서 불법체포·감금행위에 해당한다 할 것이므로, 국가는 국가배상법 제2조에 따라 그 소속 경찰관들의 위와 같은 직무집행상의 고의 또는 과실로 말미암아 1인 시위자가 입은 손해를 배상할 의무가 있다.

Ⅴ. 사후조치

경찰관은 범죄를 예방하거나 제지한 때에는 지체없이 지역경찰관서 근무일지에 당해 범죄의 예방과 제지와 관련된 구체적인 내용을 기재하여야 한다.[23] 다만, 관계자를 형사소송법에 의하여 처리한 경우에는 그러하지 아니하며, 소속 경찰관서의 장의 지시에 의한 경우에는 구두로 보고하거나 근무일지 기재로 갈음할 수 있다.

제6절 위험한 행위의 제지 등

Ⅰ. 위험한 행위의 제지 의의

경찰관이 사람의 생명·신체에 위해를 끼치거나 공공의 안녕·질서에 대한 명

23 경찰관 직무집행법에 의한 직무집행시의 보고절차 규칙 제5조.

백하고 상당한 위험을 초래할 우려가 있다고 판단하는 경우 해당 행위를 제지하거나 그 행위에 제공되는 물건의 보관, 수거, 파기 등 필요한 조치를 행하는 것을 말한다.[24]

이는 대인적, 대물적, 대가택적 즉시강제권의 행사라고 할 수 있다.[25]

전단등 살포 행위 금지는 위헌 ‖ 헌법재판소 2023. 9. 26. 결정 (2020헌마1724)

남북합의서 위반행위로서 전단등 살포를 하여 국민의 생명 · 신체에 위해를 끼치거나 심각한 위험을 발생시키는 것을 금지하는 '심판대상조항'이 청구인들의 표현의 자유를 침해하는지 여부(적극)

…심판대상조항은 표현의 내용을 제한하는 결과를 가져오는바, 국가가 표현 내용을 규제하는 것은 원칙적으로 중대한 공익의 실현을 위하여 불가피한 경우에 한하여 허용되고, 특히 정치적 표현의 내용 중에서도 특정한 견해, 이념, 관점에 기초한 제한은 과잉금지원칙 준수 여부를 심사할 때 더 엄격한 기준이 적용되어야 한다.

국가형벌권의 행사는 중대한 법익에 대한 위험이 명백한 경우에 한하여 최후수단으로 선택되어 필요 최소한의 범위에 그쳐야 하는바, 심판대상조항은 전단등 살포를 금지하는 데서 더 나아가 이를 범죄로 규정하면서 징역형 등을 두고 있으며, 그 미수범도 처벌하도록 하고 있어 과도하다고 하지 않을 수 없다. 심판대상조항으로 북한의 적대적 조치가 유의미하게 감소하고 이로써 접경지역 주민의 안전이 확보될 것인지, 나아가 남북 간 평화통일의 분위기가 조성되어 이를 지향하는 국가의 책무 달성에 도움이 될 것인지 단언하기 어려운 반면, 심판대상조항이 초래하는 정치적 표현의 자유에 대한 제한은 매우 중대하다. 그렇다면 심판대상조항은 과잉금지원칙에 위배되어 청구인들의 표현의 자유를 침해한다.

심판대상조항은 북한의 적대적 조치로 초래되는 국민의 생명 · 신체에 대한 위해나 심각한 위험 발생의 책임을 전단등 살포 행위자에게 전가하는 것이다. 법원이 구체적 사건에서 인과관계와 고의의 존부를 판단하여 범죄성립 여부를 결정할 수 있다고 하더라도, 위와 같은 위해나 심각한 위험의 발생이 전적으로 제3자인 북한에 의하여 초래되고 이에

24 경찰관 직무집행법 제6조의2.

25 경찰관의 위험한 행위의 제지에 대해서는 위헌적 요소가 있다는 비판적 여론이 비등하다. KBS 뉴스, 국회, 오늘 '경찰관 직무집행법' 표결… 3박 4일 필리버스터 종료 예정, 2025. 12.14., https://buly.kr/D3fbtUs/

대한 행위자의 지배가능성이 인정되지 않는 이상, 전단등 살포에 대하여 형벌을 부과하는 것은 비난가능성이 없는 자에게 형벌을 가하는 것과 다름이 없다. 따라서 심판대상조항은 책임주의원칙에도 위배되어 청구인들의 표현의 자유를 침해한다.....

Ⅱ. 위험한 행위의 제지 요건

위험한 행위란 물건을 공중(空中)에 살포, 투착(投着) 또는 발사하는 행위 및 그 밖에 이에 준하는 행위로서 대통령령으로 정하는 행위로 인하여 사람의 생명·신체에 위해를 끼치거나 공공의 안녕·질서에 대한 명백하고 상당한 위험을 초래할 우려가 있는 경우를 말한다.

Ⅲ. 위험한 행위의 제지 수단

1. 대인적 강제

경찰관은 위험한 행위를 하는 상대방의 신체에 직접 실력을 가해 특정 행위를 멈추게 제지하거나, 특정 장소에서 물러나게 해산명령을 할 수 있고, 이를 거부시 직접 해산 시킬 수 있다. 이는 개인의 신체의 자유와 거주·이전의 자유를 직접적으로 제한하는 대인적 강제에 해당한다.

2. 대물적 즉시강제

경찰관은 위험을 초래하는 물건 즉, 전단, 풍선, 드론, 발사대 등을 보관, 수거, 보관, 수거, 파기 등의 강제권을 발동할 수 있다. 다만, 파기는 원상회복이 불가능한 최종적 처분이라는 점에서 매우 강력한 대물적 즉시강제처분이라고 할 수 있다.

3. 대가택적 강제

경찰관은 위험한 행위의 제지나 위험한 물건의 보관, 수거 등의 행위를 하기 위해서는 해당 행위가 일어나는 장소에 진입을 해야 하므로 대가택적 즉시강제에 해당한다.

Ⅳ. 사후조치

경찰관은 위험한 행위를 제지한 경우 지체없이 지역경찰관서 근무일지에 기재하고, 당해 행위가 도로교통법 등 특정한 법령에 해당하는 경우 필요한 조치를 해야 한다.

제 7 절 위험방지를 위한 출입

Ⅰ. 위험방지를 위한 출입의 의의

위험방지를 위한 출입(Entry and Exit for Prevention of Danger)이란 경찰공무원이 경찰관 직무집행법상 위험한 사태가 발생하여 인명·신체 또는 재산에 대한 위해가 절박한 때에 그 위해를 방지하거나 피해자를 구조하기 위하여 부득이 하다고 인정할 때 경찰관이 주위의 사정을 합리적으로 판단하여 필요한 한도 내에서 타인의 토지·건물, 선박 및 자동차 등에 출입할 수 있는 권한을 말한다.[26]

출입은 엄격한 법적 조치를 요하며, 풍속영업의 규제에 관한 법률, 경찰관 직무집행법, 총포·도검·화약류등단속법, 식품위생법 등에서도 근거를 찾을 수 있다. 경찰관의 위험방지를 위한 출입은 재량적 행위이며, 대가택적 즉시강제 행위이다.[27]

Ⅱ. 위험방지를 위한 출입의 유형

1. 긴급출입

긴급출입(緊急出入)이란 경찰관 직무집행법상 일정한 장애상태가 발생한 경우에 대상장소에 경찰관이 출입하여 일정한 조치를 취하는 것을 말한다.

긴급출입의 요건은 인명 또는 신체에 위해를 미치거나 재산에 중대한 손해를

26 경찰관 직무집행법 제7조.

27 하명호, 「행정법」, 박영사, 2024, p. 925.

끼칠 수 있는 천재 · 사변 · 공작물의 손괴 · 교통사고 · 위험물의 폭발 · 위험한 동물 등의 출현 및 극도의 혼잡, 그 밖의 위험한 사태가 있을 때이다.

긴급출입의 요건을 이와 같이 명시하는 것은 다른 경찰목적으로는 출입할 수 없음을 강조하는 의미이다. 경찰관의 긴급출입은 위해방지나 피해자 구조상 부득이한 경우에 한하며, 다른 대체수단이 없는 경우에만 행하여야 한다.

긴급출입의 대상은 타인의 토지 · 건물 또는 선차 내 및 항공기, 경찰상 공개된 장소이다. 이들 대상이 반드시 소유주 또는 관리자의 지배하에 있음을 요하지는 않는다. 경찰관은 출입대상에 입장하여 위험의 예방 및 진압을 위해 필요한 조치, 즉 불심검문, 동행요구, 현행범인체포, 범죄의 제지, 정차 · 정선 등을 할 수 있다.

요건없는 경찰관의 긴급출입은 위법 ‖ 대구지법 2019.3.26. 선고 2018노4026 판결 : 상고

피고인과 같은 아파트의 주민으로부터 피고인의 집에서 싸우는 소리가 들린다는 112 신고를 받고 현장에 출동한 경찰관 甲, 乙이 피고인의 집에 허락 없이 들어가 현관문 앞에서 피고인에게 사건 경위를 추궁하자, 피고인이 "너것들이 뭐냐"라고 소리를 지르며 주방에 있던 빈 유리병(10cm×16cm) 1개를 甲을 향해 던지고 주먹으로 甲의 뺨과 턱 부위를 때리는 등 폭행함으로써 경찰관들의 112 신고 사건 처리에 관한 직무집행을 방해하였다는 내용으로 기소된 사안이다.

경찰관들은 당시 피고인에 대한 영장을 소지하거나 제시한 적이 없는 점, 피고인의 주거지를 범행 직후의 장소로 볼 만한 사정이 없고, 더욱이 압수·수색·검증에 대한 사후 영장이 발부되지도 않은 점, 경찰관들이 피고인의 주거지 앞에 도착했을 때 아무런 인기척이 들리지 않았고, 이는 '지금도 다투는 소리와 개 짖는 소리가 들리고 있다'는 신고자의 신고 내용과 달랐으며, 신고자가 경찰관 甲의 신원 파악 요청에 불응하는 등 신고의 진정성 자체가 의문이 드는 상황이었으므로 신고가 있었다는 이유만으로 위험한 사태가 발생하여 인명·신체 또는 재산에 대한 위해가 임박한 때에 해당한다고 보기 어려운 점, 그 외에 피고인의 방문 요청이나 주거지 출입 동의가 있었다고 볼 수도 없는 점 등을 종합하면, 경찰관들이 피고인의 주거지에 임의로 출입한 것은 법률에서 정한 강제처분의 요건 또는 예외 사유에 해당하지 않아 적법한 공무집행행위로 볼 수 없으므로, 피고인이 이에 대항하여 경찰관들을 폭행하였더라도 공무집행방해죄에 해당하지 않는다고 한 사례이다.

2. 예방출입

예방출입(豫防出入)이란 경찰상 장애가 발생하는 것을 예방하기 위하여 경찰관이 공개된 장소에 출입하여 필요한 조치를 취하는 것을 말한다. 경찰상 공개된 장소란 공연장, 여관, 음식점, 역, 그 밖에 많은 사람이 출입하는 장소를 말한다. 공연장, 여관, 음식점, 역, 그 밖에 많은 사람이 출입하는 장소의 관리자나 그에 준하는 관계인은 경찰관이 범죄나 사람의 생명·신체·재산에 대한 위해를 예방하기 위하여 해당 장소의 영업시간이나 해당 장소가 일반인에게 공개된 시간에 그 장소에 출입하겠다고 요구하면 정당한 이유 없이 그 요구를 거절할 수 없다.

그러나 해당 장소가 영업시간이 끝났거나 공개시간이 아닌 경우에는 일정한 제한을 받는다고 할 수 있다.

경찰관이 위험방지를 위해 필요한 장소에 출입할 때에는 그 신분을 표시하는 증표를 제시하여야 하며 함부로 관계인의 정당한 의무를 방해해서는 안 된다.

3. 대간첩작전을 위한 검색

경찰관은 대간첩작전 수행에 필요한 때에는 작전지역 안에 있는 경찰상 공개된 장소에 대한 검색(檢索)을 할 수 있다.

Ⅲ. 사후조치

1. 위험방지를 위한 출입의 보고

경찰관은 영업 또는 공개시간내에 공연장·여관·음식점·역 기타 다수인이 출입하는 장소에 출입한 때에는 지체없이 지역경찰관서 근무일지에 당해 위험방지출입과 관련된 구체적인 내용을 기재하여야 한다. 다만, 정례적인 순찰이나 소속 경찰관서의 장의 지시에 의한 경우에는 구두로 보고하거나 근무일지 기재로 갈음할 수 있다.[28]

28 경찰관 직무집행법에 의한 직무집행시의 보고절차 규칙 제6조.

2. 작전지역안의 검색보고

경찰관은 작전지역 안을 검색한 때에는 지체없이 작전지역검색보고서를 작성하여 소속 경찰관서의 장에게 보고하여야 한다. 다만, 소속 경찰관서의 장이나 지휘관의 지시에 의한 경우에는 구두로 보고하거나 근무일지 기재로 갈음할 수 있다.[29]

제 8 절 사실의 확인, 정보의 수집 및 국제협력

Ⅰ. 사실의 확인

사실의 확인(Verification of Facts)이란 경찰관이 직무수행에 필요한 사실을 확인하는 임의적 경찰작용을 말한다.

사실확인행위는 법률행위적 성격을 가지는 행정행위가 아니라 임의적 사실행위에 속한다. 또한 사실확인행위는 형사소송법상의 수사가 아니다. 따라서 이를 거부하거나 위반하여도 경찰강제 및 경찰벌의 대상이 되지 아니한다.

Ⅱ. 사실확인의 유형

1. 사실조회

경찰관서의 장이 직무수행에 필요하다고 인정되는 상당한 이유가 있을 때에는 국가기관이나 공사(公私) 단체 등에 직무 수행에 관련된 사실을 조회하는 것을 말한다. 이때 긴급한 경우에는 소속 경찰관으로 하여금 현장에 나가 해당 기관 또는 단체의 장의 협조를 받아 그 사실을 확인하게 할 수 있다.[30]

---

29 경찰관 직무집행법에 의한 직무집행시의 보고절차 규칙 제7조.

30 경찰관 직무집행법 제8조 제1항.

2. 출석요구

경찰관은 다음의 직무를 수행하기 위하여 필요하면 관계인에게 출석하여야 하는 사유·일시 및 장소를 명확히 적은 출석 요구서를 보내 경찰관서에 출석할 것을 요구할 수 있다.[31]

1. 미아를 인수할 보호자 확인
2. 유실물을 인수할 권리자 확인
3. 사고로 인한 사상자(死傷者) 확인
4. 행정처분을 위한 교통사고 조사에 필요한 사실 확인

경찰관은 출석을 요구할 필요가 있을 때에는 미리 출석요구서 발부대장에 기입하여 소속 경찰관서의 장에게 보고하여야 한다.

출석요구는 문서로 하는 것이 원칙이나 전화 등으로 연락할 수도 있다.

3. 정보의 수집 등

경찰관은 범죄·재난·공공갈등 등 공공안녕에 대한 위험의 예방과 대응을 위한 정보의 수집·작성·배포와 이에 수반되는 사실의 확인을 할 수 있다. 정보의 구체적인 범위와 처리 기준, 정보의 수집·작성·배포에 수반되는 사실의 확인 절차와 한계는 대통령령[32]으로 정한다.[33]

4. 국제협력

경찰청장 또는 해양경찰청장은 경찰관의 직무수행을 위하여 외국 정부기관, 국제기구 등과 자료 교환, 국제협력 활동 등을 할 수 있다.[34]

---

31 경찰관 직무집행법 제8조 제2항.

32 경찰관의 정보수집 및 처리 등에 관한 규정, 대통령령 제31555호, 2021. 3. 23., 제정, 2021. 3. 23. 시행.

33 경찰관 직무집행법 제8조의2. 자세한 것은 제8편 제4장에서 기술한다.

34 경찰관 직무집행법 제8조의3.

5. 개인정보의 국외 이전

경찰청장 또는 해양경찰청장은 외국 정부기관, 국제기구 등에 범죄대응·수사 등 국제공조를 위하여 필요하거나 사람의 생명·신체 및 재산 보호를 위하여 긴급한 경우개인정보를 국외로 제공(조회되는 경우 포함), 처리위탁 및 보관 등 이전할 수 있다.[35]

Ⅲ. 사후조치

경찰관은 사실을 확인한 때에는 지체없이 사실확인 보고서를 작성하여 소속 경찰관서의 장에게 보고하여야 한다. 다만, 사실확인이 정례적인 경우에는 구두로 보고하거나 근무일지 기재로 갈음할 수 있다.[36]

제 9 절 유치장 인치

Ⅰ. 유치장의 의의

유치장(留置場, Detention Cell)이란 법률이 정한 절차에 따라 체포 또는 구속되거나 신체의 자유를 제한하는 판결 또는 처분을 받은 자를 수용하기 위하여 경찰서와 해양경찰서에 두는 시설을 말한다.[37]

경찰관 직무집행법 제9조에 설치근거를 두고 있으며 준용법률로 형의 집행 및 수용자의 처우에 관한 법률을 들 수 있다. 형사범과 구류수, 20세 이상의 자와 20세 미만의 자, 신체장애인 및 사건관련의 공범자 등은 유치실이 허용하는 범위 내에서 분리하여 유치하여야 하며, 신체장애인에 대하여는 신체장애에 맞는 적정한 처우를 하여야 한다.[38]

---

35 경찰관 직무집행법 제8조의4(개인정보의 국외 이전)은 신설됨.

36 경찰관 직무집행법에 의한 직무집행시의 보고절차 규칙 제8조.

37 경찰관 직무집행법 제9조.

38 경찰청 피의자 유치 및 호송 규칙 제7조, 경찰청훈령 제1164호, 2025. 6. 3. 일부개정, 2025. 6.

Ⅱ. 신체검사

1. 신체검사의 의의

신체검사란 경찰관이 유치인의 생명, 신체에 대한 위해를 방지하고 유치장 내의 안전과 질서를 유지하기 위하여 위험물의 소지여부를 검사하는 행위를 말한다.

신체검사는 상대방에게 자칫 수치심이나 모욕감을 줄 수 있으므로 죄질이나 상황 등을 잘 파악하여 적당한 방법으로 실시하여야 한다. 법원은 무리한 신체검사를 한 경우에 손해배상 책임을 국가에 인정하고 있다.

2. 신체검사의 구분

신체·의류, 휴대품 검사는 동성의 유치인 보호관이 한다. 다만 여자 유치인 보호관이 없는 경우 신체검사교육을 받고 미리 지정된 여성경찰관이 대신할 수 있다.[39]

1) 외표검사

죄질이 경미하고 동작과 언행에 특이사항이 없으며 위험물 등을 은닉하고 있지 않다고 판단되는 유치인에 대하여는 신체 등의 외부를 눈으로 확인하고 손으로 가볍게 두드려 만져 검사한다.

2) 간이검사

탈의막 안에서 속옷은 벗지 않고 신체검사의를 착용(유치인의 의사에 따른다)한 상태에서 위험물 등의 은닉여부를 검사한다.

3) 정밀검사

살인, 강도, 절도, 강간, 방화, 마약류, 조직폭력 등 죄질이 중하거나 근무자 및 다른 유치인에 대한 위해 또는 자해할 우려가 있다고 판단되는 유치인에 대

3. 시행.

39 경찰청 피의자 유치 및 호송 규칙, 제8조.

하여는 탈의막 안에서 속옷을 벗고 신체검사의로 갈아입도록 한 후 정밀하게 위험물 등의 은닉여부를 검사하여야 한다.

여자 유치인 입감 정밀조사의 한계 ‖ 대법원 2013.5.9. 선고 2013다200438 판결

여자 경찰관들이 미국산 쇠고기 수입반대 촛불집회에 참석하였다가 현행범인으로 체포된 여자들인 甲 등에 대하여 유치장 입감을 위한 신체검사를 하면서 브래지어 탈의를 요구하여 제출받은 사안에서, 위 조치는 甲 등의 자살 예방을 위해 필요한 최소한도의 범위 내에서 이루어지거나 甲 등의 기본권이 부당하게 침해되는 일이 없도록 충분히 배려한 상당한 방법으로 이루어진 것이 아니므로 위법하다고 본 원심판단을 정당하다고 한 사례

유치장 입감시 신체검색의 한계 ‖ 헌법재판소 2002.7.18. 선고 2000헌마327 결정

피청구인이 청구인들로 하여금 경찰관에게 등을 보인 채 상의를 속옷과 함께 겨드랑이까지 올리고 하의를 속옷과 함께 무릎까지 내린 상태에서 3회에 걸쳐 앉았다 일어서게 하는 방법으로 실시한 정밀신체수색으로 인하여 청구인들의 기본권이 침해되었다고 본다. … 따라서 피청구인의 청구인들에 대한 이러한 과도한 이 사건 신체수색은 그 수단과 방법에 있어서 필요한 최소한도의 범위를 벗어났을 뿐만 아니라, 이로 인하여 청구인들로 하여금 인간으로서의 기본적 품위를 유지할 수 없도록 하는 것으로서 수인하기 어려운 정도라고 보여지므로 헌법 제10조의 인간의 존엄과 가치로부터 유래하는 인격권 및 제12조의 신체의 자유를 침해하는 정도에 이르렀다고 판단된다.

Ⅲ. 위험물 등의 취급

유치인보호 주무자는 피의자를 유치하는 과정에 그 피의자가 수사상 또는 유치장의 보안상 지장이 있다고 인정되는 위험물 등을 소지하고 있을 때에는 그 물건을 유치기간 중 보관하여야 한다.

다만 보관하는 것이 부적당한 물건은 유치인에게 알린 후 폐기하거나 유치인으로 하여금 자신이 지정하는 사람에게 보내게 할 수 있다.

위험물 또는 휴대금품을 보관할 때에는 임치증명서를 교부하고, 임치및급식상황표에 명확히 기재하여야 하며, 금품과 귀중품은 유치장 내 금고에 보관하여야 한다.

Ⅳ. 유치장 감찰 및 감시

형사소송법 제198조의2(검사의 체포·구속장소감찰)에 의거, 매월 1회 이상 관할 지방검찰청의 검사는 유치장을 감찰하고 관련 서류조사 및 구속된 자에 대한 심문을 행하여야 한다. 경찰서장 등의 감독순시 기준은 다음과 같다.[40]

표 4-1 경찰서장 등의 감독순시 기준

구분	책임자	순시회수
일과중	1. 경찰서장	필요시
	2. 주무과장	매일1회 이상
	3. 유치관리팀(계)장 또는 경찰서장이 지정한자	매일2회 이상
일과후	상황관리관 또는 당직팀장	주간 : 매일 2회 이상 야간 : 3시간마다 1회 이상

Ⅴ. 사후조치

경찰관은 무기·흉기 등 위험을 야기할 수 있는 물건을 임시영치한 때에는 24시간 이내에 임시영치보고서를 작성하여 소속 경찰관서의 장에게 보고하여야 한다. 이를 반환한 때에도 또한 같다.

제 10 절 경찰장비(물리력)의 사용

Ⅰ. 경찰장비의 의의

경찰관은 직무수행중 경찰장비를 사용할 수 있다.[41] 다만 인명 또는 신체에 위해를 가할 수 있는 경찰장비에 대하여는 필요한 안전교육과 안전검사를 실시하여야 한다고 규정하였다.

40 경찰청 피의자 유치 및 호송 규칙 제17조, 별표 2.

41 경찰관 직무집행법 제10조－제11조, 경찰관 직무집행법에 의한 직무집행시의 보고절차 규칙 제4조.

경찰장비란 무기, 경찰장구, 최루제 및 그 발사장치, 살수차, 감식기구, 해안감시기구, 통신기기, 차량·선박·항공기 등 경찰의 직무수행을 위하여 필요한 장치와 기구를 말한다.

경찰관은 경찰장비를 함부로 개조하거나 경찰장비에 임의의 장비를 부착하여 사용함으로써 다른 사람의 생명·신체에 위해를 끼쳐서는 아니 된다.

경찰청장은 위해성 경찰장비를 새로 도입하려는 경우에는 안전성 검사를 실시하여 그 안전성 검사의 결과보고서를 국회 소관 상임위원회에 제출하여야 한다. 이 경우 안전성 검사에는 외부 전문가를 참여시켜야 한다.

Ⅱ. 경찰장비의 종류 및 사용원칙

1. 종 류

경찰장비는 성질에 따라 다음과 같이 구분한다.[42]

1. 경찰장구류
2. 안전·보호장비
3. 기동장비
4. 무기류
5. 최루제 및 그 발사장치
6. 작전장비
7. 검색·관찰장비
8. 경찰착용기록장치
9. 감정·감식장비
10. 정보통신장비
11. 기타장비

42 경찰장비관리규칙 제68조－제70조, 경찰청 훈령 제1141호, 2024. 12. 31. 일부개정, 2024. 12. 31. 시행.

2. 사용원칙

경찰관은 현장상황을 합리적으로 판단하여 휴대장비 및 당해 경찰관서 보유장비 중 가장 적합한 장비를 사용하여야 한다. 경찰장비를 사용함에 있어서는 국민의 생명·신체 등에 위해를 최소화하기 위한 각종 안전수칙을 준수하고, 기타 필요한 수단을 강구하여야 한다.

1) 물리력 사용시 유의사항

경찰 물리력 행사의 기준과 방법에 관한 규칙은 경찰 물리력 사용 시 유의사항을 다음과 같이 제시하고 있다.[43]

1. 경찰관은 경찰청이 공인한 물리력 수단을 사용하여야 한다.
2. 경찰관은 성별, 장애, 인종, 종교 및 성정체성 등에 대한 선입견을 가지고 차별적으로 물리력을 사용하여서는 아니 된다.
3. 경찰관은 대상자의 신체 및 건강상태, 장애유형 등을 고려하여 물리력을 사용하여야 한다.
4. 경찰관은 이미 경찰목적을 달성하여 더 이상 물리력을 사용할 필요가 없는 경우에는 물리력 사용을 즉시 중단하여야 한다.
5. 경찰관은 대상자를 징벌하거나 복수할 목적으로 물리력을 사용하여서는 아니 된다.
6. 경찰관은 오직 상황의 빠른 종결이나, 직무수행의 편의를 위한 목적으로 물리력을 사용하여서는 아니 된다.

2) 대상자 행위와 경찰 물리력 사용의 정도

(1) 대상자 행위

대상자가 경찰관 또는 제3자에 대해 보일 수 있는 행위는 그 위해의 정도에 따라 순응, 소극적 저항, 적극적 저항, 폭력적 공격, 치명적 공격 등 다섯 단계로 구별한다.

43 경찰 물리력 행사의 기준과 방법에 관한 규칙 1.4.

그림 4-1 경찰 물리력 수준

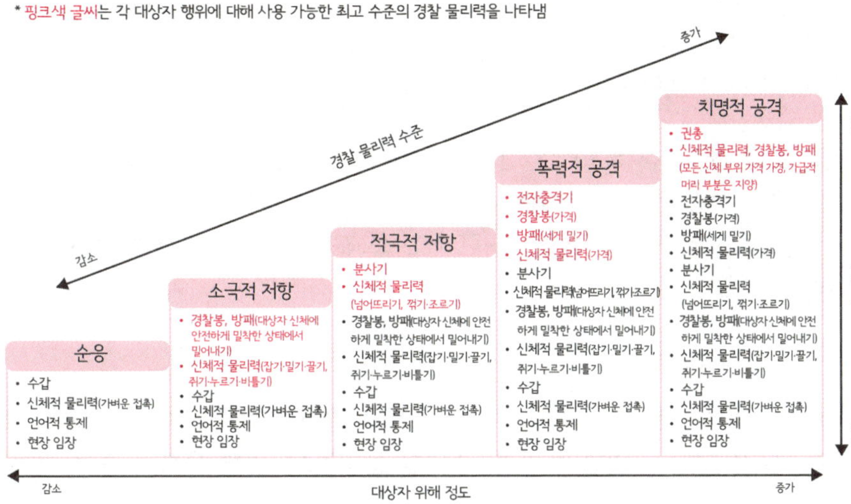

1. 순응: 협조적 통제 행사
대상자가 경찰관의 지시, 통제에 따르는 상태를 말한다. 다만. 대상자가 경찰관의 요구에 즉각 응하지 않고 약간의 시간만 지체하는 경우는 '순응'으로 본다.
2. 소극적 저항: 접촉 통제 행사
대상자가 경찰관의 지시, 통제를 따르지 않고 비협조적이지만 경찰관 또는 제3자에 대해 직접적인 위해를 가하지 않는 상태
경찰관이 정당한 이동 명령을 발하였음에도 가만히 서있거나 앉아 있는 등 전혀 움직이지 않는 상태, 일부러 몸의 힘을 모두 빼거나, 고정된 물체를 꽉 잡고 버팀으로써 움직이지 않으려는 상태
3. 적극적 저항: 저위험 물리력 행사
대상자가 자신에 대한 경찰관의 체포·연행 등 정당한 공무집행을 방해하지만 경찰관 또는 제3자에 대해 위해 수준이 낮은 행위만을 하는 상태
대상자가 자신을 체포·연행하려는 경찰관으로부터 물리적으로 이탈하거나 도주하려는 행위, 체포·연행을 위해 팔을 잡으려는 경찰관의 손을 뿌리치거나, 경찰관을 밀고 잡아끄는 행위, 경찰관에게 침을 뱉거나 경찰관을 밀치는 행위 등
4. 폭력적 공격: 중위험 물리력 행사
대상자가 경찰관 또는 제3자에 대해 신체적 위해를 가하는 상태

대상자가 경찰관에게 폭력을 행사하려는 자세를 취하여 그 행사가 임박한 상태, 주먹·발 등을 사용해서 경찰관에 대해 신체적 위해를 초래하고 있거나 임박한 상태, 강한 힘으로 경찰관을 밀거나 잡아당기는 등 완력을 사용해 체포에서 벗어나려고 하는 상태

5. 치명적 공격: 고위험 물리력 행사
대상자가 경찰관 또는 제3자에 대해 사망 또는 심각한 부상을 초래할 수 있는 행위를 하는 상태
총기류(공기총·엽총·사제권총 등), 흉기(칼·도끼·낫 등), 둔기(망치·쇠파이프 등)를 이용하여 경찰관, 제3자에 대해 위력을 행사하고 있거나 위해 발생이 임박한 경우, 경찰관이나 제3자의 목을 세게 조르거나 무차별 폭행하는 등 생명·신체에 대해 중대한 위해가 발생할 정도의 위험한 폭력을 행사하는 경우

(2) 경찰 물리력 사용의 정도

경찰관은 비례의 원칙에 입각하여 대상자의 행위에 따라 물리력 수준을 협조적 통제, 접촉 통제, 저위험 물리력, 중위험 물리력, 고위험 물리력 등 다섯 단계로 구별하여 대응한다.[44]

3. 사용교육

각 경찰기관의 장은 효율적인 경찰장비의 사용 및 관리를 위하여 소속 전 경찰관을 대상으로 매 분기별 2시간 이상 장비사용 교육을 실시하여야 한다.

장비교육은 경찰장비의 구조·성능 및 해당 장비 사용과 관련된 법령·판례, 책임성 등의 내용으로 구성한다.

특별관리대상 장비에 대한 특별장비 안전교육은 이 교육시간에 포함된다.

Ⅲ. 경찰장비의 사용방법

1. 경찰장구

1) 수갑

수갑은 대상자의 동작이 자유롭지 못하도록 대상자의 양쪽 손목에 걸쳐서 채

---

44 경찰 물리력 행사의 기준과 방법에 관한 규칙 2.3.

우는 금속 재질의 장구로 경찰청이 지급 또는 인정한 장비를 말한다.[45]

수갑은 물품관리관에게 지급받아 개인이 관리·운용할 수 있다.[46] 물품관리관은 집중관리하는 수갑 중 일부를 피의자 호송용으로 사용하기 위하여 유치장을 관장하는 주무과장(유치인보호주무자)에게 대여하여 유치인보호주무자의 책임하에 관리하도록 할 수 있다.

물품관리관은 반기 1회 이상 수갑의 보유현황을 점검하여야 한다.

(1) 수갑 사용 요건

뒷수갑 사용 요건은 다음과 같다.[47]

> ❶ 경찰관은 대상자의 언행, 현장상황 등을 종합적으로 고려하여 도주, 폭행, 소요, 자해 등의 위험이 있는 경우 수갑을 사용할 수 있으며, 그 우려가 높다고 판단되는 경우 뒷수갑을 사용할 수 있다.
> ❷ 경찰관은 뒷수갑 상태로 대상자를 이동시키는 경우 팔짱을 끼고 동행하는 등 도주 및 안전사고 예방을 위한 적절한 조치를 취하여야 한다.

(2) 수갑 사용 유의 사항

경찰관은 대상자의 움직임으로 수갑이 조여지거나 일부러 조이는 행위를 예방하기 위해 수갑의 이중 잠금장치를 사용하여야 한다. 다만, 대상자의 항거 등으로 사용이 곤란한 경우에는 사용하지 않을 수 있다. 또한 경찰관은 대상자의 신체적 장애, 질병, 신체상태로 인하여 수갑을 사용하는 것이 불합리하다고 판단되는 경우에는 수갑을 사용하지 않을 수 있다.

경찰관은 대상자가 수갑으로 인한 고통을 호소하는 경우 수갑 착용 상태를 확인하여 재착용, 앞수갑 사용, 한손 수갑 사용 등 적절한 조치를 취하여야 한다. 경찰관은 급박한 상황에서 수갑이 없거나 사용이 불가능한 경우 예외적으로 경찰혁대 등을 수갑 대용으로 사용할 수 있다.

---

45 경찰 물리력 행사의 기준과 방법에 관한 규칙 3.4.

46 경찰장비관리규칙 제76조.

47 경찰 물리력 행사의 기준과 방법에 관한 규칙 3.4.2.

2) 포승, 호송용 포승

포승, 호송용 포승은 운용부서에서 운용부서장의 책임 하에 관리 · 운용한다.[48] 경찰관이 직무수행을 위하여 포승, 호송용 포승 등을 사용할 경우에는 과도한 사용으로 상대방에게 불필요한 상처 등을 입히지 않도록 주의하여야 한다.

난동 피고인 제지 및 자해방지 목적 경찰장구 사용은 적법

대법원 2018.7.12. 선고 2018도6219 판결

피고인이 메트암페타민(일명 '필로폰')을 투약하였다는 마약류 관리에 관한 법률 위반(향정) 혐의에 관하여, 피고인의 소변(30cc), 모발(약 80수), 마약류 불법사용 도구 등에 대한 압수·수색·검증영장을 발부받은 다음 경찰관이 피고인의 주거지를 수색하여 사용 흔적이 있는 주사기 4개를 압수하고, 위 영장에 따라 3시간가량 소변과 모발을 제출하도록 설득하였음에도 피고인이 계속 거부하면서 자해를 하자 이를 제압하고 수갑과 포승을 채운 뒤 강제로 병원 응급실로 데리고 가 응급구조사로 하여금 피고인의 신체에서 소변(30cc)을 채취하도록 하여 이를 압수한 사안에서, 피고인에 대한 피의사실이 중대하고 객관적 사실에 근거한 명백한 범죄 혐의가 있었다고 보이고,

경찰관의 장시간에 걸친 설득에도 피고인이 소변의 임의 제출을 거부하면서 판사가 적법하게 발부한 압수영장의 집행에 저항하자 경찰관이 다른 방법으로 수사 목적을 달성하기 곤란하다고 판단하여 강제로 피고인을 소변 채취에 적합한 장소인 인근 병원 응급실로 데리고 가 의사의 지시를 받은 응급구조사로 하여금 피고인의 신체에서 소변을 채취하도록 하였으며, 그 과정에서 피고인에 대한 강제력의 행사가 필요 최소한도를 벗어나지 않았으므로, 경찰관의 조치는 형사소송법 제219조, 제120조 제1항에서 정한 '압수영장의 집행에 필요한 처분'으로서 허용되고,

한편 경찰관이 압수영장을 집행하기 위하여 피고인을 병원 응급실로 데리고 가는 과정에서 공무집행에 항거하는 피고인을 제지하고 자해 위험을 방지하기 위해 수갑과 포승을 사용한 것은 경찰관 직무집행법에 따라 허용되는 경찰장구의 사용으로서 적법하다는 이유로, 같은 취지에서 피고인의 소변에 대한 압수영장 집행이 적법하다고 본 원심판단을 수긍한 사례.

48 경찰장비관리규칙 제77조.

3) 경찰봉, 호신용경봉

경찰봉은 강화 플라스틱, 나무 또는 금속으로 제작된 원통형 막대기로서 경찰청이 지급 또는 인정한 장비를 말한다.[49]

경찰봉, 호신용경봉은 물품관리관의 책임 하에 집중관리한다.[50] 다만, 운용부서에 대여하여 그 부서장의 책임 하에 관리·운용하게 할 수 있다. 지구대 등에서 관리·운용하는 경찰봉, 호신용경봉은 지역경찰관리자의 책임하에 관리·운용한다.

경찰관이 직무수행을 위하여 경찰봉, 호신용경봉을 사용할 경우에는 다음의 안전수칙을 준수하여야 한다.

(1) 격리도구로서의 경찰봉 사용

경찰관은 '소극적 저항' 이상인 상태의 대상자에게 경찰봉을 대상자의 신체에 안전하게 밀착한 상태로 밀거나 끌어당길 수 있다.

(2) 중위험 물리력으로서의 경찰봉 사용

1. 경찰관은 '폭력적 저항' 이상인 상태의 대상자의 신체를 경찰봉으로 찌르거나 가격할 수 있다. 이 경우 가급적 대상자의 머리, 얼굴, 목, 흉부, 복부 등 신체 중요 부위를 피하여야 한다.
2. 경찰관은 현행범 또는 사형·무기 또는 장기 3년 이상의 징역이나 금고에 해당하는 죄를 범한 대상자가 도주하는 경우 체포를 위해서 경찰봉으로 찌르거나 가격할 수 있다. 이 경우 가급적 신체 중요 부위를 피하여야 한다.

(3) 고위험 물리력으로서의 경찰봉 사용

1. 경찰봉 이외의 여타 모든 경찰 물리력 사용이 불가능하거나 무력화된 상태에서 형법상 정당방위 또는 긴급피난의 요건을 충족하는 경우 경찰관은 최후의 수단으로서 경찰봉으로 대상자의 신체 중요 부위 또는 급소 부위를 찌르거나 가격할 수 있다.
2. 경찰관이 경찰봉을 '고위험 물리력'으로 사용할 수밖에 없는 불가피한 경우에는 권총 사용 한계를 따른다.

---

49 경찰 물리력 행사의 기준과 방법에 관한 규칙 3.5.1.

50 경찰장비관리규칙 제78조.

4) 전자충격기

전자충격기는 물품관리관의 책임 하에 집중관리함을 원칙으로 하나, 운용부서가 그 부서장의 책임하에 관리·운용할 수 있다.[51]

전자충격기란 사람의 신체에 전류를 방류하여 대상자 근육의 일시적 마비를 일으킴으로써 대상자의 활동을 일시적으로 곤란하게 할 수 있는 기기로서 경찰청이 지급 또는 인정한 장비를 말한다.[52]

전자충격기는 대상자 신체에 대해 직접 접촉하여 사용하는 스턴 방식과 대상자 신체에 대해 직접 발사하여 사용하는 전극침 발사 방식이 있다.

경찰관은 '폭력적 공격' 이상인 상태의 대상자 및 경찰관은 현행범 또는 사형·무기 또는 장기 3년 이상의 징역이나 금고에 해당하는 죄를 범한 대상자가 도주하는 경우 체포를 위해서 전자충격기를 사용할 수 있다.

경찰관은 정당방위나 긴급피난의 요건이 충족되지 않는 한, 다음 어느 하나에 해당하는 상황에서는 전자충격기를 사용하여서는 아니 된다.

1. 대상자 주변에 가연성 액체(휘발유, 신나 등)나 가스누출, 유증기가 있어 전기 불꽃으로 인한 화재·폭발의 위험성이 있는 상황
2. 대상자가 계단, 난간 등 높은 곳에 위치하거나 차량·기계류를 운전하고 있는 상황
3. 대상자가 하천, 욕조 등의 부근에 있거나, 폭우 등으로 주변이 모두 물에 젖은 상황
4. 대상자가 14세 미만 또는 임산부인 경우
5. 대상자가 수갑 또는 포승으로 결박되어 있는 경우(다만, '폭력적 공격' 이상인 상태의 대상자로 인해 경찰관 또는 제3자에 대한 신체적 위해 발생 가능성 있는 경우는 제외)
6. 대상자의 '저항' 상태가 장시간 지속될 뿐 이를 즉시 중단시켜야 할 정도로 급박하거나 위험하지 않은 상황
7. 경찰관이 대상자가 갖고 있는 신체적·정신적 장애로 인하여 전자충격기 사용 시 상당한 수준의 2차적 부상 또는 후유증이 발생할 가능성을 인지한 경우(다만, 대상자의 저항 정도가 '고위험 물리력'을 사용할 수밖에 없는 상황은 제외)

51 경찰장비관리규칙 제79조.

52 경찰 물리력 행사의 기준과 방법에 관한 규칙 3.8.

8. 대상자가 증거나 물건을 자신의 입 안으로 넣어 삼켰거나 삼키려 하여 질식할 수 있는 상황

경찰관이 전자충격기를 사용할 경우 다음의 사항을 유의하여야 한다.

1. 경찰관은 근무 시작 전 전자충격기의 배터리 충전 여부와 전기 불꽃 작동 상태를 반드시 확인하여야 한다.
2. 경찰관은 공무수행에 필요하다고 믿을 만한 상황이 아닌 경우에는 전자충격기를 뽑아 들거나 다른 사람을 향하도록 하여서는 아니 되며, 반드시 전자충격기집에 휴대하여야 한다.
3. 경찰관은 전자충격기 사용 필요성이 인정되고 시간적 여유가 있는 경우에는 신속히 이 사실을 직근상급 감독자에게 보고하고, 동료 경찰관에게 전파하여야 한다. 이를 인지한 직근상급 감독자는 필요한 지휘를 하여야 한다.
4. 경찰관이 대상자에게 전자충격기 전극침을 발사하는 경우에는 사전 구두 경고를 하여야 한다. 다만, 현장상황이 급박한 경우에는 생략할 수 있다.
5. 경찰관이 사람을 향해 전자충격기를 사용하는 경우에는 적정사거리(3~4.5m)에서 후면부(후두부 제외)나 전면부의 흉골 이하(안면, 심장, 급소 부위 제외)를 조준하여야 한다. 다만, 대상자가 두껍거나 헐렁한 상의를 착용하여 전극침의 효과가 없다고 판단되는 경우 대상자의 하체를 조준하여야 한다.
6. 경찰관은 전자충격기 전극침 불발, 명중 실패, 효과 미발생 시 예상되는 대상자의 추가적인 공격에 대한 적절한 대비책(스턴 방식 사용, 경찰봉 사용 준비, 동료 경찰관의 물리력 사용 태세 완비, 경력 지원 요청 등)을 미리 준비하여야 한다.
7. 전자충격기 전극침이 대상자에 명중한 경우에는 필요 이상의 전류가 흐르지 않도록 즉시 방아쇠로부터 손가락을 떼야하며, 1 사용주기(방아쇠를 1회 당겼을 때 전자파장이 지속되는 시간)가 경과한 후 대상자의 상태, 저항 정도를 확인하여 추가적인 전자충격을 줄 필요가 있다고 판단되는 경우 다시 방아쇠를 당겨 사용할 수 있다.
8. 한 명의 대상자에게 동시에 두 대 이상의 전자충격기 전극침을 발사하거나 스턴 기능을 사용해서는 아니 된다.
9. 수갑을 사용 하는 경우, 먼저 전자충격기를 전자충격기집에 원위치 시킨 이후 양손으로 시도하여야 한다. 전자충격기를 파지한 상태에서 다른 한 손으로 수갑을 사용할 수밖에 없는 불가피한 상황에서는 안전사고 및 전자충격기 피탈방지에 각별히 유의하여야 한다.

5) 방패, 전자방패

방패는 강화 플라스틱 또는 금속으로 제작된 판으로서 경찰청이 지급 또는 인정한 장비를 말한다.[53]

방패, 전자방패는 각급 경찰기관의 보관시설에 집중관리함을 원칙으로 한다. 다만, 신속한 출동을 위해 출동버스에 보관할 수 있다.

경찰관은 위험의 정도에 따라 방패 사용을 달리하여야 한다. 방패 사용 한계 및 유의사항은 다음과 같다.[54]

(1) 격리도구로서의 방패 사용

경찰관은 '소극적 저항' 이상인 상태의 대상자에게 방패를 대상자의 신체에 안전하게 밀착한 상태로 밀 수 있다.

(2) 중위험 물리력으로서의 방패 사용

1. 경찰관은 대상자의 '폭력적 저항' 이상인 상태의 대상자에 대해 방패로 강하게 압박 또는 세게 밀 수 있다.
2. 경찰관은 현행범 또는 사형·무기 또는 장기 3년 이상의 징역이나 금고에 해당하는 죄를 범한 범인이 도주하는 경우 체포를 위해 방패로 막거나 세게 밀 수 있다.

(3) 고위험 물리력으로서의 방패 사용

1. 방패 이외의 여타 모든 경찰 물리력 사용이 불가능하거나 무력화된 상태에서 형법상 정당방위 또는 긴급피난의 요건을 충족하는 경우 경찰관은 최후의 수단으로서 방패를 '고위험 물리력'으로 활용하여 대상자의 신체를 가격할 수 있다.
2. 경찰관이 방패를 '고위험 물리력'으로 사용할 수밖에 없는 불가피한 경우에는 권총 사용 한계를 따른다.

---

53 경찰 물리력 행사의 기준과 방법에 관한 규칙 3.6.

54 경찰 물리력 행사의 기준과 방법에 관한 규칙 3.6.2.

2. 안전 · 보호장비

1) 구 분

안전 · 보호장비는 직무수행시 안전을 위해 착용 또는 휴대하는 장비로서, 다음과 같이 구분한다.[55]

1. 착용장비: 방석모, 진압복, 방독면, 호신용조끼, 방검장갑, 방탄복, 방탄헬멧 등
2. 휴대장비: 개인소화기, 휴대용소화기, 소화포, 후레쉬봉, 안전경고등, 안전매트 등

2) 보급대상

안전 · 보호장비는 상설부대(기동대 · 방범순찰대 · 내륙전경대), 비상설부대(1 · 7단위부대 등), 교육중대, 외근형사 · 지구대 기타 경찰청장이 필요하다고 지정한 부대 및 경찰관을 대상으로 보급한다.

3) 관 리

안전 · 보호장비 중 공용관리 대상장비는 독립된 창고에 보관하여야 하며, 개인지급품은 개인이 개별 보관할 수 있다.

3. 기동장비 등

1) 구 분

기동장비 등은 다음과 같은 것을 말한다.[56]

1. 기동장비: 차량, 항공기, 선박, 자전거
2. 차량: 자동차와 원동기를 장치한 이륜차
3. 항공: 경찰항공대에서 관리 · 운용하는 헬리콥터
4. 선박: 범죄예방 업무수행을 위하여 운영되는 순찰정
5. 차량정수: 경찰기관별로 인가되어 정하여진 차량의 수

55 경찰장비관리규칙 제83조 – 제86조.

56 경찰장비관리규칙 제87조 – 97조.

2) 특수진압차, 가스차, 살수차의 특별관리

각급 경찰기관의 장은 특수진압차, 가스차, 살수차 등 사람의 생명·신체에 위해를 가할 우려가 있는 장비는 특별한 관리를 하여야 한다.

특수진압차는 최루탄 발사대의 각도가 15도 이상인지 확인 후 사용해야 하며, 가스액류는 화기에 주의한다.

가스차는 최루탄 발사대의 발사각도가 15도 이상에서 발사되는지 확인 후 사용하며, 다연발탄 발사시는 시위대 상공으로 발사한다. 최루액과 연막액은 3:1로 혼합하여 사용하는 것을 원칙으로 한다. 또한 가스차는 항상 진압부대의 보호 속에서 운용되어야 하며 후진시에는 유도요원의 유도에 따라 운용한다.

살수차는 사용하기 전에 경고방송과 경고살수를 통하여 자진해산을 유도하여야 한다. 살수차 사용시 시위대의 거리와 수압 등은 제반 현장상황을 고려하여 집회시위관리에 필요한 최소한도로 하여야 한다.

4. 무기류

1) 구 분

무기류는 다음과 같이 구분한다.[57]

1. 무기류: 인명 또는 신체에 위해를 가할 수 있도록 제작된 권총·소총·도검 등
2. 개인화기: 권총·소총(자동소총 및 기관단총을 포함) 등 개인이 운용하는 장비
3. 공용화기: 유탄발사기·중기관총·박격포·저격총·산탄총·로프발사총·다목적발사기(고폭탄을 사용하는 경우)·물발사분쇄기·석궁 등 부대단위로 운용되는 장비

2) 무기와 실탄의 대여기준

경찰기관의 장이 평상시에 소속경찰관에게 무기의 실탄을 대여할 때에는 다음 기준에 따라야 한다. 다만, 기능별 임무나 상황에 따라 소총은 정당 실탄 20발 이내, 권총은 정당 실탄 8발 이내로 가감할 수 있다.

57 경찰장비관리규칙 제112조–제128조.

3) 무기·탄약의 회수 및 보관

(1) 필수적 회수 및 보관 대상

경찰기관의 장은 무기를 휴대한 자 중에서 다음의 경우에는 즉시 대여한 무기·탄약을 회수하여야 한다.

1. 직무상의 비위 등으로 인하여 징계대상이 된 자
2. 형사사건의 조사의 대상이 된 자
3. 사의를 표명한 자

(2) 재량적 회수 및 보관 대상

경찰기관의 장은 무기를 휴대한 자 중에서 다음의 경우에는 무기소지적격심의위원회의 결정에 따라 대여한 무기·탄약을 회수할 수 있다.

1. 평소에 불평이 심하고 염세비관하는 자
2. 주벽이 심한 자
3. 변태성벽이 있는 자
4. 가정환경이 불화한 자
5. 기타 경찰기관의 장이 부적합하다고 판단한 자

무기소지적격심의회는 무기·탄약 회수 대상자에 해당하는지 여부 및 회수의 해제 여부를 심의하기 위하여 각급 경찰기관의 장 소속 하에 두며, 총 5명 이상 7명 이내의 위원으로 성별을 고려하여 구성하되, 정신건강 분야에 관한 전문성을 갖춘 사람으로서 심의 대상자 소속 경찰기관의 장이 위촉하는 민간위원 1명 이상이 포함되어야 한다. 내부위원은 소속 경찰기관의 장이 지명한다.[58]

(3) 무기고 보관명령 대상자

경찰기관의 장은 무기를 휴대한 자 중에서 다음에 해당하는 경우에는 대여한 무기·탄약을 무기고에 보관하도록 하여야 한다.

58 경찰장비관리규칙 제120조의2.

1. 술자리 또는 연회장소에 출입할 경우
2. 상사의 사무실을 출입할 경우
3. 기타 정황을 판단하여 필요하다고 인정되는 경우

4) 무기·탄약 취급상의 안전관리

경찰관은 권총·소총 등 총기를 휴대·사용하는 경우 다음의 안전수칙을 준수하여야 한다.

(1) 권 총

권총은 한 손으로 다룰 수 있는 짧고 작은 총으로서 경찰청이 지급 또는 인정한 무기를 말한다.[59]

총구는 공중 또는 지면(안전지역)을 향하며, 실탄 장전시 반드시 안전장치(방아쇠울에 설치 사용)를 장착한다. 1탄은 공포탄, 2탄 이하는 실탄을 장전한다. 다만, 대간첩작전, 살인 강도 등 중요범인이나 무기·흉기 등을 사용하는 범인의 체포 및 위해의 방호를 위하여 불가피한 경우에 1탄부터 실탄을 장전할 수 있다. 조준시는 대퇴부 이하를 향한다.[60]

경찰관이 권총을 사용할 수 있는 경우는 다음과 같다.[61]

1. 대상자가 경찰관이나 제3자의 생명·신체에 대한 급박하고 중대한 위해를 야기하거나, 위해 발생이 임박한 경우 권총 이외의 수단으로서는 이를 제지할 수 없는 상황인 경우
2. 사형·무기 또는 장기 3년 이상의 징역이나 금고에 해당하는 죄를 저질렀거나 저지르고 있다고 믿을 만한 상당한 이유가 있는 대상자가 도주하면서 경찰관 또는 제3자의 생명·신체에 대한 급박하고 중대한 위해를 야기하거나, 그 위해 발생이 임박한 경우 권총 이외의 수단으로서는 이를 제지할 수 없는 상황에 한하여 체포를 위해

경찰관이 권총을 사용해서는 안 되는 경우는 다음과 같다.

59 경찰 물리력 행사의 기준과 방법에 관한 규칙 3.9.

60 경찰장비관리규칙 제123조.

61 경찰 물리력 행사의 기준과 방법에 관한 규칙 3.9.2.

1. 대상자가 경찰관 자신이나 제3자의 생명·신체에 대한 중대하고 급박한 위해를 야기하지 않고 단순히 도주하는 경우에 오로지 체포나 도주방지 목적
2. 오로지 대상자 본인의 생명·신체에 대해서만 급박하고 중대한 위해를 야기하는 경우 이를 제지할 목적
3. 경찰관은 오로지 재산만을 보호할 목적
4. 대상자에게 단순히 경고를 하거나 겁을 줄 목적 또는 주의를 환기시킬 목적
5. 대상자 이외의 제3자의 생명·신체에 대한 위해가 예상되는 경우(다만, 권총을 사용하지 아니하고는 타인 또는 경찰관의 생명에 대한 중대한 위험을 방지할 수 없다고 인정되는 등 긴급피난의 요건을 충족하는 경우 필요최소한의 범위 내에서 사용할 수 있다)
6. 경찰관이 움직이는 차량에 탑승한 상태에서 권총 실탄을 발사하는 행위(다만, 대상자가 경찰관 또는 제3자를 향해 차량으로 돌진하는 경우와 같이 형법상 정당방위 또는 긴급피난의 요건을 충족하는 경우는 제외)
7. 경찰관이 움직이는 차량을 정지시키기 위해 권총 실탄을 발사하는 행위(다만, 대상자가 경찰관 또는 제3자를 향해 차량으로 돌진하는 경우와 같이 형법상 정당방위 또는 긴급피난의 요건을 충족하는 경우는 제외)
8. 14세 미만의 자 또는 임산부에 대한 권총 사용(다만, 대상자가 총기 또는 폭발물을 가지고 대항하여 권총을 사용하지 아니하고는 타인 또는 경찰관의 생명·신체에 대한 중대한 위험을 방지할 수 없다고 인정되는 경우는 제외)

경찰관이 권총을 사용할 경우 다음에 유의하여야 한다.[62]

1. 경찰관은 공무수행 중 필요하다고 믿을 만한 경우가 아닌 경우에는 권총을 뽑아 들거나 다른 사람을 향하도록 하여서는 안 되며, 반드시 권총을 권총집에 휴대하여야 한다.
2. 권총 장전 시 반드시 안전고무(안전장치)를 장착한다.
3. 경찰관은 권총 사용의 필요성이 인정되고 시간적 여유가 있는 경우에는 신속히 이 사실을 직근상급 감독자에게 보고하고, 동료 경찰관에게 전파하여야 한다. 이를 인지한 직근상급 감독자는 신속히 현장으로 진출하여 지휘하여야 한다.
4. 경찰관이 권총을 뽑아드는 경우, 격발 순간을 제외하고는 항상 검지를 방아쇠울에서 빼 곧게 뻗어 실린더 밑 총신에 일자로 대는 '검지 뻗기' 상태를 유지하여 의도하지 않은 격발을 방지하여야 한다.
5. 경찰관이 권총집에서 권총을 뽑은 상태에서 사격을 하지 않는 경우, 총구는 항상 지면

62 경찰 물리력 행사의 기준과 방법에 관한 규칙 3.9.3.

또는 공중을 향하게 하여야 한다.

6. 경찰관은 사람을 향하여 권총을 발사하고자 하는 때에는 사전 구두 경고를 하거나 공포탄으로 경고하여야 한다. 다만, 현장상황이 급박하여 대상자에게 경고할 시간적 여유가 없는 경우나 인질·간첩 또는 테러사건에 있어서 은밀히 작전을 수행하는 경우 등 부득이한 때에는 생략할 수 있다.
7. 경찰관이 공포탄 또는 실탄으로 경고 사격을 하는 때는 경찰관의 발 앞쪽 70도에서 90도 사이 각도의 지면 또는 장애물이 없는 허공을 향하여야 한다.
8. 경찰관은 사람을 향해 권총을 조준하는 경우에는 가급적 대퇴부 이하 등 상해 최소 부위를 향한다.
9. 경찰관이 리볼버 권총을 사용하는 경우 안전을 위해 가급적 복동식 격발 방법을 사용하여야 하며, 단동식 격발 방법을 사용하는 경우 격발에 근접한 때가 아닌 한 권총의 공이치기를 미리 젖혀놓지 않도록 하여야 한다.
10. 수갑을 사용하는 경우, 먼저 권총을 권총집에 원위치 시킨 이후 양손으로 시도하여야 한다. 권총을 파지한 상태에서 다른 한 손으로 수갑을 사용할 수밖에 없는 불가피한 상황에서는 오발 사고 및 권총 피탈 방지에 각별히 유의하여야 한다.

(2) 소총, 기관총, 유탄발사기

실탄은 분리 휴대하며, 실탄 장전시 조정간을 안전위치로 한다. 사용 후 보관시 약실과 총강을 점검한다. 노리쇠 뭉치나 구성품은 다른 총기의 부품과 교환하지 않도록 한다. 공포 탄약은 총구에서 6m 이내의 사람을 향해 사격해서는 아니 된다.

(3) 수류탄, 탄약

수류탄을 투척할 경우 항상 철모를 착용하며, 실탄 및 폭발류 등을 임의로 변형해서는 안 된다. 수류탄 등은 투척준비가 될 때까지는 안전핀을 뽑아서는 안 되며, 마찰 및 충격을 가해서도 안 된다. 불발탄 발생시 폭발물처리반에 인계하여야 한다.

(4) 석 궁

사격 목적 이외에 화살을 장전하지 않도록 한다. 화살의 장착유무를 막론하고 사격목표 이외에 겨냥하지 않도록 한다. 석궁을 놓아둘 때에는 반드시 장전을 해제하여야 한다. 화살의 방향은 언제나 지면을 향해야 한다. 공중을 향해 사격하지 않는다.

(5) 다목적 발사기

휴대시 안전자물쇠 안전위치를 확인해야 하며, 안전위치에서 격발여부를 확인하여야 한다. 안전자물쇠가 안전위치임을 확인한 뒤에 실탄을 장전한다.

(6) 물발사분쇄기

특별한 경우를 제외하고는 폭발물처리 목적에만 사용하여야 한다. 보호벽을 설치하고 사용하여야 한다.

5) 무기의 사용대상

경찰관은 범인의 체포, 범인의 도주 방지, 자신이나 다른 사람의 생명 · 신체의 방어 및 보호, 공무집행에 대한 항거의 제지를 위하여 필요하다고 인정되는 상당한 이유가 있을 때에는 그 사태를 합리적으로 판단하여 필요한 한도에서 무기를 사용할 수 있다. 다만, 다음의 어느 하나에 해당할 때를 제외하고는 사람에게 위해를 끼쳐서는 아니 된다.[63]

1. 「형법」에 규정된 정당방위와 긴급피난에 해당할 때
2. 다음의 어느 하나에 해당하는 때에 그 행위를 방지하거나 그 행위자를 체포하기 위하여 무기를 사용하지 아니하고는 다른 수단이 없다고 인정되는 상당한 이유가 있을 때
   - 사형·무기 또는 장기 3년 이상의 징역이나 금고에 해당하는 죄를 범하거나 범하였다고 의심할 만한 충분한 이유가 있는 사람이 경찰관의 직무집행에 항거하거나 도주하려고 할 때
   - 체포·구속영장과 압수·수색영장을 집행하는 과정에서 경찰관의 직무집행에 항거하거나 도주하려고 할 때
   - 제3자가 이상에 해당하는 사람을 도주시키려고 경찰관에게 항거할 때
   - 범인이나 소요를 일으킨 사람이 무기·흉기 등 위험한 물건을 지니고 경찰관으로부터 3회 이상 물건을 버리라는 명령이나 항복하라는 명령을 받고도 따르지 아니하면서 계속 항거할 때
3. 대간첩 작전 수행 과정에서 무장간첩이 항복하라는 경찰관의 명령을 받고도 따르지 아니할 때

63 경찰관 직무집행법 제10조의4.

5. 최루제 및 그 발사장치

1) 구 분

최루장비 등은 최루장비, 분사기, 가스발사총, 최루탄발사기를 말한다.[64]

1. 분사기: 스프레이형·총포형·삼단봉(경봉)형·근접분사기형·배낭형·유색분사형 등
2. 가스발사총: 가스발사권총·고무탄 겸용가스발사권총 등
3. 최루탄발사기(장전탄통 포함)
4. 기타 최루탄류

2) 최루장비의 안전관리

경찰관은 최루탄발사기, 분사기 등 최루장비를 휴대·사용하는 경우 다음의 안전수칙을 준수하여야 한다.

(1) 최루탄발사기

현장 지휘관의 지휘에 따라 발사하되 인화성 물질에 발사해서는 아니 된다. 밀폐된 공간에서는 사용을 피해야 한다.

최루탄 발사기는 30도 미만 각도에서 방아쇠가 격발되지 않도록 한다(30도 이상 발사). 최루탄은 물 또는 습기에 젖어 있는지 확인 후 이상이 없을 때에만 사용한다.

(2) 분사기

분사기는 사람의 활동을 일시적으로 곤란하게 하는 최루 또는 자극 등의 작용제를 내장된 압축가스의 힘으로 분사할 수 있는 기기로서 경찰청이 지급 또는 인정한 장비를 말한다.

분사기 사용 한계 및 유의사항은 다음과 같다.[65]

① 분사기 사용 요건

다음과 같은 경우에 분사기를 사용할 수 있다.

64 경찰장비관리규칙 제129조－제135조.

65 경찰 물리력 행사의 기준과 방법에 관한 규칙 3.7.2.

1. 경찰관은 '적극적 저항' 이상인 상태의 대상자에 대해 다른 저위험 물리력 이하의 수단으로 제압이 어렵고, 경찰관이나 대상자의 부상 등의 방지를 위해 필요하다고 판단되는 경우
2. 범인의 도주방지를 위해

경찰관이 사람을 향하여 분사기를 발사하는 경우에는 사전 구두 경고를 하여야 한다. 다만, 현장상황이 급박한 경우에는 생략할 수 있다.

② 분사기 사용 제한 요건

경찰관은 정당방위나 긴급피난의 요건이 충족되지 않는 한, 다음 어느 하나에 해당하는 상황에서는 분사기를 사용하여서는 아니 된다.

1. 밀폐된 공간에서의 사용(다만, 경찰 순찰차의 운행을 방해하는 대상자를 제압하기 위해 다른 물리력 사용이 불가능한 경우는 제외)
2. 대상자가 수갑 또는 포승으로 결박되어 있는 경우(다만, 대상자의 행위로 인해 경찰관 또는 제3자에 대한 신체적 위해 발생 가능성 있는 경우는 제외)
3. 대상자의 '소극적 저항' 상태가 장시간 지속될 뿐 이를 즉시 중단시켜야 할 정도로 급박하거나 위험하지 않은 상황
4. 경찰관이 대상자가 14세미만이거나 임산부 또는 호흡기 질환을 가지고 있음을 인지한 경우(다만, 대상자의 저항 정도가 고위험 물리력을 사용할 수밖에 없는 상황은 제외)

(3) 가스발사총(고무탄발사 포함)

1m 이내의 거리에서 발사해서는 아니 된다. 사용시에는 반드시 안전장치 확인 후 발사하여야 한다. 밀폐된 공간에서의 사용을 자제해야 한다.

Ⅳ. 사후조치

1. 부상자 확인 및 조치

경찰관이 대상자에게 신체접촉을 동반하는 물리력을 사용한 경우에는 반드시 대상자의 부상 여부를 즉시 확인하고, 부상 발생 시에는 지체없이 의료진 호출, 응급조치 실시, 대상자 병원 후송, 직근상급 감독자 보고 등의 긴급조치를 취하여야 한다.[66]

---

66 경찰 물리력 행사의 기준과 방법에 관한 규칙 4.1.

이 사실을 보고받은 직근상급 감독자는 즉시 현장으로 진출하여 물리력 사용 및 부상 경위 파악, 현장 보존, 목격자 확보 등 필요한 후속조치를 취하여야 한다.

대상자 병원 후송 시에는 지체없이 대상자의 보호자 등에 해당 사실을 통지하여야 한다.

2. 장비의 사용 보고

경찰관이 권총, 전자충격기(스턴 방식 사용 포함), 분사기, '중위험 물리력' 이상의 경찰봉·방패, 기타 사람에게 위해를 끼칠 수 있는 장비를 사용한 경우 신속히 사용보고서를 작성하여 소속기관의 장에게 보고하여야 한다.[67]

수갑을 사용한 때에는 일시·장소·사용경위·사용방식·사용시간 등을 근무일지 또는 수사보고서에 기재하여야 한다.

수갑 또는 신체적 물리력을 사용하여 대상자에게 부상이 발생한 경우 사용보고서를 작성하여 보고하여야 한다.

3. 생명·신체 침해 발생시 보고

특별관리대상 장비의 사용결과 사람의 생명·신체에 대하여 중대한 침해가 발생한 경우에는 일시, 장소, 사용자, 피해자, 종류, 수량, 사용 경위, 피해상황, 사후조치 등을 지체없이 소속기관의 장에게 보고하여야 한다.

4. 경찰청장에의 보고

경찰관이 권총을 사용한 경우 또는 권총 이외의 물리력 수단을 사용하여 대상자에게 사망 또는 심각한 부상이 발생한 경우 소속기관의 장은 그 내용을 상급 경찰기관의 장을 경유하여 경찰청장에게 보고하여야 한다.

67 경찰장비관리규칙 제168조, 경찰관 직무집행법에 의한 직무집행시의 보고절차 규칙 제10조－제11조, 경찰 물리력 행사의 기준과 방법에 관한 규칙 4.2.

5. 고위험 물리력 사용자에 대한 조치

1) 적절한 조치

경찰기관의 장은 소속 경찰관이 권총을 비롯한 '고위험 물리력'을 사용한 경우 해당 경찰관이 명백히 중대한 과실 또는 고의로 권총을 사용하지 않은 이상 육체적, 심리적 안정을 되찾고 향후 관련 조사에 성실히 임하게 할 필요가 있다고 인정되는 때에는 적절한 조치(조사를 위한 공가 허가, 근무 중 휴게 부여, 근무지정 해제, 의료기관·상담기관 연계 등)를 취하여야 한다.

2) 직근상급 감독자의 사용보고서 작성 보고

고위험 물리력을 사용한 경찰관의 육체적, 심리적 안정을 위한 조치를 취하는 경우에는 직근상급 감독자가 물리력 사용 경찰관을 대리하여 사용보고서를 작성, 보고하여야 한다.[68]

제11절 경찰착용기록장치의 사용

Ⅰ. 경찰착용기록장치의 의의

경찰착용기록장치란 경찰관이 신체에 착용 또는 휴대하여 직무수행 과정을 근거리에서 영상·음성으로 기록할 수 있는 기록장치 또는 그 밖에 이와 유사한 기능을 갖춘 기계장치를 말한다.[69]

Ⅱ. 경찰착용기록장치의 사용

경찰관은 다음의 어느 하나에 해당하는 직무 수행을 위하여 필요한 경우에는 필요한 최소한의 범위에서 경찰착용기록장치를 사용할 수 있다.

---

68 경찰 물리력 행사의 기준과 방법에 관한 규칙 4.3.

69 경찰관 직무집행법 제10조의5 제2항.

1. 경찰관이 「형사소송법」 제200조의2, 제200조의3, 제201조 또는 제212조에 따라 피의자를 체포 또는 구속하는 경우
2. 범죄 수사를 위하여 필요한 경우로서 다음의 요건을 모두 갖춘 경우
   - 범행 중이거나 범행 직전 또는 직후일 것
   - 증거보전의 필요성 및 긴급성이 있을 것
3. 제5조제1항(위험 발생의 방지 등)에 따른 인공구조물의 파손이나 붕괴 등의 위험한 사태가 발생한 경우
4. 경찰착용기록장치에 기록되는 대상자로부터 그 기록의 요청 또는 동의를 받은 경우
5. 제4조제1항(보호조치) 각 호에 해당하는 것이 명백하고 응급구호가 필요하다고 믿을 만한 상당한 이유가 있는 경우
6. 제6조(범죄의 예방과 제지)에 따라 사람의 생명 · 신체에 위해를 끼치거나 재산에 중대한 손해를 끼칠 우려가 있는 범죄행위를 긴급하게 예방 및 제지하는 경우
7. 경찰관이 「해양경비법」 제12조 또는 제13조에 따라 해상검문검색 또는 추적 · 나포하는 경우
8. 경찰관이 「수상에서의 수색 · 구조 등에 관한 법률」에 따라 같은 법 제2조제4호의 수난구호 업무 시 수색 또는 구조를 하는 경우
9. 그 밖에 제1호부터 제8호까지에 준하는 경우로서 대통령령으로 정하는 경우

Ⅲ. 경찰착용기록장치의 사용 고지 등

1. 사용고지

경찰관이 경찰착용기록장치를 사용하여 기록하는 경우로서 이동형 영상정보처리기기로 사람 또는 그 사람과 관련된 사물의 영상을 촬영하는 때에는 불빛, 소리, 안내판 등 대통령령으로 정하는 바에 따라 촬영 사실을 표시하고 알려야 한다.[70]

불가피하게 고지가 곤란한 경우에는 제3항에 따라 영상음성기록을 전송 · 저장하는 때에 그 고지를 못한 사유를 기록하는 것으로 대체할 수 있다.

70 경찰관 직무집행법 제10조의6.

2. 기록의 저장 및 관리

경찰착용기록장치로 기록을 마친 영상음성기록은 지체 없이 영상음성기록정보 관리체계를 이용하여 영상음성기록정보 데이터베이스에 전송·저장하도록 하여야 하며, 영상음성기록을 임의로 편집·복사하거나 삭제하여서는 아니 된다.

Ⅲ. 영상음성기록정보 관리체계의 구축·운영

경찰청장 및 해양경찰청장은 경찰착용기록장치로 기록한 영상·음성을 저장하고 데이터베이스로 관리하는 영상음성기록정보 관리체계를 구축·운영하여야 한다.[71]

제12절 손실보상

Ⅰ. 손실보상의 의의

국가가 경찰관의 적법한 직무집행으로 인하여 손실을 입은 자에 대하여 적정한 보상을 하는 것을 말한다.[72]

Ⅱ. 대상자

1. 손실발생의 원인에 대하여 책임이 없는 자가 재산상의 손실을 입은 경우
2. 손실발생의 원인에 대하여 책임이 없는 자가 경찰관의 직무집행에 자발적으로 협조하거나 물건을 제공하여 재산상의 손실을 입은 경우
3. 손실발생의 원인에 대하여 책임이 있는 자가 자신의 책임에 상응하는 정도를 초과하는 재산상의 손실을 입은 경우

---

71 경찰관 직무집행법 제10조의7.

72 경찰관 직무집행법 제11조의2.

Ⅲ. 청구기간

손실보상을 청구할 수 있는 권리는 손실이 있음을 안 날부터 3년, 손실이 발생한 날부터 5년간 행사하지 아니하면 시효의 완성으로 소멸한다.

Ⅳ. 손실보상심의위원회

손실보상신청 사건을 심의하기 위하여 경찰청, 시·도경찰청에 손실보상심의위원회를 설치한다.[73] 위원회의 사무를 처리하기 위하여 위원회에 간사 1명을 두되, 간사는 소속 경찰공무원 중에서 경찰청장등이 지명한다.

위원회는 위원장 1명을 포함한 5명 이상 7명 이하의 위원으로 구성한다. 위원은 소속 경찰공무원과 다음의 어느 하나에 해당하는 사람 중에서 경찰청장등이 위촉하거나 임명한다. 이 경우 위원의 과반수 이상은 경찰공무원이 아닌 사람으로 하여야 한다. 위촉위원의 임기는 2년으로 한다.

1. 판사·검사 또는 변호사로 5년 이상 근무한 사람
2. 「고등교육법」 제2조에 따른 학교에서 법학 또는 행정학을 가르치는 부교수 이상으로 5년 이상 재직한 사람
3. 경찰 업무와 손실보상에 관하여 학식과 경험이 풍부한 사람

Ⅴ. 손실보상 기준 및 지급절차

1. 손실보상의 기준

손실보상을 할 때 물건을 멸실·훼손한 경우에는 다음의 기준에 따라 보상한다.[74]

73 경찰관 직무집행법 제11조의2, 경찰관 직무집행법 시행령 제9조 – 제17조. 대통령령 제35478호, 2025. 4. 29., 일부개정, 2025. 7. 30. 시행.

74 경찰관 직무집행법 시행령 제9조.

1. 손실을 입은 물건을 수리할 수 있는 경우: 수리비에 상당하는 금액
2. 손실을 입은 물건을 수리할 수 없는 경우: 손실을 입은 당시의 해당 물건의 교환가액
3. 영업자가 손실을 입은 물건의 수리나 교환으로 인하여 영업을 계속할 수 없는 경우: 영업을 계속할 수 없는 기간 중 영업상 이익에 상당하는 금액
4. 물건의 멸실·훼손으로 인한 손실 외의 재산상 손실에 대해서는 직무집행과 상당한 인과관계가 있는 범위에서 보상

손실보상을 할 때 생명·신체상 손실의 경우에는 다음에 따라 보상한다.[75]

1. 사망자의 보상금액 기준
   「의사상자 등 예우 및 지원에 관한 법률 시행령」 제12조제1항에 따라 보건복지부장관이 결정하여 고시하는 금액을 보상한다.
2. 부상등급의 기준
   「의사상자 등 예우 및 지원에 관한 법률 시행령」 제2조 및 별표 1에 따른 부상범위 및 등급을 준용하되, 같은 영 별표 1에 따른 부상 등급 중 제1급부터 제8급까지의 등급에 해당하지 않는 신체상의 손실을 입은 경우에는 부상등급 외의 부상으로 본다.
3. 부상등급별 보상금액 기준
   「의사상자 등 예우 및 지원에 관한 법률 시행령」 제12조제2항 및 별표 2에 따른 의상자의 부상등급별 보상금을 준용하되, 제2호에 따른 부상등급 외의 부상에 대한 보상금액의 기준은 제4호와 같다.
4. 부상등급 외의 부상에 대한 보상금액 기준
   가. 부상등급 외의 부상에 대한 보상금액은 제1호에 따른 보상금의 100분의 5를 최고 한도로 하여 그 범위에서 진료비, 치료비, 수술비, 약제비, 입원비 등 실제로 지출된 의료비를 지급한다.
   나. 가목에도 불구하고 위원회가 최고 한도를 초과하여 보상이 필요하다고 인정하는 경우에는 가목에 따른 최고 한도를 초과하여 실제로 지출된 의료비

75 경찰관 직무집행법 시행령 제9조 제3항 별표.

2. 지급절차

① 청구서 제출

경찰관의 적법한 직무집행으로 인하여 발생한 손실을 보상받으려는 사람은 보상금 지급 청구서에 손실내용과 손실금액을 증명할 수 있는 서류를 첨부하여 손실보상청구 사건 발생지를 관할하는 국가경찰관서의 장에게 제출하여야 한다.[76]

보상금 지급 청구서를 받은 국가경찰관서의 장은 해당 청구서를 관할 손실보상심의위원회가 설치된 경찰청, 시·도경찰청의 장에게 보내야 한다.

② 보상금액 결정

보상금 지급 청구서를 받은 손실보상 결정권자는 특별한 사유가 없으면 보상금 지급 청구서를 받은 날부터 60일 이내에 손실보상심의위원회의 심의·의결에 따라 보상 여부 및 보상금액을 결정해야 한다. 다만, 부득이한 사유로 60일 이내에 결정할 수 없을 때에는 그 기간이 끝나는 날의 다음 날부터 20일의 범위에서 결정기간을 한 차례만 연장할 수 있다.

다만, 다음의 어느 하나에 해당하는 경우에는 그 청구를 각하(却下)하는 결정을 하여야 한다.

1. 청구인이 같은 청구 원인으로 보상신청을 하여 보상금 지급 여부에 대하여 결정을 받은 경우. 다만, 기각 결정을 받은 청구인이 손실을 증명할 수 있는 새로운 증거가 발견되었음을 소명(疎明)하는 경우는 제외한다.
2. 손실보상 청구가 요건과 절차를 갖추지 못한 경우. 다만, 그 잘못된 부분을 시정할 수 있는 경우는 제외한다.

③ 결정 등의 통지

경찰청장등은 결정일부터 10일 이내에 통지서에 그 결정 내용을 적어서 청구인에게 통지하여야 한다.

76 경찰관 직무집행법 시행령 제10조.

1. 보상금을 지급하기로 결정한 경우: 보상금 지급 청구 승인 통지서
2. 보상금 지급 청구를 각하하거나 보상금을 지급하지 아니하기로 결정한 경우: 보상금 지급 청구 기각·각하 통지서

④ **지급원칙**

보상금은 다른 법률에 특별한 규정이 있는 경우를 제외하고는 현금으로 지급하여야 한다. 보상금은 일시불로 지급하되, 예산 부족 등의 사유로 일시금으로 지급할 수 없는 특별한 사정이 있는 경우에는 청구인의 동의를 받아 분할하여 지급할 수 있다.

보상금을 지급받을 사람이 동일한 원인으로 다른 법령에 따라 보상금 등을 지급받은 경우 그 보상금 등에 상당하는 금액을 제외하고 보상금을 지급한다.

Ⅵ. 사후조치

1. 국가경찰위원회에의 보상금 지급 보고

보상금이 지급된 경우 손실보상심의위원회는 국가경찰위원회에 심사자료와 결과를 보고하여야 한다. 이 경우 국가경찰위원회는 손실보상의 적법성 및 적정성 확인을 위하여 필요한 자료의 제출을 요구할 수 있다.[77]

2. 부당한 보상금 환수

경찰청장 또는 시·도경찰청장은 거짓 또는 부정한 방법으로 보상금을 받은 사람에 대하여는 해당 보상금을 환수하여야 한다. 이 경우 정한 기한까지 그 금액을 납부하지 아니한 때에는 국세 체납처분의 예에 따라 징수할 수 있다.

77 경찰관 직무집행법 제11조 제4항 – 제6항.

제13절 범인검거 등 공로자 보상

Ⅰ. 범인검거 등 공로자 보상의 의의

경찰청장, 시·도경찰청장 또는 경찰서장이 일반 시민이 경찰관의 직무수행에 협력하며, 일정한 헌신을 한 경우에 보상금을 지급하는 것을 말한다.[78]

Ⅱ. 대상자

1. 범인 또는 범인의 소재를 신고하여 검거하게 한 사람
2. 범인을 검거하여 경찰공무원에게 인도한 사람
3. 테러범죄의 예방활동에 현저한 공로가 있는 사람
4. 범인의 신원을 특정할 수 있는 정보를 제공한 사람
5. 범죄사실을 입증하는 증거물을 제출한 사람
6. 그 밖에 범인 검거와 관련하여 경찰 수사 활동에 협조한 사람 중 보상금 지급 대상자에 해당한다고 보상금심사위원회가 인정하는 사람

Ⅲ. 보상금 심사 주무부서

경찰관서별 보상금 심사 주무부서는 다음과 같다.

1. 교통사범 및 교통사고 야기도주 사건
- 경찰청: 형사국 강력범죄수사과
- 시·도경찰청: 교통과(교통과가 없는 경우에는 교통안전과, 생활안전교통과 또는 경비교통과)
- 경찰서: 교통과(교통과가 없는 경우에는 경비교통과 또는 생활안전교통과)

2. 1을 제외한 모든 사건
- 경찰청: 수사기획조정관 수사기획담당관
- 시·도경찰청: 수사과
- 경찰서: 수사과

78 경찰관 직무집행법 제11조의3, 경찰관 직무집행법 시행령 제18조.

Ⅳ. 보상금심사위원회

경찰청장, 시·도경찰청장 및 경찰서장은 보상금 지급의 심사를 위하여 각각 보상금심사위원회를 설치·운영하여야 한다.

1. 위원구성

보상금심사위원회의 위원장은 보상금 심사 주무부서의 장이 된다. 위원장은 위원회의 업무를 총괄하고 위원회를 대표하여 그 의장이 된다.

위원장이 부득이한 사유로 직무를 수행할 수 없을 때에는 경찰관서장이 지명하는 소속 경찰관서의 다른 과장급 경찰공무원이 그 직무를 대행한다. 위원은 소속 경찰관서의 경정·경감 또는 경위 계급으로서 직위가 있는 경찰공무원 4명으로 한다. 다만, 위원의 계급은 위원장보다 하위의 계급으로 한다. 경찰관서장이 위원을 임명할 때에는 심사 대상 사건을 담당하는 부서의 경찰공무원을 1명 이상 포함하여야 한다.

2. 심사의결대상

1. 보상금 지급 대상자에 해당하는 지 여부
2. 보상금 지급 금액
3. 보상금 환수 여부
4. 그 밖에 보상금 지급이나 환수에 필요한 사항

Ⅴ. 사후조치

1. 보상금 지급

경찰청장, 시·도경찰청장 또는 경찰서장은 보상금심사위원회의 심사·의결에 따라 보상금을 지급한다.

보상금의 최고액은 5억원으로 한다.[79] 대상별 보상금액은 경찰청장 고시를 기

79 경찰관 직무집행법 시행령 제20조.

준으로 한다.[80]

2. 부당한 보상금 환수

경찰청장, 시·도경찰청장 또는 경찰서장은 거짓 또는 부정한 방법으로 보상금을 받은 사람에 대하여는 해당 보상금을 환수하여야 한다. 이 경우 정한 기한까지 그 금액을 납부하지 아니한 때에는 국세 체납처분의 예에 따라 징수할 수 있다.

보상금을 환수하려는 경우에는 위원회의 심의·의결에 따라 환수 여부 및 환수금액을 결정하고, 거짓 또는 부정한 방법으로 보상금을 받은 사람에게 다음의 내용을 서면으로 통지해야 한다.[81]

1. 환수사유
2. 환수금액
3. 납부기한: 통지일로부터 40일 이내의 범위에서 경찰청장 또는 지방경찰청장이 정하는 기한
4. 납부기관

80 범인검거 등 공로자 보상에 관한 규정, 경찰청고시 제2025-4호, 2025. 7 21. 일부개정, 2025. 7. 21. 시행.

81 경찰관 직무집행법 시행령 제21조의2.

제6편

외국의 경찰제도

제 1 장

경찰제도의 형태

제 1 절 경찰제도의 분류

경찰제도는 경찰업무에 대한 책임이 지방정부에 맡겨져 있는 지방분권화체제(자치경찰, local Autonomous Police System)와 중앙정부의 직접적인 통제하에 있는 중앙집권화체제(국가경찰, Central Police System), 그리고 중앙정부와 지방정부가 그 통제를 분담하는 이원적 체제로 나눌 수 있다.[1]

자치경찰의 대표적인 국가는 미국, 영국 등인데 지방정부에 따라 경찰의 조직과 그 역할이 다를 수 있으며, 경찰행정은 시민에게 봉사하는 서비스행정이라는 인식이 강하다.

국가경찰의 대표적인 국가는 프랑스, 독일, 이탈리아 등이 이에 속한다. 국가경찰은 서비스적인 측면보다는 법집행자로서의 역할이 강조되어 공공의 안녕과 질서유지가 경찰의 주 임무로 인식한다. 이원적 경찰체제의 대표적인 국가는 일본을 들 수 있다.

그런데 이와 같은 경찰형태의 분류는 매우 상대적인 의미를 가지고 있을 뿐 절대적인 것은 아니다. 왜냐하면 자치경찰체제를 가진 미국은 연방정부의 각 부처에서 연방수사국(FBI: 법무부), 마약단속국(DEA: 법무부), 주류 · 담배 · 화기 · 폭발물국(ATFE: 법무부), 미국비밀경호국(USSS: 국토안보부) 등을 설치하여 자치경찰의 문제점을 보완하고 있다. 또한 국가경찰체제를 가진 프랑스의 경우도 부분적으로 자치경찰을 도입하여 운영하고 있다.

1 Roché, S. Police Science: Science of the Police or Science for the Police－Conceptual Clarification and Taxonomy for Comparing Police Systems. *Special Issue 2 Eur. Police Sci. & Res. Bull.*, 2017, pp. 47－71.

따라서 완벽하게 순수한 국가경찰체제나 자치경찰체제를 유지하는 국가는 찾기 어렵고, 사회 및 국민의 수요에 따라 양 체제를 접목하는 추세라고 할 수 있다.

그림 1-1 국가경찰제와 자치경찰제의 비교

제 2 절 경찰제도의 비교

Ⅰ. 자치행정주의와 경찰

경찰권을 공공의 안녕과 질서유지, 그리고 시민의 생명과 신체, 재산의 보호를 위하여 명령하고 강제하는 행정작용이라고 정의할 때 이는 권력적 작용임과 동시에 서비스적 작용이라고 볼 수 있다. 따라서 이에 대해 항상 주민들로부터 감시와 통제를 받아야 한다. 이러한 감시와 통제는 국가경찰제 하에서 보다는 자치경찰제 하에서 더욱 효과적으로 이루어질 수 있다. 이는 동시에 경찰의 불필요한 비대화와 경찰의 집중화를 예방하는 효과도 가져온다. 따라서 자치경찰제는 자치행정이 발달한 정치환경에서 자연스럽게 정착되며, 경찰조직의 관리와 통제, 권한의 분배 및 권한행사에 대한 통제가 선거를 통해 이루어진다. 다만, 자치경찰의 경우 국가경찰보다 상대적으로 치안서비스의 질적 균등성이나 일관성 등은 담보되기 어려운 한계가 있다.

국가경찰 사무와 자치경찰 사무의 분배와 경찰기관 상호간의 관계, 경찰응원의 문제 등이 대두된다.

Ⅱ. 치안서비스의 차별화와 효율성

자치경찰은 대부분 선거에 의하여 선출된 자치단체장이 경찰권을 행사하게 되므로 선거결과에 민감하게 반응할 수밖에 없어 강력한 법집행이나 질서유지에는 한계를 보일 수 있다. 즉, 지역주민의 민원을 해결하는 방향으로 경찰정책을 모색하게 되며, 이러한 정책방향은 자치경찰의 장점이자 곧 한계이기도 하다. 즉, 지나치게 지역주민의 청원 또는 불만을 충족시켜주려는 임기응변식 치안서비스로 전락될 우려가 제기된다. 따라서 기초질서를 바로잡지 못하여 오히려 좀 더 심각한 경찰상 장애를 야기하게 될 수도 있으며, 자치단체장의 성향에 따라 경찰정책이 변하는 등 서비스의 일관성이 담보되지 않을 수 있다.

한편으로 국가경찰의 경우 전국적으로 일정한 수준을 갖춘 통일적인 치안서비스를 제공하는 장점이 있다. 특히 국가경찰의 경우 원활한 예산확보나 과학수사장비 등의 확보, 전문인력 채용 등으로 경찰조직 및 체계적인 인사관리 등의 장점이 있다. 그러나 지역적 특성에 맞는 서비스를 구현하는 데에는 한계가 있어 획일적인 치안서비스를 제공하게 되며, 지나치게 경찰청·시도경찰청 등 기획부서에서 인력을 많이 차지하게 되고, 나아가 계층주의적이며, 관료주의적인 조직문화가 자리잡는 등의 문제를 안고 있다.

Ⅲ. 정치적 중립성

국가경찰제를 채택하는 국가는 대부분 경찰의 정치적 중립을 지향하고 있다. 우리나라의 경우에도 헌법 및 국가공무원법 등에서 공무원의 정치적 중립성을 요구하고 있다. 그런데 자치경찰제를 채택하는 국가의 경우에는 선거의 형태에 따라 특정정당의 지지자를 경찰기관의 장이나 경찰공무원 등으로 임용하는 엽관제적 채용시스템을 유지하기도 한다.

미국의 뉴욕이나 LA경찰의 경우 시장이 경찰청장을 임명하거나 러닝메이트 형태로 선거활동을 함으로써 정치적 신념을 공유한다. 따라서 이 경우 특정정당 또는 정치인의 치안정책 또는 성향을 반영하게 된다.

제 2 장

영국의 경찰

제 1 절 영국 경찰의 역사

Ⅰ. 근대 이전의 경찰발전

영국의 고대에는 구체적인 경찰조직이 있었다고 보기 어렵지만 중세시대에 앵글로 색슨 시대에 들어서 지역사회를 범죄인이나 이웃 부족의 침입으로부터 지키기 위하여 마을의 12세 이상의 모든 자유민은 10인 가족으로 구성되는 10인 조합(Tithing)의 구성원이 될 의무가 있었다. 이 중 1명을 대표자로 선출하면서 이를 에드가 법전에서는 Peace Official이라고 불렀다.[1]

1066년 노르만 왕국의 윌리엄 공이 영국을 정복하고 군국주의를 시행하면서 프랭크 플레지(Frank Pledge) 제도를 도입하였다. 이는 12세 이상의 모든 자유민에게 국왕이 평화유지의 서약을 요구한 것이다. 기존의 10인 조합은 100인 조합(Hundred Tithing)으로 발전하였다. 100인 조합을 관리하는 사람으로 치안관(Constable)을 임명하였고, 이 치안관이 후에 경찰관의 기원이 되었다. 백인조합은 다시 Shire라는 단위로 묶여졌고, 이 Shire들이 모아진 것이 오늘날의 County라는 행정단위이다.

국왕은 Shire의 치안과 세금징수를 위하여 Shire Reef라는 행정관을 임명하였는데 이들이 후에 보안관(Sheriff)으로 발전하였다.

그런데 프랭크 플레지 제도는 영국경찰의 출발이 지역사회공동체, 즉 지역주

1 Pratt, David (2010). “Written Law and the Communication of Authority in Tenth-Century England”. In Rollason, David; Leyser, Conrad; Williams, Hannah. England and the Continent in the Tenth Century: Studies in Honour of Wilhelm Levison (1876-1947). Brepols.

민 스스로 자치적인 질서유지의 의무를 가지고, 서로간의 약속을 공유하였다는 의미가 크고, 이후 영국경찰의 자치경찰제도를 유지하는 기틀이 되었다.

프랭크 플레지 제도가 붕괴되면서 사회가 혼란스러워지자 에드워드 1세는 1285년 윈체스타법(Stature of Winchester)을 통하여 순찰제(Watch and Ward System)를 시행할 것을 선포하였다. 이 제도는 런던시를 포함한 인근 지역에서 15세 이상 60세 미만의 남자에게 무기를 소지하고 야간순찰(Hue and Cry) 의무를 부여한 것으로 이후 500여 년간 1829년 근대경찰이 탄생할 때까지 지속되었다. 이 기간 중 주민들의 도움을 받아 범죄자를 체포하여 치안판사에게 인계하는 역할을 Constable이 담당토록 임명되었는데 이것이 오늘날 경찰관(Constable)의 전신이라 할 수 있다.[2]

중세시대 영국의 도시는 교회의 교구(Parish)를 중심으로 발달하였다. 교구지역에서 교구민들이 윤번제로 순찰을 돌았으나, 재산이 많은 시민들은 자신의 순찰을 대신할 사람을 고용하여 유급 교구치안관(Parish Constable)을 등장시켰다.

15세기 이후 런던시 중심 지역에 상업이 발달하면서 상점을 대상으로 하는 좀도둑이 극성을 부리게 되었고, 상점주들은 자신들의 재산을 보호하고자 사설경찰을 고용하기에 이르렀다. 이는 1750년 헨리 필딩(Henry Fielding)에 의하여 도보순찰대와 기마순찰대, 바우가수사경찰대 등으로 구성된 바우가경찰서(Bow Street Runners)를 설치하는 계기가 되었다.

Ⅱ. 근대의 경찰발전

17세기 중엽 이후 산업혁명으로 산업이 발달하면서 도시의 규모가 더욱 커지고, 도시로의 인구유입이 상당하여 도시의 치안을 유지하는 문제가 사회적 현안으로 대두되었다. 1822년 내무부장관에 취임한 로버트 필(Sir Robert Peel)의 제안으로 1829년 수도경찰청법(Metropolitan Police Act)이 제정되었고, 로버트 필이 경찰청장으로 임명되었다. 그리고 수도인 런던과 그 인근 지역을 6개 구로 나누어

2 Vronsky, Peter. “A Brief History of Constables in the English Speaking World”, A BRIEF HISTORY OF CONSTABLES IN THE ENGLISH SPEAKING WORLD, http://www.russianbooks.org/crime/cph1.htm/

최초의 임명직 경찰관으로 구성된 경찰조직인 수도경찰청(Metropolitan Police)을 출범하였다.[3]

수도경찰청은 내무부장관의 지휘감독을 받으며, 1,000명의 경찰관을 신규채용하고, 교육훈련을 이수한 뒤 임용되며, 제복을 착용하며, 매주 주급이 지급되며, 기금은 교구로부터 지원을 받도록 하였다. 경찰의 임무는 순찰과 범인의 검거, 그리고 도난당한 물건을 찾아주며, 가로등 밝히기, 화재감시, 기타 공공에 대한 서비스 등으로 제시되었다.[4]

수도에 이어 지방의 경찰을 정비하기 위한 노력도 진행되었다. 1835년에 자치제법(Municipal Corporations Act)이 제정되어 자치단체(Town, City)에 경찰위원회(Watch Committee)를 발족하고 경찰을 관리토록 하였다. 1839년의 지방경찰법(County Police Act)은 농촌경찰법(The Rural Police Act)이라고도 하는데 이 법은 지방(County)의 경찰은 교구경찰력만으로는 지역주민의 안전을 충분히 보장할 수 없으므로 적어도 인구 1천 명당 1인의 경찰관(Constable)을 임용하도록 하였다. 이후 1856년에 지방및자치경찰법(County and Borough Police Act)을 제정하고, 내무부에 경찰감찰관을 두어 자치경찰의 성과를 평가하고 그에 따라 국고보조금을 차등지급하는 체제를 정착시켜 자치경찰에 대한 지휘권을 행사하도록 하였다. 이에 따라 1857년부터 영국의 모든 도시는 자치경찰을 갖게 되었다.[5]

Ⅲ. 현대의 경찰발전

로버트 필의 수도경찰은 친절하고 공정한 법집행으로 필의 일꾼(peeler's) 또는 로버트의 애칭인 바비(bobbies)라고 불릴 정도로 시민들의 신뢰와 지지를 받게 되어 지금까지도 영국경찰과 시민의 우호적인 관계를 맺게 하는 원동력이 되었다.

---

3 Robert Peel(1788~1850)은 보수당원으로서 영국의 수상을 2번 역임하고, 2번의 내무부장관을 역임하였다. 영국의 근대경찰의 아버지로 추앙받고 있다. Richard A. Gaunt (2010). Sir Robert Peel: The Life and Legacy. I.B.Tauris. p. 3.

4 open.ac.uk, Origins of the Metropolitan Police, http://www.open.ac.uk/

5 Lentz, Susan A.; Smith, Robert H.; Chaires, R.A. (2007). "The invention of Peel's principles: A study of policing 'textbook' history". *Journal of Criminal Justice*. Vol.35(1), 2007, pp. 69–79; The National Archives, provincial police force, https://www.national-archives.gov.uk/education/candp/prevention/

1917년에 수도경찰청에 여자경찰대가 설치되었으며, 1919년에는 경찰협회(Police Federation)가 발족되어 경찰의 이익을 대변하게 되었다. 1946년에 통합경찰법(Combined Police Force)이 제정되어 자치경찰의 통폐합작업이 시작된 데 이어 1964년 경찰법의 제정으로 잉글랜드와 웨일즈 지방 43개, 스코틀랜드 8개, 북아일랜드 등 52개로 통합되었다.[6]

1984년 경찰 및 범죄증거법(The Police and Criminal Evidence Act)을 제정하여 경찰의 권한 및 증거수집의 절차와 요건을 규정하였다. 1985년에는 범죄사건기소법(Prosecution of Offences Act)을 제정하여 경찰이 담당하던 기소권을 국립검찰청이 담당하도록 하였다. 1994년 경찰 및 치안법원법(The Police and Magistrates Courts Act)을 제정하여 경찰책임자의 임기제, 경찰위원회 권한, 내무부감찰제도의 권한 등을 정비하였다. 1996년에 신경찰법(The Police Act)이 제정되었으며, 1998년에는 런던자치정부수립안이 통과되어 2000년부터 수도경찰청도 자치경찰로 전환되었다. 수도경찰청은 2011년에 제정된 경찰개혁 및 사회책임법에 의하여 2012년부터 런던시장의 관할하에 있다.[7] 그리고 이 법을 근거로 지방의 경찰위원회제를 폐지하고 2012년부터 경찰및범죄커미셔너제(Police and Crime Commissioner: PCC)를 도입하였다.

북아일랜드 경찰(Police Service of Northern Ireland, PSNI)은 2001년 11월부터 북아일랜드 경찰법(The Police Northern Ireland Act 2000)에 의하여 북아일랜드경찰위원회(Northern Ireland Policing Board)의 지휘감독을 받는다.[8]

스코틀랜드 경찰은 2012년 스코틀랜드의회법(Act of the Scottish Parliament in 2012)의 통과로 2013년 4월 1일부터 Police Scotland로 단일화되었으며, 스코틀랜드경찰위원회(Scottish Police Authority)의 지휘감독을 받는다. 또한 영국철도경찰의 스코틀랜드지부 경찰은 스코틀랜드 경찰과 2016년에 통합되었다. 이로써 스코틀랜드경찰은 수도경찰청 다음으로 영국에서 두 번째로 큰 규모가 되었다.[9]

---

6 Ian Oliver, Police, Government and Accountability, NY: Macmillan Press Ltd., 1997, p. 11.

7 The Mayor's Office for Policing and Crime, http://www.london.gov.uk/priorities/policing-crime/about-mopac/

8 Police Service of Northern Ireland, Our History, https://www.psni.police.uk/

9 Police Scotland, https://www.scotland.police.uk/about-us/

제 2 절 영국의 경찰관련기관

영국은 1946년과 1964년 경찰법, 1996년 잉글랜드 및 웨일즈 경찰법, 1997년 스코틀랜드 경찰법, 2000년 북아일랜드 경찰법 등에 의하여 잉글랜드와 웨일즈에 43개의 자치경찰과, 스코틀랜드 및 북아일랜드의 2개 경찰로 구분된다.

영국의 국가 단위 경찰(National Police)은 국가범죄청, 영국교통경찰, 국방경찰, 민간원자력경찰 등이 있다.[10]

Ⅰ. 국가경찰

1. 내무부

영국 내무부(Home Office)는 영국민과 국가의 안전을 책임지는 핵심 부처로 최고 책임자인 내무장관(Secretary of State for the Home Department) 아래에 안보, 경찰, 이민 등 주요 분야를 전담하는 여러 정무직 장관 및 차관을 두고 있으며, 그 산하에 다수의 집행 기관 및 공공 기관(Executive Agencies and Public Bodies)을 두고 있다.[11]

내무부는 이 기관들을 통하여 불법약물 규제, 주류규제, 대테러, 범죄예방 및 지역사회 안전, 국경수비와 이민정책, 출입국사무, 여권 및 비자 발급 등의 사무를 행하고 있다. 내무부 장관은 직접적 혹은 간접적으로 이 기관들을 통하여 경찰사무를 지원, 규제 및 통제하는 등의 역할을 수행한다.[12]

경찰법1996 및 경찰개혁법2002는 경찰에 관한 내무부장관의 권한을 다음과 같이 규정하고 있다.[13]

---

10 허경미. (2022). 영국 특별경찰제도의 시사점 연구. 문화와융합, 44(9), 447-463.

11 GOV.UK, https://www.gov.uk/government/organisations/home-office/

12 GOV.UK, https://www.gov.uk/government/organisations/home-office/

13 Police Reform Act 2002, Sec.1-7; .Police Act 1996, Sec.50-53.

내무부장관의 경찰감독 · 통제권한

- 국가치안계획 수립
- 경찰고위직 행동강령 제정
- 행정감사권
- 지역경찰 시정지시
- 물리력 사용 한계 규정
- 경찰보조금(Police grant) 지급
- 경찰및범죄커미셔너(PCC), 부경찰및범죄커미셔너(Deputy PCC) 등에 대한 불만처리규정 제정
- 경찰의 근무규정, 승진규정, 장비규정, 학생경찰규정, 경찰직원 채용 규정 등의 제정
- 경찰직업행동표준규정(행동강령) 제정
- 경찰불만처리규정 제정-지역경찰, 특별경찰, IOPC의 징계 및 부패, 민원처리 지침

내무부에 소속되어 독자적 권한을 가지고 경찰기관과 소방기관, 특별경찰 등의 권한남용 행위를 감사하는 독립경찰행동감시기구, 업무성과 등을 감사하는 왕립경찰및소방감사관 및 수사 및 기소권을 행사하는 국가범죄청 등을 소개한다.

1) 독립경찰행동감시기구

(1) 지위

독립경찰행동감시기구(Independent Office for Police Conduct: IOPC)는 잉글랜드 및 웨일즈 경찰의 권한남용 및 부정행위 등을 감사하고, 조사하는 기관이다. IOPC는 치안및범죄법2017에 따라 2018년 1월 8일부터 기존 독립경찰불만처리위원회(Independent Police Complaints Commission: IPCC)를 폐지하고, 설치한 것으로 사무총장(Director General) 단일의 의사결정 구조체제이다.[14] 즉, IOPC는 내무부장관에 소속되나 사무총장의 의사결정으로 직무를 수행하는 독립기관(관청)이다.

(2) 조직

사무총장은 IOPC 업무를 총괄하며, 직원을 지휘 감독하는 최고 의사결정권자이자 집행권자이다. 내무부장관 및 총리가 추천하여 국왕이 임명 및 해임한다.

14 Policing and Crime Act 2017, Sec.33.

그림 2-1 독립경찰행동감시기구 웹사이트

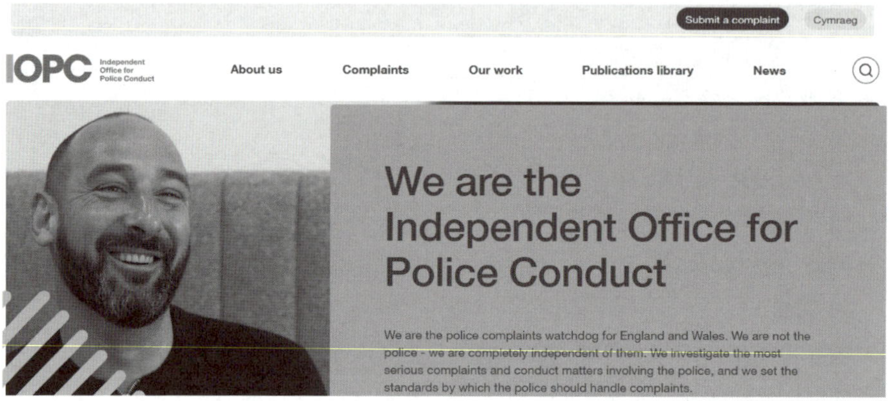

자료: Independent Office for Police Conduct, https://www.policeconduct.gov.uk/

사무총장은 잉글랜드 및 웨일즈, 북아일랜드, 스코틀랜드의 전현직 경찰인 경우, 국가수사청 또는 국가정보국의 전현직, 이민국, 관세청 등의 전현직, 범죄경력자 등은 임명될 수 없다.[15] 임기는 5년이며, 재임용될 수 있다.

IOPC에 비상임위원 6명을 두며, 장관이 임명한다.[16] 임기는 3년이며, 재임용될 수 있다. IOPC에 집행 사무처를 두며, 경영진(부사무총장 2인, 이사 2인, 지역이사 6인 등) 및 직원을 사무총장이 임명하되, 인사규정 등은 장관의 승인(approval)을 받아야 한다. 사무총장은 잉글랜드 및 웨일즈 지역의 경찰을 파견받아 제한적인 업무를 수행토록 할 수 있다.[17]

한편 IOPC에는 자문기관 성격의 통합위원회(Unitary Board)를 둔다. 통합위원회의 장은 사무총장이며, 6인의 비상임위원, 2명의 부사무총장 등으로 구성되며, 자문기관의 성격을 갖는다.[18] 통합위원회는 산하에 감사및위험보증위원회(Audit and Risk Assurance Committee: ARAC) 및 인사및보상위원회(HR&R Committee agrees) 등 두 개의 운영위원회를 두며, 비상임위원이 3인씩 배치되어 업무를 수행한다.[19]

15 Police Reform Act 2002, Sec.9.

16 Police Reform Act 2002, Sec.9.; Policing and Crime Act 2017, Sch.9 para.3.

17 Police Reform Act 2002, Sch.2 para.6, 6A.

18 IOPC, Annual report and statement of accounts 2020/21, London, p. 66.

사무총장은 효율적인 업무수행을 위해 필요한 경우 또는 장관이 동의(consent)한 경우 잉글랜드와 웨일즈 지역에 지역사무소를 설치하고, 지역사무국장(Regional Director)을 둔다.[20] 지역사무국장은 사무총장의 감독 하에 관할 권역의 업무를 수행한다.

(3) 예산 및 결산 보고

IOPC의 모든 예산은 내무부장관이 부담한다.[21] 비상임이사의 급여는 없고 수당 및 경비를 지원한다. 사무총장은 모든 지출내역을 기록하고, 영수증을 첨부하여야 한다.[22] 매년 연간보고서를 8월 31일까지 내무부장관 및 감사원장(하원의 장)에게 제출하여야 한다.[23]

(4) 관할기관

IOPC의 관할기관은 다음과 같다.[24]

IOPC의 관할 기관

지역경찰, 영국교통경찰, 국방경찰, 민간원자력경찰, 왕립관세청, 국경수비대 및 이민업무담당부서, 국가범죄청, 노동착취및학대감사위원회

(5) IOPC 조사권

① 조사대상

IOPC가 처리하는 경찰부패 혹은 민원 대상은 다음과 같다.[25]

첫 번째 유형은 필수이첩(Mandatory' Referrals) 규정에 따라 경찰및범죄커미셔너가 IOPC에 반드시 이첩하는 사건이다. 경찰은 필수이첩 대상 사건 즉, 심각한

19 Policing and Crime Act 2017, Sch.9 para.14.; IOPC, op.cit., p. 69.

20 6개의 지역사무소는 North West, North East, Wales, Midlands, South East, London 등이며, 각 지역사무국장(Regional Director)의 지휘하에 업무를 처리한다, Police Reform Act 2002, Sch.2 para.9; Policing and Crime Act 2017, Sch.9 para.13.; IOPC, Our people, https://policeconduct.gov.uk/who-we-are/our-people/

21 Police Reform Act 2002, Sch.2 para.4.

22 Police Reform Act 2002, Sch.2 para.14-18.

23 Police Reform Act 2002, Sec.11(5).; Police Reform Act 2002, Sch.2 para.17.

24 Police Reform Act 2002, Sec.10.

25 Police Reform Act 2002, Sec.13.; Police Reform Act 2002, Sch. 3 para.14CA.

부패 또는 심각한 폭행 혐의(serious corruption or serious assault), 경찰관이나 직원이 부정행위를 저질렀다는 징후가 있는 경우, 형사범죄 발생, 민원인이 심각한 부상(serious injury)을 당한 경우, 경찰 접촉 후 사망, 심각한 부상 발생 등을 말한다.

두 번째 유형은 경찰및범죄커미셔너(Police and Crime Commissioner: PCC)가[26] IOPC에 자발적 이첩(Voluntary' Referral)을 하는 사건으로 PCC는 IOPC에게 직접 조사, 경찰자체 조사 지휘감독, 반려 여부 등의 회신을 요구한다. IOPC는 사안에 따라 그 결정을 통보한다.

세 번째 유형은 IOPC가 직접조사를 개시하는 경우로 대규모 인명피해사건, 경찰연루 사건, 내부고발 사건, PCC고발 등에 대하여 직접 독립적으로 조사할 수 있다.

② 조사활동

IOPC의 조사관은 독립적으로 사건관계자 조사, 경찰조사자료 및 증거자료 분석, 경찰관 및 직원 인터뷰, 포렌식 분석, 전문가의 자문 및 감정, 검시관 및 검찰청과의 자문, 보건 및 안전 집행관 자문 등 광범위한 조사활동을 벌이며, 이때 일반경찰과 동일한 경찰권(증거수집, 체포, 부검요청 등)을 행사한다.[27]

③ 조사종결 후 조치

IOPC 조사관은 경찰관의 부정행위, 조사내용, 발견한 증거, 증거 분석 등을 담은 보고서를 작성한다. 이후 두 가지 유형의 결정을 내릴 수 있다.[28]

- 검찰청 통보

IOPC는 경찰관이나 경찰 직원이 범죄를 행했다고 판단되면, 보고서와 증거자료를 국립검찰청에 통보한다. 검찰청은 기소 여부를 결정한다. 사망사건의 경우 검시관에게 출석하여 보고서 내용과 증거에 대해 진술한다.

---

26 영국 자치경찰의 주 책임자로서 선거직이며, 이 책 p. 382 이하에서 설명하고 있다.

27 Policing and Crime Act 2017, Sec.20.

28 IOPC, A guide to IOPC independent investigations, file:///C:/Users/nadag/Desktop/our-investigations-a-guide-to-IOPC-independent-investigations_2020.pdf/

- **경찰기관(PCC)에 통보**

IOPC는 경찰기관에 보고서를 통보하며, 징계 또는 교육 등의 비징계적 조치 의견을 제시한다. 해당 경찰기관은 의견을 피력할 수 있고, 징계 대상 경찰관도 이의를 제기할 수 있다.[29]

그림 2-2 IOPC 경찰부패, 불만 처리 절차

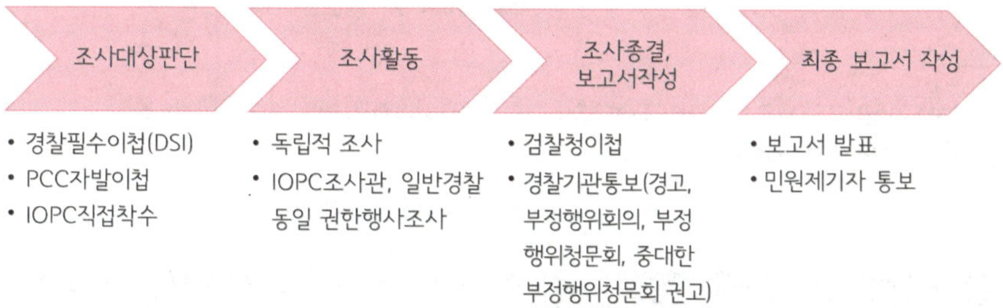

2) 왕립경찰및소방감사관

(1) 지위

왕립경찰및소방감사관(Her Majesty's Inspectorate of Constabulary and Fire & Rescue Services)은 잉글랜드와 웨일즈의 경찰 및 소방, 기타 법집행기관의 업무의 효율성, 효과성 및 적법성 감사(Police Efficiency, Effectiveness and Legitimacy: PEEL)를 수행하며, 관련 영연방국가의 요청시 해당국 기관감사를 한다.[30]

HMICFRS는 내무부의 범죄경찰차관(Minister for Crime and Policing) 산하에 설치된 독립기관으로 그 출발은 1856년이며, 2017년부터 소방영역 감사업무가 추가되었다. 감사관은 내무부장관과 총리의 추천으로 국왕이 임명한 왕실의 공직자 신분이다.

29 IOPC, op.cit. 6.

30 Police Act 1996, Sec,54.; Fire and Rescue Services Act 2004, Sec,28.

그림 2-3 왕립경찰및소방감사관 웹사이트

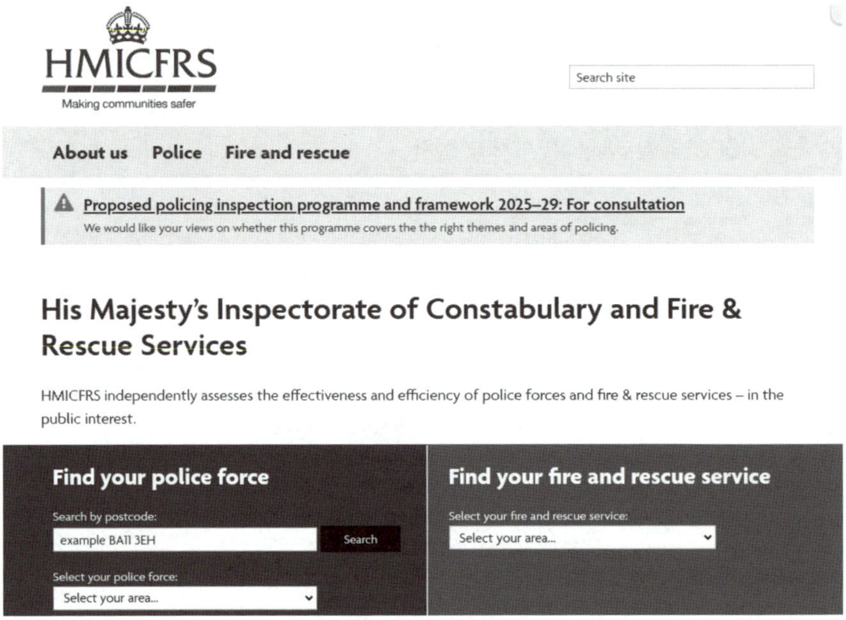

자료: HMICFRS, https://www.justiceinspectorates.gov.uk/

(2) 관할기관과 감사

HMICFRS의 관할기관은 다음과 같다.[31]

HMICFRS의 관할 기관

- 잉글랜드와 웨일즈의 경찰 -영국의 소방 및 구조 서비스 -영국교통경찰 -민간원자력경찰 -국방부경찰-북아일랜드경찰청-국가범죄청-건지베일리윅(Bailiwick of Guernsey) -저지베일리윅(Bailiwick of Jersey)-버뮤다 경찰청(Bermuda Police Service) -노동착취및학대감사위원회-왕립관세청 -경찰국립컴퓨터(Police National Computer) -로얄지브롤터경찰(Royal Gibraltar Police) -세인트헬레나경찰(St Helena Police) -테러방지법구금시설(Terrorism Act custody facilities) -트리니다드토바고 경찰청(Trinidad and Tobago Police Service)

31 HMICFRS, Who we inspect, https://www.justiceinspectorates.gov.uk/hmicfrs/about-us/who-we-inspect/

HMICFRS는 규제기관(Regulator)이 아니라 감사기관(Inspectorate)이다. 규제기관은 개입, 지시 및 집행권을 행사하나, 감사기관은 문제를 개선하도록 권장할 수 있다.[32]

감사는 정기연례감사와 수시감사로 분류된다. 연례감사는 기관이 기관운영보고서(Force Management Statement: FMS)를 제출하면, HMICFRS가 확인하는 방식으로 진행된다.[33] 수시감사는 내무부장관이나 기관이 감사를 의뢰하며, 기관이 비용을 부담한다.[34] HMICFRS는 기관별 평가보고서를 발간, 웹사이트에 공개하여 그 투명성을 확보한다. 그리고 매년 평가보고서를 내무부장관 및 의회에 보고한다.[35]

이 평가보고서는 영역별로 매우우수(Outstanding), 우수(Good), 보통(Adequate), 개선필요(Requires improvement), 부족(Inadequate) 등으로 분류하고, 그 이유 및 개선사항 등을 기술한다.[36]

그림 2-4 HMICFRS 경찰 감사, 통제

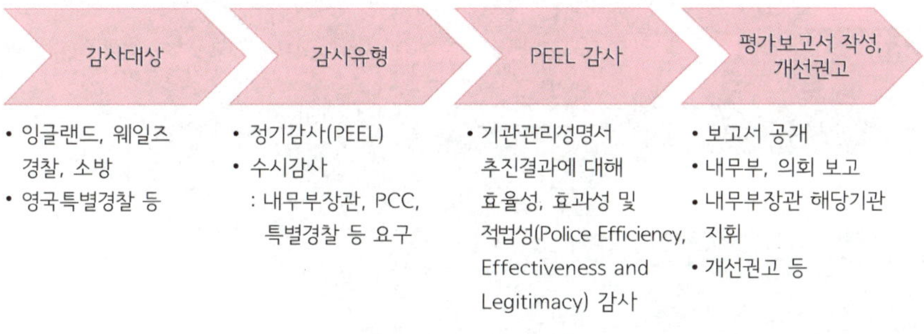

32 HMICFRS, Powers, https://www.justiceinspectorates.gov.uk/hmicfrs/about-us/what-we-do/powers/

33 HMICFRS, Proposed policing inspection programme and framework 2025-29, 2024, 5-8.

34 Police Act 1996, Sec,54.(2B)., Police Act 1996, Sec,54.(2BA).

35 Police Act 1996, Sec,54.(4A).

36 HMICFRS, PEEL assessments 2021/22, https://www.justiceinspectorates.gov.uk/hmicfrs/peel-assessments/what-is-peel/peel-assessments-2021-22/

HMICFRS의 권고에 따라 내무부장관은 PCC나 국가범죄청 등에 시정지시를 한다. PCC 등은 HMICFRS의 보고서 발표 후 56일 이내에 조치 여부, 사유 등을 공개해야 한다.

3) 국가범죄청

국가범죄청(National Crime Agency: NCA)은 범죄및법원법(Crime and Courts Act 2013) 제1조에 의해 2013년 10월 7일에 출범하였다.[37] NCA는 내무부의 독립된 관청이며, 국제범죄, 무기거래, 뇌물범죄, 조직범죄, 사이버범죄, 인신매매, 아동성폭력, 외국경찰과의 교류, 테러범죄 등의 중대조직범죄(Serious and Organised Crime)에 대하여 독자적인 수사권을 가진다.[38]

그림 2-5 국가범죄청 웹사이트

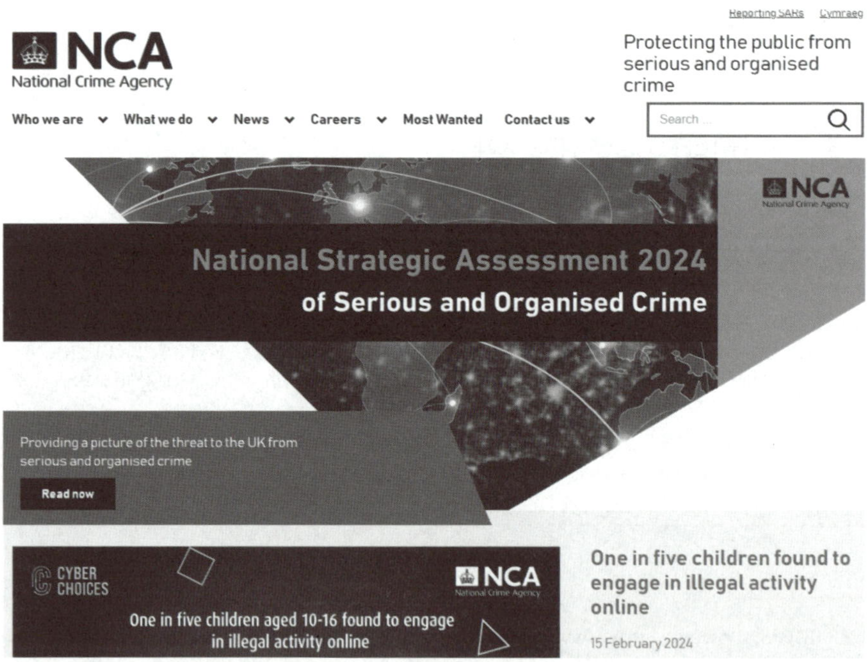

자료: NCA, https://www.nationalcrimeagency.gov.uk/

37 NCA의 출발로 중대조직범죄청(Serious Organised Crime Agency: SOCA) 및 국가경찰개선청(National Policing Improvement Agency)은 폐지되었다(Crime and Courts Act 2013 Sec.15).

국가범죄청은 영국의 각 법집행기관 및 민간기관들과의 협조 및 정보교류, 그리고 강력범죄 수사 등을 위한 정보요구권 등을 가진다.[39]

내무부장관은 청장을 현직 경찰관, 국세청 공무원, 이민국 직원 중에서 임용하며, 그 지명철회권도 행사할 수 있다. 청장은 관세 업무와 관련하여 국세청장(Commissioners for Her Majesty's Revenue and Customs)과 동일한 권한을 가진다.[40]

청장은 국가범죄청의 직원에 대한 임용권을 가지며, 경찰관, 국세청 및 이민국 직원이거나 직원이 될 수 있는 적합한 자격을 가진 사람을 임용할 수 있다.[41] NCA 수사관은 경찰, 세관 및 이민국 직원의 권한을 모두 행사할 수 있으나, 기소권은 왕립검찰청(CPS)에 있다.

NCA 직원은 노동조합을 결성할 수는 있으나 단체행동은 하지 못한다. 파업으로 업무에 손해를 입히거나 업무를 방해하는 경우 등에는 내무부장관은 이에 대해 고소 또는 민사소송을 제기할 수 있다.[42]

장관은 NCA 청장 및 직원의 근무조건 및 급여 등에 대한 규정을 제정하는 권한을 가지며, 이에 따라 국가범죄청평가위원회(National Crime Agency Remuneration Review Body: NCARB)가 매년 NCA가 제출한 성과보고서를 평가하고, 내무부장관에게 적정한 급여조정안을 제시하는 보고서를 제출하며, 장관은 이를 승인 또는 조정하는 방식으로 급여를 산정, 지급한다.[43]

2025년 7월 22일에 열한 번째 보고서가 발표되었고, 2025년 8월 31일 기준, NCA에는 6,264명의 직원이 근무하며, 이 가운데 2,189명이 작전권을 가진 관리자이다.[44]

장관은 청장, NCA 관할사무기관 등의 의견을 반영하여 매년 전략적 우선순위(Strategic Priorities)를 수립하여야 하며, 청장은 이를 바탕으로 매년 운영계획

38 Crime and Courts Act 2013, Sec.2.

39 Crime and Courts Act 2013 Sec.5.

40 Crime and Courts Act 2013 Sec.9.

41 Crime and Courts Act 2013 Sec.9.

42 Crime and Courts Act 2013 Sec.13.

43 Crime and Courts Act 2013 Sec.134.

44 National Crime Agency Remuneration Review Body, National Crime Agency Remuneration Review Body Tenth Report 2025, UK Goverment, 2025.

(Operational Plan)을 수립하여야 한다. 특히 이 운영계획을 수립할 때 북아일랜드 법무부장관 및 스코틀랜드 내무부장관과 협의(consult)를 거쳐야 한다. 청장은 매년 이 운영계획을 문서로 발간하며, 발간 전에 내무부장관 및 북아일랜드와 스코틀랜드 운영계획과 관련해서는 각각 그 내무부장관의 동의(consent)를 받아야 한다.

NCA는 국세청, 이민국을 포함하여 다양한 법집행기관들과 협력적 파트너십을 가지고 있고, 영국 전역에 설치된 지역조직범죄단(Regional Organised Crime Units: ROCU)과 연계하여 활동한다. 그러나 ROCU가 NCA의 하부조직은 아니며, 파트너십 관계이다.

ROCU의 주요 기능은 지역경찰에 다양한 전문 능력을 제공하고 중대조직범죄(SOC)에 대한 지역 대응 네트워킹으로 ROCU는 권역별로 경찰청들이 중심 지역경찰청을 지정하여 직원을 파견하고, 중심 해당지역 PCC가 주관하여 운영하며, 공동으로 운영비를 부담하는 방식을 취한다.[45]

NCA는 왕립경찰및소방감사관(HMICFRS)로부터 업무의 효율성, 효과성 및 적법성 감사(Police Efficiency, Effectiveness and Legitimacy: PEEL)를 받아야 한다.[46] 그리고 내무부장관의 징계규정 및 IOPC의 불만처리규정 및 절차에 따라야 한다.

2. 교통부의 영국교통경찰

영국교통경찰(British Transport Police: BTP)은 영국교통경찰위원회(British Transport Police Authority: BTPA)의 지휘감독을 받는 영국교통경찰청(British Transport Police Force: BTPF)에 소속된 경찰이다.[47] BTPA는 철도 및 교통안전법(Railways and Transport Safety Act 2003)을 근거로 설치된 교통부 산하에 설치된 독립기관이다. BTPA와 경찰서비스를 계약한 철도회사는 런던 지하철, 멜버른 라이트 철도, 미들랜드 지하철트램시스템, 크로이 돈 타라밀링크, 선더랜드 메트로, 글래스고 지하철 및 에미레이트 항공 등이며, 이들이 출자한 기금이 주요 재정자원이 된다.

---

45 HMICFRS(2021). Regional Organised Crime Units: An inspection of the effectiveness of the Regional Organised Crime Units, London.

46 Police Act 1996, Sec,54.; Fire and Rescue Services Act 2004, Sec, 28.

47 Railways and Transport Safety Act 2003, Sec.18.

그림 2-6 영국교통경찰 웹사이트

자료: British Transport Police Authority, https://btpa.police.uk/

BTP는 철도역, 그 주변의 승객 및 시민의 안전을 위한 순찰, 범죄예방활동, 범인검거, 수사 등의 경찰활동을 담당한다.

BTPA는 위원장을 포함, 최대 15명으로 구성되며, 교통부장관이 임명한다. BTPA는 매년 BTP의 치안목표와 연간치안계획을 수립하며, 이때 교통부장관 및 교통경찰청장과 협의한다. 교통부장관은 스코틀랜드와 관련된 목표와 관련된 것은 스코틀랜드교통부장관과 협의한다.[48]

BTPA는 철도 사업자와 경찰 서비스 계약을 체결하고, BTP 직원의 근무조건, 근무규율, 급여 등 조직관리 및 인사규정 등을 제정한다.

BTPA는 장관의 승인(approval)을 받아 청장, 부청장 및 청장보좌관을 임용, 임용철회 또는 해고한다.[49] 교통부장관은 BTPA와 협의하여 청장, 부청장 및 청장보좌관의 임용철회 및 해고를 요구할 수 있다. BTPA는 경찰채용권을 가지며, 청장은 직원을 지휘감독 한다.

런던 캠던(Camden)에 본부(Force Headquarters)가 있으며, 조직은 3개의 지역 디비전(B, C, D Division)과 대테러 및 특수 업무를 담당하는 E 디비전(E Division)

48 Railways and Transport Safety Act 2003, Sec.50－55.

49 Railways and Transport Safety Act 2003, Sec.20－25.

으로 구성된다. 각 디비전 산하에는 지역별 치안팀(Neighbourhood Policing Teams)이 운영되고 있다.

2024/25년 최신 통계에 따르면, BTP의 전체 인력은 약 5,462명으로 경찰공무원(Police Officers) 3,723명, 경찰 행정직 및 지원 인력(Police Staff & PCSOs) 1,739명, 특수경찰(Special Constables) 241명 등이다.[50]

3. 국방부의 국방경찰

국방경찰(Ministry of Defence Police: MDP)은 1987년 국방부경찰법(Ministry of Defence Police Act 1987)을 근거로 국방부 장관 산하에 설치되어 국가의 방위 및 국가 기반 시설을 보호하는 특별경찰이다.[51] 국방경찰은 군인 신분이 아닌, 상시 무장경찰(Authorised Firearms Officers: AFOs)이다.

그림 2-7 국방경찰 웹사이트

자료: Ministry of Defence Police, https://www.mod.police.uk/

50 British Transport Police Authority (BTPA), Annual Report and Accounts 2024/25, London, 2025.

51 1923년 특별경찰법(Special Constables Act 1923)으로 공군, 육군, 해군 등이 각각 특별경찰을 설치하여 각각의 위원회에 의해 운영하다가 1971년 국방부장관의 지휘로 이관되었다. 그러나 지휘상 여러 문제가 발생하자 1984년부터 통합작업을 벌여 1987년 국방경찰법(Ministry of Defence Police Act 1987)을 제정하여 국방부장관의 지휘감독권을 강화하고, 조직을 정비하는 등의 방식으로 통합, 발족하였다.

국방부장관은 국방경찰에 대한 자문기관으로 국방경찰위원회(Ministry of Defence Police Committee: MDPC)를 두고 그 위원을 임용하며, 운영규정 제정권을 갖는다. 위원회는 장관에게 국방경찰 운영에 대한 자문, 경찰청장의 업무수행 적법성 조사, 연말보고서 등을 보증한다. 또한 청장, 차장, 청장보좌관에 대한 징계권을 갖는다.[52]

장관은 국방경찰청장(chief constable for the Ministry of Defence Police), 직원의 임용 및 직무정지권한을 행사한다, 국방경찰은 군사시설, 군사훈련지역, 왕립조선소 및 원자력 무기시설 및 중요보호시설, 대테러 시설 및 해외 지역 경찰활동, 공항, 군수품저장시설 등 무장 보안이 필요한 구역 및 시설에서 보안 및 대테러 서비스를 제공한다(Ministry of Defence Police Act 1987 Sec.2). 또한 영국 전역의 국방부 자산, 인력 및 시설에 통일된 치안, 수사활동 및 정보활동, 대테러활동[53] 등을 행한다. 또한 MOD와 관련된 특정인, MOD와 관련된 범죄 및 영국 전역의 MOD 재산 이동 호송과 관련하여 경찰 관할권을 갖는다.

MDP는 영국교통경찰. 북아일랜드경찰, 스코틀랜드경찰 및 원자력경찰 등이 업무협정에 의해 특정사무에 대하여 지원을 요청한 경우 요청한 사안에 대해 조사 및 직무활동을 하는 경우 요청기관의 경찰과 동일한 권한을 갖는다.[54]

국가범죄청 및 국방경찰청과의 협정에 따라 국가범죄청에 파견된 국방경찰은 NCA 청장의 지휘를 받아 업무를 수행한다.[55] 2024년을 기준으로 국방경찰은 경찰관 2,407명 경찰직원 211명으로 모두 2,618명이 근무한다.[56]

국방경찰은 국방경찰연맹(Defence Police Federation)에 가입할 수 있다.[57] 장관은 경찰의 복리후생 및 근무조건 등을 연맹과 협의하며, 연맹은 MDP를 대표하여 협상에 응할 수 있다. 연맹은 징계 절차 및 항소법원에서 직원을 대리할 수

52 Police Reform and Social Responsibility Act 2011, Sec.82.

53 2001년에 반테러범죄및안전법(Anti-Terrorist Crime and Security Act 2001)이 제정되면서 대테러업무가 국방부경찰에 추가되었다(Ministry of Defence Police, Our history, https://www.mod.police.uk/about-us/)

54 Ministry of Defence Police Act 1987 Sec.2A-2B.2D.

55 Ministry of Defence Police Act 1987 Sec.2C.

56 UK Parliament, Ministry of Defence Police: Staff: Written question – 26066, Hansard, 22 May 2024.

57 Ministry of Defence Police Act 1987 Sec.3.

있지만, 승진, 징계에 개입할 수 없다.

4. 에너지부의 원자력경찰

원자력경찰(Civil Nuclear Constabulary: CNC)은 에너지법(Energy Act 2004)에 따라 2005년 4월 1일부터 운영되었다. 2023년 2월부터 비즈니스, 에너지안보및탄소중립부장관(Department for Business, Energy and Industrial Strategy) 산하 원자력경찰위원회(Civil Nuclear Police Authority: CNPA)에 소속된 상시 무장 특별경찰(Authorized Armed Police)이다. 2024년 3월을 기준으로 정규경찰관 1,295명, 경찰직원 367명 등 1,662명이 근무한다.[58]

그림 2-8 원자력경찰 웹사이트

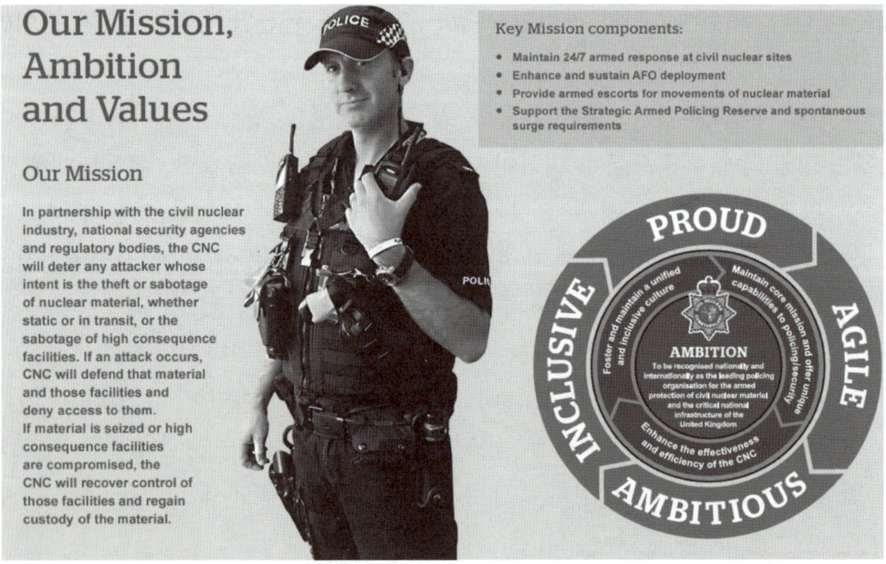

자료: GOV.UK, https://civil－nuclear－police－authority/about/

위원회는 독립적으로 업무를 수행하는 비부서공공기관(Non－Departmental Public Body)으로 의회에 대하여 책임을 진다. 위원은 모두 8명으로 의장과 위원 3명은

58 Civil Nuclear Police Authority (CNPA), Annual Report and Accounts 2023/24, London, 2024, p. 32.

장관이 직접 임명하며, 4명은 원자력산업운영회사의 추천으로 장관이 임명한다.[59] CNPA의 운영기금은 경찰 서비스를 받는 당사자(회사)들이 부담한다.[60]

장관은 위원회의 업무목표와 전략의 방향을 제시하고, 위원회가 적절하고 합법적인 방법으로 해당업무를 수행하도록 위원회와 청장과 협의하여 지침을 내린다. 또한 장관은 업무의 효율성과 효과성을 감시할 수 있다.[61]

위원회는 원자력경찰청(Civil Nuclear Constabulary: CNC)을 두며, 장관의 지침을 바탕으로 전략적 방향을 설정하며, 이 전략적 방향에 따라 업무를 수행할 수 있도록 예산 및 업무환경을 조성하며, 적정하고 효과적인 방식으로 업무를 수행하는지 평가하고 감독한다. 위원회는 경찰청장, 차장, 청장보좌관을 장관의 승인을 받아 임명할 수 있다. 차장과 청장보좌관을 임명할 때는 청장과 협의한다.[62] 경찰청장은 3개년 전략계획 및 당해연도 치안계획에 따라 소속 경찰관을 지휘감독하며 업무를 수행한다.

위원회는 경찰임용권을 가지며, 청장은 이들을 지휘감독하여 잉글랜드와 스코틀랜드에 위치한 10개 원자력시설의 반경 5Km 이내에서 원자력시설 보안 및 핵물질 호송보안 등과 관련된 경찰활동을 담당하며, 업무수행시 일반경찰과 동일한 권한을 행사한다.[63]

원자력경찰이 협정에 의하여 타 경찰기관에 파견된 경우에는 해당 경찰기관 최고책임자의 지휘통제에 따르며, 해당 기관의 경찰과 동일한 권한과 특권을 갖는다. 최고책임자는 지역 경찰청장, 북아일랜드 경찰청장, 국가범죄정보국의 사무국장, 국가범죄수사대 사무총장, 영국 교통경찰청장, 국방부 경찰청장을 의미한다.

CNPA는 원자력경찰의 조직, 행정 및 근무 조건에 대해 규정하며, 경찰청장, 원자력경찰연맹, 직급 관련 협회의 회원과 관련된 경우 해당 직급협회 등과 협의한다.

---

59 GOV.UK, The Civil Nuclear Police Authority, 2022.

60 Energy Act 2004 Sec.60.

61 Energy Act 2004 Sch.13.

62 Energy Act 2004 Sec.52－54.

63 Energy Act 2004 Sec.56－58.

장관은 원자력경찰연맹(Civil Nuclear Police Federation)을 승인하며, 청장, 부청장 및 청장보좌관을 제외한 경찰은 이에 가입할 수 있다. 연맹은 원자력경찰 전체의 근무조건이나 후생복지 등의 의견을 대표하며, 이러한 활동과 관련하여 영국교통경찰, 국방부경찰, 지역경찰 등과 연계하여 활동할 수 있다. 그러나 그 외의 노조(Union)에 가입하거나 전임자가 있는 단체에 가입하는 등의 노동조합 활동은 할 수 없다.

위원회는 경찰청장, 차장 및 청장 보좌관의 문제행동 및 업무의 효과성이 없는 경우 해당 임원에게 사전통지 및 진술 기회를 부여한 후 장관의 승인을 얻어 기한을 정하여 문서로 사직을 요구할 수 있다. 장관은 경찰청장의 사직을 기한을 정하여 문서로 당사자에게 요구하거나, 위원회에게 해임시킬 것을 명령할 수 있다.

표 2-1 영국 특별경찰의 비교

구분	영국교통경찰	국방경찰	원자력경찰	국가범죄청
소속	교통부	국방부	에너지부	내무부
출발	2003	1987	2005	2013
근거법	철도및교통안전법	국방부경찰법	에너지법	범죄및법원법
임무	철도, 지하철, 철로, 역주변 안전활동, 범죄수사	공항, 군수품저장시설 등 국가중요시설 안전 및 대테러, 상시무장경찰	원자력시설 5km 안전, 핵물질호송안전, 상시무장경찰	중대범죄, 조직범죄, 사이버범죄 등 지정범죄 수사, 기소
위원회	장관이 위원임명	장관이 위원임명	장관이 위원임명	장관이 위원임명
지휘감독	위원회	장관	위원회	장관
청장임용	위원회(장관승인)	장관	위원회(장관승인)	장관
임용철회	위원회, 장관	장관	위원회,장관	장관
고위직징계	위원회	위원회	위원회	장관
인사, 징계, 운영규정	위원회, 내무부 규정준용	장관, 내무부 규정준용	위원회, 내무부규정준용	장관
부패통제	자체, IOPC	자체, IOPC	자체, IOPC	자체, IOPC
감사	HMICFRS	HMICFRS	HMICFRS	HMICFRS

자료: 허경미. (2022). 영국 특별경찰제도의 시사점 연구. 문화와융합, 44(9), 447-463.

Ⅱ. 자치경찰

1. 경찰및범죄커미셔너

경찰및범죄커미셔너(Police and Crime Commissioner: PCC)는 잉글랜드 및 웨일스 지역 경찰의 관리·감독 책임자로, 관할 지역의 범죄 예방 전략을 수립하고 지방경찰청장을 견제하는 최고 치안 행정가이다.[64]

2011년 경찰개혁및사회적책임법(Police Reform and Social Responsibility Act 2011)에 의해 PCC를 지방선거에서 주민투표로 선출한다. 임기는 4년이다. 2012년부터 제1기, 2016년부터 제2기, 2021년부터 제3기, 2024년 5월부터 제4기 임기가 시작되어 2026년 1월 현재에 이르고 있다. 2024년 5월 2일에 치러진 주민투표에서 37명의 PCC가 선출되었다. 선출된 PCC 중 12명은 여성이다.[65]

경찰행정및범죄법(Policing and Crime Act 2017)에 의해 소방행정을 추가하여 지역에 따라서는 경찰소방및범죄커미셔너(Police, Fire and Crime commissioner: PFCC)[66]을 선출한다.[67] 또한 일부 지역에서는 시장이 경찰및범죄커미셔너를 겸직한다.[68]

PCC의 권한과 의무

- 경찰 및 범죄 계획(Police and Crime Plan) 수립 및 발표
- 형사사법기관과의 협력: 지역 내 검찰청, 교도소, 보호관찰소, 법원 등 유관 기관과 협력하여 효율적인 형사사법 시스템 구축 (지방경찰청장과는 협력을 넘어선 관리·감독 관계)

---

64 Police Reform and Social Responsibility Act 2011 Sec.1.

65 UK Parliament, https://commonslibrary.parliament.uk/research-briefings/cbp-10030/

66 에식스, 노샘프턴셔, 노스요크셔, 스테퍼드셔 지역이 이에 해당한다. https://www.apccs.police.uk/role-of-the-pcc/elections/

67 Police Reform and Social Responsibility Act 2011. Sec.1.; Policing and Crime Act 2017. Sec.6-8.

68 그레이터 맨체스터, 런던 및 웨스트요크셔 지역이 이에 해당한다. https://www.apccs.police.uk/role-of-the-pcc/elections/

- 연례보고서(Annual Report) 작성 및 제출: 매 회계연도 말, 치안 성과와 계획 이행 진척도를 담아 경찰·범죄 위원회(Police and Crime Panel: PCP)에 제출
- 정보 제공 의무: PCP가 견제 및 감시 기능을 수행하는 데 필요한 정보 제공
- 예산 및 재정 권한: 내무부 장관의 지침, PCP의 권고, 지역 주민의 의견을 반영하여 경찰 예산 편성 및 집행
- 범죄 피해자 지원: 반사회적 범죄 피해자 지원을 위한 보조금 신청 및 집행(Victim Commissioning)
- 지방경찰청장(Chief Constable) 인사권: 청장의 임명, 직무 정지(suspend) 및 해임(removal) 권한 행사
- 불만 처리 및 징계권: 지방경찰청장에 대한 징계권을 직접 행사하며, 경찰 조직 전체의 민원 및 불만 처리 절차가 적절히 운영되는지 관리·감독(Oversight)

표 2-2 PCC와 지역경찰청장의 권한 차이

경찰및범죄커미셔너	경찰청장
주민의 수요 반영, 경찰목표 수립, 경찰 운영 공개, 경찰청장 관리감독	효과적인 경찰행정, 경찰관 직접 지휘감독, 통솔
경찰의 우선순위 설정, 경찰예산 수령 및 배정	경찰조직 운영 및 경찰작용(수사)
경찰청장 임용·정직·해임권·징계권	부청장 이하 경찰관 채용, 승진 부청장, 청장보좌관 해임, 정직권
지방선출직(정무직)	정치적 중립, 직업경찰
지역주민에게 책임	PCC 및 법령

자료: Police Reform and Social Responsibility Act 2011, SCHEDULE 8. ; Police act 1996. 재구성.

2. 런던광역경찰청

런던광역경찰청(The Metropolitan Police Service)은 1829년에 로버트 필(Robert Peel) 장관이 제안하여 만들어진 런던광역경찰청법(he Metropolitan Police Act 1829)에 의하여 설치되었다. 런던시장은 경찰및범죄커미셔너(PCC)를 겸하고 있다.

런던광역경찰청장은 내무부장관이 런던시장과 협의한 후 임명한다. 내무부장관은 런던광역경찰청의 대테러업무 및 비상활동 등과 같이 국가적 영역에 해당하는 사무를 행하는 경우 수도경찰청장을 지휘한다.[69]

런던시장은 경찰 및 범죄 계획을 통해 런던 치안의 전략적 방향을 설정할 책

임이 있다.

런던광역경찰청의 관할은 그레이터 런던(Greater London) 내 32개 자치구 중 시티오브런던(City of London) 자치구를 제외한 31개 자치구로 인구는 850여만 명이다. 주로 왕궁, 의사당의 경비, 중요강력범죄사건의 수사, 국가상황실관리, 테러업무 등을 담당한다. 수도경찰은 일부 사무에 대해서는 잉글랜드 및 웨일즈의 전반에 걸쳐 법적 관할권을 가지고 있으며, 스코틀랜드 및 북아일랜드 등에서도 왕실사건 등에 관한 독점적 수사권을 행사할 수 있다.

MET은 영국 최대의 경찰기관으로 잉글랜드 및 웨일즈 전역의 경찰예산 중 25%를 사용한다. MET은 2025년 10월 31일을 기준으로 경찰공무원 32,341명, 경찰관리자 11,526명, 지역협력경찰(Police Community Support Officers) 1,262명, 특별경찰(Special Constables) 1,177명 등 총 46,256명이 근무하고 있다.[70]

그림 2-9 런던광역경찰청 웹사이트

자료: https://www.met.police.uk/

69 METROPLITAN POLICE, https://www.met.police.uk/police-forces/metropolitan-police/areas/about-us/about-the-met/governance/

70 met.police.uk, https://www.met.police.uk/police-forces/metropolitan-police/areas/stats-and-data/stats-and-data/met/workforce-data-report/

3. 시티오브런던경찰

시티오브런던경찰(City of London Police)은 시티오브런던 자치구 내에서 경찰업무를 담당한다.[71] 1839년에 시티오브런던경찰법(City of London Police Act 1839)을 제정하여 수도경찰청(Met)과 독립하여 독자적 경찰권을 행사한다.

시티오브런던 지역은 템즈 강 북쪽의 2평방 마일 정도에 불과하며, 상주 인구는 만여 명이다. 이 지역은 런던금융의 중심지로 약 40여만 명의 일일 통근자와 연간 천만 명의 관광객이 모여드는 지역이다.

경찰은 시티오브런던협의체(Mayor and Commonalty and Citizens of the City of London)의 장이 담당하며, 협의체장은 주민 및 상공업자 등의 선거에 의하여 선출된다.

2025년 3월 31일을 기준으로 경찰관 1,114명, 일반직원 519명, 특별경찰 41명 등 1,674명이 근무 중이다.[72]

71 City of London Police, https://www.cityoflondon.police.uk/police-forces/city-of-london-police/areas/city-of-london/about-us/about-us/

72 cityoflondon.police, https://www.cityoflondon.police.uk/SysSiteAssets/media/downloads/city-of-london/annual-report-2024-2025.pdf/

그림 2-10 시티오브런던경찰 관할지도

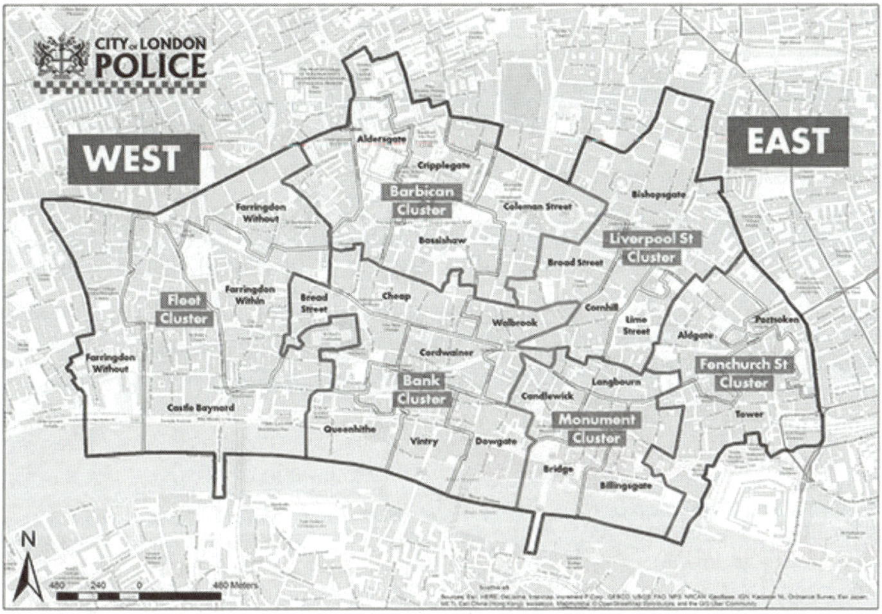

자료: city of london police,
https://www.cityoflondon.police.uk/police-forces/city-of-london-police/areas

Ⅲ. 수사권

잉글랜드 및 웨일즈 지역의 경찰은 범죄수사에 관한 전적인 권한을 행사하는데 모든 범죄수사는 원칙적으로 경찰이 담당한다. 경찰은 검찰, 즉 국립검찰청(Crown Prosecution Service: CPS)에 기소할 것인지 여부를 결정하여 사건을 송치한다. 검사는 직접적 범죄수사 및 지휘감독을 할 수 없고, 경찰수사 과정 중에 법률적 조언을 하거나, 송치사건을 검토하여 기소의견을 불기소처분 또는 혐의 자체를 변경하는 권한, 즉 공소제기 및 공소유지권을 행사한다.[73] 경찰은 직접 판사에게 각종 영장을 청구한다.

73 Crown Prosecution Service, Crown Prosecution Service Annual Report and Accounts 2012-13, http://cps.gov.uk/publications/docs/annual_report_2012_13.pdf/

영국은 1985년의 범죄기소법(The Prosecution of Offences Act 1985) 및 1999년 동법 개정을 통하여 90가지의 경미한 범죄에 대한 기소권을 경찰에 부여했다.[74] 이어 2012년 도로교통법 및[75] 2014년 절도법의 개정으로 300파운드 미만의 절도행위 등에 대해서도 경찰 기소권을 부여하였다. 지속적인 법률의 개정으로 경찰기소권이 행사되는 범죄는 점차 늘어나는 추세이며, 별도의 경찰기소범죄목록(Police－led Prosecution list of offences)에 반영된다.[76]

이러한 조치는 형사단계를 축소하여 형사절차 비용을 절감할 뿐만 아니라 경찰 단계의 경미사범 훈계나 피해자배상 등을 통한 가해자 다이버전 등의 조치를 취할 수 있도록 함으로써 지역사회의 통합 및 범죄자의 신속한 사회복귀를 지원하는 효과를 거둔다는 평가를 받고 있다.

제 3 절 영국의 경찰공무원

Ⅰ. 채용과 교육

2025년 3월 31일 기준으로 영국, 즉 잉글랜드 및 웨일즈의 43개 지역 경찰에 고용된 정규직 공무원(Full－Time Equivalent: FTE), 즉 경찰관(police officer), 직원(staffs), 지정직원(Designated Officers)[77] 및 경찰지역사회지원관(Police Community

---

74 Home Office, Police－led prosecution: list of offences, London, Home Office, 2014. pp. 1－7.

75 2012 도로교통법상 안전운전 주의의무위반, 신호위반, 경찰의 자동차불심검문불응, 사고발생시 신고, 조사의무위반 사건 및 범죄피해법(Criminal Damage Act 1971)상 5천 파운드 미만의 재물손괴죄, 형사사법 및 경찰법 2001상의 공공장소음주행위, 형사사법법 1967상 음주무질서행위, 라이센스법 1872상 공공장소음주행위, 약물사용샘플제시의무 위반 및 허위증거제시처벌, 영국교통위원회법 1949상 철도무단점거, 화재 및 구조서비스법 2004상 고의화재경보기훼손, 공공질서법 1986상 스토킹, 화약법 2003상 화약취급금지, 폭발물법 1875상 도로에서의 폭발물사용, 환경보호법 1990상 쓰레기무단 투기행위 등 16가지.

76 GOV.UK, https://www.gov.uk/government/publications/police－led－prosecution－list－of－offences/

77 일부 경찰관서에서 경찰권 일부만을 전문적으로 행사하도록 채용되는 경찰로 사복부서인 아동학대·가정폭력 피해자 보호사건을 주로 전담한다. 경위급 이상으로 채용된다. GOV.UKI, https://www.gov.uk/government/statistics/police－workforce－england－and－wales－31－march－2024/police－workforce－england－and－wales－31－march－2024#fn:1/

Support Officers: PCSO)은 235,753명이다.

영국 내무부(Home Office)의 2025년 3월 31일 기준 통계에 따르면, 잉글랜드 및 웨일즈 경찰 조직은 크게 정규 경찰관(Police Officers), 경찰 직원 및 지정 직원(Police Staff), 경찰 지역사회 지원관(Police community support officers)으로 구성되어 있다.

표 2-3 영국경찰의 계급과 인원(2025)

구분(계급 및 직책)	2024(명)	2025(명)	증감 수 (Δ)	증감률 (%)
총경 (Chief Officer)	245	263	+17	+7.1
선임 경정 (Chief Superintendent)	370	372	+2	+0.5
경정 (Superintendent)	1,064	1,057	-7	-0.6
경감 (Chief Inspector)	2,166	2,196	+30	+1.4
경위 (Inspector)	6,834	6,902	+68	+1.0
경사 (Sergeant)	22,090	22,427	+337	+1.5
순경 (Constable)	114,976	113,225	-1,751	-1.5
경찰관 총 계	**147,745**	**146,442**	**-1,303**	**-0.9**
경찰 직원 및 지정 직원 (Police staff and designated officers)	80,917	81,996	+1,080	+1.3
경찰 지역사회 지원관 (Police community support officers)	7,568	7,315	-253	-3.3
총 경찰 인력 (Total police workforce)	**236,229**	**235,753**	**-476**	**-0.2**
특별 경찰 (Special constabulary)	6,118	5,534	-584	-9.5
경찰 지원 자원봉사자 (Police support volunteers)	7,211	5,844	-1,367	-19.0

자료: GOV.UK, https://www.gov.uk/government/statistics/police-workforce-england-and-wales-31-march-2025/police-workforce-england-and-wales-31-march-2025/

경찰 직원(Police Staff)은 경찰기관의 행정, 재정, IT, 인력관리 등 모든 전문 분야와 지원 업무를 담당하여 경찰관이 핵심 치안 업무에 집중할 수 있도록 돕는 행정직을 말한다. 이들은 해당 직무에 맞는 전문 분야별 교육을 이수한다.[78]

78 Local Government Association, https://www.local.gov.uk/our-support/workforce-and-

지정 직원(Designated Officers)은 경찰 직원 중 일부에게 특정 법적 권한(예: 교통 관리, 고정 벌금 통지서 발부 등)이 위임된 인력을 말한다. 이들은 부여된 제한적 권한을 합법적이고 안전하게 행사하기 위한 특별 교육을 이수한다.[79]

경찰 지역사회 지원관(PCS)은 지역사회 순찰을 통해 가시적인 경찰력을 제공하고, 경미한 공공질서 문제(반사회적 행동, 소음 등)를 해결하며, 주민으로부터 정보를 수집한다. 체포권은 없으나, 성명/주소 요구, 고정 벌금 통지서 발부, 음주물 압수 등 제한적인 법 집행 권한을 가진다. 정규 경찰관과는 별도의 단축된 훈련을 받는다.[80]

특별 경찰(Special Constabulary)은 무급 자원봉사자이지만, 법적으로 정규 경찰관과 동일한 권한(체포, 수색, 압수 등)을 부여받고 정규 경찰관과 함께 모든 임무를 수행한다. 정규 경찰관과 거의 동일한 수준의 초기 훈련을 주말이나 저녁 시간을 활용하여 이수해야 한다. 급여는 없지만, 근무 시 발생하는 식비와 교통비 등 모든 경비를 지원받는다. 또한 무상으로 전문 경찰 훈련을 받고, 이 경력은 정규 경찰관 채용 시 주요 가점이 되어 경력 개발에 큰 도움이 된다.[81]

영국은 2024년 5월부터 경찰 채용 및 승진제도를 전면적으로 개편하여 이른바 역량 및 가치체계(Competency and Values Framework: CVF)를 도입하였다.[82] 영국경찰은 국가표준제(National Stand)를 영국 전역에서 적용한다.

이에 따라 경찰채용은 경찰순경입직프로그램(Police Constable Entry Programme: PCEP)과 경찰순경학위견습제(Police Constable Degree Apprenticeship: PCDA)로 구분하여 진행된다. 경찰순경입직프로그램(PCEP)은 2년 과정으로 채용, 이론 및 실무교육(시보임용), 정규채용의 절차를 거친다. 경찰순경학위견습제(PCDA)는 3년 과정으로 채용, 대학교육 및 실무교육(시보임용), 정규채용의 절차를 거친다.[83] 정규

hr – support/police/police – staff/

79 Community Safety Accreditation Scheme, https://www.college.police.uk/guidance/community – safety – accreditation – scheme/

80 GOV.UK, https://www.gov.uk/police – community – support – officers – what – they – are/

81 met.police.uk, https://www.met.police.uk/police – forces/metropolitan – police/areas/c/careers/special – constable/

82 College of Policing, https://www.college.police.uk/article/updated – competency – and – values – framework – cvf – introduced/

채용 절차는 통상 6개월에 걸쳐 진행된다.

여기서는 수도경찰청(MET)을 중심으로 설명한다.

1) 경찰순경입직프로그램(Police Constable Entry Programme: PCEP)

영국 경찰의 순경채용기준은 국가표준제에 따라 전역에서 동일하게 적용된다.

GCSE C등급 또는 그 이상, 또는 4-9 등급[84]에서 영어 2단계 자격증을 취득 후 다음 중 하나를 갖춰야 한다.

- 모든 과목에서 E 등급 이상의 A 레벨을 2개 취득하거나 이를 목표로 노력 중
- 3단계 자격 또는 국제 학사 학위 또는 NVQ를 포함하여 하나를 취득하기 위해 노력 중 또는 이와 동등한 해외 자격
- 3급 자격증과 동등한 교육 또는 업무 경험
- 경찰 지역사회 지원관(Police Community Support Officer: PCSO), 특별 경찰관(Special Constable) 또는 지정구금담당관(Designated Detention Officer)으로 12개월 동안 근무한 경험
- 24개월 동안 Met의 자원경찰생도단(Volunteer Police Cadets)으로 활동
- 군대복무경력(단, 지난 5년 중 최소 2년간 복무 후 모범적인 추천서를 받은 경우)

** 영어 2단계 자격은 해외에서 취득한 영어 능력에 상응하는 자격을 갖춘 경우도 인정

경찰순경입직프로그램(PCEP)은 Met 교육 센터에서의 강의실 학습과 현장에서의 실습을 연계하여 진행한다.[85] 2년 과정으로 수습기간(시보기간)으로 간주한다.

---

83 https://www.gov.uk/government/publications/independent-review-of-disclosure-and-fraud-offences-meeting-minutes/college-of-policing-20-february-2024

84 영국의 고등학교 교과과정이라고 할 수 있다. 1988년부터 시행되어 온 GCSE(General Certificate of Secondary Education) 과정은 영국학교 10-11학년에 걸쳐 2년동안 학습 후 거쳐야하는 시험 과정이다. GCSE는 교과목 위주의 수업단계로서 과학/비즈니스/예술/인문학 분야의 약 30여개의 과목 중 보통 8-11개의 과목을 선택하여 공부하며, 학생의 학업적 역량과 장래 희망 등에 따라 과목 선정이 달라진다. 공공채용 또는 대학 진학 등을 위에서는 최소 5개 과목에서 4(C)이상의 성적을 받아야 하며, 영어/수학/과학이 필수과목으로 지정되어 있고, 학교에 따라 제2외국어를 필수과목으로 지정하는 경우도 있다. 영국경찰 역시 GCSE C등급 또는 그 이상(B.A. A+, 4-9등급)을 필수자격요건으로 규정한 것이다. https://uken.kr/early_study/ gcse.php; https://www.met.police.uk/police-forces/metropolitan-police/areas/c/careers/police-officer-roles/police-constable/overview/entry-routes/police-constable-entry-programme-pcep/

85 https://www.met.police.uk/police-forces/metropolitan-police/areas/c/careers/police-off

교육은 경찰대학이 개발하여 영국 전역의 신규채용에 적용되는 국가경찰커리큘럼(National Police Curriculum: NPC)에 따라 진행된다. 이는 경찰업무에 필요한 법률과목, 경찰행정학, 범죄학 등의 경찰전문지식 및 실무지식을 배워 현장 실습팀에 배정된다. 이 경찰순경입직프로그램(PCEP)은 학사학위 취득 등과는 무관하다. Met 교육 센터는 런던 북부의 콜린데일, 런던 남부의 시드컵에 있다. 교육은 1주일 간 Met을 소개 후, 16주간의 이론교육(강의실 학습)을 진행한다. 훈련은 격주로 시간대를 교대하여 진행한다(Early: 7am to 3pm, Late: 2pm to 10pm). 이후 2개월은 런던시내에서 선임경찰인 튜터경찰(tutor constable)과 팀을 이뤄 현장업무(Street Duties)를 배우고 익히게 된다.

나머지 기간은 이와 같은 패턴으로 교육 센터의 이론식 교육과 일선에서 현장업무를 배우게 되며, 2년의 프로그램을 성공적으로 마치면 정규경찰로 임용된다. 수습기간의 급여는 모든 수당을 포함하여 38,269파운드 정도이다. 수습과정 후 정규임용시 40,789파운드를 받게 된다.

2) 경찰순경학위견습제(Police Constable Degree Apprenticeship: PCDA)

경찰순경학위견습제(PCDA)는 경찰순경으로 시보임용되어 급여를 받으며 대학에서 전문경찰학 교육을 받으면서 현장에서 실무교육을 이수하고 수료 후 경찰학 학위(BSc Hons)를 받고, 정규경찰로 채용된다. MET에서 대학교육에 필요한 모든 비용을 지불한다.

응시자격기준은 PCEP과 동일하다.

교육과정은 3년간 진행되며, 첫 주 3일간은 MET에 대한 소개이고 나머지는 대학에서 보낸다. 경찰학 학위 과정을 운영하는 대학교는 브루넬 대학교, 웨스트 런던 대학교, 앵글리아 러스킨 대학교이다. 각 대학교는 국가표준에 의한 교과과정을 개설한다. 16주간 진행되는 초기 학습은 경찰, 법률 및 경찰권한, 범죄예방 및 안전, 경찰 커뮤니티, 범죄대응 및 조사, 경찰 리더십, 코칭 및 멘토링, 경찰안전훈련, 응급생명구조, 범죄수사 및 경찰감식장비 등을 학습한다. 이후 8주 동안 런던 시내의 현장 경찰팀에서 튜터경찰과 팀을 이뤄 현장업무를 배우고 익힌다.

－icer－roles/police－constable/overview/entry－routes/police－constable－entry－programme－pcep/

3년 동안 다양한 경찰부서에서 대학과 현장실습을 통해 배운 것을 활용하고, 특히 현장업무를 통해 지역사회의 경찰협력과 경험을 향상시킨다.

2학년 때 대학에서 최대 3주간 이론교육을 받게 된다. 3학년 때 경찰업무의 핵심 분야에 대한 심층 학습을 한다. 이후 경찰 업무 관련 주제에 대한 연구와 운영역량에 대한 토론 및 실습경험 등을 기반으로 10,000 단어 분량의 논문을 작성하여 평가를 받는다. 학업 평가에는 시험, 에세이 및 프레젠테이션이 포함된다.

3년 과정을 성공적으로 마치면 정식 자격을 갖춘 경찰관이 되고 경찰학 학위를 취득하게 된다. PCDA는 시보임용시부터 수당을 포함하여 연봉은 38,269파운드이며, 정규채용시 42,052파운드를 받는다.

Ⅱ. 승진과 권익

영국경찰에서 순경의 경사 또는 경위로의 승진은 국가경찰승진표준(National Police Promotion Framework: NPPF)의 가이드라인에 의해 진행된다. 모두 4단계를 거친다. 1단계는 현재 계급에서의 업무역량, 기간(2년) 등 일정한 승진시험을 칠 요건을 갖춰야 하며, 2단계는 법률 및 업무절차 등에 대한 시험, 3단계는 승진계급의 업무수행잠재력평가 및 근무희망지(역)의 잔여석의 일치, 4단계는 12개월의 시보승진임용 및 그 기간 동안 업무역량평가 등의 순으로 이어진다.[86]

런던광역경찰청의 경찰 계급 체계는 [표 2-4]와 같다.[87]

경감(Chief Inspector) 이상의 고위 지휘층으로 올라갈 때는 역량 기반 평가(Competitive Selection)와 지휘관의 임명 즉 발탁으로 이루어진다. 최고위직(Commander 이상)이 되기 위해서는 College of Policing에서 주관하는 고위 지휘관 교육 과정을 반드시 이수해야 한다.[88]

한편 영국에서 2025년 3월 31일을 기준으로 지난 1년간 3,725명의 경찰관이

---

86 College of Policing, https://www.college.police.uk/What-we-do/Development/Promotion/Pages/National-Police-Promotion-Framework.aspx/

87 Metropolitan Police, Careers, Officer promotion, https://www.met.police.uk/police-forces/metropolitan-police/areas/c/careers/police-officer-roles/officer-promotion/overview/

88 College of Policing. (2024). *National police promotion framework (NPPF) step 2: Legal examination*. https://www.college.police.uk/

잉글랜드와 웨일즈의 43개 지역 경찰에서 승진했다. 이는 전년도의 3,829명 승진에 비해 2.7% 감소한 것이다. 대부분의 승진은 인원이 많은 하위 직급에서 이루어져 순경에서 경사로의 승진이 61.8%를 차지한다.[89]

표 2-4 런던광역경찰청의 경찰 직군 및 계급(2025)

직군 (Level)	제복 부서 계급 (Uniformed Ranks)	수사 부서 계급 (Detective Ranks)	주요 역할 및 특징
최고위 지휘 (Chief Officer)	Commissioner (치안총감/청장) Deputy Commissioner (치안정감/차장) Assistant Commissioner (치안감/국장) Deputy Assistant Commissioner (경무관급) Commander (경무관급)	(해당 없음)	전략 수립, 런던 전체 치안 정책 결정 및 정치적 책임. 이 계급부터는 'Detective' 명칭을 붙이지 않음.
고위 관리자급 (Senior Management)	Chief Superintendent (총경)	Detective Chief Superintendent (형사총경)	지역구(Borough) 치안 총괄 또는 대규모 수사 부서(본부) 지휘.
	Superintendent (경정)	Detective Superintendent (형사경정)	특정 기능 부서 운영 및 중대 사건 현장 지휘.
중간 관리자급 (Middle Management)	Chief Inspector (경감)	Detective Chief Inspector (형사경감)	실전 수사 지휘 및 경찰서 단위의 핵심 관리직.
	Inspector (경위)	Detective Inspector (형사경위)	현장 대응팀 지휘 및 소규모 수사팀(Unit) 책임자. 시험으로 승진 가능한 최상위계급
실무자급 (Frontline /Junior)	Sergeant (경사)	Detective Sergeant (형사경사)	일선 실무자의 직속 상급자. 현장 지도 및 감독.
	Constable (순경)	Detective Constable (형사순경)	기본 법적 권한을 가진 치안 유지 및 수사 실무 담당자.

비고: Metropolitan Police Service. (n.d.). *The ranks and roles of our officers.* https://buly.kr/15QBasN/

89 GOV.UK, https://www.gov.uk/government/statistics/police-workforce-england-and-wales-31-march-2025/police-workforce-england-and-wales-31-march-2025#promotions/

1919년 경찰법으로 잉글랜드와 웨일즈의 경찰연합의 설립이 허용되었다.[90] 경찰연합은 경찰 보수, 근무환경 등을 정부와 협상하는 이익대변기구이며 노동조합이 아니다.[91] 1919년 경찰법은 경찰의 노동조합 설립 및 가입을 금지하였다.

영국 노동법 역시 경찰 및 특별경찰은 공공의 이익을 대변함으로 노동법 상의 노동조합(union)설립대상이 될 수 없다고 규정하였다. 잉글랜드와 웨일즈 경찰연맹과 스코틀랜드와 북아일랜드 경찰연맹이 별도로 결성되어 있다.

영국경찰은 총경 이하 계급을 대표하는 경찰연합(Policefederation)과 고위직 및 중간간부경찰의 이익대변기구로 자치경찰청장협의회(Association of Chief Police Officers)와 경찰서장연맹(Police Superintendents Association of England and Wales) 등에 가입할 수 있다.

90 Police Act 1919, Sec.1－2.

91 The Police Federation of England and Wales (PFEW), https://www.polfed.org/about－us/

제 3 장

미국의 경찰

제 1 절 미국 경찰의 역사

미국의 경찰제도는 대부분 영국을 모델로 하며, 영국의 보안관(Sheriff), 치안관(Constable), 야경순찰(Watchman)제도 등을 도입하였다.[1] 보안관은 주로 농촌지역에서 활동하였는데 이들은 식민지제독에 의해 임명된 공무원으로서 치안유지 이외에도 세금징수 등의 업무를 병행하였다. 도시지역에서는 치안관이 활동하였다. 이들은 초기에는 선출직이다가 점차 임명직으로 신분이 바뀌었다. 경비원은 영국의 야경제도에서 착안한 것으로 성인남자들이 야간에 마을의 순찰을 통해 범죄예방활동을 하였다. 그러나 야경제도는 점차 자원자가 줄어들어 그 역할을 다하지 못하게 되었고, 도시규모가 커지고, 치안이 복잡해지면서 새로운 경찰제도를 개발할 필요성이 대두되기 시작하였다.

미국의 경찰제도는 보스턴에서 시작되는데 보스턴 주민들은 1631년부터 순찰원(Watch)을 고용했다. 1636년에는 보스톤회의(Town Meeting)가 순찰원을 지휘하게 되었다.[2] 순찰원은 밤에 보스턴 거리를 순찰하여 범죄자, 야생 동물 및 화재로부터 시민을 보호하였다. 1822년에 보스톤이 보스톤시(City of Boston)로 승격되자 순찰원의 역할은 더욱 커졌다. 1844년에 6명의 순찰대원으로 경찰대(Police Force)가 만들어졌고, 이는 120명까지 인원이 확대되었다. 1854년 보스톤시는 보스톤 경찰대를 보스톤 경찰국(Boston Police Department)으로 확대 개편하면서 경찰공무원을 250명으로 확충하였고 도시의 치안을 담당하게 되었다. 이들

1 뉴욕에는 1647년에 야경제가 도입되었다. Britannica, Early police in the United States, https://www.britannica.com/topic/police/Early-police-in-the-United-States/

2 Boston Police Department, History, https://bpdnews.com/history/

그림 3-1 1870년 미국 국회의사당 경찰대

자료: https://encyclopediavirginia.org/capitolpolice/

은 교대 당 $2의 임금을 받고 담당 구역을 순찰하였으며, 겸직이 금지되었다.

한편 19세기 중반을 전후하여 서부지역의 금광에서 채굴한 금을 미국 전역에 수송하기 위한 철도건설과 수송열차를 호송하는 민간경비회사의 발달을 가져왔다.[3] 1850년에 민간경비회사인 핀커튼(Pinkerton)이 최초로 설립되었다.

이 시대에 많은 도시경찰이 등장하였지만 정당정치 및 엽관제로 경찰행정은 일관성을 갖지 못하였고, 경찰공무원 역시 전문적이지 못하였으며, 무엇보다 부패가 사회적 혼란을 부추겼다. 이에 따라 경찰개혁을 위한 노력들이 시도되어 1871년에 전국경찰서장대회(Police Chiefs Convention)를 개최한 데 이어 1893년에는 국제경찰장협회(International Association of Chiefs of Police: IACP)가 결성되었다.

당시 미국 사회는 사회전반적인 개혁운동이 일었고, 경찰 역시 개혁 대상으로 여겼으며, 특히 경찰기관은 체계적인 교육을 받은 전문적인 인력으로 구성하는

3 Britannica, Police – Early police in the United States, https://www.britannica.com/topic/Early-police-in-the-United-States/

전문화된 관료주의적 조직이어야 한다는 요구가 강하였다. 이는 소규모의 경찰조직을 해체시키고, 일정한 정도의 규모를 갖춘 전문적인 경찰조직의 필요성을 가져왔고, 주경찰과 고속도로순찰을 담당하는 고속도로순찰대를 탄생시켰다.

1920년대 이후 과학기술의 발전과 행정조직의 정비, 특히 엽관제의 쇠퇴와 이를 대체하는 실적주의정책 등은 경찰조직에도 많은 영향을 미쳐 조직개편 및 인사행정, 업무집행에 변화를 주었다.

이 변화를 주도한 기구는 1929년 5월 20일 허버트 후버(Herbert Hoover) 대통령에 의해 설치된 위커샴위원회(Wickersham commission)이다. 위커샴위원회는 법무부장관인 조지 위커샴(George W. Wickersham)을 위원장으로 한다. 이 위원회는 1931년 7월 최종보고서인 위커샴보고서(Wickersham Report)를 통해 경찰의 법집행 태도 개선 및 경찰행정의 효율화 등을 주요 개혁대상으로 제시했다.[4] 위커샴위원회는 기술혁신, 경찰공직에의 정치성배제 등을 강조하였다. 또한 경찰의 조직구조개편, 순찰차의 효율적인 운용, 통신의 효율성을 강조하였다. 기존의 2인 1조의 순찰보다는 1인 1차의 순찰과 무선체계를 정비하여 순찰활동을 강화하고, 경찰에 대한 집중적인 관리 및 치안의 효율성을 극대화할 것을 요구했다.

이러한 노력들이 뒷받침되어 미국의 경찰은 점차 오늘날과 같은 형태를 갖춰 연방경찰과 주경찰, 그리고 지방경찰 등으로 구분할 수 있게 되었다. 즉, 자치경찰을 전제로 하면서 자치경찰이 담당하기 어려운 사무들은 연방의 법집행기관들이 일정부분 업무를 분장하며, 법집행기관 상호간의 관계는 상호협력적인 관계로 구축된 것이다.

또한 미국 수정헌법의 정신을 반영한 무죄추정의 원칙, 미란다권리고지의 원칙, 영장주의 등의 범죄인 인권을 보장하는 많은 법집행 지침들과 함께 1970년대부터는 지역사회경찰활동(Community Policing)으로 시민의 의견을 적극적으로 수렴하는 경찰행정을 지향하였다.

1994년 뉴욕경찰을 중심으로 한 깨어진 창문이론(Broken Window Theory)과 무

4 위커샴보고서의 제일 집필자는 August Vollmer이며, 이 보고서는 모두 18개의 개혁조항을 담고 있다. Department of Justice Library: "Report on the Enforcement of the Prohibition Laws of the United States: National Commission on Law Observance and Enforcement", https://www.ncjrs.gov/pdffiles1/Digitization/44540NCJRS.pdf/

관용정책(Zero Tolerance)으로 일상생활에서의 사소한 일탈이라도 엄격한 법집행을 통해 공동체 사회의 질서를 유지한다는 전략을 추진하였다. 또한 2001년 9월 11일, 이슬람 극단주의 단체 알 카에다(Al Qaeda)와 관련된 19명의 무장세력이 4대의 비행기를 납치하여 미국의 목표물에 대한 자살공격을 실시했다. 두 대의 비행기가 뉴욕시 세계무역센터(World Trade Center)의 쌍둥이 빌딩으로 옮겼으며, 세 번째 비행기는 워싱턴 DC 바로 바깥의 국방부(Pentagon)를 쳤고, 네 번째 비행기는 펜실베니아 주 샹크스 빌(Shangsville)에 추락했다. 9/11 테러로 2,606명이 사망했다. 이로 인해 미국의 정책기조는 테러와의 전쟁으로 변화하였고, 경찰 역시 매우 강력한 법집행관으로서의 태도를 견지하고 있다.[5]

미국경찰은 2020년 5월 조지 미니애폴리스 경찰의 조지 플로이드 사망사건, 2021년 4월 시카고 경찰의 13세 소년 총기발사 사망사건, 2024년 8월 뉴저지경찰의 20대 한인여성 총기발사 사망사건 등 연이은 부패적 양상으로 경찰조직의 법집행 공정성이나 정당성에 대해 상당한 도전을 받고 있다.[6]

이에 대응하여 최근 미국 경찰은 신뢰 회복을 위한 핵심 수단으로 AI 기술을 적극 도입하고 있다. 특히 자연어 처리(NLP) 기술을 활용해 바디캠(BWC) 녹음 데이터를 전수 분석하여 경찰관의 고성이나 비하 발언 등 에스컬레이션 징후를 자동 감지하거나, 머신러닝 기반의 조기 개입 시스템(EIS)을 고도화하여 무력 사용 남용 위험이 있는 경찰관을 사전에 식별하는 등 데이터 과학에 기반한 객관적 감찰 활동과 조직을 쇄신하려는 노력을 기울이고 있다.[7]

제 2 절 미국의 경찰관련기관

미국의 경찰관련조직은 각각 그 위치에 따라 연방법집행기관과 주경찰, 그리고 지방경찰로 구분할 수 있다. 연방법집행기관, 주경찰, 지방경찰은 상호 지휘

5 History, September 11 Attacks: Facts, Background & Impact, https://www.history.com/topics/9-11-attacks/

6 America Magazine, A City Under Fire, America Magazine, http://americamagazine.org/issue/city-under-fire/

7 https://www.police1.com/study-ai-reviewed-body-cam-footage-reduces-bad-behaviors/

감독관계가 아니라 상호보완적 관계를 유지한다. 또한 민간경비(Private Security)가 발달해 경찰과 협력적인 관계를 유지하고 있다.

Ⅰ. 연방법집행기관

연방법집행기관(Federal Law Enforcement Organization)이란 공공의 안녕과 질서유지와 관련된 기능을 주로 수행하는 연방정부의 행정기관을 지칭하는 것이다.

주로 연방정부의 법무부, 재무부, 국토안보부 등에 속하면서 별도의 경찰적 작용을 하는 많은 기관이 산재해 있다. 대표적인 연방법집행기관으로 연방수사국(FBI), 마약단속국(DEA), 연방보안관실(USMS) 등을 들 수 있다.

1. 법무부

법무부(The Department of Justice: DOJ)는 대표적인 법집행기관으로 산하에는 경찰업무와 관련한 일부 부서를 가지고 있다. 법무부에는 연방수사국(Federal Bureau of Investigation: FBI), 마약단속국(Drug Enforcement Administration: DEA), 주류 · 담배 · 화기 · 폭발물 단속국(Bureau of Alcohol, Tobacco, Firearms, and Explosives: ATFE), 연방보안관실(United States Marshals Service), 연방교정국(Federal Bureau of Prisons: BOP) 등이 대표적이다.[8]

1) 연방수사국

연방수사국(Federal Bureau of Investigation, FBI)은 1908년에 설립되었으며, 연방정부의 대표적인 법집행기관으로 연방범죄에 대한 수사 및 대테러, 국제적 범죄수사공조 등의 업무를 관할한다. 본부는 워싱턴 D.C에 있다.[9]

연방수사국의 임무는 다음과 같다.[10] ① 테러공격으로부터의 미국의 보호, ② 외국정보기관으로부터의 미국의 보호, ③ 사이버범죄 및 기타 하이테크놀러지범죄로부터의 미국의 보호, ④ 모든 부패범죄의 수사, ⑤ 시민권 보호, ⑥ 미국 내

8 The Department of Justice, ABOUT DOJ, http://www.justice.gov/about/

9 FBI, Headquarters, https://www.fbi.gov/contact-us/fbi-headquarters/

10 FBI, ABOUT US, https://www.fbi.gov/about-us/quick-facts/

또는 국외 조직범죄의 수사, ⑦ 주요 화이트칼라범죄의 수사, ⑧ 중요 폭력적 범죄에 대한 수사, ⑨ 연방, 주, 시, 군 및 국가간 협조, ⑩ FBI 임무의 성공적 수행을 위한 기술의 숙련,[11] ⑪ 국회의원 암살사건, 아동유괴, 상해사건의 수사 등으로 정리할 수 있다.[12]

FBI국장은 임기가 10년이지만, 보장되지는 않는다. 대통령이 지명하며, 상원을 통과해야 한다.[13] 국장 산하에 부국장, 국가안보국, 사이버대응및서비스국, 정보국, 과학기술국, 운영기술부문국, 정보기술 지원국, 인적자원국 등의 집행부서가 있다. FBI는 미국 주요 대도시 지역에 56개의 현장사무소(지부)를 두고 있다. 그리고 이 지부를 중심으로 인근 소도시지역에 350개의 출장소가 있다.[14] 63개 국가에 지부를 두며, 각 지부는 주최국과 상호합의를 통해 설립되며 해당 국가의

그림 3-2 연방수사국 웹사이트

자료: FBI, https://www.fbi.gov/

11 Title 28, Section 533 of the US Code.

12 Title 18, Section 351 of the US Code.

13 FBI, https://www.fbi.gov/about/leadership-and-structure/

14 FBI, https://www.fbi.gov/contact-us/field-offices

미국 대사관 또는 영사관에 둔다.[15] FBI는 특수 요원 및 지원전문가, 즉 정보분석가, 언어전문가, 과학자, 정보기술전문가 등이 근무한다. FBI에는 2024년 6월을 기준으로 모두 37,312명, 즉 특수요원(Special Agents) 13,662명, 정보분석관(Intelligence Analysts) 3,215명, 전문직원(professional staff) 20,435명이 근무하고 있다.[16]

2) 마약단속국

마약단속국(Drug Enforcement Administration: DEA)은 닉슨대통령에 의하여 1973년 7월 1일부터 출범하였다. 마약단속국은 불법약물에 대한 단속 및 수사 및 관련 업무에 대한 연방정부기관이며, 관련 사무에 대한 연방정부의 권한을 조정하며, 관련 사무에 대한 해외업무 역시 관장한다.

마약단속국장은 상원의 동의를 얻어 대통령이 임명한다. 마약수사에 관해서는 연방수사국 및 이민및관세국(Immigration and Customs Enforcement: ICE)과 공조체제를 유지한다. DEA는 23개의 부서와 58개의 지역사무실, 102개의 상주사무실과 69개 국가에 93개 해외사무실을 두고 있다. DEA에는 2024년 3월을 기준으로 모두 9,252명, 즉, 특수요원(Special Agents) 4,629명, 정보분석관(Intelligence

그림 3-3 마약단속국 웹사이트

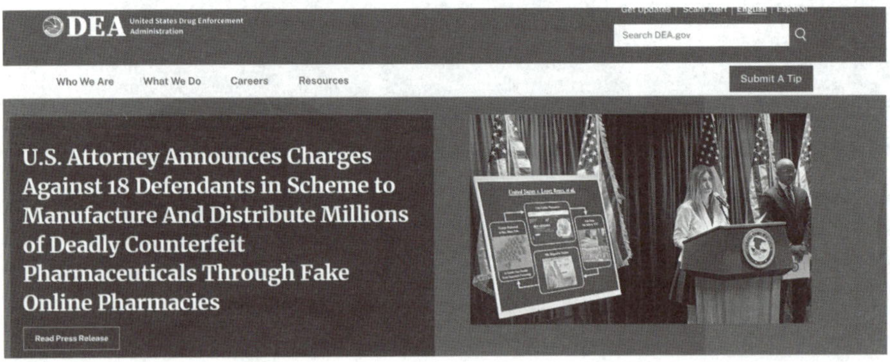

자료: DEA, https://www.dea.gov/

15 FBI, https://www.fbi.gov/contact-us/legal-attache-offices/

16 https://www.fbi.gov/news/speeches-and-testimony/director-wrays-opening-statement-to-the-senate-appropriations-committee-subcommittee-on-commerce-justice-science-and-related-agencies/

Analysts) 1,023명, 전문직원(professional staff) 3,600명 등이 근무하고 있다.[17]

3) 연방보안관실

연방보안관실(United States Marshals Service: USMS)은 연방정부의 법집행기관 중 가장 역사가 오래되었다. 1789년에 법원법(Judiciary Act)에 의하여 설치되었다.[18] 법무부장관에게 소속된다.

연방보안관은 범인호송, 법원경비, 증인보호프로그램의 집행, 연방법원의 영장집행 등의 법원사무를 관장한다. USMS는 조사 임무를 수행하기 위해 탈옥수, 도주 수배범 수사, 어린이 및 지역사회 보호, 자산몰수 등과 관련하여서는 직접 수사권을 행사할 수 있다.

연방보안관의 관할은 2025년을 기준으로 미국 전역의 94개의 연방법원, 194개 연방법원지원, 4개의 외국 지부 등이다. 94명의 연방보안관 및 3,892명의 부연방보안관 및 수사관, 1,596명의 행정 직원 및 구금 집행 책임자 등 모두

그림 3-4 연방보안관실 웹사이트

자료: U.S. Marshals Service, https://www.usmarshals.gov/

17 U.S. Department of Justice, Drug Enforcement Administration, FY 2025 Performance Budget Congressional Budget Submission, March 2024, p. 12 (Positions and FTE Table).

18 U.S. Marshals, History, http://www.usmarshals.gov/history/index.html/

5,488명이 근무하고 있다.[19]

4) 주류 · 담배 · 화기 · 폭발물국

주류 · 담배 · 화기 · 폭발물국(Bureau of Alcohol, Tobacco, Firearms and Explosives: ATF)은 1886년에 재무부 내 설치된 국세연구소가 그 전신이며, 1930년에 법무부 연방수사국(FBI)으로 이관되었다가 1972년에 또 다시 재무부로 이관되었지만, 2002년의 국토안보법(Homeland Security Act of 2002)에 의해 다시 법무부로 환원되었다.[20]

그림 3-5 주류담배화기폭발물국 웹사이트

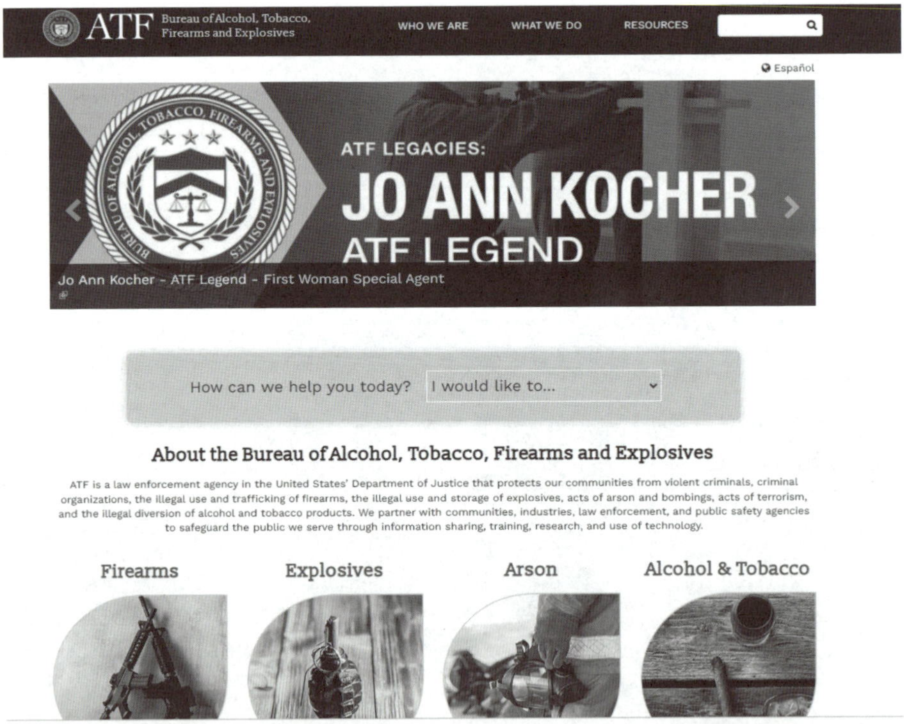

자료: The Bureau of Alcohol, Tobacco, Firearms and Explosives, https://www.atf.gov/

19 United States Marshals Service, https://www.usmarshals.gov/sites/default/files/media/document/2025-Overview.pdf

20 Bureau of Alcohol, Tobacco, Firearms and Explosives, Our History, https://www.atf.gov/our-history/our-history/

ATF는 주류 및 담배 제품의 불법 유통 정보 수집 및 단속, 폭력 범죄자, 범죄조직, 총기의 불법 사용 및 인신 매매, 폭발물의 불법 사용 및 저장, 방화 및 폭파, 테러 행위로부터 미국사회를 보호하는 연방법집행기관이다. ATF에는 2025년 3월을 기준으로 모두 5,322명, 즉 특수요원(Special Agents) 2,572명, 산업운영조사관 857명, 전문직원(professional staff) 1,893명이 근무하고 있다.[21]

2. 국토안보부

국토안보부(United States Department of Homeland Security, DHS)는 9.11테러 이후 테러에 대한 경각심이 높아지면서 대테러, 국경수비, 자연재해대비 및 구조, 핵안보 등의 업무를 관장하는 연방기관으로 2002년 11월에 설치되어, 2003년 1월부터 업무를 개시하였다. 국토안보부 산하기구로 각 주(州)에는 국토안보보호

그림 3-6 국토안보부 웹사이트

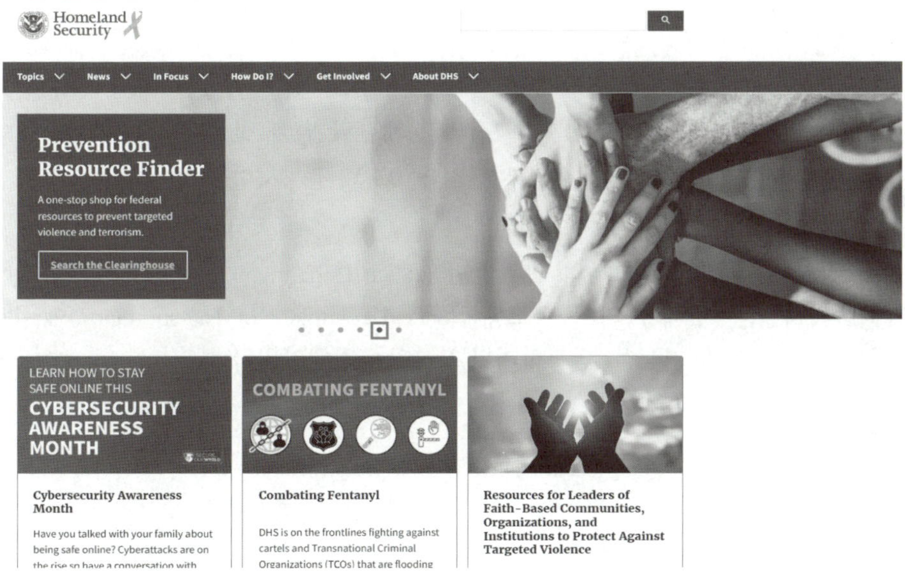

자료: DHS, https://www.dhs.gov/

21 ATF, Bureau of Alcohol, Tobacco, Firearms, and Explosives (ATF), https://www.atf.gov/resource-center/fact-sheet/fact-sheet-facts-and-figures-fiscal-year-2024/

국(United States Office of Homeland Security, OHS)이 설치되어 있다. 2026년 1월 현재 미국 국토안보부(DHS)는 약 260,000명 이상의 직원이 근무하고 있으며, 대테러 정보 수집, 재난 안전, 국경 및 이민 통제, 사이버 보안, 대통령 경호 등 국가 안보와 공공 안전을 위한 광범위한 업무를 수행한다.[22]

국토안보부에 소속된 연방법집행기관[23]은 미국시민권이민서비스(U.S. Citizenship and Immigration Services USCIS), 미국해안경비대(United States Coast Guard: USCG), 미국관세국경보호청(United States Customs and Border Protection: CBP), 사이버보안및인프라보안국(Cybersecurity and Infrastructure Security Agency: CISA), 연방재난관리청(Federal Emergency Management Agency: FEMA), 연방법집행훈련센터(Federal Law Enforcement Training Center: FLETC), 미국이민세관단속국(United States Immigration and Customs Enforcement: ICE), 미국비밀경호국(United States Secret Service: USSS), 교통안전청(Transportation Security Administration: TSA) 등이다.[24]

Ⅱ. 주경찰

주경찰(State Police)은 주의 관할 지역 내에서 법 집행 활동과 범죄수사, 주 및 시 경찰 등의 교육훈련 지원, 시와 시의 경계간의 범죄 및 경찰사무 조정, 주 고속도로순찰, 교통사고처리, 주정부 산하의 공공건물, 시설물 등에 대한 경비 등의 임무를 수행한다.[25]

주경찰은 대부분 주정부의 공공안전국(State Department of Public Safety) 산하에 속하지만,[26] 주에 따라서는 교통국(State Department of Transportation)에 속하여 고속도로순찰 기능을 담당하거나,[27] 또는 천연자원국(Department of Natural

22 Department of Homeland Security, http://www.dhs.gov/about-dhs/

23 Department of Homeland Security, http://www.dhs.gov/organization/

24 USAGov, https://han.gl/ypLJn/

25 Wikipedia, State police (United States), https://en.wikipedia.org/wiki/State_police_(United_States)/

26 예를 들어 Alabama Department of Public Safety, Alaska Department of Public Safety, Arizona Department of Public Safety 등.

27 예를 들어 Wisconsin Department of Transportation, California Business, Transportation and Housing Agency 등.

Resources)에 속하여 해안경비를 담당하기도 한다.

미국의 50개 주정부 중 23개 주정부가 주경찰(State Police)을 두고 있고, 하와이주를 제외한 49개주가 별도의 주경찰조직을 가지고 있다. 주에 따라 주경찰 명칭은 주경찰(State Police),[28] 고속도로순찰(Highway Patrol),[29] 주순찰(State Patrol),[30] 하이웨이경찰(Highway Police) 등 다양하다.

그림 3-7 캘리포니아 주경찰(하이웨이 패트롤) 웹사이트

자료: https://www.chp.ca.gov/

28 예를 들어 Pennsylvania State Police, Oregon State Police 등.

29 예를 들어 Wyoming Highway Patrol.

30 예를 들어 Washington State Patrol.

Ⅲ. 지방경찰

1. 지방경찰의 의의

지방경찰은 시(City), 타운(Town), 빌리지(Village) 또는 버로우(Borough)의 경찰을 총칭하며, 대표적인 경찰은 도시경찰(City Police)이라고 할 수 있다.

도시경찰은 도시조례 및 주법이 위임한 경찰사무를 수행하며 대체로 공공의 안녕과 질서유지 및 시민의 생명과 신체·재산의 보호가 주된 임무이다. 미국은 민주주의 국가의 이념에 맞게 경찰에 대한 통제가 다양한 형태로 이루어지고 있는데 특히 도시경찰이 경찰사무의 대부분을 처리하고 시민에게 직접적인 영향력

그림 3-8 NYPD 웹사이트

자료: NYPD, https://www1.nyc.gov/

을 행사하므로 시민의 경찰통제는 매우 당연하게 인식되고 있다.

지방경찰의 대표적 도시경찰인 뉴욕시경찰을 소개한다.

2. 뉴욕경찰

뉴욕경찰청(New York Police Department: NYPD)은 1845년에 설치되었고, 미국에서 가장 규모가 커다란 도시경찰로 경찰행정 및 범죄수사 등을 담당한다. 뉴욕경찰청장은 시장에 의하여 임명되며, 선출직 시장의 임기내에 교체될 수 있다. 경찰공무원은 경찰청장이 임명하며, 경찰사무는 경찰청장의 권한으로 이루어진다.

경찰청장 밑에는 수석부경찰청장 및 부경찰청장이 있으며, 그 아래에 20여 개의 국 단위가 있다. 국 아래에 과, 계, 팀, 경찰서, 지구대 등의 하부조직이 있다. 2026년 1월 현재 뉴욕경찰청장은 제48대인 제시카 티시(Jessica Tisch)이며, 경찰서(Precincts)는 78개이다.

NYPD에 설치된 부서[31]

Patrol Services Bureau(순찰서비스국)
Special Operations Bureau(특수작전국)
Transit Bureau(철도교통국)
Housing Bureau(주택국)
Transportation Bureau(교통국)
Crime Control Strategies Bureau(범죄통제전략국)
Detective Bureau(형사국)
Internal Affairs Bureau(총무국)
Collaborative Policing(협력적경찰)
Community Affairs(지역사회문제)
Employee Relations(후생복지)
Equity and Inclusion(평등및포용성)
Information Technology Bureau(정보기술국)
Legal Matters(법무담당)
Personnel Bureau(인사국)
Public Information(정보공개)

Strategic Initiatives(전략적이니셔티브)
Training Bureau(교육국)
Trials(행정심판)

2025년 11월을 기준으로 NYPD의 제복경찰공무원은 33,745명이며, 일반직은 19,000여 명이다.[32]

일반직(civilian employees)은 일반행정 사무를 처리하면서 제복을 착용하지 않는 행정직과 제복을 착용하며 관련 업무를 처리하는 경찰통신기술관(Police Communications Technicians: PCT), 학교안전관(School Safety Agents: SSA), 교통단속관(Traffic Enforcement Agents: TEA) 등이 있다.[33]

Ⅳ. 특별경찰

미국은 개척시대 이후 자치제가 강하게 뿌리내리고 있어 당시부터 내려오는 특유의 경찰제도를 아직까지 유지하고 있다.[34] 먼저 보안관(Sheriff)은 주헌법에 규정을 두고 있는 선거직인 경우가 대부분이며, 이들은 경찰사무를 행하는 법집행기관으로서의 역할과 영장 및 소환장 발부 등의 판사 역할을 함께 수행하는 경우도 있다. 또한 주에 따라서는 교정사무를 담당하는 경우도 있다. 그러나 최근에는 보안관의 역할이 점차 축소되는 경향이다.

치안관(Constable)제도 역시 아직 존재하고 있는데 최근에는 그 기능을 일반경찰기관에 흡수시켜 집행하는 경향이다. 검시관(Cornor)제도 역시 존재하지만 최근에는 법의학을 전공한 전문의사를 임명하는 추세이다. 검시관은 특히 사인(死因)을 분석하는 전문성을 요하는 임무를 수행함에도 불구하고, 주에 따라서는 아직

31 NYPD, Bureaus, https://www.nyc.gov/site/nypd/bureaus/bureaus.page/

32 https://app.powerbigov.us/view?r=eyJrIjoiZTI4OTRjZTYtNTYwOC00NzcxLThhYTItOTU5NGNkMzIzYjVlIiwidCI6IjJiOWY1N2ViLTc4ZDEtNDZmYi1iZTgzLWEyYWZkZDdjNjA0MyJ9&pageName=ReportSection/

33 NYPD, www.nyc.gov/site/nypd/about/about-nypd/about-nypd-landing.page

34 sagepub, https://www.sagepub.com/sites/default/files/upm-binaries/50819_ch_1.pdf/

까지 선거직인 경우도 있다.

이 밖에도 주 및 도시에 따라서는 대학, 항만, 공원, 공립학교 등을 특별지역으로 지정하여 일명 특별지역경찰(Special District Police)을 지정하여 운영하는 경우도 있다. 이를 캠퍼스경찰, 공원경찰 등으로 칭한다.

미국의 각 주 및 도시경찰은 정규 경찰공무원 이외에도 경찰인력을 보완하기 위한 다양한 제도를 도입하고 있다. 뉴욕경찰청도 경찰인력을 보완하기 위한 제도를 유지하고 있다.[35] 이들의 신분은 정규직 공무원인 경우도 있고, 학생, 일반 시민인 경우도 있다.

뉴욕경찰청을 기준으로 할 경우 다음과 같이 운영하고 있다.

첫째, 경찰통신기술관(Police Communications Technicians: PCT)은 911 긴급전화를 받는 통신 부서에서 무선 디스패처로 근무하며, 응급 서비스 제공과 관련된 기타 모든 사무 및 행정 업무를 수행한다. 일반직(civilian employees)이며, 제복을 착용하고, 경찰아카데미에서 전문교육을 받는다.[36]

둘째, 학교안전관(School Safety Agents: SSA)은 뉴욕시 공립학교 건물 및 주변 건물에서 학생, 교직원 및 방문자의 안전을 보호하기 위한 활동을 한다. 학교내외를 순찰하며, 출입자, 학교폭력 등을 통제하는 역할을 한다. 일반직이며, 제복을 착용하고, 경찰아카데미에서 17주간 교육을 받는다.[37]

셋째, 교통단속관(Traffic Enforcement Agents: TEA)은 뉴욕시의 교통단속구역에서 불법 주차차량단속, 교통신호통제, 행정청문회 사무소 및 법원에서의 증언, 보고서 준비, 차량운행 등의 업무를 수행한다. 일반직이며, 제복을 착용하고, 경찰아카데미에서 12－14주간 교육을 받는다.[38]

넷째, 자원봉사보조경찰(Volunteer Auxiliary Police)을 운영하며, 이들을 보조경찰이라고도 한다. 보조경찰은 자원봉사자의 신분으로 비무장으로 제복을 입고 관할지역에서 도보순찰, 차량순찰, 교통정리, 축제나 카퍼레이드, 박람회 등의

35 New York City Police Department, http://www.nyc.gov/html/nypd/html/careers/civilian_opportunities.shtm/

36 NYPD, https://han.gl/rnenc/

37 NYPD, https://han.gl/5rKqM/

38 NYPD, https://han.gl/cMABM/

질서유지, 지하철, 버스승강장 등의 질서유지 임무를 수행한다. 이들은 일정한 훈련을 이수하여야 하며, 필요한 제복과 장비를 제공받는다. 보조경찰은 월급을 받지 않지만, 연간 제복 관리 수당을 받고, 근무 시 대중교통이 무료이며, 근무 중 부상에 대한 보험 처리가 된다.

보조경찰이 사용하는 경찰차 외관은 측면 및 내부 운전석/조수석 문, 트렁크, 그리고 보닛 등에 AUXILIARY 문구가 크게 새겨져 있고, 경광등은 호박색이다.

정규 경찰차는 외관에 POLICE 또는 CPR(Courtesy, Professionalism, Respect) 슬로건이 적혀 있고, 경광등은 붉은색과 흰색(Red & White)이다.

다섯째, 학생경찰(Cadet Corps)을 운영하고 있다. 학생경찰은 남녀 대학생을 대상으로 대학을 졸업할 때까지 최대 모두 2만 달러 정도의 학비를 지원한다. 매월 1회 경찰학교교육에 참석해야 하고 여름방학 동안 풀타임으로 근무한다. 졸업 후 2년 동안 뉴욕시 경찰로 근무해야 한다. 정규 경찰관 채용 시 일반 공채가 아닌 승진 임용 시험(Promotional Exam) 자격을 부여받는 혜택이 있다.[39]

그림 3-9 뉴욕경찰청의 자원봉사보조경찰(Volunteer Auxiliary Police)

자료: https://nypdrecruit.com/pages/auxiliary－police/

39 NYPD, https://han.gl/OeFRd/

Ⅴ. 수사권

미국의 경찰은 원칙적으로 독자적인 수사권을 행사한다. 연방 법집행기관은 수사 결과를 연방검찰청으로, 주 및 시 자치경찰은 주 검찰청으로 송치한다.[40] 검찰청의 명칭은 주(State)에 따라 District Attorney, Commonwealth's Attorney, State Attorney 등으로 다양하다. 지방검사장은 대부분 주민 선출직인 반면, 연방검사장은 대통령이 임명한다. 미국 전역에는 94개의 연방 사법 지구가 있으며, 이를 관할하는 93명의 연방검사장(U.S. Attorney)이 있다. 그 밑에서 일하는 평검사(Assistant U.S. Attorneys, AUSA)는 약 6,000명 정도이다. 검사는 기본적으로 법률 자문이자 경찰과의 협력 관계를 유지한다. 다만, 법률에 따라 검사가 직접 수사를 주도해야 하는 경우(예: 연방 대배심 사건 등), 검찰이 수사에 직접 착수하고 관할 경찰기관에 수사 협조를 요청하거나 수사 방향을 지휘하기도 한다.

제 3 절 미국의 경찰공무원

Ⅰ. 인사제도의 발달

독립전쟁 직후 미국의 경찰은 정치적으로 매우 민감한 직업으로 인식되었다. 경찰지원자들은 직접 경찰직 선거에 입후보하거나, 정치후원회의 추천으로 그 지역의 시장에 의해 임명되는 전형적인 엽관제도(Spoils System)를 기반으로 운영되었다.

그런데 1881년 가필드(James Garfield) 대통령이 엽관제에 불만을 품은 사람에 의하여 암살당하자 엽관제의 문제점을 보완해야 한다는 여론이 높아졌다. 결국 1883년 펜들턴법(Pendleton Civil Service Reform Act)이 제정되었다.

펜들턴법은 공직자의 선발기준을 강화하여 공무원을 공개경쟁시험에 의하여 채용하며, 시보임용제 채택, 정치적 중립성보장, 공무원위원회에 의한 인사감독,

40 U.S. Attorneys, http://www1.nyc.gov/site/nypd/careers/cadets/police-cadets-landing.page/

실적제 도입 등을 주요 골자로 하고 있다.[41]

그러나 이 제도는 쉽게 정착되지 못하여 공직자의 부정부패 문제가 극심해지자 1929년 후버(Herbert Hoover) 대통령은 「법률준수 및 집행에 관한 국가위원회」(National Commission on Law Observance and Enforcement)를 설치하여 개선방안을 연구토록 하였다. 이는 일명 「위커샴위원회」(Wickersham Commission)라고 부르기도 한다. 위커샴위원회는 2년여 간의 연구 끝에 1931년에 위커샴보고서(Wickersham Report)를 제출하였다.[42] 이 보고서는 조직범죄, 경찰과 검찰, 보호관찰, 가석방제도 등 형사사법체계의 혁신안을 제시했다. 특히 경찰공무원의 인사행정의 원칙으로 능력과 경험에 의한 관리자의 임명 및 일정한 재직기간의 보장, 체력 · 지능 · 인성을 고루 겸비한 경찰관의 공정한 선발, 적정한 생활수준이 보장된 보수체계의 수립, 근무의 효율성을 높이기 위한 근무시간, 근무여건, 휴가, 복지시설 등의 합리적인 개선과 상해 · 사망에 대한 보상체계의 수립, 지속적인 교육훈련, 경찰의 정치적 중립성 보장 등을 제안하였다.

경찰인사행정을 개선하기 위한 노력은 1965년 존슨(Lyndon B. Johnson) 대통령의 「법집행 및 사법행정에 관한 대통령위원회」(The President's Commission on Law Enforcement and Administration of Justice)를 통해서도 지속되었으며, 특히 이 보고서는 직위분류제와 직업경찰공무원제의 수립을 제안하고 있다.[43]

한편 미국 법무부 형사사법통계국은 지난 1987년 이후 미국의 법집행관리 및 행정통계(Data Collection: Law Enforcement Management and Administrative Statistics: LEMAS)를 4년마다 발간하고 있는데 가장 최신통계는 2022년도에 발간되었다.

이에 따르면 미국의 법집행기관은 14,726개이며, 모두 1,056,038명이 근무하고 있다. 이 가운데 지방경찰은 11,788개이며, 598,620명이 근무한다. 이 가운데 선서직 경찰관(Full-Time Sworn Officers)은 473,102명이며, 일반직(Full-Time Civilian Personnel)[44]은 125,518명이다.[45]

41 Wikipedia, Pendleton Civil Service Reform Act, https://en.wikipedia.org/wiki/Pendleton_Civil_Service_Reform_Act/

42 Department of Justice Library: "Report on the Enforcement of the Prohibition Laws of the United States: National Commission on Law Observance and Enforcement", https://www.ncjrs.gov/pdffiles1/Digitization/44540NCJRS.pdf/

43 National Affairs, The Crime Commission reports, https://www.nationalaffairs.com/

한편 경찰공무원의 인종적 다양성도 점차 강화되고 있는데 이 가운데 히스패닉 경찰의 비중은 14%, 흑인은 12%이며, 아시안계는 3%에 달하는 것으로 나타났다. 여성경찰은 약 63,000여 명으로 전체 전임직 경찰 중 14%를 차지하며, 지방경찰서장의 3%가 여성경찰인 것으로 나타났다.

지방경찰의 32%가 신규채용 경찰공무원의 학력을 학사학위 또는 전문대학 이상으로 제한하고 있고, 지방경찰의 23%가 채용 당시 2년제 이상 대학학력을 필수조건으로 요구하고 있다.[46] 다만, 2020년 이후 극심한 경찰 인력난(Recruitment Crisis)으로 인해, 최근에는 대학 학위 필수 요건을 완화하거나 군 복무 경력으로 대체해 주는 기관이 늘어나고 있는 추세이다.[47]

> 필라델피아 경찰국(Philadelphia Police Department): 2022년부터 기존에 필수였던 '대학 60학점 이수' 요건을 폐지, 대신 21세 이상이고 3년 이상의 일반 직장 경력이 있거나 군 복무 경력이 있으면 지원가능하도록 변경
> 뉴올리언스 경찰국(New Orleans Police Department): 학력 요건 완화, 과거 마리화나 사용 이력 등에 대한 기준도 완화
> 멤피스 경찰국(Memphis Police Department): 대학 학점 요건을 완화, 채용 보너스 지급
> 캘리포니아 주경찰: 2031년부터 신임 경찰관이 경찰학교 졸업 후 36개월 이내에 경찰 자격증, 준학사 학위 또는 학사 학위를 취득하도록 요구하는 법안 상정

Ⅱ. 채용과 교육

1. 채용

뉴욕경찰은 미국 시민권자이어야 하며, 또한 미국 시민권자이면서, 유효한 뉴욕주 운전면허증을 소지하고 뉴욕시의 5개 버로우(Borough)에 살고 있거나 또는 나소, 서퍽, 록 랜드, 웨스트 체스터, 퍼트 남 또는 오렌지카운티 중 하나에 30일

44 체포권, 수사권 등이 제한되는 보조경찰이거나, 행정업무직원을 말한다.

45 U.S. Department of Justice, https://bjs.ojp.gov/sites/g/files/xyckuh236/files/media/document/lpdp20.pdf/

46 Shelley Hyland, Full-Time Employees In Law Enforcement Agencies, 1997-2016, Bureau Of Justice Statistics, 2018.

47 https://stateline.org/2025/09/03/police-agencies-lower-education-standards-as-staffing-shortages-persist/

이상 등록되어 있어야 한다.[48] 필기시험자격은 만 18세 이상이며, 채용시 만 21세 이상 35세 미만이다. 신장은 최저 172cm 이상 198cm 이하로 하며, 신장과 채용을 함께 고려한다.

학력은 2년제 전문대 또는 4년제 대학에서 60점 이상의 학점에, 2.0 이상의 GPA를 받아야 한다. 또는 군대에서 2년 이상 현역으로 복무하였거나, 불명예제대한 적이 없고, 고등학교 졸업, 또는 그에 준하는 자격이 있어야 한다.

뉴욕경찰청의 신규채용은 시행정서비스국(Department of Citywide Administrative Services: DCAS)이 규정에 따라 시행한다. 그 절차는 개인특성조사(Background Character Investigation), 필기시험(Written and Oral Psychological Exams), 건강진단(Medical Exam), 면접심사(Interview) 등이다.[49]

첫 번째, 개인특성조사는 사전배경조사(Preliminary Background Application: PBA), 직업이해도조사(Job Preview Questionnaire: JPQ) 그리고 개인역량기술서(Personal Qualification Essay: PQE)를 거쳐야 한다. 모든 지원자는 온라인으로 PBA와 JPQ를 제출해야 한다. PBA는 개인의 배경조사로 실질적으로 경찰이 될 수 있는지 없는지를 판단하기 위한 것이고, JPQ는 경찰 업무의 본질을 잘 이해하고 있는지를 평가하기 위하여 고안된 설문지 형태이다. PQE는 개인의 판단능력 등을 평가하는 것으로 이 단계를 통과하지 못할 경우 3개월 후에 다시 도전할 수 있다.

두 번째, 필기시험은 모두 7개 과목에서 75% 이상 득점해야 하지만 실제로는 85% 이상을 득점해야 합격이 가능하다. 주로 독해력, 단어구사력, 논리적 추론능력 문제에 관한 판단 및 해결능력 등을 평가한다. 대학졸업자 또는 학생경찰로 고용되어 3개월이 된 자 및 기타 법집행기관에서 1년 이상 근무하고 있는 자는 필기시험이 면제되기도 한다.

세 번째, 건강진단은 경찰업무수행에 적합한 체력을 갖췄는지를 평가하는 것으로 경찰지원자직무표준평가(Job Standard Test: JST)를 통과해야 한다.[50] 직무표준평가는 15m를 전속력으로 달려 장애물을 넘고, 계단을 오르고, 80kg의 무게를 가진 마네킹을 끌고, 10m를 이동 후 권총을 왼손으로 15회, 오른손으로 15

48 NYPD, http://www1.nyc.gov/site/nypd/careers/police-officers/po-hiring.page/

49 NYPD, https://www1.nyc.gov/site/nypd/careers/police-officers/po-hiring.page/

50 NYPD, https://www1.nyc.gov/site/nypd/careers/police-officers/job-standard-test.page/

회 당기는 과정을 4분 28초 안에 마치는 체력테스트로 경찰업무를 수행할 체력적 조건을 갖췄는지를 평가하는 것이다.[51]

네 번째, 면접시험은 다른 사람들과의 대화능력 및 설득력, 리더십 등을 평가하며, 70점 이상에 해당하는 경우에만 합격시킨다. 신체검사는 직업병에 걸리기 쉬운 자를 배제하기 위하여 다양한 정밀검사를 행한다. 면접시험시에는 다음의 서류를 제출해야 한다.

총기안전서류(Gun Security Form)
가정폭력범죄전과조회서(Inquiry Regarding Conviction for Misdemeanor Crimes of Domestic Violence)
학교기록조회서(Request for School Records)
지원자직업경력조회서(Request for Applicant's Employment Records)
정보사용동의서(Authorization for Release of Information)
지원자기록체크(Applicant Records Check)
NYPD경찰후보자통보(Notice to NYPD Police Officer Candidates)
부패위험인식진단지(Corruption Hazard Acknowledgement)
군입대경력(Location of Military Records)

그림 3-10 NYPD 신규채용 체력평가

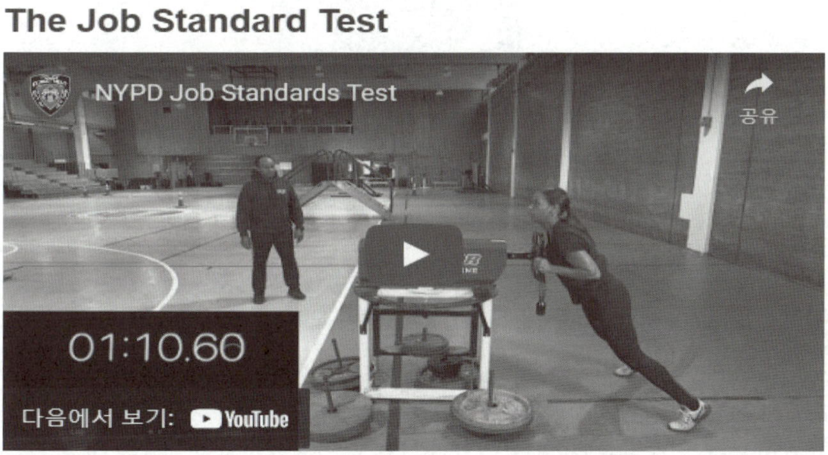

자료: NYPD, https://www.nyc.gov/

51 NYPD, https:// www1.nyc.gov/site/nypd/careers/police-officers/po-hiring.page/

2. 교 육

뉴욕경찰청은 경찰학교(Police Academy)에서 신임순경교육과 각 계급의 전문교육을 실시하고 있다. 2014년도부터 기존의 학교를 통합하여 퀸즈 칼리지포인트에 개설하였다. 경찰학교에서 매년 2,000명 정도의 신임순경을 배출하고 있는데, 신임순경교육은 법률분야, 사회과학분야, 경찰학분야 등 3개 영역으로 구분되며, 4단계로 구분되어 단계별로 이루어진다. 교육기간은 6개월이다.[52]

이론교육과 함께 신체 훈련, 그리고 총기사용 훈련, 운전 등이 함께 진행되는데 경찰차, 범인호송차, 자전거, 스쿠터, 버스, 구조차 등과 같은 다양한 운송수단을 활용할 수 있는 훈련을 받는다. 졸업 후 현장에 배치되어 6개월간 선임자로부터 개별 지도를 받으며, 2년간 시보로 근무한다.

그림 3-11 뉴욕경찰아카데미 로고

자료: http://www.nyc.gov/html/nypd/html/training_nypd/pa_mission.shtm/

Ⅲ. 승진과 권익

경찰공무원의 계급은 13개 단계로 구분되는데 순경(Police Officer)부터 국장(Chief of Department)까지는 경찰관이며, 최상위 2단계인 수석부청장(First Deputy Commissioner)과 경찰청장(Police Commissioner)은 민간인 신분을 가진다.[53]

뉴욕경찰의 승진제도는 순경 1급에서 2, 3급으로, 형사 1급에서 2급으로, 경사 1급에서 2급으로, 경위 1급에서 2급으로의 등급 변경을 뜻하는 승급과, 순경

52 https://www.nyc.gov/site/nypd/bureaus/administrative/training-recruit.page/

53 NYPD, https://www1.nyc.gov/site/nypd/careers/police-officers/po-benefits.page/

3급에서 경사 및 형사로 승진 및 그 이상으로의 계급 변경을 뜻하는 승급의 두 가지 제도가 있다. 전자는 보수와 관련된 것으로 경찰기관의 자체 선발절차에 의하고, 후자는 임용 또는 직무와 관련된 것으로서 승진시험에 의한다. 모두 시험과 면접을 거쳐 최종적격자를 결정한다. 순경에서 경감까지의 승진은 필기시험과 근무기간, 근무성적, 체력검정 등으로 이루어지며, 경정 이상의 승진은 임용권자의 재량에 의해 이루어진다.

표 3-1 뉴욕경찰청의 경찰 직군 및 계급(2025)

직군 (Level)	제복 부서 계급 (Uniformed Ranks)	수사/전문 부서 (Detective/Specialized)	주요 역할 및 특징
최고위 지휘 (Executive)	Police Commissioner (경찰국장/민간인) First Deputy Commissioner (제1부국장) Chief of Department (현역 최고위직)	(행정 및 정책 중심)	국장은 시장이 임명하는 민간인 신분인 경우가 많으며, 'Chief of Department'가 제복 입은 경찰 중 가장 높음
고위 관리자급 (Senior Management)	Chief (국장급/별 1~3개) Assistant Chief (부국장급) Deputy Chief (경무관급)	(해당 보직 지휘)	런던의 Commander 계급과 유사하며, 대규모 국(Bureau)이나 구역(Borough)을 지휘
	Inspector (총경) Deputy Inspector (경정)	(해당 보직 지휘)	경찰서(Precinct)장이나 주요 부서의 책임자 역할을 수행
중간 관리자급 (Middle Management)	Captain (경감)	(해당 보직 지휘)	현장 지휘의 핵심이며, NYPD에서 시험으로 승진할 수 있는 최고 계급
	Lieutenant (경위)	Detective Lieutenant (형사경위)	현장 지휘관 또는 수사팀(Squad)의 팀장
실무자급 (Frontline /Junior)	Sergeant (경사)	Detective Sergeant (형사경사)	대원들의 직속 상관으로서 실무 지도를 담당
	Police Officer (경찰관/순경)	Detective (형사/1~3등급)	기본 법적 권한을 가진 치안 유지 및 수사 실무 담당자.

자료: New York City Police Department. (n.d.). Rank structure. https://buly.kr/FsJpzmR/

비위경찰관에 대한 징계는 뉴욕시장 직속기관인 시민불만조사위원회(Civilian Complaint Review Board)의 조사에 의한 경우와 뉴욕경찰청 자체 통제기능인 내부감찰과(Internal Affairs Bureau) 및 경찰부패척결위원회(The Commission to Combat Corruption)에 의해 진행된다.

한편 미국의 경찰공무원의 노동조합은 전국경찰조직협회(The National Association of Police Organization: NAPO)[54]와 경찰공제조합(The Fraternal Order of Police: FOP)[55] 등이 있다. 복수노조가 인정되며, 경찰기관, 경찰공무원에 따라 다양한 노동조합에 가입되어 있다.

경찰노조는 단체교섭권까지가 허용되며, 원칙적으로 단체행동권은 금지된다. 미국의 경찰노조는 지나치게 경찰권익을 주장하며, 경찰개혁의 걸림돌이 되고 있다는 비난도 드세다.[56]

54 NAPO는 1978년에 설립되었고 1,000여 개 경찰기관의 241,000여 명이 가입되어 있다. NATIONAL ASSOCIATION OF POLICE, About NAPO, http://www.napo.org/about/overview/

55 FOP에는 2,220여 개 경찰관련 기관의 정규직 경찰관 330,000여 명이 가입되어 있다. 1915년에 피츠버그 지역에서부터 출발하였다. Fraternal Order of Police, about FOP, http://www.fop.net/about/associates/index.shtml/

56 nytimes, How Police Unions Became Such Powerful Opponents to Reform Efforts, https://www.nytimes.com/2020/06/06/us/police－unions－minneapolis－kroll.html/

제 4 장

독일의 경찰

제 1 절 독일 경찰의 역사

독일의 경찰은 각 주정부의 책임이며, 이는 1871년 독일 통일 이후에도 유지되었다. 1919년 바이마르공화국의 헌법 역시 경찰을 주정부의 권한으로 인정하면서 부분적으로 연방정부가 필요한 범위 내에서 경찰조직을 갖도록 하였다. 그러나 나치정부하에서 경찰은 중앙경찰로 운영되었다.[1]

제2차 세계대전으로 패전국이 된 독일은 연합군에 의하여 행정제도 전반을 정비하게 되었고, 경찰 역시 예외가 아니었다. 특히 히틀러 정권의 막강한 수단이었던 비밀경찰(Gestapo)은 당연히 폐지대상이 되었다. 즉, 연합국은 중앙집권적인 독일경찰의 자치경찰제, 비밀경찰의 폐지, 협의의 행정경찰과 보안경찰 분리 등 이른바 비경찰화작업 등을 단행하였다.

1949년에 서독과 동독이 분리되어 독일연방공화국이 수립되었으며, 당시 독일 헌법, 즉 독일연방기본법은 경찰권은 주정부에 속한다고 명시함에 따라 각 주정부는 고유의 경찰법을 제정하여 경찰조직과 권한 등을 규정하였다.[2]

따라서 독일의 경찰은 개별 주정부 단위의 국가경찰제도이며, 부분적으로 자치경찰제를 병행하고 있다. 독일연방은 1977년에 연방및각주통일경찰법 모범초안을 제정하여 독일연방국의 경찰권한의 한계와 통일성을 유지하도록 하였다.

독일의 연방경찰과 주경찰의 관계는 대등한 상호협력관계이며, 지휘명령관계가 아니다.

1 OSCE POLIS, Germany, http://polis.osce.org/countries/details.php?item_id=17#Country_Profile_Section_211/

2 Wikipedia, Law enforcement in Germany, https://en.wikipedia.org/wiki/Law_enforcement_in_Germany/

제 2 절 독일의 경찰관련기관

Ⅰ. 연방법집행기관

독일기본법(헌법)상 연방정부의 경찰관련기능을 담당하는 기관은 연방내무부장관 소속인 연방경찰, 연방헌법수호청, 연방형사청 및 총리 직속인 연방정보국을 들 수 있다.

연방정부는 원칙적으로 전국적 사항, 긴급사태 등을 위한 경비, 공안 등 제한된 범위에서 경찰권을 행사하며, 주경찰에 대하여 지휘감독을 하지 않으며, 재정적 지원을 하지 않는다. 다만, 내무부장관은 주정부간의 경찰작용 조정권을 행사한다.

1. 연방경찰

연방경찰(Bundespolizei: BPOL, Federal Police Force)은 내무부장관 소속하의 제복경찰이다. 연방경찰의 전신은 연방국경수비대(Bundesgrenzschutz: BGS, Federal Border Guard)이며, 2005년 1월부터 개칭되었다.[3]

연방정부는 독일헌법에 의하여 관세와 국경경비에 관하여 독점적 입법권을 가지며, 연방법률로 연방국경수비기관을 창설할 수 있다고 규정함으로써 연방국경경비대법을 제정하였다. 이를 근거로 연방국경경비대(BGS)가 1951년에 창설되었다.

연방경찰본부(Bundespolizeipräsidium)는 포츠담에 있고, 권역별로 9개의 지방연방경찰국(Bundespolizeidirektion)이 있으며, 별도로 특수임무를 총괄하는 연방경찰 제11국(Bundespolizeidirektion 11), 연방기동경찰국, 연방경찰아카데미가 소속되어 있다. 특히 제11국은 대테러부대인 GSG 9, 항공대, 요인 경호 등을 지휘한다.[4]

---

3 OSCE POLIS, Country Profiles of Participating and Partner States, http://polis.osce.org/countries/details.php?item_id=17#Country_Profile_Section_211/

4 bundespolizei, https://www.bundespolizei.de/Web/DE/05Die-Bundespolizei/03Organi-

연방경찰의 임무는 국경보안, 여권사무, 국경선 및 해안경비, 공항 및 철도보안, 항공기보안(Sky Marshal), 대테러 작전, 연방 헌법기관(연방대통령, 총리실 등) 및 연방청사 경비, 연방헌법재판소 및 연방사법재판소 경비, 헬기 구조 등이다. 또한 UN과 EU의 위임 하에 코소보, 몰도바, 우크라이나 국경 인근 등지에서 국제경찰임무를 지원하며 해외 독일대사관 보안 업무도 수행한다.

연방경찰에는 2025년 12월을 기준으로 약 54,723명의 직원이 근무한다. 이 중 39,089명은 경찰이며, 행정직원이 14,285명이다.[5]

그림 4-1 독일 연방경찰 웹사이트

자료: bundespolizei, https://www.bundespolizei.de/Web/DE/_Home/_home_node.html

2. 연방헌법수호청

연방헌법수호청(Bundesamt für Verfassungsschutz: BFV, Federal Office for the Protection of the Constitution)은 국가방첩임무와 반국가단체 및 문제인물에 대한

sation/Organisation_node.html/

5 bundespolizei, https://www.komm-zur-bundespolizei.de/ueber-uns/

감시업무를 담당하며, 1950년 11월에 설치되었다.[6] 독일헌법상 독일연방공화국의 국내보안기관이며 내무부장관의 소속이다.

2024년 12월을 기준으로 4,549명이 근무한다. 각 주정부에도 헌법수호청이 설치되어 있으나 연방헌법수호청과 상하관계가 아니며, 상호 업무협조관계를 유지한다. 이 기관은 정보수집기관이므로 수사권을 행사할 수는 없다.[7]

그림 4-2 연방헌법수호청 웹사이트

자료: https://www.verfassungsschutz.de/DE/home/home_node.html/

3. 연방형사청

독일헌법상 연방정부는 범죄수사에 관하여 주정부와의 협조 및 범죄정보 및 자료의 수집 및 평가, 국제적 범죄수사에 대한 독점적 권한행사를 위한 기관을 설치한다는 규정을 근거로 연방형사청(Bundeskriminalamt: BKA, Federal Criminal Investigation Office)이 설치되었다. 연방형사청은 1951년 연방형사청설치법의 제

6 Bundesamt für Verfassungsschutz, https://www.verfassungsschutz.de/

7 Bundesamt für Verfassungsschutz, Verfassungsschutzbericht 2024, https://www.verfassungsschutz.de/SharedDocs/publikationen/DE/verfassungsschutzberichte/2025-06-10-verfassungsschutzbericht-2024.pdf?__blob=publicationFile/

정에 따라 창설되었으며, 내무부의 소속기관이다.[8]

연방형사청은 무기, 마약류 등의 밀거래, 화폐위조, 사이버범죄 등에 대한 국내외의 수사 및 외국과 범죄수사협조, 요인신변보호업무, 정치범죄수사, 경찰전산자료관리 및 교육, 수사경찰에 대한 교육 등의 업무를 수행한다. 연방형사청은 독일의 중앙 수사기관으로서 각 주(Land)의 주형사청(Landeskriminalamt: LKA)과 긴밀한 협력 관계를 유지한다(주형사청은 연방형사청의 하부 조직이 아니라, 각 주 내무부 소속의 독립된 수사기관이다).[9]

조직 구성 본청은 비스바덴(Wiesbaden)에 있으며 베를린과 메켄하임에 지청을 두고 있다. 조직은 크게 11개 부서(Abteilungen)로 나뉘며, 주요 부서로는 중범죄·조직범죄(SO), 테러리즘(TE), 사이버범죄(CC), 정보·수배(ZI), 작전·수사지원(OE), 과

그림 4–3 연방형사청 웹사이트

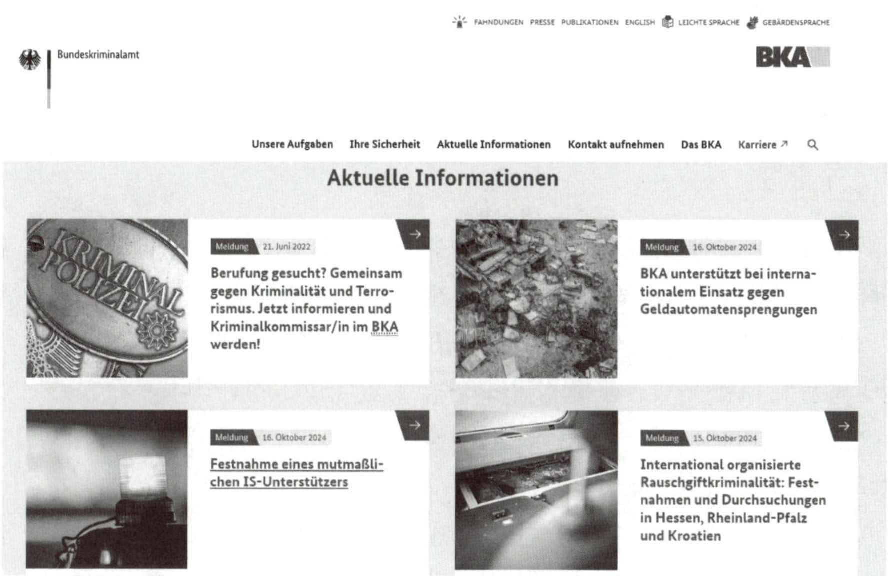

자료: https://www.bka.de/DE/Home/home_node.html/

8 BKA, https://www.bka.de/EN/Home/home_node.html/

9 Bundeskriminalamt, https://www.bka.de/

학수사연구소(KT), 국제협력·교육연구센터(IZ) 등이 있다. 2024년 6월을 기준으로 연방형사청에는 약 9,080명의 직원이 근무 중이며, 수사관(경찰 공무원), 과학수사 및 IT 전문가, 행정 직원 등으로 구분된다.

4. 연방정보국

연방정보국(Bundesnachrichtendienst: BND, Federal Intelligence Service)은 연방총리 직속기관으로 1956년 4월 1일에 설치된 해외정보수집기관이다.[10] 베를린에 본부를 두고 있다. 연방정보국은 독일의 안보와 외교적 이익을 위해 테러리즘, 대량살상무기(WMD) 확산, 조직 범죄 등에 대한 해외 정보를 수집하며, 감청(SIGINT) 및 사이버 감시를 포함한 다양한 첩보 수단을 활용한다.[11]

2024년을 기준으로 약 6,500명의 직원이 근무하고 있다. 불법 무기 거래, 마약 거래, 국제적 사이버 해킹, 자금 세탁 등에 대한 감시 권한을 가지고 있으며, 이를 위해 베를린과 풀라흐 외에도 독일 국내 및 전 세계 주요 국가에 다수의 비밀 거점(Residenturen)과 연락관을 두고 있다.

Ⅱ. 주경찰

독일헌법에 따라 경찰권(Polizeihoheit)은 원칙적으로 16개 주(Land)의 고유 권한이다.[12] 즉, 독일 기본법(Grundgesetz) 제30조 및 제70조는 국가의 권한과 임무는 원칙적으로 주(Länder)에 속한다고 규정하였다. 또한 제73조는 연방철도 및 항공교통에 대한 입법권과 행정권이 연방에 있다고 규정하였다.

연방경찰법(BPolG)은 제3조(철도경찰) 및 제4조(항공보안)를 통하여 연방경찰이 철도/공항을 담당하도록 하였다.

따라서 독일 내 범죄 수사와 치안 유지의 대부분은 주경찰(Landespolizei)이 담당하며, 모든 주경찰은 각 주 내무부장관 소속이다.

주경찰은 기능에 따라 크게 보호경찰(Schutzpolizei), 수사경찰(Kriminalpolizei),

---

10 BND, https://www.bnd.bund.de/EN/About－BND/departments/

11 BND, bnd.bund.de/EN/About－BND/organisation/organisation－node.html/

12 Bundeszentrale für politische Bildung,

그림 4-4 독일 16개 주경찰 및 연방경찰의 로고

자료: https://en.wikipedia.org/wiki/Law_enforcement_in_Germany/

기동경찰(Bereitschaftspolizei)로 나뉘며, 특수 기능을 수행하는 특공대(SEK), 수상 경찰, 고속도로순찰대 등을 포함한다.[13]

1. 보호경찰(Schutzpolizei: SchuPo)

보호경찰은 제복경찰을 말하며 순찰, 110 신고 출동, 교통 관리, 범죄 예방, 경범죄 단속 등 일반적인 치안 업무를 전담한다.

2. 수사경찰(Kriminalpolizei: KriPo)

수사경찰은 사복으로 근무하며 중범죄 수사 및 예방을 담당한다. 보호경찰이 초동 조치한 사건을 인계받거나 직접 인지하여 수사한다.

3. 기동경찰(Bereitschaftspolizei: BePo)

기동경찰은 1950년 연방과 주정부 간의 행정협정으로 창설되었다. 평시에는 신임 경찰관의 교육훈련과 교통 단속 등을 지원하다가, 시위 진압, 대규모 스포

13 Gewerkschaft der Polizei, https://www.gdp.de/gdp/gdp.nsf/id/DE_Polizeiberuf/

츠 행사 경비, 자연재해 등 많은 경찰력이 필요한 상황에 투입된다. 각 주 소속이지만 국가 비상사태 시 연방정부가 지휘할 수 있으므로, 연방에서 무기·통신·차량 장비를 지원하고 통일된 훈련 규범을 따른다.

4. 특수경찰(Spezialeinsatzkommando: SEK)

특수경찰은 인질극, 테러, 무장 범죄자 체포 등 고위험 상황에 투입되는 주경찰 소속 대테러 특공대이다(연방의 GSG이 있다면, 각 주에는 SEK가 있다). 평상시에는 훈련에 집중하며 비상시 출동한다.

5. 교통경찰 및 고속도로순찰대

주경찰의 교통 부서는 도로 교통 관리, 사고 조사 등을 담당한다. 특히 고속도로순찰대(Autobahnpolizei)는 아우토반에서의 교통 단속과 사고 처리를 전담한다.

6. 수상경찰(Wasserschutzpolizei: WSP)

수상경찰은 내수면, 항만, 운하 등에서 선박 운항 관리, 환경 오염 단속, 수상 범죄 수사 등을 수행한다. 함부르크나 브레멘 같은 항구 도시는 수상경찰의 역할이 매우 크다.

7. 주경찰의 조직 체계

대부분의 주는 내무부 산하에 주경찰청(Landespolizeipräsidium) 또는 경찰국을 두어 주 전체를 관할한다.

그 아래 광역 단위(인구 수십만 규모)를 관할하는 지방경찰청(Polizeipräsidium)을 둔다.

지방경찰청 산하에는 지역별 경찰서(Polizeiinspektion 또는 Polizeirevier)가 있어 실질적인 치안 거점 역할을 한다.[14]

경찰서 하부에는 소규모 치안센터/출장소(Polizeiposten)를 두어 주간 시간대

14 Bundeszentrale für politische Bildung, https://www.bpb.de/themen/innere-sicherheit/dossier-innere-sicherheit/301594/polizei/

민원 업무와 순찰 거점으로 활용한다.

그림 4-5 바이에른주 경찰청 웹사이트

자료: https://www.polizei.bayern.de/wir－ueber－uns/sicherheitswacht/index.html/

Ⅲ. 수사권

1. 수사의 주체

독일 형사소송법 제152조는 수사의 유일한 주재자는 검사이며, 제162조는 검사는 수사절차의 주관자로서 수사의 개시, 진행, 종결에 대한 전적인 법적 권한과 책임을 진다고 규정하고 있다. 검사는 각 주(Land) 법무부 또는 연방 법무부 소속의 사법기관으로, 내무부 소속인 경찰과 조직적으로 완전히 분리되어 있다.

검사는 경찰의 수사를 지휘·감독하며, 공소제기 여부를 결정한다. 검사는 직접 수사를 할 수 있으나, 검찰청 내에 독자적인 현장 수사 인력이나 장비가 거의 없으므로 실질적인 수사 활동은 경찰에 의존한다.[15]

15 Amtsanwaltschaft Berlin, Allgemeine Strafsachen, https://www.berlin.de/

2. 경찰수사

1) 검찰수사관으로서의 경찰

경찰은 행정적으로는 내무부 장관의 지휘를 받지만, 수사 업무에 있어서는 검사의 지휘를 받는다. 독일에는 별도의 사법경찰(Judicial Police) 조직이 따로 존재하지 않으며, 주경찰과 연방경찰이 수사 기능을 수행할 때 검사의 보조기관으로서 기능한다.[16]

각 주 정부의 법령에 따라, 소정의 교육을 이수하고 일정 계급(통상 경사급) 이상인 경찰공무원은 자동적으로 검찰수사관[17] 지위를 부여받는다. 따라서 사복수사경찰(Kripo)뿐만 아니라, 제복경찰(SchuPo)과 연방경찰관의 상당수도 이 지위를 가지고 있다. 그러므로 실무상 현장에 출동하는 정규 경찰관 대부분은 검찰수사관으로서의 권한을 행사할 수 있다.

2) 경찰의 수사 권한과 의무

경찰은 범죄 혐의가 있음을 인지하면 지체없이 수사에 착수해야 하며(수사개시 의무), 모든 증거를 수집하여 검사에게 송치해야 한다. 실무적으로 경미한 범죄는 경찰이 주도적으로 수사하여 송치하고, 중대 범죄는 초기부터 검사의 직접적인 지휘를 받는다.

3. 강제수사권과 영장주의

강제수사(체포, 구속, 압수, 수색, 감청, 신체검사 등)는 원칙적으로 수사판사(Ermittlungsrichter)의 영장이 있어야만 가능하다. 검사도 독자적으로 강제수사를 명령할 권한은 매우 제한적이다. 증거 인멸이나 도주의 우려가 있어 법관의 영장을 기다릴 수 없는 긴급한 경우에만 검사와 검찰수사관의 지위를 가진 경찰관

amtsanwaltschaft/aufgaben/allgemeine-strafsachen/

16 Bundeszentrale für politische Bildung, Staatsanwaltschaft, https://www.bpb.de/kurz-knapp/lexika/das-junge-politik-lexikon/321163/staatsanwaltschaft-staatsanwalt-staatsanwaeltin/

17 Gerichtsorganisationsgesetz (Artikel 152 GVG).

은 예외적으로 영장 없이 강제처분을 행할 수 있다. 검찰수사관 지위를 가진 경찰은 현행범 체포, 긴급 체포, 긴급 압수·수색, 음주측정을 위한 혈액 채취(특정 요건 하) 등을 독자적으로 수행할 수 있다. 경찰이 긴급권으로 행한 강제처분은 사후에 지체 없이 검사의 승인을 거쳐 법원의 확인을 받아야 한다.

제 3 절 독일의 경찰공무원

Ⅰ. 채용과 교육

독일 경찰은 연방경찰(Bundespolizei)과 16개 주경찰(Landespolizei)로 나뉘어 별도로 채용된다. 중급(Mittlerer), 상급(Gehobener), 고위(Höherer)의 3단계 채용이 진행되거나 주정부에 따라 다르다.[18]

원칙적으로 독일 국적을 요구하나, EU 회원국 국민도 지원 가능하다. 또한, 언어 능력 등 특별한 필요가 있는 경우 비EU 국가 국민도 예외적으로 채용될 수 있다. 엄격한 신체 조건은 차별금지 소송 등의 영향으로 대부분 폐지되거나 유연하게 적용되는 추세이다. 현재는 특정 키 이상이 아니라, 경찰장비 착용 및 업무수행에 지장이 없는지를 개별적으로 심사한다. BMI 기준(통상 27.5~30) 역시 근육량 등을 고려하여 탄력적으로 운용된다.

얼굴, 목, 손 등의 문신은 여전히 엄격히 금지된다. 가려지는 부위의 문신은 허용되는 추세이나 반헌법적 문양은 절대 불가하다. 연령은 인력난으로 인해 지원 가능 연령이 대폭 상향되었다. 연방경찰의 경우 경력직이나 특정 직렬은 만 33세~37세까지도 지원이 가능하다.

채용경로에 따라 교육 기간이 다르다. 고졸 실무자 트랙인 중급 경찰(Mittlerer Dienst)의 경우 주경찰은 주경찰학교(Polizeischule)에서, 그리고 연방경찰은 지역별로 분산설치된 연방경찰지방훈련센터(Aus－und Fortbildungszentren)에서 2년 6개월간의 직업훈련(Ausbildung)을 거쳐 순경(Polizeimeister)으로 임용된다.

18 https://www.polizei.de/

그림 4-6 독일의 연방경찰

자료: https://www.komm-zur-bundespolizei.de/

상급 경찰(Gehobener Dienst)의 경우 주경찰은 주립 경찰대학(Fachhochschule)에서, 연방경찰은 연방경찰대학(Hochschule des Bundes-Fachbereich Bundespolizei)에서 3년간(2년-이론, 1년-실습) 교육훈련이 이루어진다. 이들은 졸업 시 행정학 학사(Bachelor of Arts) 학위와 함께 경위(Polizeikommissar)로 임용된다.

Ⅱ. 승진과 권익

독일 경찰공무원의 계급(Laufbahn)은 크게 세 그룹으로 나뉜다. 각 주정부의 경찰본부장은 대부분 민간인이 임명된다. 경찰공무원의 승진은 각 등급별 심사승진에 의한다. 경위급 이상 승진은 반드시 주립경찰대학교 또는 독일경찰대학교를 졸업하여야 한다. 등급을 뛰어넘는 승진은 경찰대학교 또는 독일경찰대학교 입학시험 합격, 학위과정이수, 그리고 졸업학위 취득의 과정을 거쳐야 한다.[19]

19 https://www.dhpol.de/studium/master_oev_polizeimanagement/master_oev_polizeimanagement.php

표 4-1 독일의 경찰 직군 및 계급(2025)

직군 (Laufbahn)	계급	주요 역할 및 특징
고위관리자급 (Höherer Dienst)	Polizeipräsident (경찰청장/국장) Leitender Polizeidirektor (총경/경무관) Polizeirat (경정급)	석사 학위 이상 소유자 입직. 전략 수립, 조직 관리 및 대규모 작전 지휘
중간관리자급 (Gehobener Dienst)	Erster Polizeihauptkommissar (경감급) Polizeikommissar (경위급)	학사 학위(경찰학) 소유자 입직. 일선 팀장, 수사팀장 등 중간 관리 및 현장 지휘
실무자급 (Mittlerer Dienst)	Polizeihauptmeister (경사급) Polizeimeister (순경/경장급)	고교 졸업 및 직업 교육 이수자 입직. 순찰, 교통, 일반 치안 등 현장 실무를 담당

자료: Polizei Berlin. (n.d.). Karriere und Laufbahnen bei der Polizei. https://www.berlin.de/polizei/ beruf/

즉, 재직중인 주경찰 중 경위, 경감 계급으로 승진하려면 주마다 설치된 주립 경찰대학(Fachhochschule)에 입교하여 3년제 학사과정을 이수해야 한다.[20] 이들과 함께 대학입학자격(Abitur)을 갖추고 상급경찰 채용시험에 합격한 자(민간인)들도 동일한 3년제 학사과정을 이수한다. 이들은 졸업 후 경위로 임용된다. 교육기간 중 모두 급여를 지급받으며, 학비는 무료이다.

뮌스터에 위치한 독일경찰대학교(DHPol)는 연방경찰과 주경찰의 상급 경찰(경위~경감급) 중 선발된 인원이 고위 경찰(경정/총경급, Rats 계급)로 승진하기 위해 입교하는 2년제 석사과정(Master) 교육기관이다.[21] 독일경찰대학교는 연방과 주가 공동으로 운영하며, 이곳에서 공공행정–경찰관리(Master of Public Administration – Police Management) 과정을 이수해야만 고위 간부가 될 수 있다.[22]

독일 경찰은 노동조합 가입이 자유롭다. 대표적인 노조로는 독일경찰노조(GdP, 최대 규모), 독일경찰노조연맹(DPolG), 독일형사경찰관연맹(BDK, 수사경찰 중심)이 있다.[23]

20 https://www.dhpol.de/die_hochschule/index.php

21 https://www.dhpol.de/

22 https://www.dhpol.de/studium/master_oev_polizeimanagement/master_oev_polizeimanagement.php

23 https://www.gdp.de/

경찰공무원(Beamte)은 신분상 파업권(Streikrecht)이 없다. 따라서 노조는 임금 협상 시 직접 파업을 하는 것이 아니라, 공공부문 근로자들의 협상 테이블에 참여하거나 대규모 시위, 로비, 홍보 활동을 통해 정부를 압박하여 근무 조건과 급여 인상을 이끌어낸다.

제 5 장

프랑스의 경찰

제 1 절 프랑스 경찰의 역사

프랑스의 경찰역사는 570년의 야경제도(Night Watch System)로 거슬러 올라갈 수 있다.[1] 프랑스는 국가경찰제도를 유지하고 있는데 국가경찰의 중심은 사실상 파리경찰청이라고 할 만큼 파리경찰청을 중심으로 경찰제도가 발전을 거듭해왔다.[2] 또한 프랑스 경찰의 특징인 군인경찰도 파리경찰청과 함께 프랑스의 질서유지에 한 몫을 담당한다.

프랑스 혁명 이전의 경찰 업무는 1032년 앙리 1세에 의해 창설된 국왕친위순찰대(Prévôt)와 경찰국장(Lieutenant de Police)이 담당하였으며, 11세기부터 도시가 자치권을 얻어 자치권 내에 경찰권이 포함되는 것이라고 인식하기 시작하여 오늘날 자치경찰의 시초가 되었다.

이후 사회가 발달하고 전쟁 등으로 지역사회가 무질서해지자 인근에 주둔하던 헌병대가 질서유지를 담당하게 되었으며, 1544년에는 기마헌병대가 조직된 데 이어 프랑스 대혁명 이후에는 국가헌병대로 개칭되어 경찰과 함께 치안을 담당하는 축으로 자리잡았다.

1667년에 루이 14세는 파리 경찰을 재정비하여 파리경찰국을 설치하였으며, 1800년에 파리경찰청으로 승격되었다.

1789년 12월 12일 법률에 의해 자치단체장(Le maire)은 경찰권 행사에 대한 책임을 지고 시민으로 구성된 국가경비대(La garde nationale)를 돕는 임무를 수행

1 Britannica, Police, https://www.britannica.com/topic/police/

2 police－nationale, https://www.police－nationale.interieur.gouv.fr/Presentation－generale/Histoire/

하여야 하고, 자치단체는 주민들이 청결, 위생, 안녕을 위한 경찰기능을 수행하여야 한다고 규정하였다. 1789년 12월 14일 명령에서는 각 자치단체에서는 공공의 안녕을 전담할 선출직 자치경찰서장을 두도록 하였다.[3]

1829년부터 파리경찰청은 경찰의 제복을 착용하였으며, 1893년부터 지문제도를 도입하여 시민의 신상정보를 확보하였다. 1856년에 정치경찰반을, 그리고 1894년에 정보국을 설치하였다. 이는 파리경찰이 정보활동을 매우 중시하였음을 알 수 있고, 프랑스경찰을 모방하는 일본에게 많은 영향을 끼쳤다. 또한 파리가 국제적 도시이자 외교의 도시로서 명성을 떨치며 많은 외교관들의 스파이전쟁의 진원지로 부각되자 프랑스의 안전을 보호하고 대간첩정보수집을 위하여 1897년에 국토감시국을 설치하였다.

1941년 4월 23일 법률을 통해, 인구 10,000명 이상인 지역(꼬뮌, Commune)은 모두 국가경찰이 치안업무를 수행토록 하였다. 이는 1995년 1월 21일 법률에 의해 폐지되었고, 인구 20,000명 이상은 국가경찰이, 그 미만은 군인경찰이 담당토록 하였다.

한편 프랑스는 1965년부터 주민 2,000명 이상 꼬뮌에서는 자치경찰을 운영할 수 있게 되었으며, 1972년 법률에서 자치경찰에게 공권력(La force publique) 지위를 부여한 데 이어 1995년 4월 15일 법률 및 1999년 자치경찰법 제정으로 자치경찰의 지위와 권한을 명확히 하였다. 2003년에는 자치경찰윤리규정을 제정하여 자치경찰의 복무와 관련된 지침을 제시하였다.

한편 2012년 3월에는 국내치안법을 제정하여 자치경찰의 채용, 훈련, 업무 등의 가이드라인을 만들었다. 2019년을 기준으로 프랑스에는 약 4,023개 자치단체가 자치경찰대를 조직하여 운영하고 있으며, 인원은 23,890명이다. 이 가운데 약 90%는 5명 내외의 소규모 자치경찰 인력을 운용하는 것으로 나타났다. 대도시인 마르세이유 426명, 니스 386명, 리용 330명, 뚤루즈 287명, 깐느 196명, 르발루아(파리 근교) 74명 등이 비교적 대규모로 확인되었다.[4]

지방자치단체는 필요에 따라 다양한 모습의 자치경찰조직을 구성한다. 즉 오

3 유주성, "프랑스, 미국, 일본의 자치경찰제와 비교법적 검토". 「동아법학」, 2018, (80), pp. 39－ 77.

4 insee.fr, Sécurité et société Édition 2021, https://www.insee.fr/fr/statistiques/5763605?sommaire=5763633/

토바이순찰대, 경찰견수색대, 해상경찰대, 기마경찰대, 산악자전거경찰대, 지역순찰대, 분실물관리대, 대중교통순찰대, 야간순찰대 등 그 명칭은 다양하다.[5]

프랑스는 보불전쟁, 제1차 세계대전과 제2차 세계대전, 그리고 알제리전쟁 등을 근현대에 겪은 국가로서 경찰과 국립군인경찰이 많은 희생을 한 것으로 평가받고 있다.

프랑스의 경찰조직은 내무부장관 산하의 경찰청과 파리경찰청, 국가헌병대,[6] 그리고 시도지사 산하의 국가지방경찰, 인구 2만 명 미만의 자치경찰 등으로 구분할 수 있다.

프랑스 경찰은 2023년을 기준으로 16만여 명에 달한다. 프랑스 인구에 비해 경찰관과 국가헌병대의 비율은 주민 10,000명당 34명 정도로 나타났다.[7]

제 2 절 프랑스의 경찰관련기관

Ⅰ. 국가경찰

1. 경찰총국

프랑스 정부는 2023년 7월 1일부터 경찰개혁의 일환으로 경찰총국의 조직을 대대적으로 개편하였다. 이는 「경찰중앙행정조직 및 경찰에 관한 각종 규정개정에 관한 시행령」 제2023-530호(2023년 6월 29일)에 근거를 두고 있다.[8]

프랑스는 내무부 산하에 경찰총국(Police Nationale)을 두며, 경찰총국장(Directeur

5 police-nationale.net, https://www.police-nationale.net/police-municipale/#histoire-presentation-police-municipale/

6 프랑스의 국가헌병대(Gendarmerie Nationale)는 육군, 해군, 공군처럼 분리된 별개의 '군' 개념으로 군사경찰과는 다르다. 통상 군사경찰은 군인 범죄, 군대내 치안 등을 대상으로 하나, 프랑스의 국가헌병대는 지역사회에서 경찰활동을 벌인다. Gendarmerienationale, https://www.gendarmerie.interieur.gouv.fr/notre-institution

7 insee.fr, Sécurité et société Édition 2021, https://www.insee.fr/fr/statistiques/5763601?sommaire=5763633/

8 Décret n° 2023-530 du 29 juin 2023 relatif à l'organisation de l'administration centrale de la police nationale et modifiant diverses dispositions relatives à la police nationale, Art.1.

Générale de la Police Nationale)은 경찰의 최고행정을 관장하고 경찰총국을 책임진다. 국가경찰은 주로 인구 20,000명 이상 도시지역에 배치된다.[9]

경찰총국장은 다음과 같은 소속기관에 대한 지휘감독권을 행사한다.

1. 경찰 인적자원, 재정, 지원국(La direction des ressources humaines, des finances et des soutiens de la police nationale:DRHFS)
2. 지휘감독기관
- 경찰감사관실(l'inspection générale de la police nationale: IGPN)
- 국가사법경찰국(la direction nationale de la police judiciaire; DNPJ)
- 국가공안국(la direction nationale de la sécurité publiqu:DNSP)
- 국경경찰국(la direction nationale de la police aux frontière: DNPAF)
- 국토정보국(la direction nationale du renseignement territorial: DNRT)
- 국가기동경찰국(DNCRS): La direction nationale des compagnies républicaines de sécurité
- 경찰대학 및 국가경찰 채용·훈련국(Académie de police): Direction chargée du recrutement et de la formation de la police nationale
- 요인경호실(le service de la protection: SDLP)
- 국가과학수사국(le service national de police scientifique)
- 대테러인질구조부대(l'unité de recherche, d'assistance, d'intervention et de dissuasion: RAID)
3. 지원서비스:
- 국립여행데이터청(l'agence nationale des données de voyage)
- 국가행정보안조사국(le service national des enquêtes administratives de sécurité)
- 전국여행허가조사서비스(le service national des enquêtes d'autorisation de voyage)
4. 국가헌병대장과 공동행사
- 국제안보협력국(La direction de la coopération internationale de sécurité: DCIS)
- 내부보안기술및정보시스템국(le service des technologies et des systèmes d'information de la sécurité intérieure)
- 내무부통계국(Le service statistique ministériel de la sécurité intérieure: SSMSI)

임명도지사는 관할지역 경찰의 총 책임자이며, 지역의 치안유지, 공공질서회복 등을 위해서 기동경찰대(Compagnies Républicaines de Sécurité CRS), 기동헌병대(Gendarmerie Mobile)와 협력한다. 형사소송법에 근거하여 사법경찰관으로서의 임무도 수행한다. 사법경찰 임무 수행시에는 사법당국(검사와 법원)의 지휘, 통제를 받는다.

경찰총국 산하의 독립된 지방경찰조직은 없다. 경찰총국은 각 기능별로 광역

9 오승규, "프랑스 자치경찰제도를 통해 본 우리 자치경찰법제의 미래와 과제", 「한국지방자치법학회 학술대회 자료집」, 2018. pp. 79－94.

(Région), 도(Département)에 지방 분소를 설치하여 운영한다.[10]

프랑스의 국가경찰은 2023년 12월을 기준으로 16만여 명이다.[11] 프랑스는 2024년 파리올림픽과 장애인올림픽 등을 앞두고 경찰관을 대폭 증원하였고, 2027년까지 8700여 명을 더 증원하겠다는 계획이다.

그림 5-1 프랑스 내무부 경찰총국 웹사이트

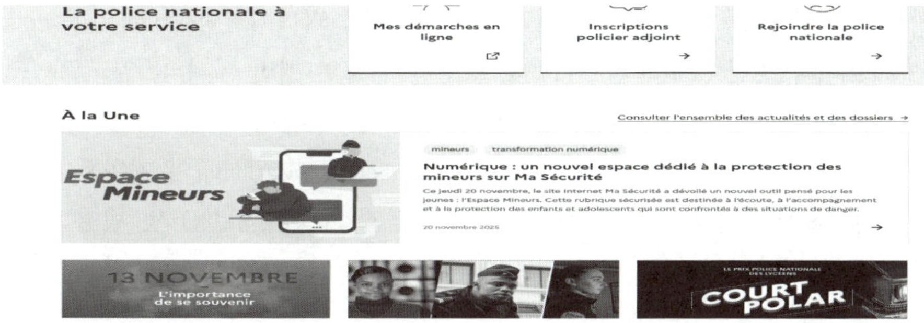

자료: https://www.police-nationale.interieur.gouv.fr/

표 5-1 프랑스 경찰조직 비교

단계	한국(Korea)	프랑스(PN)	프랑스(파리청)	프랑스(헌병대)
중앙	행정안전부 경찰청 (KNPA)	내무부 국가경찰총국 (DGPN)	내무부 파리경찰청 (PP)	내무부 국가헌병대총국 (DGGN)
광역	(해당없음)	광역경찰청 (DZPN) 6개	(파리청이 광역 기능 겸임)	헌병관구 (Région de Gendarmerie)
도 단위	시도 경찰청	DIPN (도경찰청)	DSPAP (총괄본부) 산하 지역국(DTSP)	도헌병대 (Groupement)
기초 단위	경찰서	Commissariat (경찰서)	87개 경찰서 (Commissariat)	헌병중대 (Compagnie)
하부 조직	지구대/파출소	Bureau / Poste (지구대/파출소)	지구대(Secteur) 파출소(Poste)	헌병대(파출소) (Brigade)

10 외교부, 「프랑스개황」, 2018. p. 125.

11 statista, La police nationale en France – Faits et chiffres, https://fr.statista.com/themes/7660/la-police-nationale-en-france/#topicOverview/

2. 파리경찰청

파리경찰청(Préfecture de Police de Paris)은 1667년 루이 14세 칙령에 의해 창설되었으며, 수도 파리와 인근 3개 도(Hauts-de-Seine, Seine-Saint-Denis, Val-de-Marne)의 치안을 담당하는 특수한 국립경찰기관이다.[12]

파리경찰청은 행정 조직상 국가경찰총국(DGPN)의 지휘를 받지 않고 내무부장관의 직접 지휘를 받는 독자적인 위상을 가진다. 파리경찰청장(Préfet de Police)은 파리시와 인근 3개 도의 치안 및 행정 책임자일 뿐만 아니라, 일-드-프랑스(Île-de-France) 지역 전체(파리 포함 8개 도)를 관할하는 파리국방비상안전구역 도지사(Préfet de la Zone de Défense et de Sécurité de Paris)의 지위를 겸한다.

파리경찰청은 관할 지역 내의 질서유지, 범죄 예방(행정경찰) 및 범인 검거(사법경찰) 등 일반적인 경찰 업무 외에도 다음과 같은 광범위한 권한을 행사한다.[13]

주요 요인 경호 및 대규모 시위 관리
교통 통제 및 도로 안전 관리
재난 대응, 화재 예방 및 진압, 긴급 구조(소방)
외국인 체류 허가 및 운전면허 등 행정 사무

파리경찰청의 조직은 다음과 같다.[14]

파리총국장비서실(Cabinet du Préfet): 치안 정책 보좌 및 홍보
인적자원국(Direction des Ressources Humaines: DRH): 인력관리
파리및수도권생활안전국(Direction de la Sécurité de Proximité de l'Agglomération Parisienne; DSPAP): 지역 경찰서 관할
공공질서및교통국(Direction de l'Ordre Public et de la Circulation: DOPC): 시위 관리 및 교통관리

12 Ministère de l'Intérieur. https://www.prefecturedepolice.interieur.gouv.fr/presentation/la-prefecture-de-police/qui-sommes-nous/

13 Préfecture de police, https://www.prefecturedepolice.interieur.gouv.fr/sites/default/files/Documents/cab_a5_plq-pp_2025_r.pdf

14 Préfecture de police, https://www.prefecturedepolice.interieur.gouv.fr/sites/default/files/Documents/organigramme_pp_directions_ss_photos_2024.pdf

파리사법경찰국(Direction Régionale de la Police Judiciaire: DRPJ): 중대범죄 수사
파리경찰청정보국(Direction du Renseignement de la Préfecture de Police: DRPP): 대테러 및 정보 수집
기술물류국(Direction Opérationnelle des Services Techniques et Logistiques: DOSTL): 장비 및 기술 보급 및 물자수송, 현장지원 등
일반경찰국(Direction de la Police Générale: DPG): 공중위생, 영업 허가 등
대중보호및교통행정국(Direction des Transports et de la Protection du Public: DTPP): 운전면허, 외국인 체류 등
파리소방여단(Brigade de Sapeurs-Pompiers de Paris: BSPP): 군대 조직으로 파리경찰청장 지휘하에 소방·구조 임무 수행

지방조직으로는 파리(75지역) 및 3개 도(92, 93, 94지역)에 지역생활안전국(DTSP)을 설치하여 파리경찰청의 파리및수도권생활안전국(DSPAP)이 지휘한다. 지역생활안전국 산하에 경찰서(Commissariat) 총 87개소(파리 23개, 92지역 25개, 93지역 22개, 94지역 17개)를 설치하여 운영하고 있다.

파리경찰청의 직원은 2024년을 기준으로 45,860명이며, 이 가운데 경찰관이 30,200명, 소방관 8,300명, 행정 · 기술 · 과학직 7,360명 등이다.[15]

그림 5-2 파리경찰청 웹사이트

15 prefecturedepolice, https://www.prefecturedepolice.interieur.gouv.fr/

자료: prefecturedepolice, https://www.prefecturedepolice.interieur.gouv.fr/

3. 국가헌병대

국가헌병대(Gendarmerie Nationale)는 12세기 프랑스 전역에서 치안업무를 수행했던 무장군인 기마부대인 마샬시(Maréchaussée)가 그 기원이다.[16] 1373년에 샤를 5세가 농촌지역에 대한 치안을 주둔 부대 헌병들이 맡게 한 후 1536년 칙령에 따라 사법경찰 기능을 수행하면서 향토경찰(Police des campagnes)이라는 별칭을 얻게 되었다. 1720년에는 기마경찰대원들에게 기마경찰헌병장교(Prévôt des maréchaux)라는 직위가 부여되었고, 이들을 15~20km마다 4~5명씩 배치하여 치안을 담당케 함으로써 현재의 국가헌병대 조직의 토대가 되었다.[17]

1791년에 근위대와 기마경찰대를 합하여 국가헌병대(Gendarmerie nationale)를 창설하였다. 1798년에 「군인경찰의 임무·역할·행정 및 사법경찰 업무수행 등

16 Gendarmerie nationale, https://www.gendarmerie.interieur.gouv.fr/Notre-institution/Notre-histoire/

17 외교부, 「프랑스개황」, 2018. pp. 128-129.

에 관한 기본법」이 제정되었으며, 1903년에 「군인경찰의 조직과 업무 등에 관한 법률」이 제정되었다.

그림 5-3 국가헌병대본부 웹사이트 채용공고

자료: gendarmerie nationale, https://www.gendarmerie.interieur.gouv.fr/recrutement/

1981년에 국방부 장관 산하에 국가헌병대총국(DGGN : Direction générale de la gendarmerie nationale)이 창설되었다. 2002년에 국가헌병대의 소속은 국방부장관에 두지만, 그 지휘권을 내무부장관으로 이관하였다가 2009년 그 소속까지 내무부장관으로 이관되었다. 따라서 현재 국가헌병대의 신분은 군인이지만, 그 소속은 내무부이며, 지휘감독권은 내무부장관에게 있다. (단, 국방 임무 수행 시 국방부장관의 지휘를 받음)

국가헌병대는 전 국토의 약 95%를 관할하며, 전체 인구의 약 50%를 담당한다. 주로 인구 20,000명 미만의 지방 도시, 농촌 지역, 산간 및 해안 지역을 담당한다. 다만, 인구가 2만 명을 초과하더라도 도시화가 덜 진행된 교외 지역이나 특정 요충지에서는 국가헌병대가 계속 치안을 담당하기도 한다.

국가헌병대의 업무는 크게 사법, 행정, 국방, 그리고 최근 강화된 사이버 보안 임무로 구분된다.

사법경찰 임무(Police Judiciaire): 범죄 수사, 증거 확보, 영장 집행, 대테러 수사 등. 형사소송법에 따라 검사와 예심판사의 지휘를 받음
행정경찰 임무(Police Administrative): 공공의 안녕과 질서 유지, 교통 단속(고속도로 및 국도), 조난 구조(산악 및 해상 구조대), 대규모 행사 경비.
국방 임무(Défense): 해외 파병, 군사 시설 방호, 국가 비상사태 시 영토 방위, 핵무기 시설 경비.
사이버 안보(Cybersécurité): 사이버헌병사령부(ComCyberGend)를 통해 사이버 범죄 수사 및 디지털 포렌식 기능 강화

중앙조직은 내무부 산하의 국가헌병대총국(DGGN)이 총괄한다. 지방조직은 도 헌병대(Gendarmerie Départementale)가 있고, 산하에 파출소(Brigade) 단위로 지역 밀착형 치안을 담당하며, 기동헌병대(Gendarmerie Mobile)는 집회 시위관련 질서 유지를 전담하는 전문 부대로서의 기능을 담당한다.

특수 조직으로 대통령궁(엘리제궁) 및 주요 관공서 경비, 의전 등을 담당하는 공화국경비대(Garde Républicaine): 세계적인 대테러 및 인질 구조 부대인 군경찰 특공대(GIGN)가 있다. 이밖에도 항공헌병대, 해상헌병대, 공항수송헌병대 등 전문화된 헌병대가 활동한다.

국가헌병대의 인력은 정규 군인과 민간인, 그리고 예비군으로 구성된다. 2024년 예산안(PLF 2024) 및 LOPMI 계획에 따른 병력 규모는 150,000여 명(예비군 포함)이다.[18]

이 가운데 현역 정규직은 104,000여 명, 장교 및 부사관(Sous-officiers) 86,000여 명, 지원 헌병(Gendarmes adjoints volontaires) 13,000여 명, 민간행정·기술직

18 Budget.gouv.fr. https://www.budget.gouv.fr/documentation/documents-budgetaires/exercice-2024/projet-de-loi-de-finances/budget-general/securites

(Civils) 4,600여 명, 운용 예비군(Réserve opérationnelle) 33,000여 명(2027년까지 50,000명으로 증원 목표) 등으로 구성되어 있다.

중앙조직은 내무부 소속의 국가헌병대총국(DGGN)이며, 산하에 5개 실국을 두며, 지방조직과 특별조직인 공화국경비대(Garde républicaine), 군경찰특공대(GIGN) 등이 있다.

국가헌병대 직원은 군인(장교, 부사관 및 자원 봉사자)과 민간직원(공무원 및 국가 직원)으로 구성되며, 모두 130,000명 정도이다.[19]

Ⅱ. 자치경찰(Police Municipale)

프랑스 지방행정은 행정의 분산(Déconcentration)과 자치분권(Décentalisation)을 모토로 한다. 즉 정부소관 지방사무는 지역별 정부파견관(프레페, Préfet)이 관할하며, 지자체로 이양된 지방행정사무는 지자체가 자율적으로 집행한다. 프랑스는 2003년 및 2007년 헌법 개정에 의해 지방분권국가임을 명시하고 있다.

프랑스의 지방행정 단위는 크게 3단계로 광역(Région) 도(Département) 기초단위(Commune)로 구분된다.

지방의회선거(매 6년)를 통해 지방의회(직선), 지방자치단체장(간선) 구성이다. 단체장은 의회의원 중 1인을 의회에서 선출(간선)한다.

프랑스 본토에는 13개의 레죵, 96개의 데파트망, 34,935개의 꼬뮌이 있다. 파리는 유일하게 데파트망이자 꼬뮌은 특별행정구역이다.[20]

1965년에 2,000명 이상의 주민이 있는 지방자치단체에 지방 경찰력을 부여할 수 있다는 법령이 제정되었다. 1972년에서 1974년 사이에 많은 자치경찰이 국가경찰화되었다. 1976년에 자치경찰을 국립화하는 방안이 추진되었으나 무산되었다. 1978년에 자치경찰에게 사법경찰보좌관(APJA)의 지위가 부여되었다. 1980년에 자치경찰을 강화하는 정책으로 변화하였다. 1995년 1월 21일 법률에 의해 인구 20,000명 이상의 지역에서는 국가경찰이 그리고 20,000명 미만의 자치단

19 Gendarmerie Nationale, gendermerie.interieur.gouy.fr/

20 외교부, 「프랑스개황」, 2018. pp. 50－51.

체에서는 국가헌병대(Gendarmerie nationale)가 치안을 담당토록 하였다. 1999년에는 자치경찰의 중요성을 강조하고 그 지위를 격상했다. 일상 안전확보에 관한 2001년 법률과 주민안전에 관한 2003년 법률에 의해 자치경찰권의 지위가 더욱 강화되었다.[21]

따라서 프랑스 자치경찰은 지역주민들의 삶의 질을 보장하고 안전과 질서를 유지하는 것이며, 자치단체장에 의하여 임명된다. 자치경찰은 국가경찰 및 국가헌병대와 함께 프랑스의 경찰체계를 구성하며, 각자 파트너십을 유지한다.

자치경찰은 헌법 및 지방자치단체법, 국내안전법 등을 바탕으로 하여 꼬뮌 단위에 설치되어 있다. 프랑스 전역의 자치경찰은 2024년을 기준으로 시 단위 경찰 27,500여 명, 농촌지도원, 600여 명, 공공도로감시원 9,000여 명으로 나타났다.[22]

파리시경찰(자치경찰)은 2021년 10월 18일부터 파리 시내 17개구 자치구역에 1,100명의 자치경찰을 배치하여 10개의 자치경찰서를 개설하면서 출범하였다. 이들은 국가경찰인 파리경찰청의 업무와 충돌하지 않는 자치경찰 사무를 집행하며, 총기 등 무기를 소지하지 않으며, 현행범 이외 체포권을 행사하지 않는다. 이들은 24시간 응급신고전화번호 3975에 응하며, 시민의 보호 및 안전 서비스를 제공하며, 경범죄 사안에 대한 단속 및 최대 135유로의 벌금 부과 권한을 가진다.[23] 파리시는 자치경찰관을 2026년까지 5,000여 명으로 증원한다는 계획이다.[24]

파리시는 파리시 자치경찰 양성을 위하여 자체 경찰훈련학교를 개설하였다. 교육과정은 특히 심폐소생술, 공공장소 질서위반, 소란 등 퇴치, 여성폭력 대응, LGBT혐오에 대한 교육 등을 필수적으로 하며, 이외에 장애자 혐오, 반유대주의자에 대한 대응, 피해자 지원, 공공장소 싸움 예방, 응급구호조치 요령 등을 중

21 https://www.police-nationale.net/police-municipale/#histoire-presentation-police-municipale/

22 Cour des comptes. (2023, octobre). Les polices municipales [Municipal police forces]. https://www.ccomptes.fr/fr/publications/les-polices-municipales

23 paris.fr, https://www.paris.fr/dossiers/proposer-choisir-agir-3/

24 actuparis, https://actu.fr/ile-de-france/paris_75056/armes-missions-recrutement-quatre-questions-sur-la-police-municipale-de-paris_45752149.html/

점적으로 배우고 익히도록 하였다.[25]

자치경찰의 사무는 행정경찰사무와 사법경찰사무로 나뉜다.[26]

그림 5-4 파리시 웹사이트

자료: paris.fr, https://www.paris.fr/pages/tout-savoir-sur-la-police-municipale-parisienne-16970/

행정경찰사무는 지방자치법(Code général des collectivités territoriales) L2212-2조를 근거로 하며 다음과 같다.

자치경찰의 행정경찰사무

- 공공질서, 공공안녕, 공공안전, 공중위생의 확보
- 통행의 안전과 편의 확보 : 도로상의 위험물·혼잡·냄새 제거, 청소, 복구 등
- 공공평온의 확보 : 공공장소에서의 싸움·언쟁·소란 등의 제지
- 공공질서의 유지 : 시장, 행사장, 공연장, 경기장, 식당, 교회 등에서의 질서유지
- 위생검사 : 식료품점의 상품 무게의 정확성 및 진열된 음식물의 위생검사

25 paris.fr, https://mairiepariscentre.paris.fr/pages/la-police-municipale-a-paris-centre-26772/

26 외교부, 「프랑스개황」, 2018. pp. 130-131.

- 재해재난의 예방 및 구호 조치 화재·홍수 등 자연재해, 전염병 등의 사전예방조치 및 사후구호조치
- 정신장애자 보호조치 : 공중도덕, 타인의 안전 및 재산상 피해 우려시 조치 강구
- 유해동물조치 : 방치할 경우 해롭거나 사나운 동물에 대한 사전 및 사후 조치

사법경찰사무는 형사소송법 제21조, 지방자치법 L2212−5조를 근거로 한다. 자치단체장(시장)은 사법경찰관, 자치경찰은 사법경찰보의 자격을 보유한다. 사법경찰관은 형사법률 위반행위를 확인하고, 증거를 수집하고, 위반행위자를 수배한다. 사법경찰관으로서의 활동은 형사소송법의 규정에 따라 관할 지방검사장(procureur de la Républiaue)의 지휘를 받으며, 예심(information)이 개시되면, 예심 관할법원의 위임사항을 수행한다.[27]

자치경찰의 사법경찰사무

- 시장이 발한 법령위반 행위의 단속
- 도로교통법 위반 행위(주·정차, 음주운전 등)의 단속
- 특별법 위반 행위(광고·간판, 소음공해, 위험한 개 등)의 단속

한편 국가경찰과 자치경찰은 관할 국가경찰과 업무협약을 맺고 상호 지원 및 협조 체제를 유지한다.

범죄 및 긴급 신고 전화 17번은 오직 국가경찰(Police)과 국가헌병대(Gendarmerie)만이 접수·처리한다. 자치경찰은 지자체별 별도 번호(파리는 3975)나 일반전화를 통해 생활 민원을 접수한다.

자치경찰이 현장을 발견하면 즉시 보존하고 국가경찰에 이첩한다. 교통사고의 경우 단순 접촉 사고는 자치경찰이 처리하기도 하지만, 인명피해가 있는 사고는 소방대(18번)와 국가경찰(17번)에 통보해야 하며, 사고 원인 조사는 국가경찰의 수사 부서(Sûreté)가 전담한다. 자치경찰은 현장 교통 통제 등 지원 업무를 수행한다.

---

27 법무부. (2022). 주요국 형사절차와 예심제도 연구: 프랑스를 중심으로. 법무부 정책연구보고서.; Code de procédure pénale [C. pr. pén.] (Fr.).

Ⅲ. 수사권

프랑스에서 범죄 수사는 원칙적으로 사법관(Magistrat)인 검사와 예심판사의 지휘하에 이루어지며, 사법경찰은 이들의 지휘를 받아 실무를 담당한다. 행정적으로 경찰은 내무부, 헌병은 내무부(군인 신분 유지) 소속이지만, 수사 업무를 수행할 때는 사법부(법무부)의 통제를 받는다.[28]

프랑스 형사소송법(Code de procédure pénale) 제15조는 사법경찰을 ① 사법경찰관(OPJ), ② 사법경찰리(APJ), ③ 보조사법경찰리(APJA) 등으로 구분하며, 각 직무 범위와 권한을 엄격히 규정하고 있다.

1. 사법경찰(Police Judiciaire)

사법경찰은 검사 및 예심판사의 지휘를 받아 범죄 사실을 확인하고 증거를 수집하며 범인을 검거하는 역할을 수행한다. 사법경찰관, 사법경찰리, 보조사법경찰리로 구성된다.

사법경찰관(OPJ: Officier de police judiciaire)은 가장 강력한 수사 권한을 가진다. 수사 개시, 피의자 신문, 유치(Garde à vue) 결정 권한이 있다. 사법경찰관은 시장(Maire) 및 부시장, 국가헌병대 장교 및 지정된 하사관, 국가경찰의 지휘관급(Commissaire) 및 간부(Officier), 그리고 일정한 근무 경력(통상 3년 이상)과 자격시험을 거쳐 법무부 장관과 내무부 장관의 공동 지정(Habilitation)을 받은 경찰관 등이 해당된다.

사법경찰리(APJ: Agent de police judiciaire)는 사법경찰관을 보좌하며, 사법경찰관의 지시하에 수사 실무(조서 작성 등)를 담당한다. 국가헌병대 헌병, 국가경찰 소속의 일반 경찰관 등이 이에 속한다.

보조사법경찰리(APJA: Agent de police judiciaire adjoint)는 교통 단속, 신원 확인 등 제한적인 업무를 수행한다. 자치경찰(Police municipale)과 국가경찰 및 헌병대의 비수사 부서 요원이 주로 이에 해당한다.

28 Code de procédure pénale [C. pr. pén.] (French Code of Criminal Procedure). (2024). Retrieved from https://www.legifrance.gouv.fr/codes/id/LEGITEXT000006071154/

2. 검사, 예심판사 및 자유구금판사

프랑스 수사 구조는 검사의 수사지휘를 기본으로 하되, 중죄(Crime)나 복잡한 사건은 독립된 법관인 예심판사가 수사를 주재한다.[29]

검사(Procureur de la République)는 수사의 개시권과 종결권을 가지며 사법경찰을 지휘한다. 경죄(Délit) 이하의 사건은 검사가 직접 수사를 지휘하여 기소 여부를 결정한다.

예심판사(Juge d'instruction)는 법원에 소속된 수사지휘관이다. 검사의 예심 청구(Réquisitoire introductif)가 있을 때 수사를 개시한다. 중죄(Crime) 사건은 필수적으로 예심을 거쳐야 한다. 예심판사는 수사 지휘, 압수수색, 증인 신문 등의 권한을 가지나, 자신이 수사한 사건의 재판장(공판판사)이 될 수 없다.

자유구금판사(JLD: Juge des libertés et de la détention)는 피의자의 구속(임시 구금) 및 영장 발부, 통신 감청 연장 등의 인권 침해 소지가 있는 강제처분 결정권을 행사한다. 과거 예심판사가 독점하던 인신구속 권한을 분산하기 위해 2000년에 도입되었다. 예심판사는 이에 관여할 수 없다. 자유구금판사는 2000년에 예심판사의 권한을 견제하기 위하여 만들었다.

제 3 절 프랑스의 경찰공무원

Ⅰ. 채용과 교육

프랑스 국립경찰(Police Nationale)은 크게 3개의 정규 직군(Corps)과 보조 인력으로 구분되며, 공무원 신분인 정규 경찰관은 모두 프랑스 국적을 소지해야 한다.

프랑스 경찰은 지휘관급(CCD), 중간관리자급(CC), 실무자급(CEA)의 3단계 직군 체계를 갖추고 있다. 그리고 이 직군별로 채용이 이루어진다.

---

29 Guinchard, S., & Buisson, J. (2022). Procédure pénale (14e éd.). LexisNexis.

첫째, 실무자급(Corps d'encadrement et d'application: CEA)의 채용조건은 17세 이상 45세 이하로, 바칼로레아(Bac, 고등학교 졸업 자격) 이상을 소지해야 한다. 범죄 경력이 없어야 하며 신체검사를 통과해야 한다. 합격자는 국립경찰학교(ENP)에서 12개월의 학교 교육과 12개월의 현장 실습(Stage)을 포함하여 총 24개월의 과정을 거친다. 교육 기간 중에는 학생(Élève) 신분으로 급여를 받으며, 교육 수료 후 시보(Stagiaire) 기간을 거쳐 정규 임용(Titularisation)된다. 임용 후 최소 5년(교육기간 포함)은 의무 복무해야 한다.[30]

둘째, 중간관리자급(Corps de commandement: CC)의 외부 채용은 35세 이하로 학사 학위(Bac+3, Licence) 이상 소지자여야 한다. 내부 승진은 4년 이상 근무한 공무원 등 일정 자격을 갖춘 자를 대상으로 한다. 합격자는 국립고등경찰학교(ENSP)의 칸 에클뤼즈(Cannes-Écluse) 캠퍼스에서 18개월 간 교육을 받는다. 교육생은 시보 경위(Lieutenant stagiaire) 신분으로 급여를 받으며, 교육 수료 후 경감(Capitaine)으로 임용된다. 임용 후 5년간 의무 복무 규정이 있다.

셋째, 고위관리자급(Corps de conception et de direction - CCD)의 외부 채용은 35세 이하(병역 등 예외 있음)로 석사 학위(Bac+5, Master 2) 소지자여야 한다. 매우 높은 경쟁률을 보이며, 법률적 지식뿐만 아니라 관리 능력을 요한다. 합격자는 국립고등경찰학교(ENSP)의 생 시르 오 몽 도르(Saint-Cyr-au-Mont-d'Or) 캠퍼스에서 22개월(약 2년) 간 교육을 받는다. 졸업 후 치안관(Commissaire)으로 임용되어 경찰서장이나 주요 부서의 장으로 배치된다. 임용 후 7년 의무 복무 규정이 있다.

프랑스 경찰의 교육은 국립고등경찰학교(ENSP)로 통합되어 운영된다. 다만, 캠퍼스는 과정별로 분리되어 있다. 순경급(CEA) 양성은 전국 각지의 국립경찰학교(ENP)에서 담당한다.[31]

30 Ministère de l'Intérieur et des Outre-mer. (2024). Les grades et concours de la Police nationale. https://www.police-nationale.interieur.gouv.fr/nous-rejoindre/les-concours-et-selections

31 École Nationale Supérieure de la Police (ENSP). (2023). Formation des commissaires et officiers. https://www.ensp.interieur.gouv.fr/

표 5-2 프랑스의 경찰 직군 및 계급(2025)

직군(Corps)	계급	주요 역할 및 특징
고위관리자급 (C. de conception et de direction)	Commissaire général (치안정감급) Commissaire divisionnaire (경무관/총경급) Commissaire de police (경정급)	전략 수립, 조직 관리 및 대규모 수사 지휘. 별도의 고위직 시험을 통해 선발
중간관리자급 (C. de commandement)	Commandant de police (경감급) Capitaine de police (경위급)	현장 수사 지휘 및 일선 경찰서의 핵심 실무 관리. 주로 수사 업무의 실무 책임자 역할을 수행
실무자급 (C. d'encadrement et d'application)	Major de police (경사급) Brigadier-chef (경장급) Gardien de la paix (순경급)	순찰, 질서 유지 및 기초 수사 지원. 가장 인원수가 많은 핵심 현장 인력

자료: Ministère de l'Intérieur. (n.d.). Corps et grades de la Police nationale. https://buly.kr/5JON91h/

Ⅱ. 승진과 권익

프랑스 경찰의 승진은 크게 세 가지 경로로 이루어진다. 첫째는 근속 연수에 따른 자동 호봉 승급이며, 둘째는 동일 직군 내에서 진행되는 시험승진 및 심사승진이 있다. 세 번째는 일정 기간 근무한 하위 직군 경찰관(순경급 4년, 경사·경위급 2년)은 시험을 거쳐 상위 직군으로 진입할 수 있다.

프랑스 경찰공무원은 노동조합 결성 및 가입권, 단체교섭권을 가지나, 단체행동권(파업권)은 법적으로 엄격히 금지된다(1948년 법률 및 일반공무원법).[32] 주요 노조로는 알리앙스(Alliance Police Nationale)와 유니테 SGP(Unité SGP Police−FO) 등이 있으며, 이들은 경찰관의 처우 개선과 근무 환경 보호에 강력한 영향력을 행사한다.

32 Code de la sécurité intérieure [CSI]. (2024). Retrieved from https://www.legifrance.gouv.fr/codes/id/LEGITEXT000025503132/

제 6 장

일본의 경찰

제 1 절 일본 경찰의 역사

Ⅰ. 명치유신 이후 구경찰법 제정 이전(1868-1947)

1872년, 프랑스 경찰제도를 시찰한 일본은 국가경찰조직인 경보료(警保寮)를 기존의 사법성에서 내무성으로 이관하였다. 이는 범죄수사를 검찰의 지휘하에 두되, 행정경찰적 업무를 이관하여 사법경찰과 행정경찰을 분리한 것을 의미한다. 이와 함께 1874년 1월 15일, 도쿄에 경시청을 설치하여 독립시켰다.[1]

경찰사무를 관장하기 위하여 1874년에 사법경찰규칙을, 1875년에는 행정경찰규칙을 제정하였다. 형사사법 절차는 초기에는 프랑스 제도를 모방하여 1882년 치죄법(治罪法)을 시행하였으나, 이후 1924년 독일 제도를 모방한 (구)형사소송법을 제정·시행하며 대륙법계 경찰제도의 기틀을 다졌다.

이 시기 일본 경찰의 주요 특징 중 하나는 '특고경찰(특별고등경찰)'의 운영이다. 이는 오늘날의 정보/보안경찰에 해당하나 그 성격은 매우 강압적이었다. 특고경찰은 1920년대를 전후하여 사회주의 및 공산주의 운동이 확산되고 일본공산당이 창당되자, 체제 유지를 위해 도도부현 경찰기관에 배치되었다. 이들에 대한 지휘는 내무성 경보국 보안과장이 직접 담당하여 막강한 권한을 행사하였으나, 인권 유린 등 심각한 폐해를 낳았다. 결국 1945년 일본의 패전 이후 GHQ(연합군 최고사령부)에 의해 특고경찰은 완전히 폐지되었다.

1 警視廳, 令和6年1月15日 警視庁創立150年を迎えます, https://www.keishicho.metro.tokyo.lg.jp/about_mpd/shokai/150years.html/

Ⅱ. 구경찰법 시대(1947-1954)

제2차 세계대전 패전 후, 연합군은 일본의 군국주의적 요소를 제거하기 위해 명치헌법을 폐지하고 내무성을 해체하였다. 이어 민주주의를 기본 이념으로 하는 신헌법이 제정되었고, 1947년에는 경찰법(일명 구경찰법)이 제정되었다. 이 법은 협의의 행정경찰 사무를 일반 행정기관으로 이관하여 경찰국가화를 방지하고, 경찰이 범죄예방과 수사, 공공의 안녕과 질서 유지라는 본연의 임무에 집중하도록 하였다.[2]

가장 큰 변화는 경찰 조직의 분권화였다. 경찰은 인구 5천 명 이상의 시정촌(市町村)에 설치된 '자치경찰'과 그 외 지역을 담당하는 '국가지방경찰'로 이원화되었다. 또한 국가공안위원회와 도도부현공안위원회를 설치하여 경찰의 정치적 중립성과 민주적 통제를 확보하고자 했다. 그러나 지나친 세분화로 인한 비효율성, 재정 부족, 광역 범죄 대응 미흡 등의 문제가 발생하였으며, 이는 일본의 행정 현실과 맞지 않아 많은 시행착오를 겪었다.

Ⅲ. 신경찰법 시대와 최신 현황(1954~현재)

민주성과 능률성의 조화를 목표로 1954년에 경찰법(신경찰법)이 전면 개정되었다. 신경찰법은 기존의 시정촌 자치경찰을 폐지하고, 자치경찰 단위를 광역지방자치단체인 도도부현(都道府県)으로 통합하였다. 이에 따라 현재 일본 경찰은 국가기관인 경찰청(NPA)이 정책과 조정을 담당하고, 실질적인 경찰 활동은 도도부현 경찰(자치경찰)이 담당하는 이원적 구조를 취하고 있다. 다만, 민주적 통제를 위해 국가 및 도도부현 공안위원회 제도는 유지하고 있다.

2025년 현재 주목할 만한 변화는 사이버 범죄 대응 역량 강화다. 2022년 4월, 일본 경찰청은 날로 심각해지는 사이버 공격에 대응하기 위해 사이버 경찰국을 신설하고, 국가 차원의 직접 수사가 가능한 사이버 특별수사대를 출범시켰다. 이

2 National Police Agency. (n.d.). Police of Japan: History. Retrieved November 27, 2025, from https://www.npa.go.jp/english/

는 기존에 수사권이 없던 경찰청(국가경찰)이 중대한 사이버 사안에 대해 직접 수사권을 행사하게 된 것으로, 1954년 경찰법 체제 이후 가장 큰 조직적 변화로 평가받는다.

일본 헌법은 제92부터 제95조에 지방자치제를 명확히 하고 있다. 지방자치 조직은 단체장과 지방의회의 이원제로 구성되어 있으며, 집행기관과 의결기관의 분리원칙에 따라 양자가 상호 독립적으로 권한을 행사한다. 지방 공공단체장과 지방의원 모두 그 지방주민의 직접선거를 통해 선출한다.

자치단체는 보통지방단체와 특별지방단체로 분류된다.

보통지방단체에는 47개 도(都)·도(道)·부(府)·현(縣)과, 1,718개의 시(市)·정(町)·촌(村)이 해당한다. 특별지방단체에는 도쿄도 내 23개 특별구(特別區), 지방 공공단체조합, 재산구(財産區), 지방개발사업단 등이 포함된다.

표 6-1 일본의 지방자치단체 분류

구분		비고
보통지방단체	47도도부현(都道府縣, 1都1道2府43縣)	도쿄도(東京都), 홋카이도(北海道), 오사카부(大阪府), 교토부(京都府), 43현(상세 아래 참조)
	1,718시정촌(市町村, 792市743町183村)	792개의 시는 ▲지정도시(指定都市, 인구 50만 이상) ▲중핵시(中核市, 30만 이상) ▲ 특별시(特例市, 20만 이상) 등으로 구분
특별지방단체	23개 특별구(特別區)	도쿄도 내 소재
	지방자치단체조합	
	재산구(財産區)	시·정·촌 또는 특별구의 재산을 소유하거나 공공시설 설치시 그 재산이나 시설을 관리하는 행정 단위
	지방개발사업단	특정 지역의 종합개발을 위해 복수의 자치단체가 참여하는 사업단

자료: Statistics Bureau of Japan. (2025, June). Statistical observations of municipalities 2025. Ministry of Internal Affairs and Communications. https://www.stat.go.jp/english/data/s-sugata/index.html/

현대의 일본 경찰은 도도부현 중심의 자치경찰제를 근간으로 하되, 사이버 범죄와 같은 초국경·광역 범죄에 대해서는 국가경찰(경찰청)의 역할을 확대하는 방향으로 변화하고 있다.

제 2 절 일본의 경찰관련기관

Ⅰ. 국가경찰

1. 국가공안위원회

국가공안위원회(National Public Safety Commission)는 내각총리대신의 소할[3]하에 설치되고, 위원장 및 5인의 위원 등 총 6인으로 구성된다. 국가공안위원회는 총리부의 하부기관이나 총리의 직접적인 지휘감독을 받지 아니하는 독립적인 행정기관이다.[4] 위원장은 국무대신으로 보하며, 정치적 중립성을 담보하기 위하여 표결권을 행사하지 못하며, 가부동수일 경우 캐스팅보트만을 행사한다. 위원은 총리가 양 의원(議院)의 동의를 얻어 임명하되, 임명 전 5년간 경찰 또는 검찰의 직무를 수행하는 직업적 공무원의 경력이 없어야 한다.

국가공안위원회의 권한은 ① 국가공안위원회의 규칙제정, ② 국가공안에 관련된 경찰의 운영, ③ 경찰교육, 경찰통신, 범죄감식, 범죄통계 및 경찰장비에 관한 사항, ④ 경찰행정에 관한 조정, ⑤ 감찰 등에 관한 경찰청 관리 등이다(일본경찰법 제5조 1항).

3 일본 국가행정조직법상 소할(所轄)이란 내각총리대신 및 각 성대신(省大臣)이 각각 행정사무를 분담관리하는 데 있어서 그 관리하에 있는 행정기관간의 관계를 나타내는 용어이다. 관리 및 감독보다는 느슨한 방식의 지휘관계를 의미한다.

4 日本警察廳, 警察白書, 2024, p. 40.

그림 6-1 국가공안위원회 및 경찰청, 도도부현공안위원회 및 지방경찰과의 관계

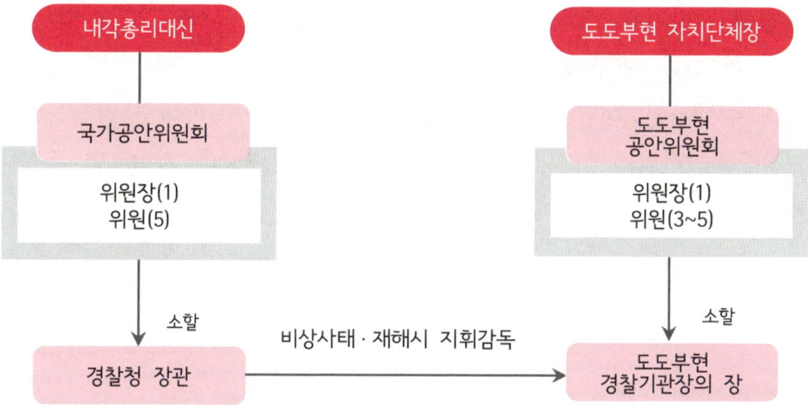

자료: 日本 警察廳, https://www.npa.go.jp/english/Police_of_Japan

2. 경찰청

경찰청(National Police Agency)은 국가공안위원회의 관리하에 두며, 경찰청의 장은 경찰청장관으로 하며,[5] 국가공안위원회가 내각총리대신의 승인을 얻어 임명한다.[6]

경찰청은 국가공안위원회의 관리하에 그 사무를 집행하고, 스스로의 권한으로 ① 국가공안 관련 및 긴급사태, ② 교육 · 통신 · 장비 · 범죄통계 · 감식 등의 전국적 통일사무, ③ 도도부현 경찰의 활동 등을 지휘감독할 수 있다. 경찰청과 관구경찰국에 근무하는 경찰관 및 도도부현 경찰에서 근무하는 경시정 이상은 모두 국가공무원이다.

경찰청은 2024년 4월 기준, 최고수장인 경찰청장관과 차장, 장관관방, 생활안전국 · 형사국 · 교통국 · 경비국 · 사이버경찰국, 외사정보부, 경비운용부, 조직범죄대책부로 구성되어 있으며, 부속기관으로는 경찰대학교 · 과학경찰연구소 · 황궁경찰본부가 있다.[7]

5 경찰청장관은 일반직 경찰관으로 보하며 경찰관계급에서는 제외된다(경찰법 제34조, 제62조).
6 National Police Agency, POLICE OF JAPAN 2020, National Police Agency, 2020. p. 1.

3. 지방기관

경찰청의 지방기관으로는 6개의 관구경찰국, 1개의 지국,[8] 도쿄 및 홋카이도 통신부 등이 있다. 관구경찰국은 광역적인 범죄의 수사, 광역적인 교통규제, 사이버범죄 수사지원, 대규모재해, 자치경찰 등에 관하여 관계 부현경찰의 지휘·감독, 경찰통신시설의 관리, 경찰교육훈련 등을 담당한다. 동경 및 홋카이도는 관구경찰국의 대상이 아니다.

그림 6-2 일본 경찰청 조직도

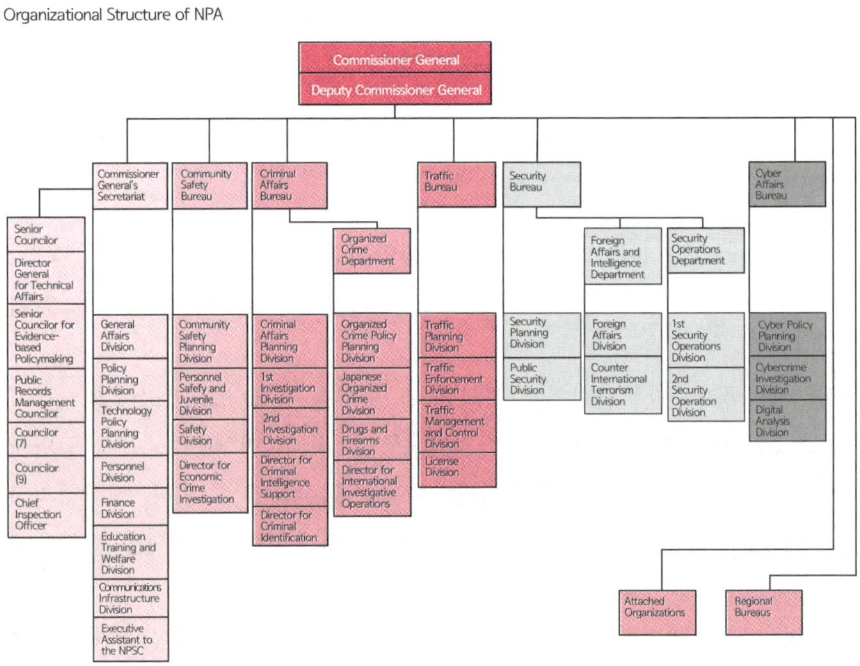

자료: 日本 警察廳, https://www.npa.go.jp/english/aboutus/index.html/

7 日本 警察廳, https://www.npa.go.jp/about/overview/sikumi.html/

8 도호쿠관구, 관동관구, 중부관구 긴키관구, 중국관구, 시코쿠관구, 규슈관구 등

그림 6-3 일본의 자치경찰 조직

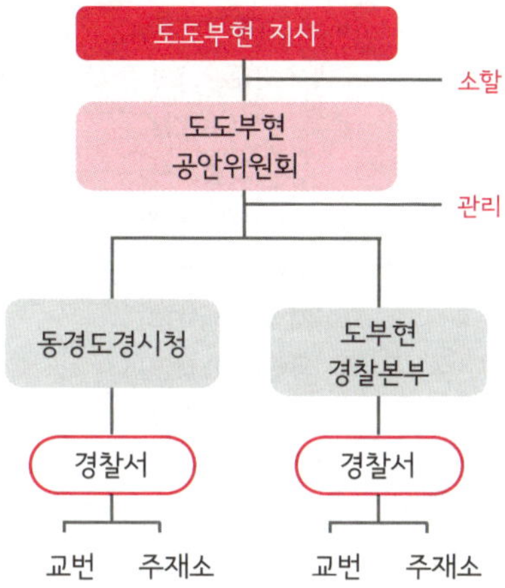

Ⅱ. 자치경찰

1. 도도부현공안위원회

도도부현공안위원회(Perfectural Public Safety Commissions)는 도도부현 경찰의 관리기관으로 도도부현 지사[9]의 관할하에 설치하며(지방자치법 제180의 5조, 제9조). 도, 도, 부 및 인구 50만 이상의 시를 관할하는 지정(指定) 현의 경우에는 5인의 위원을, 도도부 및 지정 현 이외의 현 위원회는 위원 3인으로 구성된다.

도도부현공안위원회의 위원은 당해 지방의회 의원의 피선거권이 있는 자, 5년간 경찰 또는 검찰의 전력이 없는 자 중 도도부현 지사가 지방의회 동의를 얻어 임명하고 위원장은 호선한다. 위원의 임기는 3년이며, 2회 연임 가능하다. 도도부현공안위원회는 경시총감 또는 당해 도부현 경찰본부장을 통하여 도도부현 경찰을 관리하며, 경시정 이상 경찰관(지방경무관)의 임명동의권, 파면·징계의 권고권, 도도부현 경찰인사에의 의견제시권, 경찰청 또는 다른 도도부현 경

9 도도부현 지사는 공안위원회를 그 소할하에 두고 있을 뿐 경찰운영에 관하여 위원회를 지휘·감독할 수 없으나 공안위원회의 위원의 임명에 관한 권한 외에 도도부현 경찰에 관한 조례안 및 예산안의 의회제출권, 예산집행권, 경찰서 설치권 등을 가지고 있다. 日本 警察廳, https://www.npa.go.jp/english/Police_of_Japan/

그림 6-4 동경도 경시청의 조직도

<table>
<tr><td colspan="5">경시총감(警視総監)</td></tr>
<tr><td colspan="5">부총감(副総監)</td></tr>
<tr><td colspan="5">총무부(総務部)</td></tr>
<tr><td colspan="5">경무부(警務部)</td></tr>
<tr><td colspan="5">교통부(交通部)</td></tr>
<tr><td colspan="5">경비부(警備部)</td></tr>
<tr><td colspan="5">지역부(地域部)</td></tr>
<tr><td colspan="5">공안부(公安部)</td></tr>
<tr><td colspan="5">형사부(刑事部)</td></tr>
<tr><td colspan="5">생활안전부(生活安全部)</td></tr>
<tr><td colspan="5">조직범죄대책부(組織犯罪対策部)</td></tr>
<tr><td colspan="5">경찰학교(警察学校)</td></tr>
<tr><td colspan="5">범죄억지대책본부(犯罪抑止対策本部)</td></tr>
<tr><td colspan="5">인신안전관련사안종합대책본부(人身安全関連事案総合)対策本部</td></tr>
<tr><td colspan="5">사이버보안대책본부'(サイバーセキュリティ対策本部)</td></tr>
<tr><td rowspan="9">방면본부
(方面本部)</td><td rowspan="9">경찰서
(警察署)
102개서</td><td colspan="3">경무과(警務課)</td></tr>
<tr><td colspan="3">회계과(会計課)</td></tr>
<tr><td colspan="3">교통과(交通課)</td></tr>
<tr><td colspan="3">경비과(警備課)</td></tr>
<tr><td rowspan="2">지역과(地域課)</td><td colspan="2">교번(交番)</td></tr>
<tr><td colspan="2">주재소(駐在所)</td></tr>
<tr><td colspan="2">형사과(刑事課)</td><td></td></tr>
<tr><td colspan="2">생활안전과(生活安全課)</td><td></td></tr>
<tr><td colspan="2">조직범죄대책과(組織犯罪対策課)</td><td></td></tr>
</table>

자료: 東京都警視庁, https://www.keishicho.metro.tokyo.lg.jp/multilingual/english/about_us/graph_keishicho.files/E_all.pdf

찰에 대한 원조요구권, 위원회규칙의 제정권(법령의 위임에 따른 국민의 자유·권리에 대한 규칙 및 내부규칙 등)이 있다.

2. 도도부현 경찰

1) 경시청 및 경찰본부

도도부현에 경시청 및 도부현 경찰본부를 둔다. 경시청 및 도부현 경찰본부는

그림 6-5 동경도 경시청 웹사이트

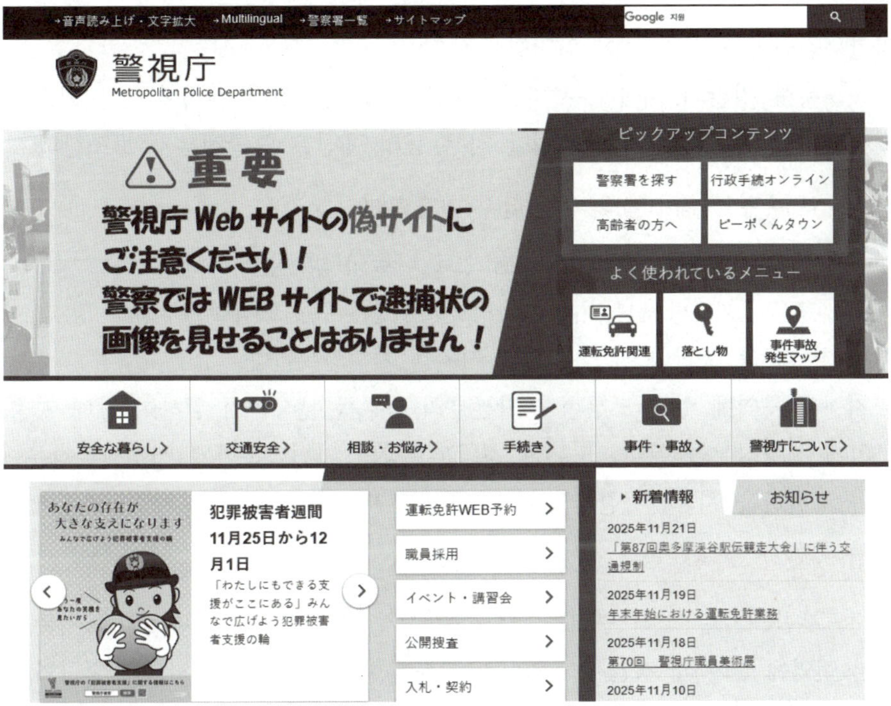

자료: 東京都 警視庁, https://www.keishicho.metro.tokyo.lg.jp/

당해 도도부현 관할 내에서 공안위원회의 관리하에 경찰업무를 관리하고, 공안위원회를 보조하며, 공안위원회의 서무업무를 처리한다.[10]

경시청장은 경시총감으로 국가공안위원회가 동경도 공안위원회의 동의와 내각총리대신의 승인을 얻어 임명한다. 경시청장은 도공안위원회의 관리에 따르고 경시청 사무를 총괄하며 경찰관을 지휘감독한다. 2024년 6월을 기준으로 102개 경찰서와 824개 파출소, 257개 주재소가 있다.[11]

도부현의 46개 경찰본부장은 국가공안위원회가 도부현 공안위원회의 동의를 얻어 임명한다. 경찰본부장은 공안위원회의 관리에 따르고 도부현 경찰사무를

10 日本 警察廳, https://www.npa.go.jp/english/Police_of_Japan/

11 警視庁, 組織, http://www.keishicho.metro.tokyo.jp/saiyo/30/about/organization.html/

총괄하며, 소속 경찰관을 지휘감독한다. 도도부현 경찰에서 근무하는 경시 이하는 도도부현 소속 지방공무원이며, 경시총감 또는 경찰본부장이 각각 도도부현 공안위원회의 의견을 들어 임명한다.

도도부현 경찰의 예산은 자치단체에서 부담하는 것이 원칙이며, 예외적으로 경시정 이상의 인건비와 국가경찰 사무 등의 예산은 중앙정부가 보조한다.

2) 방면본부(方面本部)와 시경찰부(市警察部)

북해도(홋카이도)를 5개 방면(方面)으로 나누어 방면본부(삿포로, 하코다테, 아사히가와, 쿠시로, 카타미 등)를 두었다. 방면본부장은 북해도경찰본부장의 명령을 받아 경찰업무를 총괄하고, 소속 경찰직원을 지휘감독한다.

지정시 구역에 있는 도부현 경찰본부의 사무를 분장하기 위하여 당해 지정시 구역에 시경찰부를 둔다. 도부현 경찰본부장의 지휘감독하에 시경찰부장은 그 소속 경찰관을 지휘감독한다.

3) 경찰서 · 파출소

도도부현을 나누어 각 구역을 관할하는 경찰서를 둔다. 2024년 6월을 기준으로 일본 전역에 1,146개 경찰서가 있다.[12] 도도부현의 구역은 경찰서의 관할구역으로 분할되며, 경찰서장은 경시청장 · 경찰본부장 · 방면본부장 · 시경찰부장 등의 지휘감독을 받아 그 관할구역 내의 경찰사무를 처리하고, 소속 경찰관을 지휘감독한다. 경찰서의 하부기관으로 교번(交番)이나 주재소(駐在所)를 둔다.

2024년 4월을 기준으로 일본 전역에 교번 6,099개소, 주재소 5,907개소가 있다.[13] 교번에는 통상 3~5명의 경찰관이, 주재소에는 1명의 경찰관이 근무한다, 주재소는 경찰관이 가족과 함께 거주하며 근무할 수 있도록 설계되어 있다.

일본 경찰은 2024년부터 고정된 건물의 교번을 줄이는 대신, 이동 파출소(Active Koban, アクティブ交番) 차량을 대폭 늘리고 있다. 일본은 인구가 줄어든 지역의 치안 공백을 메우고, 재해 시 기동성을 확보하기 위한 조치라고 알리고 있다.

12 日本警察廳, 警察白書, 2024, p. 42.

13 日本 警察庁, https://www.npa.go.jp/about/overview/index.html/

Ⅲ. 국가경찰과 자치경찰의 관계

내각총리대신의 소할하에 국가공안위원회가 국가경찰인 경찰청을 관리하고, 경찰청장관과 경찰청하의 각 관구경찰국장은 관할 사무에 한하여 도도부현 경찰을 지휘감독한다. 지사의 소할하에 도도부현 공안위원회가 자치경찰인 도도부현 경찰을 관리하고, 경시청장과 도부현 경찰본부장은 경찰서를 지휘감독한다.

도도부현 경찰은 상호 독립한 대등한 기관으로 경찰임무를 달성하기 위하여 상호 협력할 의무가 있다. 도도부현공안위원회는 대규모 경비상황 등 당해 도도부현의 경찰력만으로는 곤란한 경우에 경찰청, 타 도도부현공안위원회에 경찰력의 파견을 요청할 수 있다.

Ⅳ. 긴급사태시의 특별조치

경찰법상 긴급사태란 재해 또는 폭동, 원자력시설 폭파 등으로 총리가 치안유지를 위하여 필요하다고 인정되는 경우, 국가공안위원회가 필요하다고 인정하여 권고하는 경우에 내각총리대신은 포고령을 발동하여 국가공안위원회의 경찰청장관에 대한 관리권을 배제하고, 직접 경찰청장관을 지휘감독할 수 있다. 이때 경찰청장관 및 관구 경찰국장도 도도부현 경찰본부장 등을 직접 지휘감독할 수 있다.

Ⅴ. 수사권

수사권의 주체를 첫째, 제1차적으로 수사권을 행사하는 일반사법경찰직원,[14] 둘째, 특수한 사항에 관해서만 제1차적 수사권을 행사하는 특별사법경찰직원,[15] 셋째, 이들에 대해서 보충적 입장에서 모든 사항에 관해 2차적 수사권을 행사하

14 일반사법경찰직원은 사법경찰원(司法警察員)과 사법순사(司法巡査)로 구분하며, 전자에는 경시총감, 경시감, 경시장, 경시정, 경시, 경부, 경부보, 순사부장이 있고, 우리의 사법경찰관에 해당한다. 사법순사는 순사로서 우리의 사법경찰리에 해당한다(일본 형사소송법 제189조).

15 교도관, 황궁호위관, 마약수사관, 근로감독관, 어업감시관, 해상보안관, 군수사관, 출입국직원, 공안조사관, 검찰수사관 등이 관할사무를 1차적으로 수사하고, 사건이 경찰에 이관되는 경우 및 협조요청을 받은 경우 경찰이 수사를 담당한다(일본 형사소송법 제190조).

는 검찰관으로 구분할 수 있다.

경찰은 독자적 수사권을 가지며, 검사와는 상호협력관계에 있다. 원칙적으로 경찰은 1차적 수사기관이며, 검찰은 2차적 수사기관 및 기소권을 가진다. 경찰은 모든 사건에 대한 수사권을 행사하나, 검찰은 모든 범죄에 대한 수사는 가능하지만, 통상 정치 · 금융 · 경제 · 저명인사사건에 대한 중요사건에 대해서 직접수사를 한다. 검찰과 도도부현공안위원회 및 사법경찰직원은 수사에 관하여 서로 협력하여야 한다.

제 3 절 일본의 경찰공무원

Ⅰ. 채용과 교육

일본의 경찰은 국가경찰과 도도부현경찰로 구분되며, 채용과 교육, 승진 등은 국가경찰 및 도도부현경찰이 구분하여 실시한다.

2025년 4월을 기준으로 일본 전체 경찰은 297,054명이다. 국가경찰은 2,389명의 경찰관 및 4,842명의 행정직 공무원, 897명의 황궁경찰 등을 포함하여 8,128명이 근무하고 있다.[16]

도도부현의 자치경찰관은 288,926명이며, 260,422명은 경찰공무원, 지방경무관 635명, 259,787명은 행정직 공무원이다. 지방경찰공무원 중 여자경찰관은 31,667명으로 12.0%에 달한다.

경찰청 장관(Commissioner General)은 국가공안위원회에 의하여 임명되며, 경찰관 계급을 가지지 않는 경찰관료(무계급)이다.[17] 정복을 입는 경찰관으로서의 최고 계급은 도쿄도 경시청의 장(長)인 경시총감(Superintendent General)이다. 경찰청의 차장, 국장, 그리고 오사카·교토 등 주요 도부현 경찰본부의 본부장

16 日本 警察庁, https://www.npa.go.jp/hakusyo/r07/honbun/html/bb7711000.html/

17 일본 경찰법 제34조 제3항은 "경찰청 장관은 경찰관으로 하고, 경찰청 차장, 관방장, 국장... (중략) ...은 경찰관으로 보한다."고 규정하고 있다. 따라서 경찰청 장관은 경찰 계급(9계급)의 적용을 받지 않는(계급 외) 유일한 최상위 경찰관이다.

(Chief of Police)등은 경시감(Senior Commissioner)계급을 가진다.

표 6-2 일본의 경찰 계급

구분	일본 경찰 계급	직위 및 역할	한국 경찰 계급
최고위지휘	경시총감(警視総監) Superintendent General	도쿄 경시청의 장(長).	치안정감
고위관리자급	경시감(警視監) Senior Commissioner	지방경찰본부장, 경찰청 국장급	치안감
	경시장(警視長) Commissioner	대규모 경찰서장, 본부 부장급	경무관
중간관리자급	경시정(警視正) Assistant Commissioner	경찰서장, 본부 과장급	총경
	경시(警視) Superintendent	경찰서 과장급, 소규모 경찰서장	경정
초급관리자급	경부(警部) Chief Inspector	지구대장, 경찰서 계장급	경감
	경부보(警部補) Inspector	파출소장, 팀장급 (간부 후보생 시작 계급)	경위
실무자급	순사부장(巡査部長) Sergeant	반장, 부팀장급	경사
	(순사장 - 巡査長) (Senior Police Officer)		경장
	순사(巡査) Police Officer	일선 치안 실무 담당	순경

일본 경찰의 채용은 일본 국적 소지자여야 하며, 금고 이상의 형사처분 경력이 없어야 한다.[18] 또한 과거 도쿄도 직원으로서 징계면직 처분을 받은 지 2년이 경과하지 않았거나, 폭력으로 정부를 파괴하려는 정당·단체에 가입한 자는 응시할 수 없다. 최근 인력난 해소를 위해 신체검사 기준이 대폭 완화되었다.[19]

18 東京都 警視庁, https://www.keishicho.metro.tokyo.lg.jp/saiyo/2025/recruit/info－police.html/

19 東京都 警視庁, https://www.keishicho.metro.tokyo.lg.jp/saiyo/2025/welfare/visit.html

표 6-3 일본 경찰 채용기준

구분	내용	
시력	교정시력(안경 · 렌즈 포함) 1.0 이상이면 누구나 지원 가능	
신체요건	제한 없음	
색각 이상 여부	직무 수행에 지장이 없는 정도(색상 식별 가능)	
모집구분		
Ⅰ류(대졸 정도)	35세 미만으로 대학(4년제) 졸업자 또는 졸업 예정 21세 이상 35세 미만으로 대학 졸업 동등 학력 소지	6개월 교육
Ⅲ류(고졸 정도)	35세 미만으로 고등학교 졸업자 또는 졸업 예정 17세 이상 35세 미만으로 고등학교 졸업 동등 학력 소지	10개월 교육

채용시험(필기, 체력, 신체, 적성 등)에 합격하면 경찰학교에 입교한다. 교육 기간은 학력에 따라 다르다.

모든 신규 채용자는 순사 계급으로 임용되며, 경찰학교 졸업 후 일선의 교번(파출소)에 배치되어 근무한다.

Ⅱ. 승진과 권익

승진은 철저하게 승진시험을 통해 이루어지며, 시험 응시를 위한 최저 소요 연수는 다음과 같다.

표 6-4 일본 경찰의 승진소요연수

승진 단계	Ⅰ류(대졸 정도)	Ⅲ류(고졸 정도)	비고
순사 ▸ 순사부장	채용 후 1년 이상	채용 후 4년 이상	승진시험
순사부장 ▸ 경부보	계급 재직 1년 이상	계급 재직 3년 이상	승진시험
경부보 ▸ 경부	계급 재직 4년 이상	계급 재직 4년 이상	승진시험
경부 ▸ 경시	계급 재직 6년 이상	계급 재직 6년 이상	심사 또는 시험

일본 경찰공무원은 국가공무원법 및 지방공무원법의 특례에 따라 노동조합의 결성, 단체교섭권, 단체행동권이 인정되지 않는다.

그림 6–6 동경도 경찰학교 웹사이트

자료: 東京都 警視庁, https://www.keishicho.metro.tokyo.lg.jp/saiyo/2025/welfare/visit.html

제7편

정복경찰의 직무영역

제 1 장

조직 및 인사관리 경찰

제 1 절 조직 및 인사관리 경찰의 의의

행정부의 국가기관으로서 경찰의 조직관리와 조직구성원인 경찰공무원의 인사관리는 조직의 존재성을 상징하는 역할이라고 할 수 있다.[1]

경찰의 조직관리적인 측면은 조직을 진단하고 평가하며, 조직발전을 위하여 혁신방향을 기획하며, 경찰조직의 활동을 대내외에 알리는 홍보적인 기능 등이 포함된다. 인사관리적인 측면은 경찰공무원의 채용과 교육, 승진, 근무여건, 퇴직, 복리후생 등 다양한 임용제도의 운용 및 개선방향을 연구하고 운용하는 기능 등을 말한다.[2]

경찰의 조직관리 및 인사관리는 경찰 고유의 목적을 달성하기 위한 경찰활동을 보다 효과적으로 달성할 수 있도록 경찰관을 지원하고, 전략을 개발하는 등의 행정관리적인 특징을 보인다. 또한 그 효과는 조직 내외부에 영향을 미친다. 동시에 외부의 환경, 기업의 조직관리 · 인사관리, 국제적 환경, 치안수요 등에서도 상호 영향을 주고받는다.

1 경찰법 제3조.

2 경찰청과 그 소속기관 직제, 대통령령 제35970호, 2025. 12. 31., 일부개정, 2025. 12. 31.; 경찰청과 그 소속기관 직제 시행규칙, 행정안전부령 제596호, 2025. 12. 31., 일부개정, 2025. 12. 31. 시행.

제 2 절 조직 및 인사관리 경찰의 조직

Ⅰ. 홍보업무

1. 경찰청

경찰은 경찰업무의 홍보 및 조직의 이익을 대변하기 위하여 홍보조직을 두고 각종 홍보활동을 하고 있다.[3]

경찰청의 홍보업무는 대변인이 관장하며, 대변인은 치안감 또는 경무관으로 보한다. 대변인은 그 사무에 관하여 경찰청장을 보좌한다. 대변인 밑에 홍보담당관 및 디지털소통팀장 각 1명을 둔다.[4]

홍보담당관은 총경으로, 디지털소통팀장은 서기관 또는 행정사무관으로 보한다. 홍보담당관은 다음 사항에 관하여 대변인을 보좌한다.

1. 주요정책에 관한 대국민 홍보계획의 수립·조정 및 협의·지원
2. 언론보도 내용에 대한 확인 및 정정보도 등에 관한 사항
3. 청 내 업무의 대외 정책발표 사항 관리 및 브리핑 지원에 관한 사항

디지털소통팀장은 다음 사항에 관하여 대변인을 보좌한다.

1. 경찰청 방송국 운영에 관한사항
2. 경찰청 홈페이지 운영에 관한 사항
3. 전자브리핑 운영 및 지원에 관한 사항

2. 시 · 도경찰청 및 경찰서

시 · 도경찰청은 홍보담당관이 이를 관장한다. 홍보담당관은 총경으로 보한다.

3 경찰청과 그 소속기관 직제 제5조.
4 경찰청과 그 소속기관 직제 시행규칙 제2조.

경찰서의 경우 경무과에서 이를 담당한다.[5] 과장은 경찰서 등급에 따라 총경, 경정 또는 경감으로 보한다.[6]

Ⅱ. 감사관

1. 경찰청

경찰청은 경찰공무원의 비위방지 및 부정행위자 징계, 경찰예산사용의 감독, 인권보호 사무를 위하여 감사관을 둔다.[7] 감사관은 고위공무원단에 속하는 일반직공무원 또는 경무관으로 보한다. 감사관하에는 감사담당관, 감찰담당관, 인권보호담당관 등을 두며, 총경으로 보한다.

감사담당관은 다음 사항에 관하여 감사관을 보좌한다.[8]

1. 감사 업무에 관한 기획, 지도 및 조정
2. 경찰청과 그 소속기관 및 산하단체에 대한 감사
3. 다른 기관에 의한 경찰청과 그 소속기관 및 산하단체에 대한 감사결과의 처리
4. 경찰청장이 감사에 관하여 지시한 사항의 처리
5. 경찰청 소속 공무원의 재산등록·선물신고 및 취업심사에 관한 사항
6. 민원업무의 운영 및 지도
7. 그 밖에 감사관 내 다른 담당관의 주관에 속하지 않는 사항

감찰담당관은 다음 사항에 관하여 감사관을 보좌한다.

1. 감찰 업무에 관한 기획, 지도 및 조정
2. 사정업무
3. 경찰기관 공무원(의무경찰을 포함한다)에 대한 진정 및 비위사항의 조사 · 처리
4. 경찰청장이 감찰에 관하여 지시한 사항의 처리

인권보호담당관은 다음 사항에 관하여 감사관을 보좌한다.

---

5 경찰청과 그 소속기관 직제 시행규칙 제32조.
6 경찰청과 그 소속기관 직제 시행규칙 제74조－제75조.
7 경찰청과 그 소속기관 직제 제6조.
8 경찰청과 그 소속기관 직제 시행규칙 제3조.

1. 경찰 직무수행과정상의 인권 보호 및 개선에 관한 사항
2. 경찰기관 공무원의 인권침해 사항에 대한 상담·조사 및 처리

2. 시·도경찰청 및 경찰서

시·도경찰청에 청문감사인권담당관을 두며, 총경으로 보한다. 경찰서의 경우 경찰서 등급에 따라 청문감사인권관을 두거나 경무과에 청문감사계를 둔다. 이 경우 경찰서 등급에 따라 1급지의 경우 총경으로 그 외는 경정 또는 경감으로 보한다.[9]

Ⅲ. 기획조정관

1. 경찰청

경찰청은 경찰조직 전반의 기획업무의 조정을 위하여 경찰청에 기획조정관을 두고 있다. 기획조정관은 치안감으로 보한다.[10] 기획조정관은 그 사무에 관하여 경찰청 차장을 보좌한다.

기획조정관 밑에 혁신기획조정담당관·재정담당관·규제개혁법무담당관 및 정책지원담당관을 둔다.[11] 혁신기획조정담당관·규제개혁법무담당관, 자치경찰담당관 및 정책지원담당관은 총경으로, 재정담당관은 서기관 또는 총경으로 보한다.

혁신기획조정담당관은 다음 사항에 관하여 기획조정관을 보좌한다.

1. 주요정책 및 주요업무계획의 수립·종합 및 조정
2. 주요사업의 진행 상황 파악 및 그 결과의 심사평가
3. 행정제도 개선계획의 수립과 그 집행의 지도·감독
4. 업무처리절차의 개선 등 경찰행정 업무의 총괄·지원
5. 정부혁신 관련 과제 발굴·선정, 추진상황 확인·점검 및 관리

---

9 경찰청과 그 소속기관 직제 시행규칙 제33조, 제74조-제75조.
10 경찰청과 그 소속기관 직제 제7조; 경찰청과 그 소속기관 직제 시행규칙 제4조.
11 경찰청과 그 소속기관 직제 시행규칙 제4조.

6. 자체 제안제도의 운영
7. 청 내 국가사무 민간위탁 현황 관리 등 총괄
8. 조직진단 및 평가를 통한 조직과 정원(의무경찰을 제외한다)의 관리
9. 국정감사, 당정협의 등 국회·정당과 관련되는 사항
10. 대내외 성과평가 제도의 운영·개선 및 총괄
11. 성과관리계획의 수립 및 정부업무평가 관리 등 대외평가 총괄
12. 경찰통계연보의 발간
13. 고객만족 행정의 추진 및 고객관리시스템의 운영·개선
14. 전화민원 상담업무
15. 그 밖에 기획조정관 내 다른 담당관의 주관에 속하지 않는 사항

재정담당관은 다음 사항에 관하여 기획조정관을 보좌한다.

1. 예산의 편성 및 조정과 결산에 관한 사항
2. 국유재산관리계획의 수립 및 집행
3. 중기 재정계획 수립 및 재정사업 성과 분석
4. 민간투자 시설사업 계획의 수립 및 집행

규제개혁법무담당관은 다음 사항에 관하여 기획조정관을 보좌한다.

1. 규제심사 및 규제개혁에 관한 사항
2. 법령안의 심사
3. 법규집의 편찬 및 발간
4. 법령질의 회신의 총괄
5. 행정심판업무 및 소송사무의 총괄

정책지원담당관은 다음 사항에 관하여 기획조정관을 보좌한다.

1. 국가경찰위원회의 심의·의결에 대한 지원
2. 국가경찰위원회의 구성·개최 등 운영에 관한 사
3. 국가경찰위원회와 시·도자치경찰위원회 간의 교류·협력에 관한 사항
4. 그 밖에 국가경찰위원회 관련 지원·협력에 관한 사항

2. 시 · 도경찰청

서울경찰청의 경우 경무부의 경무기획과에서, 다른 시 · 도경찰청의 경우 공공안전부 소속 경무기획과 또는 경무기획정보화장비과에서 담당한다.[12]

Ⅳ. 경무인사기획관

1. 경찰청

경찰청은 경찰조직의 관리, 인사 및 교육 등의 사무를 위하여 경무인사기획관을 둔다.[13] 경무인사기획관은 치안감 또는 경무관으로 보한다. 경무인사기획관은 그 사무에 관하여 경찰청 차장을 보좌한다. 경무인사기획관 밑에 경무담당관 · 인사담당관 · 교육정책담당관 · 복지정책담당관 및 양성평등정책담당관 각 1명을 둔다.[14]

경무담당관 · 인사담당관 · 교육정책담당관 및 복지정책담당관은 총경으로 보하고, 양성평등정책담당관은 서기관으로 보한다.

경무담당관은 다음 사항에 관하여 경무인사기획관을 보좌한다.

1. 보안에 관한 사항
2. 관인 및 관인대장의 관리
3. 소속 공무원의 복무에 관한 사항
4. 사무관리의 처리·지도 및 관련 제도의 연구·개선
5. 기록물의 분류·접수·발송·통제·편찬 및 기록관 운영과 관련된 기록물의 수집·이관·보존·평가·활용 등에 관한 사항
6. 정보공개 업무에 관한 사항
7. 예산의 집행 및 회계 관리
8. 청사의 방호·유지·보수 및 청사관리업체의 지도·감독
9. 경찰박물관의 운영
10. 경찰청 소속 공무원단체에 관한 사항

---

12 경찰청과 그 소속기관 직제 시행규칙 제37조, 제50조.

13 경찰청과 그 소속기관 직제 제8조.

14 경찰청과 그 소속기관 직제 시행규칙 제5조.

11. 경찰악대와 의장대의 운영 및 지도
12. 청 내 중대산업재해 관련 안전·보건에 관한 업무의 총괄·관리
13. 그 밖에 청 내 다른 국 또는 담당관의 주관에 속하지 않는 사항

인사담당관은 다음 사항에 관하여 경무인사기획관을 보좌한다.

1. 소속 공무원의 충원에 관한 계획의 수립
2. 소속 공무원의 임용 등 인사관리
3. 소속 공무원의 근무성적평정과 승진심사
4. 소속 공무원의 상훈 업무
5. 인사위원회의 운영

교육정책담당관은 다음 사항에 관하여 경무인사기획관을 보좌한다.

1. 소속 공무원의 교육훈련에 관한 정책과 계획의 수립·조정
2. 교육훈련 운영·관리 및 성과평가
3. 경찰대학, 경찰인재개발원 및 중앙경찰학교의 운영에 관한 감독
4. 소속 공무원의 채용 및 승진시험 관리

복지정책담당관은 다음 사항에 관하여 경무인사기획관을 보좌한다.

1. 소속 공무원의 복지제도 기획 및 운영에 관한 사항
2. 경찰공무원의 보수·수당 등에 관한 제도 개선
3. 순직·공상 경찰공무원 등에 대한 보훈에 관한 사항
4. 경찰병원 및 경찰공제회의 운영에 관한 감독

양성평등정책담당관은 다음 사항에 관하여 경무인사기획관을 보좌한다.

1. 경찰행정 분야 양성평등 관련 정책의 수립 및 이행 관리
2. 경찰행정 분야 성 주류화(性 主流化) 제도 운영 및 지도
3. 경찰청과 그 소속기관 및 산하단체 내 성희롱·성폭력 예방 대책 수립
4. 경찰청과 그 소속기관 및 산하단체 내 양성평등 관련 제도 및 문화의 개선 방안 수립·조정

2. 시 · 도경찰청 및 경찰서

시 · 도경찰청은 경무기획과 또는 경무기획정보화장비과 등에서 관련 사무를 관장하며, 경찰서는 경무과에서 관장한다. 시 · 도경찰청의 경무과장은 총경으로, 경찰서의 경무과장은 경찰서 등급에 따라 총경, 경정 또는 경감으로 보한다.[15]

V. 미래치안정책국

1. 경찰청

경찰청은 정보화장비의 관리, 기술개발 등을 위하여 경찰청에 미래치안정책국을 둔다.[16] 국장은 고위공무원단에 속하는 일반직공무원 또는 치안감으로 보한다.

미래치안정책국에 미래치안정책과 · 정보화기반과 · 장비운영과 · 인공지능서비스팀을 둔다. 미래치안정책과장 및 장비운영과장은 총경으로, 정보화기반과장은 부이사관 · 과학기술서기관 · 서기관 또는 총경으로, 인공지능서비스팀장은 과학기술서기관 · 서기관 또는 전산사무관으로 보한다.

미래치안정책과장은 다음사항을 분장한다.

1. 중장기 미래치안전략 수립·종합 및 조정
2. 치안분야 과학기술 연구개발의 총괄·조정
3. 경찰청 연구개발사업 관련 예산편성 총괄
4. 치안 관련 국내외 기술·장비 현황 파악 및 연구개발과제 발굴·기획
5. 치안분야 과학기술진흥을 위한 시책 수립
6. 치안산업 육성 지원 및 관련 정책 수립
7. 치안분야 과학기술 연구개발 실용화 지원
8. 치안분야 데이터 활용에 관한 정책의 수립·시행
9. 청 내 공공데이터의 제공 및 이용 활성화에 관한 계획의 수립·추진 및 평가 등 총괄
10. 청 내 데이터기반행정 활성화를 위한 계획의 수립·추진 및 데이터 관리 등 총괄
11. 치안분야 데이터 활용 관련 국내외 기관과의 교류·협력

15 경찰청과 그 소속기관 직제 시행규칙 제37조, 제50조, 제74조－제75조.

16 경찰청과 그 소속기관 직제 제10조의2; 경찰청과 그 소속기관 직제 시행규칙 제6조.

12. 치안분야 인공지능 정책의 총괄·조정
13. 그 밖에 국 내 다른 과 및 팀의 주관에 속하지 않는 사항

정보화기반과장은 다음 사항을 분장한다.

1. 정보화 업무의 총괄·조정 및 지원
2. 경찰청 정보화사업 예산편성 총괄
3. 정보통신 시설·장비 운영 및 고도화
4. 정보화 관련 교육 업무
5. 정보통신보안 및 개인정보보호 업무

장비운영과장은 다음 사항을 분장한다.

1. 경찰 장비업무의 총괄·조정 및 지원
2. 경찰장비 예산편성 총괄
3. 일반 장비, 복제·차량·무기, 그 밖의 특수장비의 구매·보급·관리·개선

인공지능서비스팀장은 다음 사항을 분장한다. <개정 2025. 12. 30.>

1. 치안분야 인공지능 사업 발굴·개발 및 관리
2. 치안분야 인공지능 통합플랫폼 개발 및 운영
3. 경찰청 인공지능 예산편성 지원
4. 치안분야 인공지능 관련 기술동향·수요 분석
5. 치안분야 인공지능 사업 관련 국내외 기관과의 교류·협력

2. 시 · 도경찰청 및 경찰서

시 · 도 경찰청에 정보화장비과 또는 경무기획정보화장비과를 두며, 총경으로 보한다. 경찰서의 경우 경무과에 정보화장비계를 두거나 경무계에서 담당한다.[17]

17 경찰청과 그 소속기관 직제 시행규칙 제37조, 제50조. 제55조. 제74조－제75조. 별표 3.

제 2 장

범죄예방대응경찰

제 1 절 범죄예방대응경찰의 의의

범죄예방대응경찰은 방범경찰이라고도 하며, 범죄 예방정책의 수립과 집행, 기타 이에 관련된 활동을 통하여 국민의 생명과 재산을 보호하고 공공의 안녕과 질서를 유지하는 경찰의 기능이다.[1] 즉, 경찰관 직무집행법 제2조 제1호 국민의 생명·신체 및 재산의 보호와 제2호 범죄의 예방·진압 및 수사 중 수사 분야를 제외한 직무 영역에 해당하는 경찰작용이라고 할 수 있다.

제 2 절 범죄예방대응경찰의 조직

Ⅰ. 경찰청

경찰청에 범죄예방대응국을 두며, 국장 밑에 정책관 등 1명을 둔다. 국장은 치안감 또는 경무관으로 보하고, 정책관 등 1명은 경무관으로 보한다. 범죄예방대응국에 범죄예방정책과·지역경찰운영과·지역경찰역량강화과 및 치안상황과를 둔다. 각 과장은 총경으로 보한다.[2]

1 경찰법 제3조. 경찰관직무집행법 제2조.

2 경찰청과 그 소속기관 직제 제10조의3, 경찰청과 그 소속기관 직제 시행규칙 제7조.

① 범죄예방정책과장은 다음 사항을 분장한다.

1. 범죄예방에 관한 연구 및 계획의 수립
2. 범죄예방 관련 법령·제도의 연구·개선 및 지침 수립
3. 범죄예방진단 및 범죄예방순찰에 관한 기획·운영
4. 기동순찰대 운영에 관한 사항
5. 환경설계를 통한 범죄예방(CPTED) 기획·운영
6. 협력방범에 관한 기획·연구 및 협업
7. 경비업에 관한 연구 및 지도
8. 풍속 및 성매매(아동·청소년 대상 성매매는 제외) 사범에 관한 지도·단속
9. 총포·도검·화약류 등의 지도·단속
10. 즉결심판청구업무의 지도
11. 각종 안전사고의 예방에 관한 사항
12. 그 밖에 국 내 다른 과의 주관에 속하지 않는 사항

② 지역경찰운영과장은 다음 사항을 분장한다.

1. 지구대·파출소 운영체계의 기획 및 관리
2. 지구대·파출소의 외근활동 기획 및 운영
3. 지구대·파출소의 정원·인사·복무·예산·성과 관련 지원

③ 지역경찰역량강화과장은 다음 사항을 분장한다.

1. 지구대·파출소 근무자의 교육에 관한 정책과 계획의 수립·조정
2. 지구대·파출소 근무자에 대한 교육훈련 운영·관리
3. 지구대·파출소 근무자의 현장 대응 제도·매뉴얼 개선 및 총괄

④ 치안상황과장은 다음 사항을 분장한다.

1. 치안 상황의 접수·상황판단, 전파 및 초동조치 등에 관한 사항
2. 112신고제도의 기획·운영 및 112치안종합상황실 운영 총괄
3. 112시스템 운영 및 관리

Ⅱ. 시 · 도경찰청 및 경찰서

서울경찰청의 경우 자치경찰 차장(치안감) 하에 범죄예방대응부(경무관)를 두고 그 밑에 범죄예방대응과 · 범죄예방질서과 및 지하철경찰대를 둔다.[3] 다른 시 · 도경찰청은 생활안전부(경무관)에 범죄예방대응과 · 여성청소년과 및 교통과를 둔다. 과장은 총경으로 보한다. 경찰서의 경우 범죄예방대응과를 두며, 과장은 경찰서 등급에 따라 경정 또는 경감으로 보한다.[4]

제 3 절 지역경찰

Ⅰ. 지역경찰의 의의

지역경찰이란 관할지역의 치안실태를 파악하여 그에 대응할 경찰활동을 하고, 항상 즉응체제를 유지하여 경찰업무 전반에 걸쳐 초동조치를 함으로써 주민생활의 안전과 평온을 확보하는 작용을 말한다.

Ⅱ. 지역경찰공무원과 지역경찰관서

지역경찰공무원은 지구대 및 파출소 소속 경찰공무원을 말한다. 지역경찰관서란 지구대 및 파출소를 말한다. 지역경찰업무 담당부서란 지역경찰관서 및 지역경찰과 관련된 사무를 처리하는 경찰청, 시 · 도경찰청, 경찰서 소속의 모든 부서를 말한다.[5]

3 경찰청과 그 소속기관 직제 시행규칙 제51조.

4 경찰청과 그 소속기관 직제 시행규칙 제42조, 제50조. 제74조－제75조.

5 지역경찰의 조직 및 운영에 관한 규칙, 경찰청예규 제602호, 2022. 5. 31., 일부개정, 2022. 5. 31. 시행.

Ⅲ. 지역경찰의 조직 및 근무

1. 지역경찰관서의 설치 및 폐지

시·도경찰청장은 인구, 면적, 행정구역, 교통·지리적 여건, 각종 사건사고 발생 등을 고려하여 경찰서의 관할구역을 나누어 지역경찰관서를 설치한다. 지역경찰관서의 명칭은 "○○경찰서 ○○지구대(파출소)"로 한다.

2. 지역경찰관서장

지역경찰관서의 사무를 통할하고 소속 지역경찰을 지휘·감독하기 위해 지역경찰관서에 지역경찰관서장(지구대장 및 파출소장)을 둔다. 지구대장은 경정 또는 경감, 파출소장은 경감 또는 경위로 보한다.[6]

지역경찰관서장은 다음 각 호의 직무를 수행한다.

1. 관내 치안상황의 분석 및 대책 수립
2. 지역경찰관서의 시설·예산·장비의 관리
3. 소속 지역경찰의 근무와 관련된 제반사항에 대한 지휘 및 감독
4. 경찰 중요 시책의 홍보 및 협력치안 활동

3. 조 직

지역경찰관서에는 관리팀과 순찰팀을 두며, 순찰팀의 수는 지역 치안수요 및 인력여건 등을 고려하여 시·도경찰청장이 결정한다. 관리팀 및 순찰팀의 인원은 경찰서장이 결정한다.

관리팀은 문서의 접수 및 처리, 시설 및 장비의 관리, 예산의 집행 등 지역경찰관서의 행정업무를 담당한다.

순찰팀은 범죄예방 순찰, 각종 사건사고에 대한 초동조치 등 현장 치안활동을 담당하며, 팀장은 경감 또는 경위로 보하며, 순찰팀장은 다음의 직무를 수행한다.

---

6 지역경찰의 조직 및 운영에 관한 규칙 제5조－제9조.

1. 근무교대시 주요 취급사항 및 장비 등의 인수인계 확인
2. 관리팀원 및 순찰팀원에 대한 일일근무 지정 및 지휘·감독
3. 관내 중요 사건 발생시 현장 지휘
4. 지역경찰관서장 부재시 업무 대행

순찰팀장을 보좌하고 순찰팀장 부재시 업무를 대행하기 위해 순찰팀별로 부팀장을 둘 수 있다.

4. 지역경찰관서에 대한 지휘감독

1. 경찰서장: 지역경찰관서의 운영에 관하여 총괄 지휘·감독
2. 경찰서 각 과장: 각 과의 소관업무와 관련된 지역경찰의 업무에 관하여 지휘·감독
3. 지역경찰관서장: 지역경찰관서의 시설·장비·예산 및 소속 지역경찰의 근무에 관한 제반사항을 지휘·감독
4. 순찰팀장: 근무시간 중 소속 지역경찰을 지휘·감독

5. 지역경찰의 근무

① 복장 및 휴대장비

지역경찰은 근무 중 경찰복을 착용하는 것을 원칙으로 하며, 근무수행에 필요한 경찰봉, 수갑, 무기 및 무전기 등 경찰장구를 휴대하여야 한다.[7]

지역경찰관서장 및 순찰팀장(지역경찰관리자)은 필요한 경우 지역경찰의 복장 및 휴대장비를 조정할 수 있다.

② 근무형태 및 시간

지역경찰관서장은 일근근무를 원칙으로 한다. 다만, 경찰서장은 필요하다고 인정되는 경우에는 지역경찰관서장의 근무시간을 조정하거나, 시간외·휴일 근무 등을 명할 수 있다.

관리팀은 일근근무를 원칙으로 한다. 다만, 지역경찰관서장은 필요하다고 인정되는 경우에는 근무시간을 조정하거나, 시간외·휴일 근무 등을 명할 수 있다.

7 지역경찰의 조직 및 운영에 관한 규칙 제20조-제31조.

순찰팀장 및 순찰팀원은 상시·교대근무를 원칙으로 하며, 근무교대 시간 및 휴게시간, 휴무횟수 등 구체적인 사항은 「국가공무원 복무규정」 및 「경찰기관 상시근무 공무원의 근무시간 등에 관한 규칙」이 규정한 범위 안에서 시·도경찰청장이 정한다.

치안센터 전담근무자의 근무형태 및 근무시간은 치안센터의 종류 및 운영시간 등을 고려하여 경찰서장이 정한다.

③ 근무의 종류

지역경찰의 근무는 행정근무, 상황근무, 순찰근무, 경계근무, 대기근무, 기타 근무로 구분한다.

- 행정근무

행정근무를 지정받은 지역경찰은 지역경찰관서 내에서 다음의 업무를 수행한다.

1. 문서의 접수 및 처리
2. 시설·장비의 관리 및 예산의 집행
3. 각종 현황, 통계, 자료, 부책 관리
4. 기타 행정업무 및 지역경찰관서장이 지시한 업무

- 상황근무

상황근무를 지정받은 지역경찰은 지역경찰관서 및 치안센터 내에서 다음의 업무를 수행한다.

1. 시설 및 장비의 작동여부 확인
2. 방문민원 및 각종 신고사건의 접수 및 처리
3. 요보호자 또는 피의자에 대한 보호·감시
4. 중요 사건·사고 발생시 보고 및 전파
5. 기타 필요한 문서의 작성

- 순찰근무

순찰근무는 그 수단에 따라 112 순찰, 방범오토바이 순찰, 자전거 순찰 및 도보 순찰 등으로 구분한다. 112 순찰근무 및 야간 순찰근무는 반드시 2인 이상 합동으로 지정하여야 한다.

순찰근무를 지정받은 지역경찰은 지정된 근무구역에서 다음의 업무를 수행한다.

1. 주민여론 및 범죄첩보 수집
2. 각종 사건사고 발생시 초동조치 및 보고, 전파
3. 범죄 예방 및 위험발생 방지 활동
4. 경찰사범의 단속 및 검거
5. 경찰방문 및 방범진단
6. 통행인 및 차량에 대한 검문검색 등

순찰근무를 할 때에는 다음의 사항에 유의하여야 한다.

1. 문제의식을 가지고 면밀하게 관찰
2. 주민에 대한 정중하고 친절한 예우
3. 돌발 상황에 대한 대비 및 경계 철저
4. 지속적인 치안상황 확인 및 신속 대응

- 경계근무

경계근무는 반드시 2인 이상 합동으로 지정하여야 한다. 경계근무를 지정받은 지역경찰은 지정된 장소에서 다음의 업무를 수행한다.

1. 불순분자 및 범법자 등 색출을 위한 통행인 및 차량, 선박 등에 대한 검문검색 및 후속조치
2. 비상 및 작전사태 등 발생시 차량, 선박 등의 통행 통제

- 대기근무

대기 근무자는 지역경찰관서 및 치안센터에서 대기하여야 한다. 단, 식사시간을 대기근무로 지정한 경우에는 식사 장소를 대기근무 장소로 지정할 수 있다.

대기근무를 지정받은 지역경찰은 지정된 장소에서 휴식을 취하되, 무전기를 청취하며 10분 이내 출동이 가능한 상태를 유지하여야 한다.

- 기타근무

기타근무는 치안상황에 효과적으로 대응하기 위하여 지역경찰 관리자가 지정하는 근무로써 지역경찰 근무에 해당하지 않는 형태의 근무를 말한다. 기타근무

의 근무내용 및 방법 등은 지역경찰관리자가 정한다.

④ 지역경찰의 동원

시·도경찰청장 또는 경찰서장은 다음에 정한 사유에 해당하는 경우로서 특히 필요하다고 인정되는 때에 한하여 지역경찰의 기본근무에 지장을 초래하지 않는 범위 내에서 지역경찰을 다른 근무에 동원할 수 있다. 지역경찰 동원은 근무자 동원을 원칙으로 하되, 불가피한 경우에 한하여 휴무자를 동원할 수 있다.

1. 다중범죄 진압, 대간첩작전 기타의 비상사태
2. 경호경비 또는 각종 집회 및 행사의 경비
3. 중요범인의 체포를 위한 긴급배치
4. 화재, 폭발물, 풍수설해 등 중요사고의 발생
5. 기타 다수 경찰관의 동원을 필요로 하는 행사 또는 업무

⑤ 일일근무 지정

지역경찰관서장은 지역경찰관서 및 치안센터의 설치목적, 근무인원, 치안수요, 기타 업무량 등을 고려하여 근무의 종류 및 실시 기준을 정한다. 순찰팀장은 지역경찰관서장이 정한 기준을 준수하여 당해 근무시간 내 관리팀원 및 순찰팀원의 개인별 근무 종류, 근무 장소, 중점 근무사항 등을 근무일지(갑지)에 구체적으로 지정하여야 한다.

순찰팀장은 관리팀원에게 행정근무를 지정하고, 순찰팀원에게 상황 또는 순찰근무 지정하는 것을 원칙으로 하되, 필요한 경우에는 다른 근무를 지정하거나 병행하여 수행하도록 지정할 수 있다.

순찰근무의 근무종류 및 근무구역은 지역 치안이 효율적으로 수행될 수 있도록 다음의 사항을 고려하여 지정하여야 한다.

1. 시간대별·장소별 치안수요
2. 각종 사건사고 발생
3. 순찰 인원 및 가용 장비
4. 관할 면적 및 교통·지리적 여건

지역경찰관리자는 신고출동태세 유지 등을 위해 필요한 경우에는 휴게 및 식사시간도 대기 근무로 지정할 수 있다.

관리팀원 및 순찰팀원이 물품구입, 등서 등 기타 사유로 지정된 근무종류 및 근무구역 등을 변경하고자 할 때에는 순찰팀장에게 보고하여야 한다.

제 4 절 경비업 관리 사무

Ⅰ. 경비업의 의의

경비업이란 경비업무의 전부 또는 일부를 도급받아 행하는 영업을 말한다. 경비업무란 일반경비업무와 특수경비업무로 구분된다.[8]

1. 일반경비업무
가. 시설경비업무: 경비를 필요로 하는 시설 및 장소(경비대상시설)에서의 도난·화재 그 밖의 혼잡 등으로 인한 위험발생을 방지하는 업무
나. 호송경비업무: 운반중에 있는 현금·유가증권·귀금속·상품 그 밖의 물건에 대하여 도난·화재 등 위험발생을 방지하는 업무
다. 신변보호업무: 사람의 생명이나 신체에 대한 위해의 발생을 방지하고 그 신변을 보호하는 업무
라. 기계경비업무: 경비대상시설에 설치한 기기에 의하여 감지·송신된 정보를 그 경비대상시설외의 장소에 설치한 관제시설의 기기로 수신하여 도난·화재 등 위험발생을 방지하는 업무
마. 혼잡·교통유도경비업무: 도로에 접속한 공사현장 및 사람과 차량의 통행에 위험이 있는 장소 또는 도로를 점유하는 행사장 등에서 교통사고나 그 밖의 혼잡 등으로 인한 위험발생을 방지하는 업무
2. 특수경비업무: 공항(항공기를 포함) 등 대통령령이 정하는 국가중요시설의 경비 및 도난·화재 그 밖의 위험발생을 방지하는 업무

경비원이란 경비업의 허가를 받은 법인(경비업자)이 채용한 고용인으로서 일반경비업무를 수행하는 일반경비원과 특수경비업무를 수행하는 특수경비원으로

8 경비업법 제2조. 법률 제20645호, 2025. 1. 7, 일부개정, 2026. 1. 8. 시행.

구분한다. 경비지도사란 경비원을 지도·감독 및 교육하는 자를 말하며 일반경비지도사와 기계경비지도사로 구분한다.

Ⅱ. 경비업의 허가 및 신고사항 등

1. 시·도경찰청장의 허가권

경비업은 법인이 아니면 이를 영위할 수 없다.[9]

경비업을 영위하고자 하는 법인은 도급받아 행하고자 하는 경비업무를 특정하여 그 법인의 주사무소의 소재지를 관할하는 시·도경찰청장의 허가를 받아야 한다. 도급받아 행하고자 하는 경비업무를 변경하는 경우에도 또한 같다.

경비업의 허가를 받고자 하는 법인의 요건은 다음과 같다.

1. 대통령령으로 정하는 1억원 이상의 자본금의 보유
2. 다음의 경비인력 요건
   시설경비업무: 경비원 10명 이상 및 경비지도사 1명 이상
   그 외 경비업무: 대통령령으로 정하는 경비 인력
3. 경비인력을 교육할 수 있는 교육장을 포함하여 대통령령으로 정하는 시설과 장비의 보유
4. 그 밖에 경비업무 수행을 위하여 대통령령으로 정하는 사항

경비업의 허가를 받은 법인이 다음에 해당하는 때에는 시·도경찰청장에게 신고하여야 한다.

1. 영업을 폐업하거나 휴업한 때
2. 법인의 명칭이나 대표자·임원을 변경한 때
3. 법인의 주사무소나 출장소를 신설·이전 또는 폐지한 때
4. 기계경비업무의 수행을 위한 관제시설을 신설·이전 또는 폐지한 때
5. 특수경비업무를 개시하거나 종료한 때
6. 그 밖에 대통령령이 정하는 중요사항을 변경한 때

9 경비업법 제3조－제6조.

2. 허가의 제한

누구든지 허가를 받은 경비업체와 동일한 명칭으로 경비업 허가를 받을 수 없다.

허가받은 경비업무외의 업무에 경비원을 종사하게 한 때 및 소속 경비원으로 하여금 경비업무의 범위를 벗어난 행위를 하게 한 때 등으로 허가가 취소된 경우 허가가 취소된 날부터 10년이 지나지 아니한 때에는 누구든지 허가가 취소된 경비업체와 동일한 명칭으로 경비업 허가를 받을 수 없다. 또한 이 경우 법인명 또는 임원의 변경에도 불구하고 허가가 취소된 날부터 5년이 지나지 아니한 때에는 경비업 허가를 받을 수 없다.

경비업 허가의 유효기간은 허가받은 날부터 5년으로 한다. 유효기간이 만료된 후 계속하여 경비업을 하고자 하는 법인은 행정안전부령으로 정하는 바에 따라 갱신허가를 받아야 한다.

Ⅲ. 경비업자의 관할 및 의무

1. 관 할

경비업자는 경비대상시설의 소유자 또는 관리자(시설주)의 관리권의 범위 안에서 경비업무를 수행하여야 하며, 다른 사람의 자유와 권리를 침해하거나 그의 정당한 활동에 간섭하여서는 아니 된다.

경비업자는 허가받은 경비업무 외의 업무에 경비원을 종사하게 하여서는 아니 된다.

2. 의 무

경비업자는 경비대상시설의 시설주(소유자 또는 관리자)의 관리권의 범위안에서 경비업무를 수행하여야 하며, 다른 사람의 자유와 권리를 침해하거나 그의 정당한 활동에 간섭하여서는 아니된다.[10] 경비업자는 경비업무를 성실하게 수행하여

---

10 경비업법 제7조.

야 하고, 도급을 의뢰받은 경비업무가 위법 또는 부당한 것일 때에는 이를 거부하여야 한다.

경비업자는 불공정한 계약으로 경비원의 권익을 침해하거나 경비업의 건전한 육성과 발전을 해치는 행위를 하여서는 아니 된다. 경비업자의 임·직원이거나 임·직원이었던 자는 다른 법률에 특별한 규정이 있는 경우를 제외하고는 그 직무상 알게 된 비밀을 누설하거나 다른 사람에게 제공하여 이용하도록 하는 등 부당한 목적을 위하여 사용하여서는 아니 된다.

경비업자는 허가받은 경비업무외의 업무에 경비원을 종사하게 하여서는 아니 된다. 다만, 경비업무의 목적 달성을 침해하지 아니하는 범위에서 대통령령으로 정하는 업무에 대하여는 경비원을 종사하게 할 수 있다. 경비업자는 집단민원현장에 경비원을 배치하는 때에는 경비지도사를 선임하고 그 장소에 배치하여 행정안전부령으로 정하는 바에 따라 경비원을 지도·감독하게 하여야 한다.

3. 특수경비업자의 국가중요시설 관련 의무

특수경비업자는 특수경비업무의 개시신고를 하는 때에는 국가중요시설에 대한 특수경비업무의 수행이 중단되는 경우 시설주의 동의를 얻어 다른 특수경비업자중에서 경비대행업자를 지정하여 허가관청에 신고하여야 한다. 경비대행업자의 지정을 변경하는 경우에도 또한 같다.

특수경비업자는 이 법에 의한 경비업과 경비장비의 제조·설비·판매업, 네트워크를 활용한 정보산업, 시설물 유지관리업 및 경비원 교육업 등 대통령령이 정하는 경비관련업 외의 영업을 하여서는 아니 된다.

4. 경비업무 도급인 등의 의무

누구든지 경비업 허가를 받지 아니한 자에게 경비업무를 도급하여서는 아니 된다.[11] 누구든지 집단민원현장에 경비인력을 20명 이상 배치하려고 할 때에는 그 경비인력을 직접 고용하여서는 아니 되고, 경비업자에게 경비업무를 도급하여야 한다. 다만, 시설주 등이 집단민원현장 발생 3개월 전까지 직접 고용하여

11 경비업법 제7조의2.

경비업무를 수행하는 피고용인의 경우에는 그러하지 아니하다.

경비업무를 도급하는 자는 그 경비업무를 수급한 경비업자의 경비원 채용 시 무자격자나 부적격자 등을 채용하도록 관여하거나 영향력을 행사해서는 아니 된다.

5. 기계경비업자의 의무

기계경비업자는 경비대상시설에 관한 경보를 수신한 때에는 신속하게 그 사실을 확인하는 등 필요한 대응조치를 취하여야 하며, 이를 위한 대응체제를 갖추어야 한다.[12]

기계경비업자는 경비계약을 체결하는 때에는 오경보를 막기 위하여 계약상대방에게 기기사용요령 및 기계경비운영체계 등에 관하여 설명하여야 하며, 각종 기기가 오작동되지 아니하도록 관리하여야 한다.

Ⅳ. 경비지도사 및 경비원

1. 경비지도사 및 경비원의 결격사유

다음에 해당하는 자는 경비지도사 또는 일반경비원이 될 수 없다.[13]

1. 만 18세 미만인 자 또는 피성년후견인, 피한정후견인
2. 금고 이상의 실형의 선고를 받고 그 집행이 종료(집행이 종료된 것으로 보는 경우를 포함한다)되거나 집행이 면제된 날부터 5년이 지나지 아니한 자
3. 금고 이상의 형의 집행유예선고를 받고 그 유예기간중에 있는 자
4. 범죄단체 등의 조직, 범죄단체 등의 구성·활동, 성폭력사범, 아동청소년성폭력사범 및 위 사유로 가중처벌되는 범죄를 한 자 등으로 벌금형을 선고받은 날부터 10년이 지나지 아니하거나, 금고 이상의 형을 선고받고 그 집행이 종료된(종료된 것으로 보는 경우를 포함) 날 또는 집행이 유예·면제된 날부터 10년이 지나지 아니한 자
5. 절도, 야간주거침입절도, 특수절도, 자동차등 불법사용, 강도 등 및 이상의 죄로 다른 법률에 따라 가중처벌되는 죄를 범하여 벌금형을 선고받은 날부터 5년이 지나지 아니

12 경비업법 제8조－제9조.

13 경비업법 제10조 제1항.

하거나 금고 이상의 형을 선고받고 그 집행이 유예된 날부터 5년이 지나지 아니한 자
6. 성폭력사범, 아동청소년성폭력사범 등의 죄를 범하여 치료감호를 선고받고 그 집행이 종료된 날 또는 집행이 면제된 날부터 10년이 지나지 아니한 자 또는 제6호의 어느 하나에 해당하는 죄를 범하여 치료감호를 선고받고 그 집행이 면제된 날부터 5년이 지나지 아니한 자
7. 경비업법 및 동법에 따른 명령을 위반하여 벌금형을 선고받은 날부터 5년이 지나지 아니하거나 금고 이상의 형을 선고받고 그 집행이 유예된 날부터 5년이 지나지 아니한 자

2. 특수경비원의 자격

다음의 어느 하나에 해당하는 자는 특수경비원이 될 수 없다.[14]

1. 만 18세 미만 또는 60세 이상인 자 또는 피성년후견인
2. 심신상실자, 알코올 중독자 등 대통령령으로 정하는 정신적 제약이 있는 자
3. 일반경비원의 자격금지의 어느 하나에 해당하는 자
4. 금고 이상의 형의 선고유예를 받고 그 유예기간중에 있는 자
5. 행정안전부령[15]으로 정하는 신체조건에 미달되는 자

특수경비원이 위의 결격사유에 해당하게 될 때에는 당연 퇴직된다.[16] 다만, 나이가 60세가 되어 퇴직하는 경우에는 60세가 된 날이 1월부터 6월 사이에 있으면 6월 30일에, 7월부터 12월 사이에 있으면 12월 31일에 각각 당연 퇴직된다.

금고이상의 형의 선고유예를 받고 선고유예기간 중에 있는 경우 범죄는 성폭력사범, 아동청소년성보호범죄사범, 직무관련 횡령죄와 배임죄를 말한다.

3. 경비지도사의 자격

경비지도사는 경비원의 자격배제요건에 해당하지 아니하는 자로서 경찰청장

14 경비업법 제10조 제2항.

15 **경비업법 시행규칙 제7조(특수경비원의 신체조건)** 법 제10조제2항제4호에서 "행정안전부령이 정하는 신체조건"이라 함은 팔과 다리가 완전하고 두 눈의 맨눈시력 각각 0.2 이상 또는 교정시력 각각 0.8 이상을 말한다.

16 경비업법 제10조의2.

이 시행하는 경비지도사시험에 합격하고 일정한 교육을 받고, 경비지도사자격증을 교부받아야 한다.[17]

경비지도사자격시험은 경찰청장이 지정하여 고시하는 기관 또는 단체에 위임한다.[18]

경비지도사의 직무는 다음과 같다.[19]

1. 경비원의 지도·감독·교육에 관한 계획의 수립·실시 및 그 기록의 유지
2. 경비현장에 배치된 경비원에 대한 순회점검 및 감독
3. 경찰기관 및 소방기관과의 연락방법에 대한 지도
4. 집단민원현장에 배치된 경비원에 대한 지도·감독
5. 그 밖에 대통령령이 정하는 직무

4. 경비지도사의 교육

경비지도사는 경찰청장이 실시하는 보수교육을 받아야 한다.[20] 경찰청장은 경비지도사에 대한 기본교육 및 보수교육에 관한 업무를 전문인력 및 시설 등을 갖춘 법인으로서 경비지도사 교육기관에 위탁할 수 있다.[21]

경찰청장은 경비지도사 교육기관이 다음에 해당하는 경우에는 그 지정을 취소하거나 1년의 범위에서 기간을 정하여 업무의 전부 또는 일부를 정지할 수 있다. 다만, 제1호의 경우에는 그 지정을 취소하여야 한다.

1. 거짓이나 그 밖의 부정한 방법으로 경비지도사 교육기관의 지정을 받은 경우
2. 지정받은 사항을 위반하여 업무를 행한 경우
3. 시정명령을 받고도 정당한 사유 없이 정하여진 기간 이내에 시정하지 아니한 경우
4. 지정 기준에 적합하지 아니하게 된 경우

17 경비업법 제11조.
18 경비업법 시행령 제31조.
19 경비업법 제12조.
20 경바업법 제11조의2.
21 경바업법 제11조의3－제11조의4.

5. 경비원의 교육

경비업자는 경비원 신임교육 및 직무교육을 받게 하여야 한다.[22] 다만, 경비업자는 대통령령으로 정하는 경력 또는 자격을 갖춘 일반경비원을 신임교육 대상에서 제외할 수 있다. 경비원이 되려는 사람은 지정된 교육기관에서 미리 일반경비원 신임교육을 받을 수 있다.

특수경비업자는 특수경비원으로 하여금 특수경비원 신임교육과 정기적인 직무교육을 받게 하여야 하고, 특수경비원 신임교육을 받지 아니한 자를 특수경비업무에 종사하게 하여서는 아니 된다. 이 경우 관할경찰서 소속 경찰공무원이 교육기관에 입회하여 지도·감독하여야 한다.

Ⅴ. 경비원의 의무

1. 경비원의 의무

경비원은 직무를 수행함에 있어 타인에게 위력을 과시하거나 물리력을 행사하는 등 경비업무의 범위를 벗어난 행위를 하여서는 아니 된다.[23]

누구든지 경비원으로 하여금 경비업무의 범위를 벗어난 행위를 하게 하여서는 아니 된다.

2. 특수경비원의 직무 및 무기사용 등

1) 직 무

특수경비업자는 특수경비원으로 하여금 배치된 경비구역안에서 관할 경찰서장 및 공항경찰대장 등 국가중요시설의 경비책임자(관할 경찰관서장)와 국가중요시설의 시설주의 감독을 받아 시설을 경비하고 도난·화재 그 밖의 위험의 발생을 방지하는 업무를 수행하게 하여야 한다.[24]

---

22 경비업법 제13조.

23 경비업법 제15조의2.

24 경비업법 제14조.

특수경비원은 국가중요시설에 대한 경비업무 수행 중 국가중요시설의 정상적인 운영을 해치는 장해를 일으켜서는 아니 된다.

2) 무기사용 등

시·도경찰청장은 국가중요시설에 대한 경비업무의 수행을 위하여 필요하다고 인정하는 때에는 시설주의 신청에 의하여 무기를 구입한다. 이 경우 시설주는 그 무기의 구입대금을 지불하고, 구입한 무기를 국가에 기부채납하여야 한다.

시·도경찰청장은 국가중요시설에 대한 경비업무의 수행을 위하여 필요하다고 인정하는 때에는 관할경찰관서장으로 하여금 시설주의 신청에 의하여 시설주로부터 국가에 기부채납된 무기를 대여하게 하고, 시설주는 이를 특수경비원으로 하여금 휴대하게 할 수 있다. 이 경우 특수경비원은 정당한 사유없이 무기를 소지하고 배치된 경비구역을 벗어나서는 아니 된다.

3) 무기관리 등 책임

시설주 및 관할 경찰관서장은 무기의 관리책임을 지고, 관할 경찰관서장은 시설주 및 특수경비원의 무기관리상황을 대통령령이 정하는 바에 따라 지도·감독하여야 한다.

관할 경찰관서장은 무기의 적정한 관리를 위하여 무기를 대여받은 시설주에 대하여 필요한 명령을 발할 수 있다.

시설주로부터 무기의 관리를 위하여 지정받은 책임자(관리책임자)는 다음을 준수하여야 한다.

1. 무기출납부 및 무기장비운영카드를 비치·기록하여야 한다.
2. 무기는 관리책임자가 직접 지급·회수하여야 한다.

특수경비원은 국가중요시설의 경비를 위하여 무기를 사용하지 아니하고는 다른 수단이 없다고 인정되는 때에는 필요한 한도안에서 무기를 사용할 수 있다. 다만, 다음에 해당하는 때를 제외하고는 사람에게 위해를 끼쳐서는 아니 된다.

1. 무기 또는 폭발물을 소지하고 국가중요시설에 침입한 자가 특수경비원으로부터 3회 이상 투기(投棄) 또는 투항(投降)을 요구받고도 이에 불응하면서 계속 항거하는 경우 이를 억제하기 위하여 무기를 사용하지 아니하고는 다른 수단이 없다고 인정되

는 때
2. 국가중요시설에 침입한 무장간첩이 특수경비원으로부터 투항(投降)을 요구받고도 이에 불응한 때

4) 특수경비원의 의무

(1) 경비구역내 근무원칙 및 복종의무

특수경비원은 직무를 수행함에 있어 시설주·관할 경찰관서장 및 소속상사의 직무상 명령에 복종하여야 한다.[25] 특수경비원은 소속상사의 허가 또는 정당한 사유없이 경비구역을 벗어나서는 아니 된다. 특수경비원은 파업·태업 그 밖에 경비업무의 정상적인 운영을 저해하는 일체의 쟁의행위를 하여서는 아니 된다.

(2) 무기안전수칙준수의무

특수경비원이 무기를 휴대하고 경비업무를 수행하는 때에는 다음에 정하는 무기의 안전사용수칙을 지켜야 한다.

특수경비원은 사람을 향하여 권총 또는 소총을 발사하고자 하는 때에는 미리 구두 또는 공포탄에 의한 사격으로 상대방에게 경고하여야 한다. 다만, 다음에 해당하는 경우로서 부득이한 때에는 경고하지 아니할 수 있다.

1. 특수경비원을 급습하거나 타인의 생명·신체에 대한 중대한 위험을 야기하는 범행이 목전에 실행되고 있는 등 상황이 급박하여 경고할 시간적 여유가 없는 경우
2. 인질·간첩 또는 테러사건에 있어서 은밀히 작전을 수행하는 경우

(3) 무기사용금지의무

특수경비원은 무기를 사용하는 경우에 있어서 범죄와 무관한 다중의 생명·신체에 위해를 가할 우려가 있는 때에는 이를 사용하여서는 아니 된다. 다만, 무기를 사용하지 아니하고는 타인 또는 특수경비원의 생명·신체에 대한 중대한 위협을 방지할 수 없다고 인정되는 때에는 필요한 최소한의 범위 안에서 이를 사용할 수 있다.

특수경비원은 총기 또는 폭발물을 가지고 대항하는 경우를 제외하고는 14세

---

25 경비업법 제15조.

미만의 자 또는 임산부에 대하여는 권총 또는 소총을 발사하여서는 아니 된다.

3. 경비원의 복장 등

1) 지정 복장의 착용

경비업자는 경찰공무원 또는 군인의 제복과 색상 및 디자인 등이 명확히 구별되는 소속 경비원의 복장을 정하고 이를 확인할 수 있는 사진을 첨부하여 주된 사무소를 관할하는 시 · 도경찰청장에게 행정안전부령으로 정하는 바에 따라 신고하여야 한다.[26]

2) 명찰부착 등

경비업자는 경비업무 수행 시 경비원에게 소속 경비업체를 표시한 이름표를 부착하도록 하고, 신고된 동일한 복장을 착용하게 하여야 하며, 복장에 소속 회사를 오인할 수 있는 표시를 하거나 다른 회사의 복장을 착용하게 하여서는 아니 된다. 다만, 집단민원현장이 아닌 곳에서 신변보호업무를 수행하는 경우 또는 경비업무의 성격상 부득이한 사유가 있어 관할 경찰관서장이 허용하는 경우에는 그러하지 아니하다.

3) 시 · 도경찰청장의 시정명령

시 · 도경찰청장은 경비업자에게 복장 변경 등에 대한 시정명령을 할 수 있다. 경비업자는 이를 이행하여야 하고, 시 · 도경찰청장에게 행정안전부령으로 정하는 바에 따라 이행보고를 하여야 한다.

4) 경비원의 장비 등

경비원이 휴대할 수 있는 장비의 종류는 경적 · 단봉 · 분사기 등 행정안전부령으로 정하되, 근무 중에만 이를 휴대할 수 있다. 경비업자가 경비원으로 하여금 분사기를 휴대하여 직무를 수행하게 하는 경우에는 「총포 · 도검 · 화약류 등 단속법」에 따라 미리 분사기의 소지허가를 받아야 한다.

누구든지 장비를 임의로 개조하여 통상의 용법과 달리 사용함으로써 다른 사람의 생명 · 신체에 위해를 가하여서는 아니 된다.

---

26 경비업법 제16조.

경비원은 경비업무를 위하여 필요하다고 인정되는 상당한 이유가 있을 때에는 필요한 최소한도에서 장비를 사용할 수 있다.

Ⅵ. 경비업자의 경비원 관리

1. 범죄경력조회 요청

경비업자는 선출·선임·채용 또는 배치하려는 임원, 경비지도사 또는 경비원의 결격사유에 해당하는지를 확인하기 위하여 주된 사무소, 출장소 또는 배치장소를 관할하는 시·도경찰청장 또는 경찰관서장에게 범죄경력조회를 요청할 수 있다.[27]

경찰청장, 시·도경찰청장 또는 관할 경찰관서장은 직권으로 또는 경비업자의 범죄경력조회 요청이 있는 경우에는 범죄경력조회를 할 수 있다. 그리고 이를 경비업자에게 통보하되, 결격사유에 해당하는지 여부만을 통보하여야 한다.

2. 경비원의 명부와 배치허가 등

① 경비업자는 행정안전부령으로 정하는 바에 따라 경비원의 명부를 작성·비치하여야 한다. 다만, 집단민원현장에 배치되는 일반경비원의 명부는 그 경비원이 배치되는 장소에도 작성·비치하여야 한다.

② 경비업자가 경비원을 배치하거나 배치를 폐지한 경우에는 관할 경찰관서장에게 다음과 같이 신고하여야 한다. 이 경우 관할 경찰관서장은 배치허가를 함에 있어 필요한 조건을 붙일 수 있다.

1. 시설경비업무 또는 신변보호업무 중 집단민원현장에 배치된 일반경비원: 경비원 배치 48시간 전까지 배치허가를 신청, 관할 경찰관서장의 배치허가를 받은 후 배치
2. 집단민원현장이 아닌 곳에서 신변보호업무를 수행하는 일반경비원, 특수경비원: 경비원을 배치하기 전까지 신고

27 경비업법 제17조.

Ⅶ. 허가관청의 조치

1. 경비업 허가의 취소 등

허가관청은 경비업자가 다음 각 호의 어느 하나에 해당하는 때에는 그 허가를 취소하여야 한다.[28]

1. 허위 그 밖의 부정한 방법으로 허가를 받은 때
2. 경비업 및 경비관련업외의 영업을 한 때
3. 정당한 사유없이 허가를 받은 날부터 2년 이내에 경비 도급실적이 없거나 계속하여 1년 이상 휴업한 때
4. 정당한 사유없이 최종 도급계약 종료일의 다음 날부터 2년 이내에 경비 도급실적이 없을 때
5. 영업정지처분을 받고 계속하여 영업을 한 때
6. 소속 경비원으로 하여금 경비업무의 범위를 벗어난 행위를 하게 한 때
7. 관할 경찰관서장의 배치폐지 명령에 따르지 아니한 때

2. 허가관청의 허가취소 또는 영업정지등

허가관청은 경비업자가 다음의 어느 하나에 해당하는 때에는 행정처분의 기준에 따라 그 허가를 취소하여야 한다.[29]

1. 허위 그 밖의 부정한 방법으로 허가를 받은 때
2. 경비업 및 경비관련업외의 영업을 한 때
3. 정당한 사유없이 허가를 받은 날부터 2년 이내에 경비 도급실적이 없거나 계속하여 1년 이상 휴업한 때
4. 정당한 사유없이 최종 도급계약 종료일의 다음 날부터 2년 이내에 경비 도급실적이 없을 때
5. 영업정지처분을 받고 계속하여 영업을 한 때

---

28 경비업법 제19조.

29 경비업법 제19조 제1항.

6. 소속 경비원으로 하여금 경비업무의 범위를 벗어난 행위를 하게 한 때
7. 경찰관서장의 배치폐지 명령에 따르지 아니한 때

허가관청은 경비업자가 다음에 해당하는 때에는 따라 그 허가를 취소하거나 6개월 이내의 기간을 정하여 영업의 전부 또는 일부에 대하여 영업정지를 명할 수 있다.[30]

1. 시 · 도경찰청장의 허가 없이 경비업무를 변경한 때
2. 도급을 의뢰받은 경비업무가 위법한 것임에도 이를 거부하지 아니한 때
3. 경비업무 또는 경비업무의 목적 달성을 침해하지 아니하는 범위에서 업무 외의 업무에 경비원을 종사하게 한 때
4. 경비지도사를 집단민원현장에 선임 · 배치하지 아니한 때
5. 경비대상 시설에 관한 경보 대응체제를 갖추지 아니한 때
6. 관련 서류를 작성 · 비치하지 아니한 때
7. 결격사유에 해당하는 경비원을 배치하거나 결격사유에 해당하는 경비지도사를 선임 · 배치한 때
8. 시 · 도경찰청장 또는 경찰서장에게 신고지 아니하고 경비지도사를 선임한 때
9. 경비원으로 하여금 교육을 받게 하지 아니한 때
10. 경비원의 복장 등에 관한 규정을 위반한 때
11. 경비원의 장비 등에 관한 규정을 위반한 때
12. 경비원의 출동차량 등에 관한 규정을 위반한 때
13. 집단민원현장에 일반경비원 명부를 작성 · 비치하지 아니한 때

배치허가를 받지 아니하고 경비원을 배치하거나 경비원 명단 및 배치일시 · 배치장소 등 배치허가 신청의 내용을 거짓으로 한 때

14. 결격사유에 해당하는 일반경비원을 집단민원현장에 배치한 때
15. 경찰청장, 시도경찰청장, 경찰서장의 감독상 명령에 따르지 아니한 때
16. 경비원의 고의 또는 과실로 경비대상 또는 제3자에게 입힌 손해를 배상하지 아니한 때

허가관청은 허가취소 또는 영업정지처분을 하는 때에는 경비업자가 허가받은 경비업무중 허가취소 또는 영업정지사유에 해당되는 경비업무에 한하여 처분을 하여야 한다. 다만, 제2호 및 제7호에 해당하여 허가취소를 하는 때에는 그러하

30 경비업법 제19조 제2항.

지 아니하다.

Ⅷ. 행정처분

허가관청은 경비업자가 일정한 사유에 해당하는 때에는 그 허가를 취소하거나 영업을 정지하여야 한다. 이 경우 청문회를 거쳐야 한다.[31]

경찰청장은 경비지도사가 다음에 해당하는 때에는 그 자격을 취소하여야 한다. 경비지도사의 자격취소, 정리 및 관련 청문의 권한을 시·도경찰청장에게 위임한다.[32]

1. 결격사유에 해당하게 된 때
2. 허위 그 밖의 부정한 방법으로 경비지도사자격증을 교부받은 때
3. 경비지도사자격증을 다른 사람에게 빌려주거나 양도한 때
4. 자격정지 기간 중에 경비지도사로 선임되어 활동한 때

경찰청장은 경비지도사가 다음에 해당하는 때에는 1년의 범위 내에서 그 자격을 정지시킬 수 있다. 이 경우 청문회를 거쳐야 한다.[33]

1. 경비업법상 직무를 성실하게 수행하지 아니한 때
2. 경비업법상 경찰청장 또는 시도경찰청장의 명령을 위반한 때

경찰청장 또는 시·도경찰청장은 다음에 해당하는 처분을 하고자 하는 경우에는 청문을 실시하여야 한다.[34]

1. 경비지도사 교육기관의 지정 취소 또는 업무의 정지
2. 경비원 교육기관의 지정 취소 또는 업무의 정지
3. 경비업 허가의 취소 또는 영업정지
4. 경비지도사자격의 취소 또는 정지

31 경비업법 제19조, 제21조.
32 경비업법 시행령 제31조.
33 경비업법 제20조, 제21조.
34 경비업법 제21조.

경찰청장은 경비지도사의 자격을 취소한 때에는 경비지도사자격증을 회수하여야 하고, 경비지도사의 자격을 정지한 때에는 그 정지기간 동안 경비지도사자격증을 회수하여 보관하여야 한다.

제 3 장

생활안전교통경찰

제 1 절 생활안전교통경찰의 의의

생활안전교통경찰이란 일상생활의 안전을 도모하고, 교통상의 위해를 예방하고, 발생한 위험을 처리하는 경찰상의 활동을 말한다.[1] 생활안전교통경찰은 사전예방적 활동이며, 동시에 사후진압적 활동이라고 할 수 있다.

급격한 산업화, 자동차증가, 복잡한 도로 및 교통사정 등으로 생활안전교통경찰의 업무영역이 점차 확대되고 있다.

제 2 절 생활안전교통경찰의 조직

Ⅰ. 경찰청

경찰청에 생활안전교통국을 두며, 국장은 치안감 또는 경무관으로 보한다.[2]

생활안전교통국에 청소년보호과 · 교통기획과 및 교통안전과 · 자치경찰과 · 여성안전기획과를 둔다. 각 과장은 총경으로 보한다. 각 과장은 총경으로 보한다.

① 교통기획과장은 다음 사항을 분장한다.

1. 도로교통에 관련되는 사항에 대한 종합기획 및 심사분석
2. 도로교통에 관련되는 법령의 정비 및 행정제도의 연구

1 경찰법 제3조. 경찰관직무집행법 제2조.

2 경찰청 및 그 소속기관직제 제11조; 경찰청 및 그 소속기관직제 시행규칙 제8조.

3. 교통경찰공무원에 대한 교육·지도
4. 도로교통공단에 대한 지도·감독
5. 운전면허 관련 기획·지도
6. 운전면허시험의 지도·감독
7. 외국운전면허 및 국제 운전면허에 관한 사항
8. 교통안전교육 및 특별교통안전교육에 관한 계획수립 및 지도
9. 교통규제 관련 법령 및 보호구역 관련 법령 제정·개정 및 지침·시스템 관리·개선
10. 교통안전시설 운영 및 감독
11. 그 밖에 국 내 다른 과의 주관에 속하지 않는 사항

② 교통안전과장은 다음 사항을 분장한다.

1. 도로교통사고의 예방을 위한 홍보·지도 및 단속
2. 대규모 집회·시위 등 교통 관리
3. 교통단속 관련 법령 제정·개정 및 지침·시스템 관리·개선
4. 교통법규 위반 범칙금·즉결심판·과태료 관리
5. 교통단속장비 규격 관리
6. 교통 협력단체 관리에 관한 업무
7. 도로교통사고 통계 분석·관리에 관한 업무
8. 고속도로순찰대의 운영 및 지도
9. 고속도로 교통안전대책 수립 및 추진
10. 교통정보의 수집·분석 및 제공
11. 광역 교통정보 사업 관련 업무
12. 무인 교통단속용 장비의 설치·관리 및 감독
13. 자율주행 분야 도로교통 인프라 기술 등 신기술 관련 기획 및 연구·개발

③ 자치경찰과장은 다음 사항을 분장한다.

1. 자치경찰제도 관련 각종 정책 및 계획의 수립·조정
2. 자치경찰제도 관련 시·도별 치안 현안 및 운영현황 총괄 관리
3. 자치경찰제도의 연구 및 개선
4. 자치경찰제도 관련 법령에 대한 사무 총괄
5. 자치경찰제도 관련 시·도 조례 제정·개정에 관한 협의·조정
6. 자치경찰제도 관련 예산의 편성과 조정 및 결산

7. 자치경찰제도 관련 재정의 성과관리 및 평가
8. 자치경찰제도 관련 시·도 및 시·도자치경찰위원회와의 협력
9. 시·도자치경찰위원회와 시·도경찰청 간 기관협의체 운영 지원
10. 그 밖에 자치경찰제도 관련 협력·지원

④ 여성안전기획과장은 다음 사항을 분장한다.

1. 여성 대상 범죄의 연구 및 예방에 관한 업무
2. 여성 대상 범죄 유관기관과의 교류협력
3. 성폭력·가정폭력 예방 및 피해자 보호에 관한 업무
4. 스토킹·성매매 예방 및 피해자 보호에 관한 업무
5. 성폭력범죄자(신상정보 등록대상자 포함)의 재범방지에 관한 업무
6. 아동학대의 예방 및 피해자 보호에 관한 업무
7. 아동·노인·장애인 학대 범죄 유관기관 협력 업무
8. 범죄피해자의 보호 및 지원에 관한 경찰정책의 수립·종합 및 조정

⑤ 청소년보호과장은 다음 사항을 분장한다.

1. 소년 비행 방지에 관한 업무
2. 소년에 대한 범죄의 예방에 관한 업무
3. 비행소년의 보호지도에 관한 업무
4. 가출인 및 실종아동등과 관련된 정책 수립 및 관리
5. 실종사건 지도와 관련 정보의 처리

제67조(여성안전학교폭력대책관) ① 경찰청 생활안전교통국장 밑에 2027년 12월 31일까지 존속하는 한시조직으로 여성안전학교폭력대책관을 둔다. 여성안전학교폭력대책관은 고위공무원단에 속하는 일반직공무원 또는 경무관으로 보한다.[3]

⑥ 여성안전학교폭력대책관은 다음 사항을 분장한다.

5. 소년비행 방지에 관한 업무
6. 소년 대상 범죄의 예방에 관한 업무

3 경찰청과 그 소속기관 직제 제67조. 경찰청과 그 소속기관 직제 시행규칙 제82조.

7. 아동학대의 예방 및 피해자 보호에 관한 업무
8. 가출인 및 「실종아동등의 보호 및 지원에 관한 법률」 제2조제2호에 따른 실종아동등(이하 "실종아동등"이라 한다)과 관련된 업무
9. 실종아동등 찾기를 위한 신고체계 운영
10. 여성 대상 범죄와 관련된 주요 정책의 총괄 수립·조정
11. 여성 대상 범죄 유관기관과의 협력 업무
12. 성폭력 및 가정폭력 예방 및 피해자 보호에 관한 업무
13. 스토킹·성매매 예방 및 피해자 보호에 관한 업무
14. 경찰 수사 과정에서의 범죄피해자 보호 및 지원에 관한 업무

Ⅱ. 시·도경찰청 및 경찰서

서울경찰청의 경우 생활안전 차장(치안감) 하에 생활안전교통부(경무관)를 두고 그 밑에 여성안전과, 청소년보호과, 교통관리과 및 교통안전과를 둔다.[4] 다른 시·도 경찰청은 생활안전부(경무관)에 여성청소년과와 교통과를 둔다. 과장은 총경으로 보한다. 경찰서의 경우 경찰서 등급에 따라 교통과, 여성청소년과, 경비교통과를 두며, 과장은 경찰서 등급에 따라 총경, 경정 또는 경감으로 보한다.[5]

제 3 절 실종아동등 발견 및 복귀

Ⅰ. 경찰청 실종아동등 신고센터 운영

1. 실종아동등

실종아동등의 보호 및 지원에 관한 법률에 의해 실종아동등의 발생을 예방하고 조속한 발견과 복귀를 도모하기 위하여 경찰청에 실종아동신고센터(국번 없이 182)를 설치 운영한다.[6]

---

4 경찰청과 그 소속기관 직제 시행규칙 제43조.

5 경찰청과 그 소속기관 직제 시행규칙 제43조, 제50조. 제58조, 제73조, 제74조－제75조.

6 실종아동등의 보호 및 지원에 관한 법률, 법률 제20357호, 2024. 2. 27., 일부개정, 2025. 8. 28. 시행.

실종아동등이란 약취(略取)·유인(誘引) 또는 유기(遺棄)되거나 사고를 당하거나 가출하거나 길을 잃는 등의 사유로 인하여 보호자로부터 이탈(離脫)된 아동등을 말한다.

아동등이란 실종 당시 18세 미만인 아동, 지적장애인, 자폐성장애인 또는 정신장애인,[7] 치매환자[8] 등을 말한다. 보호자란 친권자, 후견인이나 그 밖에 다른 법률에 따라 아동등을 보호하거나 부양할 의무가 있는 사람을 말한다.[9]

경찰청장은 실종아동등의 조속한 발견과 복귀를 위하여 다음의 사항을 시행하여야 한다.

1. 실종아동등에 대한 신고체계의 구축 및 운영
2. 실종아동등의 발견을 위한 수색 및 수사
3. 유전자검사대상물의 채취
4. 그 밖에 실종아동등의 발견을 위하여 필요한 사항

보건복지부장관이나 경찰청장은 실종아동등의 조속한 발견·복귀와 복귀 후 지원을 위하여 관계 중앙행정기관의 장 또는 지방자치단체의 장에게 필요한 협조를 요청할 수 있다. 이 경우 협조요청을 받은 기관의 장은 특별한 사유가 없으면 이에 따라야 한다.

2. 신고의무

다음에 해당하는 사람은 그 직무를 수행하면서 실종아동등임을 알게 되었을 때에는 경찰청 실종아동등신고센터로 지체없이 신고하여야 한다.[10]

1. 보호시설의 장 또는 그 종사자
2. 「아동복지법」 상 아동복지전담공무원
3. 「청소년 보호법」 상 청소년 보호·재활센터의 장 또는 그 종사자
4. 「사회복지사업법」 상 사회복지전담공무원
5. 「의료법」 상 의료기관의 장 또는 의료인
6. 업무·고용 등의 관계로 사실상 아동등을 보호·감독하는 사람

7 장애인복지법 제2조의 장애인 중 구분.

8 치매관리법 제2조 제2호의 치매환자.

9 실종아동등의 보호 및 지원에 관한 법률 제2조.

10 실종아동등의 보호 및 지원에 관한 법률 제6조.

실종아동등 신고는 관할에 관계없이 실종아동찾기센터, 각 시·도경찰청 및 경찰서에서 전화, 서면, 구술 등의 방법으로 접수하며, 신고를 접수한 경찰관은 범죄와의 관련 여부 등을 확인해야 한다. 경찰청 실종아동찾기센터는 실종아동등에 대한 신고를 접수하거나, 신고 접수에 대한 보고를 받은 때에는 즉시 실종아동등 프로파일링시스템에 입력, 관할 경찰관서를 지정하는 등 필요한 조치를 하여야 한다. 이 경우 관할 경찰관서는 발생지 관할 경찰관서 등 실종아동등을 신속히 발견할 수 있는 관서로 지정해야 한다.[11]

Ⅱ. 사전신고제 및 지문정보 등록관리

1. 실종아동등의 조기발견을 위한 사전신고증 발급 등

경찰청장은 실종아동등의 조속한 발견과 복귀를 위하여 아동등의 보호자가 신청하는 경우 아동등의 지문 및 얼굴 등에 관한 정보(지문등정보)를 정보시스템에 등록하고 아동등의 보호자에게 사전신고증을 발급할 수 있다.[12]

지문등정보를 등록한 후 해당 신청서는 지체없이 파기하여야 한다. 등록된 지문등정보를 데이터베이스로 구축·운영할 수 있다.

사전등록은 보호자 동의가 있는 경우에만 등록 가능하고, 보호자의 요청이 있는 경우에는 즉시 폐기되며, 18세 도달 시 모든 정보가 자동 폐기된다. 다만, 지적장애인, 자폐성장애인 또는 정신장애인과 치매환자의 경우는 제외한다.[13]

2. 실종아동등의 지문등정보의 등록·관리

경찰청장은 보호시설의 입소자 중 보호자가 확인되지 아니한 아동등으로부터 서면동의를 받아 아동등의 지문등정보를 등록·관리할 수 있다. 이 경우 해당 아동등이 미성년자·심신상실자 또는 심신미약자인 때에는 본인 외에 법정대리인의 동의를 받아야 한다. 다만, 심신상실·심신미약 또는 의사무능력 등의 사유로 본인의 동의를 얻을 수 없는 때에는 본인의 동의를 생략할 수 있다.

---

11 실종아동등·가출인업무처리규칙 제10조. 경찰청예규 제588호, 2021. 6. 14., 일부개정, 2021. 6. 14. 시행.

12 실종아동등의 보호 및 지원에 관한 법률 제7조－제7조의3.

13 실종아동등의 보호 및 지원에 관한 법률 시행령 제3조의2.

그림 3-1 지문 등 사전등록제

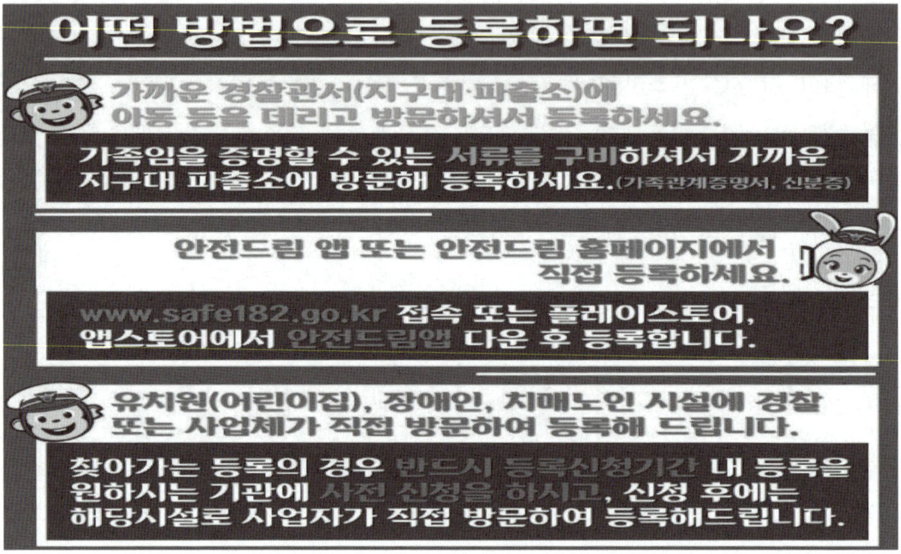

자료: 사이버경찰청, https://m.police.go.kr/

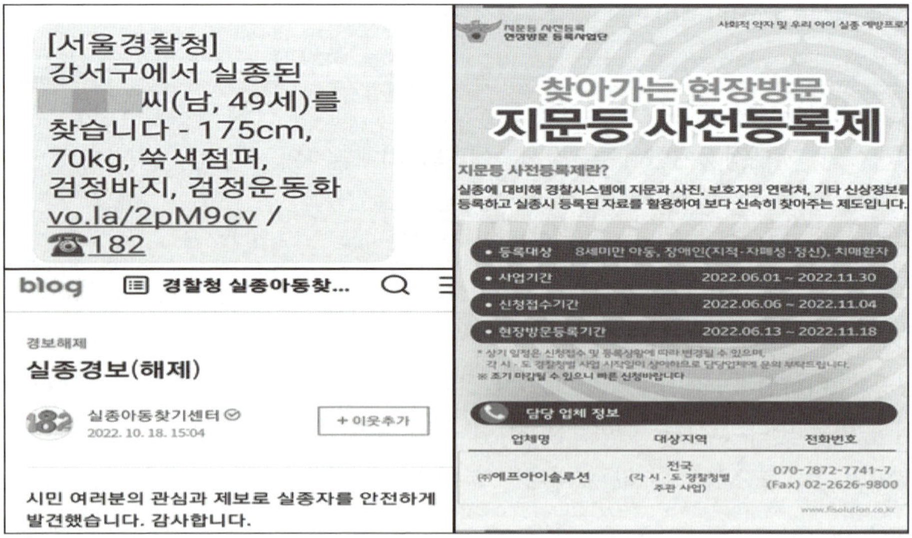

자료: 대한민국 정책브리핑, https://www.korea.kr/news/reporterView.do?newsId=148907268

3. 정보연계시스템 등의 구축·운영

보건복지부장관은 실종아동등을 신속하게 발견하기 위하여 실종아동등의 신상정보를 작성, 취득, 저장, 송신·수신하는 데 이용할 수 있는 전문기관·경찰청·지방자치단체·보호시설 등과의 협력체계 및 정보네트워크(정보연계시스템)를 구축·운영하여야 한다. 경찰청장은 데이터베이스의 구축·운영을 위하여 신고 등 필요한 자료를 전문기관의 장에게 제공하여야 한다.[14]

Ⅲ. 수색 또는 수사의 실시 등

1. 실종아동등의 개인정보제공

경찰관서의 장은 실종아동등의 발생 신고를 접수하면 지체없이 수색 또는 수사의 실시 여부를 결정하여야 한다.[15]

경찰관서의 장은 실종아동등(범죄로 인한 경우를 제외)의 조속한 발견을 위하여 필요한 때에는 다음에 해당하는 자에게 실종아동등의 위치 확인에 필요한 위치정보의 보호 및 이용 등에 관한 법률 상 개인위치정보, 인터넷주소자원에 관한 법률 상 인터넷주소 및 통신비밀보호법 상 통신사실확인자료(개인위치정보등)의 제공을 요청할 수 있다. 이 경우 경찰관서의 장의 요청을 받은 자는 「통신비밀보호법」상 정당한 사유가 없으면 이에 따라야 한다.

1. 「위치정보의 보호 및 이용 등에 관한 법률」 상 위치정보사업자
2. 「정보통신망 이용촉진 및 정보보호 등에 관한 법률」 상 정보통신서비스 제공자
3. 「정보통신망 이용촉진 및 정보보호 등에 관한 법률」 상 본인확인기관
4. 「개인정보 보호법」 상 주민등록번호 대체가입수단 제공기관

경찰청의 요청을 받은 자는 그 실종아동등의 동의 없이 개인위치정보등을 수집할 수 있으며, 실종아동등의 동의가 없음을 이유로 경찰관서의 장의 요청을 거부하여서는 아니 된다.

14 실종아동등의 보호 및 지원에 관한 법률 제8조의2.

15 실종아동등의 보호 및 지원에 관한 법률 제9조.

경찰관서와 경찰관서에 종사하거나 종사하였던 자는 실종아동등을 찾기 위한 목적으로 제공받은 개인위치정보등을 실종아동등을 찾기 위한 목적 외의 용도로 이용하여서는 아니 되며, 목적을 달성하였을 때에는 지체없이 파기하여야 한다.

2. 공개 수색 · 수사 체계의 구축 · 운영

경찰청장은 실종아동등의 조속한 발견과 복귀를 위하여 실종아동등의 공개 수색 · 수사 체계를 구축 · 운영할 수 있다.[16]

경찰청장은 공개 수색 · 수사를 위하여 필요하면 실종아동등의 보호자의 동의를 받아 다음의 조치를 요청할 수 있다. 이 경우 경찰청장은 실종아동등의 발견 및 복귀를 위하여 필요한 최소한의 정보를 제공하여야 한다.

요청을 받은 전기통신사업자, 정보통신서비스 제공자 및 방송사업자는 정당한 사유가 없으면 요청에 따라야 한다.

1. 「전기통신사업법」 제2조제8호에 따른 전기통신사업자 중 대통령령으로 정하는 주요 전기통신사업자에 대한 필요한 정보의 문자나 음성 등 송신
2. 「정보통신망 이용촉진 및 정보보호 등에 관한 법률」 제2조제1항제3호에 따른 정보통신서비스 제공자 중 대통령령으로 정하는 주요 정보통신서비스 제공자에 대한 필요한 정보의 인터넷 홈페이지 등 게시
3. 「방송법」 제2조제3호에 따른 방송사업자에 대한 필요한 정보의 방송

Ⅳ. 유전자검사의 실시 및 정보관리

경찰청장은 실종아동등의 발견을 위하여 다음에 해당하는 자로부터 유전자검사대상물을 채취할 수 있다.

1. 보호시설의 입소자나 「정신건강증진 및 정신질환자 복지서비스 지원에 관한 법」상 정신의료기관의 입원환자 중 보호자가 확인되지 아니한 아동등
2. 실종아동등을 찾고자 하는 가족
3. 그 밖에 보호시설의 입소자였던 무연고아동

16 실종아동등의 보호 및 지원에 관한 법률 제9조의3.

경찰청장은 검사대상물을 채취하려면 미리 검사대상자의 서면동의를 받아야 한다. 이 경우 검사대상자가 미성년자, 심신상실자 또는 심신미약자일 때에는 본인 외에 법정대리인의 동의를 받아야 한다. 다만, 심신상실, 심신미약 또는 의사무능력 등의 사유로 본인의 동의를 받을 수 없을 때에는 본인의 동의를 생략할 수 있다.

누구든지 실종아동등을 발견하기 위한 목적 외의 용도로 검사대상물을 채취하거나 유전자검사를 실시하거나 유전정보를 이용할 수 없다.

검사대상물의 채취, 유전자검사 또는 유전정보관리에 종사하고 있거나 종사하였던 사람은 채취한 검사대상물 또는 유전정보를 외부로 유출하여서는 아니 된다.

제 4 절 도로교통업무

Ⅰ. 도로교통업무처리와 관련된 용어의 정의

① 도 로

도로란 도로법에 의한 도로, 유료도로법에 의한 유료도로, 농어촌도로정비법에 따른 농어촌도로 및 현실적으로 불특정 다수의 사람 또는 차마의 통행을 위하여 공개된 장소로서 안전하고 원활한 교통을 확보할 필요가 있는 장소를 말한다.[17]

자동차전용도로란 자동차만이 다닐 수 있도록 설치된 도로를 말한다.

고속도로란 자동차의 고속교통에만 사용하기 위하여 지정된 도로를 말한다.

② 차 도

차도란 연석선(차도와 보도를 구분하는 돌 등으로 이어진 선을 말한다.), 안전표지나 그와 비슷한 공작물로서 경계를 표시하여 모든 차의 교통에 사용하도록 된 도로의 부분을 말한다.

17 도로교통법 제2조 법률 제21246호, 2025. 12. 30., 일부개정, 2026. 7. 1. 시행.

③ 중앙선

중앙선이란 차마의 통행을 방향별로 명확하게 구분하기 위하여 도로에 황색 실선 또는 황색점선 등의 안전표지로 표시한 선이나 중앙분리대 · 울타리 등으로 설치한 시설물을 말하며, 가변차로가 설치된 경우에는 신호기가 지시하는 진행 방향의 가장 왼쪽의 황색점선을 말한다.

④ 차 로

차로란 차마가 한 줄로 도로의 정하여진 부분을 통행하도록 차선에 의하여 구분되는 차도의 부분을 말한다. 차선이란 차로와 차로를 구분하기 위하여 그 경계지점을 안전표지에 의하여 표시한 선을 말한다.

⑤ 자전거도로

자전거도로란 안전표지, 위험방지용 울타리나 그와 비슷한 인공구조물로 경계를 표시하여 자전거가 통행할 수 있도록 설치된 「자전거 이용 활성화에 관한 법률」 제3조 각 호의 도로[18]를 말한다.

자전거횡단도란 자전거가 일반도로를 횡단할 수 있도록 안전표지로 표시한 도로의 부분을 말한다.

⑥ 보 도

보도란 연석선, 안전표지나 그와 비슷한 공작물로써 경계를 표시하여 보행자(유모차 및 행정안전부령이 정하는 신체장애인용 의자차, 실외이동로봇)의 통행에 사용하도록 된 도로의 부분을 말한다.

---

18 **자전거 이용 활성화에 관한 법률 제3조(자전거도로의 구분)** 자전거도로는 다음과 같이 구분한다.

1. 자전거 전용도로: 자전거만 통행할 수 있도록 분리대, 경계석(境界石), 그 밖에 이와 유사한 시설물에 의하여 차도 및 보도와 구분하여 설치한 자전거도로
2. 자전거 · 보행자 겸용도로: 자전거 외에 보행자도 통행할 수 있도록 분리대, 경계석, 그 밖에 이와 유사한 시설물에 의하여 차도와 구분하거나 별도로 설치한 자전거도로
3. 자전거 전용차로: 차도의 일정 부분을 자전거만 통행하도록 차선(車線) 및 안전표지나 노면표시로 다른 차가 통행하는 차로와 구분한 차로
4. 자전거 우선도로: 자동차의 통행량이 대통령령으로 정하는 기준보다 적은 도로의 일부 구간 및 차로를 정하여 자전거와 다른 차가 상호 안전하게 통행할 수 있도록 도로에 노면표시로 설치한 자전거도로

⑦ 길가장자리구역

길가장자리구역이란 보도와 차도가 구분되지 아니한 도로에서 보행자의 안전을 확보하기 위하여 안전표지 등으로 경계를 표시한 도로의 가장자리 부분을 말한다.

횡단보도란 보행자가 도로를 횡단할 수 있도록 안전표지로써 표시한 도로의 부분이다.

⑧ 교차로

교차로란 '十'자로, 'T'자로나 그 밖에 둘 이상의 도로(보도와 차도가 구분되어 있는 도로에서는 차도)가 교차하는 부분을 말하며, 안전지대란 도로를 횡단하는 보행자나 통행하는 차마의 안전을 위하여 안전표지나 그와 비슷한 공작물로써 표시한 도로의 부분을 말한다.

⑨ 신호기

신호기란 도로교통에 관하여 문자·기호 또는 등화로써 진행·정지·방향전환·주의 등의 신호를 표시하기 위하여 사람이나 전기의 힘에 의하여 조작되는 장치를 말한다. 안전표지라 함은 교통안전에 필요한 주의·규제·지시 등을 표시하는 표지판이나 도로의 바닥에 표시하는 기호·문자 또는 선 등을 말한다.

⑩ 차마, 노면전차

차마란 차와 우마를 말한다. 차란 자동차, 건설기계, 원동기장치자전거, 자전거, 사람 또는 가축의 힘이나 그 밖의 동력에 의하여 도로에서 운전되는 것(다만, 철길이나 가설된 선에 의하여 운전되는 것, 유모차와 행정안전부령이 정하는 신체 장애인용 의자차, 실외이동로봇 등을 제외)을 말한다. 우마란 교통·운수에 사용되는 가축을 말한다.

노면전차란 도시철도법에 따른 노면전차로서 도로에서 궤도를 이용하여 운행되는 차를 말한다.

⑪ 자동차

자동차란 철길이나 가설된 선에 의하지 아니하고 원동기를 사용하여 운전되는 차(견인되는 자동차도 자동차의 일부로 본다)로 승용자동차, 승합자동차, 화물자동차, 특수자동차, 이륜자동차, 건설기계(다만, 원동기장치자전거를 제외)를 말한다.

원동기장치자전거란 배기량 125cc 이하의 이륜자동차, 배기량 50cc 미만의 원동기를 단 차를 말한다.

그 밖에 배기량 125cc 이하(전기를 동력으로 하는 경우에는 최고정격출력 11킬로와트 이하)의 원동기를 단 차(전기자전거 및 실외이동로봇은 제외)

⑫ 자전거

자전거란 사람의 힘으로 페달 또는 손페달을 사용하여 움직이는 구동장치와 조향장치, 제동장치가 있는 두 바퀴 이상의 차로서 행정안전부령으로 정하는 크기와 구조를 갖춘 것 및 전기자전거를 말한다.[19]

⑬ 긴급자동차

긴급자동차란 소방자동차, 구급자동차, 혈액공급차량, 대통령령이 정하는 자동차[20] 그 본래의 긴급한 용도로 사용되고 있는 자동차를 말한다.

---

19 자전거 이용 활성화에 관한 법률 제2조.

20 **도로교통법 시행령** 대통령령 제35387호, 2025. 3. 18., 일부개정, 2026. 3. 19. 시행. **제2조(긴급자동차의 종류)** ①「도로교통법」(이하 "법"이라 한다) 제2조 제22호 라목에서 "대통령령으로 정하는 자동차"란 긴급한 용도로 사용되는 다음 각 호의 어느 하나에 해당하는 자동차를 말한다. 다만, 제6호부터 제11호까지의 자동차는 이를 사용하는 사람 또는 기관 등의 신청에 의하여 시도경찰청장이 지정하는 경우로 한정한다.

1. 경찰용 자동차 중 범죄수사, 교통단속, 그 밖의 긴급한 경찰업무 수행에 사용되는 자동차
2. 국군 및 주한 국제연합군용 자동차 중 군 내부의 질서 유지나 부대의 질서 있는 이동을 유도(誘導)하는 데 사용되는 자동차
3. 수사기관의 자동차 중 범죄수사를 위하여 사용되는 자동차
4. 다음 각 목의 어느 하나에 해당하는 시설 또는 기관의 자동차 중 도주자의 체포 또는 수용자, 보호관찰 대상자의 호송·경비를 위하여 사용되는 자동차
   가. 교도소·소년교도소 또는 구치소
   나. 소년원 또는 소년분류심사원
   다. 보호관찰소
5. 국내외 요인(要人)에 대한 경호업무 수행에 공무(公務)로 사용되는 자동차
6. 전기사업, 가스사업, 그 밖의 공익사업을 하는 기관에서 위험 방지를 위한 응급작업에 사용되는 자동차
7. 민방위업무를 수행하는 기관에서 긴급예방 또는 복구를 위한 출동에 사용되는 자동차
8. 도로관리를 위하여 사용되는 자동차 중 도로상의 위험을 방지하기 위한 응급작업에 사용되거나 운행이 제한되는 자동차를 단속하기 위하여 사용되는 자동차
9. 전신·전화의 수리공사 등 응급작업에 사용되는 자동차
10. 긴급한 우편물의 운송에 사용되는 자동차
11. 전파감시업무에 사용되는 자동차

② 제1항 각 호에 따른 자동차 외에 다음 각 호의 어느 하나에 해당하는 자동차는 긴급자동차로 본다.

1. 제1항제1호에 따른 경찰용 긴급자동차에 의하여 유도되고 있는 자동차

⑭ 어린이통학버스

어린이통학버스란 다음의 시설 가운데 어린이(13세 미만인 사람)를 교육 대상으로 하는 시설에서 어린이의 통학 등에 이용되는 자동차와 「여객자동차 운수사업법」 제4조제3항에 따른 여객자동차운송사업의 한정면허를 받아 어린이를 여객대상으로 하여 운행되는 운송사업용 자동차를 말한다.

1. 「유아교육법」에 따른 유치원 및 유아교육진흥원, 「초·중등교육법」에 따른 초등학교, 특수학교, 대안학교 및 외국인학교
2. 「영유아보육법」에 따른 어린이집
3. 「학원의 설립·운영 및 과외교습에 관한 법률」에 따라 설립된 학원 및 교습소
4. 「체육시설의 설치·이용에 관한 법률」에 따라 설립된 체육시설
5. 「아동복지법」에 따른 아동복지시설(아동보호전문기관은 제외)
6. 「청소년활동 진흥법」에 따른 청소년수련시설
7. 「장애인복지법」에 따른 장애인복지시설(장애인 직업재활시설은 제외)
8. 「도서관법」에 따른 공공도서관
9. 「평생교육법」에 따른 시·도평생교육진흥원 및 시·군·구평생학습관
10. 「사회복지사업법」에 따른 사회복지시설 및 사회복지관

⑮ 주 차

주차란 운전자가 승객을 기다리거나 화물을 싣거나 차가 고장나거나 그 밖의 사유로 차를 계속 정지 상태에 두는 것 또는 운전자가 차에서 떠나서 즉시 그 차를 운전할 수 없는 상태에 두는 것을 말한다.

정차란 운전자가 5분을 초과하지 아니하고 차를 정지시키는 것으로서 주차 외의 정지 상태를 말한다.

⑯ 초보운전자

초보운전자란 처음 운전면허를 받은 날(처음 운전면허를 받은 날부터 2년이 지나기 전에 운전면허의 취소처분을 받은 경우에는 그 후 다시 운전면허를 받은 날을 말한다)부터

---

2. 제1항제2호에 따른 국군 및 주한 국제연합군용의 긴급자동차에 의하여 유도되고 있는 국군 및 주한 국제연합군의 자동차
3. 생명이 위급한 환자 또는 부상자나 수혈을 위한 혈액을 운송 중인 자동차

2년이 지나지 아니한 사람을 말한다. 이 경우 원동기장치자전거면허만 받은 사람이 원동기장치자전거면허 외의 운전면허를 받은 경우에는 처음 운전면허를 받은 것으로 본다.

⑰ **모범운전자**

모범운전자란 무사고운전자 또는 유공운전자의 표시장을 받거나 2년 이상 사업용 자동차 운전에 종사하면서 교통사고를 일으킨 전력이 없는 사람으로서 경찰청장이 정하는 바에 따라 선발되어 교통안전 봉사활동에 종사하는 사람을 말한다.

⑱ **음주운전 방지장치**

음주운전 방지장치란 술에 취한 상태에서 자동차등을 운전하려는 경우 시동이 걸리지 아니하도록 하는 것으로서 행정안전부령으로 정하는 것을 말한다.

⑲ 약물

약물 마약류 관리에 관한 법률 상 마약·향정신성의약품 및 대마, 그리고 화학물질관리법상 환각물질을 말한다.

Ⅱ. 교통안전시설 및 무인교통단속기 설치 등

1. 교통안전시설의 설치 및 관리

특별시장·광역시장·제주특별자치도지사 또는 시장·군수(광역시의 군수는 제외. 이하 "시장등"이라 함)는 도로에서의 위험을 방지하고 교통의 안전과 원활한 소통을 확보하기 위하여 필요하다고 인정하는 경우에는 신호기 및 안전표지를 설치·관리하여야 한다.[21] 다만, 「유료도로법」에 따른 유료도로에서는 시장등의 지시에 따라 그 도로관리자가 교통안전시설을 설치·관리하여야 한다.

도(道)는 시장이나 군수가 교통안전시설을 설치·관리하는 데에 드는 비용의 전부 또는 일부를 시(市)나 군(郡)에 보조할 수 있다.

시장등은 대통령령으로 정하는 사유로 도로에 설치된 교통안전시설을 철거하거나 원상회복이 필요한 경우에는 그 사유를 유발한 사람으로 하여금 해당 공사

21 도로교통법 제3조 – 제4조의2.

에 드는 비용의 전부 또는 일부를 부담하게 할 수 있다. 지정된 기간에 이를 납부하지 아니하면 지방세 체납처분의 예에 따라 징수한다.

2. 무인 교통단속용 장비의 설치 및 관리

시·도경찰청장, 경찰서장 또는 시장등은 이 법을 위반한 사실을 기록·증명하기 위하여 무인(無人) 교통단속용 장비를 설치·관리할 수 있다.

무인 교통단속용 장비의 철거 또는 원상회복 등에 관하여는 교통안전시설의 경우에 준한다.

Ⅲ. 신호 또는 지시에 따를 의무

① 도로를 통행하는 보행자와 차마의 운전자는 교통안전시설이 표시하는 신호 또는 지시와 교통정리를 하는 국가경찰공무원(의무경찰) 및 제주특별자치도의 자치경찰공무원이나 국가경찰공무원 및 자치경찰공무원을 보조하는 사람의 신호나 지시를 따라야 한다.[22]

② 도로를 통행하는 보행자 및 모든 차마의 운전자는 교통안전시설이 표시하는 신호 또는 지시와 교통정리를 위한 경찰공무원 등의 신호 또는 지시가 다른 경우에는 경찰공무원등의 신호 또는 지시에 따라야 한다.

③ 실외이동로봇을 운용하는 사람은 실외이동로봇의 운용 장치와 그 밖의 장치를 정확하게 조작하고, 차, 노면전차 또는 다른 사람에게 위험과 장해를 주는 방법으로 운용하여서는 아니 된다.[23]

Ⅳ. 통행의 금지 및 제한

1. 시·도경찰청장

시·도경찰청장은 도로에서의 위험을 방지하고 교통의 안전과 원활한 소통을 확보하기 위하여 필요하다고 인정하는 때에는 구간을 정하여 보행자나 차마의

22 도로교통법 제5조.

23 도로교통법 제8조의2.

통행을 금지하거나 제한할 수 있다. 이 경우 시·도경찰청장은 보행자나 차마의 통행을 금지하거나 제한한 도로의 관리청에 그 사실을 알려야 한다.[24]

2. 경찰서장

경찰서장은 도로에서의 위험을 방지하고 교통의 안전과 원활한 소통을 확보하기 위하여 필요하다고 인정하는 때에는 우선 보행자나 차마의 통행을 금지하거나 제한한 후 그 도로관리자와 협의하여 금지 또는 제한의 대상과 구간 및 기간을 정하여 도로의 통행을 금지하거나 제한할 수 있다.

3. 경찰공무원

경찰공무원은 보행자 또는 차마의 통행이 밀려서 교통혼잡이 뚜렷하게 우려되는 때에는 혼잡을 덜기 위하여 필요한 조치를 할 수 있다. 또한 경찰공무원은 도로의 파손, 교통사고의 발생이나 그 밖의 사정으로 고속도로 등에서 교통이 위험 또는 혼잡하거나 그러할 우려가 있는 때에는 교통의 위험 또는 혼잡을 방지하고 교통의 안전 및 원활한 소통을 확보하기 위하여 필요한 범위 안에서 진행중인 자동차의 통행을 일시 금지 또는 제한하거나 그 자동차의 운전자에게 필요한 조치를 명할 수 있다.[25]

Ⅴ. 어린이, 노약자의 보호

1. 어린이 등에 대한 보호

① 어린이의 보호자

어린이의 보호자는 교통이 빈번한 도로에서 어린이를 놀게 하여서는 아니 되며, 영유아(6세 미만)의 보호자는 교통이 빈번한 도로에서 영유아가 혼자 보행하게 하여서는 아니 된다.[26]

어린이의 보호자는 도로에서 어린이가 자전거를 타거나 행정안전부령으로 정

24 도로교통법 제6조－제7조.

25 도로교통법 제7조－제8조.

26 도로교통법 제11조.

하는 위험성이 큰 움직이는 놀이기구를 타는 경우에는 어린이의 안전을 위하여 인명보호 장구를 착용하도록 하여야 한다.

어린이의 보호자는 도로에서 어린이가 개인형 이동장치를 운전하게 하여서는 아니 된다.

② 앞을 보지 못하는 사람의 보호자

앞을 보지 못하는 사람의 보호자(이에 준하는 사람)의 보호자는 그 사람이 도로를 보행할 때에는 흰색 지팡이를 갖고 다니도록 하거나 앞을 보지 못하는 사람에게 길을 안내하는 개로서 행정안전부령으로 정하는 개(장애인보조견)를 동반하도록 하는 등 필요한 조치를 하여야 한다.

③ 경찰공무원

경찰공무원은 신체에 장애가 있는 사람이 도로를 통행하거나 횡단하기 위하여 도움을 요청하거나 도움이 필요하다고 인정하는 경우에는 그 사람이 안전하게 통행하거나 횡단할 수 있도록 필요한 조치를 하여야 한다.

경찰공무원은 다음의 어느 하나에 해당하는 사람을 발견한 경우에는 그들의 안전을 위하여 적절한 조치를 하여야 한다.

1. 교통이 빈번한 도로에서 놀고 있는 어린이
2. 보호자 없이 도로를 보행하는 영유아
3. 앞을 보지 못하는 사람으로서 흰색 지팡이를 가지지 아니하거나 장애인보조견을 동반하지 아니하는 등 필요한 조치를 하지 아니하고 다니는 사람
4. 횡단보도나 교통이 빈번한 도로에서 보행에 어려움을 겪고 있는 노인(65세 이상)

2. 어린이 보호구역의 지정 및 관리

시장등은 교통사고의 위험으로부터 어린이를 보호하기 위하여 필요하다고 인정하는 경우에는 다음의 어느 하나에 해당하는 시설의 주변도로 가운데 일정 구간을 어린이 보호구역으로 지정하여 자동차등과 노면전차의 통행속도를 시속 30킬로미터 이내로 제한할 수 있다.[27]

27 도로교통법 제12조.

유치원, 초등학교 또는 특수학교, 어린이집, 학원, 외국인학교 또는 대안학교, 국제학교 외국교육기관 중 유치원·초등학교 교과과정이 있는 학교, 그 밖에 어린이가 자주 왕래하는 곳으로서 조례로 정하는 시설 또는 장소

시장등은 어린이 보호구역에 어린이의 안전을 위하여 다음의 시설 또는 장비를 우선적으로 설치하거나 관할 도로관리청에 해당 시설 또는 장비의 설치를 요청하여야 한다.

1. 어린이 보호구역으로 지정한 시설의 주 출입문과 가장 가까운 거리에 있는 간선도로상 횡단보도의 신호기
2. 속도 제한 및 횡단보도에 관한 안전표지
3. 과속방지시설 및 차마의 미끄럼을 방지하기 위한 시설
4. 그 밖에 교육부, 행정안전부 및 국토교통부의 공동부령으로 정하는 시설 또는 장비

시·도경찰청장, 경찰서장 또는 시장등은 위를 위반하는 행위 등의 단속을 위하여 어린이 보호구역의 도로 중에서 행정안전부령으로 정하는 곳에 우선적으로 무인 교통단속용 장비를 설치하여야 한다.

차마 또는 노면전차의 운전자는 어린이 보호구역에서 어린이 보호구역에 따른 조치를 준수하고 어린이의 안전에 유의하면서 운행하여야 한다.

어린이의 보호자는 도로에서 어린이가 개인형 이동장치를 운전하게 하여서는 아니 된다.

자동차(원동기장치자전거를 포함)의 운전자가 어린이 보호구역에서 조치를 준수하고 어린이의 안전에 유의하면서 운전하여야 할 의무를 위반하여 어린이(13세 미만)에게 교통사고를 야기한 경우 다음의 구분에 따라 가중처벌한다.[28]

1. 어린이를 사망에 이르게 한 경우에는 무기 또는 3년 이상의 징역에 처한다.
2. 어린이를 상해에 이르게 한 경우에는 1년 이상 15년 이하의 징역 또는 500만원 이상 3천만원 이하의 벌금에 처한다.

28 특정범죄 가중처벌 등에 관한 법률 제5조의13. 법률 제20878호, 2025. 4. 1., 타법개정, 2025. 7. 2. 시행.

3. 노인 및 장애인 보호구역의 지정 및 관리

시장등은 교통사고의 위험으로부터 노인 또는 장애인을 보호하기 위하여 필요하다고 인정하는 경우에는 다음의 주변을 노인 보호구역 또는 장애인 보호구역으로 각각 지정하여 차마와 노면전차의 통행을 제한하거나 금지하는 등 필요한 조치를 할 수 있다.[29]

> 노인복지시설, 도시공원, 생활체육시설, 노인이 자주 왕래하는 곳으로서 조례로 정하는 시설, 장애인복지시설

차마 또는 노면전차의 운전자는 노인 보호구역 또는 장애인 보호구역에서 관련 조치를 준수하고 노인 또는 장애인의 안전에 유의하면서 운행하여야 한다.

Ⅵ. 운전자 및 고용주 등의 의무

1. 운전자의 개별금지의무

① 무면허운전 등의 금지

누구든지 시·도경찰청장으로부터 운전면허를 받지 아니하거나 운전면허의 효력이 정지된 경우에는 자동차등을 운전하여서는 아니 된다. 운전이 금지되는 술에 취한 상태의 기준은 운전자의 혈중알코올농도가 0.03퍼센트 이상인 경우로 한다.[30]

② 술에 취한 상태에서의 운전 금지

누구든지 술에 취한 상태에서 자동차등 및 노면전차 또는 자전거를 운전하여서는 아니 된다.

③ 경찰관 음주여부 측정 응할 의무

경찰공무원은 운전자가 술에 취하였는지를 호흡조사로 측정할 수 있다. 이 경우 운전자는 경찰공무원의 측정에 응하여야 한다. 측정 결과에 불복하는 운전자에 대하여는 그 운전자의 동의를 받아 혈액 채취 등의 방법으로 다시 측정할 수

29 도로교통법 제12조의2.

30 도로교통법 제43조 – 제47조.

있다. 운전이 금지되는 술에 취한 상태의 기준은 운전자의 혈중알코올농도가 0.03% 이상인 경우로 한다.

술에 취한 상태에 있다고 인정할 만한 상당한 이유가 있는 사람은 자동차등, 노면전차 또는 자전거를 운전한 후 제2항 또는 제3항에 따른 측정을 곤란하게 할 목적으로 추가로 술을 마시거나 혈중알코올농도에 영향을 줄 수 있는 의약품 등 행정안전부령으로 정하는 물품을 사용하는 행위(음주측정방해행위)를 하여서는 아니 된다.[31]

④ **과로한 때 등의 운전 금지**

운전자는 술에 취한 상태 외에 과로, 질병 또는 약물(마약, 대마 및 향정신성의약품과 그 밖에 행정안전부령으로 정하는 것을 말한다)의 영향과 그 밖의 사유로 정상적으로 운전하지 못할 우려가 있는 상태에서 자동차등 또는 노면전차를 운전하여서는 아니 된다. 경찰공무원은 약물의 영향으로 정상적으로 운전하지 못할 우려가 있는 상태에서 자동차등 또는 노면전차를 운전하였다고 인정할 만한 상당한 이유가 있는 경우에는 운전자가 약물을 복용하였는지를 타액 간이시약검사 등의 방법으로 측정할 수 있다. 이 경우 운전자는 경찰공무원의 측정에 응하여야 한다.

측정 결과에 불복하는 운전자에 대하여는 그 운전자의 동의를 받아 혈액 채취 등 행정안전부령으로 정하는 방법으로 다시 측정할 수 있다.[32]

⑤ **공동 위험행위의 금지**

운전자는 도로에서 2명 이상이 공동으로 2대 이상의 자동차등을 정당한 사유 없이 앞뒤로 또는 좌우로 줄지어 통행하면서 다른 사람에게 위해(危害)를 끼치거나 교통상의 위험을 발생하게 하여서는 아니 된다. 동승자는 공동 위험행위를 주도하여서는 아니 된다.

⑥ **교통단속용 장비의 기능방해 금지**

누구든지 교통단속을 회피할 목적으로 교통단속용 장비의 기능을 방해하는 장치를 제작·수입·판매 또는 장착하여서는 아니 된다.

---

31 2024년 5월 9일에 발생한 일명 김호중 사건으로 신설되었다. 도로교통법 제44조 제3항.

32 도로교통법 제45조 제2항－제3항.

⑦ **난폭운전 금지**

운전자는 다음 중 둘 이상의 행위를 연달아 하거나, 하나의 행위를 지속 또는 반복하여 다른 사람에게 위협 또는 위해를 가하거나 교통상의 위험을 발생하게 하여서는 아니 된다.

도로교통법상 신호 또는 지시 위반, 중앙선 침범, 속도의 위반, 횡단·유턴·후진 금지 위반, 안전거리 미확보, 진로변경 금지 위반, 급제동 금지 위반, 앞지르기 방법 또는 앞지르기의 방해금지 위반, 정당한 사유 없는 소음 발생, 고속도로에서의 앞지르기 방법 위반, 고속도로등에서의 횡단·유턴·후진 금지 위반

⑧ **경찰관의 위험방지 조치**

경찰공무원은 자동차등 또는 노면전차의 운전자가 규정을 위반하여 자동차등 또는 노면전차를 운전하고 있다고 인정되는 경우에는 운전면허증을 제시할 것을 요구할 수 있고, 정상적으로 운전할 수 있는 상태가 될 때까지 운전의 금지를 명하고 차를 이동시키는 등 필요한 조치를 할 수 있다.

2. 운전자의 공동의무

① **일반적 준수사항**

모든 차 또는 노면전차의 운전자는 다음의 사항을 지켜야 한다.[33]

운전자는 자동차의 앞면 창유리와 운전석 좌우 옆면 창유리의 가시광선(可視光線)의 투과율이 대통령령으로 정하는 기준보다 낮아 교통안전 등에 지장을 줄 수 있는 차를 운전하지 아니한다(다만, 요인(要人) 경호용, 구급용 및 장의용(葬儀用) 자동차는 제외). 또한 교통단속용 장비의 기능을 방해하는 장치를 한 차나 그 밖에 안전운전에 지장을 줄 수 있는 것으로서 행정안전부령으로 정하는 기준에 적합하지 아니한 장치를 한 차를 운전하지 아니한다(다만, 자율주행자동차의 신기술 개발을 위한 장치를 장착하는 경우에는 제외). 이와 같은 의무를 준수하지 아니하는 경우 경찰공무원은 그 현장에서 운전자에게 위반사항을 제거하게 하거나 필요한 조치를 명할 수 있다. 이 경우 운전자가 그 명령을 따르지 아니할 때에는 경찰공

---

33 도로교통법 제49조.

무원이 직접 위반사항을 제거하거나 필요한 조치를 할 수 있다.

운전자는 물이 고인 곳을 운행할 때에는 고인 물을 튀게 하여 다른 사람에게 피해를 주는 일이 없도록 할 것이며, 다음에 해당하는 경우에는 일시정지한다.

- 어린이가 보호자 없이 도로를 횡단할 때, 어린이가 도로에서 앉아 있거나 서 있을 때 또는 어린이가 도로에서 놀이를 할 때 등 어린이에 대한 교통사고의 위험이 있는 것을 발견한 경우
- 앞을 보지 못하는 사람이 흰색 지팡이를 가지거나 장애인보조견을 동반하는 등의 조치를 하고 도로를 횡단하고 있는 경우
- 지하도나 육교 등 도로 횡단시설을 이용할 수 없는 지체장애인이나 노인 등이 도로를 횡단하고 있는 경우

운전자는 도로에서 자동차등(개인형 이동장치는 제외) 또는 노면전차를 세워둔 채 시비·다툼 등의 행위를 하여 다른 차마의 통행을 방해하지 아니한다.

운전자가 차 또는 노면전차를 떠나는 경우에는 교통사고를 방지하고 다른 사람이 함부로 운전하지 못하도록 필요한 조치를 하여야 한다.

운전자는 안전을 확인하지 아니하고 차 또는 노면전차의 문을 열거나 내려서는 아니 되며, 동승자가 교통의 위험을 일으키지 아니하도록 필요한 조치를 하여야 한다.

운전자는 정당한 사유 없이 다음에 해당하는 행위를 하여 다른 사람에게 피해를 주는 소음을 발생시키지 말아야 한다.

- 자동차등을 급히 출발시키거나 속도를 급격히 높이는 행위
- 자동차등의 원동기 동력을 차의 바퀴에 전달시키지 아니하고 원동기의 회전수를 증가시키는 행위
- 반복적이거나 연속적으로 경음기를 울리는 행위

운전자는 승객이 차 안에서 안전운전에 현저히 장해가 될 정도로 춤을 추는 등 소란행위를 하도록 내버려두고 차를 운행하지 아니한다.

운전자는 다음을 제외하고는 자동차등 또는 노면전차의 운전 중에는 휴대용 전화(자동차용 전화를 포함)를 사용하지 아니한다.

- 자동차등 또는 노면전차가 정지하고 있는 경우
- 긴급자동차를 운전하는 경우
- 각종 범죄 및 재해 신고 등 긴급한 필요가 있는 경우
- 안전운전에 장애를 주지 아니하는 장치로서 대통령령으로 정하는 장치를 이용하는 경우

운전자는 다음을 제외하고는 자동차등 또는 노면전차의 운전 중에는 방송 등 영상물을 수신하거나 재생하는 장치(운전자가 휴대하는 것을 포함)를 통하여 운전자가 운전 중 볼 수 있는 위치에 영상이 표시되지 아니하도록 하여야 한다.

- 자동차등 또는 노면전차가 정지하고 있는 경우
- 자동차등 또는 노면전차에 장착하거나 거치하여 놓은 영상표시장치에 지리안내 영상 또는 교통정보안내 영상, 국가비상사태·재난상황 등 긴급한 상황을 안내하는 영상
- 운전을 할 때 자동차등 또는 노면전차의 좌우 또는 전후방을 볼 수 있도록 도움을 주는 영상

운전자는 다음의 경우를 제외하고는 자동차등 또는 노면전차의 운전 중에는 영상표시장치를 조작하지 않아야 한다.

- 자동차등과 노면전차가 정지하고 있는 경우
- 노면전차 운전자가 운전에 필요한 영상표시장치를 조작하는 경우

운전자는 자동차의 화물 적재함에 사람을 태우고 운행해서는 안 된다. 운전자는 그 밖에 시·도경찰청장이 교통안전과 교통질서 유지에 필요하다고 인정하여 지정·공고한 사항에 따라야 한다.

② 특정운전자의 공동 준수사항

운전자는 자동차를 운전할 때에는 좌석안전띠를 매어야 하며, 모든 좌석의 동승자에게도 좌석안전띠(영유아인 경우에는 유아보호용 장구를 장착한 후의 좌석안전띠)를 매도록 하여야 한다. 다만, 질병 등으로 인하여 좌석안전띠를 매는 것이 곤란한 경우 등은 제외한다.[34]

이륜자동차와 원동기장치자전거, 자전거의 운전자는 인명보호 장구를 착용하

34 도로교통법 제50조.

고 운행하여야 하며, 동승자에게도 착용하도록 하여야 한다.

③ **운송사업용 자동차, 화물자동차 및 노면전차 등의 운전자 준수사항**

위의 운전자는 다음 각 호의 어느 하나에 해당하는 행위를 하여서는 아니 된다.

1. 운행기록계가 설치되어 있지 아니하거나 고장 등으로 사용할 수 없는 운행기록계가 설치된 자동차를 운전하는 행위
2. 운행기록계를 원래의 목적대로 사용하지 아니하고 자동차를 운전하는 행위
3. 승차를 거부하는 행위, 신고요금 초과 징수행위

④ **자전거 운전자 준수사항**

자전거의 운전자는 행정안전부령으로 정하는 크기와 구조를 갖추지 아니하여 교통안전에 위험을 초래할 수 있는 자전거를 운전하여서는 아니 되며, 약물의 영향과 그 밖의 사유로 정상적으로 운전하지 못할 우려가 있는 상태에서 자전거를 운전하여서는 아니 된다. 또한 밤에 도로를 통행하는 때에는 전조등과 미등을 켜거나 야광띠 등 발광장치를 착용하여야 한다.

⑤ **자율주행자동차 운전자의 준수사항 등**

행정안전부령으로 정하는 완전 자율주행시스템에 해당하지 아니하는 자율주행시스템을 갖춘 자동차의 운전자는 자율주행시스템의 직접 운전 요구에 지체없이 대응하여 조향장치, 제동장치 및 그 밖의 장치를 직접 조작하여 운전하여야 한다.[35]

운전자가 자율주행시스템을 사용하여 운전하는 경우에는 휴대용전화·운행중방송시청·운행중영상표시장치조작규정 금지등을 적용하지 아니한다.

⑥ **어린이통학버스 운전자 등의 의무**

어린이통학버스를 운전하는 사람은 어린이나 영유아가 타고 내리는 경우에만 점멸등 등의 장치를 작동하여야 하며, 어린이나 영유아를 태우고 운행 중인 경우에만 점멸등 표시를 하여야 한다.[36] 또한 승차한 모든 어린이나 영유아가 좌석안전띠를 매도록 한 후에 출발하여야 하며, 내릴 때에는 보도나 길가장자리구

35 도로교통법 제50조의2.

36 도로교통법 제53조.

역 등 자동차로부터 안전한 장소에 도착한 것을 확인한 후에 출발하여야 한다. 또한 어린이하차확인장치를 작동하여야 한다.

어린이 등을 태울 때에는 보호자를 함께 태우고 운행하여야 하며, 동승한 보호자는 어린이나 영유아가 승차 또는 하차하는 때에는 자동차에서 내려서 어린이나 영유아가 안전하게 승하차하는 것을 확인하고 운행 중에는 어린이나 영유아가 좌석에 앉아 좌석안전띠를 매고 있도록 하는 등 어린이 보호에 필요한 조치를 하여야 한다.

어린이통학버스를 운영하는 보호자를 함께 태우고 운행하는 경우에는 보호자 동승표지를 부착할 수 있으며, 보호자를 함께 태우지 아니하고 운행하는 경우에는 보호자 동승표지를 부착하여서는 아니 된다.

어린이통학버스를 운영하는 자는 좌석안전띠 착용 및 보호자 동승 확인 기록(안전운행기록)을 작성·보관하고 매 분기 어린이통학버스를 운영하는 시설을 감독하는 주무기관의 장에게 안전운행기록을 제출하여야 한다.

어린이통학버스를 운전하는 사람은 어린이통학버스 운행을 마친 후 어린이나 영유아가 모두 하차하였는지를 확인하여야 하며, 어린이 하차확인장치를 작동하여야 한다.

⑦ 어린이통학버스 운영자 등에 대한 안전교육

어린이통학버스를 운영하는 사람과 운전하는 사람 및 지정된 보호자는 어린이통학버스 안전교육을 받아야 한다.[37]

어린이통학버스 안전교육은 다음의 구분에 따라 실시한다.

1. 신규 안전교육: 어린이통학버스를 운영하려는 사람과 운전하려는 사람 및 동승 보호자를 대상으로 그 운영, 운전 또는 동승을 하기 전에 실시하는 교육
2. 정기 안전교육: 어린이통학버스를 계속하여 운영하는 사람과 운전하는 사람 및 동승한 보호자를 대상으로 2년마다 정기적으로 실시하는 교육

어린이통학버스를 운영하는 사람은 어린이통학버스 안전교육을 받지 아니한 사람에게 어린이통학버스를 운전하게 하거나 어린이통학버스에 동승하게 하여

37 도로교통법 제53조의3.

서는 아니 된다.

⑧ **어린이통학버스의 위반 정보 등 제공**

경찰서장은 어린이통학버스를 운영하는 사람이나 운전하는 사람이 어린이통학버스 운전자 및 운영자 등의 의무 또는 보호자가 동승하지 아니한 어린이통학버스 운전자의 의무를 위반하여 어린이를 사상(死傷)하는 사고를 유발한 때에는 어린이 교육시설을 감독하는 주무기관의 장에게 그 정보를 제공하여야 한다.

경찰서장 및 어린이 교육시설을 감독하는 주무기관의 장은 해당 정보를 해당 기관에서 운영하는 홈페이지에 각각 게재하여야 한다.

⑨ **자율주행자동차 운전자 등의 준수사항 등**

행정안전부령으로 정하는 완전 자율주행시스템에 해당하지 아니하는 자율주행시스템을 갖춘 자동차의 운전자는 자율주행시스템의 직접 운전 요구에 지체 없이 대응하여 조향장치, 제동장치 및 그 밖의 장치를 직접 조작하여 운전하여야 한다.[38]

임시운행허가를 받은 자동차를 운전하려는 사람은 자율주행자동차 안전교육을 받아야 한다.

3. 고용주등의 의무

차 또는 노면전차의 운전자를 고용하고 있는 사람이나 직접 운전자나 차 또는 노면전차를 관리하는 지위에 있는 사람 또는 차 또는 노면전차의 사용자(「여객자동차 운수사업법」에 따라 사업용 자동차를 임차한 사람 및 「여신전문금융업법」에 따라 자동차를 대여한 사람을 포함)는 운전자에게 이 법이나 이 법에 따른 명령을 지키도록 항상 주의시키고 감독하여야 한다.[39]

고용주등은 이 법에 따라 운전을 하여서는 아니 되는 운전자가 자동차등 또는 노면전차를 운전하는 것을 알고도 말리지 아니하거나 그러한 운전자에게 자동차등 또는 노면전차를 운전하도록 시켜서는 아니 된다.

---

38 도로교통법 제56조의2－제56조의3.

39 도로교통법 제56조.

Ⅶ. 교통사고발생시의 조치

1. 운전자 등의 조치

① 사상자 구호

차의 교통으로 인하여 사람을 사상하거나 물건을 손괴한 때에는 그 차의 운전자나 그 밖의 승무원은 즉시 정차하여 사상자를 구호하고 피해자에게 인적사항(성명·전화번호·주소 등을 말한다)을 제공하며, 필요한 조치를 하여야 한다.[40]

② 경찰관서 신고

사고 차의 운전자 등은 경찰공무원이 현장에 있는 때에는 그 경찰공무원에게, 경찰공무원이 현장에 없는 때에는 가장 가까운 국가경찰관서(지구대·파출소 및 출장소를 포함)에 사고가 일어난 곳, 사상자 수 및 부상 정도, 손괴한 물건 및 손괴 정도, 그 밖의 조치사항 등을 지체없이 신고하여야 한다. 다만, 운행중인 차만이 손괴된 것이 분명하고 도로에서의 위험방지와 원활한 소통을 위하여 필요한 조치를 한 때에는 그러하지 아니하다.

2. 경찰관의 조치

신고를 받은 국가경찰관서의 경찰공무원은 부상자의 구호와 그 밖의 교통위험 방지를 위하여 필요하다고 인정하는 때에는 경찰공무원(자치경찰공무원은 제외)이 현장에 도착할 때까지 신고를 한 운전자 등에 대하여 현장에서 대기할 것을 명할 수 있다.

경찰공무원은 교통사고를 낸 차의 운전자 등에 대하여 그 현장에서 부상자의 구호와 교통안전상 필요한 지시를 명할 수 있다.

긴급자동차 또는 부상자를 운반중인 차 및 우편물자동차 등의 운전자는 긴급한 경우에는 승차자로 하여금 앞서의 조치 또는 신고를 하게 하고 운전을 계속할 수 있다.

경찰공무원(자치경찰공무원은 제외)은 교통사고가 난 경우 다음 사항을 조사하

40 도로교통법 제54조.

여야 한다.[41]

> 1. 교통사고 발생일시 및 장소
> 2. 교통사고 피해상황
> 3. 교통사고 관련자, 차량 및 보험가입여부
> 4. 운전면허의 유효 여부, 술에 취하거나 약물을 투여한 상태에서의 운전 여부 및 부상자에 대한 구호조치 등 필요한 조치의 이행 여부
> 5. 운전자 과실 유무
> 6. 교통사고 현장 상황
> 7. 그 밖에 차, 노면전차 또는 교통안전시설의 결함 등 교통사고 유발 요인 및 교통안전법 제55조에 따라 설치된 운행기록장치 등 증거의 수집 등과 관련하여 필요한 사항

제 5 절 운전면허

Ⅰ. 운전면허의 발급 및 시험

1. 발 급

자동차 등을 운전하고자 하는 사람은 시·도경찰청장으로부터 운전면허를 받아야 한다.[42] 다만, 원동기를 단 차 중 개인형 이동장치 또는 「교통약자의 이동편의 증진법」상에 따른 교통약자가 최고속도 시속 20킬로미터 이하로만 운행될 수 있는 차를 운전하는 경우에는 그러하지 아니하다.

① **운전면허의 종류**

운전면허의 종류는 다음과 같다.

> ① 제1종 운전면허: 대형면허, 보통면허, 소형면허, 특수면허(대형견인차·소형견인차·구난차)
> ② 제2종 운전면허: 보통면허, 소형면허, 원동기장치자전거면허
> ③ 연습운전면허: 제1종 보통연습면허, 제2종 보통연습면허
> ④ 음주운전 방지장치 부착 조건부 운전면허

41 도로교통법 시행령 제32조. 대통령령 제35387호, 2025. 3. 18., 일부개정, 2026. 3. 19. 시행.
42 도로교통법 제80조.

시 · 도경찰청장은 운전면허를 받을 사람의 신체상태 또는 운전능력에 따라 운전할 수 있는 자동차 등의 구조를 한정하는 등 운전면허에 필요한 조건을 붙일 수 있으며, 적성검사를 받은 사람의 신체상태 또는 운전능력에 따라 조건을 새로이 붙이거나 바꿀 수 있다.

② 연습운전면허의 효력

연습운전면허는 그 면허를 받은 날부터 1년 동안 효력을 가진다. 다만, 연습운전면허를 받은 날부터 1년 이전이라도 연습운전면허를 받은 사람이 제1종 보통면허 또는 제2종 보통면허를 받은 경우 연습운전면허는 그 효력을 잃는다.

③ 운전면허의 결격사유

다음의 경우에는 운전면허를 받을 수 없다.[43]

1. 18세 미만(원동기장치자전거는 16세 미만)인 사람
2. 교통상의 위험과 장해를 일으킬 수 있는 정신질환자 또는 뇌전증 환자로서 대통령령으로 정하는 사람
3. 듣지 못하는 사람(대형면허·특수면허만 해당), 앞을 보지 못하는 사람(한쪽 눈만 보지 못하는 사람은 대형면허·특수면허만 해당), 그 밖에 대통령령으로 정하는 신체장애인
4. 양쪽 팔의 팔꿈치관절 이상을 잃은 사람이나 양쪽 팔을 전혀 쓸 수 없는 사람(다만, 본인의 신체장애 정도에 적합하게 제작된 자동차를 이용하여 정상적인 운전을 할 수 있는 경우는 제외)
5. 교통상의 위험과 장해를 일으킬 수 있는 마약·대마·향정신성의약품 또는 알코올 중독자로서 대통령령으로 정하는 사람
6. 제1종 대형면허 또는 제1종 특수면허를 받으려는 경우로서 19세 미만이거나 자동차(이륜자동차는 제외)의 운전경험이 1년 미만인 사람
7. 외국인으로서 외국인등록을 하지 아니한 사람, 재외동포로서 국내거소신고를 하지 아니한 사람

④ 다음 각 호의 어느 하나의 경우에 해당하는 사람은 해당 각 호에 규정된 기간이 지나지 아니하면 운전면허를 받을 수 없다. 다만, 다만, 다음의 사유로

43 도로교통법 제82조 제1항.

인하여 벌금 미만, 선고유예 판결, 기소유예, 소년법 상 보호처분의 결정이 확정된 경우에는 각 호에 규정된 기간 내라도 운전면허를 받을 수 있다.[44]

표 3-1 운전면허 결격사유 및 결격기간

결격기간	근거(제93조)	위반 내용(취소 사유)
5년	제1호, 제6호	**음주운전 · 약물운전 + 사망사고** (술에 취하거나 약물 영향 상태에서 운전하여 사람을 사망에 이르게 한 경우)
	제1호, 제6호	**음주운전 · 약물운전 + 뺑소니(인명 피해)** (음주/약물 상태에서 사상 사고 후 구호 조치 없이 도주)
4년	제6호	**뺑소니(인명 피해)** (교통사고로 사람을 사상한 후 필요한 조치 또는 신고를 하지 아니한 경우)
3년	제1호, 제2호	**음주운전(2회 이상) + 교통사고** (음주운전 전력이 있는 사람이 다시 음주운전 하여 사고를 일으킨 경우)
2년	제1호	**음주운전 + 교통사고(1회)** (처음 음주운전을 하였으나 교통사고를 일으킨 경우)
	제2호	**음주운전 2회 이상** (단순 음주운전 적발이 2회 이상인 경우)
	제3호	**음주측정 불응** (측정 불응으로 취소된 경우, 단 사고 결합 시 기간 연장 가능)
	제8호의2	**부정한 수단으로 면허 취득** (거짓이나 그 밖의 부정한 수단으로 운전면허를 받은 경우)
	제12호	**자동차등 절취 · 강취** (다른 사람의 자동차등을 훔치거나 빼앗은 경우)
	제13호	**대리 응시** (다른 사람을 위해 운전면허시험에 대신 응시한 경우)
1년	제1호	**단순 음주운전(1회)** (혈중알코올농도 취소 수치 해당, 사고 없음)
	제3호의2	**음주측정 방해행위** (술에 취한 상태에서 운전 후 음주측정을 곤란하게 하기 위해 술을 더 마시는 등 방해)
	제4호	**약물 운전** (약물의 영향으로 정상적 운전이 우려되는 상태에서 운전)
	제5호	**공동위험행위** (2명 이상이 대열을 지어 통행하며 위험을 초래)

44 도로교통법 제82조 제2항.

	제5호의2	난폭운전 (난폭운전으로 구속되거나 입건되어 취소된 경우)
	제9호	적성검사 미필/불합격 (정기 적성검사를 받지 않거나 불합격한 경우)
	제10호의2	보복운전(특수범죄) (자동차를 이용하여 특수상해, 특수폭행, 특수협박, 특수손괴)
	제11호	범죄 이용 (자동차를 살인, 강도, 납치 등 국가보안법/형법상 범죄의 도구/장소로 이용)
	제14호	공무원 폭행 (단속 중인 경찰공무원 등을 폭행한 경우)
	제15호	면허증 대여 (면허증을 빌려주거나 빌려서 사용한 경우)
	제16호	무등록 차량 운전 (등록되지 않거나 임시운행허가 없는 차를 운전)
	제2항	벌점 초과 (누산 점수가 취소 기준을 초과한 경우)
즉시	제20호	자진 반납 (운전면허를 실효시킬 목적으로 자진 반납한 경우)

운전자가 안전운전을 위해 운전자로서 가장 기본적으로 준수해야 할 중요한 법규를 위반한 사람 등에 대해 운전면허를 취소할 수 있다.[45] 운전면허가 취소된 사람이 운전하는 경우 무면허 운전으로 처벌된다.

2. 시 험

① 주 관

운전면허시험(제1종 보통면허시험 및 제2종 보통면허시험을 제외한다)은 도로교통공단이 실시한다.[46] 다만, 원동기장치자전거운전 면허시험은 시·도경찰청장이나 도로교통공단이 실시한다.

45 도로교통법 제93조.

46 도로교통법 제83조 – 제86조.

1. 자동차 등(개인형 이동장치는 제외)의 운전에 필요한 적성
2. 자동차 등 및 도로교통에 관한 법령에 대한 지식
3. 자동차 등의 관리방법과 안전운전에 필요한 점검의 요령
4. 자동차 등의 운전에 필요한 기능
5. 친환경 경제운전에 필요한 지식과 기능

② 제1종 보통면허시험과 제2종 보통면허시험

도로교통공단이 자동차의 운전에 관하여 필요한 도로에서의 운전능력에 대하여 실시하되, 제1종 보통면허시험은 제1종 보통연습면허를 받은 사람에 대하여, 제2종 보통면허시험은 제2종 보통연습면허를 받은 사람에 대하여 실시한다.

③ 운전면허 결격사유자

운전면허를 받을 수 없는 사람은 운전면허시험에 응시할 수 없다.

④ 운전면허증의 교부 등

운전면허를 받고자 하는 사람은 운전면허시험에 합격하여야 한다. 시·도경찰청장은 운전면허시험에 합격한 사람에 대하여 운전면허증을 교부하여야 한다. 운전면허의 효력은 본인 또는 운전면허증을 교부받은 때부터 발생한다.

⑤ 운전면허증의 재교부

운전면허증을 잃어버렸거나 헐어 못쓰게 된 때에는 행정안전부령이 정하는 바에 의하여 시·도경찰청장에게 신청하여 다시 교부받을 수 있다.

⑥ 부정행위자에 대한 조치

경찰청장은 전문학원의 강사자격시험 및 기능검정원 자격시험에서, 시·도경찰청장 또는 도로교통공단은 운전면허시험에서 부정행위를 한 사람에 대하여는 해당 시험을 각각 무효로 처리한다. 시험이 무효로 처리된 사람은 그 처분이 있은 날부터 2년간 해당 시험에 응시하지 못한다.[47]

47 도로교통법 제84조의2.

Ⅱ. 운전면허증 갱신

① 갱신권자

운전면허를 받은 사람은 일정기간 경과 후 시·도경찰청장으로부터 운전면허증을 갱신하여 발급받아야 한다.[48]

② 갱신기간

최초의 운전면허증 갱신기간: 운전면허시험에 합격한 날부터 기산하여 10년(운전면허시험 합격일에 65세 이상 75세 미만 5년, 75세 이상 3년, 한쪽 시각장애자 제1종 보통면허자는 3년)이 되는 날이 속하는 해의 1월 1일부터 12월 31일까지

이후의 운전면허증 갱신기간: 직전의 운전면허증 갱신일부터 기산하여 매 10년(직전의 운전면허증 갱신일에 65세 이상 75세 미만 5년, 75세 이상 3년, 한쪽 시각장애자 제1종 보통면허자는 3년)이 되는 날이 속하는 해의 1월 1일부터 12월 31일까지

Ⅲ. 적성검사

① 정기검사

다음의 사람은 운전면허증 갱신기간에 도로교통공단이 실시하는 정기(定期) 적성검사를 받아야 한다. 정기 적성검사를 받지 아니하거나 이에 합격하지 못한 사람은 운전면허증을 갱신하여 받을 수 없다. 다만, 해외여행 또는 군 복무 등 대통령령으로 정하는 사유로 그 기간 이내에 운전면허증을 갱신하여 발급받거나 정기 적성검사를 받을 수 없는 때에는 이를 미리 받거나 그 연기를 받을 수 있다.[49]

1. 제1종 운전면허를 받은 사람
2. 제2종 운전면허를 받은 사람 중 운전면허증 갱신기간에 70세 이상인 사람

② 수시검사

제1종 운전면허 또는 제2종 운전면허를 받은 사람(국제운전면허증 포함)이 안전운전에 장애가 되는 후천적 신체장애 등 대통령령으로 정하는 사유에 해당되는

48 도로교통법 제86조 – 제87조.

49 도로교통법 제88조 – 제93조.

경우에는 도로교통공단이 실시하는 수시적성검사를 받아야 한다.

Ⅳ. 운전면허 취소 및 정지

1. 운전면허의 취소 및 정지 절차

시·도경찰청장은 일정한 사유가 발생할 경우 운전면허를 취소 또는 정지할 수 있다.[50]

그림 3-2 운전면허의 취소 및 정지처분

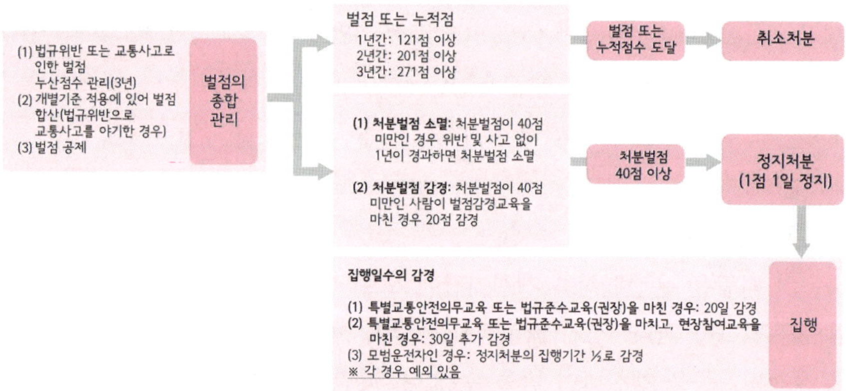

자료: 법제처, https://easylaw.go.kr/

2. 운전면허 취소 및 정지 사유

[표 3-2]에 해당하는 경우에는 운전면허를 반드시 취소 또는 정지할 수 있다.[51]

다음과 같이 벌점·누산점수 초과로 인한 경우 면허가 취소된다.[52]

50 도로교통법 제93조, 도로교통법 시행규칙 제91조, 별표 28, 행정안전부령 제591호, 2025. 12. 2., 일부개정, 2025. 12. 2. 시행.

51 도로교통법 제93조.

52 도로교통법 시행규칙 제91조 별표 28.

표 3-2 운전면허 벌점 누산

기간	벌점 또는 누산점수
1년간	121점 이상
2년간	201점 이상
3년간	271점 이상

2. 운전면허 정지

운전면허 정지란 운전면허 소지자가 일정한 사유가 발생한 경우 일정기간 동안 운전을 할 수 없는 경우를 말한다. 정지처분을 받으면 운전면허증을 반납해야 하고, 정지기간이 지나면 운전면허증을 돌려받는다.[53]

표 3-3 운전면허 정지처분 개별기준

위반사항	적용법	벌점
1. 속도위반(100km/h 초과)	제17조 제3항	100
2. 술에 취한 상태의 기준을 넘어서 운전한 때(혈중알코올농도 0.03퍼센트 이상 0.08퍼센트 미만)	제44조 제1항	
3. 자동차등을 이용하여 형법상 특수상해 등(보복운전)을 하여 입건된 때	제93조	
4. 속도위반(80km/h 초과 100km/h 이하)	제17조 제3항	80
5. 속도위반(60km/h 초과 80km/h 이하)	제17조 제3항	60
6. 정차·주차위반에 대한 조치불응(단체에 소속되거나 다수인에 포함되어 경찰공무원의 3회이상의 이동명령에 따르지 아니하고 교통을 방해한 경우에 한한다)	제35조 제1항	40
7. 공동위험행위로 형사입건된 때	제46조 제1항	
8. 난폭운전으로 형사입건된 때	제46조의3	
9. 안전운전의무위반(단체에 소속되거나 다수인에 포함되어 경찰공무원의 3회 이상의 안전운전 지시에 따르지 아니하고 타인에게 위험과 장해를 주는 속도나 방법으로 운전한 경우에 한한다)	제48조	
10. 승객의 차내 소란행위 방치운전	제49조 제1항 제9호	
11. 출석기간 또는 범칙금 납부기간 만료일부터 60일이 경과될 때까지 즉결심판을 받지 아니한 때	제138조, 제165조	
12. 통행구분 위반(중앙선 침범에 한함)	제13조 제3항	30
13. 속도위반(40km/h 초과 60km/h 이하)	제17조 제3항	
14. 철길건널목 통과방법위반	제24조	

53 도로교통법 제93조-제95조.

15. 회전교차로 통행방법 위반(통행 방향 위반에 한정한다)	제25조의2 제1항	
16. 어린이통학버스 특별보호 위반	제51조	
17. 어린이통학버스 운전자의 의무위반(좌석안전띠를 매도록 하지 아니한 운전자는 제외한다)	제53조 제1항 · 제2항 · 제4항 · 제5항 및 제53조의5	
18. 고속도로 · 자동차전용도로 갓길통행	제60조 제1항	
19. 고속도로 버스전용차로 · 다인승전용차로 통행위반	제61조 제2항	
20. 운전면허증 등의 제시의무위반 또는 운전자 신원확인을 위한 경찰공무원의 질문에 불응	제92조 제2항	
21. 신호 · 지시위반	제5조	
22. 속도위반(20km/h 초과 40km/h 이하)	제17조 제3항	
23. 속도위반(어린이보호구역 안에서 오전 8시부터 오후 8시까지 사이에 제한속도를 20km/h 이내에서 초과한 경우에 한정한다)	제17조 제3항	15
24. 앞지르기 금지시기 · 장소위반	제22조	
25. 적재 제한 위반 또는 적재물 추락 방지 위반	제39조 제1항, 제4항	
26. 운전 중 휴대용 전화 사용	제49조 제1항 제10호	
27. 운전 중 운전자가 볼 수 있는 위치에 영상 표시	제49조 제1항 제11호	
28. 운전 중 영상표시장치 조작	제49조 제1항 제11호의2	
29. 운행기록계 미설치 자동차 운전금지 등의 위반	제50조 제5항	
30. 삭제 <2014.12.31.>		
31. 통행구분 위반(보도침범, 보도 횡단방법 위반)	제13조 제1항 · 제2항	
32. 차로통행 준수의무 위반, 지정차로 통행위반(진로변경 금지장소에서의 진로변경 포함)	제14조 제2항 · 제5항, 제60조 제1항	
33. 일반도로 전용차로 통행위반	제15조 제3항	
34. 안전거리 미확보(진로변경 방법위반 포함)	제19조 제1항 · 제3항 · 제4항	
35. 앞지르기 방법위반	제21조 제1항 · 제3항, 제60조 제2항	
36. 보행자 보호 불이행(정지선위반 포함)	제27조	10
37. 승객 또는 승하차자 추락방지조치위반	제39조 제3항	
38. 안전운전 의무 위반	제48조	
39. 노상 시비 · 다툼 등으로 차마의 통행 방해행위	제49조 제1항 제5호	
40. 자율주행자동차 운전자의 준수사항 위반	제50조의2 제1항	
41. 돌 · 유리병 · 쇳조각이나 그 밖에 도로에 있는 사람이나 차마를 손상시킬 우려가 있는 물건을 던지거나 발사하는 행위	제68조 제3항 제4호	
42. 도로를 통행하고 있는 차마에서 밖으로 물건을 던지는 행위	제68조 제3항 제5호	

운전면허 정지처분은 1회의 법규 위반·교통사고로 인한 벌점 또는 처분벌점이 40점 이상이 된 때부터 결정하여 집행한다.

Ⅴ. 국제운전면허증

1. 국제운전면허증에 의한 자동차 등의 운전

① 외국의 권한 있는 기관에서 1949년 제네바에서 체결된 「도로교통에 관한 협약」 또는 1968년 비엔나에서 체결된 「도로교통에 관한 협약」, 우리나라와 외국 간에 국제운전면허 상호인정협약 및 우리나라와 외국 간에 상대방 국가에서 발급한 운전면허증을 상호 인정하는 협약 등에 해당하는 국제운전면허증을 발급받은 사람은 국내에 입국한 날부터 1년 동안만 국제운전면허증으로 자동차 등을 운전할 수 있다. 이 경우 운전할 수 있는 자동차의 종류는 그 국제운전면허증에 기재된 것에 한한다.[54]

② 국제운전면허를 외국에서 발급받은 사람 또는 상호인정외국면허증으로 운전하는 사람은 사업용자동차를 운전할 수 없다. 다만, 대여사업용자동차를 임차하여 운전할 수 있다.

③ 운전면허 결격사유에 해당하는 사람으로서 그 기간이 지나지 아니한 사람은 국제운전면허증으로 자동차 등을 운전하여서는 아니 된다.

④ **자동차 등의 운전금지**

국제운전면허증 등을 가지고 국내에서 자동차 등을 운전하는 사람이 다음에 해당하는 경우에는 그 사람의 주소지를 관할하는 시·도경찰청장은 1년을 넘지 아니하는 범위 이내에서 국제운전면허증 등에 의한 자동차 등의 운전을 금지할 수 있다.

1. 적성검사를 받지 아니하였거나 적성검사에 불합격된 경우
2. 운전중 고의 또는 과실로 교통사고를 일으킨 경우
3. 대한민국 국적을 가진 사람이 운전면허가 취소되거나 효력이 정지된 후 제82조 제2항 각 호에 규정된 기간이 지나지 아니한 경우
4. 자동차 등의 운전에 관하여 이 법이나 이 법에 의한 명령 또는 처분을 위반한 경우

---

54 도로교통법 제96조 – 제98조의2.

자동차 등의 운전이 금지된 사람은 지체없이 국제운전면허증 등에 의한 운전을 금지한 시·도경찰청장에게 그 국제운전면허증 등을 제출하여야 한다. 시·도경찰청장은 금지기간이 만료된 경우 또는 금지처분을 받은 사람이 그 금지기간 중에 출국하는 경우에 그 사람의 반환청구가 있는 때에는 지체없이 보관중인 국제운전면허증 등을 돌려주어야 한다.

2. 국제운전면허증의 발급 등

① 운전면허를 받은 사람이 국외에서 운전을 하기 위하여 도로교통에 관한 협약에 의한 국제운전면허증을 교부받고자 하는 때에는 시·도경찰청장에게 신청하여야 한다.

② 국제운전면허증의 유효기간은 교부받은 날부터 1년으로 한다.

③ 국제운전면허증은 이를 교부받은 사람의 국내운전면허의 효력이 없어지거나 취소된 때에는 그 효력을 잃는다.

④ 국제운전면허증은 이를 교부받은 사람의 국내운전면허의 효력이 정지된 때에는 그 정지기간 중 효력이 정지된다.

⑤ 시·도경찰청장은 국제운전면허증을 발급받으려는 사람이 납부하지 아니한 도로교통법상 범칙금 또는 과태료가 있는 경우 국제운전면허증의 발급을 거부할 수 있다.

제 6 절 교통사고처리 특례

Ⅰ. 교통사고처리특례의 의의

업무상과실 또는 중대한 과실로 교통사고를 일으킨 운전자에 관한 형사처벌 등의 특례를 정함으로써 교통사고로 인한 피해의 신속한 회복을 촉진하고 국민생활의 편익을 증진함을 목적으로 한다.[55]

55 교통사고처리특례법 제1조－제4조. 법률 제20634호, 2025. 1. 7. 일부개정, 2025. 6. 4. 시행.

Ⅱ. 교통사고처리특례의 준칙

1. 기본 처벌 규정

운전자가 교통사고로 사람을 다치게 하거나 사망하게 한 경우(업무상과실치사상) 5년 이하의 금고 또는 2천만 원 이하의 벌금에 처한다.

2. 처벌의 특례

일반적인 교통사고로 사람을 다치게 한 경우나 재물손괴죄를 범한 경우 피해자가 "처벌을 원하지 않는다"는 의사를 밝히면 공소를 제기할 수 없다. 다만, 사망 사고는 합의해도 형사처벌 대상이 된다.

3. 공소 필수 교통범죄

아래의 중대한 과실이나 범죄 행위가 있는 경우에는 반드시 공소를 제기하여야 한다.

1. 뺑소니 및 음주 측정 거부 등

사고 후 피해자를 구호하지 않고 도주(뺑소니)하거나 유기한 경우

음주 측정 요구에 따르지 않거나, 음주 측정을 방해하는 행위를 한 경우

2. 12대 중과실

- 운전자의 과실이 매우 크다고 판단되는 12가지 유형입니다.
- 신호 위반: 신호등, 경찰 수신호, 일시정지 표지판 위반
- 중앙선 침범: 중앙선 침범, 불법 횡단·유턴·후진
- 과속: 제한속도보다 시속 20km 초과하여 운전
- 앞지르기 위반: 앞지르기 방법·금지시기·장소 위반, 끼어들기 금지 위반
- 철길건널목 통과 방법 위반: 일시정지 무시 등
- 횡단보도 보행자 보호 의무 위반: 횡단보도에서 보행자를 침해
- 무면허 운전: 면허가 없거나 정지 기간 중 운전 (건설기계 포함)
- 음주·약물 운전: 술에 취하거나 약물로 인해 정상 운전이 힘든 상태
- 보도(인도) 침범: 인도로 돌진하거나 보도 횡단 방법 위반
- 승객 추락 방지 의무 위반: 문을 연 채 출발하는 등 (개문발차)
- 어린이 보호구역(스쿨존) 사고: 어린이의 안전 의무를 위반하여 어린이에게 상해를 입힌 경우
- 화물 고정 조치 위반: 적재된 화물이 떨어지지 않도록 조치하지 않은 경우

제 4 장

경비경찰

제 1 절 경비경찰의 의의

경비경찰이란 공공의 안녕과 질서를 파괴하는 경찰상 위험이 발생한 경우이거나 발생할 우려가 있는 경우, 또는 개인이나 단체가 불법행위를 함으로써 공공의 질서를 파괴하는 경우 등을 예방, 경계, 진압하는 경찰활동이라고 정의할 수 있다.[1]

경비경찰은 사전예방적 활동이면서 동시에 사후대응적인 측면과 현상유지적인 성격이 공존하는 복합적인 경찰활동적 특징을 가진다. 또한 강력한 경찰권을 발동으로 상하수직적 지휘명령체계를 갖춘 조직의 구성과 활동이 요구되며, 부대중심적인 활동을 보이는 특성이 있다. 즉, 경비경찰은 제복을 착용하고, 상하 지휘명령체계를 갖춘, 부대를 이뤄 활동하는 특징을 보인다.

제 2 절 경비경찰의 조직

Ⅰ. 경찰청

경찰청에 경비국을 두며, 경비국장은 치안감 또는 경무관으로 보한다.[2] 경비국에 경비과, 대테러위기관리과, 경호과 및 항공과를 둔다. 각 과장은 총경으로 보한다.

1 경찰법 제3조, 경찰관직무집행법 제2조.

2 경찰청과 그 소속기관 직제 제13조 및 경찰청과 그 소속기관 직제 시행규칙 제10조.

① 경비과장은 다음 사항을 분장한다.

1. 집회·시위 등 대응을 위한 계획의 수립 및 지도
2. 경찰부대 운영·지도 및 전국단위 경력운용
3. 국가 중요행사 및 선거경비 지원 관련 업무
4. 집회시위 안전장비 연구·개발 및 구매·보급
5. 의무경찰 등 기동경찰의 인력관리 계획 및 지도
6. 의무경찰 등 기동경찰의 복무·사기 관리 및 후생복지에 관한 사항
7. 그 밖에 국 내 다른 과의 주관에 속하지 않는 사항

② 대테러위기관리과장은 다음 사항을 분장한다.

1. 대테러 종합대책 연구·기획 및 지도
2. 대테러관련 법령의 연구·개정 및 지침 수립
3. 테러대책기구 및 대테러 전담조직 운영 업무
4. 대테러 종합훈련 및 교육
5. 경찰작전과 경찰 전시훈련에 관한 계획의 수립 및 지도
6. 비상대비계획의 수립 및 지도
7. 중요시설의 방호 및 지도
8. 예비군 무기·탄약관리의 지도
9. 청원경찰의 운영지도
10. 민방위업무의 협조에 관한 사항
11. 재난·위기 업무에 대한 지원 및 지도
12. 안전관리·재난상황 및 위기상황 관리기관과의 연계체계 구축·운영
13. 지역 내 다중운집행사 안전관리 지도
14. 비상업무에 관한 계획의 수립 및 집행

③ 경호과장은 다음 사항을 분장한다.

1. 경호계획의 수립 및 지도
2. 주요인사의 보호에 관한 사항

④ 항공과장은 다음 사항을 분장한다.

1. 경찰항공기의 관리 및 운영
2. 경찰항공요원에 관한 교육훈련
3. 경찰업무수행에 관련된 항공지원업무

Ⅱ. 시 · 도경찰청 및 경찰서

서울경찰청의 경우 공공안전차장(치안감) 하에 경비부(경무관)를 두고 그 밑에 경비과 및 테러대응과를 둔다.[3] 다른 시 · 도 경찰청은 공공안전부(경무관)에 경비과 또는 경비교통과를 둔다. 과장은 총경으로 보한다. 경찰서의 경우 경찰서 등급에 따라 경비과 또는 경비교통과를 두며, 과장은 경찰서 등급에 따라 총경, 경정 또는 경감으로 보한다.[4]

제 3 절 경비경찰의 수단과 원칙

Ⅰ. 경비경찰의 수단

경비경찰의 수단에는 경찰관 직무집행법상의 경고, 제지, 형사소송법상의 체포 등이 있다.[5]

경고는 인명 · 신체 · 재산에 대한 위해를 방지하기 위하여 필요한 경우 또는 범죄의 예방 · 진압 등 공공의 안녕과 질서를 유지하기 위하여 필요한 경우에 관계자에게 주의를 주고, 위해를 방지하여 공안을 유지하기 위하여 필요한 행위(작위, 부작위)를 촉구하는 사실상의 통지행위이며 임의처분이다.

제지는 일정한 행위에 대해 제한 또는 통제하는 것으로서 강제처분행위이다. 경찰이 그 임무를 달성하기 위해서는 부득이 개인의 의사에 반하여 그 재산 또

---

3 경찰청과 그 소속기관 직제 시행규칙 제38조, 제45조.

4 경찰청과 그 소속기관 직제 시행규칙 제38조, 제50조. 제57조, 제74조－제75조.

5 경찰대학, 「경찰경비론」, 2013, pp. 130－150.

는 자유에 대하여 제한을 가하는 경우도 있다. 그러나 이러한 제한은 반드시 법률에 근거를 두어야 하며, 또한 경찰비례의 원칙이 적용되어야 한다.

집단적 범죄에 대하여는 제지, 해산 등의 강제처분 이외에도 현행범으로 체포할 수 있다. 체포시에는 신중을 기하여야 하며, 미란다의 원칙을 상대방에게 고지함으로써 인권침해적 시비를 예방해야 한다.

Ⅱ. 경비경찰수단의 한계

경비경찰의 수단을 행사함에는 일정한 한계가 따른다. 이에는 균형성, 위치성, 적시성, 안전성 등을 갖추어야 한다.

첫째, 균형성이란 경비수단으로 경찰권을 행사할 때에는 경력운용을 균형있게 하는 것을 말한다. 경비사태의 상황과 대상에 따라 주력부대와 예비부대를 유효적절하게 활용, 한정된 병력을 가지고 최대의 성과를 올릴 수 있도록 하여야 한다.

둘째, 위치성이란 경비사태에 실력행사를 할 경우에 유리한 지점과 위치를 확보하는 것을 말한다. 군중보다 유리한 지점과 위치를 선점하는 것이 작전수행이나 진압을 용이하게 한다. 지형을 무시하고 유리한 곳을 선점하지 못하였을 경우 경비사태의 효과적인 처리가 어렵게 된다.

셋째, 적시성이란 특정한 경비상황의 가장 적절한 시기에 실력을 가하는 것을 말한다. 상대방의 기세와 힘이 미처 살아나지 못할 때나 힘이 빠져서 저항력이 가장 허약한 시점을 포착하여 시기를 놓치지 않고 적절한 실력행사를 함으로써 효율적인 업무를 수행해야 할 것이다.

넷째, 안전성이란 경비사태 발생시 경비병력이나 군중들을 사고 없이 안전하게 진압하는 것을 말한다. 작전시의 변수는 새로운 큰 사회적 물의를 야기할 우려가 있으므로 안전성에 특히 유의해야 한다.

제 4 절 집회 · 시위시 채증

Ⅰ. 채증등의 의의

경비경찰은 집회 또는 시위, 집단민원(이하 "집회등") 현장에서 범죄수사를 위한 증거자료를 확보하고 있다. 이에 대하여 경찰은 집회등 채증활동규칙을 제정하여 운용하고 있다.[6]

이 규칙에서 사용하는 용어의 뜻은 다음과 같다.

채증이란 집회등 현장에서 범죄수사를 목적으로 촬영, 녹화 또는 녹음하는 것을 말한다. 채증요원이란 채증 또는 이와 관련된 업무를 담당하는 경찰공무원(경찰공무원의 지시를 받는 의무경찰을 포함한다)을 말한다.

주관부서란 채증요원을 관리 · 운용하는 경비 부서를 말한다. 채증자료란 채증요원이 채증을 하여 수집한 사진, 영상녹화물 또는 녹음물을 말한다.

채증판독프로그램이란 범죄수사를 목적으로 범죄혐의자의 인적사항 확인을 위하여 채증자료를 입력, 열람, 판독하기 위한 전산 프로그램을 말한다.

Ⅱ. 채증요원의 편성과 관리

1. 채증요원 편성

주관부서의 장은 집회등에 대비하기 위해 채증요원을 둔다. 채증요원은 사진촬영담당, 동영상 촬영담당, 신변보호원 등 3명을 1개조로 편성하는 것을 원칙으로 하되, 현장 상황 등을 고려하여 증감 편성할 수 있다.[7]

2. 채증요원 관리

주관부서의 장은 채증활동 전에 인원 · 장비 및 복장 등을 점검하고, 채증계획

6 (경찰청) 집회등 채증활동규칙 제1조－제2조. 경찰청예규 제582호, 2021. 1. 22., 일부개정, 2021. 1. 22. 시행.

7 (경찰청) 집회등 채증활동규칙 제4조－제5조.

에 따른 유의사항 등을 교육하여야 한다.

의무경찰은 소속 부대 지휘요원의 사전 교육 및 지시를 받아 채증활동을 할 수 있다.

Ⅲ. 채증활동

1. 채증계획

주관부서의 장은 예상되는 집회등 상황에 따라 채증 필요성 여부를 결정하고 채증활동 계획서에 따라 수립된 채증계획을 채증요원에게 지시한다. 다만, 긴급한 경우 구두지시로 갈음할 수 있다.[8]

2. 채증활동

1) 채증의 시점(범위)

채증은 폭력 등 범죄행위가 행하여지고 있거나 행하여진 직후에 하여야 한다. 범죄행위로 인하여 타인의 생명·신체 또는 재산에 대한 위해가 임박한 때에 범죄에 이르게 된 경위나 그 전후 사정에 관하여 긴급히 증거를 확보하여야 할 필요가 있는 경우에는 범죄행위가 행하여지기 이전이라도 채증을 할 수 있다.

2) 채증의 제한

채증은 범죄혐의에 대한 증거자료를 확보할 필요성이 있는 경우에 한하며, 상당한 방법에 따라 필요한 최소한도에 그쳐야 한다.

3) 인권존중

채증요원은 채증, 채증자료의 판독·관리 등 채증활동의 모든 과정에 있어 채증 대상자의 인권을 존중하여야 한다.

4) 채증사실 고지

집회등 현장에서 채증을 할 때에는 사전에 채증 대상자에게 범죄사실의 요지,

8 (경찰청) 집회등 채증활동규칙 제6조–제10조.

채증요원의 소속, 채증 개시사실을 직접 고지하거나 방송 등으로 알려야 한다. 20분 이상 채증을 계속하는 경우에는 20분이 경과할 때마다 채증 중임을 고지하거나 알려야 한다.

3. 채증장비

채증장비는 원칙적으로 경찰관서에서 지급한 장비를 사용한다. 지급한 장비를 사용할 수 없는 부득이한 경우에는 주관부서의 장의 승인을 받아 개인소유 장비를 사용할 수 있다. 다만, 주관부서의 장의 승인을 받을 시간적 여유가 없는 경우에는 사후에 지체없이 승인을 받아야 한다.

Ⅳ. 채증자료의 판독 및 관리

1. 채증자료의 관리

1) 채증자료 송부

범죄혐의자의 인적사항이 확인되어 범죄수사의 필요성이 있는 채증자료는 지체없이 수사부서에 송부하여야 한다.[9]

2) 수사 필요성 없는 채증자료 삭제·폐기

범죄수사 필요성이 없는 채증자료는 해당 집회등의 상황 종료 후 즉시 삭제·폐기하여야 한다.

3) 채증자료 외의 촬영자료 활용 금지

채증요원은 다음의 촬영이 법률상 허용되는 경우라 하더라도, 그 자료를 집회등 참가자를 특정하기 위하여 활용하여서는 아니 된다.

1. 「경찰관 직무집행법」 등 관련 법률에 근거하여 해당 집회등에 대한 대응절차의 기록 또는 향후 적절한 대응절차의 마련을 위한 연구 등 범죄수사 외의 목적으로 촬영한 자료

9 (경찰청) 집회등 채증활동규칙 제11조－제17조.

2. 「개인정보 보호법」 제25조제1항제5호에 의해 설치·운영하는 교통정보의 수집·분석 및 제공 목적의 영상정보처리기기에 의해 촬영된 자료

2. 채증판독프로그램 설치

1) 주관부서

주관부서의 장은 채증판독프로그램을 주관부서에서만 설치·이용할 수 있도록 관리하여야 한다.

2) 관리 및 조회권자 지정

주관부서의 장은 효율적인 프로그램 운영을 위해 주관부서에 소속된 채증요원 중에 프로그램 관리 및 조회권자를 지정하여야 하고, 관리 및 조회권자 이외에는 프로그램에 접속하지 못하도록 관리하여야 한다.

3) 교체시 보고

주관부서의 장은 인사이동 등으로 프로그램 관리 및 조회권자가 교체된 경우 상급 주관부서의 장에게 이를 보고하여야 한다.

3. 채증자료의 입력, 열람, 판독

1) 신속한 입력

주관부서의 장은 범죄수사의 필요성이 인정되는 경우 인적사항이 확인되지 않은 범죄혐의자의 채증자료를 열람·판독할 수 있도록 신속히 프로그램에 입력하여야 한다.

프로그램에 채증자료를 입력할 때에는 다음 각 호의 사항을 함께 입력하여야 한다.

1. 집회등의 명칭, 일시, 장소, 참가인원 등 상황 개요
2. 채증시간, 채증장소, 채증 대상자의 행위내용, 채증요원의 소속·성명

2) 채증자료 열람 · 판독

시 · 도경찰청의 프로그램 관리 및 조회권자는 경찰서에서 입력한 채증자료가 범죄수사 목적에 필요한 것인지 등을 검토하여 열람 · 판독 절차가 진행될 수 있도록 조치하여야 한다.

주관부서의 장은 채증자료를 열람 · 판독할 때에는 현장 근무자 등을 참여시킬 수 있다.

3) 수사기능에의 통보

채증자료를 열람 · 판독하여 인적사항을 확인한 경우에는 그 판독결과를 프로그램에 입력한 후, 수사기능에 통보하여야 한다.

4. 채증자료 삭제 · 폐기 등

1) 지체없이 삭제 · 폐기 등

주관부서의 장은 채증자료로 범죄수사 목적을 달성한 경우에는 해당 채증자료를 지체없이 삭제 · 폐기하여야 한다.

주관부서의 장은 수사기능에 통보한 채증자료를 프로그램에서 삭제 · 폐기하여야 한다.

2) 보관할 필요가 있는 경우

주관부서의 장은 범죄혐의자의 인적사항이 확인되지 않은 채증자료 중 범죄수사를 위해 보관을 계속할 필요가 있는 경우에는 해당 범죄의 공소시효 완성일까지 보관하고, 공소시효가 완성된 때에는 삭제 · 폐기하여야 한다. 다만, 공소시효 완성 전이라도 보관의 필요성이 없는 채증자료는 즉시 삭제 · 폐기하여야 한다.

3) 유출금지

누구든지 정당한 사유 없이 채증자료를 동 규칙의 목적 · 취지에 반하여 임의로 외부에 유출시켜서는 아니 된다.

4) 채증자료 관리의 적절성 확인

경찰청 경비과장은 감사, 정보통신 부서와 합동으로 연 1회 채증자료 관리의 적절성 여부를 점검하여야 한다.

5. 집회시위에 대한 경찰지휘 무선통신의 녹음과 보전

집회시위시 경찰지휘 무선통신에 대하여 자동녹음 및 3개월간 보전을 원칙으로 한다.[10]

① 적용 범위

시·도경찰청장이 집회시위 상황에 대한 지휘를 위해 사용하는 지방경찰청 지휘무선망 및 경찰서장 또는 기동대장이 사용하는 경찰서·대 무선망

② 무선통신의 녹음 및 보전

시·도경찰청장은 집회시위 현장에서 사용하고 있는 경찰지휘 무선통신을 녹음하고 이를 3개월간 보전하여야 한다. 다만, 경찰청장은 사안에 따라 진상규명, 증거보전 등을 위하여 필요한 경우 보전기간을 연장할 수 있다.

무선통신의 녹음 및 보전은 컴퓨터 등의 정보처리장치를 이용하여 자동적으로 처리한다.

보전하고 있는 무선통신 녹음 자료의 공개 청구가 있는 경우 「공공기관의 정보공개에 관한 법률」에 따라 처리한다.

제 5 절 청원경찰

Ⅰ. 청원경찰의 의의

청원경찰이란 공공기관의 장 또는 시설·사업장 등의 경영자가 경비를 부담할 것을 조건으로 경찰의 배치를 신청하는 경우 그 기관·시설 또는 사업장 등의 경비(警備)를 담당하게 하기 위하여 배치하는 경찰을 말한다.[11]

---

10 집회시위에 대한 경찰지휘 무선통신의 녹음과 보전 등에 관한 규칙 제2조 – 제4조, 경찰청예규 제604호, 2025. 8. 29., 일부개정, 2025. 8. 29. 시행.

11 청원경찰법 제2조. 법률 제19033호, 2022. 11. 15., 일부개정, 2022. 11. 15. 시행.

청원경찰은 청원주(청원경찰의 배치 결정을 받은 자)와 배치된 기관·시설 또는 사업장 등의 구역을 관할하는 경찰서장의 감독을 받아 그 경비구역만의 경비를 목적으로 필요한 범위에서 「경찰관 직무집행법」에 따른 경찰관의 직무를 수행한다.[12]

Ⅱ. 청원경찰의 배치기관

청원경찰의 배치를 신청할 수 있는 기관은 다음과 같다.

1. 국가기관 또는 공공단체와 그 관리하에 있는 중요 시설 또는 사업장
2. 국내 주재(駐在) 외국기관
3. 그 밖에 행정안전부령으로 정하는 중요 시설, 사업장 또는 장소로 아래 4호부터 9호의 시설
4. 선박, 항공기 등 수송시설
5. 금융 또는 보험을 업(業)으로 하는 시설 또는 사업장
6. 언론, 통신, 방송 또는 인쇄를 업으로 하는 시설 또는 사업장
7. 학교 등 육영시설
8. 「의료법」에 따른 의료기관
9. 그 밖에 공공의 안녕질서 유지와 국민경제를 위하여 고도의 경비(警備)가 필요한 중요 시설, 사업체 또는 장소

Ⅲ. 사업주의 배치신청 및 시·도경찰청장의 배치 및 폐지 등

1. 배치신청 및 요청

청원경찰을 배치받으려는 자는 청원경찰 배치신청서에 경비구역 평면도와 배치계획서를 첨부하여 사업장의 소재지를 관할하는 경찰서장을 거쳐 시·도경찰청장에게 제출하여야 한다. 이 경우 배치 장소가 둘 이상의 도(특별시, 광역시, 특별자치시 및 특별자치도를 포함)일 때에는 주된 사업장의 관할 경찰서장을 거쳐 시·도

12 청원경찰법 제1조, 제3조.

경찰청장에게 한꺼번에 신청할 수 있다.[13]

시 · 도경찰청장은 지체없이 그 배치 여부를 결정하여 신청인에게 알려야 한다. 또한 시 · 도경찰청장은 청원경찰 배치가 필요하다고 인정하는 기관의 장 또는 시설 · 사업장의 경영자에게 청원경찰을 배치할 것을 요청할 수 있다.

2. 배치폐지 등

청원주는 청원경찰이 배치된 시설이 폐쇄되거나 축소되어 청원경찰의 배치를 폐지하거나 배치인원을 감축할 필요가 있다고 인정하면 청원경찰의 배치를 폐지하거나 배치인원을 감축할 수 있다. 이 경우 청원주는 청원경찰 배치 결정을 한 경찰관서의 장에게 알려야 한다.[14]

시 · 도경찰청장이 청원경찰의 배치를 요청한 사업장일 때에는 그 폐지 또는 감축 사유를 구체적으로 밝혀야 한다.

다만, 청원주는 다음의 어느 하나에 해당하는 경우에는 청원경찰의 배치를 폐지하거나 배치인원을 감축할 수 없다.

1. 청원경찰을 대체할 목적으로 「경비업법」에 따른 특수경비원을 배치하는 경우
2. 청원경찰이 배치된 기관 · 시설 또는 사업장 등이 배치인원의 변동사유 없이 다른 곳으로 이전하는 경우

Ⅳ. 청원경찰의 임용 등

1. 임용권자 및 자격

청원경찰은 청원주가 임용하되, 임용을 할 때에는 미리 시 · 도경찰청장의 승인을 받아야 한다.

청원경찰의 자격은 18세 이상인 사람이어야 하고, 신체가 건강하고, 팔다리가 완전할 것, 시력(교정시력 포함)은 양쪽 눈이 각각 0.8 이상일 것 등이다.

---

13 청원경찰법 제4조, 청원경찰법 시행령 제2조. 대통령령 제35458호, 2025. 4. 22., 일부개정, 2025. 4. 22. 시행.

14 청원경찰법 제10조의5.

2. 청원주의 청원경찰 임용승인 신청 및 신고

청원경찰의 배치 결정을 받은 청원주는 배치결정통지를 받은 날부터 30일 이내에 배치 결정된 인원수의 임용예정자에 대하여 청원경찰 임용승인을 시·도경찰청장에게 신청하여야 한다.

청원주가 청원경찰을 임용한 경우 임용한 날부터 10일 이내에 그 임용사항을 관할 경찰서장을 거쳐 시·도경찰청장에게 보고하여야 한다. 청원경찰이 퇴직하였을 때에도 또한 같다.[15]

3. 청원경찰비용

청원주는 다음의 청원경찰경비를 부담하여야 한다.[16]

1. 청원경찰에게 지급할 봉급과 각종 수당
2. 청원경찰의 피복비
3. 청원경찰의 교육비

4. 의사에 반한 면직 금지

청원경찰은 형의 선고, 징계처분 또는 신체상·정신상의 이상으로 직무를 감당하지 못할 때를 제외하고는 그 의사(意思)에 반하여 면직(免職)되지 아니한다. 청원주가 청원경찰을 면직시켰을 때에는 그 사실을 관할 경찰서장을 거쳐 시·도경찰청장에게 보고하여야 한다.

5. 당연 퇴직

청원경찰이 다음에 해당할 때에는 당연퇴직된다.[17]

15 청원경찰법 시행령 제4조.

16 청원경찰법 제6조.

17 청원경찰법 제10조의6.

1. 「국가공무원법」 제33조의 공무원 결격사유에 해당하는 사람[18]
2. 청원경찰의 배치가 폐지되었을 때
3. 나이가 60세가 되었을 때. 다만, 그 날이 1월부터 6월 사이에 있으면 6월 30일에, 7월부터 12월 사이에 있으면 12월 31일에 각각 당연 퇴직된다.

Ⅴ. 청원경찰의 무기휴대

시·도경찰청장은 청원경찰이 직무를 수행하기 위하여 필요하다고 인정하면 청원주의 신청을 받아 관할 경찰서장으로 하여금 청원경찰에게 무기를 대여하여 지니게 할 수 있다.[19]

청원주가 소속 청원경찰이 휴대할 무기를 대여받으려는 경우에는 관할 경찰서장을 거쳐 시·도경찰청장에게 무기대여를 신청하여야 한다.

시·도경찰청장은 사전에 청원주로부터 국가에 기부채납된 무기에 한정하여 관할 경찰서장으로 하여금 무기를 대여하여 휴대하게 할 수 있다. 관할 경찰서장은 청원경찰의 무기관리 상황을 수시로 점검하여야 한다.

청원주 및 청원경찰은 무기관리수칙을 준수하여야 한다.[20]

Ⅵ. 청원경찰의 신분상 의무

청원경찰은 다음과 같은 신분상 의무를 부담한다.

---

18 청원경찰법 제10조의6. 단서조항
다만, 「국가공무원법」 제33조 제2호는 파산선고를 받은 사람으로서 「채무자 회생 및 파산에 관한 법률」에 따라 신청기한 내에 면책신청을 하지 아니하였거나 면책불허가 결정 또는 면책 취소가 확정된 경우만 해당하고, 「국가공무원법」 제33조제5호는 「형법」 제129조부터 제132조까지, 「성폭력범죄의 처벌 등에 관한 특례법」 제2조, 「아동·청소년의 성보호에 관한 법률」 제2조제2호 및 직무와 관련하여 「형법」 제355조 또는 제356조에 규정된 죄를 범한 사람으로서 금고 이상의 형의 선고유예를 받은 경우만 해당한다.
헌법재판소 2017헌가26, 2018. 1. 25., 선고. 단순위헌 판결로 개정, 반영함.

19 청원경찰법 제8조, 청원경찰법 시행령 제16조.

20 청원경찰법 시행규칙 제16조. 행정안전부령 제357호, 2022. 11. 10., 일부개정, 2022. 11. 10. 시행.

1. 쟁의행위의 금지

청원경찰은 파업, 태업 또는 그 밖에 업무의 정상적인 운영을 방해하는 일체의 쟁의행위를 하여서는 아니 된다.[21] 이를 위반하여 파업, 태업 또는 그 밖에 업무의 정상적인 운영을 방해하는 쟁의행위를 한 사람은 1년 이하의 징역 또는 1천만원 이하의 벌금에 처한다.[22]

2. 직권남용 금지 등

청원경찰이 직무를 수행할 때 직권을 남용하여 국민에게 해를 끼친 경우에는 6개월 이하의 징역이나 금고에 처한다.[23]

3. 이중적 지위

청원경찰은 형법이나 그 밖의 법령에 따른 벌칙을 적용할 때에는 공무원으로 본다.

4. 청원경찰의 불법행위에 대한 배상책임

청원경찰(국가기관이나 지방자치단체에 근무하는 청원경찰은 제외)의 직무상 불법행위에 대한 배상책임에 관하여는 민법의 규정을 따른다.

Ⅶ. 청원경찰의 직무상 의무

청원경찰은 직무를 수행할 때 소속 상관의 직무상 명령에 복종하여야 하며, 직장이탈금지의 의무, 재직 중은 물론 퇴직 후에도 직무상 알게 된 비밀을 엄수(嚴守)하여야 하며, 직무에 관하여 거짓으로 보고나 통보를 하여서는 아니 되며, 직무를 게을리하거나 유기(遺棄)해서는 아니 된다.[24]

청원경찰은 근무 중 제복을 착용하여야 한다. 청원경찰이 특수복장을 착용할

---

21 청원경찰법 제9조의4.

22 청원경찰법 제11조.

23 청원경찰법 제10조.

24 청원경찰법 제5조 제4항.

필요가 있을 때에는 청원주는 시·도경찰청장의 승인을 받아 특수복장을 착용하게 할 수 있다.[25]

Ⅷ. 지휘감독

청원주는 항상 소속 청원경찰의 근무상황을 감독하고, 근무수행에 필요한 교육을 하여야 한다.

시·도경찰청장은 청원경찰의 효율적인 운영을 위하여 청원주를 지도하며 감독상 필요한 명령을 할 수 있다.

Ⅸ. 과태료

시·도경찰청장은 다음에 해당하는 자에게는 500만원 이하의 과태료를 부과, 징수한다.

1. 시·도경찰청장의 배치 결정을 받지 아니하고 청원경찰을 배치하거나 청원경찰을 임용한 자
2. 정당한 사유 없이 경찰청장이 고시한 최저부담기준액 이상의 보수를 지급하지 아니한 자
3. 감독상 필요한 명령을 정당한 사유 없이 이행하지 아니한 자

Ⅹ. 권한위임

시·도경찰청장은 다음 권한을 관할 경찰서장에게 위임한다. 다만, 청원경찰을 배치하고 있는 사업장이 하나의 경찰서의 관할구역에 있는 경우로 한정한다.[26]

25 청원경찰법 시행령 제14조.

26 청원경찰법 제10조의3, 청원경찰법 시행령 제12조.

1. 청원경찰 배치의 결정 및 요청에 관한 권한
2. 청원경찰의 임용승인에 관한 권한
3. 청원주에 대한 지도 및 감독상 필요한 명령에 관한 권한
4. 과태료 부과·징수에 관한 권한

제8편

사복경찰의 직무영역

제 1 장

치안정보경찰

제 1 절 치안정보경찰의 의의

치안정보경찰(공공안녕정보경찰)이란 경찰목적을 달성하고자 사회전반에 대한 치안정보의 수집 및 집회시위 관리 등의 사전예방경찰작용을 말한다.[1]

치안정보경찰활동은 경찰업무 전반에 걸쳐 이루어질 수 있다. 우리나라의 경우 별도의 정보경찰 부서를 두고 있지만, 실제로는 업무의 성격상 외사·수사·보안 등의 기능에서도 소관사항과 관련한 치안정보를 수집한다.

제 2 절 치안정보경찰의 조직

Ⅰ. 경찰청

경찰청에 치안정보국을 두며, 국장 1인을 두고, 국장 밑에 정책관을 둔다.[2] 국장은 치안감 또는 경무관으로, 정책관은 경무관으로 보한다. 치안정보국에 치안정보상황과, 치안정보분석과 및 치안정보협력과, 외사정보과를 둔다. 각 과장은 총경으로 보한다.

① 치안정보상황과장은 다음 사항을 분장한다.

1 경찰법 제3조. 경찰관직무집행법 제2조.

2 경찰청과 그 소속기관 직제 제14조, 경찰청과 그 소속기관 직제 시행규칙 제11조.

1. 정보업무(외사정보 업무를 포함)에 관한 기획·지도 및 조정
2. 범죄·재난·공공갈등 등 공공안녕에 대한 위험의 예방과 대응을 위한 정보활동의 지도 및 이와 관련되는 법령·제도의 연구·개선
3. 집회·시위 등 공공갈등과 다중운집에 따른 질서 및 안전 유지에 관한 정보활동
4. 재해·재난으로 인한 위험의 예방과 대응을 위한 정보활동
5. 국가중요시설 및 주요 인사의 안전 및 보호에 관한 정보활동
6. 제3호부터 제5호까지에 준하는 정보활동
7. 그 밖에 국 내 다른 과의 주관에 속하지 않는 사항

② 치안정보분석과장은 다음 사항을 분장한다.

1. 국민의 생명·신체의 안전이나 재산의 보호 등 국민 생활의 평온과 관련된 정책에 관한 정보활동
2. 국가기관·지방자치단체·공공기관의 장이 요청한 사실확인에 관한 정보활동
3. 안전사고·민생침해사범 등 국민안전을 저해하는 위험 요인에 관한 정보활동
4. 국가기관·지방자치단체·공공기관의 장이 요청한 신원조사 및 기록관리
5. 제1호부터 제4호까지에 준하는 정보활동

③ 치안정보협력과장은 다음 사항을 분장한다.

1. 국민안전, 국가안보, 주요 인사·시설의 안전 관련 첩보의 수집 및 협력 업무
2. 국민생활의 평온과 관련된 정책 및 국가기관·지방자치단체·공공기관의 장이 요구하는 사실확인에 관한 첩보의 수집 및 협력 업무
3. 집회·시위 등 공공갈등과 그 밖의 공공안녕에 대한 위험의 예방과 대응을 위한 첩보의 수집 및 협력 업무

④ 외사정보과장은 다음 사항을 분장한다.

1. 외사정보 관련 정책·법령·기획·지도·조정 등에 관한 사항
2. 외사정보 제도 운영·교육 등 총괄
3. 외사첩보의 수집 및 협력 업무
4. 외사정보의 평가·분석 및 처리

Ⅱ. 시 · 도경찰청 및 경찰서

서울경찰청의 경우 공공안전차장(치안감) 하에 치안정보부(경무관)를 두고 그 밑에 정보분석과, 정보상황과, 외사과를 둔다.[3] 다른 시 · 도 경찰청은 공공안전부(경무관)에 치안정보과를 둔다. 각 과장은 총경으로 보한다. 경찰서의 경우 경찰서 등급에 따라 정보안보외사과 또는 공공안녕정보외사과를 두며, 과장은 경찰서 등급에 따라 총경, 경정 또는 경감으로 보한다.[4]

제 3 절 치안정보활동

Ⅰ. 치안정보활동의 의의

경찰관이 공공안녕에 대한 위험이 되는 정보를 수집, 작성, 배포하여 공공안녕에 대한 위험을 예방하고 대응하기 위하여 행하는 일련의 정보활동을 말한다.[5]

Ⅱ. 치안정보활동의 기본원칙 등

1. 필요최소한의 원칙

치안정보활동은 국민의 자유와 권리를 보호하는 것을 목적으로 해야 하며, 필요 최소한의 범위에 그쳐야 한다.[6]

2. 치안정보활동 금지 사항

경찰청장은 치안정보활동이 적법하게 이루어지도록 현장점검 · 교육 강화 방안

3 경찰청과 그 소속기관 직제 제39조, 제48조.

4 경찰청과 그 소속기관 직제 시행규칙 제50조. 제59조, 제74조 – 제75조.

5 경찰관의 정보수집 및 처리 등에 관한 규정 제1조, 대통령령 제31555호, 2021. 3. 23., 제정, 2021. 3. 23. 시행.

6 경찰관의 정보수집 및 처리 등에 관한 규정 제2조.

등을 수립·시행해야 한다.

경찰관은 치안정보활동과 관련하여 다음의 행위를 해서는 안 된다.

1. 정치에 관여하기 위해 정보를 수집 · 작성 · 배포하는 행위
2. 법령의 직무 범위를 벗어나 개인의 동향 등을 파악하기 위해 사생활에 관한 정보를 수집 · 작성 · 배포하는 행위
3. 상대방의 명시적 의사에 반해 자료 제출이나 의견 표명을 강요하는 행위
4. 부당한 민원이나 청탁을 직무 관련자에게 전달하는 행위
5. 직무상 알게 된 정보를 누설하거나 개인의 이익을 위해 사용하는 행위
6. 직무와 무관한 비공식적 직함을 사용하는 행위

Ⅲ. 치안정보활동의 범위

경찰관이 수집·작성·배포할 수 있는 치안정보의 구체적인 범위는 다음과 같다.[7]

1. 범죄의 예방과 대응에 필요한 정보
2. 「형의 집행 및 수용자의 처우에 관한 법률」 제126조의2 또는 「보호관찰 등에 관한 법률」 제55조의3에 따라 통보되는 정보의 대상자인 수형자 · 가석방자의 재범방지 및 피해자의 보호에 필요한 정보
3. 국가중요시설의 안전 및 주요 인사(人士)의 보호에 필요한 정보
4. 방첩 · 대테러활동 등 국가안전을 위한 활동에 필요한 정보
5. 재난 · 안전사고 등으로부터 국민안전을 확보하기 위한 정보
6. 집회 · 시위 등으로 인한 공공갈등과 다중운집에 따른 질서 및 안전 유지에 필요한 정보
7. 국민의 생명 · 신체 · 재산의 보호와 공공안녕에 대한 위험의 예방과 대응을 위한 정책에 관한 정보(해당 정책의 입안 · 집행 · 평가를 위해 객관적이고 필요한 사항에 관한 정보로 한정하며, 이와 직접적 · 구체적으로 관련이 없는 사생활 · 신조(信條) 등에 관한 정보 제외)
8. 도로 교통의 위해(危害) 방지 · 제거 및 원활한 소통 확보를 위한 정보
9. 「보안업무규정」 제45조제1항에 따라 경찰청장이 위탁받은 신원조사 또는 「공공기관

7 경찰관의 정보수집 및 처리 등에 관한 규정 제3조.

의 정보공개에 관한 법률」 제2조제3호에 따른 공공기관의 장이 법령에 근거하여 요청한 사실의 확인을 위한 정보
10. 그 밖에 제1호부터 제9호까지에서 규정한 사항에 준하는 정보

Ⅳ. 치안정보의 수집 및 사실의 확인 절차

1. 신분제시 등

경찰관은 치안정보를 수집하거나 정보의 수집·작성·배포에 수반되는 사실을 확인하려는 경우에는 상대방에게 자신의 신분을 밝히고 정보 수집 또는 사실 확인의 목적을 설명해야 한다. 이 경우 강제적인 방법을 사용해서는 안 된다.[8]

다만, 다음의 어느 하나에 해당하는 경우에는 신분을 밝히지 않을 수 있다.

1. 국민의 생명 · 신체의 안전이나 국가안보에 긴박한 위험이 발생할 우려가 있는 경우
2. 범죄의 대응을 위한 정보활동에 현저한 지장을 초래할 우려가 있는 경우

2. 비밀유지

경찰관은 치안정보를 제공하거나 사실을 확인해 준 자가 신분이나 처우와 관련하여 불이익을 받지 않도록 비밀유지 등 필요한 조치를 해야 한다.

3. 정보 수집 등을 위한 출입의 한계

경찰관은 다음의 장소에 상시적으로 출입해서는 안 되며, 치안정보활동을 위해 필요한 경우에 한정하여 일시적으로만 출입해야 한다.

1. 언론 · 교육 · 종교 · 시민사회 단체 등 민간단체
2. 민간기업
3. 정당의 사무소

8 경찰관의 정보수집 및 처리 등에 관한 규정 제4-제5조.

V. 치안정보의 작성 및 처리

1. 정보의 작성

경찰관은 수집한 정보를 작성할 때 객관적 사실에 기초해 중립적으로 작성해야 하며, 정치에 관여하는 등 특정한 목적을 가지고 그 내용을 왜곡해서는 안 된다.[9]

2. 수집 · 작성한 정보의 처리

경찰관은 수집 · 작성한 정보를 그 목적 외의 용도로 사용해서는 안 된다.

경찰관은 공공안녕에 대한 위험의 예방과 대응을 위해 필요한 경우에는 수집 · 작성한 정보를 관계 기관 등에 통보할 수 있다.

경찰관은 수집 · 작성한 정보가 그 목적이 달성되어 불필요하게 되었을 때에는 지체 없이 그 정보를 폐기해야 한다. 다만, 다른 법령에 따라 보존해야 하는 경우는 제외한다.

VI. 위법한 지시의 금지 및 거부

누구든지 정보활동과 관련하여 경찰관에게 경찰관의 정보수집 및 처리 등에 관한 규정과 그 밖의 법령에 반하여 지시해서는 안 된다. 경찰관은 명백히 위법한 지시라고 판단되는 경우에는 그 집행을 거부할 수 있다.

경찰관은 명백히 위법한 지시를 거부했다는 이유로 인사 · 직무 등과 관련한 어떠한 불이익도 받지 않는다.[10]

---

9 경찰관의 정보수집 및 처리 등에 관한 규정 제6조－제7조.

10 경찰관의 정보수집 및 처리 등에 관한 규정 제8조.

제 4 절 집회시위의 관리

Ⅰ. 집회시위관리의 의의

집회결사의 자유는 타인과의 소통(Communication)을 통해서 개성을 신장시키고, 의사를 형성하며, 집단적인 의사표현을 하며, 집단적인 형태로 공공의 이익을 추구함으로써 민주정치의 실현에 기여하는 국민의 기본권이라 할 수 있다.

집회결사의 자유는 다수인이 집단행동에 의하여 의사를 표현하는 것인 만큼 개인적인 행동의 경우보다 파급효과가 크다. 이러한 파급효과 때문에 공공의 안녕과 질서를 해하고 '법적 평화'를 깨뜨릴 위험성이 있다. 또한 폭력적인 시위행동으로 민주주의적 기본질서가 중대한 위협을 받을 수도 있다.

헌법 제21조는 제1항에 "모든 국민은 언론·출판의 자유 및 집회·결사의 자유를 갖는다"라고 규정한 데 이어 제2항에서 "언론·출판에 대한 허가나 검열과 집회결사에 대한 허가는 인정되지 않는다"라고 규정함으로써 집회 및 결사의 자유를 국민의 기본권으로 인정하고 있다.

국민의 기본권으로서의 집회결사의 자유와 민주주의의 기본질서 유지라는 이중적 목적을 달성하기 위해서 헌법 제37조 제2항은 "국민의 모든 자유와 권리는 국가안전보장, 질서유지 또는 공공복리를 위하여 필요한 경우에 한하여 법률로 제한할 수 있으며, 제한하는 경우에도 자유와 권리의 본질적인 내용을 침해할 수 없다"라고 규정하고 있다. 즉, 국가의 안전보장, 질서유지 또는 공공복리를 위하여 집회결사의 자유를 제한할 수 있는 근거를 제시하고 있는 것이다. 다만, 이 경우에도 자유와 권리의 본질적인 내용을 침해하지 않도록 하고 있다. 이에 따라 제정된 법률이 「집회 및 시위에 관한 법률」이다.

집회 및 시위에 관한 법률은 법률 제1245호로 1962년 12월 31일에 제정되어 17차례의 개정을 거쳤다.[11] 이 법은 정보경찰 및 경비경찰의 집회시위업무를 처리하는 근거법이 되며, 처벌규정을 두고 있다. 그리고 위헌판결이 반복되어 개정이 필요하나, 2026년 1월 현재에도 이루어지지 못하고 있다.

11 현행법은 법률 제17689호, 2020. 12. 22., 타법개정, 2021. 1. 1. 시행되고 있다.

Ⅱ. 용어의 정의

집회 및 시위에 관한 법률에서 사용하는 용어의 뜻은 다음과 같다.[12]

① **옥외집회**

천장이 없거나 사방이 폐쇄되지 아니한 장소에서 여는 집회를 말한다.

② **시 위**

시위란 여러 사람이 공동의 목적을 가지고 도로, 광장, 공원 등 일반인이 자유로이 통행할 수 있는 장소를 행진하거나 위력(威力) 또는 기세(氣勢)를 보여, 불특정한 여러 사람의 의견에 영향을 주거나 제압(制壓)을 가하는 행위를 말한다.

③ **주최자**(主催者)

자기 이름으로 자기 책임 아래 집회나 시위를 여는 사람이나 단체를 말한다. 주최자는 주관자(主管者)를 따로 두어 집회 또는 시위의 실행을 맡아 관리하도록 위임할 수 있다. 이 경우 주관자는 그 위임의 범위 안에서 주최자로 본다.

④ **질서유지인**

주최자가 자신을 보좌하여 집회 또는 시위의 질서를 유지하게 할 목적으로 임명한 자를 말한다.

⑤ **질서유지선**

관할 경찰서장이나 지방경찰청장이 적법한 집회 및 시위를 보호하고 질서유지나 원활한 교통 소통을 위하여 집회 또는 시위의 장소나 행진 구간을 일정하게 구획하여 설정한 띠, 방책(防柵), 차선(車線) 등의 경계 표지(標識)를 말한다.

⑥ **경찰관서**

국가경찰관서를 말한다.

---

12 집회 및 시위에 관한 법률 제2조.

Ⅲ. 집회시위의 원칙

1. 집회 및 시위에 대한 방해금지

누구든지 폭행, 협박, 그 밖의 방법으로 평화적인 집회 또는 시위를 방해하거나 질서를 문란하게 하여서는 아니 되며, 집회 또는 시위의 주최자나 질서유지인의 임무 수행을 방해하여서는 아니 된다.

집회 또는 시위의 주최자는 평화적인 집회 또는 시위가 방해받을 염려가 있다고 인정되면 관할 경찰관서에 그 사실을 알려 보호를 요청할 수 있다. 이 경우 관할 경찰관서의 장은 정당한 사유 없이 보호 요청을 거절하여서는 아니 된다.

2. 특정인 참가의 배제

집회 또는 시위의 주최자 및 질서유지인은 특정한 사람이나 단체가 집회나 시위에 참가하는 것을 막을 수 있다. 다만, 언론사의 기자는 출입이 보장되어야 하며, 이 경우 기자는 신분증을 제시하고 기자임을 표시한 완장을 착용하여야 한다.

3. 집회 및 시위의 금지

누구든지 다음에 해당하는 집회나 시위를 주최하여서는 아니되며, 금지된 집회 또는 시위를 할 것을 선전하거나 선동하여서는 아니 된다.[13]

1. 헌법재판소의 결정에 따라 해산된 정당의 목적을 달성하기 위한 집회 또는 시위
2. 집단적인 폭행, 협박, 손괴(損壞), 방화 등으로 공공의 안녕 질서에 직접적인 위협을 끼칠 것이 명백한 집회 또는 시위

13 집회 및 시위에 관한 법률 제5조.

Ⅳ. 옥외집회 및 시위의 신고

1. 신고 및 접수

① 신고서 접수

옥외집회나 시위를 주최하려는 자는 옥외집회나 시위를 시작하기 720시간 전부터 48시간 전에 관할 경찰서장에게 신고서를 제출하여야 한다. 다만, 옥외집회 또는 시위 장소가 두 곳 이상의 경찰서 관할에 속하는 경우에는 관할 시도경찰청장에게 제출하여야 하고, 두 곳 이상의 시도경찰청 관할에 속하는 경우에는 주최지를 관할하는 시도경찰청장에게 제출하여야 한다.[14]

다만, 학문, 예술, 체육, 종교, 의식, 친목, 오락, 관혼상제(冠婚喪祭) 및 국경행사(國慶行事)에 관한 집회에는 예외로 한다.[15]

14 집회 및 시위에 관한 법률 제6조 – 제7조.

15 집회 및 시위에 관한 법률 제15조.

옥외집회(시위 · 행진) 신고서

(앞 쪽)

접수번호	접수일자	처리기간 즉시

<table>
<tr><td rowspan="2">신고인</td><td>성 명(또는 직책)</td><td>생년월일</td></tr>
<tr><td colspan="2">주 소(전화번호 :)</td></tr>
</table>

<table>
<tr><td rowspan="4">집회
(시위 ·
행진)
개요</td><td>집회(시위 · 행진) 명칭</td></tr>
<tr><td>개최일시 년 월 일 시 분 ~ 년 월 일 시 분</td></tr>
<tr><td>개최장소</td></tr>
<tr><td>개최목적</td></tr>
</table>

<table>
<tr><td rowspan="13">관련자
정보</td><td rowspan="3">주최자</td><td rowspan="2">성명 또는 단체명</td><td>생년월일</td><td></td></tr>
<tr><td>직업</td><td></td></tr>
<tr><td colspan="3">주소(전화번호 :)</td></tr>
<tr><td rowspan="3">주관자</td><td rowspan="2">성명 또는 단체명</td><td>생년월일</td><td></td></tr>
<tr><td>직업</td><td></td></tr>
<tr><td colspan="3">주소(전화번호 :)</td></tr>
<tr><td rowspan="3">주최단체의
대표자</td><td rowspan="2">성명</td><td>생년월일</td><td></td></tr>
<tr><td>직업</td><td></td></tr>
<tr><td colspan="3">주소(전화번호 :)</td></tr>
<tr><td rowspan="3">연락
책임자</td><td rowspan="2">성명</td><td>생년월일</td><td></td></tr>
<tr><td>직업</td><td></td></tr>
<tr><td colspan="3">주소(전화번호 :)</td></tr>
<tr><td>질서유지인</td><td colspan="3">명</td></tr>
</table>

<table>
<tr><td rowspan="2">참가
예정</td><td>참가예정단체</td></tr>
<tr><td>참가예정인원</td></tr>
</table>

210㎜×297㎜[백상지 80g/㎡(재활용품)]

<table>
<tr><td rowspan="2">시위방법
및 진로</td><td>시위 방법(시위 대형, 구호제창 여부, 그 밖에 시위방법과 관련되는 사항 등)</td></tr>
<tr><td>시위 진로(출발지, 경유지, 중간 행사지, 도착지, 차도 · 보도 · 교차로의 통행방법 등)</td></tr>
</table>

참고사항	준비물(차량, 확성기, 입간판, 주장을 표시한 시설물의 이용여부와 그 수 등)

「집회 및 시위에 관한 법률」 제6조제1항 및 같은 법 시행규칙 제2조제1항에 따라 위와 같이 신고합니다.

년 월 일

신고인 (서명 또는 인)

경찰서장(시 · 도경찰청장) 귀하

② 접수증 교부

관할 경찰관서장은 신고서를 접수하면 신고자에게 접수 일시를 적은 접수증을 즉시 내주어야 한다.

③ 신고서의 보완 등

관할 경찰관서장은 신고서의 기재 사항에 미비한 점을 발견하면 접수증을 교부한 때부터 12시간 이내에 주최자에게 24시간을 기한으로 그 기재 사항을 보완할 것을 통고할 수 있다. 보완통고는 보완할 사항을 분명히 밝혀 서면으로 주최자 또는 연락책임자에게 송달하여야 한다.

④ 주최자의 신고의무

주최자는 신고한 옥외집회 또는 시위를 하지 아니하게 된 경우에는 신고서에 적힌 집회 일시 전에 관할 경찰관서장에게 그 사실을 알려야 한다. 위반시 100만원 이하 과태료에 처한다(제26조).

그림 1-1 옥외집회시위의 신고 처리절차

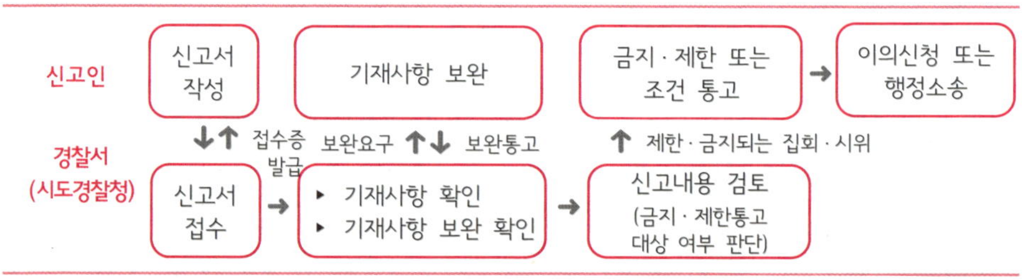

중복 집회를 이유로 한 금지통고를 위반한 집회 사건 처벌은 위법

대법원 2014.12.11. 선고 2011도13299 판결

집회의 신고가 경합할 경우 특별한 사정이 없는 한 관할경찰관서장은 집회 및 시위에 관한 법률(집시법) 제8조 제2항의 규정에 의하여 신고 순서에 따라 뒤에 신고된 집회에 대하여 금지통고를 할 수 있다.

다만, 이 경우 먼저 신고된 집회의 참여예정인원, 집회의 목적, 집회개최장소 및 시간, 집회 신고인이 기존에 신고한 집회 건수와 실제로 집회를 개최한 비율 등 먼저 신고된 집회의 실제 개최 가능성 여부와 양 집회의 상반 또는 방해가능성 등 제반 사정을 확인하여야 한다.

만약 먼저 신고된 집회가 다른 집회의 개최를 봉쇄하기 위한 허위 또는 가장 집회신고에 해당함이 객관적으로 분명해 보이는 경우에는, 뒤에 신고된 집회에 다른 집회금지 사유가 있는 경우가 아닌 한, 관할경찰관서장이 단지 먼저 신고가 있었다는 이유만으로 뒤에 신고된 집회에 대하여 집회 자체를 금지하는 통고를 하여서는 아니 되고, 설령 이러한 금지통고에 위반하여 집회를 개최하였다고 하더라도 그러한 행위를 집시법상 금지통고에 위반한 집회개최행위에 해당한다고 보아서는 아니 된다.

관혼상제 집회라 해도 목적을 벗어나면 신고서 제출의무 인정 ▎
대법원 2012.4.26. 선고 2011도6294 판결

… 집시법 제15조는 관혼상제 등에 관한 집회에는 옥외집회의 경우 사전에 신고서를 관할 경찰서장에게 제출하여야 한다는 집시법 제6조 등의 규정을 적용하지 아니한다고 규정하고 있다. 그러나 그 집회참가자들이 망인에 대한 추모의 목적과 그 범위 내에서 이루어지는 노제 등을 위한 이동·행진의 수준을 넘어서서 그 기회를 이용하여 다른 공동의 목적을 가지고 일반인이 자유로이 통행할 수 있는 장소를 행진하거나 위력 또는 기세를 보여, 불특정한 여러 사람의 의견에 영향을 주거나 제압을 하는 행위에까지 나아가는 경우에는, 이미 집시법이 정한 시위에 해당하므로 집시법 제6조에 따라 사전에 신고서를 관할 경찰서장에게 제출할 것이 요구된다고 보아야 한다.

2. 장소중복으로 금지된 주최자에게의 통보

④를 접수한 관할 경찰관서장은 장소중복으로 금지 통고를 한 집회나 시위의 주최자에게 타 집회시위 등이 취소되었음을 즉시 알려야 한다. 통지를 받은 주최자는 최초 신고대로 집회시위를 개최할 수 있다. 시기를 놓친 경우에는 일시를 새로 정하여 집회 또는 시위를 시작하기 24시간 전에 관할 경찰관서장에게 신고서를 제출하고 집회 또는 시위를 개최할 수 있다.

Ⅴ. 옥회집회 및 시위의 금지 및 제한

1. 옥외집회와 시위의 금지 시간

누구든지 해가 뜨기 전이나 해가 진 후에는 옥외집회 또는 시위를 하여서는 아니 된다. 다만, 집회의 성격상 부득이하여 주최자가 질서유지인을 두고 미리

신고한 경우에는 관할경찰관서장은 질서 유지를 위한 조건을 붙여 해가 뜨기 전이나 해가 진 후에도 옥외집회를 허용할 수 있다.[16]

이에 대하여 헌법재판소는 헌법불합치 또는 한정위헌 판결을 하였다.

[헌법불합치, 2008헌가25, 2009. 9. 24., 집회 및 시위에 관한 법률(2007. 5. 11. 법률 제8424호로 전부개정된 것) 제10조 중 '옥외집회' 부분 및 제23조 제1호 중 '제10조 본문의 옥외집회' 부분은 헌법에 합치되지 아니한다. 위 조항들은 2010. 6. 30.을 시한으로 입법자가 개정할 때까지 계속 적용된다.]

[한정위헌, 2010헌가2, 2014. 3. 27. 집회 및 시위에 관한 법률(2007. 5. 11. 법률 제8424호로 개정된 것) 제10조 본문 중 '시위'에 관한 부분 및 제23조 제3호 중 '제10조 본문' 가운데 '시위'에 관한 부분은 각 '해가 진 후부터 같은 날 24시까지의 시위'에 적용하는 한 헌법에 위반된다.

즉, 헌법재판소는 "해가 뜨기 전 옥외집회 금지"는 집회의 '사전 허가제'를 금지하는 헌법 정신에 따라, 헌법불합치 결정을 하고, 2010년 6월 30일까지 법을 개정하라고 국회에 요구한 것이다. 그러나 국회가 법을 개정하지 않아 이 조항은 효력을 상실했다. 따라서 현재 밤에 열리는 일반적인 집회는 원칙적으로 자유이다.[17]

또한 헌법재판소는 해가 진 후부터 해가 뜨기 전까지의 '시위'(행진 등 장소를 이동하는 행위)를 금지하는 것은 국민의 표현의 자유를 지나치게 침해하는 것임으로 적어도 자정(24시) 전까지의 야간 시위는 허용되어야 한다고 결정하였다. 따라서 야간 시위는 허용되나 교통 등의 질서유지를 위하여 관할 경찰서장이 제한하는 정도에 그치고 있다.

2. 옥외집회와 시위의 금지 장소

누구든지 다음의 어느 하나에 해당하는 청사 또는 저택의 경계 지점으로부터 100 미터 이내의 장소에서는 옥외집회 또는 시위를 하여서는 아니 된다.[18]

---

16 집회 및 시위에 관한 법률 제10조.

17 2026년 1월 현재까지도 개정되지 않았다.

18 집회 및 시위에 관한 법률 제11조.

1. 국회의사당. 다만, 다음의 어느 하나에 해당하는 경우로서 국회의 기능이나 안녕을 침해할 우려가 없다고 인정되는 때에는 그러하지 아니하다.
- 국회의 활동을 방해할 우려가 없는 경우
- 대규모 집회 또는 시위로 확산될 우려가 없는 경우
2. 각급 법원, 헌법재판소. 다만, 다음의 어느 하나에 해당하는 경우로서 각급 법원, 헌법재판소의 기능이나 안녕을 침해할 우려가 없다고 인정되는 때에는 그러하지 아니하다.
- 법관이나 재판관의 직무상 독립이나 구체적 사건의 재판에 영향을 미칠 우려가 없는 경우
- 대규모 집회 또는 시위로 확산될 우려가 없는 경우
3. 대통령 관저(官邸), 국회의장 공관, 대법원장 공관, 헌법재판소장 공관
4. 국무총리 공관. 다만, 다음의 어느 하나에 해당하는 경우로서 국무총리 공관의 기능이나 안녕을 침해할 우려가 없다고 인정되는 때에는 그러하지 아니하다.
- 국무총리를 대상으로 하지 아니하는 경우
- 대규모 집회 또는 시위로 확산될 우려가 없는 경우
5. 국내 주재 외국의 외교기관이나 외교사절의 숙소. 다만, 다음의 어느 하나에 해당하는 경우로서 외교기관 또는 외교사절 숙소의 기능이나 안녕을 침해할 우려가 없다고 인정되는 때에는 그러하지 아니하다.
- 해당 외교기관 또는 외교사절의 숙소를 대상으로 하지 아니하는 경우
- 대규모 집회 또는 시위로 확산될 우려가 없는 경우
- 외교기관의 업무가 없는 휴일에 개최하는 경우

이에 대하여 헌법재판소는 다음과 같이 결정하였다.

[2020. 6. 9. 법률 제17393호에 의하여 헌법재판소에서 헌법불합치 결정된 이 조 제1호 및 제3호를 개정함.]

[헌법불합치, 2018헌바48, 2019헌가1(병합), 2022.12.22,집회 및 시위에 관한 법률(2020. 6. 9. 법률 제17393호로 개정된 것) 제11조 제3호 중 '대통령 관저(官邸)' 부분 및 제23조 제1호 중 제11조 제3호 가운데 '대통령 관저(官邸)'에 관한 부분은 헌법에 합치되지 아니한다. 위 법률조항은 2024. 5. 31.을 시한으로 개정될 때까지 계속 적용된다.]

[헌법불합치, 2021헌가1, 2023.3.23, 1. 구 집회 및 시위에 관한 법률(2007. 5. 11. 법률 제8424호로 전부개정되고, 2020. 6. 9. 법률 제17393호로 개정되기 전의 것) 제11조

제2호 중 '국회의장 공관'에 관한 부분 및 제23조 제3호 중 제11조 제2호 가운데 '국회의장 공관'에 관한 부분은 헌법에 합치되지 아니한다. 법원 기타 국가기관 및 지방자치단체는 위 법률조항의 적용을 중지하여야 한다. 2. 집회 및 시위에 관한 법률(2020. 6. 9. 법률 제17393호로 개정된 것) 제11조 제3호 중 '국회의장 공관'에 관한 부분 및 제23조 제3호 중 제11조 제3호 가운데 '국회의장 공관'에 관한 부분은 헌법에 합치되지 아니한다. 위 법률조항은 2024. 5. 31.을 시한으로 개정될 때까지 계속 적용된다.]

즉 정리하면 다음과 같다.

표 1-1 헌법재판소의 집회 시위 금지 장소 헌법 불합치 결정

구분	대통령 관저 (2022.12.22 결정)	국회의장 공관(2023.3.23 결정)
결정 내용	헌법불합치	헌법불합치
잠정 적용	2024. 5. 31.까지 계속 적용	적용 즉시 중지(구법의 경우)
의미	새 법을 만들 때까지는 일단 금지 유지	즉시 법 적용을 멈추고 집회를 허용해야 함

2024년 6월 1일부터 해당 조항들(관저·공관 앞 100m 금지)은 자동으로 효력을 상실했다. 2026년 1월 현재 관련 법 조항 개정이 이루어지지 않아 대통령 관저나 국회의장 공관 앞 100m 이내에서도 집회가 가능하다.

3. 교통 소통을 위한 제한

관할경찰관서장은 대통령령으로 정하는 주요 도시의 주요 도로에서의 집회 또는 시위에 대하여 교통 소통을 위하여 필요하다고 인정하면 이를 금지하거나 교통질서 유지를 위한 조건을 붙여 제한할 수 있다.

집회 또는 시위의 주최자가 질서유지인을 두고 도로를 행진하는 경우에는 위에 따른 금지를 할 수 없다. 다만, 해당 도로와 주변 도로의 교통 소통에 장애를 발생시켜 심각한 교통 불편을 줄 우려가 있으면 위에 따른 금지를 할 수 있다.

Ⅵ. 집회 및 시위의 금지 또는 제한 통고

1. 금지통고

관할 경찰관서장은 신고된 옥외집회 또는 시위가 다음에 해당하는 때에는 신고서를 접수한 때부터 48시간 이내에 주최자에게 금지통고를 할 수 있다. 다만, 집회 또는 시위가 집단적인 폭행, 협박, 손괴, 방화 등으로 공공의 안녕 질서에 직접적인 위험을 초래한 경우에는 남은 기간의 해당 집회 또는 시위에 대하여 신고서를 접수한 때부터 48시간이 지난 경우에도 금지통고를 할 수 있다.[19]

1. 제5조제1항[20], 제10조 본문[21] 또는 제11조[22]에 위반된다고 인정될 때
2. 제7조제1항[23]에 따른 신고서 기재 사항을 보완하지 아니한 때
3. 제12조[24]에 따라 금지할 집회 또는 시위라고 인정될 때

---

19 집회 및 시위에 관한 법률 제8조.

20 **제5조(집회 및 시위의 금지)** ①누구든지 다음 각 호의 어느 하나에 해당하는 집회나 시위를 주최하여서는 아니 된다.
1. 헌법재판소의 결정에 따라 해산된 정당의 목적을 달성하기 위한 집회 또는 시위
2. 집단적인 폭행, 협박, 손괴(損壞), 방화 등으로 공공의 안녕 질서에 직접적인 위협을 끼칠 것이 명백한 집회 또는 시위

21 **제10조(옥외집회와 시위의 금지 시간)** 누구든지 해가 뜨기 전이나 해가 진 후에는 옥외집회 또는 시위를 하여서는 아니 된다. 다만, 집회의 성격상 부득이하여 주최자가 질서유지인을 두고 미리 신고한 경우에는 관할경찰관서장은 질서 유지를 위한 조건을 붙여 해가 뜨기 전이나 해가 진 후에도 옥외집회를 허용할 수 있다.

22 집회 및 시위에 관한 법률 제11조.

23 **제7조(신고서의 보완 등)** ① 관할경찰관서장은 제6조제1항에 따른 신고서의 기재 사항에 미비한 점을 발견하면 접수증을 교부한 때부터 12시간 이내에 주최자에게 24시간을 기한으로 그 기재 사항을 보완할 것을 통고할 수 있다.

24 **제12조(교통 소통을 위한 제한)** ① 관할경찰관서장은 대통령령으로 정하는 주요 도시의 주요 도로에서의 집회 또는 시위에 대하여 교통 소통을 위하여 필요하다고 인정하면 이를 금지하거나 교통질서 유지를 위한 조건을 붙여 제한할 수 있다.
② 집회 또는 시위의 주최자가 질서유지인을 두고 도로를 행진하는 경우에는 제1항에 따른 금지를 할 수 없다. 다만, 해당 도로와 주변 도로의 교통 소통에 장애를 발생시켜 심각한 교통 불편을 줄 우려가 있으면 제1항에 따른 금지를 할 수 있다.

2. 시간과 장소의 중복에 의한 금지 및 제한

관할 경찰관서장은 집회 또는 시위의 시간과 장소가 중복되는 2개 이상의 신고가 있는 경우 그 목적으로 보아 서로 상반되거나 방해가 된다고 인정되면 각 옥외집회 또는 시위 간에 시간을 나누거나 장소를 분할하여 개최하도록 권유하는 등 각 옥외집회 또는 시위가 서로 방해되지 아니하고 평화적으로 개최·진행될 수 있도록 노력하여야 한다.[25]

관할 경찰관서장은 위의 권유가 받아들여지지 아니하면 뒤에 접수된 옥외집회 또는 시위에 대하여 그 집회 또는 시위의 금지를 통고할 수 있다.

위에 따라 뒤에 접수된 옥외집회 또는 시위가 금지 통고된 경우 먼저 신고를 접수하여 옥외집회 또는 시위를 개최할 수 있는 자는 집회 시작 1시간 전에 관할 경찰관서장에게 집회 개최 사실을 통지하여야 한다.

3. 거주자나 관리자가 시설이나 장소의 보호를 요청하는 경우

다음에 해당하는 경우로서 그 거주자나 관리자가 시설이나 장소의 보호를 요청하는 경우에는 집회나 시위의 금지 또는 제한을 통고할 수 있다.

1. 신고장소가 다른 사람의 주거지역이나 이와 유사한 장소로서 집회나 시위로 재산 또는 시설에 심각한 피해가 발생하거나 사생활의 평온(平穩)을 뚜렷하게 해칠 우려가 있는 경우
2. 신고장소가 「초·중등교육법」 제2조에 따른 학교의 주변 지역으로서 집회 또는 시위로 학습권을 뚜렷이 침해할 우려가 있는 경우
3. 신고장소가 「군사기지 및 군사시설 보호법」 제2조제2호에 따른 군사시설의 주변 지역으로서 집회 또는 시위로 시설이나 군 작전의 수행에 심각한 피해가 발생할 우려가 있는 경우

4. 서면통보원칙

관할 경찰관서장은 집회 또는 시위의 금지 또는 제한 통고는 그 이유를 분명하게 밝혀 서면으로 주최자 또는 연락책임자에게 송달하여야 한다.

25 집회 및 시위에 관한 법률 제8조.

[별지 제6호서식] 〈개정 2020. 12. 31.〉

기 관 명

우○○○-○○○ 주소/전화( )○○○-○○○○/ 전송( )○○○-○○○○ ○○과 과장 ○○○ 담당자 ○○○

문서번호:
수 신:

<table>
<tr><td colspan="3">제 호
옥외집회(시위 · 행진) 금지 통고서</td></tr>
<tr><td colspan="2">① 신고서 접수번호</td><td>제 호</td></tr>
<tr><td colspan="2">② 명 칭</td><td></td></tr>
<tr><td colspan="2">③ 개최일시</td><td></td></tr>
<tr><td colspan="2">④ 개최장소</td><td></td></tr>
<tr><td rowspan="2">⑤주최자</td><td>주소</td><td></td></tr>
<tr><td>성명(단체명)</td><td></td></tr>
<tr><td colspan="3">위 옥외집회(시위 · 행진)는 다음의 사유로 「집회 및 시위에 관한 법률」 제8조(제1항 · 제3항 · 제5항)에 따라 금지함을 통고합니다.</td></tr>
<tr><td colspan="3">⑥ 금지의 근거 및 사유</td></tr>
<tr><td colspan="3">이 금지 통고에 대하여 이의가 있으면 이 금지 통고를 받은 날부터 10일 이내에 금지 통고를 한 경찰관서의 바로 위의 상급경찰관서의 장에게 이의를 신청할 수 있습니다.

년 월 일

경찰서장(시 · 도경찰청장) [인]</td></tr>
</table>

21026-26311일 210㎜×297㎜ [신문용지 54g/㎡(재활용품)]

<table>
<tr><td>제 호
수령증

년 월 일 시 분 옥외집회(시위 · 행진)의 금지 통고서를 수령하였습니다.

년 월 일

수령인 성명 (서명 또는 인)</td></tr>
</table>

Ⅶ. 집회 및 시위의 금지 통고에 대한 이의신청 등

1. 이의신청 기간

집회 또는 시위의 주최자는 금지통고를 받은 날부터 10일 이내에 해당 경찰관서의 바로 위의 상급 경찰관서의 장에게 이의를 신청할 수 있다.[26]

2. 이의신청 처리

이의신청을 받은 경찰관서장은 접수증을 이의신청인에게 즉시 내주고 접수한 때부터 24시간 이내에 재결을 하여야 한다. 이 경우 접수한 때부터 24시간 이내에 재결서를 발송하지 아니하면 관할 경찰관서장의 금지 통고는 소급하여 그 효력을 잃는다.

3. 금지통고가 위법부당한 경우 등

이의신청인은 금지통고가 위법하거나 부당한 것으로 재결되거나 그 효력을 잃게 된 경우 처음 신고한 대로 집회 또는 시위를 개최할 수 있다. 다만, 시기를 놓친 경우에는 일시를 새로 정하여 집회 또는 시위를 시작하기 24시간 전에 관할 경찰관서장에게 신고함으로써 집회 또는 시위를 개최할 수 있다.

Ⅷ. 집회시위 주최인 · 질서유지인 · 참가자의 의무

1. 질서유지인 임명

집회 또는 시위의 주최자는 집회 또는 시위의 질서 유지에 관하여 자신을 보좌하도록 18세 이상의 사람을 질서유지인으로 임명할 수 있다.

관할 경찰관서장은 집회 또는 시위의 주최자와 협의하여 질서유지인의 수(數)를 적절하게 조정할 수 있다.

집회나 시위의 주최자는 질서유지인의 수를 조정한 경우 집회 또는 시위를 개최하기 전에 조정된 질서유지인의 명단을 관할 경찰관서장에게 알려야 한다.

---

26 집회 및 시위에 관한 법률 제9조.

2. 확성기등 사용의 제한

집회 또는 시위의 주최자는 확성기 등을 사용하여 타인에게 심각한 피해를 주는 소음을 발생시켜서는 아니 된다.[27]

관할 경찰관서장은 집회 또는 시위의 주최자가 초과하는 소음을 발생시켜 타인에게 피해를 주는 경우에는 그 기준 이하의 소음 유지 또는 확성기등의 사용 중지를 명하거나 확성기 등의 일시보관 등 필요한 조치를 할 수 있다.

표 1-2 **확성기등의 소음기준**[단위: dB(A)][28]

<table>
<tr><th colspan="2" rowspan="2">소음도 구분</th><th rowspan="2">대상 지역</th><th colspan="3">시간대</th></tr>
<tr><th>주간(07:00~해지기 전)</th><th>야간(해진 후~24:00)</th><th>심야(00:00~07:00)</th></tr>
<tr><td rowspan="6">대상 소음도</td><td rowspan="3">등가소음도 (Leq)</td><td>주거지역, 학교, 종합병원</td><td>60 이하</td><td>50 이하</td><td>45 이하</td></tr>
<tr><td>공공도서관</td><td>60 이하</td><td colspan="2">55 이하</td></tr>
<tr><td>그 밖의 지역</td><td>70 이하</td><td colspan="2">60 이하</td></tr>
<tr><td rowspan="3">최고소음도 (Lmax)</td><td>주거지역, 학교, 종합병원</td><td>80 이하</td><td>70 이하</td><td>65 이하</td></tr>
<tr><td>공공도서관</td><td>80 이하</td><td colspan="2">70 이하</td></tr>
<tr><td>그 밖의 지역</td><td colspan="3">90 이하</td></tr>
</table>

비고

1. 확성기등의 소음은 관할 경찰서장(현장 경찰공무원)이 측정한다.
2. 소음 측정 장소는 피해자가 위치한 건물의 외벽에서 소음원 방향으로 1~3.5m 떨어진 지점으로 하되, 소음도가 높을 것으로 예상되는 지점의 지면 위 1.2~1.5m 높이에서 측정한다. 다만, 주된 건물의 경비 등을 위하여 사용되는 부속 건물, 광장·공원이나 도로상의 영업시설물, 공원의 관리사무소 등은 소음 측정 장소에서 제외한다.
3. 제2호의 장소에서 확성기등의 대상소음이 있을 때 측정한 소음도를 측정소음도로 하고, 같은 장소에서 확성기등의 대상소음이 없을 때 5분간 측정한 소음도를 배경소음도로 한다. 이 경우 배경소음도가 위 표의 등가소음도 기준보다 큰 경우에는 배경소음도의 소수점 첫째 자리에서 올림한 값을 등가소음도 기준으로 하고, 등가소음도 기준에서 20dB을 더한 값을 최고소음도 기준으로 한다.
4. 측정소음도가 배경소음도보다 10dB 이상 크면 배경소음의 보정 없이 측정소음도를 대상소음도로 하고, 측정소음도가 배경소음도보다 3.0~9.9dB 차이로 크면 아래 표의 보정치에 따라 측정소음도에서 배경소음을 보정한 소음도를 대상소음도로 하며, 측정소음도가 배경소음도보다 3dB 미만으로 크면 다시 한 번 측정소음도를 측정하고, 다시 측정하여도 3dB 미만으로 크면 확성기등의 소음으로 보지 아니한다.

27 집회 및 시위에 관한 법률 제14조.

3. 집회시위시 금지사항

집회 또는 시위의 주최자 및 질서유지인은 다음의 어느 하나에 해당하는 행위를 하여서는 아니 된다.[29]

1. 총포, 폭발물, 도검(刀劍), 철봉, 곤봉, 돌덩이 등 다른 사람의 생명을 위협하거나 신체에 해를 끼칠 수 있는 기구(器具)를 휴대하거나 사용하는 행위 또는 다른 사람에게 이를 휴대하게 하거나 사용하게 하는 행위
2. 폭행, 협박, 손괴, 방화 등으로 질서를 문란하게 하는 행위
3. 신고한 목적, 일시, 장소, 방법 등의 범위를 뚜렷이 벗어나는 행위

Ⅸ. 질서유지인 및 참가자의 준수사항

질서유지인은 참가자 등이 질서유지인임을 쉽게 알아볼 수 있도록 완장, 모자, 어깨띠, 상의 등을 착용하여야 한다.

집회나 시위에 참가하는 자는 주최자 및 질서유지인의 질서유지를 위한 지시에 따라야 한다.

또한 집회나 시위에 참가하는 자는 총포, 폭발물, 도검(刀劍), 철봉, 곤봉, 돌덩이 등 다른 사람의 생명을 위협하거나 신체에 해를 끼칠 수 있는 기구(器具)를 휴대하거나 사용하는 행위 또는 다른 사람에게 이를 휴대하게 하거나 사용하게 하는 행위를 하여서는 아니 된다. 또한 폭행, 협박, 손괴, 방화 등으로 질서를 문란하게 하는 행위를 하여서는 아니 된다.[30]

---

28 집회 및 시위에 관한 법률 시행령 제14조. 대통령령 제34796호, 2024. 8. 6., 일부개정, 2024. 8. 6. 시행.

29 집회 및 시위에 관한 법률 제16조 – 제17조.

30 집회 및 시위에 관한 법률 제18조.

X. 경찰관의 질서유지선 설정 및 출입

1. 질서유지선의 설정

관할 경찰관서장은 옥외집회신고를 받은 경우 집회 및 시위의 보호와 공공의 질서 유지를 위하여 필요하다고 인정하면 최소한의 범위를 정하여 질서유지선을 설정할 수 있다. 이 경우 주최자 또는 연락책임자에게 이를 알려야 한다.[31]

2. 옥외출입의 원칙

경찰관은 집회 또는 시위의 주최자에게 알리고 그 집회 또는 시위의 장소에 정복(正服)을 입고 출입할 수 있다. 다만, 옥내집회 장소에 출입하는 것은 직무 집행을 위하여 긴급한 경우에만 할 수 있다.

3. 경찰에의 협조의무

집회나 시위의 주최자, 질서유지인 또는 장소관리자는 질서를 유지하기 위한 경찰관의 직무집행에 협조하여야 한다.

XI. 집회 또는 시위의 종결 및 해산

1. 주최자측 종결

집회 또는 시위의 주최자는 질서를 유지할 수 없으면 그 집회 또는 시위의 종결(終結)을 선언하여야 한다.

2. 관할 경찰관서장의 해산명령

관할 경찰관서장은 다음의 어느 하나에 해당하는 집회 또는 시위에 대하여는 상당한 시간 이내에 자진(自進) 해산할 것을 요청하고 이에 따르지 아니하면 해산(解散)을 명할 수 있다.[32]

---

31 집회 및 시위에 관한 법률 제13조-제17조.

32 집회 및 시위에 관한 법률 제20조.

1. 집회시위의 금지대상 및 방법 등을 위반한 집회 또는 시위
2. 미신고를 집회 및 시위 하지 아니하거나, 금지된 집회 또는 시위
3. 교통 소통 등 질서 유지에 직접적인 위험을 명백하게 초래한 집회 또는 시위
4. 종결 선언을 한 집회 또는 시위
5. 주최자의 금지의무 사항 위반으로 질서를 유지할 수 없는 집회 또는 시위

3. 집회 또는 시위의 자진 해산의 요청 등

집회 또는 시위를 해산시키려는 때에는 관할 경찰관서장 또는 관할 경찰관서장으로부터 권한을 부여받은 국가경찰공무원은 다음의 순서에 따라야 한다. 다만, 집회·시위의 경우와 주최자·주관자·연락책임자 및 질서유지인이 집회 또는 시위 장소에 없는 경우에는 종결 선언의 요청을 생략할 수 있다.[33]

1. 종결 선언의 요청
주최자에게 집회 또는 시위의 종결 선언을 요청하되, 주최자의 소재를 알 수 없는 경우에는 주관자·연락책임자 또는 질서유지인을 통하여 종결 선언을 요청할 수 있다.
2. 자진 해산의 요청
제1호의 종결 선언 요청에 따르지 아니하거나 종결 선언에도 불구하고 집회 또는 시위의 참가자들이 집회 또는 시위를 계속하는 경우에는 직접 참가자들에 대하여 자진 해산할 것을 요청한다.
3. 해산명령 및 직접 해산
제2호에 따른 자진 해산 요청에 따르지 아니하는 경우에는 세 번 이상 자진 해산할 것을 명령하고, 참가자들이 해산명령에도 불구하고 해산하지 아니하면 직접 해산시킬 수 있다.

4. 참가자의 해산의무

집회 또는 시위가 해산 명령을 받았을 때에는 모든 참가자는 지체없이 해산하여야 한다.

33 집회 및 시위에 관한 법률 시행령 제17조.

XII. 집회 · 시위자문위원회

1. 자문대상

집회 및 시위의 자유와 공공의 안녕 질서가 조화를 이루도록 하기 위하여 각급 경찰관서에 다음의 사항에 관하여 각급 경찰관서장(경찰청장, 시·도경찰청장 및 경찰서장)의 자문 등에 응하는 집회·시위자문위원회를 둘 수 있다.[34]

1. 집회 또는 시위의 금지 또는 제한 통고
2. 이의신청에 관한 재결
3. 집회 또는 시위에 대한 사례 검토
4. 집회 또는 시위 업무의 처리와 관련하여 필요한 사항

2. 위원회 구성

위원회에는 위원장 1명을 두되, 위원장을 포함한 5명 이상 7명 이하의 위원으로 구성된다. 임기는 2년으로 한다.

위원장과 위원은 각급 경찰관서장이 전문성과 공정성 등을 고려하여 다음 의 사람 중에서 위촉한다.

1. 변호사
2. 교수
3. 시민단체에서 추천하는 사람
4. 관할 지역의 주민대표

위원회의 위원은 다음의 어느 하나에 해당하지 않아야 한다.[35]

1. 「공직선거법」에 따라 실시하는 선거에 후보자(예비후보자 포함)로 등록한 사람, 「공직선거법」에 따른 선거사무관계자 및 선거에 의하여 취임한 공무원, 「정당법」에 따

34 집회 및 시위에 관한 법률 제21조.

35 경찰청, 집회·시위 자문위원회 운영규칙 제6조, 경찰청예규, 제582호, 2021. 1. 22., 타법개정, 2021. 1. 22. 시행.

른 정당의 당원
2. 「청소년 보호법」 제2조제5호가목에 따른 청소년 출입·고용 금지업소 등 경찰 단속 대상 업소의 운영자 및 종사자
3. 경찰의 인가·허가 등과 관련하여 취소, 영업정지, 과징금 또는 과태료의 부과 등으로 이익 또는 불이익을 직접적으로 받는 개인 또는 법인·단체에 속한 사람 (사건이 개시되어 계류중인 경우에 한함)
4. 그 밖에 수사, 감사(監査), 단속 등의 대상인 개인 또는 법인·단체에 속한 사람 (사건이 개시되어 계류중인 경우에 한함)

위원은 다음에 해당하는 행위를 해서는 아니 되며, 이 경우 경찰관서장은 해당 위원을 해촉하여야 한다.[36]

1. 경찰인사 등 경찰의 고유 업무에 부당하게 개입하는 행위
2. 수사 중인 형사사건 등 각종 사건에 청탁·알선·개입하는 행위
3. 위원회의 업무와 관련하여 알게 된 비밀을 외부에 누설하는 행위

경찰관서장은 위원이 다음에 해당하는 경우에는 해당 위원을 해촉할 수 있다.

1. 위원회의 위원으로서 부적절한 처신 등으로 경찰과 위원회의 명예를 훼손한 경우
2. 정치적으로 편향된 언행·개입 등으로 물의를 야기한 경우
3. 위원으로서 직무수행이 불성실한 경우
4. 그 밖에 건강상태 등 위원의 직무를 수행할 수 없는 사유가 발생하여 본인이 희망하는 경우

36 경찰청, 집회·시위 자문위원회 운영규칙 제9조.

제 2 장

수사경찰

제 1 절 수사경찰의 의의

수사경찰이란 범죄의 실체적 진실을 밝히고, 범인을 검거하며, 증거를 수집하는 등 검사의 공소제기 및 유지를 위한 사법경찰활동을 말한다. 수사경찰작용은 범죄의 사후진압적 활동이다.[1]

수사경찰은 실체적 진실을 규명하고, 범죄인을 처벌하기 위하여 임의수사 및 강제수사의 방식을 형사소송법 및 경찰관직무집행법 등을 바탕으로 수사를 진행한다.

2020년 2월 4일 자 법률 제16924호 형사소송법[2] 개정 및 이어진 몇 차례 개정 및 검사와 사법경찰관의 상호협력과 일반적 수사준칙에 관한 규정[3] 등을 바탕으로 할 때 경찰과 검찰의 수사 및 재수사 요청, 기소권 등의 행사 관계는 다음과 같이 정리할 수 있다.

표 2-1 경찰과 검찰의 수사권 관련 변화(2021-2026.10.1.)

구분	개정 전	법률 제16924호	~2026. 10.1. 까지
기본 관계	상명하복	상호협력 관계	상호협력 관계 (유지)
검사의 직접 수사 범위	제한 없음	6대 중요범죄 한정 (부패, 경제, 공직자, 선거, 방위사업, 대형참사)	6대 중요범죄 + 마약, 조폭, 위증, 무고 등

1 경찰법 제3조. 경찰관직무집행법 제2조.

2 형사소송법 법률 제16924호, 2020. 2. 4., 일부개정, 2021. 1. 1. 시행.

3 검사와 사법경찰관의 상호협력과 일반적 수사준칙에 관한 규정, 대통령령 제33808호, 2023. 10. 17., 일부개정, 2023. 11. 1. 시행.

경찰에 대한 수사지휘	있음	폐지	폐지
수사종결권	검찰 독점	경찰에 1차 종결권 부여 (혐의없음 시 불송치)	경찰 1차 종결권 유지
불송치에 대한 이의신청권	없음	고소인, 고발인, 피해자 등 모두 이의신청 가능	고발인 이의신청권 삭제 (고소인, 피해자만 가능)
보완수사 주체	검사	원칙: 경찰이 보완수사 예외: 검사가 직접 가능	검사의 직접 보완수사 확대
별건수사 제한	규정 미비	별건수사 금지 원칙 신설	동일성 해치지 않는 범위

그런데 정부조직법[4]을 개정하여 검찰청을 폐지하고 공소청과 중대범죄수사청을 설치하는 방향으로 수사 및 기소권을 분리하는 로드맵을 추진하고 있다.

표 2-2 공소청과 중대범죄수사청 설치 추진 체계

구분	현행(검찰청법 체제)	개편 후(법률 제21065호 체제)
총괄	법무부 장관	법무부 장관(기소) / 행정안전부 장관(수사)
핵심 기관	검찰청(수사+기소)	공소청(기소 전담) 중대범죄수사청(수사 전담)
소속	법무부 외청	공소청 → 법무부 장관 소속 중대범죄수사청 → 행정안전부 장관 소속
인력 신분	검사(수사지휘, 수사, 기소)	공소청 → 공소관(영장청구, 기소, 공소유지) 중대범죄수사청 → 수사관(직접 수사)
견제 원리	검찰 내부 결재 라인 통제	기관 간 상호 견제 (행안부 산하 수사청이 수사하고, 법무부 산하 공소청이 기소 여부 통제)

4 정부조직법 법률 제21065호, 2025. 10. 1. 일부개정, 2025. 10. 1. 시행. 제35조, 제37조. 검찰청 개편은 1년 뒤인 2026.10.2.부터 그 효력을 발한다.

제 2 절 수사경찰의 조직

Ⅰ. 경찰청(국가수사본부)

범죄수사를 담당하기 위하여 경찰청에 국가수사본부를 둔다.[5] 국가수사본부장은 치안정감으로 보한다.[6]

국가수사본부는 경찰수사 관련 정책의 수립·총괄·조정, 경찰수사 및 수사 지휘·감독 기능을 수행한다. 국가수사본부에 수사국, 형사국, 안보수사국을 둔다. 국가수사본부장 밑에 수사기획조정관을 둔다.

그림 2-1 국가수사본부 조직

자료: 경찰청, https://www.police.go.kr/

5 경찰청과 그 소속기관 직제 제16조.

6 국가경찰과 자치경찰의 조직 및 운영에 관한 법률 제16조.

1. 수사기획조정관

수사경찰행정 및 주요 수사정책에 관한 업무의 총괄·지원 등을 위하여 국가수사본부장 밑에 수사기획조정관을 둔다. 수사기획조정관은 치안감으로 보한다. 수사기획조정관 밑에 수사기획담당관 및 수사심사정책담당관 각 1명을 둔다. 각 담당관은 총경으로 보한다.[7]

① 수사기획담당관은 다음 사항에 관하여 수사기획조정관을 보좌한다.

1. 수사경찰행정 및 주요 수사정책에 관한 종합계획의 수립 및 시행
2. 수사경찰 기구·인력 진단 및 관리
3. 수사경찰 배치에 관한 사항
4. 수사경찰 예산의 편성 및 배정
5. 수사경찰 장비에 관한 사항
6. 수사경찰 성과관리에 관한 사항
7. 수사공보 및 홍보에 관한 업무의 총괄·지원
8. 수사경과 등 자격관리제도의 계획 수립 및 운영
9. 수사경찰 교육훈련 및 역량 평가·관리
10. 경찰수사연수원의 운영에 관한 감독
11. 형사사법정보시스템(KICS) 운영 및 관리에 관한 사항
12. 범죄통계 관리, 범죄 동향 및 데이터 분석에 관한 사항
13. 그 밖에 국가수사본부 내 다른 국 또는 담당관의 주관에 속하지 않는 사항

② 수사심사정책담당관은 다음 사항에 관하여 수사기획조정관을 보좌한다.

1. 수사심의 관련 제도·정책의 수립 및 운영·관리
2. 외부위원이 참여하는 수사심의제도 운영에 관한 사항
3. 수사에 관한 민원처리 업무 총괄·조정
4. 경찰청 수사부서 대상 접수 이의사건의 조사·처리
5. 수사 관련 진정 및 비위사항의 조사·처리

7 경찰청과 그 소속기관 직제 제17조. 경찰청과 그 소속기관 직제 시행규칙 제13조.

6. 수사절차상 제도·정책(수사절차상 인권보호와 관련된 제도·정책은 제외한다)의 연구 및 운영에 관한 사항
7. 수사 관련 법령·규칙의 연구 및 관리
8. 수사심의제도 관련 유관기관과의 교류·협력에 관한 사항
9. 수사기법 연구 개발 및 개선에 관한 사무 총괄

2. 수사인권담당관

국가수사본부장 밑에 수사인권담당관 1명을 둔다. 수사인권담당관은 4급 또는 총경으로 보한다. 수사인권담당관은 다음에 관하여 국가수사본부장을 보좌한다.[8]

1. 수사절차상 인권보호와 관련된 제도·정책의 수립, 점검 및 지도
2. 수사인권 관련 유관기관과의 교류·협력에 관한 사항
3. 수사과정에서의 강제수사, 수갑 등 장구사용에 관한 사항
4. 유치장 운영 및 관리·감독에 관한 사항
5. 수사경찰 청렴도 평가 및 관리

3. 전기통신금융사기 통합대응단장

국가수사본부장 밑에 2028년 12월 31일까지 존속하는 한시조직으로 전기통신금융사기 통합대응단장을 둔다.[9] 전기통신금융사기 통합대응단장은 경무관으로 보한다. 전기통신금융사기 통합대응단장 밑에 2028년 12월 31일까지 존속하는 한시조직으로 데이터분석담당관을 둔다.

데이터분석담당관은 총경으로 보한다. 데이터분석담당관은 다음 사항을 분장한다.[10]

1. 전기통신금융사기등범죄에 대한 정보수집
2. 전기통신금융사기등범죄의 범행수단 관련 수사에 관한 사항
3. 전기통신금융사기등범죄에 이용된 범행 수단 분석·차단에 관한 사항

8 경찰청과 그 소속기관 직제 시행규칙 제15조.
9 경찰청과 그 소속기관 직제 제68조. 경찰청과 그 소속기관 직제 시행규칙 제82조.
10 경찰청과 그 소속기관 직제 제69조. 경찰청과 그 소속기관 직제 시행규칙 제83조.

4. 수사국

수사국에 국장 1명을 두고, 국장 밑에 사이버수사심의관 1명을 둔다. 국장은 치안감 또는 경무관으로 보하고, 심의관 1명은 경무관으로 보한다.[11] 사이버수사심의관은 사이버범죄 및 수사 사항에 관하여 수사국장을 보좌한다. 수사국에 경제범죄수사과, 반부패 · 공공범죄수사과, 중대범죄수사과, 범죄정보과, 사이버범죄수사과, 사이버테러대응과 및 디지털포렌식센터를 둔다. 각 과장 및 디지털포렌식센터장은 총경으로 보한다.

① 경제범죄수사과장은 다음 사항을 분장한다.

1. 다음 각 목의 사건에 관한 수사 지휘·감독
   가. 사기·횡령·배임 등 경제범죄 사건
   나. 문서·통화·유가증권·인장 등에 관한 범죄 사건
   다. 전기통신금융사기 범죄 사건
   라. 불법사금융, 보험사기 등 금융범죄 및 주가조작 등 기업범죄 사건
   마. 물가 및 공정거래, 지식재산권, 과학기술, 조세 관련 범죄 등 그 밖의 경제범죄 사건
2. 제1호에 규정된 사건에 관한 범죄현상 및 정보의 분석·연구·관리 및 정책·수사지침의 수립
3. 제1호에 규정된 사건에 관한 통계·기록물 관리 및 민원 접수·처리
4. 제1호에 규정된 사건에 관한 관계기관 공조 및 협조
5. 제1호에 규정된 사건에 관한 수사기법 개발, 지원 및 교육
6. 범죄수익 추적 및 보전 관련 수사 지휘·감독, 현장지원, 국제공조 및 유관기관 대응
7. 국 내 부서 간 업무 조정
8. 그 밖에 국 내 다른 과 및 센터의 주관에 속하지 않는 사항

② 반부패 · 공공범죄수사과장은 다음 사항을 분장한다.

1. 다음 각 목의 사건에 관한 수사 지휘·감독
   가. 증·수뢰죄, 직권남용·직무유기 등 부정부패범죄 및 공무원 직무에 관한 범죄 사건
   나. 「공직선거법」, 「정치자금법」 위반 등 선거범죄 및 정치 관계법률 위반 범죄 사건

11 경찰청과 그 소속기관 직제 제19조. 경찰청과 그 소속기관 직제 시행규칙 제16조.

다. 「집회 및 시위에 관한 법률」 위반 범죄 사건
라. 건설·환경·의료·보건위생·문화재 및 그 밖의 공공범죄 사건
2. 제1호에 규정된 사건에 관한 범죄현상 및 정보의 분석·연구·관리, 정책·수사지침 수립
3. 제1호에 규정된 사건에 관한 통계·기록물 관리, 민원 접수·처리
4. 제1호에 규정된 사건에 관한 관계기관 공조 및 협조
5. 제1호에 규정된 사건에 관한 수사기법 개발, 지원 및 교육
6. 국민권익위원회 이첩 사건 등 부정부패 신고민원 처리

③ 중대범죄수사과장은 다음 사항을 분장한다.

1. 국가수사본부장이 지휘하는 범죄 중 중대한 범죄의 첩보 수집 및 수사
2. 정부기관 등의 수사의뢰, 고발사건 중 중대한 범죄의 수사
3. 그 밖에 사회적 관심이 집중되거나 공공의 이익 또는 사회질서에 중대한 영향을 미칠 우려가 있는 범죄의 첩보 수집 및 수사

④ 범죄정보과장은 중요 범죄정보의 수집·분석 및 범죄정보 업무에 관한 기획·조정·지도·통제에 관한 사항을 분장한다.

⑤ 사이버범죄수사과장은 다음 사항을 분장한다.

1. 사이버 안전 확보를 위한 기획 및 관련 법령 제정·개정
2. 사이버범죄 관련 정보 수집·분석 및 배포에 관한 사항
3. 사이버범죄 통계 관리 및 분석
4. 사이버범죄 관련 국제 공조 및 협력
5. 사이버범죄 수사에 관한 기획
6. 사이버범죄 수사에 관한 지휘·감독
7. 사이버범죄 대응 수사전략 연구 및 계획 수립
8. 사이버범죄 신고·상담·제보
9. 사이버범죄 피해자 보호대책 수립 및 관계기관과의 협력 지원

⑥ 사이버테러대응과장은 다음 사항을 분장한다.

1. 사이버테러(해킹 등 정보통신망 침해 및 사이버공간에서의 안보 위협) 수사에 관한 기획

2. 사이버테러에 관한 수사
3. 사이버테러 수사에 관한 지휘·감독
4. 사이버테러 관련 정책의 수립·기획
5. 사이버테러 대응 전략 연구에 관한 사항
6. 사이버테러 관련 정보의 수집 및 분석
7. 사이버테러 관련 대내외 관계기관과의 협력·지원에 관한 사항
8. 사이버범죄 및 사이버테러 대응에 관한 연구·기획·집행

⑦ 디지털포렌식센터장은 다음 사항을 분장한다.

1. 디지털포렌식에 관한 기획·지도·조정
2. 디지털포렌식 관련 법령 및 제도의 연구·개선
3. 디지털포렌식 수행 및 지원
4. 디지털포렌식 기법 연구 및 개발
5. 디지털증거분석실 운영
6. 디지털증거분석관 교육·관리 및 지도
7. 디지털포렌식 관련 유관기관과의 협력

⑧ 2차가해범죄수사과

수사국에 2027년 12월 31일까지 존속하는 한시조직으로 2차가해범죄수사과를 둔다. 2차가해범죄수사과에 과장 1명을 두며, 과장은 총경으로 보한다.[12]

2차가해범죄수사과장은 다음 사항을 분장한다.

1. 2차가해범죄(범죄 · 재난 등 주요 사건·사고의 피해자 및 희생자에 대한 명예훼손·모욕 등) 예방을 위한 기획 · 연구 및 관련 법령 제정·개정
2. 2차가해범죄에 대한 수사
3. 2차가해범죄 수사에 관한 지휘·감독
4. 2차가해범죄 수사에 관한 기획·연구
5. 2차가해범죄 통계 관리 및 분석
6. 2차가해범죄 관련 정보 수집·분석
7. 2차가해범죄 피해자 보호대책 수립·지원 및 관련 기관·단체와의 협력

12 경찰청과 그 소속기관 직제 제70조. 경찰청과 그 소속기관 직제 시행규칙 제84조.

5. 형사국

형사국에 국장 1명을 두고, 국장 밑에 과학수사심의관 1명을 둔다. 국장은 치안감 또는 경무관으로 보하고, 과학수사심의관 1명은 경무관으로 보한다. 과학수사심의관은 과학수사의 기획 및 지도, 범죄감식 및 증거분석, 범죄기록 및 주민등록지문의 수집·관리 등에 대하여 국장을 보좌한다.

형사국에 강력범죄수사과·마약조직범죄수사과·여성청소년범죄수사과·과학수사기획과 및 과학수사분석과를 둔다. 각 과장은 총경으로 보한다.[13]

① 강력범죄수사과장은 다음 사항을 분장한다.

1. 다음 각 목의 사건에 관한 수사지휘·감독
   가. 살인·강도·절도 등 강력범죄 사건
   나. 폭력 사건
   다. 약취·유인·인신매매 사건
   라. 도박 사건
   마. 도주 사건
   바. 의료사고·화재사고·안전사고·폭발물사고 사건
   사. 교통사고 및 교통 관련 범죄 사건
2. 제1호의 사건에 관한 범죄현상 및 정보의 분석·연구·관리, 정책·수사지침 수립
3. 제1호에 규정된 사건에 관한 통계·기록물 관리, 민원 접수·처리
4. 제1호에 규정된 사건에 관한 관계기관 공조 및 협조
5. 제1호에 규정된 사건에 관한 수사기법 개발, 지원 및 교육
6. 그 밖에 국 내 다른 과의 주관에 속하지 않는 사항

② 마약조직범죄수사과장은 다음 사항을 분장한다.

1. 마약류범죄 및 조직범죄 사건에 대한 수사 지휘·감독
2. 제1호에 규정된 사건과 외국인범죄에 대한 범죄현상 및 정보의 분석·연구·관리, 정책·수사지침 수립
3. 제1호에 규정된 사건과 외국인범죄에 대한 국내외 유관기관과의 교류 및 협력
4. 제1호에 규정된 사건과 외국인범죄에 대한 통계·기록물 관리, 민원 접수·처리
5. 제1호에 규정된 사건과 외국인범죄에 대한 수사기법 개발

13 경찰청과 그 소속기관 직제 제20조. 경찰청과 그 소속기관 직제 시행규칙 제17조.

③ 여성청소년범죄수사과장은 다음 사항을 분장한다.

1. 다음 각 목의 사건에 관한 수사지휘·감독
   가. 성폭력, 아동·청소년 대상 성매매 사건
   나. 가정폭력, 학교폭력, 소년범죄, 아동학대, 실종 사건
   다. 스토킹·데이트폭력 사건
2. 제1호에 규정된 사건에 관한 범죄현상 및 정보의 분석·연구·관리, 정책·수사지침 수립
3. 제1호에 규정된 사건에 관한 통계·기록물 관리, 민원 접수·처리
4. 제1호에 규정된 사건에 관한 관계기관 공조 및 협조
5. 제1호에 규정된 사건에 관한 수사기법 개발, 지원 및 교육

④ 과학수사기획과장은 다음 사항을 분장한다.

1. 과학수사 기획 및 지도
2. 과학수사 관련 국내외 기관과의 교류 및 협력
3. 범죄감식, 범죄분석 및 증거수집

⑤ 과학수사분석과장은 다음 사항을 분장한다.

1. 수사기법·과학수사 장비의 연구·개발 및 개선에 관한 사무 총괄
2. 범죄경력자료·수사경력자료 및 지문자료 등의 수집·관리에 관한 사무 총괄
3. 증거분석·감정에 관한 사무 총괄

Ⅱ. 시·도경찰청 및 경찰서

서울경찰청의 경우 수사차장 하에 수사부와 광역수사단을 둔다. 부장과 단장은 경무관으로 보한다. 수사부에 수사과, 형사과, 사이버수사과, 과학수사과를 둔다. 각 과장은 총경으로 보한다. 다만, 과학수사과장은 서기관·연구관 또는 총경으로 보한다. 광역수사단에 반부패범죄수사대·공공범죄수사대·금융범죄수사대·마약범죄수사대 및 형사기동대를 둔다. 각 대장은 총경으로 보한다.[14]

다른 시도경찰청은 수사부(경무관) 밑에 수사과, 형사과, 형사기동대, 사이버수

14 경찰청과 그 소속기관 직제 제44조, 제45조, 제53조, 제56조, 제56조의2, 경찰청과 그 소속기관 직제 시행규칙 제40조, 제40조의2, 제50조, 제74조.

사과를 둔다. 각 과장과 대장은 총경으로 보한다.

경찰서의 경우 경찰서 등급에 따라 수사과와 형사과를 두거나 수사과를 갈음하여 수사1과 · 수사2과 · 형사과를 두거나 수사과만 두기도 한다. 과장은 경찰서 등급에 따라 총경, 경정 또는 경감으로 보한다.

제 3 절 수사경찰 인사관리

Ⅰ. 수사경찰의 의의 및 배치부서

1. 의 의

수사경찰이란 수사경찰 배치부서에서 근무하는 경찰을 말한다.[15]

2. 배치부서

1. 경찰청 수사기획조정관의 업무지휘를 받고 있는 경찰관서의 수사부서
2. 경찰청 수사국장의 업무지휘를 받고 있는 경찰관서의 수사부서
3. 경찰청 형사국장의 업무지휘를 받고 있는 경찰관서의 수사부서
4. 경찰청 사이버수사국장의 업무지휘를 받고 있는 경찰관서의 수사부서
5. 경찰청 과학수사관리관의 업무지휘를 받고 있는 경찰관서의 수사부서
6. 경찰청 안보수사국장의 업무지휘를 받고 있는 경찰관서의 수사부서
7. 경찰청 생활안전국장의 업무지휘를 받고 있는 경찰관서의 지하철범죄 및 생활질서사범 수사부서
8. 경찰교육기관의 수사직무 관련 학과
9. 국립과학수사연구원 등 직제상 정원에 경찰공무원이 포함되어 있는 정부기관 내 수사관련 부서
10. 「국가공무원법」 제32조의4 및 「경찰공무원임용령」 제30조 규정에 따른 수사경찰 파견근무 부서
11. 기타 경찰청장이 특별한 필요에 따라 지정하는 부서

15 수사경찰 인사운영규칙 제3조, 경찰청훈령 제1039호, 2021. 11. 23., 타법개정, 2021. 11. 23. 시행.

Ⅱ. 수사경찰의 인사운영 원칙

1. 수사경과자의 배치

수사경과자의 배치 및 전보 등은 다음의 원칙을 준수하여야 한다.[16]

① **수사부서**

배치부서 제1호부터 제5호 및 제7호부터 제8호에는 수사경과자만을 배치한다. 해당부서 근무경력, 교육훈련, 적성, 전문성을 고려하여야 한다. 다만 수사경과자가 부족한 경우에는 예외적으로 일반경과자를 배치할 수 있다.

다만, 필수현장 보직자는 위 제1호부터 제7호까지의 부서에 배치할 수 있고, 경찰간부후보생 공개경쟁선발시험의 세무·회계 및 사이버 분야로 채용된 경위는 필수현장 보직 기간 만료 후 3년간 제2호 및 제4호의 부서에 배치할 수 있다.

② **전문수사관 등**

전문수사관으로 인증된 사람은 해당 인증분야에 우선적으로 보임하여야 한다. 또한 수사경찰 중 승진으로 인한 전보 대상자가 있는 경우, 관련업무의 연속성을 유지하기 위해 부득이한 경우에 한하여 전보를 유보할 수 있다.

③ **신규채용자**

수사경과에 한정되어 신규채용된 사람은 5년 간 채용 목적부서에 배치하여야 한다. 다만, 수사경과자가 경과해제 시기 이전에 수사부서 이외의 부서에 전보할 필요가 있는 경우에는 소속부서장은 시·도경찰청장의 승인을 받아야 한다.

2. 수사경과자의 보직관리 및 전보

① **수사부서 배치원칙**

수사경과자는 수사부서에 배치한다. 다만, 수사경과자의 수가 해당부서의 정원을 초과하는 경우에는 그 외의 부서에 배치할 수 있다.

수사경찰의 전보는 부서장이 기타 각 호 부서장의 추천을 받아 임용권자에게 통합하여 추천한다. 다만 기타 각 호의 부서장은 특별한 사유가 있는 경우 별도

16 수사경찰 인사운영규칙, 제4조－제9조.

로 임용권자에게 추천할 수 있다.

② **과·팀장 자격제**

제1호－제5호의 수사부서(경찰청 및 시·도경찰청 수사부서와 제3호 중 경찰서 여성청소년대상범죄 및 교통범죄 수사부서는 제외)의 과장은 최근 10년간을 기준으로 다음의 어느 하나에 해당하는 사람 중 수사 지휘역량의 심사를 거쳐 보임한다.[17]

1. 총 수사경력 6년 이상 또는 해당 죄종별 수사경력 3년 이상인 사람
2. 총 수사경력 3년 이상의 변호사 자격증 소지자

제1호－제5호의 수사부서 팀장은 최근 10년간을 기준으로 다음의 어느 하나에 해당하는 사람 중 수사 지휘역량의 심사를 거쳐 보임한다.

1. 총 수사경력 5년 이상 또는 해당 죄종별 수사경력 2년 이상인 사람
2. 총 수사경력 2년 이상의 변호사 자격증 소지자
3. 책임수사관 또는 전임수사관 자격을 부여받은 사람

③ **인사운영의 특칙**

경정 이하의 경찰공무원으로서 변호사, 공인회계사의 전문자격이 있는 사람은 수사부서에 배치할 수 있다.

Ⅲ. 수사경과자 선발 및 수사경과 관리

1. 선　발

① **선발원칙**

수사경과자는 경정 이하 경찰공무원 중에서 선발하는 것을 원칙으로 한다.[18]

수사경과자의 선발인원은 수사경찰의 전문성 향상과 인사운영의 효율성 등을 고려하여 수사부서 총정원의 1.5배의 범위 내에서 경찰청장이 정한다.

17 수사경찰 인사운영규칙 제9조.

18 수사경찰 인사운영규칙, 제10조－제11조.

② 선발방식

수사경과자는 다음의 어느 하나의 방식을 통해 선발한다.

1. 수사경과자 선발시험 합격
2. 수사경과자 선발교육 이수
3. 경찰관서장의 추천

❶ 선발시험[19]

선발시험은 매년 1회 실시하며, 시험 실시 15일 전까지 일시·장소 등 필요한 사항을 공고하여야 한다. 과목은 범죄수사에 관한 법령 및 이론, 수사실무를 포함한 2개 이상으로 하며, 선택형으로 실시하는 것을 원칙으로 하되, 기입형을 포함할 수 있다. 선발시험 합격자는 매과목 40% 이상 득점한 사람 중에서 선발 예정인원을 고려하여 고득점자순으로 결정한다.

선발시험에서 부정행위를 한 사람은 당해 시험을 정지 또는 무효로 하며, 향후 5년 간 선발시험에 응시할 수 없다.

❷ 선발교육[20]

선발교육은 범죄수사에 관한 법령 및 이론, 수사실무를 포함하여 수사업무에 필요한 사항을 내용으로 2주 이상의 기간 동안 경찰수사연수원에서 실시한다.

❸ 경찰관서장의 추천[21]

경찰관서장은 수사경과를 부여받지 못한 소속 수사부서 근무자 중 근무경력·수사역량 및 의지 등을 고려하여 수사경과 선발심사대상자로 적합하다고 인정하는 사람을 시·도경찰청장에게 추천할 수 있다.

2. 수사경과 관리

① 수사경과의 부여

경찰청장은 다음에 해당되는 사람에 대하여 수사경과를 부여한다.[22]

19 수사경찰 인사운영규칙 제12조의2.

20 수사경찰 인사운영규칙 제12조의3.

21 수사경찰 인사운영규칙 제12조의4.

22 수사경찰 인사운영규칙 제13조.

1. 선발방식에 따라 선발된 사람
2. 수사전문성 확보를 위해 경력경쟁채용시험으로 신규채용된 사람
3. 변호사·공인회계사 및 이에 준하는 자격을 취득한 사람이 그 자격을 취득한 날로부터 3년 이내 수사경과 부여를 요청하는 경우

위에 해당하는 사람이 다음과 같이 전과가 제한되는 경우 그 제한이 해소되는 때에 수사경과로 전과된다.

1. 현재 경과를 부여받고 1년이 지나지 아니한 사람
2. 특정한 직무분야에 근무할 것을 조건으로 채용된 경찰공무원으로서 채용 후 5년이 지나지 아니한 사람

② **수사경과 부여 제외 대상**

수사경과 부여일을 기준으로 다음에 해당하는 사람은 수사경과자 부여 대상에서 제외한다.

1. 직무와 관련한 청렴의무위반·인권침해 또는 부정청탁에 따른 직무수행으로 징계처분을 받은 경우, 그 사유가 있은 날부터 5년이 경과되지 않은 사람
2. 위와 다른 사유로 징계처분을 받은 경우, 그 사유가 있은 날부터 3년이 경과하지 않은 사람
3. 그 밖에 수사업무 능력이 부족한 경우 등 경찰청장이 정하는 사유에 해당하는 사람

다음 사유로 수사경과가 해제된 사람은 수사경과가 해제된 날부터 3년이 경과하지 않은 경우 수사경과 부여 대상에서 제외한다.

1. 5년간 연속으로 수사경찰근무부서 외의 부서에서 근무하는 경우
2. 인권침해, 편파수사를 이유로 다수의 진정을 받는 등 공정한 수사업무 수행을 기대하기 곤란한 경우
3. 수사업무 능력·의욕이 현저하게 부족한 경우
4. 수사경과 해제를 희망하는 경우

③ 수사경과의 유효기간 및 갱신

수사경과 유효기간은 수사경과를 부여일 또는 갱신일로부터 5년으로 한다.[23]

수사경과자는 수사경과 유효기간 내에 다음의 어느 하나에 해당하는 방법으로 언제든지 수사경과를 갱신할 수 있다. 다만, 휴직 등 경찰청장이 정하는 사유로 수사경과 갱신을 할 수 없는 경우에는 그 연기를 받을 수 있다.

1. 경찰청장이 지정하는 수사 관련 직무교육 이수(사이버교육 포함)
2. 수사경과 갱신을 위한 시험에 합격

수사경과자가 수사경과 유효기간 내에 다음의 어느 하나를 충족한 경우 수사경과를 갱신한 것으로 본다.

1. 책임수사관 자격을 부여받은 경우
2. 전문수사관 또는 전문수사관 마스터로 인증된 경우
3. 50세 이상으로 수사부서에서 근무한 기간의 합이 10년 이상인 경우
4. 수사경찰근무부서에서 최근 3년 간 치안종합성과평가의 개인등급이 최상위 등급인 경우

책임수사관제[24]

경찰은 2023년 9월 현재 203명의 책임수사관을 지정하였다. 경찰은 2020년 수사관들이 수사역량을 높이는 데 더욱 매진할 수 있도록 역량에 따라 자격 등급을 부여하는 「수사관 자격관리제도」를 마련하였고, '책임수사관'은 그중 가장 높은 단계로 과장, 탐장, 주요수사담당자의 지위를 부여받는다.

책임수사관은 수사·형사·사이버 3개 분야가 있으며, 수사기록을 토대로 법률검토, 지휘역량 등을 평가하는 서술형 시험과 수사역량·청렴성 등을 심사하는 자격 심사를 거쳐 선발한다.

① 자격 요건: 수사부서에서 근무 중인 수사경력 10년 이상(변호사 자격증 소지자는 5년)의 전임수사관이어야 한다.

② 선발 시험: 수사기록을 토대로 ▵ 법률적용 ▵ 수사지휘서·강제수사서류 등 작성 ▵ 인

23 수사경찰 인사운영규칙 제14조.

권보호 등 수사역량을 종합적으로 평가 (주관식 서술형 시험)
③ 자격 심사: 수사경력 자료를 바탕으로 수사역량·청렴성 등 적격 심사

2020년 제1회 책임수사관 선발한 이후 2023년 9월까지 총 203명의 책임수사관을 선발하였고, 이 중 8명은 2개 분야에 중복으로 합격하여 2개 분야 책임수사관 자격을 보유하고 있다.

- (책임수사관 선발 현황) ▵제1회 91명 ▵제2회 66명 ▵제3회 21명 ▵제4회 25명
- (분야별 선발 현황) ▵수사 분야 84명 ▵형사 분야 105명 ▵사이버 분야 14명
- (중복 자격취득 현황) ▵제2회 3명 ▵제3회 4명 ▵제4회 1명

④ 해제사유

다음의 어느 하나에 해당하는 경우에는 수사경과를 해제하여야 한다.[25]

1. 직무와 관련한 청렴의무위반·인권침해 또는 부정청탁에 따른 직무수행으로 징계처분을 받은 경우
2. 5년간 연속으로 수사경찰근무부서외의 부서에서 근무하는 경우
3. 유효기간 내에 갱신이 되지 않은 경우

다음의 어느 하나에 해당하는 경우에는 수사경과를 해제할 수 있다.

1. 위 제1호 외의 사유로 징계처분을 받은 경우
2. 인권침해, 편파수사를 이유로 다수의 진정을 받는 등 공정한 수사업무 수행을 기대하기 곤란한 경우
3. 수사업무 능력·의욕이 현저하게 부족한 경우
4. 수사경과 해제를 희망하는 경우

24 경찰청, 경찰청, 올해 책임수사관 25명 선발, 2023년 9월 12일자 보도.
25 수사경찰 인사운영규칙 제15조.

Ⅳ. 수사경과심사위원회

1. 수사경과심사위원회의 구성 및 운영

수사경과자 선발 및 수사경과 부여·해제 등에 관한 사항을 심사하기 위해 경찰청 및 시·도경찰청에 수사경과심사위원회를 둔다.[26]

위원회는 위원장 1명을 포함한 5명 이상 9명 이내의 위원으로 「양성평등기본법」에 따라 성별을 고려하여 구성한다.

위원장은 시·도경찰청 수사담당 부장(경찰청의 경우에는 수사기획조정관, 수사담당 부장이 없는 시·도경찰청의 경우에는 수사과장)으로 하고, 위원은 수사부서 소속 경찰공무원 중에서 위 위원회가 설치된 경찰기관의 장이 지정하는 사람으로 한다.

회의는 연 2회 정기적으로 개최하되, 위원장이 필요하다고 인정하는 경우에는 수시로 소집할 수 있다.

2. 심사 대상자의 출석 및 진술, 이의제기

수사경과 심사 대상자는 위원회에 출석하여 의견을 진술하거나 서면으로 의견을 제출할 수 있다.[27] 경찰청장 및 시·도경찰청장은 위원회의 수사경과자 선발 및 수사경과 부여·해제 등에 관한 의결이 있을 때에는 지체없이 그 결과 및 사유를 통지하여야 한다.

통지받은 날로부터 7일 이내에 경찰청장 또는 시·도경찰청장에게 이의를 신청할 수 있고, 이의신청이 있을 때에는 지체없이 위원회에서 그 수용 여부를 판단하여야 한다.

26 수사경찰 인사운영규칙 제16조.

27 수사경찰 인사운영규칙 제17조－제19조.

제 4 절 전문수사관제

Ⅰ. 전문수사관제의 의의

경찰은 수사의 전문성 강화를 위하여 해당 수사분야에 일정한 자격 요건을 갖춘 사람을 전문수사관으로 인증하여 지속적으로 업무역량을 개발할 수 있도록 운영하고 있다.[28]

전문수사관이란 경찰청장으로부터 수사업무능력을 인증 받은 사람을 말한다.

전문수사관은 다음의 분야별로 구분하여 인증한다.

1. 죄종 분야
2. 기법 분야
3. 증거분석 분야

경찰청장은 신종범죄에 대한 대응력 확보 등을 위해 필요한 경우 인증 분야를 추가 또는 변경할 수 있다.

Ⅱ. 전문수사관 인증 등급

전문수사관은 2개 등급으로 구분하여 인증한다.[29]

1. 전문수사관: 독자적으로 해당분야의 수사업무를 수행할 수 있는 사람
2. 전문수사관 마스터: 해당분야의 전문가로서 관련 분야 종사자를 대상으로 수사업무와 관련된 자문 및 교육을 할 수 있는 사람

28 전문수사관운영규칙 제1조－제17조. 경찰청훈령 제952호, 2019. 9. 26., 일부개정, 2019. 9. 26. 시행.

29 전문수사관운영규칙 제4조.

경찰청, 전문수사역량 강화를 위한
2022년 전문수사관 선발 예정
-올해 사물인터넷 기기 포렌식 등 3개 분야 신설-

경찰청 국가수사본부는 다양한 전문 수사 인력을 발굴하고 경찰의 수사전문성 강화를 위하여 「2022년 전문수사관인증」 절차를 시작한다. 9월 1일부터 15일간 신청 기간을 거쳐 11월 최종 합격자를 선발할 예정이다.

2005년 도입된 전문수사관 제도는 '수사경과제도'와 함께 수사 경찰의 전문적 역량계발을 유도하는 방안으로 운영됐으며, 사회·과학기술의 변화에 따른 신종범죄에 대응하기 위하여 지속해서 전문분야를 확대하였다. 현재 100개 분야 4,292명의 수사관이 5,043건의 전문수사관 인증을 보유하고 있다.

※ (인증분야수 추이) 88개('18년)→ 90개('19년)→ 100개('21년)→ 103개('22년)

〈2022년 전문수사관 인증 개요〉

▸ <인증 분야> 총103개 분야(죄종 83개, 기법 7개, 증거분석 13개)

신설분야	분류	신설배경
변사사건	죄종분야 (형사)	자살·사고사로 위장한 범죄 등을 구별하기 위해 △폐쇄 회로 텔레비전·통신수사 △휴대전화 등 포렌식 △금융·의무기록 분석 등 폭넓은 지식과 전문성 필요
사물인터넷 기기포렌식	증거분석분야 (사이버)	사물인터넷 사용급증에 따라 드론 등 신규 사물인터넷 기기의 디지털포렌식 분석의뢰 증가, 업무 특성상 높은 난이도에 따라 전문화 필요
악성코드 포렌식	증거분석분야 (사이버)	구체적 제반 지식·축적된 분석역량·지속적 흐름 정보수집 및 보수교육이 필수적인 분야로, 높은 분석 난이도로 전문화 필요

※ < 전년 대비 > 3개 분야 신설, 38개 분야 명칭·실적 등 요건 변경

▸ <공고 및 신청 기간> 2022.9.1.(목)~9. 15.(목) <15일간>
▸ <합격자 발표> 2022. 11. 1.(화)

자료: 경찰청, 2022년 9월 2일자 보도자료.

Ⅲ. 전문수사관의 인증절차

1. 인증권자

전문수사관(전문수사관 마스터를 포함)은 경찰청장이 인증한다.[30]
전문수사관 인증 절차는 다음의 순서에 따라 진행한다.

1. 분야별 인증 대상자 선정
2. 인증심사위원회 심사
3. 경찰청장의 전문수사관 인증

2. 대상자 선정

대상자 선정은 다음의 심사 또는 시험에 의한다.

1. 죄종 분야: 자격요건에 대한 서류심사
2. 기법·증거분석 분야: 자격요건에 대한 서류심사 및 평가시험

경찰청장은 전문수사관 인증 대상자 선정권한을 경찰수사연수원장에게 위임할 수 있다.

3. 전문수사관의 자격 요건

전문수사관으로 인증 받으려는 사람은 수사경과자로서 다음에 따른 요건을 모두 충족하여야 한다.

1. 근무경력: 각 인증 분야가 속한 부서에서 전문수사관은 5년 이상, 전문수사관 마스터는 10년 이상 근무
2. 근무실적: 경찰청장이 별도로 정한 세부 분야별 근무실적 요건

기법·증거분야는 최근 5년 이내 경찰수사연수원에서 주관하는 해당분야의 전

30 전문수사관 운영규칙 제5조–제6조.

문교육과정을 수료해야 한다. 다만, 관련 학위 또는 전문자격증을 소지하거나 외부 위탁교육을 수료한 경우에는 경찰수사연수원장의 심사를 거쳐 전문교육과정을 수료한 것으로 인정할 수 있다.

전문수사관 마스터의 경우에는 마일리지 요건을 추가로 충족해야 한다.

Ⅳ. 평가시험

1. 출제 및 수준

경찰청장은 기법·증거분석 분야의 전문수사관 인증을 신청한 사람을 대상으로 평가시험을 실시한다.[31]

평가시험의 출제범위는 각 인증 분야별 경찰수사연수원 전문교육과정의 해당 연도 교재 내용으로 한다. 평가시험의 합격자 결정은 총점의 80% 이상 득점한 사람으로 한다.

평가시험의 출제방법, 시험장 관리, 그 밖에 시험 시행에 관하여 필요한 세부사항은 경찰청장이 정한다.

2. 평가시험의 면제

경찰청장은 다음의 어느 하나에 해당하는 경우 평가시험을 면제할 수 있다.

1. 경찰수사연수원 전문교육 평가점수가 총점의 80% 이상인 경우
2. 관련학위 취득 학점이 총점의 80% 이상인 경우
3. 전문자격증을 취득 또는 보유한 경우

Ⅴ. 인 증

1. 인증 심사 시기 및 공고

전문수사관 인증을 위한 심사는 다음의 시기에 실시한다.

31 전문수사관 운영규칙 제7조－제8조.

1. 죄종 분야: 매년 3월, 9월
2. 기법·증거분석 분야: 매년 9월

경찰청장은 전문수사관 선정일로부터 30일 전까지 인증 신청 기간, 절차, 제출서류, 소명자료 기준, 평가시험의 일시 및 출제범위 등을 공고하여야 한다.

2. 인증 신청

전문수사관으로 인증받고자 하는 사람은 공고된 기간 내에 필요한 서류를 갖추어 전문수사관 인증 심사를 신청할 수 있다.

전문수사관 자격을 이미 소지한 사람도 다른 분야의 전문수사관 자격인증 심사를 신청할 수 있다. 다만, 1회 심사신청 시에는 1개 분야에 대한 자격인증 심사 신청만 허용된다.

전문수사관 인증을 신청하려는 사람은 제출하려는 소명자료에 대하여 소속관서 감사부서의 확인을 받아야 한다.

죄종분야의 중요범인검거에 기여한 유공자 중 수사국장의 추천을 받은 사람은 신청이 있는 것으로 볼 수 있다.

3. 인증심사위원회

1) 위원회 구성

경찰청장은 전문수사관 인증 심사 업무를 수행하기 위하여 경찰청에 전문수사관 인증심사위원회(심사위원회)를 둔다.[32]

심사위원회의는 위원장 1명을 포함한 8명에서 11명 이내의 위원으로 성별을 고려하여 구성하며, 위원장은 경무관 또는 총경급 중에서 경찰청장이 지명한다.

위원은 수사국·생활안전교통국·형사국·수사기획조정관·치안정보국·경찰수사연수원 소속 경찰공무원 중 경찰청장이 지명한다.

2) 심 사

심사위원회는 자격요건, 근무태도 등을 종합 심사하여 대상자가 전문수사관으

32 전문수사관 운영규칙 제11조－제13조.

로서의 자질과 소양을 갖추었는지 여부를 심사한다. 심사위원회의 심의는 위원장을 제외한 위원들의 과반수 찬성으로 하며 가·부 동수인 경우 위원장이 결정한다.

경찰청장은 전문수사관 인증 신청 마감 후 60일 이내에 심사위원회를 개최하여 대상자의 인증 여부를 심사하여야 한다.

3) 전문수사관 인증

경찰청장은 특별한 사정이 없는 한 심사위원회의 심사에 따른 인증 대상자를 전문수사관으로 인증하여야 한다.

경찰청장은 전문수사관으로 인증할 때에는 인증서를 발급하여야 한다.

제 2020 - 000 호

전문수사관(전문수사관 마스터) 인증서

Specialized Detective (Master)
Certificate of Authentication

성 명 (Name) :
생년월일 (Date of Birth) :
인증번호 (Certificate No) :
인증분야 (Field) :

위 사람은 전문수사관(전문수사관 마스터)으로서의 자격을 갖추었음을 인증합니다.

This is to certify that the above-named person has passed all requirements to be a Specialized Detective (Master)

년 월 일

경 찰 청 장
Commissioner General of Korean National Police Agency

Ⅵ. 전문수사관 지원 및 관리

1. 정기세미나

경찰수사연수원장은 기법·증거분석 분야의 전문수사관을 대상으로 연 1회 이상 정기세미나를 개최하고 논문·기고 자료집을 발간하여야 한다.

세미나의 시기, 횟수, 참석범위, 그 밖에 세미나 시행에 관하여 필요한 사항은 경찰수사연수원장이 정한다.

전문수사관은 인증받은 분야와 관련한 논문을 게재하거나 기고를 한 때에는 경찰수사연수원장에게 통보하여야 한다.

2. 전문수사관에 대한 연구 지원

경찰수사연수원장은 전문수사관이 정기세미나에 참석하거나 경찰수사연수원에서 발간하는 논문·기고 자료집에 글을 게재하는 경우 예산의 범위 안에서 원고료 등 연구비를 지원할 수 있다.

3. 전자인사관리시스템 등재

경찰관서장은 소속 경찰공무원이 전문수사관으로 인증받은 때에는 전자인사관리시스템 자격증 부여 항목에 기록하여 관리하여야 한다.

4. 전문수사관에 대한 우대

경찰관서장은 수사부서 팀장 보직 발령 시 전문수사관을 우선 선발하여야 한다.

제 5 절 범죄수사

경찰청은 2023년 11월 1일자로 범죄수사규칙을 개정하여 경찰공무원이 범죄를 수사할 때에 지켜야 할 방법과 절차 그 밖에 수사에 관하여 필요한 사항을 제시하였다. 경찰관의 수사에 관하여 다른 규칙에 특별한 규정이 있는 경우를 제외하고는 이 규칙이 정하는 바에 따르도록 하였다.[33]

Ⅰ. 수사의 조직

1. 조직체계

1) 국가수사본부장

국가수사본부장은 다음의 사항을 제외한 일반적인 사건수사에 대한 지휘는 시·도경찰청장에게 위임할 수 있다.[34]

1. 수사관할이 수 개의 시·도경찰청에 속하는 사건
2. 고위공직자 또는 경찰관이 연루된 비위 사건으로 해당 관서에서 수사하게 되면 수사의 공정성이 의심받을 우려가 있는 경우
3. 국가수사본부장이 수사본부 또는 특별수사본부를 설치하여 지정하는 사건
4. 그 밖에 사회적 이목이 집중되거나, 파장이 큰 사건으로 국가수사본부장이 특별히 지정하는 사건

2) 시·도경찰청장

시·도경찰청장은 체계적인 수사 인력·장비·시설·예산 운영 및 지도 등을 통해 합리적이고 공정한 수사를 위하여 그 책임을 다하여야 한다.

3) 경찰서장

경찰서장은 해당 경찰서 관할 내의 수사에 대하여 지휘·감독하며, 합리적이고 공정한 수사를 위하여 그 책임을 다하여야 한다.

4) 수사간부

수사를 담당하는 경찰관서의 수사간부는 소속 경찰관서장을 보좌하고 그 명에 의하여 수사의 지휘·감독을 하여야 한다.

5) 수사경찰관 등

경찰관은 소속 상관의 명을 받아 범죄의 수사에 종사한다. 경찰관 이외의 수

33 범죄수사규칙 제1조. 경찰청훈령 제1183호, 2025. 11. 13., 일부개정, 2025. 11. 13. 시행.

34 범죄수사규칙 제17조의2－제21조.

사관계 직원이 경찰관을 도와 직무를 행하는 경우에는 이 규칙이 정하는 바에 따라야 한다.

2. 수사보고

1) 수사보고 요구

경찰관서장과 수사지휘권자는 소속 경찰관이 담당하는 사건의 수사진행 사항에 대하여 명시적인 이유를 근거로 구체적으로 지휘를 하여야 하며, 필요한 경우 수사진행에 관하여 소속 경찰관에게 수사보고를 요구할 수 있다. 요구를 받은 경찰관은 이에 따라야 한다.[35]

2) 수사보고

경찰관은 범죄와 관계가 있다고 인정되는 사항과 수사상 참고가 될 만한 사항을 인지한 때에는 신속히 소속 상관에게 보고하여야 한다.

경찰서장은 관할구역 내에서 보고 및 수사지휘 대상 중요사건에 규정된 중요사건이 발생 또는 접수되거나 범인을 검거하였을 때에는 보고 절차 및 방법에 따라 시·도경찰청장에게 신속히 보고하여야 한다.

3. 수사지휘

1) 시·도경찰청장의 수사지휘

(1) 구체적 수사지휘

경찰서장의 보고를 받은 시·도경찰청장은 사건의 경중, 중요도 등을 종합적으로 검토하여 다른 경찰관서에서 수사를 진행하는 것이 적합하다고 판단되는 경우 시·도경찰청 또는 다른 경찰서에서 수사할 것을 명할 수 있다. 시·도경찰청장은 경찰서에서 수사 중인 사건을 지휘할 필요성이 있다고 인정될 때에는 구체적 수사지휘를 할 수 있다.[36]

(2) 수사지휘의 방식

시·도경찰청장이 경찰서장에게 사건에 대한 구체적 지휘를 할 때에는 형사사

35 범죄수사규칙 제22조 – 제23조.

36 범죄수사규칙 제24조.

법정보시스템 또는 모사전송 등을 통해 수사지휘서(관서간)를 작성하여 송부하여야 하며, 수사지휘권자가 경찰관서 내에서 사건에 대한 구체적 지휘를 할 때에는 형사사법정보시스템을 통해 수사지휘서를 작성하여 송부하거나 수사서류의 결재 수사지휘란에 기재하는 방식으로 하여야 한다.[37]

다음 각 호의 경우에는 구두나 전화 등 간편한 방식으로 지휘할 수 있으며, 사후에 신속하게 형사사법정보시스템 또는 모사전송 등을 이용하여 지휘내용을 수사지휘서로 송부하여야 한다.

1. 천재지변, 긴급한 상황 또는 전산장애가 발생한 경우
2. 이미 수사지휘한 내용을 보완하는 경우
3. 수사 현장에서 지휘하는 경우

수사지휘를 받은 경찰관이 지휘내용을 송부받지 못한 경우에는 수사지휘권자에게 형사사법정보시스템 또는 모사전송 등을 이용하여 지휘내용을 송부해 줄 것을 요청할 수 있다. 요청을 받은 수사지휘권자는 신속하게 지휘내용을 형사사법정보시스템 또는 모사전송 등을 이용하여 수사지휘서로 송부하여야 한다. 경찰관은 송부된 수사지휘서를 사건기록에 편철하여야 하며, 형사사법정보시스템 또는 모사전송 등을 이용한 서면지휘를 받지 못한 경우에는 관련 사항을 수사보고서로 작성하여야 한다.

(3) 수사지휘의 내용

수사지휘권자는 다음의 사항에 대해 구체적으로 지휘하여야 한다.[38]

1. 범죄인지에 관한 사항
2. 체포·구속에 관한 사항
3. 영장에 의한 압수·수색·검증에 관한 사항
4. 법원 허가에 의한 통신수사에 관한 사항
5. 「수사준칙」 제51조 제1항 각 호의 결정에 관한 사항[39]
6. 사건 이송 등 책임수사관서 변경에 관한 사항

37 범죄수사규칙 제25조.

38 범죄수사규칙 제26조－제28조.

7. 수사지휘권자와 경찰관 간 수사에 관하여 이견이 있어 지휘를 요청받은 사항
8. 그 밖에 수사에 관하여 지휘가 필요하다고 인정되는 사항

시 · 도경찰청장이 경찰서장에 대해 수사지휘하는 경우에는 위에서 정한 사항 외에 다음의 사항에 대해서도 구체적으로 지휘하여야 한다.

1. 수사본부 설치 및 해산
2. 제24조 제1항에 관한 사항[40]
3. 수사방침의 수립 또는 변경
4. 공보책임자 지정 등 언론대응에 관한 사항

2) 경찰서장의 수사지휘 건의

경찰서장은 사건수사를 함에 있어서 시 · 도경찰청장의 지휘가 필요한 때에는 시 · 도경찰청장에게 수사지휘를 하여 줄 것을 건의할 수 있다. 수사지휘건의를 받은 시 · 도경찰청장은 지휘가 필요하다고 판단하는 때에는 신속하게 지휘한다.

3) 지휘계통의 준수

시 · 도경찰청장이 소속 경찰서장을 지휘하는 경우에는 지휘계통을 준수하여 수사간부를 통하거나, 직접 경찰서장에게 지휘하여야 한다. 경찰관서장이 관서 내에서 수사지휘를 하는 경우에도 지휘계통을 준수하여야 한다.

4) 준 용

국가수사본부장의 수사지휘에 관하여도 이 규정을 준용한다.

---

39 제51조(사법경찰관의 결정) ① 사법경찰관은 사건을 수사한 경우에는 다음 각 호의 구분에 따라 결정해야 한다.
1. 법원송치 2. 검찰송치 3. 불송치 가. 혐의없음 1) 범죄인정안됨 2) 증거불충분 나. 죄가안됨 다. 공소권없음 라. 각하 4. 수사중지 가. 피의자중지 나. 참고인중지 5. 이송

40 제24조 ① 법 제244조의5에 따라 피의자와 동석할 수 있는 신뢰관계에 있는 사람과 법 제221조 제3항에서 준용하는 법 제163조의2에 따라 피해자와 동석할 수 있는 신뢰관계에 있는 사람은 피의자 또는 피해자의 직계친족, 형제자매, 배우자, 가족, 동거인, 보호 · 교육시설의 보호 · 교육 담당자 등 피의자 또는 피해자의 심리적 안정과 원활한 의사소통에 도움을 줄 수 있는 사람으로 한다.

Ⅱ. 사건의 관할, 수사 및 제척 등

1. 사건의 관할 및 단위

사건의 수사는 범죄지, 피의자의 주소·거소 또는 현재지를 관할하는 경찰관서가 담당한다. 사건관할을 달리하는 수개의 사건이 관련된 때에는 1개의 사건에 관하여 관할이 있는 경찰관서는 다른 사건까지 병합하여 수사를 할 수 있다.[41]

형사소송법상 관련사건 또는 다음에 해당하는 범죄사건은 1건으로 처리한다. 다만, 분리수사를 하는 경우에는 그러하지 아니하다.[42]

1. 판사가 청구기각 결정을 한 즉결심판 청구 사건
2. 피고인으로부터 정식재판 청구가 있는 즉결심판 청구 사건

2. 특별사법경찰관리 사건 수사

1) 특별사법경찰관리 직무범위 사건을 직접 수사하는 경우

경찰관은 특별사법경찰관리의 직무범위에 속하는 범죄를 먼저 알게 되어 직접 수사하고자 할 때에는 소속 경찰관서장의 지휘를 받아 수사하여야 한다. 이 경우 해당 특별사법경찰관리와 긴밀히 협조하여야 한다.[43]

2) 이송하는 경우

경찰관은 특별사법경찰관리에게 사건을 이송하고자 할 때에는 필요한 조치를 한 후 관련 수사자료와 함께 신속하게 이송하여야 한다.

3) 사건을 이송받았을 경우

경찰관은 특별사법경찰관리의 직무범위에 해당하는 범죄를 이송받아 수사할 수 있으며, 수사를 종결한 때에는 그 결과를 특별사법경찰관리에게 통보하여야 한다. 필요한 때에는 해당 특별사법경찰관리에게 증거물의 인도 그 밖의 수사를

41 범죄수사규칙 제7조.

42 범죄수사규칙 제14조.

43 범죄수사규칙 제3조-제6조.

위한 협력을 요구하여야 한다.

4) 수사가 경합하는 경우

경찰관은 특별사법경찰관리가 행하는 수사와 경합할 때에는 소속 수사부서장의 지휘를 받아 해당 특별사법경찰관리와 그 수사에 관하여 필요한 사항을 협의하여야 한다.

3. 제척 · 기피 · 회피

1) 제 척

경찰관은 다음에 해당하는 경우 수사직무(조사 등 직접적인 수사 및 수사지휘를 포함)의 집행에서 제척된다.[44]

1. 경찰관 본인이 피해자인 때
2. 경찰관 본인이 피의자 또는 피해자의 친족이거나 친족이었던 사람인 때
3. 경찰관 본인이 피의자 또는 피해자의 법정대리인이거나 후견감독인인 때

2) 기 피

(1) 신 청

피의자, 피해자와 그 변호인은 다음에 해당하는 때에는 경찰관에 대해 기피를 신청할 수 있다. 다만, 변호인은 피의자, 피해자의 명시한 의사에 반하지 아니하는 때에 한하여 기피를 신청할 수 있다.[45]

1. 경찰관이 제척사유의 어느 하나에 해당되는 때
2. 경찰관이 불공정한 수사를 하였거나 그러한 염려가 있다고 볼만한 객관적·구체적 사정이 있는 때

기피 신청은 경찰관서에 접수된 고소 · 고발 · 진정 · 탄원 · 신고 사건에 한하여 신청할 수 있다.

---

44 범죄수사규칙 제8조.

45 범죄수사규칙 제9조 – 제11조.

기피 신청을 하려는 사람은 기피신청서를 작성하여 기피 신청 대상 경찰관이 소속된 경찰관서 내 감사부서의 장에게 제출하여야 한다. 이 경우 해당 감사부서의 장은 즉시 수사부서장에게 기피 신청 사실을 통보하여야 한다.

기피 신청을 하려는 사람은 기피 신청을 한 날부터 3일 이내에 기피사유를 서면으로 소명하여야 한다.

(2) 처 리

① 수사부서장

수사부서장은 기피 신청 사실을 통보받은 후 지체없이 의견서를 작성하여 감사부서의 장에게 제출하여야 한다. 다만, 해당 기피 신청을 수리하지 않는 경우에는 그러하지 아니하다.

기피 신청을 접수한 감사부서의 장은 다음에 해당하는 경우 해당 신청을 수리하지 않을 수 있다.

1. 대상 사건이 종결된 경우
2. 동일한 사유로 이미 기피 신청이 있었던 경우
3. 기피사유에 대한 소명이 없는 경우
4 제척대상에 해당되어 기피 신청이 이루어진 경우
5. 기피 신청이 수사의 지연 또는 방해만을 목적으로 하는 것이 명백한 경우

수사부서장은 기피 신청이 이유 있다고 인정하는 때에는 기피 신청 사실을 통보받은 날부터 3일(근무일 기준) 이내에 사건 담당 경찰관을 재지정하여 감사부서의 장에게 해당 사실을 통보해야 한다.

수사부서장이 기피 신청을 이유 있다고 인정하지 않는 때에는 감사부서의 장은 기피 신청 접수일부터 7일 이내에 공정수사위원회를 개최하여 기피 신청 수용 여부를 결정하여야 한다.

② 공정수사위원회

공정수사위원회는 위원장을 포함하여 5명의 위원으로 구성하되, 감사부서의 장을 위원장으로, 수사부서 소속 경찰관 2명과 수사부서 이외의 부서 소속 경찰관 2명을 위원으로 구성한다.

공정수사위원회는 재적위원 전원의 출석으로 개의하고 출석위원 과반수의 찬성으로 의결한다.

③ **감사부서의 장**

감사부서의 장은 재지정 사실 또는 의결 결과를 기피신청자에게 통지하여야 한다. 통지는 서면, 전화, 팩스, 전자우편, 문자메시지 등 신청인이 요청한 방법으로 할 수 있으며, 별도로 요청한 방법이 없는 경우에는 서면 또는 문자메시지로 한다. 이 경우 서면으로 통지할 때에는 기피신청에 대한 결과통지서에 따른다.

(3) 효 과

기피 신청 접수일부터 수용 여부 결정일까지 해당 사건의 수사는 중지된다. 다만, 공소시효 만료, 증거인멸 방지 등 신속한 수사의 필요성이 있는 경우에는 그러하지 아니하다.

3) 회 피

소속 경찰관서장이 「검사와 사법경찰관의 상호협력과 일반적 수사준칙에 관한 규정」(이하 수사준칙)에 따른 회피 신청을 허가한 때에는 회피신청서를 제출받은 날로부터 3일 이내에 사건 담당 경찰관을 재지정하여야 한다.[46]

4. 수사진행상황의 통지

경찰관은 「경찰수사규칙」상 통지대상자가 사망 또는 의사능력이 없거나 미성년자인 경우에는 법정대리인 · 배우자 · 직계친족 · 형제자매 또는 가족(이하 법정대리인등)에게 통지하여야 하며, 통지대상자가 미성년자인 경우에는 본인에게도 통지하여야 한다.[47]

다만, 미성년자인 피해자의 가해자 또는 피의자가 법정대리인등인 경우에는 법정대리인등에게 통지하지 않는다. 다만, 필요한 경우 미성년자의 동의를 얻어 그와 신뢰관계 있는 사람에게 통지할 수 있다.

46 범죄수사규칙 제12조.

47 범죄수사규칙 제13조.

5. 사건의 단위

형사소송법 제11조의 관련사건 또는 다음에 해당하는 범죄사건은 1건으로 처리한다. 다만, 분리수사를 하는 경우에는 그러하지 아니하다.

1. 판사가 청구기각 결정을 한 즉결심판 청구 사건
2. 피고인으로부터 정식재판 청구가 있는 즉결심판 청구 사건

Ⅲ. 경찰관서 내 이의제기

1. 경찰관의 이의제기 체계

1) 소속 수사부서장에 대한 이의제기

경찰관은 구체적 수사와 관련된 소속 수사부서장의 지휘 · 감독의 적법성 또는 정당성에 이견이 있는 경우에는 해당 상관에게 수사지휘에 대한 이의제기서를 작성하여 이의를 제기할 수 있다. 이의제기를 받은 상관은 신속하게 이의제기에 대해 검토한 후 그 사유를 적시하여 수사지휘서에 따라 재지휘를 하여야 한다.[48]

2) 경찰서장에 대한 이의제기

경찰서 소속 경찰관은 소속부서장의 재지휘에 대해 이견이 있는 경우에는 경찰서장에게 수사지휘에 대한 이의제기서를 작성하여 다시 이의를 제기할 수 있고, 경찰서장은 이의제기에 대해 신속하게 판단한 후 그 사유를 적시하여 수사지휘서에 따라 지휘하여야 한다.

3) 시 · 도경찰청장에 대한 이의제기

경찰서장의 지휘에 따르는 것이 위법하다고 판단하는 해당 경찰관은 시 · 도경찰청장에게 수사지휘에 대한 이의제기서를 작성하여 다시 이의를 제기할 수 있다. 시 · 도경찰청장은 신속하게 수사이의심사위원회의 의견을 들어 판단한 후 그 사유를 적시하여 수사지휘서(관서간)에 따라 지휘하여야 한다.

경찰관은 재지휘에 대해 이견이 있는 경우에는 시 · 도경찰청장에게 수사지휘

48 범죄수사규칙 제30조–제34조.

에 대한 이의제기서를 작성하여 다시 이의를 제기할 수 있고, 시 · 도경찰청장은 이의제기에 대해 신속하게 판단한 후 그 사유를 적시하여 수사지휘서에 따라 지휘하여야 한다.

4) 국가수사본부장에 대한 이의제기

시 · 도경찰청장의 지휘에 따르는 것이 위법하다고 판단하는 해당 경찰관은 국가수사본부장에게 수사지휘에 대한 이의제기서를 작성하여 다시 이의를 제기할 수 있다. 국가수사본부장은 신속하게 경찰수사정책위원회의 의견을 들어 판단한 후 그 사유를 적시하여 수사지휘서(관서간)에 따라 지휘하여야 한다.

5) 소속 국장에 대한 이의제기

경찰관은 국가수사본부장의 재수사지휘에 대해 이견이 있는 경우에는 소속 국장에게 수사지휘에 대한 이의제기서를 작성하여 다시 이의를 제기할 수 있고, 소속 국장은 이의제기에 대해 신속하게 판단한 후 그 사유를 적시하여 수사지휘서에 따라 수사지휘하여야 한다.

6) 국가수사본부장에 대한 이의제기

소속 국장의 지휘에 따르는 것이 위법하다고 판단하는 해당 경찰관은 국가수사본부장에게 수사지휘에 대한 이의제기서를 작성하여 다시 이의를 제기할 수 있다. 국가수사본부장은 신속하게 경찰수사정책위원회의 의견을 들어 판단한 후 그 사유를 적시하여 수사지휘서(관서간)에 따라 지휘하여야 한다.

2. 경찰관서장의 이의제기 체계

1) 시 · 도경찰청장에 대한 이의제기

경찰서장은 시 · 도경찰청장의 구체적 수사와 관련된 지휘 · 감독의 적법성 또는 정당성에 이견이 있는 경우에는 직권 또는 소속 경찰관의 이의제기 신청을 받아 시 · 도경찰청장에게 수사지휘에 대한 이의제기서(상급관서용)에 따라 이의를 제기할 수 있다.

시 · 도경찰청장은 신속하게 수사이의심사위원회의 의견을 들어 판단한 후 그 사유를 적시하여 별지 제5호서식의 수사지휘서(관서간)에 따라 지휘하여야 한다.

2) 국가수사본부장에 대한 이의제기

시 · 도경찰청장은 국가수사본부장의 구체적 수사와 관련된 지휘 · 감독의 적법성 또는 정당성에 이견이 있는 경우에는 직권 또는 소속 경찰관의 이의제기 신청을 받아 국가수사본부장에게 상급경찰관서장의 수사지휘에 대한 이의제기서에 따라 이의를 제기할 수 있다. 국가수사본부장은 신속하게 경찰수사정책위원회의 의견을 들어 판단한 후 그 사유를 적시하여 수사지휘서(관서간)에 따라 지휘하여야 한다.

3) 긴급한 경우의 지휘

시 · 도경찰청장과 국가수사본부장은 긴급한 사유가 있는 경우에 한하여 수사이의심사위원회와 경찰수사정책위원회의 의견을 듣지 않고 지휘할 수 있다. 이 경우 시 · 도경찰청장과 국가수사본부장은 각각 신속하게 수사이의심사위원회와 경찰수사정책위원회에 다음의 사항을 설명하여야 한다.

1. 해당 이의제기 내용
2. 수사이의심사위원회 또는 경찰수사정책위원회의 의견을 듣지 않고 지휘한 사유 및 지휘내용

3. 이의제기에 대한 지휘와 수명

이의제기를 한 경찰관, 경찰서장, 시 · 도경찰청장은 각각 시 · 도경찰청장과 국가수사본부장의 지휘를 따라야 한다.

경찰서장과 시 · 도경찰청장은 각각 해당 경찰서 및 시 · 도경찰청 내에서 발생한 이의제기사건 목록을 분기별로 상급 경찰관서장에게 제출하여야 한다.

4. 불이익 금지 등

이의제기를 하는 경찰관, 경찰서장, 시 · 도경찰청장은 정확한 사실에 기초하여 신속하고 성실하게 자신의 의견을 표시하여야 한다. 이의제기를 한 경찰관, 경찰서장, 시 · 도경찰청장은 그 이의제기를 이유로 인사상, 직무상 불이익한 조치를 받아서는 아니 된다.[49]

---

49 범죄수사규칙 제35조.

Ⅳ. 수사본부

1. 중요사건 수사본부

국가수사본부장 또는 시·도경찰청장은 살인 등 중요사건이 발생하여 종합적인 수사가 필요하다고 인정할 때에는 수사본부를 설치할 수 있다.[50]

수사본부 설치대상이 되는 중요사건의 범위는 다음 각 호와 같다.[51]

1. 살인, 강도, 강간, 약취유인, 방화 사건
2. 피해자가 많은 업무상 과실치사상 사건
3. 조직폭력, 실종사건 중 중요하다고 인정되는 사건
4. 국가중요시설물 파괴 및 인명피해가 발생한 테러사건 또는 그러한 테러가 예상되는 사건
5. 기타 사회적 이목을 집중시키거나 중대한 영향을 미칠 우려가 있다고 인정되는 사건

2. 특별수사본부

국가수사본부장은 경찰고위직의 내부비리사건, 사회적 관심이 집중되고 공정성이 특별하게 중시되는 사건 등에 대하여는 그 직무에 관하여 국가수사본부장 등 상급자의 지휘·감독을 받지 않고 독자적 수사가 가능한 "특별수사본부"를 설치·운용할 수 있다.

경찰청장은 중요사건 중 경찰고위직의 내부비리사건, 사회적 관심이 집중되고 공정성이 특별하게 중시되는 사건에 대하여는 직접 특별수사본부를 설치하여 운영할 수 있다.[52]

특별수사본부장은 경찰청장이 경무관급 경찰관 중에서 지명한다. 특별수사본부장을 지명하는 경우 경찰수사심의위원회에 3배수 이내 후보자에 대한 심사를 요청하고, 심사결과에 따라 추천된 자를 특별수사본부장으로 지명하여야 한다.

50 범죄수사규칙 제36조.

51 수사본부 설치 및 운영 규칙 제2조. 경찰청예규 제584호, 2021. 4. 4., 타법개정, 2021. 4. 4. 시행.

52 수사본부 설치 및 운영 규칙 제27조.

특별수사본부장은 그 직무에 관하여 경찰청장 등 상급자의 지휘 · 감독을 받지 않고 수사결과만을 경찰청장에게 보고한다.

경찰청장은 특별수사본부장의 조치가 현저히 부당하거나 직무의 범위를 벗어난 때에는 그 직무수행을 중단시킬 수 있으며, 교체가 필요한 경우에는 교체할 수 있다.

3. 국가기관간 합동수사본부

국가수사본부장 또는 시 · 도경찰청장은 국가기관간 공조수사가 필요한 경우에 관계기관과 합동수사본부를 설치 · 운용할 수 있다.

국가기관간 공조수사가 필요한 경우란 다음 각 호의 사건이 발생한 경우를 말한다.[53]

1. 군탈영병, 교도소·구치소·법정 탈주범 추적수사 등 수개의 국가기관이 관련된 사건
2. 마약·총기·위폐·테러수사 등 관계기관간 정보교류·수사공조가 특히 필요한 사건
3. 기타 경찰청장이 필요하다고 인정한 사건

Ⅴ. 수사준칙상 규정

검사의 사법경찰관에 대한 수사지휘를 폐지하고, 검사와 사법경찰관이 수사, 공소제기 및 공소유지에 관하여 서로 협력하도록 하는 내용으로 형사소송법이 개정됨에 따라 검사와 사법경찰관의 상호협력하여야 한다.[54]

이를 위하여 검사와 사법경찰관의 상호협력과 일반적 수사준칙에 관한 규정이 대통령령으로 제정되었다.

1. 검사와 사법경찰관의 수사 개시

1) 수사의 착수

검사 또는 사법경찰관이 다음에 해당하는 행위에 착수한 때에는 수사를 개시한

53 수사본부 설치 및 운영 규칙 제4조.

54 검사와 사법경찰관의 상호협력과 일반적 수사준칙에 관한 규정 제1조. 대통령령 제33808호, 2023. 10. 17., 제정, 2023. 11. 1. 시행.

것으로 본다. 이 경우 검사 또는 사법경찰관은 해당 사건을 즉시 입건해야 한다.[55]

1. 피혐의자의 수사기관 출석조사
2. 피의자신문조서의 작성
3. 긴급체포
4. 체포·구속영장의 청구 또는 신청
5. 사람의 신체, 주거, 관리하는 건조물, 자동차, 선박, 항공기 또는 점유하는 방실에 대한 압수·수색 또는 검증영장(부검을 위한 검증영장은 제외)의 청구 또는 신청

검사 또는 사법경찰관이 피의자신문조서를 작성하거나 체포·구속영장의 청구 또는 신청 등을 한 경우에는 수사를 개시한 것으로 보아 즉시 입건하도록 하고, 수사 중인 사건의 범죄 혐의를 밝히려는 목적으로 관련 없는 사건의 수사를 개시하거나 수사기간을 부당하게 연장하여서는 안 된다.

2) 고소·고발 사건의 수리 등

검사 또는 사법경찰관은 고소 또는 고발을 받은 경우에는 이를 수리해야 한다. 검사 또는 사법경찰관은 고소 또는 고발에 따라 범죄를 수사하는 경우에는 고소 또는 고발을 수리한 날부터 3개월 이내에 수사를 마쳐야 한다.[56]

3) 변사자의 검시 등

사법경찰관은 변사자 또는 변사한 것으로 의심되는 사체가 있으면 변사사건 발생사실을 검사에게 통보해야 한다.[57] 검사는 검시를 했을 경우에는 검시조서와, 검증을 했을 경우에는 검증조서를 각각 작성하여 사법경찰관에게 송부해야 한다.

사법경찰관은 검시를 했을 경우에는 검시조서를, 검증을 했을 경우에는 검증조서를 각각 작성하여 검사에게 송부해야 한다.

검사와 사법경찰관은 변사자의 검시를 한 사건에 대해 사건 종결 전에 수사할 사항 등에 관하여 상호 의견을 제시·교환해야 한다.

55 검사와 사법경찰관의 상호협력과 일반적 수사준칙에 관한 규정 제16조.
56 검사와 사법경찰관의 상호협력과 일반적 수사준칙에 관한 규정 제16조의2.
57 검사와 사법경찰관의 상호협력과 일반적 수사준칙에 관한 규정 제17조.

4) 검사의 사건 이송 등

검사는 「검찰청법」 제4조제1항 제1호[58] 각 목에 해당되지 않는 범죄에 대한 고소·고발·진정 등이 접수된 때에는 사건을 검찰청 외의 수사기관에 이송해야 한다.[59]

검사는 다음에 해당하는 때에는 사건을 검찰청 외의 수사기관에 이송할 수 있다. 검사는 사건을 이송하는 경우에는 관계 서류와 증거물을 해당 수사기관에 함께 송부해야 한다.

1. 법 제197조의4 제2항 단서[60]에 따라 사법경찰관이 범죄사실을 계속 수사할 수 있게 된 때
2. 그 밖에 다른 수사기관에서 수사하는 것이 적절하다고 판단되는 때: 특별한 사정이 없으면 사건을 수리한 날부터 1개월 이내에 이송해야 한다.

---

58 검찰청법 제4조(검사의 직무) 법률 제18861호, 2022. 5. 9., 일부개정, 2022. 9. 10. 시행. ① 검사는 공익의 대표자로서 다음 각 호의 직무와 권한이 있다.

1. 범죄수사, 공소의 제기 및 그 유지에 필요한 사항. 다만, 검사가 수사를 개시할 수 있는 범죄의 범위는 다음 각 목과 같다.
   가. 부패범죄, 경제범죄 등 대통령령으로 정하는 중요 범죄
   나. 경찰공무원(다른 법률에 따라 사법경찰관리의 직무를 행하는 자를 포함한다) 및 고위공직자범죄수사처 소속 공무원(「고위공직자범죄수사처 설치 및 운영에 관한 법률」에 따른 파견공무원을 포함한다)이 범한 범죄
   다. 가목·나목의 범죄 및 사법경찰관이 송치한 범죄와 관련하여 인지한 각 해당 범죄와 직접 관련성이 있는 범죄
2. 범죄수사에 관한 특별사법경찰관리 지휘·감독
3. 법원에 대한 법령의 정당한 적용 청구
4. 재판 집행 지휘·감독
5. 국가를 당사자 또는 참가인으로 하는 소송과 행정소송 수행 또는 그 수행에 관한 지휘·감독
6. 다른 법령에 따라 그 권한에 속하는 사항

59 검사와 사법경찰관의 상호협력과 일반적 수사준칙에 관한 규정 제18조.

60 형사소송법 제197조의4(수사의 경합) ② 제1항의 요구를 받은 사법경찰관은 지체 없이 검사에게 사건을 송치하여야 한다. 다만, 검사가 영장을 청구하기 전에 동일한 범죄사실에 관하여 사법경찰관이 영장을 신청한 경우에는 해당 영장에 기재된 범죄사실을 계속 수사할 수 있다. [본조신설 2020. 2. 4.]

2. 수사의 기본원칙

1) 적법절차 준수

검사와 사법경찰관은 모든 수사과정에서 헌법과 법률에 따라 보장되는 피의자와 그 밖의 피해자·참고인 등(사건관계인)의 권리를 보호하고, 적법한 절차에 따라야 한다.[61]

2) 신속수사, 예단 및 권한남용 금지

검사와 사법경찰관은 예단(豫斷)이나 편견 없이 신속하게 수사해야 하고, 주어진 권한을 자의적으로 행사하거나 남용해서는 안 된다.

3) 실체적 진실발견

검사와 사법경찰관은 수사를 할 때 다음의 사항에 유의하여 실체적 진실을 발견해야 한다.

1. 물적 증거를 기본으로 하여 객관적이고 신빙성 있는 증거를 발견하고 수집하기 위해 노력할 것
2. 과학수사 기법과 관련 지식·기술 및 자료를 충분히 활용하여 합리적으로 수사할 것
3. 수사과정에서 선입견을 갖지 말고, 근거 없는 추측을 배제하며, 사건관계인의 진술을 과신하지 않도록 주의할 것

4) 관련없는 사건에 대한 자백 및 진술강요 금지

검사와 사법경찰관은 다른 사건의 수사를 통해 확보된 증거 또는 자료를 내세워 관련이 없는 사건에 대한 자백이나 진술을 강요해서는 안 된다.

5) 불이익 금지

검사와 사법경찰관은 피의자나 사건관계인이 인권침해 신고나 그 밖에 인권구제를 위한 신고, 진정, 고소, 고발 등의 행위를 하였다는 이유로 부당한 대우를 하거나 불이익을 주어서는 안 된다.[62]

---

61 검사와 사법경찰관의 상호협력과 일반적 수사준칙 제3조.

62 검사와 사법경찰관의 상호협력과 일반적 수사준칙 제4조.

6) 형사사건의 공개금지 등

검사와 사법경찰관은 공소제기 전의 형사사건에 관한 내용을 공개해서는 안 된다. 검사와 사법경찰관은 수사의 전(全) 과정에서 피의자와 사건관계인의 사생활의 비밀을 보호하고 그들의 명예나 신용이 훼손되지 않도록 노력해야 한다.

법무부장관, 경찰청장 또는 해양경찰청장은 무죄추정의 원칙과 국민의 알권리 등을 종합적으로 고려하여 형사사건 공개에 관한 준칙을 정할 수 있다.[63]

3. 임의수사

1) 심야조사 금지

검사 또는 사법경찰관은 오후 9시부터 오전 6시까지의 심야조사를 해서는 안 된다. 다만, 이미 작성된 조서의 열람을 위한 절차는 자정 이전까지 진행할 수 있다. 다음 각 호의 어느 하나에 해당하는 경우에는 심야조사를 할 수 있다. 이 경우 심야조사의 사유를 조서에 명확하게 적어야 한다.[64]

1. 피의자를 체포한 후 48시간 이내에 구속영장의 청구 또는 신청 여부를 판단하기 위해 불가피한 경우
2. 공소시효가 임박한 경우
3. 피의자나 사건관계인이 출국, 입원, 원거리 거주, 직업상 사유 등 재출석이 곤란한 구체적인 사유를 들어 심야조사를 요청한 경우(변호인이 심야조사에 동의하지 않는다는 의사를 명시한 경우는 제외한다)로서 해당 요청에 상당한 이유가 있다고 인정되는 경우
4. 그 밖에 사건의 성질 등을 고려할 때 심야조사가 불가피하다고 판단되는 경우 등 법무부장관, 경찰청장 또는 해양경찰청장이 정하는 경우로서 검사 또는 사법경찰관의 소속 기관의 장이 지정하는 인권보호 책임자의 허가 등을 받은 경우

2) 장시간 조사 제한 및 휴식시간 부여

검사 또는 사법경찰관은 12시간을 초과하는 장시간 조사를 제한하고, 피의자 등

63 검사와 사법경찰관의 상호협력과 일반적 수사준칙에 관한 규정 제5조.

64 검사와 사법경찰관의 상호협력과 일반적 수사준칙에 관한 규정 제21조.

에게 조사 도중 최소한 2시간마다 10분 이상의 휴식시간을 주도록 하여야 한다.[65]

3) 신뢰관계인의 동석

피의자와 동석할 수 있는 신뢰관계에 있는 사람과 피해자와 동석할 수 있는 신뢰관계에 있는 사람은 피의자 또는 피해자의 직계친족, 형제자매, 배우자, 가족, 동거인, 보호·교육시설의 보호·교육담당자 등 피의자 또는 피해자의 심리적 안정과 원활한 의사소통에 도움을 줄 수 있는 사람으로 한다.[66]

피의자, 피해자 또는 그 법정대리인이 신뢰관계에 있는 사람의 동석을 신청한 경우 검사 또는 사법경찰관은 그 관계를 적은 동석신청서를 제출받거나 조서 또는 수사보고서에 그 관계를 적어야 한다.

4) 자료·의견의 제출기회 보장

검사 또는 사법경찰관은 조사과정에서 피의자, 사건관계인 또는 그 변호인이 사실관계 등의 확인을 위해 자료를 제출하는 경우 그 자료를 수사기록에 편철한다.

검사 또는 사법경찰관은 조사를 종결하기 전에 피의자, 사건관계인 또는 그 변호인에게 자료 또는 의견을 제출할 의사가 있는지를 확인하고, 자료 또는 의견을 제출받은 경우에는 해당 자료 및 의견을 수사기록에 편철한다.[67]

4. 검사와 사법경찰관의 상호협력

1) 상호협력의 원칙

검사와 사법경찰관은 상호 존중해야 하며, 수사, 공소제기 및 공소유지와 관련하여 협력해야 한다. 검사와 사법경찰관은 수사와 공소제기 및 공소유지를 위해 필요한 경우 수사·기소·재판 관련 자료를 서로 요청할 수 있다.[68]

검사와 사법경찰관의 협의는 신속히 이루어져야 하며, 협의의 지연 등으로 수사 또는 관련 절차가 지연되어서는 안 된다.

---

65 검사와 사법경찰관의 상호협력과 일반적 수사준칙에 관한 규정 제22조－제23조.

66 검사와 사법경찰관의 상호협력과 일반적 수사준칙에 관한 규정 제24조.

67 검사와 사법경찰관의 상호협력과 일반적 수사준칙에 관한 규정 제25조.

68 검사와 사법경찰관의 상호협력과 일반적 수사준칙에 관한 규정 제6조.

2) 중요사건 협력절차

(1) 송치전 협의

검사와 사법경찰관은 다음에 해당하는 중요사건의 경우에는 송치 전에 수사할 사항, 증거 수집의 대상, 법령의 적용, 범죄수익 환수를 위한 조치 등에 관하여 상호 의견을 제시·교환할 것을 요청할 수 있다. 이 경우 검사와 사법경찰관은 특별한 사정이 없으면 상대방의 요청에 응해야 한다.[69]

1. 공소시효가 임박한 사건
2. 내란, 외환, 대공(對共), 선거(정당 및 정치자금 관련 범죄를 포함한다), 노동, 집단행동, 테러, 대형참사 또는 연쇄살인 관련 사건
3. 범죄를 목적으로 하는 단체 또는 집단의 조직·구성·가입·활동 등과 관련된 사건
4. 주한 미합중국 군대의 구성원·외국인군무원 및 그 가족이나 초청계약자의 범죄 관련 사건
5. 그 밖에 많은 피해자가 발생하거나 국가적·사회적 피해가 큰 중요한 사건

(2) 필수적 협의

검사와 사법경찰관은 다음에 따른 공소시효가 적용되는 사건에 대해서는 공소시효 만료일 3개월 전까지 수사할 사항, 증거 수집의 대상, 법령의 적용, 범죄수익 환수를 위한 조치 등에 관하여 상호 의견을 제시·교환해야 한다. 다만, 공소시효 만료일 전 3개월 이내에 수사를 개시한 때에는 지체없이 상호 의견을 제시·교환해야 한다.[70]

1. 「공직선거법」 제268조
2. 「공공단체등 위탁선거에 관한 법률」 제71조
3. 「농업협동조합법」 제172조제4항
4. 「수산업협동조합법」 제178조제5항
5. 「산림조합법」 제132조제4항

---

69 검사와 사법경찰관의 상호협력과 일반적 수사준칙에 관한 규정 제7조 제1항.

70 공소시효가 연장되지 않는 한 해당범죄가 있은 날로부터 6개월인 사건, 검사와 사법경찰관의 상호협력과 일반적 수사준칙에 관한 규정 제7조 제2항.

6. 「소비자생활협동조합법」 제86조제4항
7. 「염업조합법」 제59조제4항
8. 「엽연초생산협동조합법」 제42조제5항
9. 「중소기업협동조합법」 제137조제3항
10. 「새마을금고법」 제85조제6항
11. 「교육공무원법」 제62조제5항

3) 검사와 사법경찰관의 협의

검사와 사법경찰관은 수사와 사건의 송치, 송부 등에 관한 이견의 조정이나 협력 등이 필요한 경우 서로 협의를 요청할 수 있다. 다만, 다음에 해당하는 경우에는 상대방의 협의 요청에 응해야 한다.[71]

1. 중요사건에 관하여 상호 의견을 제시·교환하는 것에 대해 이견이 있거나, 제시·교환한 의견의 내용에 대해 이견이 있는 경우
2. 검사의 보완수사요구 및 그 거부자에 대해 관할 지검장 등이 경찰관서장에게 사법경찰관 징계를 요구한 경우 그 정당한 이유의 유무에 대해 이견이 있는 경우
3. 수사의 경합에 따라 사법경찰관이 계속 수사할 수 있는지 여부나 사법경찰관이 계속 수사할 수 있는 경우 수사를 계속할 주체 또는 사건의 이송 여부 등에 대해 이견이 있는 경우
4. 재수사의 결과에 대해 이견이 있는 경우

4) 수사기관협의회

(1) 구 성

대검찰청, 경찰청 및 해양경찰청 간에 수사에 관한 제도 개선 방안 등을 논의하고, 수사기관 간 협조가 필요한 사항에 대해 서로 의견을 협의·조정하기 위해 수사기관협의회를 둔다.[72]

71 검사와 사법경찰관의 상호협력과 일반적 수사준칙에 관한 규정 제8조.
72 검사와 사법경찰관의 상호협력과 일반적 수사준칙에 관한 규정 제9조.

(2) 협의 및 조정 사항

수사기관협의회는 다음 사항에 대해 협의·조정한다.

1. 국민의 인권보호, 수사의 신속성·효율성 등을 위한 제도 개선 및 정책 제안
2. 국가적 재난 상황 등 관련 기관 간 긴밀한 협조가 필요한 업무를 공동으로 수행하기 위해 필요한 사항
3. 그 밖에 제1항의 어느 한 기관이 수사기관협의회의 협의 또는 조정이 필요하다고 요구한 사항

(3) 회 의

수사기관협의회는 반기마다 정기적으로 개최하되, 협의회의 한 기관이 요청하면 수시로 개최할 수 있다. 각 기관은 수사기관협의회에서 협의·조정된 사항의 세부 추진계획을 수립·시행해야 한다.

5. 검사의 시정조치요구 절차

1) 시정요구

검사는 사법경찰관리의 수사과정에서 법령위반, 인권침해 또는 현저한 수사권 남용이 의심되는 사실의 신고가 있거나 그러한 사실을 인식하게 된 경우에는 사법경찰관에게 사건기록 등본의 송부를 요구할 수 있다.

검사가 사법경찰관에게 사건기록 등본의 송부를 요구할 때에는 그 내용과 이유를 구체적으로 적은 서면으로 해야 한다.[73]

사법경찰관은 이 요구를 받은 날부터 7일 이내에 사건기록 등본을 검사에게 송부해야 한다.

검사는 사건기록 등본을 송부받은 날부터 30일(사안의 경중 등을 고려하여 10일의 범위에서 한 차례 연장 가능) 이내에 시정조치 요구 여부를 결정하여 사법경찰관에게 통보해야 한다. 이 경우 시정조치 요구의 통보는 그 내용과 이유를 구체적으로 적은 서면으로 해야 한다.

사법경찰관은 시정조치 요구를 통보받은 경우 정당한 이유가 있는 경우를 제

73 검사와 사법경찰관의 상호협력과 일반적 수사준칙에 관한 규정 제45조.

외하고는 지체없이 시정조치를 이행하고, 그 이행 결과를 서면에 구체적으로 적어 검사에게 통보해야 한다.

2) 사건송치 요구

검사는 시정조치 요구가 정당한 이유 없이 이행되지 않았다고 인정되는 경우에는 사법경찰관에게 사건을 송치할 것을 요구할 수 있다. 사법경찰관에게 사건송치를 요구하는 경우에는 그 내용과 이유를 구체적으로 적은 서면으로 해야 한다.

사법경찰관은 서면으로 사건송치를 요구받은 날부터 7일 이내에 사건을 검사에게 송치해야 한다. 이 경우 관계 서류와 증거물을 함께 송부해야 한다.

검사는 공소시효 만료일의 임박 등 특별한 사유가 있을 때에는 송치요구 서면에 그 사유를 명시하고 별도의 송치기한을 정하여 사법경찰관에게 통지할 수 있다. 이 경우 사법경찰관은 정당한 이유가 있는 경우를 제외하고는 통지받은 송치기한까지 사건을 검사에게 송치해야 한다.

6. 사법경찰관의 결정

사법경찰관은 사건을 수사한 경우에는 다음의 구분에 따라 결정해야 한다.[74]

1. 법원송치
2. 검찰송치
3. 불송치
    - 혐의없음: 범죄인정안됨, 증거불충분
    - 죄가안됨
    - 공소권없음
    - 각하
4. 수사중지
    - 피의자중지
    - 참고인중지
5. 이송

74 검사와 사법경찰관의 상호협력과 일반적 수사준칙에 관한 규정 제51조.

사법경찰관은 하나의 사건 중 피의자가 여러 사람이거나 피의사실이 여러 개인 경우로서 분리하여 결정할 필요가 있는 경우 그중 일부에 대해 위 각 호의 결정을 할 수 있다.

사법경찰관은 죄가안됨, 공소권없음에 해당하는 사건이 다음에 해당하는 경우 사건을 검사에게 이송한다.

1. 「형법」 제10조 제1항[75]에 따라 벌할 수 없는 경우
2. 기소되어 사실심 계속 중인 사건과 포괄일죄를 구성하는 관계에 있거나 상상적 경합 관계에 있는 경우

사법경찰관은 수사중지 결정을 한 경우 7일 이내에 사건기록을 검사에게 송부해야 한다. 이 경우 검사는 사건기록을 송부받은 날부터 30일 이내에 반환해야 하며, 그 기간 내에 시정조치요구를 할 수 있다.[76]

사법경찰관은 검사에게 사건기록을 송부한 후 피의자 등의 소재를 발견한 경우에는 소재 발견 및 수사 재개 사실을 검사에게 통보해야 한다. 이 경우 통보를 받은 검사는 지체없이 사법경찰관에게 사건기록을 반환해야 한다.

7. 사건송치와 보완수사요구

1) 사법경찰관의 사건송치

사법경찰관은 관계 법령에 따라 검사에게 사건을 송치할 때에는 송치의 이유와 범위를 적은 송치 결정서와 압수물 총목록, 기록목록, 범죄경력 조회 회보서, 수사경력 조회 회보서 등 관계 서류와 증거물을 함께 송부해야 한다.[77]

사법경찰관은 피의자 또는 참고인에 대한 조사과정을 영상녹화한 경우에는 해당 영상녹화물을 봉인한 후 검사에게 사건을 송치할 때 봉인된 영상녹화물의 종류와 개수를 표시하여 사건기록과 함께 송부해야 한다.

사법경찰관은 사건을 송치한 후에 새로운 증거물, 서류 및 그 밖의 자료를 추

75 형법 제10조 제1항, 심신장애로 인하여 사물을 변별할 능력이 없거나 의사를 결정할 능력이 없는 자의 행위는 벌하지 아니 한다.

76 형사소송법 제197조의3.

77 검사와 사법경찰관의 상호협력과 일반적 수사준칙에 관한 규정 제58조.

가로 송부할 때에는 이전에 송치한 사건명, 송치 연월일, 피의자의 성명과 추가로 송부하는 서류 및 증거물 등을 적은 추가송부서를 첨부해야 한다.

2) 검사의 보완수사요구

(1) 요구 제한

검사는 사법경찰관으로부터 송치받은 사건에 대해 보완수사가 필요하다고 인정하는 경우에는 직접 보완수사를 하거나 사법경찰관에게 보완수사를 요구할 수 있다.

다만, 송치사건의 공소제기 여부 결정에 필요한 경우로서 다음에 해당하는 경우에는 특별히 사법경찰관에게 보완수사를 요구할 필요가 있다고 인정되는 경우를 제외하고는 검사가 직접 보완수사를 하는 것을 원칙으로 한다.[78]

1. 사건을 수리한 날(이미 보완수사요구가 있었던 사건의 경우 보완수사 이행 결과를 통보받은 날을 말한다)부터 1개월이 경과한 경우
2. 사건이 송치된 이후 검사가 해당 피의자 및 피의사실에 대해 상당한 정도의 보완수사를 한 경우
3. 법 제197조의3 제5항[79], 제197조의4 제1항[80] 또는 제198조의2 제2항[81]에 따라 사법경찰관으로부터 사건을 송치받은 경우
4. 검사와 사법경찰관이 사건 송치 전에 수사할 사항, 증거수집의 대상 및 법령의 적용 등에 대해 협의를 마치고 송치한 경우

(2) 상호존중의 보완수사 요구

검사는 보완수사요구 여부를 판단하는 경우 필요한 보완수사의 정도, 수사 진행 기간, 구체적 사건의 성격에 따른 수사 주체의 적합성 및 검사와 사법경찰관

---

78 검사와 사법경찰관의 상호협력과 일반적 수사준칙에 관한 규정 제59조 제1항.

79 형사소송법 제197조의3(시정조치요구 등) ⑤ 제4항의 통보를 받은 검사는 제3항에 따른 시정조치 요구가 정당한 이유 없이 이행되지 않았다고 인정되는 경우에는 사법경찰관에게 사건을 송치할 것을 요구할 수 있다.

80 형사소송법 제197조의4(수사의 경합) ① 검사는 사법경찰관과 동일한 범죄사실을 수사하게 된 때에는 사법경찰관에게 사건을 송치할 것을 요구할 수 있다.

81 형사소송법 제198조의2(검사의 체포·구속장소감찰) ②검사는 적법한 절차에 의하지 아니하고 체포 또는 구속된 것이라고 의심할 만한 상당한 이유가 있는 경우에는 즉시 체포 또는 구속된 자를 석방하거나 사건을 검찰에 송치할 것을 명하여야 한다.

의 상호 존중과 협력의 취지 등을 종합적으로 고려한다.

(3) 송치사건에 대한 보완수사 요구

검사는 사법경찰관에게 송치사건 및 관련사건(법 제11조[82]에 따른 관련사건 및 법 제208조 제2항에 따라 간주되는 동일한 범죄사실에 관한 사건을 말한다. 다만, 법 제11조 제1호의 경우에는 수사기록에 명백히 현출(現出)되어 있는 사건으로 한정)에 대해 다음의 사항에 관한 보완수사를 요구할 수 있다.

(4) 영장청구시 보완수사요구

검사는 사법경찰관이 신청한 영장(통신제한조치허가서 및 통신사실 확인자료 제공요청 허가서를 포함)의 청구 여부를 결정하기 위해 필요한 경우 사법경찰관에게 보완수사를 요구할 수 있다. 이 경우 보완수사를 요구할 수 있는 범위는 다음과 같다.

1. 범인에 관한 사항
2. 증거 또는 범죄사실 소명에 관한 사항
3. 소송조건 또는 처벌조건에 관한 사항
4. 해당 영장이 필요한 사유에 관한 사항
5. 죄명 및 범죄사실의 구성에 관한 사항
6. 법 제11조(법 제11조 제1호의 경우는 수사기록에 명백히 현출되어 있는 사건으로 한정)와 관련된 사항
7. 그 밖에 사법경찰관이 신청한 영장의 청구 여부를 결정하기 위해 필요한 사항

3) 보완수사요구의 방법과 절차

(1) 검사

검사가 보완수사를 요구할 때에는 그 이유와 내용 등을 구체적으로 적은 서면과 관계 서류 및 증거물을 사법경찰관에게 함께 송부해야 한다. 다만, 보완수사 대상의 성질, 사안의 긴급성 등을 고려하여 관계 서류와 증거물을 송부할 필요

---

82 형사소송법 제11조(관련사건의 정의) 관련사건은 다음과 같다.
1. 1인이 범한 수죄
2. 수인이 공동으로 범한 죄
3. 수인이 동시에 동일장소에서 범한 죄
4. 범인은닉죄, 증거인멸죄, 위증죄, 허위감정통역죄 또는 장물에 관한 죄와 그 본범의 죄

가 없거나 송부하는 것이 적절하지 않다고 판단하는 경우에는 해당 관계 서류와 증거물을 송부하지 않을 수 있다.

(2) 사법경찰관

보완수사를 요구받은 사법경찰관은 검사가 송부받지 못한 관계 서류와 증거물이 보완수사를 위해 필요하다고 판단하면 해당 서류와 증거물을 대출하거나 그 전부 또는 일부를 등사할 수 있다.[83]

사법경찰관은 보완수사요구가 접수된 날부터 3개월 이내에 보완수사를 마쳐야 한다.

사법경찰관은 보완수사를 이행한 경우에는 그 이행 결과를 검사에게 서면으로 통보해야 하며, 관계 서류와 증거물을 송부받은 경우에는 그 서류와 증거물을 함께 반환해야 한다. 다만, 관계 서류와 증거물을 반환할 필요가 없는 경우에는 보완수사의 이행 결과만을 검사에게 통보할 수 있다.

사법경찰관은 보완수사를 이행한 결과 범죄혐의가 없다고 판단한 경우에는 사건을 불송치하거나 수사중지할 수 있다.

8. 사건불송치와 재수사요청

1) 사법경찰관의 사건불송치

사법경찰관은 불송치 결정을 하는 경우 불송치의 이유를 적은 불송치 결정서와 함께 압수물 총목록, 기록목록 등 관계 서류와 증거물을 검사에게 송부해야 한다. 영상녹화물의 송부 및 새로운 증거물 등의 추가 송부에 관하여는 사건송치 규정을 준용한다.[84]

2) 검사의 재수사요청 및 사법경찰관의 처리

(1) 검사의 요청

검사는 사법경찰관이 사건을 송치하지 아니한 것이 위법 또는 부당한 때에는 그 이유를 문서로 명시하여 사법경찰관에게 재수사를 요청할 수 있다.[85]

83 검사와 사법경찰관의 상호협력과 일반적 수사준칙에 관한 규정 제60조.

84 검사와 사법경찰관의 상호협력과 일반적 수사준칙에 관한 규정 제62조.

85 형사소송법 제245조의8(재수사요청 등) ① 검사는 제245조의5 제2호의 경우에 사법경찰관이

검사는 사법경찰관에게 재수사를 요청하는 경우에는 관계 서류와 증거물을 송부받은 날부터 90일 이내에 해야 한다. 다만, 다음에 해당하는 경우에는 관계 서류와 증거물을 송부받은 날부터 90일이 지난 후에도 재수사를 요청할 수 있다.[86]

1. 불송치 결정에 영향을 줄 수 있는 명백히 새로운 증거 또는 사실이 발견된 경우
2. 증거 등의 허위, 위조 또는 변조를 인정할 만한 상당한 정황이 있는 경우

재수사를 요청할 때에는 그 내용과 이유를 구체적으로 적은 서면으로 해야 한다. 이 경우 법 송부받은 관계 서류와 증거물을 사법경찰관에게 반환해야 한다.

검사는 재수사를 요청한 경우 그 사실을 고소인등에게 통지해야 한다.

사법경찰관은 검사의 재수사의 요청이 접수된 날부터 3개월 이내에 재수사를 마쳐야 한다.[87]

(2) 사법경찰관의 이행 등

사법경찰관은 재수사를 한 경우 다음의 구분에 따라 처리한다.[88]

1. 범죄의 혐의가 있다고 인정되는 경우: 검사에게 사건을 송치하고 관계 서류와 증거물을 송부
2. 기존의 불송치 결정을 유지하는 경우: 재수사 결과서에 그 내용과 이유를 구체적으로 적어 검사에게 통보

사법경찰관은 재수사 중인 사건에 대해 고소인 등의 이의신청[89]이 있는 경우에는 재수사를 중단해야 하며, 해당 사건을 지체 없이 검사에게 송치하고 관계

사건을 송치하지 아니한 것이 위법 또는 부당한 때에는 그 이유를 문서로 명시하여 사법경찰관에게 재수사를 요청할 수 있다.
② 사법경찰관은 제1항의 요청이 있는 때에는 사건을 재수사하여야 한다

86 검사와 사법경찰관의 상호협력과 일반적 수사준칙에 관한 규정 제63조.

87 검사와 사법경찰관의 상호협력과 일반적 수사준칙에 관한 규정 제63조 제4항.

88 검사와 사법경찰관의 상호협력과 일반적 수사준칙에 관한 규정 제64조.

89 형사소송법 제245조의7(고소인 등의 이의신청) ① 제245조의6의 통지를 받은 사람(고발인을 제외한다)은 해당 사법경찰관의 소속 관서의 장에게 이의를 신청할 수 있다.
② 사법경찰관은 제1항의 신청이 있는 때에는 지체없이 검사에게 사건을 송치하고 관계 서류와 증거물을 송부하여야 하며, 처리결과와 그 이유를 제1항의 신청인에게 통지하여야 한다.

서류와 증거물을 송부해야 한다.

(3) 검사의 재재수사 요청 금지 송치요구 등

① 재재수사 요청금지

검사는 사법경찰관이 재수사 결과를 통보한 사건에 대해서 다시 재수사를 요청하거나 송치 요구를 할 수 없다.

② 사건송치 요구

다만, 검사는 사법경찰관이 사건을 송치하지 않은 위법 또는 부당이 시정되지 않아 사건을 송치받아 수사할 필요가 있는 다음의 경우에는 법 제197조의3[90]에 따라 사건송치를 요구할 수 있다. 이때 검사는 사건송치 요구 여부를 판단하기 위해 필요한 경우에는 사법경찰관에게 관계 서류와 증거물의 송부를 요청할 수 있다. 이 경우 요청을 받은 사법경찰관은 이에 협력해야 한다.

1. 관련 법령 또는 법리에 위반된 경우
2. 범죄 혐의의 유무를 명확히 하기 위해 재수사를 요청한 사항에 관하여 그 이행이 이루어지지 않은 경우. 다만, 불송치 결정의 유지에 영향을 미치지 않음이 명백한 경우는 제외한다.
3. 송부받은 관계 서류 및 증거물과 재수사 결과만으로도 범죄의 혐의가 명백히 인정되는 경우
4. 공소시효 또는 형사소추의 요건을 판단하는 데 오류가 있는 경우

③ 사건송치요구 기한

검사는 재수사 결과를 통보받은 날(관계 서류와 증거물의 송부를 요청한 경우에는 관계 서류와 증거물을 송부받은 날을 말한다)부터 30일 이내에, 사건송치 요구를 해야 하고, 그 기간 내에 사건송치 요구를 하지 않을 경우에는 송부받은 관계 서류와 증거물을 사법경찰관에게 반환해야 한다.

9. 재수사 중의 이의신청

사법경찰관은 재수사 중인 사건에 대해 고소인등이 경찰의 혐의없음 등의 통

---

90 형사소송법 제197조의3(시정조치요구 등).

지로 이의신청이 있는 경우에는 재수사를 중단해야 하며, 해당 사건을 지체없이 검사에게 송치하고 관계 서류와 증거물을 송부해야 한다.[91]

10. 사법경찰관리에 대한 직무배제 또는 징계 요구

1) 요구사유

검찰총장 또는 각급 검찰청 검사장은 사법경찰관이 정당한 이유 없이 검사의 보완수사의 요구에 따르지 아니하는 때에는 권한 있는 사람에게 해당 사법경찰관의 직무배제 또는 징계를 요구할 수 있고, 그 징계 절차는 「공무원 징계령」 또는 「경찰공무원 징계령」에 따른다.[92]

2) 검 찰

검찰총장 또는 각급 검찰청 검사장은 사법경찰관의 직무배제 또는 징계를 요구할 때에는 그 이유를 구체적으로 적은 서면에 이를 증명할 수 있는 관계 자료를 첨부하여 해당 사법경찰관이 소속된 경찰관서장에게 통보해야 한다.[93]

3) 경찰관서장

직무배제 요구를 통보받은 경찰관서장은 정당한 이유가 있는 경우를 제외하고는 그 요구를 받은 날부터 20일 이내에 해당 사법경찰관을 직무에서 배제해야 한다.[94]

경찰관서장은 직무배제 등의 요구의 처리 결과와 그 이유를 직무배제 또는 징계를 요구한 검찰총장 또는 각급 검찰청 검사장에게 통보해야 한다.

---

91 검사와 사법경찰관의 상호협력과 일반적 수사준칙에 관한 규정 제65조.

92 검사와 사법경찰관의 상호협력과 일반적 수사준칙에 관한 규정 제61조 제1항.

93 검사와 사법경찰관의 상호협력과 일반적 수사준칙에 관한 규정 제61조.

94 검사와 사법경찰관의 상호협력과 일반적 수사준칙에 관한 규정 제61조 제2항－제3항.

제 3 장

안보수사경찰

제 1 절　안보수사경찰의 의의

안보수사경찰이란 국가의 안전보장을 위하여 간첩 등 중요방첩공작수사, 좌익사범수사, 반국가적 불온유인물 수집 및 분석, 보안관찰, 남북교류관련 업무 등을 행하는 경찰활동으로 사전예방적 활동과 사후진압적 활동을 모두 포함한다.[1]

사전예방적 활동으로는 국가안전보장을 위한 정보수집, 보안관찰 사무 등을 들 수 있으며, 사후진압적 경찰활동은 대간첩수사, 좌익사범 수사 등을 들 수 있다.

한편 정부는 국정원으로부터 대공수사권을 모두 이관하여 기존 보안경찰의 기능을 확대하였다. 이와 함께 국가경찰과 자치경찰의 조직 및 운영에 관한 법률의 제정으로 경찰의 조직개편이 이루어지면서 보안경찰의 명칭을 안보수사경찰, 즉 안보경찰로 변경하였다. 경찰은 2024년 1월 1일부터 대간첩 관련 수사권을 전적으로 행사한다.

제 2 절　안보수사경찰의 조직

Ⅰ. 경찰청

경찰청 국가수사본부 산하에 안보수사국을 두며, 안보수사국에 국장 1명을 두고, 국장 밑에 정책관 등 1명을 둔다. 국장은 치안감 또는 경무관으로 하고, 정책관 등 1명은 경무관으로 보한다. 안보수사정책관은 국가안보와 국익에 반하는

1 경찰법 제3조. 경찰관직무집행법 제2조.

중요 범죄에 대한 수사사항에 관하여 안보수사국장을 보좌한다. 안보수사국에 안보기획관리과 · 안보수사지휘과 · 안보수사1과 및 안보수사2과를 둔다. 각 과장은 총경으로 보한다.[2]

① 안보기획관리과장은 다음 사항을 분장한다.

1. 안보수사경찰업무에 대한 인사 · 조직 · 기획 · 예산 · 감사 · 교육에 관한 사항
2. 외국 안보수사기관과의 교류 및 홍보
3. 경호 안전대책 업무에 관한 사항
4. 북한이탈주민 신변보호
5. 남북교류 관련 안보수사경찰업무
6. 안보상황 관리 및 합동정보조사에 관한 사항
7. 간첩 · 테러 · 경제안보 · 첨단안보 등 국가안보와 국익에 반하는 범죄첩보에 대한 수집 · 분석 · 지원
8. 안보위해정보 수집 · 분석 · 지원
9. 안보범죄 첩보 및 안보위해정보에 관한 대내외 협력
10. 보안관찰 업무에 관한 사항
11. 그 밖에 국 내 다른 과의 주관에 속하지 않는 사항

② 안보수사지휘과장은 다음 사항을 분장한다.

1. 간첩 · 테러 · 경제안보 · 첨단안보 등 국가안보와 국익에 반하는 범죄에 대한 수사의 지휘 · 감독
2. 안보범죄 관련 디지털포렌식의 수행 및 지원
3. 대테러 · 방첩업무의 지도 · 조정, 관련 정보 수집 · 관리
4. 공항 및 항만의 안보활동에 관한 계획 및 지도
5. 안보수사, 대테러 · 방첩업무 관련 국내외 유관기관과의 교류 · 협력
6. 안보수사 분야 보안사고 관련 진정 및 비위사항의 조사 · 처리

③ 안보수사1과장 및 ④ 안보수사2과장은 다음 사항을 분장한다.

간첩 · 테러 · 경제안보 · 첨단안보 등 국가안보와 국익에 반하는 범죄의 첩보 수집 및 수사에 관한 사항

---

2 경찰청과 그 소속기관 직제 제22조. 경찰청과 그 소속기관 직제 시행규칙 제19조.

Ⅱ. 시 · 도경찰청 및 경찰서

시 · 도경찰청은 서울경찰청의 경우 수사차장(치안감) 하에 경무관인 안보수사부장(경무관)과 그 산하에 안보관리과와 안보수사1과, 안보수사2과를 둔다. 다른 시 · 도경찰청은 수사부장(경무관) 하에 안보수사과를 둔다. 각 과장은 총경으로 보한다.[3] 경찰서의 경우에는 경찰서 등급에 따라 안보과, 경비안보과를 둔다. 과장은 경찰서 등급에 따라 총경, 경정 또는 경감으로 보한다.[4]

제 3 절 안보수사경찰 인사관리

Ⅰ. 기본인사원칙

1. 안보수사경과자 배치우선

안보부서에는 안보수사경과자를 배치한다. 다만, 필요한 경우 수사경과자를 배치할 수 있다. 안보수사부서에는 보안경과자나 수사경과자가 부족한 경우에 한정하여 다른 경과자를 배치할 수 있다. 안보수사부서 배치시에는 근무경력, 교육훈련이력, 적성, 전문성 등을 고려해야 한다.[5]

안보수사 업무를 수행하는 부서에서 업무의 연속성을 유지하기 위해 특별히 필요한 경우에는 경감 이하 승진자(승진후보자를 포함)에 대한 전보를 유보할 수 있다. 경력경쟁채용시험으로 신규 채용된 사람의 경우 5년간 안보부서에 배치해야 한다.

2. 안보부서 근무자 선발심사위원회

각급 경찰관서의 장은 보안경과자의 안보부서 배치를 위한 안보부서 근무자 선발심사위원회를 개최하여 안보부서에 배치할 사람을 선발한다. 위원회는 위원장 1명을 포함하여 5인 이상 7인 이하의 위원으로 구성한다.[6]

3 경찰청과 그 소속기관 직제 시행규칙 제41조, 제50조.

4 경찰청과 그 소속기관 직제 시행규칙 제74조－제75조.

5 안보경찰 인사운영규칙 제4조. 경찰청훈령 제1177호, 2025. 9. 18. 일부개정, 2025. 9. 18. 시행.

위원장은 위원회가 설치된 안보부서 부서장이 되고, 위원은 심사대상자보다 상위 계급 또는 업무감독자로 한다.

3. 안보수사대장·팀장 자격제 및 안보수사관 자격관리제

경찰청장은 안보수사 지휘역량 및 전문성 강화를 위해 안보수사대장 및 팀장 자격제를 시행한다. 경찰청장은 보안경과자가 보유한 수사역량·경력 등에 따라 안보수사관 자격을 부여할 수 있다.[7]

안보수사관 자격은 일반안보수사관, 전임안보수사관, 책임안보수사관으로 구분한다. 경찰청장은 보안경과자나 수사경과자 중 안보수사부서 전입 희망자를 대상으로 근무경력, 수사역량 등을 고려하여 안보수사관 인력풀을 구성한다. 안보부서의 안보수사대 및 안보수사팀의 수사관은 안보수사관 인력풀 등재자 중에서 선발한다.

Ⅱ. 안보수사경과경찰의 의의 및 배치부서

안보수사경과경찰이란 안보수사경과경찰로 선발되어 안보경찰 부서에서 근무하는 경정 이하 경찰을 말한다.[8] 안보경찰의 배치부서는 다음과 같다.

1. 경찰청 안보수사국장의 업무지휘를 받고 있는 경찰관서의 보안부서
2. 경찰교육기관의 보안업무 관련 학과
3. 직제상 정원에 경찰공무원이 포함되어 있는 정부기관
4. 외국경찰과 안보수사업무 관련 교환 근무하는 외국의 관서
5. 안보수사경찰 파견근무 부서
6. 기타 경찰청장이 특별한 필요에 의하여 지정하는 부서

6 안보경찰 인사운영규칙 제5조.

7 안보경찰 인사운영규칙 제6조－제6조의4.

8 경찰공무원 임용령 제3조.; 안보경찰 인사운영규칙 제3조.

Ⅲ. 안보수사경과 선발 · 해제심사위원회

1. 설 치

안보수사경과자의 선발 및 해제 심사를 위해 경찰청장 및 시 · 도경찰청장 소속하에 안보수사경과 선발 및 해제심사위원회를 설치한다.

① 경찰청 및 부속기관 심사위원회

선발심사위원회는 위원장 1명을 포함하여 5명 이상 7명 이내의 위원으로 성별을 고려하여 구성한다.

경정급 · 경감급은 안보수사국장을 위원장으로, 안보수사국 소속 과장급 또는 계장급 3인 이상을 위원으로 구성한다. 경위 이하는 안보기획관리과장을 위원장으로, 안보수사국 소속 계장급 3인 이상을 위원으로 구성한다. 심사위원회의 간사는 보안국 인사담당자로 한다.

② 시 · 도경찰청 심사위원회

안보수사과장(서울경찰청은 안보수사지원과장)을 위원장으로, 보안과 소속 계장급 3인 이상을 위원으로 구성한다. 시 · 도경찰청 심사위원회의 간사는 보안과(서울경찰청은 안보수사지원과)의 인사담당자로 한다.

2. 신청서 접수 및 통보 등

안보수사경과 신청자는 보안경과 신청서를 해당 심사위원장에게 제출하여야 한다. 심사위원장은 심사완료 1개월 이내에 임용권자에게 보안경과자로 선발된 자에 대한 보안경과 부여를 제청하여야 한다.[9]

Ⅳ. 안보수사경과의 선발

1. 선발원칙

안보업무 수행을 위한 업무역량, 전문성 등을 고려하여 경정 이하의 경찰공무

9 안보경찰 인사운영규칙 제9조.

원을 대상으로 보안경과자를 선발한다.[10] 안보수사경과자의 선발인원은 안보경찰의 전문성 향상과 인사운영의 효율성 등을 고려하여 보안부서 총 정원의 1.5배의 범위 내에서 경찰청장이 정한다.

재직 경찰공무원 중 안보수사경과자를 선발할 때에는 순환보직 또는 시보기간을 마친 경정 이하 경찰공무원 중 선발시험과 서류심사를 통과한 자를 대상으로 한다. 다만, 경정급은 보안경력, 업무성과 등을 고려하여 서류심사의 방법에 의하여 선발할 수 있다.

안보수사경과자 선발시 안보수사경과 선발 공고일을 기준으로 안보수사경과에서 해제된 지 2년이 경과하지 않은 사람은 안보수사경과자로 선발할 수 없다. 다만, 금품수수, 음주운전, 성범죄로 인하여 안보수사경과가 해제된 자는 선발에서 제외한다.

2. 선발방법

안보수사경과자 선발은 선발시험과 서류심사의 방법을 순차적으로 실시하여 진행한다.[11]

제1차시험, 즉 선발시험은 보안업무 수행에 필요한 법규 및 이론, 실무지식 등을 출제한 필기시험이며, 연 1회 실시하되, 그 일시·장소, 기타 시험의 실시에 필요한 사항을 시험일 15일 전까지 공고하여야 한다.

시험에서 부정행위를 한 경찰공무원은 해당 시험을 정지 또는 무효로 하며, 5년 간 이 규칙에 따른 시험에 응시할 수 없다.

제2차시험은 서류심사이다.

경찰청장은 안보수사경과자 선발과 관련하여 매년 1회 이상 선발 계급·인원·기준 등을 포함하는 구체적인 선발 계획을 수립·시행하되, 선발기준은 안보수사업무의 분야별 특성을 고려하여 정할 수 있다.

10 안보경찰 인사운영규칙 제7조.

11 안보경찰 인사운영규칙 제8조.

Ⅴ. 안보수사경과의 부여, 갱신

1. 부 여

경찰청장은 다음에 해당되는 사람에 대하여 안보수사경과를 부여한다.

1. 안보수사경과선발심사위원회에 따라 선발된 사람
2. 안보경찰 전문성 향상을 위해 경력경쟁채용시험으로 신규채용 된 사람

안보수사경과 부여일을 기준으로 다음에 해당하는 사람은 안보수사경과자 부여 대상에서 제외한다.

1. 음주운전, 성 관련 비위, 직무와 관련된 청렴의무위반 또는 직권남용 및 구타·가혹행위에 의한 인권침해행위로 징계처분을 받은 경우
2. 직무태만, 비밀엄수 의무 위반으로 중징계 처분을 받은 경우
3. 5년간 연속으로 안보부서에 미근무
4. 1 및 2 외의 사유로 징계처분을 받은 경우, 정보사업 예산감사 시 경고·주의 처분을 반복해서 받는 등 안보업무와 관련하여 정보예산을 부적절하게 집행하는 경우, 안보업무에 대한 능력·의욕이 현저하게 부족한 경우, 정당한 사유 없이 안보부서 근무를 지원하지 않거나 안보부서의 근무요청을 거부하는 등 안보부서 전입을 기피하는 경우-사유가 있은 날부터 5년이 경과하지 않은 사람
5. 갱신이 되지 않은 경우, 보안경과 해제를 요청한 경우, 반복적으로 정당한 지시에 위반한 경우-사유가 있은 날부터 3년이 경과하지 않은 사람
6. 그 밖에 안보업무 능력이 부족한 경우 등 경찰청장이 정하는 사유에 해당하는 사람

2. 갱 신

안보수사경과의 유효기간은 보안경과 부여일 또는 갱신일로부터 5년으로 한다.[12]

안보수사경과자는 안보수사경과 유효기간 내에 다음에 해당하는 방법으로 안

12 안보경찰 인사운영규칙 제11조.

보수사경과를 갱신할 수 있다. 휴직 등 경찰청장이 정하는 사유로 안보수사경과를 갱신할 수 없는 경우에는 유효기간을 연기받을 수 있다. 경찰청장이 별도로 정하는 요건을 충족하는 경우에는 안보수사경과를 갱신한 것으로 본다.

1. 역량평가시험을 합격하고 보안경과 선발심사위원회에서 심사를 받은 경우
2. 경찰청장이 정하는 안보 관련 교육을 이수한 경우

Ⅵ. 보안경과의 해제

1. 해제사유

① 다음에 해당하는 경우에는 보안경과를 해제하여야 한다.[13]

1. 음주운전, 성 관련 비위, 직무와 관련된 청렴의무위반 또는 직권남용 및 구타·가혹행위에 의한 인권침해행위로 징계처분을 받은 경우
2. 직무태만, 비밀엄수 의무 위반으로 중징계 처분을 받은 경우
3. 5년간 연속으로 안보부서에 미근무
4. 갱신이 되지 않은 경우
5. 보안경과 해제를 요청한 경우

② 다음에 해당하는 경우에는 보안경과를 해제할 수 있다.

1. 위 제1호·제2호 외의 징계처분을 받은 경우
2. 정보사업 예산감사 시 경고·주의 처분을 반복해서 받는 등 안보업무와 관련하여 정보예산을 부적절하게 집행하는 경우
3. 안보업무에 대한 능력·의욕이 현저하게 부족한 경우
4. 정당한 사유 없이 안보부서 근무를 지원하지 않거나 안보부서의 근무요청을 거부하는 등 안보부서 전입을 기피하는 경우
5. 반복적으로 정당한 지시에 위반한 경우
6. 그 밖에 적성·건강 등의 사유로 안보업무 수행에 부적합하다고 판단되는 경우

13 안보경찰 인사운영규칙 제12조－제16조.

2. 해제절차

① **해제요청서 제출**

경과 해제 요청을 할 때에는 보안경과 해제 요청서에 따른다.

② **해제심사**

경찰청장, 시·도경찰청장은 매년 5월과 11월에 심사위원회를 개최하여 다음 각 호의 대상자에 대해 보안경과 해제 여부를 심사하여야 한다.

1. 경찰청장은 경찰청 및 부속기관 보안경과자
2. 시·도경찰청장은 해당 지방경찰청 및 소속 경찰서 보안경과자

③ **해제심사 대상자의 출석 및 진술**

금품수수·직무태만·음주운전의 비위로 징계처분을 받은 경우를 제외한 보안경과 해제심사 대상자는 심사위원회에 출석하여 의견을 진술하거나 서면으로 의견을 제출할 수 있다.

심사위원회의 위원장은 해제심사 대상자가 의견을 개진할 수 있도록 해제심사 일정의 통지 등 필요한 조치를 하여야 한다.

④ **결정의 통지**

경찰청장 및 시·도경찰청장은 해제심사위원회의 해제 결정이 있을 때에는 지체없이 해제 결정 사실과 그 사유를 통지하여야 한다.

⑤ **이의제기**

해제사실을 통지받은 사람은 통지받은 날부터 7일 이내에 경찰청장 또는 시·도경찰청장에게 이의를 신청할 수 있고, 이의신청이 있을 때에는 지체없이 심사위원회를 개최하여 그 수용 여부를 판단하여야 한다.

Ⅶ. 안보수사경과의 교육

모든 안보경찰은 직무수행에 필요한 교육을 이수하여야 한다. 교육은 교육과정과 근무부서를 연계하여 선발하고, 해당 보안교육을 마친 경우에는 교육내용과 관련 있는 부서에 배치함을 원칙으로 한다.

경찰청장 및 시·도경찰청장은 안보경찰의 자질 및 업무능력 향상을 위하여 연도별 안보수사교육계획을 수립하여 시행하여야 한다.

Ⅷ. 안보수사경과의 근무환경

각급 경찰관서의 장은 소속 보안부서의 업무량 등을 고려하여 적정한 안보수사인력을 배치하여야 한다. 또한 안보수사업무외 동원을 최소화 하되, 부득이하게 보안경찰을 동원하는 경우에는 안보수사업무 수행에 지장이 없도록 노력하여야 한다. 나아가 안보경찰의 인사운영 및 활동과 관련하여 전 기능이 상호 협력하도록 적극적으로 기능 간 이견을 조정하고 협력방안을 강구하여야 한다. 그리고 안보경찰의 체계적인 인사관리를 위하여 관련 전산자료를 입력·관리하고, 그 자료를 인사운영에 적극 활용하여야 한다.[14]

14 안보경찰 인사운영규칙 제17조－제18조.

제 4 장

국제협력경찰

제 1 절 국제협력경찰의 의의

치안분야의 국제협력과 외국경찰과의 교류 등의 목적을 위한 경찰활동을 말한다. 경찰관 직무집행법 제2조 제6호에서는 외국 정부기관 및 국제기구와의 국제협력을 경찰직무의 일부로 규정하고 있다.

또한 동 법 제8조의3(국제협력)은 경찰청장 또는 해양경찰청장은 이 법에 따른 경찰관의 직무수행을 위하여 외국 정부기관, 국제기구 등과 자료 교환, 국제협력 활동 등을 할 수 있다고 규정하고 있다.

제 2 절 국제협력경찰의 조직

Ⅰ. 경찰청

경찰에 관한 국제협력사무를 위하여 경찰청에 국제치안협력국을 둔다. 국제치안협력국장은 치안감 또는 경무관으로 보한다. 국제치안협력국장 밑에 국제협력과·국제공조1과 및 국제공조2과를 둔다. 각 과장은 총경으로 보한다.

① 국제협력과장은 다음 사항을 분장한다.

1. 치안 분야 국제협력 정책의 수립·총괄·조정
2. 외국경찰 등과의 교류·협력 및 치안외교 총괄
3. 해외 파견 경찰관의 선발·교육 및 관리 업무
4. 국제 치안협력사업 및 치안장비 수출 지원
5. 그 밖에 국 내 다른 과의 주관에 속하지 않는 사항

② 국제공조1과장은 다음 사항을 분장한다.

1. 국제형사경찰기구(인터폴) 및 외국 법집행기관과의 국제공조에 관한 기획·지도·조정
2. 국외도피사범 검거·송환 및 해외 불법수익 분석·대응
3. 초국가범죄 예방·대응 관련 국제기구 및 외국과의 공조

③ 국제공조2과장은 다음 사항을 분장한다.

1. 재외국민 사건·사고 대응 및 지원 업무
2. 해외 사건·사고 발생 관련 상황 보고 및 대응
3. 초국가범죄 관련 정보 수집·종합·분석

Ⅱ. 시·도경찰청 및 경찰서

시·도경찰청에는 치안정보과 하에 외사정보계를 두며, 경찰서 단위에서는 서에 따라서는 치안정보과나 치안정보안보과 등에서 외사 업무를 수행한다.[1]

제 3 절 국제경찰활동

Ⅰ. 해외주재관 파견

경찰주재관은 모두 32개국의 50개 공관에 59명이 파견되어 활동하고 있다. 주재관은 경감 이상의 경찰공무원인 자로서 영어 또는 주재국 공용어가 우수하고, 투철한 국가관과 사명감, 외교적 자질이 있는 자이어야 한다.[2] 주재관의 근무기간은 계속하여 3년을 원칙으로 하되, 경찰청장은 외교부장관에게 6개월의 범위 내에서 근무기간 연장 허용여부에 대한 의견을 제시할 수 있다.[3]

주재관의 임무는 다음과 같다.[4]

1 경찰청과 그 소속기관 직제 제48조, 제62조,; 경찰청과 그 소속기관 직제 시행규칙 제5조의2, 제11조, 제39조. 제50조, 제59조, 제74조.

2 해외주재관 운영에 관한 규칙 제2조－제3조. 경찰청훈령 제1174호, 2025. 8. 11., 타법개정, 2025. 8. 11. 시행.

3 해외주재관 운영에 관한 규칙 제2조, 제6조.

1. 재외국민 권익보호를 위한 활동
2. 마약, 테러 등 국제성 범죄관련 자료수집
3. 국제성 범죄자 검거를 위한 수사공조활동
4. 주재국 경찰기관과의 협력업무
5. 기타 경찰업무와 관련하여 지시받은 사항

주재관의 선발은 경찰청이 하며, 경찰청장은 주재관의 신규 파견 또는 임기만료자의 교체를 위하여 주재관 추천대상자를 선발하는 경우에는 파견 예정공관, 직급 등을 정하여 공개모집한다.

주재관 추천대상자 선발심사는 외국어 능력 등 객관적 요소와 직무수행능력·태도 등 주관적 요소를 고루 평정하여야 하며, 객관요소 평정은 서류심사 방식으로, 주관요소 평정은 개별 또는 집단면접 방식으로 각각 진행하고, 선발은 점수제로 한다.

주재관 선발심사를 위하여 선발심사위원회를 구성하되, 위원장은 경찰청 차장으로 하고, 위원은 국제협력관을 포함한 국장급 또는 심의관급 2~4인으로 하며, 간사는 국제협력담당관으로 한다. 다만, 경찰업무분야 중 경호와 관련된 업무를 수행하는 주재관 추천 대상자를 선발하는 경우에는 별도 선발계획에 의해 선발한다. 경찰청장은 주재관 추천대상자 심사결과 통보 시 적격여부에 대한 추가의견을 외교부장관에게 제시할 수 있다.

표 4-1 경찰 해외 주재관 파견 현황(50개 공관, 59명)

지역	계	파견국 및 공관
중국	9개 공관,14명	중국, 상하이, 선양, 칭다오, 청뚜, 광저우, 시안, 우한, 홍콩
북 미	7개 공관, 7명	미국 - L.A, 뉴욕, 시카고, 애틀란타 캐나다 - 토론토, 벤쿠버
중남미	5개 공관, 5명	멕시코, 과테말라, 파라과이, 아르헨티나, 상파울루
구주	6개 공관, 6명	영국, 프랑스, 이탈리아, 스페인, 독일, 러시아
일본	3개 공관, 4명	일본 나고야, 후쿠오카, 요코하마, 오사카
동남·중앙아시아	15개 공관, 18명	필리핀, 캄보디아, 베트남, 태국, 인도, 싱가포르, 라오스, 세부 인도네시아, 말레이시아, 몽골, 우즈베키스탄, 미얀마
태평양	1개 공관, 1명	시드니
아프리카·중동	4개 공관, 4명	남아공, 이집트, 나이지리아, 두바이

자료: https://www.police.go.kr/

4 해외주재관 운영에 관한 규칙 제5조.

Ⅱ. 인터폴 협력

1. 인터폴의 의의

인터폴(International Criminal Police Organization: INTERPOL)은 1914년 모나코에서 열린 국제경찰회의가 효시이다. 이후 범죄에 대한 국가간 상호협력의 필요성이 제기되면서 1923년 오스트리아 비엔나에서 국제형사경찰위원회가 창설된 후 1956년 국제형사경찰기구(International Criminal Police Organization)로 설립되었다. 1971년에 유엔의 경제사회이사회로부터 정부간 기구로 공인되었다. 가입국은 2025년 1월 현재 196개국에 달한다.[5]

인터폴은 리옹에 있는 본부 사무국 외에 6개소의 지역지국(regional bureaus),[6] 3개소의 특별대표사무소(special representative offices)[7] 및 3개소에 연락사무소(liaison offices)를 운영하고 있다.[8]

인터폴은 2015년부터는 싱가포르에 인터폴 혁신단(INTERPOL Global Complex for Innovation)을 두어 사이버 범죄 및 아시아지역의 범죄에 대응하고 있다.

한국은 1964년 가입과 동시에 경찰청에 인터폴 대한민국 국가중앙사무국(Korean National Central Bureau: KNCB)을 설치하여 운영해 오고 있으며 그 사무는 경찰청 국제협력관이 담당한다.[9]

---

5 INTERPOL, Overview, http://www.interpol.int/About-INTERPOL/Overview/

6 아르헨티나, 카메룬, 코트디부아르, 엘살바도르, 케냐, 짐바브웨 등.

7 아프리카 연합(아디스아바바), 유럽연합(브뤼셀), 유엔(뉴욕) 등.

8 유엔 마약 및 범죄 사무소(비엔나), 유로폴(헤이그), 바베이도스 등, https://www.interpol.int/Who-we-are/General-Secretariat/

9 경찰청과 그 소속기관 직제 제9조. 인터폴 협력관 업무처리 규칙, 경찰청훈령 제1110호, 2024. 1. 18., 타법개정, 2024. 1. 18. 시행.

그림 4-1 인터폴 웹사이트

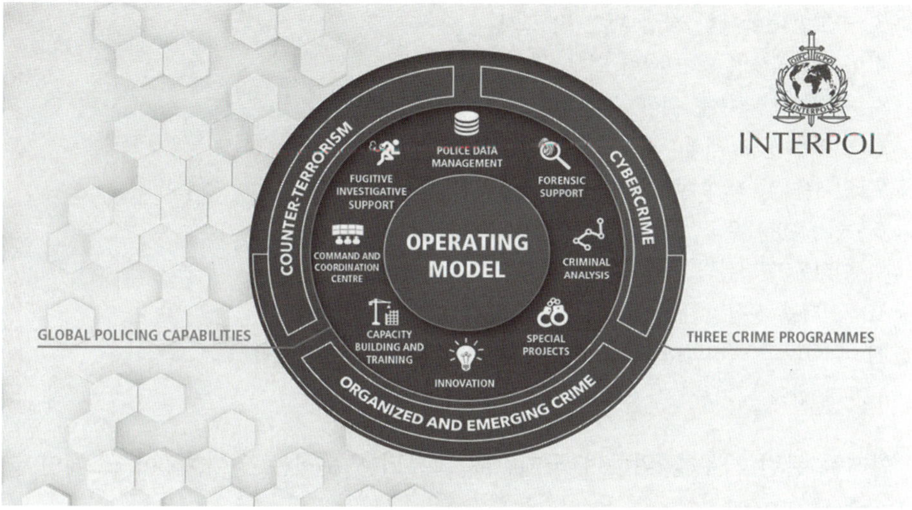

자료: INTERPOL, https://www.interpol.int/en/Who-we-are/What-is-INTERPOL/

사무국장은 인터폴과 관련한 경찰사무에 관하여 경찰청장의 지휘를 받는다. 국가중앙사무국장은 다음의 담당자를 지정한다.[10]

1. 인터폴 보안담당자 : 인터폴 업무의 보안책임
2. 인터폴 정보관리담당자 : 인터폴 전산망을 통한 정보유통 관리
3. 인터폴 연락담당자 : 인터폴과의 업무연락

한편 경찰은 프랑스 인터폴 사무총국, 태국 아시아지역 사무소 및 싱가포르 인터폴 제2청사에 연락관(경정 혹은 경감)을 파견하여 관련 업무를 처리하고 있다.

2. 인터폴의 기능

사무국장은 국제형사경찰기구 헌장의 목적을 달성하기 위하여 다음 업무를 행한다.[11]

10 경찰청, 국제형사경찰기구(인터폴) 대한민국 국가중앙사무국 운영규칙 제6조. 경찰청훈령 제1110호, 2024. 1. 18., 타법개정, 2024. 1. 18. 시행.

11 국제형사경찰기구(인터폴) 대한민국국가중앙사무국운영규칙 제8조.

1. 국제범죄에 대응하기 위한 정보 및 자료교환
2. 국제범죄와 관련된 동일증명 및 전과조회
3. 국제범죄에 대한 사실 확인 및 조사
4. 국외도피사범 검거 관련 업무
5. 국제범죄 대응을 위한 국제회의 참석 및 개최 등 업무
6. 인터폴 총회 의결 사안의 집행
7. 인터폴 및 각 회원국 국가중앙사무국과의 경찰업무 관련 상호 업무협력
8. 국가중앙사무국 구성원 및 관련자 교육
9. 인터폴 협력관의 선발 및 운영
10. 인터폴 전산망 운영
11. 대한민국 국적의 인터폴 집행위원회 구성원 등에 대한 지원
12. 그 밖에 국가중앙사무국 운영에 관한 사항

인터폴 관련 사무를 위하여 국제간에 교류되는 문서는 영어, 불어, 스페인어, 아랍어를 사용한다.[12]

3. 인터폴의 업무영역

경찰은 인터폴을 활용하여 전 세계 경찰(사법)기관과의 국제공조활동을 적극 수행하며 그 처리절차는 다음과 같다.

① **외국인 피의자수사**

피의자의 인적사항 등을 명시하여 시도경찰청을 경유, 경찰청에 피의자에 대한 국제공조수사 의뢰, 경찰청은 상대국 인터폴 관련사항 확인 및 범죄경력 조회 요청

② **국외 도피사범 송환**

피의자의 인적사항 · 범죄사실 · 도주예상국 등을 명시한 서류를 지방청을 경유하여 경찰청에 국제공조수사를 요청하면 경찰청에서 도주예상국에 소재수사 및 강제추방을 요청한다.

③ **내국인의 국외범죄수사**

피의자 인적사항 등을 명시하여 시도경찰청 경유, 경찰청에 상대국에서의 피

12 국제형사경찰기구(인터폴) 대한민국국가중앙사무국운영규칙 제14조.

의자범죄사실 및 수사자료 송부 의뢰, 상대국 인터폴로부터 수사자료 입수

④ **각종 인허가관련 외국인에 대한 범죄경력 등 조회**

대상자의 여권사본을 첨부한 조회서를 시도경찰청 경유, 경찰청에 신원 및 범죄경력 조회 의뢰, 상대국 인터폴로부터 조회결과 입수

상대국에서 피의자 발견시

- 범죄인인도조약 체결국가의 경우: 법무부장관에게 외교경로를 통한 범죄인 인도요구 협조 요청
- 범죄인인도조약 미체결국가의 경우: 상대국 인터폴과 협조해 한국으로 강제 추방되도록 유도, 해외주재관을 통해 상대국과 강제송환 협의

4. 인터폴의 수배

인터폴의 국제수배는 국외도피범, 실종자, 우범자 및 장물 등 국제범죄와 관련된 수배대상인 인적·물적 사항에 관한 정확한 자료를 각 회원국에 통보하여 이에 공동으로 대응할 수 있는 형사공조시스템이다.

수배는 수배대상자의 인적사항·국적·죄명·사진·지문·신체의 특징·장물의 특징과 수배대상을 발견하였을 때의 요청내용 등이 명시되어 있다. 인터폴수배정보는 유엔의 국제형사재판소, 국제형사법원 등에서 상호교류하며 활용한다.

최근 5년간 인터폴의 수배현황은 다음과 같다.

표 4-2 인터폴 수배 현황

구분	적색	황색	청색	흑색	녹색	주황색	보라색	하늘색
2020	11,024	2,554	3,966	391	509	39	130	9
2021	16,776	2,622	3,604	118	1,072	45	107	13
2022	11,282	2,916	4,073	167	607	43	101	6
2023	12,260	2,687	3,546	282	473	17	72	10
2024	15,548	3,345	4,078	211	561	43	68	23

자료: https://www.interpol.int/How-we-work/Notices/About-Notices/

그림 4-2 인터폴 수배 유형

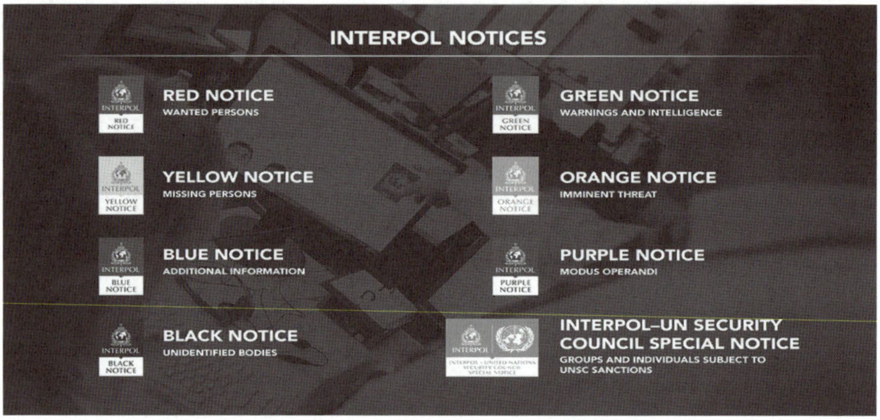

자료: INTERPOL, https://www.interpol.int/How-we-work/Notices/About-Notices/

인터폴의 수배종류는 다음과 같다.[13]

① **적색수배**(Red Notice)

적색수배는 가장 중요한 수배로 국제체포수배(International Wanted Notice)라고 한다. 적색수배는 일반 형법을 위반하여 체포영장이 발부된 범죄인에 대하여 범죄인 인도를 목적으로 하는 경우에 발행된다. 따라서 범죄인인도조약이 체결된 국가의 경찰이 피수배자를 발견할 때 긴급인도구속을 할 수 있으며 그 후에는 범죄인인도법에 정하는 구금의 청구·정식인도요구 등의 절차가 진행되게 된다. 적색 용지에 표시되어 수배된다.

적색수배에 의한 긴급인도구속은 이미 유럽을 비롯하여 많은 나라에서 실행되고 있고 1957년의 범죄인인도에 관한 유럽조약, 1962년의 범죄인인도 및 형사사법공조에 관한 베네룩스조약 등은 긴급인도 및 체포의 청구를 인터폴을 통해 피청구국의 권한 있는 당국에 송부하는 것을 인정하고 있다.

따라서 적색수배에 의한 긴급인도구속은 범인인도전 절차(pre-extradition procedure)의 핵심을 이루는 것이다.[14]

13 INTERPOL, https://www.interpol.int/How-we-work/Notices/About-Notices/

14 INTERPOL, https://www.interpol.int/How-we-work/Notices/Red-Notices/

② **청색수배**(Blue Notice)

청색수배는 국제정보조회수배(International Inquire Notice)라 부르며 피수배자의 신원과 소재확인이 주목적이다. 청색 용지에 표시되어 수배된다.

③ **녹색수배**(Green Notice)

녹색수배는 여러 국가에서 상습적으로 범행하였거나 또는 범행할 가능성이 있는 국제범죄자의 동향을 파악하여 사전에 그 범행을 방지할 목적으로 이루어진다. 녹색수배는 전과의 정도·범죄의 종류·국제범죄조직원 여부 등을 고려하여 중요한 국제적 범죄자라고 판단되는 경우에 한하여 발행한다. 녹색 용지에 표시되어 수배된다.

④ **황색수배**(Yellow Notice)

황색수배는 가출인의 소재확인 또는 기억상실자 등의 신원을 파악할 목적으로 발행한다.[15]

⑤ **흑색수배**(Black Notice)

흑색수배는 사망자의 신원을 확인할 수 없거나 또는 사망자가 가명을 사용하였을 경우 정확한 신원을 파악할 목적으로 이루어진다. 흑색 수배서는 사체의 사진과 지문·치아상태·문신 등 신체적 특징·의복 및 소지품의 상표 등 사망자의 신원파악에 도움이 될 수 있는 자료가 포함된다. 흑색 용지에 표시되어 수배된다.

⑥ **주황색수배**(Orange Notice)

주황색수배는 장물수배서로 도난당하였거나 또는 불법적으로 취득한 것으로 보이는 물건·문화재 등에 대한 수배이다. 상품적 가치 및 문화적 가치 등을 고려하여 발행된다. 주황색 용지에 표시되어 수배된다.

15 INTERPOL, https://www.interpol.int/How-we-work/Notices/Yellow-Notices/

그림 4-3 인터폴 적색수배 일부

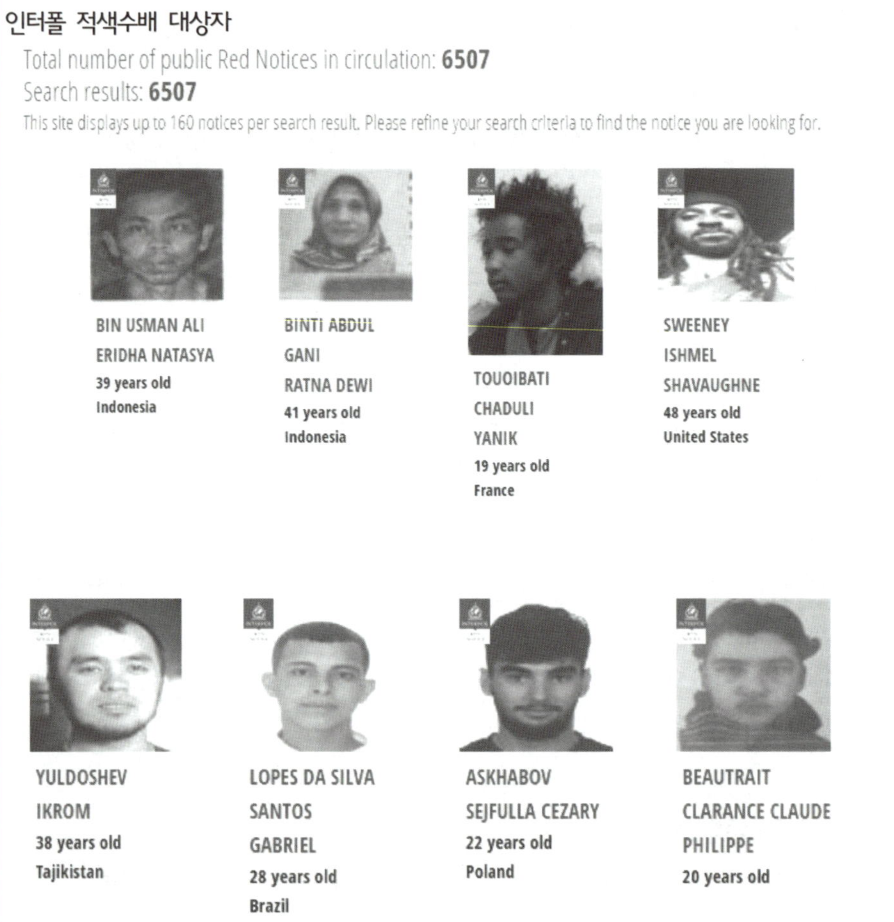

자료: interpol, https://www.interpol.int/How-we-work/Notices/Red-Notices/View-Red-Notices

⑦ **보라색수배**(Purple Notice)

보라색수배는 범죄수법수배(Modus Operandi)로서 세계 각국에서 범인들이 사용한 새로운 범죄수법 등을 사무총국에서 집중관리하고 각 회원국에 배포하여 수사기관이 범죄예방과 수사자료로 활용한다. 보라색 용지에 표시되어 수배된다.

⑧ **하늘색수배**

하늘색수배는 유엔안전보장이사회의 제재대상이 되는 단체 및 개인에 대한 수배이다. 하늘색 용지에 표시되어 수배된다. 유엔안전보장이사회수배(United Nations Security Council Special Notice)라고 한다.

제 4 절 범죄인 인도와 송환

Ⅰ. 의 의

범죄인 인도(Extradition)는 국가간 범죄인을 인도함으로써 사법적 정의를 실현하는 것이 주 목적이며, 목적을 달성하기 위하여 세계 각국은 국가간 범죄인인도조약을 체결하고 있다. 우리나라는 범죄인 인도조약을 모두 78개국과 체결하였으며, 국내법으로 범죄인 인도법을 제정하여 시행하고 있다.

Ⅱ. 범죄인 인도 등의 개념

① 인도조약이란 대한민국과 외국간에 체결된 범죄인의 인도에 관한 조약·협정 등의 합의를 말한다.[16]

② 청구국이란 범죄인의 인도를 청구한 국가를 말한다.

③ 인도범죄란 범죄인의 인도청구에 있어서 그 대상이 되는 범죄를 말한다.

④ 범죄인이란 인도범죄에 관하여 청구국에서 수사 또는 재판을 받고 있는 자 또는 유죄의 재판을 받은 자를 말한다.

⑤ 긴급인도구속이란 도망할 염려 등 긴급하게 범죄인을 체포·구금하여야 할 필요가 있는 경우 범죄인인도청구가 뒤따를 것을 전제로 하여 범죄인을 체포·구금하는 것을 말한다.

---

16 범죄인인도법 제2조. 법률 제17827호, 2021. 1. 5., 일부개정, 2021. 1. 5. 시행.

Ⅲ. 인도대상범죄 및 인도의 원칙

1. 인도대상범죄

대한민국과 청구국의 법률에 의하여 인도범죄가 사형 · 무기 · 징역 · 무기금고 · 장기 1년 이상의 징역 또는 금고에 해당하는 경우에 한하여 범죄인을 인도할 수 있다.[17]

2. 절대적 인도금지범죄

다음에 해당하는 경우 범죄인을 인도하여서는 아니 된다.

① 대한민국 또는 청구국의 법률에 의하여 인도범죄에 관한 공소시효 또는 형의 시효가 완성된 경우
② 인도범죄에 관하여 대한민국 법원에서 재판계속중이거나 재판이 확정된 경우
③ 범죄인이 인도범죄를 행하였다고 의심할 만한 상당한 이유가 없는 경우. 다만, 인도범죄에 관하여 청구국에서 유죄의 재판이 있는 경우 제외
④ 범죄인이 인종 · 종교 · 국적 · 성별 · 정치적 신념 또는 특정 사회단체에 속함 등을 이유로 처벌되거나 그 밖의 불이익한 처분을 받을 염려가 있다고 인정되는 경우[18]

3. 인도의 원칙

① **전속관할**

인도심사 및 그 청구와 관련된 사건은 서울고등법원과 서울고등검찰청의 전속관할로 한다.[19]

② **인도조약과의 관계**

범죄인 인도에 관하여 인도조약에 이 법과 다른 규정이 있는 경우에는 그 규정에 따른다.

---

17 범죄인인도법 제6조.
18 범죄인인도법 제7조.
19 범죄인인도법 제12조.

③ **상호주의**

인도조약이 체결되어 있지 아니한 경우에도 범죄인의 인도를 청구하는 국가가 같은 종류 또는 유사한 인도범죄에 대한 대한민국의 범죄인 인도청구에 응한다는 보증을 하는 경우에는 이 법을 적용한다.

④ 대한민국 영역 안에 있는 범죄인은 청구국의 인도청구에 의하여 소추, 재판 또는 형의 집행을 위하여 청구국에 인도할 수 있다.[20]

4. 정치적 범죄의 처리

인도범죄가 정치적 성격을 지닌 범죄이거나 그와 관련된 범죄인 경우에는 범죄인을 인도하여서는 아니 된다. 다만, 인도범죄가 다음에 해당하는 경우에는 인도해야 한다.[21]

① 국가원수 · 정부수반 또는 그 가족의 생명 · 신체를 침해하거나 위협하는 범죄
② 다자간 조약에 의하여 대한민국이 범죄인에 대하여 재판권을 행사하거나 범죄인을 인도할 의무를 부담하고 있는 범죄
③ 여러 사람의 생명 · 신체를 침해 · 위협하거나 이에 대한 위험을 야기하는 범죄
④ 범죄인이 행한 정치적 성격을 지닌 다른 범죄에 대하여 재판을 하거나 그러한 범죄에 대하여 이미 확정된 형을 집행할 목적으로 행하여진 것이라고 인정되는 경우

5. 임의적 인도거절사유

다음에 해당하는 경우에는 범죄인을 인도하지 아니할 수 있다.[22]

① 범죄인이 대한민국 국민인 경우
② 인도범죄의 전부 또는 일부가 대한민국 영역 안에서 행하여진 경우
③ 범죄인이 인도범죄 외의 범죄에 관하여 대한민국 법원에 재판이 계속중인 경우 또는 형의 선고를 받고 그 집행을 종료하지 아니하거나 면제받지 아니한 경우
④ 범죄인이 인도범죄에 관하여 제3국(청구국이 아닌 외국을 말한다. 이하 같다)에서 재

20 범죄인인도법 제5조.
21 범죄인인도법 제8조.
22 범죄인인도법 제9조.

판을 받고 처벌되었거나 처벌받지 아니하기로 확정된 경우
⑤ 인도범죄의 성격과 범죄인이 처한 환경 등에 비추어 범죄인을 인도함이 비인도적이라고 인정되는 경우

6. 인도가 허용된 범죄 외의 처벌금지에 관한 보증 및 동의요청

1) 처벌금지에 관한 보증

인도된 범죄인이 다음에 해당하는 경우를 제외하고는 인도가 허용된 범죄 외의 범죄로 처벌받지 아니하고 제3국에 인도되지 아니한다는 청구국의 보증이 없는 경우에는 범죄인을 인도하여서는 아니 된다.[23]

① 인도가 허용된 범죄사실의 범위 안에서 유죄로 인정될 수 있는 범죄 또는 범죄인이 인도된 후에 행한 범죄로 범죄인을 처벌하는 경우
② 범죄인이 인도된 후 청구국의 영역을 떠났다가 자발적으로 청구국에 재입국한 경우
③ 범죄인이 자유로이 청구국을 떠날 수 있게 된 후 45일 이내에 청구국의 영역을 떠나지 아니한 경우
④ 대한민국이 동의하는 경우

2) 청구국의 동의요청

법무부장관은 범죄인을 인도받은 청구국으로부터 인도가 허용된 범죄 외의 범죄로 처벌하거나 범죄인을 제3국으로 다시 인도하는 것에 관한 동의요청이 있는 경우 그 요청에 상당한 이유가 있다고 인정되는 때에는 이를 승인할 수 있다.

다만, 청구국 또는 제3국에서 처벌하려고 하는 범죄가 절대적 인도금지조항 또는 정치적 성격을 지닌 범죄 등의 인도거절조항에 해당되는 경우에는 이를 승인하여서는 아니 된다.[24]

23 범죄인인도법 제10조.
24 범죄인인도법 제10조의2.

Ⅳ. 인도절차

1. 외교부장관

청구국으로부터 범죄인 인도를 청구받을 경우 외교부장관은 인도청구서 및 관계자료(서면)를 법무부장관에게 송부하여야 한다.[25]

2. 법무부장관 및 법원

법무부장관은 인도청구서 등을 검토하여 서울고등검찰청 검사장에게 인도심사청구를 명령하고 서울고검장은 인도구속영장을 발부받아 범죄인을 구속하고 서울고등법원에 인도심사를 청구한다.[26] 법원의 인도허가 결정이 있는 경우, 검사는 즉시 법무부장관에게 보고하고, 법무부장관은 인도 여부를 최종결정한다.

인도가 결정된 경우 서울고검장에게 인도장, 외교부장관에게 인수허가장을 각각 송부한다. 검사는 교도소장에게 인도지휘하여 인수허가장을 가진 청구국 호송공무원에게 범죄인의 신병을 인계한다. 만약 범죄인이 인도구속영장에 의하여 구속되었을 때에는 구속된 날부터 3일 이내에 인도심사를 청구해야 하며, 법원은 범죄인이 구속된 날부터 30일 이내에 인도심사에 관한 결정(決定)을 하여야 한다.

Ⅴ. 외국에 대한 범죄인 인도청구

1. 법무부장관

검사 또는 고위공직자범죄수사처장은 외국에 대한 범죄인 인도청구 또는 긴급인도구속청구가 타당하다고 판단할 때에는 법무부장관에게 외국에 대한 범죄인 인도청구 또는 긴급인도구속청구를 건의 또는 요청할 수 있다. 법무부장관은 범죄인 인도청구, 긴급인도구속청구, 동의 요청 등을 결정한 경우에는 인도청구서 등과 관계 자료를 외교부장관에게 송부하여야 한다.[27]

---

25 범죄인인도법 제11조.

26 범죄인인도법 제12조, 제19조, 제36조.

27 범죄인 인도법 제41조 – 제43조.

2. 외교부장관

외교부장관은 인도청구서를 피청구국 외무부에 전달한다. 피청구국의 사법기관은 범죄인인도의 결과를 한국대사관에 통보하며, 이는 다시 외교부장관을 거쳐 법무부장관에게 통보된다.

태국 파타야 드럼통 살인 사건의 전말과 피의자 인도청구

자료: 중앙일보, 2024년 5월 14일자 보도.

창원지검의 수사경과

2024.5.11. 태국 파타야, 피해자 시신 발견

2024.5.12. 경남도경, 국내 체류 중인 C○○ 긴급체포

2024.5.14. A○○, 캄보디아에서 검거

2024.6.7. 창원지검, C○○구속 기소

※ 미검거 공범들 송환을 위한 범죄인인도청구, 태국 현지 수사 기록 확보 위한 형사사법공조요청, 사건관계인들 소환 조사, 사건관계인들 계좌 추적 등 보완수사 진행

2024.7.10. A○○국내 송환

2024.8.2. 창원지검, A○○구속 기소

※ C○○휴대전화 디지털포렌식, 위치정보 등 전자정보 분석, 일부 확보한 태국 현지 수사기록 분석, 유족 등 사건관계인 조사 등 보완수사 진행

2024.9.12. B○○, 베트남에서 검거

2024.9.24. B○○국내 송환

2024.10.18. 창원지검, B○○구속 기소

※ 대검 통합심리분석(임상평가, 행동분석, 심리생리검사 등)실시, 법리 검토 등 보완수사 진행

자료: 창원지검, 태국 파타야 드럼통 살인 사건 수사결과 관련 2024년 10월 18일자 보도자료.

3. 검찰청

법무부는 검찰청에 통보하여 해당 범죄인의 신병을 인수한다.

4. 경찰청

경찰청은 외국에 대피한 범인을 송환하기 위해 검찰청 및 법무부, 외교부 등과의 협의절차를 거쳐 진행한다.

표 4-3 국가별 송환 현황

구분	총계	중국	필리핀	태국	말레시아	베트남	캄보디아	미국	인도네시아	일본	싱가폴	기타
2020	271	64	52	49	3	27	8	21	5	7	1	34
2021	373	93	102	19	10	32	18	16	4	4	0	75
2022	403	94	96	42	5	61	26	13	1	9	4	52
2023	470	154	102	44	3	57	22	18	2	6	5	57
2024	691	187	107	49	3	27	8	21	5	7	1	34

자료: 경찰청, https://www.police.go.kr/

표 4-4 죄종별 송환 현황

구분	총계	사기		횡령배임	폭력	살인	성범죄	강도	마약	절도	특가법	도박	기타
		사기	전화금융										
2020	271	84	26	14	8	1	9	3	19	7	4	70	26
2021	373	105	65	12	18	3	14	7	22	9	4	91	23
2022	403	127	60	10	20	1	12	1	34	6	1	107	24
2023	470	163	93	21	17	4	14	3	26	6	5	71	47
2024	271	84	26	14	8	1	9	3	19	7	4	70	26

자료: 경찰청, https://www.police.go.kr/

제 5 절 한미행정협정

Ⅰ. 의 의

한미행정협정이란 주한 미군에 관한 한국과 미국간의 협정으로 정식명칭은 대한민국과 아메리카합중국간의 상호방위조약 제4조에 의한 시설과 구역 및 대한민국에서의 합중국 군대의 지위에 관한 협정(Agreement under Article 4 of the

Mutual Defence Treaty between the Republic of Korea and the United States of America, Regarding Facilities and Areas and the States of United Armed Forces in the Republic of Korea)이다. 통상 주한미군지위협정, 한·미주둔군지위협정, 한·미 SOFA(Status of Forces Agreement) 등으로 호칭된다.

한미행정협정은 1966년 7월 9일 서울에서 한국 외무부장관과 미국 국무장관 간에 조인되어 1967년 2월 9일 조약 제232호로 발효되었는데 이는 6·25 당시 체결되었던 주한미국군대의 관할권에 관한 한·미협정을 대체한 것으로 이해할 수 있다.

한미행정협정은 전문 31조로 된 본문과 합의의사록, 합의양해사항, 교환서한 등 3개의 부속문서로 구성되어 있는데 외사경찰과 관련된 규정은 특히 제22조의 형사재판권과 관련된 사무이다. 즉, 주한미군의 범죄에 대한 수사 등과 관련한 수사권 발동과 주한미군당국과의 협조사무 등이다.

한미행정협정은 1991년 2월 8일, 조약 제1038호의 1차 개정과 2001년 4월 2일 조약 제1553호의 2차 개정을 거쳤다.

Ⅱ. 군대 및 구성원의 개념

합중국 군대의 구성원이라 함은 대한민국의 영역 안에 있는 아메리카합중국의 육군, 해군 또는 공군에 속하는 인원으로서 현역에 복무하고 있는 자이며, 합중국 대사관에 부속된 합중국 군대와 군사고문단협정단원은 제외한다.

군속이란 합중국의 국적을 가진 민간인으로서 대한민국에 있는 합중국 군대에 고용되거나 동 군대에 근무하거나 또는 동반하는 자를 말한다.

가족이란 배우자 및 21세 미만의 자녀 또는 부모 및 21세 이상의 자녀 또는 기타 친척으로서 그 생계비의 반액 이상을 합중국 군대의 구성원 또는 군속에 의존하는 자를 말한다.[28]

---

28 한미행정협정 제1조.

Ⅲ. 접수국 법령의 존중

합중국 군대의 구성원, 군속, 그들의 가족은 대한민국의 법령을 존중하여야 하고, 또한 본 협정의 정신에 위배되는 어떠한 활동 특히 정치적 활동을 하지 아니하는 의무를 진다.[29]

Ⅳ. 출입국

합중국 군대의 구성원은 여권 및 사증에 관한 대한민국 법령의 적용으로부터 면제된다. 합중국 군대의 구성원, 군속 및 그들의 가족은 외국인의 등록 및 관리에 관한 대한민국 법령의 적용으로부터 면제된다. 그러나 대한민국 영역 안에서 영구적인 거소 또는 주소를 요구할 권리를 취득하는 것으로 인정되지 아니한다.

합중국 군대의 구성원은 대한민국에 입국하거나 대한민국으로부터 출국함에 있어서 신분증명서 및 개인 또는 집단이 합중국 군대의 구성원으로서 가지는 지위 및 명령받은 여행을 증명하는 개별적 또는 집단적 여행의 명령서 등을 소지하여야 한다.[30]

Ⅴ. 통관과 관세

합중국 군대의 구성원, 군속 및 그들의 가족은 원칙적으로 대한민국 세관당국이 집행하고 있는 법령에 따라야 한다. 다만, 대한민국에서 근무하기 위하여 최초로 도착한 때에, 또한 그들의 가족이 최초로 도착하여 수입하는 일상용품 등은 예외로 한다.

또한 합중국 군대의 공용을 위하거나 또는 합중국 군대, 군속 및 그들의 가족의 사용을 위하여 수입하는 모든 자재 등은 반입이 허용되며, 관세가 면제된다.[31]

29 한미행정협정 제7조.
30 한미행정협정 제8조.
31 한미행정협정 제9조.

Ⅵ. 형사재판권

1. 합중국 군 당국의 권리

합중국 군 당국은 합중국 군대의 구성원, 군속 및 그들의 가족에 대하여 합중국 법령이 부여한 모든 형사재판권 및 징계권을 대한민국 안에서 행사할 권리를 가진다. 또한 대한민국 법령에 의하여서는 처벌할 수 없는 범죄(합중국의 안전에 관한 범죄를 포함한다)에 관하여 전속적 재판권을 행사할 권리를 가진다.[32]

국가의 안전에 관한 범죄란 미국에 대한 반역, 방해행위(사보타지), 간첩행위 또는 미국의 공무상 또는 국방상의 비밀에 관한 법령의 위반을 말한다.

2. 대한민국의 권리

대한민국 당국은 합중국 군대의 구성원, 군속 및 그들 가족에 대하여 대한민국 영역 안에서 범한 범죄에 관하여 재판권을 가진다. 또한 합중국 법령에 의하여서는 처벌할 수 없는 범죄(대한민국의 안전에 관한 범죄를 포함한다)에 관하여 전속적 재판권을 행사할 권리를 가진다.

대한민국의 안전에 관한 범죄란 대한민국에 대한 반역, 방해행위(사보타지), 간첩행위 또는 대한민국의 공무상 또는 국방상 비밀에 관한 법령의 위반을 말한다.

3. 재판권의 경합

① 합중국 군 당국의 제일차적 재판권을 가지는 경우

합중국 군대의 구성원이나 군속 및 그들 가족의 합중국의 재산이나 안전에 대한 범죄, 또는 합중국 군대의 타 구성원이나 군속 또는 그 가족의 신체나 재산에 대한 범죄 및 공무집행중의 작위 또는 부작위에 의한 범죄에 대하여 재판권을 행사할 제일차적 권리를 가진다.[33]

32 한미행정협정 第22조 제1항－제2항.

33 한미행정협정 第22조 제3항.

② 대한민국이 제일차적 재판권을 가지는 경우

합중국 군대의 구성원이나 군속 및 그들 가족의 ① 이외의 범죄행위

③ 제일차적 권리를 가지는 국가가 재판권을 행사하지 아니하기로 결정한 때에는 가능한 신속히 타방 국가당국에 그 뜻을 통고하여야 한다.

④ 합중국 군 당국의 재판권은 대한민국 국민인 자 또는 대한민국에 통상적으로 거주하고 있는 자에 대하여 미치지 않는다. 다만, 그들이 합중국 군대 구성원인 경우에는 재판권이 미친다.

4. 체포와 인도

① 즉시통보

대한민국 당국은 합중국 군 당국에 합중국 군대 구성원, 군속 또는 그 가족의 체포를 즉시 통고하여야 한다. 합중국 군 당국은 대한민국이 재판권을 행사할 제일차적 권리를 가지는 경우에 있어서 합중국 군대 구성원, 군속 또는 그들 가족의 체포를 대한민국 당국에 즉시 통고하여야 한다.

② 구 금

대한민국이 일차적 재판권을 행사할 합중국 군대의 구성원, 군속 또는 그 가족인 피의자가 합중국 군 당국의 수중에 있는 경우 모든 재판절차가 종결되고 또한 대한민국 당국이 구금을 요청할 때까지 합중국 군 당국이 구금한다.

피의자가 대한민국의 수중에 있는 경우 요청이 있으면 합중국 군 당국에 인도하며, 필요시 대한민국 당국에 인도한다. 대한민국의 안전에 대한 범죄에 관한 피의자는 대한민국 당국의 구금하에 두어야 한다.

그러나 대한민국 당국이 합중국 군대의 구성원·군속 또는 그 가족인 피의자를 범행현장에서, 또는 동 현장에서의 도주직후나 합중국 통제구역으로의 복귀전에 체포한 경우, 그가 살인과 같은 흉악범죄 또는 죄질이 나쁜 강간죄를 범하였다고 믿을 상당한 이유가 있고, 증거인멸·도주 또는 피해자나 잠재적 증인의 생명·신체 또는 재산에 대한 가해 가능성을 이유로 구속하여야 할 필요가 있는 때에는, 합중국 군 당국은 그 피의자의 구금인도를 요청하지 아니하면 공정한 재판을 받을 피의자의 권리가 침해될 우려가 있다고 믿을 적법한 사유가 없는

한 구금인도를 요청하지 아니한다.

또한 대한민국이 일차적 재판권을 가지고 기소시 또는 그 이후 구금인도를 요청한 범죄가 구금이 필요한 충분한 중대성을 지니는 유형의 범죄에 해당하고,[34] 그 같은 구금의 상당한 이유와 필요가 있는 경우, 합중국 군 당국은 대한민국 당국에 구금을 인도한다.

③ **수사의 협조**

대한민국 당국과 합중국 군 당국은 범죄에 대한 모든 필요한 수사의 실시 및 증거의 수집과 제출에 있어서 상호 조력하여야 한다. 그러나 이러한 물건은 인도를 하는 당국이 정하는 기간 내에 환부할 것을 조건으로 인도할 수 있다.

대한민국 당국과 합중국 군 당국은 재판권을 행사할 권리가 경합하는 모든 사건의 처리를 상호 통고하여야 한다.[35]

5. 대한민국 재판권 행사대상인 피고인의 권리

합중국 군대의 구성원, 군속 또는 그 가족은 대한민국 재판권에 의하여 공소가 제기되는 때에는 언제든지 대한민국의 형사소추상 피의자, 피고인이 가지는 권리를 행사할 수 있다.

또한 합중국의 정부대표와 접견 교통할 권리 및 자신의 재판에 그 대표를 입회시킬 권리를 가진다.

6. 사형의 집행 및 자유형의 집행

대한민국의 법령에 사형규정이 없는 경우 합중국 군 당국이 대한민국 안에서 이를 집행하여서는 아니 된다.

대한민국 당국은 합중국 군 당국이 선고한 자유형을 대한민국 영역 안에서 집행함에 있어서 합중국 군 당국으로부터 협조를 요청받거나 인도를 요청받은 경

34 중대성을 지니는 범죄란 살인, 강간(준강간 및 13세 미만의 미성년자에 대한 간음을 포함한다), 석방대가금 취득목적의 약취·유인, 불법 마약거래, 유통목적의 불법 마약제조, 방화, 흉기 강도, 위의 범죄의 미수, 폭행치사 및 상해치사, 음주운전으로 인한 교통사고로 사망 초래, 교통사고로 사망 초래 후 도주, 위의 범죄의 하나 이상을 포함하는 보다 중한 범죄 등이다. 한미행정협정 제22조 제5항 참조.

35 한미행정협정 제22조 제6항.

우 호의적 고려를 해야 한다.

수형자가 합중국 군 당국에 인도된 경우 합중국은 형집행 종료나 석방시 대한민국 관계당국의 승인을 받아야 한다. 이 경우 합중국 당국은 대한민국 당국에 관계 정보를 정규적으로 제공하여야 하며, 또한 대한민국 정부의 대표는 합중국의 구금시설 안에서 복역하고 수형자를 접견할 권리를 가진다.[36]

7. 미합중국 시설 및 구역의 경찰권

① 시설 및 구역 내에서의 군사경찰권 보장

합중국 군대의 군사경찰은 동 시설 및 구역 안에서 질서 및 안전의 유지를 보장하기 위하여 모든 적절한 조치를 취할 수 있다. 시설 및 구역 밖에서는 군사경찰은 반드시 대한민국 당국과의 약정에 따를 것을 조건으로 하고 또한 대한민국 당국과의 연락하에 행사되어야 한다.[37]

② 범인에 대한 체포

합중국 군 당국은 시설이나 구역의 주변에서 동 시설이나 구역의 안전에 대한 범죄의 기수 또는 미수의 현행범을 체포 또는 유치할 수 있다. 합중국 군대의 구성원, 군속 또는 가족이 아닌 자는 즉시 대한민국 당국에 인도한다.

합중국 군대의 관계당국이 동의한 경우 또는 중대한 범죄를 범한 현행범을 추적하는 경우에 대한민국 당국은 시설과 구역 안에서 체포를 할 수 있다.

③ 시설과 구역의 압수수색

대한민국 당국은 합중국 군대가 사용하는 시설과 구역 안에서 사람이나 재산, 소재 여하를 불문하고 합중국의 재산에 관하여 수색, 압수 또는 검증할 권리를 행사할 수 없다. 다만, 합중국의 관계 군 당국이 동의한 때에는 할 수 있다.

36 한미행정협정 제22조 제7항－제8항.

37 한미행정협정 제10항 (가) 및 제10항 (나)항.

찾아보기

[ㅊ]

[ㅌ]

[ㅍ]

[ㅎ]

참고문헌 및 웹사이트

본 QR코드를 스캔하시면 '경찰학(제14판)'의
참고문헌을 확인하실 수 있습니다.

저자약력

학 력

동국대학교 대학원 경찰행정학과 졸업(법학 박사)
동국대학교 공안행정대학원 경찰행정학과 졸업(행정학 석사)
동국대학교 법정대학 경찰행정학과 졸업(행정학 학사)

경 력

계명대학교 사회과학대학 경찰행정학과 교수
경찰대학 경찰학과 교수요원
대구광역시 자치경찰위원회 위원
경찰청 인권위원회 위원
경찰청 마약류 범죄수사자문단 자문위원
대구지방검찰청 형사조정위원회 위원
대구고등검찰청 징계위원회 위원
대구지방보훈청 보통고충심사위원회 위원
경북지방노동위원회 차별심판 공익위원
대구광역시 인사위원회 위원
대구광역시 행정심판위원회 위원
대구광역시 소청심사위원회 위원
법무부 적극행정위원회 위원
한국양성평등교육진흥원 폭력예방교육모니터링 전문위원
John Jay College of Criminal Justice 방문교수
한국소년정책학회 부회장
한국교정학회 부회장
한국공안행정학회 제11대 학회장

수상경력

경찰대학교 청람학술상(2000)
계명대학교 최우수강의교수상(2008)
한국공안행정학회 학술상(2009)
대통령 표창(2013)
2025년 세종도서 학술부문 선정(문화체육관광부)

저서 및 논문

1. 경찰행정법, 법문사, 2003
2. 정보학특강, 계명대학교 출판부, 2005
3. 국립과학수사연구소의 혁신과 발전에 기여할 기본법 제정을 위한 연구 및 법령제정안 및 기준(지침)안 작성, 국립과학수사연구소, 2006(공저)
4. 조직폭력범죄의 대책에 관한 연구, 한국형사정책연구원, 2007(공저)
5. 범죄 프로파일링(criminal profiling) 기법의 효과적인 활용방안, 경찰대학 치안정책연구소, 2008
6. 범죄학, 박영사, 2005 초판, 2023 제8판
7. 경찰인사행정론, 박영사, 2013 초판, 2023 제4판, 2026 제5판
8. 피해자학, 박영사, 2011 초판, 2023 제4판, 2025 제5판
9. 범죄인 프로파일링, 박영사, 2018 초판, 2022 제2판, 2025 제3판
10. 사회병리학: 이슈와 경계, 박영사, 2019 초판
11. 현대사회문제론, 박영사, 2022 초판
12. 범죄와 도덕적 가치, 박영사, 2024 초판
13. 허경미. (2012). 핵티비즘 관련 범죄의 실태 및 대응. 한국공안행정학회보, 21, 368-398.
14. 허경미. (2013). 수사기관의 피의사실 공표죄의 논쟁점. 한국공안행정학회보, 22, 282-310.
15. 허경미. (2014). 독일의 교정 및 보호관찰의 특징에 관한 연구. 교정연구, (62), 79-101.
16. 허경미. (2015). 범죄 프로파일링 제도의 쟁점 및 정책적 제언. 경찰학논총, 10(1), 205-234.
17. 허경미. (2016). 교도소 수용자노동의 쟁점에 관한 연구. 교정연구, 26(4), 141-164.
18. 허경미. (2017). 캐나다의 대마초 비범죄화에 관한 연구. 한국공안행정학회보, 26, 241-268.
19. 허경미. (2018). 성인지적 관점의 여성수용자 처우 관련 법령의 정비방향 연구. 矯正研究, 28(2), 81-110.
20. 허경미. (2019). 자치경찰제법(안)상 자치단체장의 자치권한 행사 제한과 관련된 쟁점. 경찰학논총, 14(4), 275-303.
21. 허경미. (2020). 난민의 인권 및 두려움의 쟁점. 경찰학논총. 15(2), 35-72.
22. 허경미. (2021). 지방자치행정 관점의 일원형 자치경찰제의 문제점 및 개선 방향. 한국공안행정학회보, 30, 275-307.
23. 허경미. (2022). 한국경찰의 부패방지를 위한 합리적 통제방향의 모색-영국의 제도를 중심으로-. 부패방지법연구, 5(2), 33-62. 10.36433/kacla.2022.5.2.33
24. 허경미. (2022). 영국 특별경찰제도의 시사점 연구. 문화와융합, 44(9), 447-463.
25. 허경미. (2023). 미국의 부패경찰관 규제시스템에 관한 연구. 부패방지법연구, 6(2), 185-211.
26. 허경미. (2024). 스웨덴 경찰의 부패통제 시스템에 관한 연구. 부패방지법연구, 7(1), 33-54.
27. 허경미. (2025). 경찰행정의 인공지능 활용: 제도적 일탈과 전략적 대응. 부패방지법연구, 8(2), 143-168.

제14판
경찰학

초판발행 2008년 3월 5일
제14판발행 2026년 2월 10일

지은이 허경미
펴낸이 안종만 · 안상준

편 집 장유나
기획/마케팅 장규식
표지디자인 BEN STORY
제 작 고철민 · 김원표

펴낸곳 (주) 박영사
서울특별시 금천구 가산디지털2로 53, 210호(가산동, 한라시그마밸리)
등록 1959. 3. 11. 제300-1959-1호(倫)
전 화 02)733-6771
f a x 02)736-4818
e-mail pys@pybook.co.kr
homepage www.pybook.co.kr
ISBN 979-11-303-9783-2 93350

정 가 36,000원